Werner Lips

Kroatien – Küste und Inseln

„Non bene pro toto libertas venditur auro"
(„Für kein Geld der Welt sollst du die Freiheit verkaufen")

Freiheitsparole am Stadttor von Dubrovnik

Impressum

Werner Lips
REISE KNOW-HOW Kroatien – Küste und Inseln

erschienen im
REISE KNOW-HOW Verlag Peter Rump GmbH
Osnabrücker Str. 79
33649 Bielefeld

© REISE KNOW-HOW Verlag Peter Rump GmbH 2012
**2., neu bearbeitete und komplett aktualisierte
Auflage 2015**

Alle Rechte vorbehalten.

Gestaltung
Umschlag: G. Pawlak, P. Rump (Layout);
    Caroline Tiemann (Realisierung)
Inhalt: Günter Pawlak (Layout);
    Caroline Tiemann (Realisierung)
Fotonachweis: W. Lips (wl), www.fotolia.de (Autoren-
    nachweis jeweils am Bild), Kroatische Fremden-
    verkehrszentrale (fz)
Titelfoto: W. Lips (Motiv: Cres-Stadt)
Karten: der Verlag

Lektorat
    Caroline Tiemann

Druck und Bindung
    Wilhelm & Adam, Heusenstamm

ISBN 978-3-8317-2587-8
Printed in Germany

Dieses Buch ist erhältlich in jeder Buchhandlung
Deutschlands, der Schweiz, Österreichs, Belgiens
und der Niederlande. Bitte informieren Sie Ihren Buch-
händler über folgende Bezugsadressen:
Deutschland
    Prolit GmbH, Postfach 9, D-35461 Fernwald (Annerod)
    sowie alle Barsortimente
Schweiz
    AVA Verlagsauslieferung AG
    Postfach 27, CH-8910 Affoltern
Österreich
    Mohr Morawa Buchvertrieb GmbH
    Sulzengasse 2, A-1230 Wien
Niederlande, Belgien
    Willems Adventure, www.willemsadventure.nl

Wer im Buchhandel trotzdem kein Glück hat,
bekommt unsere Bücher auch über unseren
Büchershop im Internet: www.reise-know-how.de

Wir freuen uns über Kritik, Kommentare
und Verbesserungsvorschläge, gern auch
per E-Mail an info@reise-know-how.de.

Werner Lips

KROATIEN –
KÜSTE UND INSELN

Vorwort

Kroatien erfreut sich einer boomenden Beliebtheit besonders im deutschsprachigen Raum. Die kroatische Adria bietet mit ihren zahlreichen malerischen Buchten und Stränden sowie traumhaften Kleinstädten eine ungeahnte Vielfalt an Urlaubsmöglichkeiten. Dieser Reiseführer deckt die gesamte Küstenregion von Rijeka im Norden bis zur montenegrinischen Grenze im Süden ab. Die Kvarner Bucht mit den berühmten Inseln Rab und Krk wird geschätzt von Individualisten, die keine allzu lange Anreise wollen und dennoch Urlaubsorte suchen, die ihre Ursprünglichkeit bewahrt haben. Die Küste Dalmatiens weiter südlich beeindruckt mit einer faszinierenden Inselwelt und malerischen Städten wie Split und Dubrovnik, deren Altstadtkerne zum Welterbe der UNESCO gehören.

Mit der Republik Kroatien wurde 2013 der zweite aus dem ehemaligen Jugoslawien hervorgegangene Staat Vollmitglied der Europäischen Union. Das Land verzeichnet dabei eine politische und touristische Erfolgsgeschichte ohnegleichen. Wie schon im „alten" Jugoslawien erfreut sich die kroatische Küste dank der malerischen Buchten, ungezählten Inseln und traumhaften Kleinstädte einer großen Beliebtheit – wobei kleine Mankos im touristischen Komfort eher sympathisch und lebensnah und nicht als Ärgernis empfunden werden.

▷ Mali Lošinj auf der Insel Lošinj

Dieser Reiseführer soll all denen eine Hilfestellung geben, die – egal ob pauschal oder individuell unterwegs, ob mit eigenem Fahrzeug, Mietwagen oder öffentlichen Verkehrsmitteln – die wundervolle kroatische Küste und ihre Inseln bereisen möchten, und zwar sowohl bei der Vorbereitung wie auch bei der Urlaubsgestaltung vor Ort. Neben der Beschreibung aller lohnenswerten Ziele mit ihren kulturellen Highlights wird einer breiten Interessensvielfalt Rechnung getragen. So finden sich wertvolle Tipps zum Baden und für den Strandurlaub, zum Segeln, Tauchen und Schnorcheln, zum Wandern und Radfahren, für Familien mit Kindern und für Ausflüge per Boot oder ins Hinterland. Eine kleine Landeskunde macht mit der Kultur und Geschichte des Landes, mit den Menschen und ihrem Leben vertraut.

Bleibt mir noch, die außerordentliche Gastfreundschaft der Bewohner der jungen Republik Kroatien hervorzuheben und allen Reisenden einen interessanten und gelungenen Urlaub zu wünschen. Gute Reise!

Werner Lips

Danksagung

Auch zu dieser neuen Auflage haben etliche Leser mit hilfreichen Zuschriften und Ergänzungen beigetragen; allen Schreibern ein herzliches Dankeschön! Als besonders hilfreich erwiesen sich die Anregungen und Ergänzungen von:

Dr. J. Bucher, D. Straßburger, A. Barnitzke, G. Möllers, R. Storch, Iris Huber, Antje Roth, Wiebke Horstmann, Christoph Szabo, Hendrik Suttkus, Gerhard Hackenjos, Barbara Weusthof, Holger Suffel, Beatrice Sidler, Martina Rupp, Klaus Wörndl, Holger John, Ivo Mrcic, Gerhard Stich, Sandor Bekesi, Oliver Baltes, Manfred Raab, Dr. Torsten Traut, Wolfgang Niedermayr, Elsbeth und Werner Steiner-Brändli, Prof. Dr. Diether Götz, Karin Grewe, Hendrik Suttkus, Ruth Wenzel, Dr. K. Haubensak, Egon und Bettina Weiss, Petra Hall sowie Marianne Pfaff.

Inhalt

1 Riviera von Opatija   14

2 Inseln Cres und Lošinj   30

3 Ostküste der Kvarner Bucht   78

Der Schmetterling …

… zeigt an, wo man besonders gut Natur erleben kann oder Angebote im Bereich des nachhaltigen Tourismus findet.

Mein Tipp: …

… steht für spezielle Empfehlungen des Autors: abseits der Hauptpfade, persönlicher Geschmack.

Nicht verpassen!

Die Highlights der Region erkennt man an der **gelben Hinterlegung.**

Exkurse

10 Land und Leute 510

11 Anhang 538

Abkürzungen

a/c – Air condition (Klimaanlage)
AC – Autocamp (Campingplatz)
Apt. – Apartment
DZ – Doppelzimmer
EZ – Einzelzimmer
FeWo – Ferienwohnung
HP bzw. VP – Halb-/Vollpension

Preiskategorien Unterkunft

Kategorie	Hotel	Apartment/FeWo	Campingplatz
①	DZ 40–65 €	2er Apt. 25–40 € 4er Apt. 45–70 € 6er Apt. 60–90 €	4 Pers./Zelt 20–25 € 4 Pers./WoWa 25–30 € 4 Pers./WoMo 25–30 €
②	DZ 65–100 €	2er Apt. 40–65 € 4er Apt. 70–100 € 6er Apt. 90–120 €	4 Pers./Zelt 25–30 € 4 Pers./WoWa 30–35 € 4 Pers./WoMo 30–40 €
③	DZ 100–180 €	2er Apt. 65–100 € 4er Apt. 100–140 € 6er Apt. 120–160 €	4 Pers./Zelt 30–35 € 4 Pers./WoWa 35–40 € 4 Pers./WoMo 35–40 €
④	DZ 180–220 €	2er Apt. ab 100 € 4er Apt. 140–200 € 6er Apt. ab 160 €	4 Pers./Zelt 35–45 € 4 Pers./WoWa 40–60 € 4 Pers./WoMo 40–60 €
⑤	DZ ab 220 €	–	–

Berücksichtigt sind jeweils die niedrigsten und höchsten Preise in der **Hauptsaison.** Alle Preise gelten pro Tag, die Hotelpreise **mit Frühstück für zwei Personen im Doppelzimmer.** Bei Campingplätzen gelten die Preise für Wohnwagen und Wohnmobile inkl. Strom. Alle Angaben sind Richtwerte.

Streckbrief Kroatien

- **Landesname:** Republika Hrvatska
- **Lage:** mediterraner und mitteleuropäischer Staat mit Grenzen zu Slowenien, Ungarn, Serbien, Bosnien-Herzegowina, Montenegro
- **Größe:** 56.542 km² plus 1185 Inseln (davon 67 bewohnt) mit einem Küstenhoheitsgebiet von insgesamt 31.139 km²
- **Hauptstadt:** Zagreb (ca. 795.000 Einw.)
- **Bevölkerung:** ca. 4,5 Mio., davon ca. 90 % Kroaten, 7 % Serben, 3 % Sonstige
- **Landessprache:** Kroatisch (verbreitete Fremdsprachen Deutsch, Englisch, Italienisch)
- **Religionen:** 80 % römisch-katholisch, 5 % serbisch-orthodox, 1 % muslimisch
- **Unabhängigkeit:** Unabhängigkeitserklärung (von Jugoslawien) am 25.6.1991
- **Staats- und Regierungsform:** parlamentarische Demokratie; Zwei-Kammer-System und starke Stellung des Präsidenten, unterstützt von einem Regierungschef (*Zoran Milanović,* voraussichtlich bis Dezember 2015)
- **Staatsoberhaupt:** Präsident der Republik (*Kolinda Grabar-Kitarović,* seit 2015)
- **Währung:** Kuna
- **Zeitzone:** Mitteleuropäische Zeit (MEZ, MESZ)
- **Telefonvorwahl:** 385

Karten

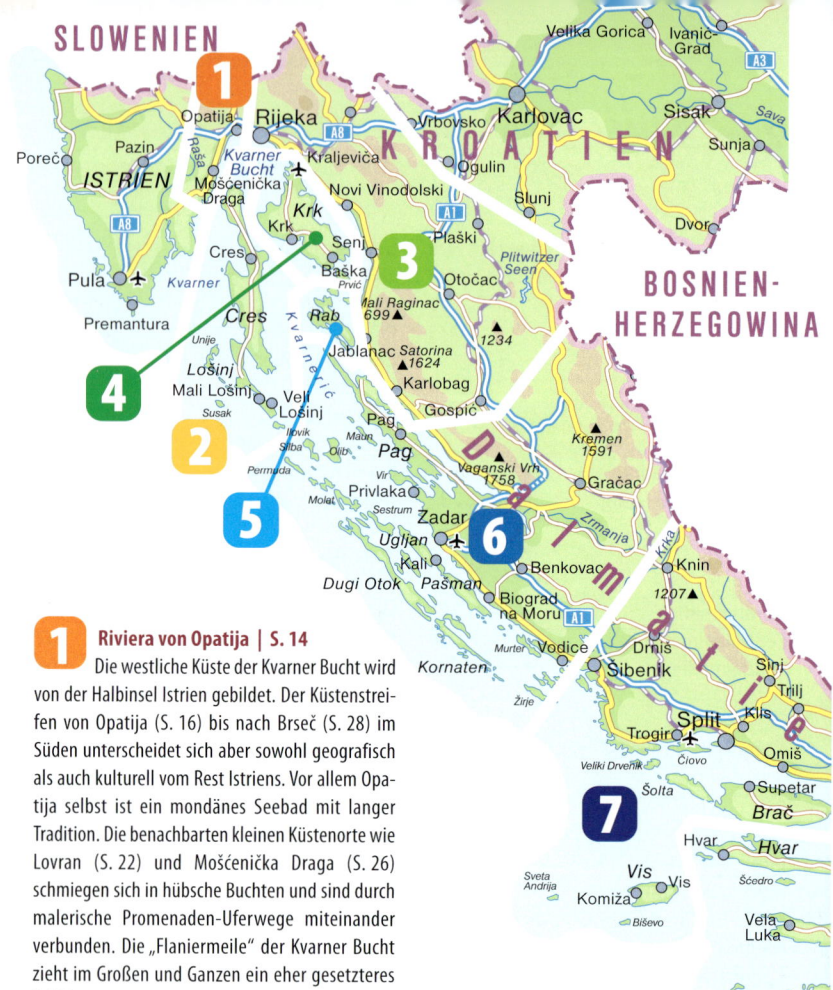

1 Riviera von Opatija | S. 14

Die westliche Küste der Kvarner Bucht wird von der Halbinsel Istrien gebildet. Der Küstenstreifen von Opatija (S. 16) bis nach Brseč (S. 28) im Süden unterscheidet sich aber sowohl geografisch als auch kulturell vom Rest Istriens. Vor allem Opatija selbst ist ein mondänes Seebad mit langer Tradition. Die benachbarten kleinen Küstenorte wie Lovran (S. 22) und Mošćenička Draga (S. 26) schmiegen sich in hübsche Buchten und sind durch malerische Promenaden-Uferwege miteinander verbunden. Die „Flaniermeile" der Kvarner Bucht zieht im Großen und Ganzen ein eher gesetzteres Publikum an.

2 Inseln Cres und Lošinj | S. 30

Mit der Fähre von Brestova, ganz im Westen der Kvarner Bucht, setzt man auf die langgestreckten, durch eine Brücke miteinander verbundenen Inseln Cres und Lošinj über. Der Charakter aller großen Inseln der Kvarner Bucht weicht von der lebendigen Festlandsküste deutlich ab. Hierher zieht es Individualisten und Aktivurlauber vom Segler oder Taucher bis zum Campingfreak und FKK-Anhänger, aber auch Familien, die die Ruhe und landschaftliche Schönheit der Inseln bevorzugen. Cres bietet malerische Bergdörfer wie Lubenice (S. 46) und wunderschöne Felsbuchten: so das als „Schweiz Kroatiens" bekannte Valun (S. 45) mit dem vielleicht klarsten Adriawasser überhaupt.

3 Ostküste der Kvarner Bucht | S. 78

Mit Rijeka (S. 80) beginnt der östliche Abschnitt der Festlandsküste der Kvarner Bucht. Die Hafenstadt ist das kulturelle und verkehrspolitische

Zentrum der Region Kvarner und bietet neben pulsierendem Großstadtleben und einigen Sehenswürdigkeiten die Möglichkeit für ausgiebiges Shopping. Entlang der Küste nach Südosten folgen große Ferienzentren, die in Sachen Strand-, Sport- und Abendvergnügung nichts zu wünschen übrig lassen. Trotz des regen Urlaubsbetriebs haben Orte wie Crikvenica (S. 98) und Novi Vinodolski (S. 106) überschaubare, hübsche alte Ortskerne, die zum Bummeln einladen und mit einem vielfältigen kulinarischen Angebot locken. Die Ausflugsmöglichkeiten ins Hinterland sind ergiebig: So lohnt sich unbedingt eine Rundfahrt durchs Kvarner Hochland mit dem Nationalpark Risnjak (S. 95) oder zu den Plitvitzer Seen (S. 112).

4 Insel Krk | S. 118
Rab und Krk – zwei prägnante Namen, die schon zu jugoslawischer Zeit als Sinnbild für traumhaft schöne Adriainseln standen. Krk, die größere

der beiden, liegt in der Mitte der Kvarner Bucht und ist von Rab und Cres per Fähre zu erreichen, am schnellsten aber über eine Brücke vom Festland. Der Hauptort Krk (S. 136) mit seiner mittelalterlichen Stadtbefestigung oder das malerische Baška (S. 149) vor grandioser Bergkulisse sind allein den Besuch wert.

5 Insel Rab | S. 164
Rab steht dem allen in nichts nach. Die Insel ist vielleicht eine Spur nobler ausgerichtet als ihre große Schwester, hier sind die Yachten in den Marinas vielleicht noch eine Idee größer. Mit flachen Sandbuchten auf der Halbinsel Lopar (S. 183) hat Rab einige Perlen vorzuweisen, die vor allem Familien mit Kindern und junge Leute zu schätzen wissen.

6 Norddalmatien | S. 190
Rund um die Hafenstadt Zadar (S. 224) liegt eine Vielzahl an kleinen, teils unbewohnten Inseln dicht gedrängt vor dem dalmatischen Küstenstreifen, teils durch schmale Landzungen untereinander oder mit dem Festland verbunden. In den malerischen, geschützten Buchten mit kristallklarem Wasser kommen nicht nur Familien und Badefreunde, sondern auch Segler, Taucher und Schnorchler auf ihre Kosten.

7 Zentraldalmatien | S. 292
Wer eine Kombination aus kulturellen Sehenswürdigkeiten, großartigen Abstechern in die Natur des Hinterlandes oder die Abgeschiedenheit kleinerer und größerer vorgelagerter Inseln sucht, ist in Dalmatiens Zentrum genau richtig. Es empfiehlt sich, irgendwo zwischen Šibenik (S. 294) und Trogir (S. 323) in einem Küstendorf Quartier zu nehmen und dann bequem das Umland anzusteuern.

8 Süddalmatien | S. 382
Nicht nur wegen der Adria-Perle Dubrovnik (S. 436) lohnt es sich, den äußersten Süden des Landes zu besuchen. Mittlerweile erschließt eine Autobahn den abgelegenen Zipfel nahe der Grenze zu Bosnien-Herzegowina und Montenegro, sodass faszinierende Inseln wie Korčula, Lastovo und Mljet (S. 420, 430) sich zunehmender Beliebtheit erfreuen, letztere vor allem bei Reisenden, die Ruhe und Abgeschiedenheit suchen.

Die Gegend um Opatija, eines der großen Küsten-
seebäder des Festlands, gehört auch heute noch
zu den beliebtesten und für Mitteleuropäer am
schnellsten erreichbaren Feriengebieten Kroatiens.

1 Riviera von Opatija

Schon der habsburgische Adel wusste das Ambiente
des „adriatischen Nizza" zu schätzen.

Park an der Seepromenade in Opatija

RIVIERA VON OPATIJA

Die Kvarner Bucht beginnt im Westen mit den noch auf der Halbinsel Istrien gelegenen kleinen Orten um Mošćenička Draga, die heute schon beinahe vollständig zusammengewachsen sind. Diesen Küstenabschnitt – bis zu dem mondänen Badeort selbst – nennt man gemeinhin auch Riviera von Opatija. Das Čičarija-Gebirge mit dem Učka-Massiv bildet eine deutliche Barriere zu Istrien.

NICHT VERPASSEN!

Diese Tipps erkennt man an der gelben Hinterlegung.

1

Opatija

Opatija sollte man besucht haben. Nicht, weil es einzigartige kulturhistorische Monumente beherbergen würde. Auch nicht, weil es etwa der Knüller unter den Riviera-Ansiedlungen Kroatiens wäre. Nein, im Gegenteil: Opatija blickt weder auf eine jahrtausendealte Tradition zurück, noch geht hier abends die „Post ab". Und dennoch, ohne Opatija hat man die Kvarner Bucht nicht kennengelernt!

Ab 1843 und nach Fertigstellung der Verbindungsstraße nach Rijeka begann eine rasante Entwicklung als **mondäner k.u.k. Erholungsort:** 1843 baute der Handelsmagnat *Higinio* die Villa Angiolina, noch heute das Prunkstück im Herzen der Stadt. 1844 folgte das **Hotel Quarnero** (Kvarner; errichtet von der österreichischen „Gesellschaft der südlichen Eisenbahnen") als **erstes Hotel der kroatischen Adria.** 1860 bekam *Maria-Anna,* Gattin von Ex-Kaiser *Ferdinand,* Seeluft verordnet – *Higinio* stellte daraufhin seine Villa Angiolina zur Verfügung, und der Ruf Opatijas als **exklusives Seebad** war begründet, am 4. März 1889 wurde die Stadt durch ein Dekret von **Kaiser Franz Joseph** offiziell zum Kurort ernannt. Weitere stilvolle Villenbauten folgten, das elektrische Licht kam 1896, ein Jahr darauf ein Wasserwerk und 1908 sogar eine Straßenbahn. Opatija war so berühmt geworden, dass höchste Würdenträger den Ort mit ihrem Besuch beehrten: Prinzessin *Luise von Sachsen-Coburg,* der schwedisch-norwegische König *Oskar* und *Karel I.,* König von Rumänien.

Das noble Ambiente der Pracht vergangener Tage konnte Opatija bis in die

Gegenwart sicht- und spürbar bewahren: Luxushotels und Nobelrestaurants, Spielcasino, Palmen, Avocado-Bäume. Mit einem solchen Erscheinungsbild verwundert es nicht, dass Opatija als das „adriatische Nizza" bezeichnet wird. Auch Hotel- und Pensionsnamen wie „Schweizerhof", „Residenz" oder „Admiral" vermitteln ein deutlich vertrauteres Gefühl als andernorts. Und genau dieses in Kroatien einmalige Flair macht einen Besuch der Stadt zu etwas ganz Besonderem.

Sehenswertes

Maršala Tita und Uferpromenade

Besonders interessant erscheint ein Gang entlang der Maršala Tita mit den prachtvollen Villen, Hotelbauten, Cafés und modernen Geschäften. Auch an der befestigten Uferpromenade promenieren Alt und Jung, nutzen die Bademöglichkeiten der Stadt, tanken frische Seeluft unter einem der markanten, regenbogenfarbenen Sonnenschirme oder begutachten die kleinen Andenken-, Gewürz- und Kunsthandwerksstände. Dieser Abschnitt gehört zur acht Kilometer langen Uferpromenade **Lungomare,** die von Volosko (zwischen Opatija und Rijeka) bis Lovran führt.

Park Angiolina (Park 1. Maja)

Paradestück der Gründungs- und Blütezeit des Seebades Opatija ist und bleibt der Park Angiolina mit der zauberhaften **Vila Angiolina,** in der heute das **Kroatische Tourismusmuseum** untergebracht

ist. Direkt daneben liegt der nach einer kleinen Kapelle benannte Park Sv Jakov, beide sind heute zu einer Einheit verschmolzen. Der exotische Bewuchs mit Bambus, Zedern, Zypressen, Eukalyptus- und Mammutbäumen, Dattelpalmen, Akazien, Agaven und japanischer Kamelie versetzt den Besucher in angenehmes Entzücken. Im Park finden sich auch Büsten historischer Persönlichkeiten, etwa die von *Friedrich Schüler* (1791–1873, Jurist und Demokrat) und des Lovraner Komponisten *Ivan Matetić Runjgov* (1880–1960).

Westlich des Parks am Strandbad Slatina wurde der Uferweg **Walk of Fame** angelegt, auf dem zahlreiche kroatische

1

Größen aus Kultur und Wissenschaft (u.a. *Nikola Tesla*) als Sternenfliese verewigt sind.

■ **Kroatisches Tourismusmuseum,** www.hrmt. hr, Tel. 051-603636, tgl. 10–18 Uhr, Eintritt frei.

Sv Marija

Zur **Pfarrkirche** Sv Marija gelangt man über eine kleine, stufige Gasse, die 50 m südlich des Busbahnhofs vor dem Bufett-Grill Elita rechts aufwärts führt. Sie stammt aus dem späten 19. Jahrhundert und besticht durch ihre Holzkuppel, Ziegelwände und prachtvollen, farbigen Glasfenster.

Praktische Tipps

An- und Weiterreise

■ Der **Busbahnhof** liegt am Trg Vladimira mitten im Zentrum an der Durchgangsstraße M. Tita. Wichtige **Regionalbuslinien** sind: 32 (Rijeka – Opatija – Lovran – Mošćenička Draga), 35 (Opatija – Ičići) und 36 (Lovran). Am Busbahnhof, Tel. 051-271617, liegt die **Kartenverkaufsstelle** Auto-Trans für **Langstrecken.** Busse fahren von 5 Uhr bis gegen Mitternacht etwa alle halbe Stunde nach Rijeka (Lovran – Rijeka via Opatija), einige Direktbusse fahren von/nach Zagreb und Zadar/Split. Außerdem fährt Mo, Mi, Fr, Sa, So 1–2x tgl. ein Direktbus zum Flughafen Rijeka/Krk (50 K). Rund um den Busbahnhof werden diverse **Ausflüge** angeboten.
■ Einen kostenlosen **Parkplatz** zu finden, ist schwierig bis unmöglich. Im Zentrum sind einige Straßen als gebührenpflichtige Parkmöglichkeit ausgewiesen, z.B. an der Ecke des Parks zum Ufer hinunter (6 K/Stunde).

Info und Agenturen

■ Die **Touristeninformation** liegt zentral in der Ul. Maršala Tita 101, Tel. 051-271310, www.opatija.net, tgl. außer So. 7–21 Uhr.

Für professionelle Unterkunftsvermittlung, Fahrzeuganmietung, Geldwechsel und Ausflüge bieten sich u.a. folgende an der Hauptstraße im Zentrum gelegene **Agenturen** an:
■ **GIT,** M. Tita 65, Tel. 051-273030, www.tourgit. com.
■ **Atlas,** M. Tita 116, Tel. 051-271032, www.atlas-croatia.com.
■ **Kvarner Express,** M. Tita 162, Tel. 051-703723, www.kvarner-express.hr.
■ **Kompas,** M. Tita 110, Tel. 051-271201, www.kompas-travel.com.

Unterkunft

Opatija ist **überdurchschnittlich teuer!** So muss man auch in Bezug auf die Unterkunft ein wenig tiefer in die Taschen greifen als in anderen Orten der Riviera von Opatija. **Privatzimmer,** von denen etliche in den sehr netten und stilvollen Villen der Stadt liegen, werden über die Agenturen vermittelt (ab 50 €/Doppelzimmer).
■ Die Nr. 1 vor Ort ist sicher das **Ambasador**⑤, F. Peršića 1, Tel. 051-743333, ambasador@liburnia.hr – teuer, nicht weil es besonders attraktiv ist, sondern wegen des „Opatija-Feelings".
■ Das **Hotel Miramar**⑤ (Ive Kaline 11, Tel. 051-280000, www.hotel-miramar.info) setzt in Bezug auf Anspruch und Ambiente auf die guten alten Zeiten. Villenkomplex im traditionellen, neoklassizistischen Stil mit Wellness, Park mit Meerblick und Pool, Felsbadestrand, Liegflächen. Stilvolle Zimmer mit Parkett, Minibar, Rollos, Balkon, Safe, Bidet und allem erdenklichen Luxus im Hotelbereich.
■ **Hotel Kvarner**④, P. Tomašića 1, Tel. 051-271233, kvarner@liburnia.hr, ungebrochen stilvol-

250kro wl

les Ambiente. Wurde Ende des 19. Jahrhunderts gebaut und beherbergte illustre Gäste der k.u.k. High Society. Heute offiziell „3-Sterne-Hotel", aber immer noch mit exzellentem Ruf und häufig Austragungsstätte illustrer Veranstaltungen (Wahl Miss Universe, Opatija-Serenaden usw.).

■ Beliebt bei Seglern wegen der unterhalb gelegenen Admiral-Marina Opatija ist das **Admiral**④, M. Tita 139, Tel. 051-271533, admiral@liburnia.hr.

■ Zu den bezahlbaren Hotels zählt das **Hotel Belvedere**③, Tel. 051-271044, belvedere@liburnia.hr, sehr zentral und nahe dem Busbahnhof in der I. Kaline 7 gelegen.

■ Ebenso das **Residenz**③, M. Tita 133, Tel. 051-271399, residenz@liburnia.hr.

Ende der 1990er Jahre, als diese kleine Auswahl an Hotels erstmals zusammengestellt wurde, existierten alle unabhängig voneinander; heute gehören sie zur Liburnia-Gruppe, einem der aggressiven Aufkäufer der Kvarner Bucht im Raum Opatija. Alle genannten Häuser sind auch im Web unter www.liburnia.hr vertreten.

Camping

■ **AC Preluk**③, Tel. 051-622185, http://autocamp-preluk.com, 6 km außerhalb Richtung Rijeka, mit Surfen, Tauchbasis und Disco, ansonsten eher bescheidenem Freizeitangebot. Der nächste Platz in südlicher Richtung befindet sich in Ičići. Bus 32 hält vor dem Platz.

⌂ Opatija mit seinen mondänen Hotels

1

Opatija

Essen und Trinken

Gerade in Opatija bemühen sich die Gastgeber, der Erwartung der Oberklasse-Klientel nachzukommen; so sind es denn auch gehobenere Restaurants und edel anmutende Cafés, die das Straßenbild prägen.

■ Sehr nette und qualitativ ausgezeichnete Caféhäuser der Wiener Schule findet man vor allem im Zentrum entlang der M. Tita, u.a. **Café Paris, Café Stephanie** und **Café Camellia.** Besondere Erwähnung verdient dabei das **Café Choco Bar** (M. Tita 94), geführt von Kroatiens Schokoladenproduzenten Nr. 1 (Kraš) – dementsprechend genial sind hier die auf Kakao basierenden warmen und kalten Getränke; tgl. 8–24 Uhr. Gelobt für Wiener Kaffeehausatmosphäre und geradezu unverschämt gute Kuchen und Gebäckkreationen wird vor allem das **Café Palma** (M. Tita 108, tgl. 8–23 Uhr).

■ Gut und günstig isst man im hübschen **Pizza-Grill Ruzmarin** (Veprinački Put 2, 50 m westlich vom Busbahnhof, Tel. 051-712673, tgl. 11–1 Uhr). Man sitzt gemütlich, sehr aufmerksame Bedienung und überdurchschnittlich gutes Essen (Pizza, Nudeln, Fisch, kroatische Küche) bei sehr reellen Preisen – wird wiederholt auch von Lesern sehr gelobt.

■ Preiswerte Gerichte bietet auch der Buffet-Grill **Elita** an der Hauptstraße (Tel. 051-271014).

■ Sehr empfehlenswert, da direkt im Zentrum an der Promenade gelegen, ist das Buffet **Vongola** (Kupalište Slatina, Tel. 051-711854, tgl. 8–24 Uhr) mit Snacks und moderner Musik.

MEIN TIPP: Als besonderer Tipp der Mittelklasse sei der **Gusto Grill,** M. Tita 264, mobil 099-6704026, 400 m ab Busbahnhof Richtung Lovran, empfohlen – eines der wenigen Restaurants in Opatija, wo man auch im Freien sitzen kann.

■ Am Hotel Dubrovnik in der P. Tomašića 3 liegt das **Restaurant Madonnina,** Tel. 051-272579, das auch recht preiswerte Pizzen und Salate anbietet – das Ambiente ist es wert.

■ Zu den ganz Großen zählen das **Fourchette d'Or** (Tel. 051-743333, Ul. F. Peršića 1) im Hotel Ambasador sowie das **Zelengaj** (Tel. 051-271450, M. Tita 95, tgl. 11–24 Uhr, im Sommer bis 2 Uhr), im Zentrum. Riechsalz für den Moment der Rechnung nicht vergessen!

Nachtleben

■ Beliebt sind im Zentrum die Disco **Quorum House,** M. Tita nahe Park 1. Maja, die Disco **Imperial** (zum gleichnamigen Hotel gehörend) sowie der **Hard Rock Club,** M. Tita, gegenüber der Treppe zu den Meerwasserpools.

■ **Tipp für die Jugend:** Nun, Opatija ist nicht unbedingt ein Traum unverstandener Teenager, die noch mit den Eltern in den Urlaub fahren (müssen).

Übernachtung
3 Residenz, Admiral
7 Hotel Kvarner
13 Hotel Ambasador
14 Hotel Miramar
15 Hotel Belvedere
18 AC Preluk

Nachtleben
2 Seven
5 Hard Rock Club
6 Imperial
12 Quorum House
16 Irish Pub
17 Nightclub 51

Essen und Trinken
1 Gusto Grill
3 Restaurant Madonnina
4 Ruzmarin, Elita
7 Restaurant Zelengaj
8 Cafés Choco Bar,
   Palma u.a., Vongola
13 Fourchette d'Or

Einkaufen/ Sonstiges
9 Operetta Shopping
10 Agenturen
11 Apotheke

Aber einen gewaltigen Lichtblick gibt es doch: Erst vor einiger Zeit haben die Betreiber der Hemingway-Bar von Rijeka die Disco **Seven** (M. Tita 125, mobil 099-4777000, www.discoseven.hr) eröffnet. Viele Themenabende wie sonntags 80er/90er-Hits, Disco Vibes (samstags) oder donnerstags mit lokalen und internationalen DJ-Größen wie *Harem B, James Tucker, Frankie-the-dj, Alex Ivanov, Tommy* u.v.m. Geöffnet tgl. 22–6 Uhr (Stimmung frühestens ab 23 Uhr), Eintritt je nach Event ab 50 K.

■ Absolut „in" ist derzeit der **Nightclub 51** (tgl. 20–4 Uhr) in Volosko an der Hauptstraße.

■ Ebenfalls im Bezirk Volosko, an der Marina, liegt der nette **Irish Pub.**

Casinos

Zu einem Mini-Monte Carlo gehören freilich auch Etablissements, die dem Kunden das Geld spielerisch aus der Tasche ziehen. Beliebte, im internationalen Vergleich eher kleine Häuser sind:
■ **Casino Admiral,** Maršala Tita 131, Tel. 051-703604, tgl. 20–4 Uhr, angeschlossener Automatenklub tgl. 10–4 Uhr.
■ **Casino Adriatic,** M. Tita 200, Tel. 051-719597, tgl. 10–24 Uhr.
■ **Casino Domino,** Maršala Tita 147, Tel. 051-740188, tgl. 10–24 Uhr.

Einkaufen

■ Entlang der Uferpromenade bieten etliche **Souvenirstände** und fliegende Händler ihre Waren an, meist aus dem Textilbereich: Ältere Frauen verkaufen gelegentlich selbst gehäkelte **Deckchen** und **Strickjacken.**
■ **Minimärkte** und **Fachgeschäfte, Souvenirhändler** und **Boutiquen** liegen verstreut entlang der Hauptstraße. Den Alltags-Großeinkauf erledigt man besser im nahe gelegenen Rijeka (z.B. Tower Center, s. dort).
■ Das kleine Einkaufszentrum oder eher Kaufhaus **Operetta Shopping** liegt im Zentrum nordwestlich des Stadtparks, wobei das Gebäude selbst (ein ehemaliges Schauspielhaus) für viele interessanter ist als die Markenartikel im Inneren (Drage Gervaisa 1, tgl. 8–20 Uhr).

Nützliches

■ **Ambulanz:** V. Nazora 2, Tel. 051-271266.
■ **Post:** Vjekoslava Spiničiča 1; Mo bis Fr 7–19 Uhr, Sa bis 14 Uhr, kleine Filiale in der M. Tita 207.
■ **Bank/Geldautomat:** Zagrebačka und Riadria Banka an der M. Tita gegenüber vom Hotel Kvarner; sehr gute Kurse gibt die Wechselstube am Busbahnhof.

Ika und Ičići

Weiter entlang der dicht besiedelten Riviera folgen nach zwei Kilometern Ika und Ičići, einstmals kleine Siedlungen, die früher vom Fischfang und heute vom Tourismus leben. Hier befinden sich zwei international renommierte Hotelfachschulen sowie die beliebte **Marina ACI Grassetto** mit über 300 Liegeplätzen (überwiegend Segler, keine Betankung, Tel. 051-271740). Zudem liegt in Ičići der einzige Campingplatz im Bereich Opatija. Bademöglichkeiten gibt es in den kleinen **Steinbuchten** entlang des befestigten Uferweges.

Information

■ Informationen erteilt (nur Juli/August) das örtliche **Turist-Biro**, Liburnijska bb, Tel. 051-704187, www.tourism-icici.hr.

Unterkunft

■ **Hotel Ika**②, Tel. 051-291777, www.hotel-ika.com, kleines Familienhotel direkt an der Strandpromenade mit hübschen Zimmern und angeschlossenem Restaurant.
■ **Zimmer und Apartments** können über die Direktanbieter www.apartmani-bilen.hr, www.sutanovac.com oder www.villa-djumic.com organisiert werden.

Camping

■ **AC Opatija-Ičići**②, Tel. 051-704387, www.rivijera-opatija.hr. Gute Anlage, mit Tennis, Spielplatz, Minimarkt, Kiesstrand und Bootsanlegestelle in terrassenförmig angelegter Parklandschaft. Geöffnet Anfang April bis Anfang Oktober.

Einkaufen

■ **Ribarnica** (Fischgeschäft), aus Opatija kommend am Ortseingang rechter Hand.

Lovran

Die rund 4500 Einwohner zählende Stadt Lovran, die **älteste Siedlung der Riviera von Opatija** aus dem 7. Jahrhundert, bewahrte lange Zeit ihr mittelalterliches Stadtbild. Erst die Entwicklung des Tourismus im 19. und 20. Jahrhundert veränderte die Stadt und die Lebensweise der Bevölkerung nachhaltig. Der berühmte <mark>Lungomare,</mark> eine acht Kilometer lange <mark>Uferpromenade</mark> von Lovran bis Volosko, einem Vorort von Opatija, zog zunehmend Besucher aus aller Welt an. Obwohl Teil der Opatija-Riviera, konnte Lovran mit seiner **historischen Altstadt** seinen ursprünglichen Charakter weitgehend erhalten. Viele Reisende empfinden Lovran heute als insgesamt angenehmer als das benachbarte Opatija.

Durch das untere **Stadttor** mit dem Stadtturm (17. Jh.) kommt man unmittelbar zum kleinen Zentrum (Trg Sv Juraj) mit der **Georgskirche** (Sv Juraj) aus dem 12. Jahrhundert. Der ursprünglich

> An der Küste bei Lovran

frei stehende Glockenturm wurde im 17. Jahrhundert mit der Kirche verbunden. Am Platz sieht man mehrere verzierte Häuserportale; gegenüber der Georgskirche steht das Rathaus mit einem Relief des *Hl. Georg,* der mit seinem Speer einen Drachen durchbohrt. Ein Relief am Haus neben dem Café zeigt ein Furcht einflößendes Gesicht mit riesigen Bartfransen, genannt „Mustaćon" (von frz. *moustache,* Schnurrbart) – eine Art Abwehrmaske gegen böse Geister. Im **oberen Altstadtbereich,** Richtung Parkplatz, hatte die Bruderschaft des *Hl. Johannes* (des Täufers) im 14. Jahrhundert eine romanische Kapelle errichtet; 1998 wurden hier Fresken mit Darstellungen aus dem Leben des *Johannes* entdeckt.

An der Hauptstraße zwischen Lovran und Opatija werden dem Durchreisenden **prachtvolle Villen** auffallen. Im späten 19. Jahrhundert wurden sie als Wohn- und Sommerresidenzen errichtet; alle waren ursprünglich von weitläufigen Parkanlagen (wie man sie in Opatija noch findet) mit teilweise exotischer Vegetation umgeben. Einige der Villen sind Werke des als kreatives Genie berühmt gewordenen Wiener Architekten *Karl Seidl.*

Zwei **Badebuchten** locken in Lovran, eine etwas kleinere gegenüber vom Hotel Splendid (Richtung Medveja) und eine sehr hübsche am Park Kormušćak (1 km die Uferpromenade Richtung Opatija entlang).

www.fotolia.de © phant

Praktische Tipps

An- und Weiterreise

■ Der Beschilderung „**P-Centar**" folgend, wird man zum großen Parkplatz an der Ulica Brajdice geleitet; hier steht man genau am oberen Ende des Altstadtkerns.

■ Die **Regionalbusse** halten auf Höhe der Pizzeria Oaza/TA Kvarner an der Hauptstraße; von hier geht man 150 m hinunter zur Kurve. Das Stadttor mit Restaurant Bellavista ist der untere Zugang zur Altstadt.

Info und Agenturen

■ **Touristeninformation Lovran,** M. Tita 63, Tel./Fax 051-291740, schräg gegenüber dem Restaurant Kvarner an der Ufer-Plattform, www.tz-lovran.hr.

Drei **Agenturen,** alle an der Durchgangsstraße M. Tita, bieten Information, Geldwechsel, Ausflugsorganisation und Unterkunftsvermittlung:

■ **Lovran,** Tel./Fax 051-291041, www.lovranske-vile.com.

■ **Štanger,** Tel./Fax 051-293266, www.pansion-stanger.hr.

■ **Kvarner Express,** Tel./Fax 051-291119, www.kvarner-express.hr.

Unterkunft

■ Wer etwas ganz Exquisites sucht, dem sei das **Astra**④, Viktora Cara Emina 11, Tel. 051-294400, www.lovranske-vile.com, empfohlen.

■ Ein hübsches (und recht preiswertes) Mittelklassehotel ist das **Lovran**③, M. Tita 19, Tel. 051-291222, www.hotel-lovran.hr.

■ Das **Bristol**③, Maršala Tita 27, Tel. 051-291022, www.liburnia.hr, ist bei vergleichbar guter Qualität noch etwas günstiger.

⌄ Spinnerin in Mošćenice

300is wl

■ Die **Pension Štanger**①-②, in der M. Tita 128 (www.pansion-stanger.hr, Tel. 051-291154) bietet schöne Doppelzimmer mit Meerblick.

Essen und Trinken

■ Das **Café Sv Marija** am Trg Sv Juraj bietet günstige Erfrischungen und Snacks.
■ 30 m daneben liegt das **Restaurant Lovranska Vrata**, Stari grad 94, Tel. 051-291050, mit guter Küche (Fisch!) der mittleren Preisklasse.
■ Beliebt ist auch die **Bistro-Pizzeria Oaza** an der Hauptstraße Cesta M. Tita 37, Tel. 051-292674; auch Stücke auf die Hand.
■ Das gute **Restaurant Najade**, Tel. 051-291866, M. Tita 69, gegenüber der Agentur Lovran serviert hervorragende Fischgerichte zu moderaten Preisen, tgl. 11–24 Uhr.

Nachtleben

■ **Disco-Club Oskar**, an der Hauptstraße Šetalište Maršala Tita 46, Tel. 051-291860.
■ Für einen Drink oder zum abendlichen Erholen bietet sich der **Lovranski Pub** direkt am Ufer an (kurz vor dem südlichen Ortsende).

Nützliches

■ Das **Kreiskrankenhaus**, Tel. 051-291122, liegt zwischen Lovran und Ika nahe der Badebucht.
■ Eine **Ambulanz**, Tel. 051-291042, befindet sich oberhalb vom großen Parkplatz.
■ Vom Parkplatz halbrechts 100 m die Brajdice hinauf liegt ein großer **Supermarkt**. Ein großer **Konzum-Supermarkt** befindet sich am Ortseingang rechter Hand (Mo–Sa 7–20, So bis 13 Uhr).
■ **Post** und **Apotheke** findet man an der Hauptstraße Maršala Tita, 200 m vom Zentrum Richtung Opatija.

Medveja

Mit einem vier Kilometer langen und eher dünn besiedelten Küstenabschnitt zwischen hinter Medveja Richtung Mošćenička Draga beginnt das ruhige und **zerklüftete Felsgebiet** mit Baum- und Buschbestand, welches sich von der istrischen Südspitze bis ins Kvarner Land erstreckt, unterbrochen nur von wenigen nennenswerten Ansiedlungen. Nördlich von Medveja ist es vorbei mit der Beschaulichkeit, ein Küstenort reiht sich an den anderen von Bucht zu Bucht. Ein unberührtes Stück Ufer zu finden, erweist sich als unmöglich. Ein ebensolches Kunststück ist es übrigens auch, an der engen Küstenstraße einen Parkplatz zu bekommen, man gehe daher am besten zu Fuß auf dem bis Lovran durchgehend befestigten **Ufer-Fußweg** („Obalni Put") entlang. Der Kiesstrand von Medveja ist im Sommer ziemlich überfüllt.

Praktische Tipps

An- und Weiterreise

■ **Busanbindung** besteht mittels der Linien 32 und 54 nach Opatija und Mošćenička Draga (etwa alle 80 Minuten).
■ **Parkplätze** kosten in Medveja 30 K/Tag.

Info und Agenturen

■ Um die Vermittlung von Zimmern, Ferienwohnungen und Geldwechsel bemühen sich die Agenturen **Agencija New Sound**, Tel./Fax 051-291111, und die **Touristeninformation**, Tel. 051-291296.

`1`

Unterkunft, Camping

● Im winzigen Vorort Kraj (Richtung M. Draga) werden entlang der Hauptstraße etliche **Privatzimmer/-apartments** angeboten
● Am südöstlichen Ortsrand liegt das **AC Medveja**②, Tel. 051-291191, www.liburnia.hr, mit Tauchschule, Disco, Restaurant, Internet-Corner und WLAN (inkl.). Seit Liburnia die Anlage betreibt, wird sie ständig erweitert, heute gehören auch Bungalows (FeWo), eine Villa (DZ) sowie Mobilheime zum Angebot. Nachteil: liegt landseitig der Straße, nicht direkt am Meer.

Nützliches

● Neben dem AC Medveja befindet sich ein **Konzum-Supermarkt** (im Sommer tgl. 6–21 Uhr).
● Am Strand werden **Tauchgänge, Wassersportaktivitäten** sowie **Minigolf** angeboten.

Mošćenička Draga

Das istrische Labin und das Kvarner Mošćenička Draga werden landseitig von dem scheinbar in die See stürzenden **Čičarija-Massiv** getrennt; an der Schnittstelle liegt der **Fährhafen Brestova,** wo die Autofähren zu den Kvarner Inseln Cres und Lošinj ablegen. Die letzte größere Siedlung in der Kvarner Bucht, Mošćenička Draga, besteht aus **drei Ortsteilen:** Mošćenička Draga selbst an der Küste, das mit allen touristischen Einrichtungen aufwartet, **Mošćenice** als ruhiges Bergdorf, sowie **Brseč,** der gemütlichen südwestlichsten Station im Kvarner Land.

Mošćenička Draga (ca. 600 Einwohner) an der Küstenstraße bildet den eigentlichen **touristischen Kern** in der hübschen Bucht. Hier liegt der Großteil der Freizeit- und Unterkunftsmöglichkeiten. Man schlendert die fast zwei Kilometer lange **Promenade** entlang, badet in der endlos langen Kiesbucht oder der benachbarten Bucht Sv Ivan (FKK-Strand) oder frönt dem Tauchsport.

Wanderfreunde werden den **Aufstieg zum Vojak** (1396 m) lieben, der selbständig oder in einer geführten Tour via Detani, Trebišče und Učka durchgeführt werden kann (eine Wanderkarte hängt in der Agentur Liburnia aus).

Praktische Tipps

An- und Weiterreise

● Mošćenička Draga liegt an der Küstenroute Opatija – Labin. Per **Bus** (Haltestelle an der Hauptstraße neben der Abzweigung zum Camp) muss man zunächst nach Opatija fahren, um von dort in **Langstreckenbusse** umzusteigen.

Info und Agenturen

● **Touristeninformation Mošćenička Draga,** Aleja Slatina 12, Tel. 051-737533, www.tz-moscenicka.hr.
● **Agentur Liburnia,** an der Durchfahrtsstraße gegenüber der Zufahrt zum Ufer und Autocamp, Tel. 051-739166, www.liburnia.hr.
● **Agentur Annalinea,** an der Zufahrtsstraße zu den Hotels (Stari Grad 1), Tel. 051-737207, www.annalinea.hr. Mit Vermittlung von Privatzimmerm (ab 35 €/Zimmer) und FeWo (ab 350 €/Woche).

Riviera von Opatija

Unterkunft

■ **Hotel Mediteran**③, Tel. 051-737622, www.liburnia.hr, direkt am Ufer, Aleja Slatina 2, gute Mittelklasse.

■ **Hotel Marina**③, Tel. 051-710444, www.liburnia.hr; unmittelbar im kleinen Ort gelegen (Trg Slobode/Aleja Slatina, Zufahrt wie Camp), mit Pool und Sauna.

■ **Privatwohnungen:** Zahllose Hausbesitzer entlang der Uferstraßen bieten Ferienwohnungen und Zimmer für 2–6 Personen an; ein Anbieter von Apartments ist **Ornela**②, Barba Rike 6 (im Zentrum nahe der Kirche), Tel. 051-737747, www.apartmani-ornela-mdraga.hr mit Wohnungen für 2–4 Personen ab 500 €/Woche. Rund 100 € mehr/Woche kosten die Wohnungen der **Villa Kleiner**③ (Setaliste 25, Tel. 051-737544, www.villa-kleiner.com), die dafür direkt am Ufer liegt.

Camping

■ **AC Draga**②, Tel. 051-737523, www.autocampdraga.com; im Zentrum (Aleja Slatina) gelegen und von März bis Okt. geöffnet, ca. 300 m bis zum Ufer. Minimarkt, Snackbar, wenige Freizeitangebote.

Essen und Trinken

Von **Eisdielen** und **Snackbars** an der Uferpromenade abgesehen – besonders schön sitzt man auf der Uferterrasse der **Gostionica Na Rivi kod Benita** (Tel. 051-737502) –, werden vor allem in der **Konoba Sidro** (Tel. 051-737509, hinter der Agentur Liburnia an der Hauptstraße) hervorragende Fischgerichte serviert.

Aktivitäten

■ **Tauchen:** Diving NB, Kraj 18, Tel. 051-737295, www.diving-nb.com.

■ **Marine Sport,** Aleja Slatina 2, Tel. 051-737837, www.marinesport.hr, Unterkunftsmöglichkeiten für Taucher vorhanden.

■ Am Strand werden **Scooter, Wasserski, „Banane"** u.a. angeboten.

■ **Wandern:** Die Agentur Liburnia bietet für umgerechnet rund 30 € Touren auf den Vojak an.

⌄ Mošćenice thront auf den Klippen des mächtigen Čičarija-Massivs

062is wl

Mošćenice

Gegenüber der Friedhofskapelle Sv Bartolomej (Parkmöglichkeit) liegt mit dem alten **Stadttor** der Zugang zum winzigen Ortskern – es gibt nur eine Gasse bis zur Kirche, ansonsten steht man zwischen Privatgemäuern. Unmittelbar am Stadttor liegt ein kleines, aber sehr feines **ethnologisches Museum** mit Trachten und Gerätschaften, die von der einstigen hohen Bedeutung Mošćenices als Agrarstadt zeugen. Die **Pfarrkirche Sv Andrej** mit dem massiven Glockenturm ist aus dem 17. Jh. und rühmt sich kunstvoller Schnitzereien von *Michael Zierer* und einer Meisterorgel von *Peter Rumpel*.

■ **Ethnologisches Museum,** Mo–Sa 9–13 und 16–20 Uhr, So 9.30–12.30 u. 15–19.30 Uhr, Eintritt 20 K, Kinder/ermäßigt 10 K.

Unterkunft, Essen und Trinken

■ Im Ort kann man unmittelbar neben der Kirche in einer sehr hübschen Privatunterkunft nächtigen: **L. Lencović①**, Tel. 051-737668.
■ Vor dem Stadttor lockt das **Restaurant Perun Mošćenice** (Tel. 051-737515) mit tollem Blick von der Terrasse!

Brseč

MEIN TIPP: Brseč liegt zwar unmittelbar an der Küste, aber auf einer rund **160 Meter hohen Klippe,** die den letzten Ausläufer des Čičarija-Gebirges bildet. Von Mošćenice empfiehlt es sich unbedingt, die „Bergroute" zu nehmen. Das Gebirge erhebt sich hier immer noch über 800 Meter steil aus dem Meer empor und die

malerische Küstenstraße windet sich über rund zwölf Kilometer bis nach Mošćenice. Der kleine und verwinkelte Ort mit seinen 121 Einwohnern wirkt sehr ruhig und vollkommen untouristisch. Die örtliche Georgskirche stammt aus dem 18. Jh. und zog mit ihren „goldenen Altären", so genannt wegen der goldenen Reliquien und Verkleidungen, zahlreiche unliebsame Besucher an.

Unterkunft, Essen und Trinken

■ Im Ort werden zahlreiche **Privatzimmer** vermietet; Auskünfte erteilt die Touristeninformation Mošćenička Draga.
■ Sehr angenehm sitzt man im urigen Biergarten der **Konoba Šip** am Eingang des Ortskerns (Brseč 4).

Brestova

Ab Brseč Richtung Süden ändert sich das Landschaftsbild zu einer eher unberührten Küstenregion, nicht zuletzt, weil kurz hinter dem Ort die administrative **Grenze zu Istrien** überquert wird. Wichtiger für Reisende dürfte allerdings der **Fährpier für die Inseln Cres und Lošinj** sein (in Karten oft als Ortschaft Brestova eingezeichnet), der tatsächlich aus nichts weiter als dem Fahrkartenschalter und (saisonal unterschiedlich) ein oder zwei Kiosken besteht. Abfahrt hier 6.30, 7.30, 9.30, 11.30, 13.30, 16.30, 18.30 und 19.30 Uhr, im Sommer etwa doppelt so oft (www.jadrolinija.hr).

▷ Von Brestova fährt man hinüber nach Cres

Die langgestreckten Inseln vor der Ostküste Istriens, durch eine Brücke miteinander verbunden, sind nach einer kurzen Überfahrt von Brestova schnell erreicht. Auch zur Nachbarinsel Krk besteht eine Fährverbindung, sodass sich Inselhüpfen anbietet.

2 Inseln Cres und Lošinj

◁ Beschauliche Idylle im Örtchen Cres auf der gleichnamigen Insel

Cres und Lošinj

0 ▬▬▬▬▬ 10 km © Reise Know-How 2015

Kroat18

Istrien

Kožjak
Kršan
Opatija
Brseč
Plomin
Brestova
Porožina
Dragozetići
Raša
Labin
Rabac
Sveta Marina
Štalije
Crna Punta
Ravni
Rakalj
Koromačno

Rt Jablanac
Rt Grota
Beli
Rt Glavotok
Gonice 648
Rt Kalafati
Predošćica
Rt Sv. Blaž
Rt Pernat

KRK

Njivice
Malinska
Porat
Dobrinj
Kras
Milohnići
Garica
Muraj
Vrh
Valbiska
Krk
Punat
Merag
Rt Negrit
Plavnik
Rt Tarej
Cres
Rab

CRES

Pernat
Valun
Zbičina
Lubenice
Zlostan 428
Vransko jezero
Martinšćica
Miholašćica
Stivan
Zeča
Belej
Rt Sv. Duh
Ustrine
Rt Meli
Rt Osor
Berghütte
Televrin 588
Osor
Unije
Nerezine
Sv Nikola
Unije
Punta Križa
Rt Zaklopica
Pogana
Punta Križa
Vele Srakane
Artatore
Čunski
Male Srakane
Beli art
LOŠINJ
Oruda
Mali Lošinj
Rt Madona
Veli Lošinj
Vele Orjule
Susak
Male Orjule
Ilovik

ADRIATISCHES MEER

28 28 36 37 45 46 47 47 49 49 51 75 56 49 77 59 58 60 70 76 75

100 101 102 104

INSELN CRES UND LOŠINJ

Cres und vor allem Lošinj scheinen, gemessen an der Anzahl deutscher Kfz-Kennzeichen auf den Inseln, der Renner unter den Reisezielen deutscher Touristen in Kroatien zu sein. Und der „Doppelpack" der durch eine kleine Brücke verbundenen Inseln bietet in der Tat Atemberaubendes, Unvergessliches und eine so abwechslungsreiche Landschaft auf vergleichsweise engem Raum, dass wohl jeder Besucher der Inseln wiederkommen will. Insgesamt wird der Reisende Cres als die kargere, Lošinj als die belebtere Insel empfinden, weshalb sich Naturliebhaber eher auf Cres, „Aktivisten" eher auf Lošinj wohlfühlen dürften.

Die Größe oder besser Länge der fast nadelförmigen Inseln bedingt einige **klimatische und geografische Unterschiede:** Cres ist 409 km^2 groß mit einer Länge von 68 km und einer maximalen Breite von 11 km, das südlicher gelegene Lošinj misst gerade 75 km^2 (31 km lang, max. 4 km breit). Höchste Erhebung ist der **Gorice** (648 m) nahe Beli. Da die Inselgruppe den kühlen Nordostwinden (Bora) ausgeliefert ist, herrscht in der Nordhälfte von Cres (knapp 3500 Einwohner) ein spürbar frischeres Klima (1–2°C, 10–15 % mehr Niederschlag) als im Süden und auf Lošinj (etwa 10.000 Einw.), das durch die Berge rund um den Gorice geschützter liegt. Durch die Feuchtigkeit ist im Norden der Baumbestand an Eichen und Pinien vorherrschend, während sonst Mecchia (Maggikraut) das Landschaftsbild dominiert.

Die Bewohner von Cres gehen meist dem Gemüse-, Oliven- und Weinanbau oder dem Fischfang nach, Lošinj lebt dagegen von einem boomenden Tourismus sowie dem traditionellen Bootsbau. Verwaltungssitz ist **Mali Lošinj,** wo knapp zwei Drittel der Bewohner der beiden Inseln mittlerweile wohnen. Die wichtigste Straße ist die **„Inselachse"** von Porožina auf Cres nach Veli Lošinj auf Lošinj (95 km), eine sehr gut und zügig befahrbare Route.

Geschichte

Erste Siedler muss es schon in der Jungsteinzeit gegeben haben, befestigte Bauten oder Begräbnisstätten lassen sich jedoch erst ab der Bronzezeit nachweisen (liburnische Stämme). Die Inseln waren **ursprünglich nicht getrennt,** in der An-

NICHT VERPASSEN!

- ➡ **Valun** – die „Schweiz Kroatiens" hat ihre eigenen ökologischen Regeln | 45
- ➡ **Lubenice** – Biergarten-Bistro in malerischer Idylle | 46
- ➡ **Punta Križa,** ein einsames FKK-Camperparadies | 49
- ➡ Der Kanal von **Osor** lädt zum Baden und Verweilen ein | 51

Diese Tipps erkennt man an der gelben Hinterlegung.

Inselbus auf Cres/Losinj und Anbindung von/nach Rijeka

	1-5	1-5	1-6	1-7	1-5	SSF
Zagreb				09.00	14.15	
Rijeka			07.15	12.00 12.15	16.50 17.00	17.00
Opatija			07.40			
Brestova			08.15			
Porozina			08.45			
Flughafen Rijeka				x	x	x
Omisalj				13.00	17.45	17.45
Malinska				13.05	17.50	17.50
Valbiska				13.30	18.15	18.15
Merag				14.00	18.45	18.45
Cres	06.20	08.05	09.30 09.35	14.15 14.15	19.00 19.00	19.00 19.00
Orlec	06.35	08.15	09.50	14.30	19.15	19.15
Martinscica	06.50					
Osor	07.15	08.25	10.20	15.00	19.50	19.50
Nerezine	07.20	08.30	10.25	15.05	19.55	19.55
Mali Losinj	07.50 08.00	08.55 09.00	10.45 11.00	15.20 15.25	20.15 20.15	20.15 20.15
Veli Losinj	08.15	09.10	11.15	15.40	20.30	20.30

	1-5	SSF	1-7	1-6	1-5	1-7
Veli Losinj	04.30	06.30	06.30	10.45	14.20	16.45
Mali Losinj	04.40 04.45	06.40 06.45	06.40 06.45	11.00 11.00	14.30 14.30	17.00 17.00
Nerezine	05.10	07.10	07.10	11.20	14.55	17.25
Osor	05.15	07.15	07.15	11.25	15.00	17.30
Martinscica					15.25	
Orlec	05.45	07.45	07.45	11.55	15.25	18.00
Cres	06.00 06.00	08.00 08.10	08.00	12.15 12.20	16.00	18.15 18.30
Merag	06.30					19.00
Valbiska	07.00					19.30
Malinska	07.10					19.40
Omisalj	07.20					19.50
Flughafen Rijeka	x					x
Porozina		09.00		13.00		
Brestova		09.30		13.30		
Opatija		10.10		14.10		
Rijeka	08.05 08.30	10.40		14.40		20.30 20.40
Zagreb	11.15					23.15

1-7 verkehrt täglich   SSF samstags, sonntags u. feiertags
1-5 nur Mo-Fr   1-6 nicht an Sonn- u. Feiertagen

2

tike wurde vermutlich nach der Eroberung durch die Römer *(Augustus,* um die Zeitenwende) der heute Cres und Lošinj trennende **Kanal** durch Apsirtides (so der damalige Gesamtname) gegraben. Nach dem Ende Westroms (476) fielen die nunmehr zwei Inseln an Byzanz, eine slawische Besiedlung erfolgte erst im Mittelalter (Tafel von Valun, 11. Jh.). Bis ins späte 18. Jahrhundert standen Cres und Lošinj unter venezianischer Herrschaft, anschließend (bis 1918) unter österreichischer. Nach dem italienischen Intermezzo (1918–1943) folgten die jugoslawische und schließlich die neue kroatische Epoche.

Allgemeine Reiseinfos Cres und Lošinj

An- und Weiterreise

Fähre vom Festland

▣ Bedeutendster Transitort nach **Cres (Porožina-Pier)** ist **Brestova** auf dem istrischen Festland. Die **Fähre** (Pkw mit 2 Personen, 133 K) legt 11–13x tgl. ab. Die große Fähre hat eine Kapazität von ca. 60 Pkw-Plätzen, in der Hauptsaison wird zusätzlich eine kleine Fähre (30 Plätze) eingesetzt, sodass dann etwa halbstündlich gefahren wird. Bei der Überfahrt hat man einen guten Ausblick auf die Küste bis Opatija und Rijeka.

Achtung: An Wochenenden ist diese Fährstelle **oft überlastet;** man sollte daher daher nach Möglichkeit einen Wochentag wählen und zudem sehr früh am Pier sein!

Pkw-Fähre Krk – Cres

▣ Seit dem Bau der Krk-Brücke wird auch die **Fähre Valbiska (Krk) – Merag (Cres)** intensiver genutzt: 5.50–22 Uhr 13x tgl. (etwa alle 75 Minuten), Pkw mit 2 Personen ca. 20 € (133 K).

Pkw-Fähre Cres – Krk – Rab

▣ **Wichtiger Hinweis für „Inselhüpfer":** Man kann per PKW-Fähre leicht Cres/Lošinj, danach Krk und schließlich auch von dort aus mit der jungen Verbindung Valbiska – Lopar (nicht Baška/Krk – Lopar/Rab, diese fährt derzeit nicht) nach Rab übersetzen. Da Krk somit immer „in der Mitte" steht, macht nur die Reihenfolge Cres – Krk – Rab oder umgekehrt Sinn.

Pkw-Fähre Zadar – Mali Lošinj

▣ Eine interessante Möglichkeit, von Dalmatien nach Mali Lošinj zu gelangen, besteht mit der sehr beliebten Linie Zadar – Mali Lošinj via Ist, Olib, Šilba und Premuda (siehe Kapitel „Norddalmatien"). Sie fährt Mo und Fr, im Juli und August täglich, um 9 Uhr vom Hafen Gaženica/Zadar ab und kommt gegen 16 Uhr an. Preis: 330 K für 2 Personen inkl. Pkw – gerade an Hochsommerwochenenden eine empfehlenswerte Alternative (Tickets problemlos per Mail reservierbar; www.jadrolinija.hr).

Fähre Zadar – Pula

▣ Schließlich legen auch (im Sommer) die **Schiffe der Route Zadar – Pula** (keine PKW!) in Mali Lošinj an, eine zeitaufwendigere und teurere Anreisemöglichkeit (siehe www.jadrolinija.com).

Inselbusse

▣ Per Inselbus wird die Route Veli Lošinj – Mali Lošinj – Nerežine – Osor – Matričice – Cres-Stadt und dann entweder Merag – Valbiska (Krk) – Malinska – Omišalj – (4x tgl.) oder Porožina – Brestova – Opatija – Rijeka (3x tgl.) angefahren; Info-Tel. 051-571810.

2

Unterkunftssuche

Für Cres und die „deutsche Hochburg" Mali Lošinj können **Ferienwohnungen und Wohnwagen** unter www.sunbird.de vorab arrangiert werden; hier gibt es auch zahlreiche Sportangebote, geführte Radtouren, Radverleih, Surfschule usw. Weitere „cresspezifische" Seiten zur allgemeinen Information oder zum Arrangement von Unterkünften:

- www.cres24.com
- www.ferienwohnungen-cres.de
- www.insel-cres.net/de
- www.cres.de.

Für **Camper** wird die zentrale Seite www.camps-cres-losinj.com von Interesse sein. Spezielle lokale Seiten zu **Ferienwohnungen** sind www.island-cres.com oder www.cresapartments.com.

Beli

Nach der steilen Auffahrt vom Pier ist nach zwölf Kilometern der **Barbin-Sattel** (450 m, toller Aussichtspunkt) unterhalb des Gorice-Gipfels erreicht. Die Spitzkehre führt links hinunter nach Beli, einem schon in der Antike zentralen Ort auf Nord-Cres.

Nette Gassen winden sich durch die stille 150-Seelen-Gemeinde, deren höchsten Punkt die Pfarrkirche (18. Jh.) und der davor liegende Platz mit dem Brunnenrad bilden. Man kann sich nicht verlaufen und rund um den Ort mit den eng aneinander gedrängten alten Häusern schlendern, die winzigen Gärtchen

prägen Feigen- und Granatapfelbäume. Einige tolle **Aussichtspunkte** gewähren famose Blicke auf den unterhalb gelegenen Strand und bis aufs Festland.

Der Zufahrtsweg zum Campingplatz führt auch zur alten Anlegestelle und dem netten **Steinstrand** von Beli. An der Gaststätte (Wandertafel) führen drei markierte Wanderwege von fünf, sechs und sieben Kilometern Länge in die Hügel des Umlands – gute Schuhe sind Voraussetzung!

Praktische Tipps

An- und Weiterreise

- **Busanbindung** nach Cres-Stadt besteht tgl. um 7.30 und 16 Uhr.
- Selbstfahrer finden einige kostenfreie **Parkmöglichkeiten** etwa 250 m vor dem Ort, nicht jedoch innerhalb.

Unterkunft

- Die **Pension Tramontana**② , kurz vor dem Örtchen links den Stichweg hinauf, bietet nicht nur Unterkunft, sondern auch Tauchgänge, Tel. 051-840519, www.diving-beli.com.
- Einfache Zimmer bietet auch die **Gostionica Beli**①-② (s.u.).

Camping

- **AC Brajdi na Moru**③ , Tel. 051-840532, http://perica666.wix.com/autokamp-braj di. Vor der Kneipe links hinunter, dort auch Steinstrand und alte Anlegestelle (Bootsslip). 300 Plätze, Minimarkt.

▷ Cres-Stadt, das Inselzentrum

2

Essen und Trinken

■ **Gostionica Beli,** Tel. 051-940515, tgl. 10–24 Uhr. Rustikale Dorfkneipe, zivile Preise trotz Monopol: Seebrasse oder Scampi vom Rost oder Lammbraten sind keinesfalls überteuert.

■ **Pension-Bife Tramontana,** zwischen den Parkplätzen und dem Ortseingang linker Hand den Weg hinauf (beschildert), bietet frische Fischgerichte und organisiert Jazz-Abende; Tel. 051-840519.

Einkaufen

🦋 An der Zufahrtsstraße wurde ein „**Eko-Centar Caput Insulae**" („Öko-Zentrum Inselhaupt") eingerichtet, wo in geringem Umfang lokale und besonders umweltfreundlich produzierte landwirtschaftliche Erzeugnisse (vorwiegend Honig und Olivenöl) vertrieben werden. Hauptaufgabe des Zentrums ist allerdings der Schutz bedrohter Vogelarten, etwa des Gänsegeiers. Sehr unregelmäßig geöffnet, Tel. 051-840525, www.supovi.hr/english-sponsorship.

Cres-Stadt

Allein 3000 Menschen, 90 % der Gesamtbevölkerung der Insel Cres, wohnen in Cres-Stadt, dem unbestrittenen Zentrum. Eingebettet in karg bewachsene Hügel war der kleine Hafen unter dem Namen Crepsa schon in der Antike von Bedeutung. Die städtische Ummauerung stammt aus der venezianischen Zeit, Teile davon, einschließlich der Stadttore, sind gut erhalten.

Heute verfügt Cres über eine **sehenswerte Altstadt** rund um das alte Hafenbecken, wo sich die meisten Touristen aufhalten. Den Campingplatz und Hotelanlagen findet man westlich, Einkaufsmöglichkeiten (Supermarkt) östlich der Altstadt. Fußgänger können den angenehmen **Promenadenweg** (Palada/Lungomare Sv. Mikula) vom Altstadthafen bis zum Camp Kovačine nutzen.

003kb wl

Cres-Stadt – Übersicht

© Reise Know-How 2015

0   400 m

Kvarner07

Hubschrauber-Landeplatz

Wanderwege
Sv Blaž,
Sv Salvadur

Porožina

Dari

40

Kimen

Altstadt

Brajdice

RT Kovačine

Uvala
Kimen

Melin

Creska Kula ★

Franziskaner-kloster

Groß-parkplatz

Brajdi

Jadransko more

RT Melin

RT Križice

Lošinj

Creski
zaljev

Uvala
Dražica

Grotice

RT
Martinski

Marina
Cres

■ **Übernachtung**
1 Camping
  Kovačine
2 Hotel Kimen
3 Villa Erdelja

■ **Einkaufen**
4 Konzum-
  Supermarkt

Sehenswertes

Franziskanerkloster

Vom Parkplatz hinter dem Trg Sv Frane passiert man das Franziskanerkloster aus dem 14. Jahrhundert, in dem die **älteste glagolitische Bibel** (gedruckt 1494 in Senj) aufbewahrt wird. Hübsch anzuschauen ist der Innenhof mit Säulengang, Brunnen und der Büste des *Antonius Petris,* des ersten Franziskaners auf Cres.

Stadtmuseum

Landseitig versetzt hinter der Uferpromenade (nahe der Post) wurde der **Palast der Händlerfamilie Arsan** restauriert und zum Stadtmuseum umgestaltet. Die lokalgeschichtliche Sammlung besteht bereits seit über 100 Jahren und beherbergt Exponate aus Handwerksbetrieben, Alltagsgegenstände sowie historische Bilder und Kartenmaterial.

Am Platz vor dem Museum ist ein **Denkmal** des lokalen Theologen und

Philosophen *Petrić Petrišević* (1529–97) zu sehen, der in Cres geboren wurde und seine Laufbahn in Rom beendete.

■ **Creski Muzej,** Ribarska 7, Tel. 051-571127, tgl. außer Mo 9–11 und 19–23 Uhr (Winterhalbjahr nur 10–13 Uhr, So und feiertags geschl.), Eintritt 10 K, Kinder 5 K.

Creska Kula

Einer der **Türme der ehemaligen Stadtmauer** im Bezirk Melin wurde restauriert und zur Besichtigung freigegeben. Er bietet eine schöne Aussicht über die gesamte Stadt und die Küste (im Sommer tgl. 10–13 und 19–23 Uhr, Eintritt 10 K, Kinder frei).

Hafen

Rund um das kleine Hafenbecken pulsiert das Herz der Stadt; kleine Geschäfte und Boutiquen, Cafés, ein kleiner Fischmarkt (heute meist Honig/Obst/Kunst) und zum Teil recht hübsch restaurierte Altstadtbauten prägen die **Promenade** zwischen Cons Trg und Trg Petrića. Der zentrale Brunnen wäre an und für sich eine gute Idee, die futuristisch anmutende Umsetzung wirkt hier in Cres allerdings etwas verfehlt.

■ Die **Ausflugsboote** am Hafenbecken (sowohl am Cons als auch an der Lungomare-Promenade) werben für diverse Touren und Ausflüge aller Art (Baden, Fischpicknick, Weintour usw.), je nach Dauer und Inhalt 25–50 €, mobil 098-9913815.

Altstadt

Am Hafen führt rechter Hand ein Durchgang durch das alte **Seetor** aus dem 16. Jahrhundert in den Altstadtkern. Gleich dahinter ragt der **Glockenturm** der Pfarrkirche **Sv Marija Snježna** empor (15./16. Jh.; tgl. 10–12 und 18–21 Uhr, Turm 9–11 und 18–20 Uhr). Von hier aus mag es fast ein wenig gruselig wirken, die engen und verwinkelten Altstadtgassen zu durchstreifen – interessant ist es allemal, das Leben in den Hinterhöfen einmal hautnah zu erleben: Beschwingte Rentner füllen außerhalb der Saison fässerweise Šljivovica und Grappa ab, alte Frauen häkeln und stricken vor den Türen, Kinder tollen unbeschwert durch die verkehrsfreie Altstadt. Sehenswert ist noch die **Kapelle Sv Sidar** mit der ersten Glocke von Cres aus dem 14. Jh.

Praktische Tipps

An- und Weiterreise

Busse

■ Alle **Busse von Lošinj nach Rijeka** halten in Cres, die Haupthaltestelle liegt direkt vor der Altstadt in der Zazid (Details siehe Anfang des Kapitels). Reine **Inselverbindungen** von/nach Cres-Stadt sind die Linien Beli (Sommer 7, 15.30, Winter 6.30 und 14.15 Uhr) sowie Valun/Lubenice (4.30, 8.30 (nur im Sommer), 16.30, 19 Uhr). Fahrkarten und Auskünfte erhält man schräg gegenüber der Haupthaltestelle bei Autotrans (Zazid 12, Tel. 060-306020).

Auto

■ Selbstfahrer sollten den großen **Parkplatz** (15 K pauschal ohne Zeitbegrenzung) hinter dem Franzis-

Cres-Stadt

Lošinj, Merag, Porožina

Aprila XX Šetalište

Aprila XX Šetalište

16

P

Klančić Rov

Kutonjina

Zagrad

Pijaceta

17

K. Creskih Kopača

Zagrad

22

Giovanni Moise

18

Sv. Sidar

Nikola Draže

Ribarska

Ante Tentora

15
14

ℹ️ *Pfarrkirche*

11

Turion

Creskog Statuta

Pecarica

Pecarica

21

Markt
★

12

Osorškaća

13
★

20

S

*Glocken-
turm*

Pod Urom

19

Riva Creskih Kapetana

10

Labinska

★ *Seetor*

S *Petrić-Statue/
Brunnen*

S

9

★
*Trg. F.
Petrića*

Fischerhafen

8

Bejanska

Drivenik

7

6

Bejanska

Put Fortice

5

Palada

Varozina

Drivenik

3

Lubenička

4

Lošinjska

Žrtava Fašizma

Zagrebačka

1 **2**
Melin

Rialto

0 ▬▬▬ 50 m　© Reise Know-How 2015

Kroat19

P

Franziskanerkloster ⓘ

26 *Marina* (ca. 1 km)

● *Polizei*

Zazid

Peškera

23

24

Barnandino

Rizzi

25

Zazid

27

Ⓑ

Brodogradiliste Marina

28

Stadtmuseum
Ⓜ

Ⓢ

Cons

Dr. Cirila i Metoda ✉

Cons

Ⓢ

Hafenmeisterei ●

Werft

Palada

● **WLAN Hotspot, Kinder-Hüpfburg**

29

30

31

32

Lungomare Sv. Mikula

★*Promenade*

2

🟧 Übernachtung

1 Hotel Kimen, Villa Erdelja
2 AC Kovačine
8 Zimmervermieter
14 Palazzo Floreus
20 Apartments Riva
21 Hotel Cres
22 Aptm. Kolega
29 Aptm. Mareta
31 Aptm. Lungomare

🟦 Essen und Trinken

3 Pizzeria Rosa Luna
5 Fast-Food-Lokale
6 Amphora
12 Konoba Kopač
13 Café-Bar Kadena

15 Konoba Busola
16 Caruso (Filiale von **23**)
17 Bistro-Pizzeria Chersium
18 Al Buon Gusto
19 Buffet Maritimo
23 Caruso
24 Adria Grill
30 Santa Lucia
32 Café Obala

🟩 Einkaufen/ Sonstiges

4 Vinoteka Katunar
7 Apotheke
9 Agentur Crepsa
10 Fischgeschäft
11 Rent a bike
20 Radverleih
25 Fischgeschäft
26 Supermärkte
27 Cres Travel
28 Agentur Croatia

kanerkloster nutzen, für Tagesbesucher die einfachste Möglichkeit; die Altstadt selbst ist gänzlich autofrei. Auch an der Aprila XX Šetalište liegt ein beschrankter Parkplatz, der nach Stunden abgerechnet wird.

Info und Agenturen

■ **Touristeninformation Cres,** Cons 10, Tel./Fax 051-571535. www.tzg-cres.hr. Geöffnet tgl. 8–20 Uhr, So 9–13 Uhr. Gute Webseite mit Wanderwegen, Veranstaltungshinweisen und einem umfassenden Katalog der meisten Zimmer- und Wohnungsanbieter der Stadt (Spalte „Unterkunft-privat").

■ Private Agenturen für Zimmer, Ferienwohnungen sowie Bus- und Flugtickets findet man rund um den Trg Cons am Hafenbecken. Nützlich für Ausflüge, Touren, Unterkunft, Fahrzeuge ist hier z.B. das **Turist-Biro Cres-Travel** (direkt neben der Touristeninformation, Tel. 051-571133, www.cresanka. hr), wo auch alle Fahrpläne (Fähren, Busse) außen eingesehen werden können. Ebenfalls empfehlenswert ist die **Agentur Crespa** am Trg Svetok Jurja oder **Croatia** (Tel. 040-030387, www.crespa.com, hier auch Internetcafé und Fahrradverleih) neben der Touristinformation. Einige Agenturen bieten auch Mopedverleih oder Geldwechsel.

Unterkunft

Hotels

■ **Hotel Kimen**③, Tel. 051-571161, www.hotel-kimen.com, ordentliche DZ mit Balkon und Frühstück, mit Open-Air-Disco und Tennisplatz.
■ **Hotel Cres**①, Riva Kapetana, Tel. 051-571108, recht einfache, aber günstige Zimmer.

FeWo/Zimmer

■ Sehr preiswert und zuverlässig sind die Zimmer/Apartments **Cres**①, zu buchen unter www.

tbcres.com/de mit Wohnungen für 4 Pers. oder DZ im Zentrum, Tel. 051-571133.

■ Wer selbst etwas direkt im Ort sucht: ein kleiner **Zimmervermieter** liegt direkt neben der Agentur Crespa im Zentrum (Nr. 5, Ul. Creskog Statuta) und auch direkt um die Ecke vom Glockenturm im zur Konoba Busola gehörenden **Palazzo Floreus**② (Tel. 051-571676, www.cres-busola.com), wo auch Apartments vermietet werden.

■ Weitere Apartments findet man in einem restaurierten Bürgerhaus bei Familie **Kolega**②, Pijaceta 19, mitten in den ruhigen Altstadtgassen.

■ Sehr schön und zentral am Ufer (Riva) liegen die **Apartments Riva**② (mobil 091-5322353) mit Radverleih (mobil 091-1614186).

■ An der Promenade Lungomare Sv. Mikula findet man ebenfalls etliche Apartmentvermieter, etwa **Lungomare**③, mobil 099-5176914. Um die Ecke (Lungomare Sv. Mikula 2) liegen die hübsch restaurierten **Apartments Mareta**③ (mobil 091-503 9625).

■ Auf halber Strecke zwischen Altstadt und Hotel Kimen/Strandbereich liegt die **Villa Erdelja**② (Melin II Nr. 31, Tel. 051-571328, www.erdelja. com), die schön verschachtelte, unterschiedliche Wohneinheiten für 2–4 Personen anbietet.

■ Im **Bezirk Melin** gibt es weitere Anbieter von Ferienwohnungen. Hier muss man wissen, dass die Straßen von 1 bis 4 durchnummeriert sind (1 am nächsten zum Ufer, 4 am weitesten weg).

Camping

■ **AC Kovačine**②, Tel. 051-571423, www.camp-kovacine.com. Ursprünglich einmal ein reiner FKK-Campingplatz, findet man hier mittlerweile auch DZ (Haus Tamaris), **Mobilheime**②-③, klassische Stellplätze, ein Restaurant (Tel. 051-571689) und ein ordentliches Unterhaltungsangebot (Tauchschule, Gymnastik, Basketball, Volleyball, Grillpartys, Livemusik usw.) direkt am Meer; WLAN inkl. Heute abgetrennte FKK- und Textilabschnitte.

2

Essen und Trinken

Einfache Snacks, Eiscafés

■ In den Cafés und Restaurants an der Promenade bekommt man meist auch Frühstück – ein sonst eher seltener Service in Kroatien. Eines der beliebtesten ist das **Café Obala** (Palada 10).

■ Neben der Pfarrkirche (Pod Urom 5) bietet die **Café/Bar Kadena** preiswerte Erfrischungen, 7–14 und 17–2 Uhr.

■ In der Zagrad liegt die **Bistro-Pizzeria Chersium** (Tel. 051-571564, tgl. 18–23 Uhr) mit günstigen und einfachen Gerichten.

■ Immer gut gefüllt, wenngleich etwas überteuert, ist die **Pizzeria Rosa Luna** (Palada 6, tgl. 10–24 Uhr). Pizzen ab 7 €, Spaghetti ab 7,50 €.

■ Weitere **Fast-Food-Lokale** wie das **Buffet Maritimo** und **Eiscafés** liegen direkt am Kopfende des Hafenbeckens am Trg Frane Petrića.

■ Etwas versteckt in der Gasse hinter dem Museum findet man das **Caruso,** eine Westernsaloon-ähnliche Buffet-Bar mit wechselnden Tagesgerichten. Sie ist eine Filiale des gleichnamigen Restaurants an der Hauptstraße (Aprila XX Šetalište 58, Tel. 051-572089) und auch bei Einheimischen sehr beliebt.

Restaurants

■ In der mittleren Preisklasse empfehlen sich die sehr nett gelegene **Konoba Kopač** (16– 24 Uhr, Tel. 571956) sowie das Restaurant **Amphora** am Trg Frane Petrića 5 (Tel. 051-571288), beide mit „gutbürgerlicher Küche".

■ Die **Konoba Busola** (Ante Tentora, Tel. 571676, tgl. 10–2 Uhr) bietet ausgezeichnete Fischplatten für 2 Personen, aber auch Kleinigkeiten wie Pleškavica oder Spezialitäten wie istrische Würste in Wein sowie Fuži mit Trüffeln.

■ **Al Buon Gusto** (Sv. Sidar 14, Tel. 051-571878, 17.30–23 Uhr) serviert einfache, preiswerte und schmackhafte Gerichte wie gegrillten Tintenfisch mit Mangold, große Pizzen kosten 35–50 K.

■ Wer es gehobener mag: Von 10 bis 23 Uhr tgl. serviert der **Adria Grill** (Zazid, Tel. 571 520) exzellente Fisch- und Fleischplatten.

■ Auch an der Promenade Lungomare Sv Mikula findet man einige gute Restaurants. Gute Kritiken erhielt das **Santa Lucia** (Lungomare 41, Tel. 051-573222, tgl. 9–24 Uhr) für den preiswerten Thunfisch in Olivenöl oder das Meeresfrüchte-Risotto. Hier findet man auch Spezialitäten aus dem benachbarten Istrien wie Medaillons mit Trüffeln und Fuži mit Trüffeln.

Einkaufen

■ **Andenkenhändler** säumen den Trg Petrića (Düfte, Aquarelle usw.)

■ **Metzgerei Cons,** Riva Creskih Kapitana (am Hafenbecken vor dem Hotel Cres), Mo bis Sa 7–12 und 17.30–20 Uhr, So nur 8–12 Uhr. Eine weitere Metzgerei liegt direkt neben dem Glockenturm.

■ **Fischgeschäft (Ribarnica),** Zazid 16, tgl. 7–12 und 18–20 Uhr, So nur 7–12 Uhr. Eine weitere Ribarnica liegt im Zentrum in der Creskog Statuta (Creska Ribarnica, tgl. 7–13 Uhr).

■ **Kioske** mit Zeitschriften und Postkarten gibt es am Trg Petrića.

■ Die sehr gute **Bäckerei Loznati** (tgl. 6–12 und 18–21 Uhr, Tel. 051-573028), aber auch **Obst- und Gemüse-** sowie weitere **Souvenirstände** (Angelzubehör, Textilien) findet man am neuen Markt in der Creskog Statuta.

■ Selbstversorger finden einen **Minimarkt** in der Zazid im Zentrum.

■ Deutlich preiswerter kauft man aber im **Konzum-Supermarkt** in der Jadranska Obala ein (vom Franziskanerkloster-Parkplatz aus am Ufer Richtung Marina, erste Abzweigung links ins Wohngebiet, nach 150 m linker Hand): Basissortiment, Frischfleisch/-käse und frische Backwaren, insgesamt günstigste Einkaufsmöglichkeit der Stadt, wenngleich längst nicht so gut wie in Mali Lošinj. Mo bis Sa 8–21 Uhr, So 9–13 Uhr.

■ **Vinoteka Katunar,** vor der Rialto-Treppe am Hafenbecken links in der Drivenik-Gasse. Hier kann man sowohl Weine aller Art kosten als auch direkt in mitgebrachte Flaschen – je nach Sorte ab 15 K/Liter – abfüllen lassen (8–12 und 18–21 Uhr, Tel. 052-7741839).

Nützliches

■ **Polizei:** Tel. 051-571207, Vatrogasci (nahe Franziskanerkloster).
■ **Erste Hilfe:** Trg Petrića/Ecke Labinska (Tel. 051-571116), Apotheke am Trg Petrića; Kreiskrankenhaus 051-571247.
■ **Bank/Geldautomat:** Mehrere Institute mit Geldautomat finden sich am Cons und entlang der Riva Kapetana.
■ **Post:** Cons 1, Mo–Sa 7.30–21 Uhr.
■ **Internetcafé:** Agentur Croatia, Cons 8, neben der Touristeninformation, Tel. 040-030387, tgl. 8–22 Uhr. **WLAN** kostenlos im gesamten Campingareal und an der Uferpromenade (Hotspot).

■ **Tankstelle:** am unteren Ende der Zazid neben der Bushaltestelle.
■ **Hafenmeisterei** (für Taucher und Bootsführer): Brodogradilište Marina, Tel. 051-571111.
■ **ACI Marina:** 1,5 km Richtung Lošinj, Tel. 051-571622, www.aci-club.hr.
■ **Radverleih:** Cres Rent a bike, Ul. Turion (am Marktplatz); 70 K für 12 Stunden.

Aktivitäten

■ **Tauchen:** PADI Diving Cres, im AC Kovačine, deutschsprachig, Tel. 051-571706, www.divingcres.de.
■ Im Camp Kovačine werden **Paragliding, Bootsverleih, Banane** und sonstige Wassersportaktivitäten angeboten (Regatta-Watersports, mobil 091-5469714).
■ **Kinderhüpfburg:** Ecke Palada/Lungomare.
■ Das rote „**U-Boot**" (www.semisubmarine-cres.hr) am Hafen bietet Rundfahrten mit Blick durch Bullaugen unter der Wasseroberfläche an.

005kb wl

Valun

Auch wenn man nur auf der Durchreise ist – ein Abstecher nach Valun (und Lubenice) ist unbedingt empfehlenswert: Bergdorf und Meer mit dem **klarsten Wasser Kroatiens** in absoluter Ruhe findet man in dieser Zusammenstellung so rasch nirgends. Kurz hinter dem Abzweig von der Inselstraße Richtung Valun/ Lubenice besteht rechter Hand eine Haltemöglichkeit (Feldparkplatz) mit schöner Aussicht.

Valun mit seinen etwa 80 Einwohnern gibt sich als **autofreier Kurort** (Parken vor dem Ort für 15 K pauschal), der eigens die „Valuner Grundregeln" aufgestellt hat: nichts zerstören, keinen Abfall auf den Boden werfen, keine Mauersteine entfernen – außerdem sollen Eselskarren für den Gepäcktransport der in Valun untergekommenen Touristen vom Parkplatz zum Domizil sorgen. Das Ganze wirkt nur auf den ersten Blick gekünstelt, bei genauerem Hinsehen entpuppt sich Valun als „**Schweiz Kroatiens**": idyllische Beschaulichkeit gepaart mit dem vielleicht klarsten Adriawasser überhaupt.

Einziges historisches Monument ist die Pfarrkirche mit der **Valuner Tafel,** einer glagolitisch-lateinischen Steintafel vom Ende des 11. Jahrhunderts. Neben der Touristeninformation lädt eine **traditionelle Ölmühle** (Uljara) zur Besichtigung ein.

Von den hoch gelegenen Parkplätzen kann man entweder links zur kleinen **Badebucht** (Kiesstrand) hinuntergehen oder rechts hinunter zu den Gaststätten und Unterkünften; beide Abschnitte sind per Promenade (ca. 300 m) miteinander verbunden. Geht man vom Gastronomiebereich am Ufer entlang in die entgegengesetzte Richtung, bestehen weitere Bademöglichkeiten (befestigt) bis hin zum Kiesstrand des Campingplatzes.

Praktische Tipps

An- und Weiterreise

■ **Bus:** Abfahrt nach Cres tgl. 5.33, 8.50, 16.50 und 19.20 Uhr, nach Lubenice um 8.50, 16.50 und 19.20 Uhr (Sommerfahrplan)

Information

■ **Touristeninformation** (Cresanka bb, tgl. 8–21 Uhr, Tel. 051-571161 und 525050) mit Zimmervermittlung (ab 40–45 €/DZ), Geldwechsel, Ticket- und Ausflugsorganisation usw.

Unterkunft, Camping

■ **Pension Za Odmor**②, Tel. 051-573053 oder über die Agentur Cresanka (s.o.), DZ 30–35 €, FeWo für 4 Personen 55–90 € je nach Saison.
■ Auch das **Bistro Mamalu**②, Tel. 051-525008, www.mamalu-valun.hr, bietet sehr schöne Zimmer direkt am Ufer zwischen 50 und 65 € sowie kleine 4er-Apartments.
■ **FKK-Camp Zdovice-Valun**②, Tel. 051-571161, www.cresanka.hr, Anmeldung vor Ort auch über die Agentur Cresanka.

◁ Valun – abgeschiedener Urlaubsort auf Cres

2

Essen und Trinken

Es gibt einige Gaststätten im Ort, wobei die Preise etwas höher als andernorts liegen.

■ Besonders nett ist am Ufer in der Ortsmitte das **Toš Juna** (Tel. 051-525084) mit seinen glagolitischen Steintafeln im „Biergarten". Sehr gut sind hier Miesmuscheln und der ausgezeichnete Schafskäse.

■ Im gehobenen Preis-Leistungssegment serviert das **San Marco** (Tel. 051-525004) eine sehr gute Gemüsesuppe oder gegrillten Fisch.

■ Nur vom 1.3. bis 1.9. brät das **Bistro Mamalu** (Tel. 051-525008) nebenan täglich 12–23 Uhr, wobei der Begriff „Bistro" deplatziert ist, da es sich um ein vorzügliches Fischlokal handelt.

■ Für Erfrischungen, Kuchen oder Eis bietet sich die **Café-Bar Valunjanka** an.

Nützliches

■ **Bootsverleih** und Bootstaxi unter mobil 098-9594566 sowie über die Touristeninformation oder die Agentur vor Ort.

■ **Minimarkt** am Ufer, führt auch Briefmarken, tgl. 7.30–12 und 17–21 Uhr, So nur vormittags.

■ **Geldautomat** beim Minimarkt.

■ **Kleiner Obst-/Gemüsemarkt** (auch Speiseeis) am zentralen kleinen Platz.

Lubenice

Lubenice ist ein **Bergdorf** mit noch etwa 40 Einwohnern, in dem sich allabendlich Fuchs und Hase „Gute Nacht" sagen, ohne jegliche historische Sehenswürdigkeit oder andere touristische Highlights, mit nur einer tollen kleinen **Biergarten-Imbissstube**. Direkt hoch über dem Meer gelegen, ist der nächste Strand knapp 30 Gehminuten (ziemlich steil hinab) entfernt und das Nachtleben beschränkt sich auf den Sonnenuntergang – und trotzdem ist der Miniort ein echter Tipp! Es sind die wundersame, unvergleichliche, **friedliche Idylle** des luftigen Dörfchens, die malerische, geradezu einmalige Lage oberhalb des Meeres und sicher auch der nur zu Fuß erreichbare **einsame Strand** unterhalb des Ortes: Lubenice ist schlicht Idylle pur!

Am anderen Ortsende (einfach durchgehen) oberhalb der Klippe gibt es mehrere Aussichtspunkte und ein kleines **Museum zur Schafzucht** (kostenlos), welches bis 1986 als Dorfschule diente. Der Haupterwerb der Bewohner ist die Schafzucht.

Die **malerische Bucht** unterhalb des Ortes ist einfach verführerisch! Vom Parkplatz führt ein Fußweg hinunter (ca. 30 Min., es geht schneller als vermutet – zumindest abwärts).

An- und Weiterreise

■ Der **Linienbus** fährt um 4.30, 8.30, 16.30 und 19.30 Uhr ab Cres und um 5, 9.30, 17.30 und 20 Uhr ab Lubenice, allerdings nur im Sommer; ansonsten bleibt nur die Möglichkeit von/nach Valun (s. dort).

■ Ausreichend **Parkplatz** ist vor der Kapelle vorhanden; schon bei der Einfahrt ins Dorf wird ein Parkplatzticket (pauschal 20 K) verkauft, andere Möglichkeiten gibt es nicht!

Essen und Trinken

MEIN TIPP: **Imbissstube** mit deftigen Schinken- und Käseplatten, Lammgerichten und Fassbier – das alles mit herrlicher Aussicht!

● Mitten im Dorf bietet die **Konoba Hibernica** tolle Lammgerichte im Römertopf, Tel. 051-840422.

Miholašćica

Nachdem bei Vrana ein Blick auf das unterhalb gelegene Süßwasserreservoir Vransko Jezero (Zutritt verboten) genossen werden konnte, führt die nächste Abzweigung hinter Hrasta nach Martinšćica und zum AC Zlatina. Über die sehr gut ausgebaute Nebenstraße wird Miholašćica durchquert, ein kleiner Bauernort, der sich durch den Durchgangstourismus mittlerweile zu einem Ausweichstandort gemausert hat. An der Hauptstraße liegen einige Vermittlungen für Unterkünfte und Gaststätten (Konoba Ugnjišće, Gostionica Mareta); die kleinen, sehr sauberen **Badebuchten mit Felsstrand** laden zum Baden ein.

Im nahezu mit Miholašćica zusammengewachsenen Ortsteil **Zaglav** kann man an einigen Stellen hinunter zu hübschen Badebuchten gehen oder klettern (teilweise steil). Eine kleine Kies-/Felsbadebucht liegt unterhalb des Minimarktes bzw. der Agentur Zaglav mit kleinen betonierten Abschnitten. Die touristische Infrastruktur von Zaglav beschränkt sich – noch – auf die große gleichnamige Ferienwohnungen-Anlage mit einem Minimarkt.

🦋 Interessant ist etwas außerhalb (Abzweigung Grmov, Hinweisschild) das **ornithologische Reservat Cres**; tatsächlich sind hier gelegentlich Hunderte von Gänsegeiern, die dieses Gebiet besiedeln, im Flug zu sehen.

Info und Agenturen

● Derzeit bieten erst zwei Agenturen ihre Dienste (Unterkunft, Touren usw.) an, die **Agencija Zaglav,** Tel. 051-574169, zaglav@ri.t-com.hr, sowie **Rona Zaglav,** Tel. 051-715728, www.apartments-rona.com.
● Weitere Angebote zu Zaglav findet man auch unter **www.adria24.hr** oder **www.kvarner.com.**

Essen und Trinken

● Die **Gostionica Mareta** sorgt für das leibliche Wohl, wobei vor allem die Meeresfrüchte gelobt werden; Tel. 051-574325.
● Ein **Restaurant** und ein **Minimarkt** befinden sich an der Agentur Zaglav beim Parkplatz oberhalb des Badestrandes.

Martinšćica

Kurz hinter dem Ortsende von Zaglav geht es an einem Abzweig geradeaus zum AC Zlatina, links hinein nach Martinšćica (knapp 200 Einwohner), benannt nach der **Pfarrkirche Sv Martin** (Crkva i Manastir Sv. Jeronima) mit angeschlossenem Kloster von 1479 direkt am Ufer. Parken kann man auf dem großen Parkplatz auf halber Strecke das Sträßchen hinein rechter Hand. Der Ort ist sehr klein und überschaubar, alles ist leicht zu Fuß erreichbar.

Martinšćica gehört noch zu den ruhigeren Orten, Sehenswertes und Touristenströme sucht man hier vergebens. Ansonsten laden der Kiesstrand, das Eiscafé Riva und die örtlichen Gastronomiebetriebe zum Verweilen ein. Einzig der teilweise erhaltene **Aquädukt** am Parkplatz (hinter dem Zaun) zieht die Blicke einiger Interessierter auf sich.

Praktische Tipps

An- und Weiterreise

■ Es mag überraschen, aber das **Personenboot** (Katamaran) Mali Lošinj – Rijeka (3x wöchentl.) hält ausgerechnet hier! Nach Rijeka Mo 8.15 Uhr, Do und Sa 7.40 Uhr, retour ab Rijeka jeweils um 17 Uhr; nach Mali Lošinj Do und Sa 19.05 Uhr, jeweils 6 Uhr ab M. Lošinj. Verkehrt nur im Sommer!
■ **Bus:** Für Touristen nur miserable Anbindung, 6.30 Uhr Richtung V./M. Lošinj, 14.30 Uhr Richtung Cres.
■ **Bootstaxis** etwa für Individualtouren zu vorgelagerten Inseln können unter mobil 098-260088 geordert werden.

Agentur

■ **Agentur Seca Martinšćica,** neben der Privredna Bank an der Promenade, Tel. 051-574107, www.apartments-cres-losinj.com, im Sommer tgl. geöffnet 8–21 Uhr; die **Wechselstube** ist 8–13.30 und 14–20.30 Uhr offen. Im Programm sind zahlreiche Unterkünfte hier und in den umliegenden Dörfern. Die Agentur dient auch als Filiale der Touristeninformation Cres.

Unterkunft, Camping

■ **Hotel-Pension Zlatni Lav**③ (Tel. 051-574020, www.hotel-zlatni-lav.com), früher nur eine Disco-Pizzeria, heute nach mehreren Umbauten und Erweiterungen auf dem Weg zur Nobelherberge, kurz vor dem Camp (Sackgasse).

■ **AC Slatina**③, Tel. 051-574127, www.camp-slatina.com, Infos auch unter www.camps-creslosinj.com. Mit Tauchbasis und FKK-Strand.

Essen und Trinken

■ Einfache Snacks und Pizzen hat die **Bistro-Pizzeria Mario** am Parkplatz (Tel. 051-571217) im Angebot. Im mittleren Segment bietet sich die überraschend preiswerte **Konoba Kaštel** (Martinšćica 22, Tel. 051-236256) an.
■ Ein Fußweg bei der Kapelle/Hauptstraße führt landeinwärts (Vidovci) über zwei Kilometer zum **Restaurant Mali Raj** (beschildert, mobil 098-715856, tgl. ab 19 Uhr), das für Lammspezialitäten bekannt ist.

Einkaufen

■ Am Parkplatz liegen eine kleine **Metzgerei** sowie (je nach Saison) **Obst- und Gemüsestände.**
■ Der **Minimarkt Plus** an der Promenade führt ein umfangreiches Basissortiment.

Nützliches

■ Oberhalb des Parkplatzes liegt etwas versteckt die **Post** (mit Wechselstube), geöffnet nur Mo–Fr 8–15 Uhr (Pause 12.30–13.30 Uhr); direkt nebenan **Erste-Hilfe-Station.**
■ **Banken** mit Automat (Privredna und Erste) an der Promenade; Mo–Fr 8–14, Sa 8–12 Uhr.
■ **Telefonzelle** an der Eisdiele Riva.
■ **Ausflüge und Inseltouren** können direkt am Pier organisiert werden, z.B. Ilovik/Susak-Tagestour ca. 25 €, Šilba/Ilovik 30 €, Devin-Tours, mobil 098-9919580.
■ **Bus:** Mo, Do und Sa 7.50, 8.20 und 8.30 Uhr nach Cres/Rijeka, zurück ab Rijeka um 17 Uhr.

Belej und Ustrine

Das Straßendörfchen Belej (nicht zu verwechseln mit Beli ganz im Norden) bietet keine touristisch herausragenden Attraktionen, zeichnet sich aber durch einige Lokale (Konoba Leut und Bife Gromaća) aus, in denen fast rund um die Uhr knusprige Spanferkel zum Zwischenstopp locken. Am Ortsrand werben Honigverkäufer für meist hausgemachte Produkte. Nördlich von Belej liegt übrigens die offizielle Verwaltungsdistriktsgrenze der Inselteile Cres und Lošinj, die natürlich nichts mit den tatsächlichen geografischen Gegebenheiten zu tun hat.

Zwischen Belej und Osor zweigen eine neuere und eine ältere Seitenstraße nach Ustrine ab. Der Ort war schon in römischer Zeit besiedelt (Mosaiken- und Keramikfunde), man vermutet aber, dass Urnenfunde sowie der Name (Ustrinum = Totenverbrennungsplatz) auf eine Bestattungsanlage hindeuten, die schon in der Jungsteinzeit entstanden war.

Heute hat sich hier, etwas abseits der Inselhauptstraße, ein kleines landwirtschaftliches Zentrum mit **Schafzucht** entwickelt. Touristen sieht man weniger, wenngleich immer mehr Einheimische das Zubrot als Zimmervermieter für sich entdecken.

MEIN TIPP: Die **Buchten** unterhalb des Ortes zählen noch immer zu den „Geheimtipps" für Badeurlauber: Von der romantischen Kirche des Hl. Martin führt eine asphaltierte Straße extrem steil (geschätzte 20 % Steigung!) hinunter zu den drei Buchten von Ustrine: Porat, Veli Žal und Županj.

Unterkunft, Essen und Trinken

■ **Mihaela Svetec,** Tel. 051-524015, misvetec@gmail.com, vermietet einfache und günstige Apartments für 2–4 Personen, ebenso **Danila Viskov,** Tel. 051-231810, ustrine@Losinj.net.

■ Für das leibliche Wohl sorgt das **Bufet Panorama,** Tel. 051-524022.

■ An der Hauptstraße grillen die Konobas **Bife Gromaća** (mobil 091-2329534) und **Leut** (Tel. 051-524142) Spanferkel. Ein paar fliegende Händler vertreiben Honig und Eingelegtes.

Punta Križa

Vor der Brücke in Osor führt links eine schmale Seitenstraße (für Bootshänger und Wohnmobile bei Gegenverkehr ziemlich kanpp) zur zwölf Kilometer entfernten **Landzunge** Punta Križa. Diese Landzunge, die den Südrand der Insel Cres bildet, zeichnet sich durch eine einigermaßen geschlossene Vegetation und die hier wieder angesiedelten **Rotwildbestände** aus (Achtung: in der Dämmerung häufiger Wildwechsel auf dieser Straße!). Außerdem findet man einen sehr beliebten Campingplatz mit FKK-Bereich.

Der gleichnamige **Ort Punta Križa** liegt auf einem kleinen Hügel nicht direkt am Meer, dennoch hat man von den meisten Ferienwohnungen (Hotels Fehlanzeige) eine herrliche Rundumsicht.

An der (einzigen) Kapelle in der Ortsmitte führt ein befestigtes Sträßchen hinunter zu einer kleinen **Bucht** an der Ostseite (**Uvala Ul,** ca. 1500 m; 10 Minuten zu Fuß) mit **Bademöglichkeit.**

Inseln Cres und Lošinj

2

006kb wl

Folgt man von Punta Križa aus der „Hauptstraße" vier Kilometer weiter, endet das Sträßchen am **Campingplatz Baldarin-Uvala** in einer ansonsten unbebauten, einsamen Bucht. Hier findet man gute Bademöglichkeiten, das Areal ist trotz Schranke auch für Nichtcamper offen (vor der Zufahrt parken); der FKK-Bereich befindet sich ganz am Ende rechts die Bucht entlang (beschildert).

Wanderung von Punta Križa zum Camp Baldarin

An der kleinen Bucht Uvala Ul (s.o.) wird das Sträßchen zur Piste und führt danach als Wanderweg Richtung Camp Punta Križa, mit dem Auto kann man vorsichtig bis zum Kap Zaklopica mit schöner Aussicht über die Inselwelt fahren (nicht aber zum Camp).

Man folgt von der Uvala Ul zu Fuß der Beschilderung „Lusare/40 Minuten" die breite Piste entlang an umzäunten Parzellen vorbei. Nach einer halben Stunde muss man gut aufpassen, die Gabelung **Lusare** ist nämlich nicht weiter

⌃ Bootsverleih in Punta Križa

2

beschildert; man achte auf rote Wegmarkierungen rechter Hand an Felsen (geradeaus käme man nach ein paar Minuten zu einem runden Waldparkplatz, wo die breite Piste als Waldweg geradeaus weiterführt). Bei dieser „Bemalung" sieht man zwei kleine Wege, einen nach vorn rechts an einer Ruine vorbei (verkehrt!), und scharf rechts den richtigen Weg zum Camp (nicht für Pkw oder Rad geeignet!). Bald darauf passiert man einen Tümpel (links liegen lassen) und folgt dem Pfad den kleinen Hang aufwärts. Oben angelangt geht der Weg/Untergrund zunächst in Schotter über, dann wird er steinig (schwer zu gehen), man kann sich aber nicht verirren. Nach insgesamt etwa 1½ Stunden passiert man eine Schranke, die bereits im Campingareal liegt (rechts Sträßchen bzw. geradeaus Fußweg zur Rezeption).

Praktische Tipps

An- und Weiterreise

■ **Bus:** Im Sommer besteht Mo bis Fr 2x tgl. Busverbindung von/nach Osor (6.05 und 15.10 Uhr ab Osor, 6.30 und 15.30 Uhr ab AC Baldarin).

Unterkunft, Camping

■ Voraborganisation von Ferienwohnungen z.B. unter www. puntakriza.com oder www.tourist-online.de; privat bei **Apartmani Biondic/Vila Fiena,** Punta Križa 36a, Tel. 051-235670. Schöne und preiswerte kleine Ferienwohnungen am Ortsausgang Richtung Camp (rechts, unten Naturstein oben hellrot).
■ **FKK-AC Baldarin-Uvala**②, Tel. 051-235680, www.camp-baldarin.com, sehr abgeschieden und

ruhig, mit Minimarkt und Obstständen; Mai–Okt. Einige wenige Mietwohnwagen sind erhältlich.
Auf dem Gelände befindet sich auch der **Bootsverleih Dodig** (Segelboot 320 K/Tag, Surfbrett, Kanu, Tretboot je 250 K/Tag, Kajak 120 K/Tag, Motorboot 600–900 K/Tag), wo auch Räder für 100 K/Tag erhältlich sind; mobil 098-368778.
Das **Bife Lučica** im Camp wird von Besuchern sehr gelobt für seine ausgezeichneten Muschelgerichte.

Nützliches

■ Das kleine Straßendorf verfügt über einen **Minimarkt** (tgl. 7–12 und 18–19.30 Uhr, So nur vormittags; hier auch eine Telefonzelle) sowie direkt daneben die sehr beliebte **Konoba Tina** mit exquisitem Spanferkel (nur Mi und am Wochenende sowie auf Bestellung, mobil 098-328381).

Osor

Das gerade einmal 100 Einwohner zählende, aber viel größer wirkende Städtchen Osor bildet das **Nadelöhr zwischen Cres und Lošinj** (Hinweis: Die Brücke wird um 9 und 17 Uhr für Segelboote geöffnet; kurzer Stau!). „Apsirtides" hieß die Doppelinsel, als sie an dieser Stelle einst verbunden war, der Hauptort „Apsorus" (Osor). So gibt sich der kleine Ort auch heute noch als das eigentliche, **kulturelle Zentrum** der Inseln. Über 25.000 Einwohner sollen in der nachchristlichen römischen Ära in Apsorus gelebt haben – der Kanal bildete eine beliebte Zwischenstation auf dem Seeweg von Aquilea nach Hellas.

Sehenswertes

Heute ist Osor eine „**Stadt der Kunst**", ziehen zahllose moderne Plastiken die eher erstaunten Blicke der Besucher auf sich. Der berühmteste Sohn der Stadt, *Ivan Antolčič* (siehe Glossar), seines Zeichens moderner Impressionist, prägt freilich den kleinen Ort. Im **ehemaligen Rathaus** am Kirchplatz unterstreichen eine kleine **Galerie** und das **Museum** diesen Eindruck.

Vor der Kathedrale steht die „**Flöterin**" des ebenfalls berühmten dalmatinischen Bildhauers *Ivan Meštrović* (siehe Glossar). Selbst in der **Kathedrale** herrschen moderne Figurinen vor. Das Gotteshaus aus dem 15. Jahrhundert im Stil der frühen Renaissance birgt die Reliquien des einstigen Bischofs *Gaudentius,* dem die Ausrottung aller Giftschlangen auf den Inseln nachgesagt wird.

Weitere Kunstwerke findet man unmittelbar an der alten Stadtmauer am Kanal (gegenüber der Konoba Adria), wo nacheinander die **Büsten** von *Stjepan Šulek* (1914–86, Dirigent und Komponist), *Andrija Mohorovičić* (1857–1936, Mathematiker, Physiker und Seismologe), *Dora Pejačević* (1885–1923, Komponistin), *Igor Kuljerić* (1938–2006, Komponist und Dirigent) sowie *Stanko Horvat* (1930–2006, Musikpädagoge und Komponist) zu sehen sind.

Die **Klosterruine Sv. Petar u Osora** aus dem 11. Jh. galt als eines der bedeutendsten christlichen hochmittelalterlichen Klöster der Ostadria. Zu sehen ist die Klosterkapelle aus dem 15. Jh. Erst 2006 begannen die wissenschaftlichen Arbeiten auf dem Gelände des ehemaligen Klosterkomplexes, der aus bislang nicht vollständig geklärten Gründen nahezu vollständig zerstört wurde. Eine Vielzahl an Grundmauern ist noch zu erforschen. Das Gelände ist jederzeit frei zugänglich (beschildert).

Interessant ist auch die **Friedhofskapelle** am nördlichen Ortsende, deren Mosaikböden aus der römischen Antike stammen sollen (leider ist sie stets verschlossen).

Auch der kleine **Ortsstrand** direkt am **Kanal** ist nicht zu verachten, und sei es nur, um die Boote bei der Passage durch den Kanal zu beobachten.

■ **Ehemaliges Rathaus** (Arheološzka Zbirka): **Galerie** im Erdgeschoss, Eintritt frei; **Museum** im 1. Stock, tgl. außer Mo 10–13 und 19–22 Uhr, 10 K, ermäßigt 5 K.

Praktische Tipps

Information

■ Keine eigene Touristeninformation, Infos unter **www.tz-malilosinj.hr.**

Unterkunft, Camping

Hotels gibt es in Osor bislang nicht. Die meisten Besucher nutzen die Campingplätze rund um den Ort.
■ Unterkunft findet man privat oder in der **Pension Osor**② (Osor 28, Tel. 051-237135, www.osse ro.com) bei Preisen um die 230 K p.P. inkl. Frühstück. Ein **Restaurant** ist angeschlossen (tgl. 9–14 und 18–24 Uhr).
■ Am westlichen Ortseingang rechter Hand erreicht man schnell das **AC Bijar**②, Tel. 051-237027, www.camp-bijar.com.
■ Das **AC Preko Mosta**③, Tel. 051-237350, www. jazon.hr, liegt unmittelbar hinter der Brücke. Geöffnet Mai–Ende Sept.

■ 1,5 km hinter Osor Richtung Nerezine folgt das moderne **AC Lopari**②, Tel. 051-237128, www.lo sinjplov.hr, 1. April bis 30. September. Hier ist auch ein Sportzentrum für Bootsverleih, Surfschule usw., mobil 091-5335600.

Essen und Trinken

In der Gastronomie liegen die Preise in einer „Künstlerstadt" naturgemäß etwas höher (ohne dass die meisten Künstler etwas davon hätten ...), so auch in Osor.

■ Direkt um die Ecke der Hauptkirche findet man die **Pizzeria Orfej,** Tel. 051-237135, günstige Pizzen und Nudelgerichte. Auch das Eis hier ist sehr gut.

■ Die **Konoba Adria** (Tel. 051-237151) unmittelbar an der Brücke serviert Kleinigkeiten und Snacks sowie Hausmannskost (tgl. 11–23 Uhr). Salate rund 25 K, Fischplatte 250 K (2 Pers.), Bier 25 K, Pleškavica und Čevapi je 60 K. Manchmal gibt es auch Lamm vom Grill für 250 K/Portion.

■ Die sehr beliebte **Konoba Livio** um die Ecke von der Post am Dorfplatz bietet Deftiges (Tel. 051-237242): grüne Nudeln mit Lachs, Kotelett, Schweinemedaillons in Salbei mit Gnocchi, Jägergulasch oder Schaschlik mit Pfahlmuscheln sind nur einige der sehr guten Gerichte; tgl. 11–23 Uhr, Mittagspause 15–18 Uhr.

MEIN TIPP: Sehr zu empfehlen ist auch die nobelrustikale **Konoba Bonifačić** direkt oberhalb vom Kanal/kleinen Strand. Hier gibt es auch die typischen Spezialitäten Cres-Lammbraten, Schinken oder Schafskäse, aber auch istrischen Eintopf oder Lammsuppe. Sehr gut sind auch die Fischplatte (220 K/2 Pers.) sowie das Filet mit Spiegelei. Tel. 051-237413, tgl. 11–23 Uhr.

▷ Die „Künstlerstadt" Osor ist das Tor zur Insel Lošinj

Nützliches

■ Am kleinen Hauptplatz versorgt ein **Minimarkt** mit allem Lebensnotwendigen; um die Ecke findet man einen winzigen **Obst- und Gemüsemarkt** für Frischwaren (saisonabhängig; Pflaumen, Kartoffeln, Paprika günstig, sonst eher teuer).

■ Die **Bushaltestelle** liegt von Cres kommend 100 m vor der Brücke an der Hauptstraße rechter Hand unterhalb der Kirche; Anbindung in beide Richtungen. Bus- und Fährverbindungen hängen außen beim Minimarkt aus.

■ Die nächste **Tankstelle** findet man gleich hinter dem Camp Lopari an der Hauptstraße Richtung Nerezine.

■ Ein **Kartentelefon** befindet sich am Hauptplatz an der ehemaligen Post.

243kro wl

Wanderung über die Insel Lošinj nach Osor

Eine der schönsten, aber auch anstrengendsten Wanderungen auf Lošinj führt von Čunski nach Osor. Die Tour dauert rund acht bis neun Stunden und man durchwandert die halbe Insel. Eine kürzere Teilstrecke führt von Nerezine über den 588 m hohen Televrin-Gipfel bis Osor und ist in ca. fünf bis sechs Stunden bequem zu schaffen.

Lange Route ab Čunski

Startet man die Route in Čunski, so beginnt man an einem Stufenweg an der **nördlichen Ortszufahrt.** Hier steht bergseitig ein Hinweisschild, das zu einer kleinen **Kapelle** weist: „Kapelice Majke Božije Lurdske na Polanži". Außerdem ist das (optimistische) Erreichen der Berghütte bei Osor binnen sechs Stunden vermerkt – sieben trifft es eher. Der schmale Pfad führt nach einigen Stufen den Hang hinauf; eine schweißtreibende halbe Stunde später erreicht man einen kleinen Höhenzug mit dem genannten Bildstock. Die Orientierung ist einfach, da sich der Höhenweg stetig ansteigend auf dem **Bergrücken** entlangzieht und ein Verlaufen ausgeschlossen ist. Dabei genießt man tolle Blicke auf die westlich gelegene Inselwelt.

Zwei Abzweigungen führen vom Höhenweg hinab: etwa eine Dreiviertelstunde nach der kleinen Kapelle rechts Richtung Zatanki-Bucht und eine Stunde darauf ebenfalls rechts nach Sveti Jakov bei Nerezine. Der Höhenweg steigt dann steil an und man erreicht nach knapp vier Stunden reiner Gehzeit den äußeren Fußweg, der von Nerezine herauf führt (s.u.).

Von Nerezine nach Osor

Startpunkt ist der **Trg Studenac** im Zentrum des Ortes. Von diesem Platz gehen zwei Wege ab: Rechts von der Post führt die Istarska zur Ortsstraße, wo man links und und dann rechts auf den beschilderten Wanderweg zur Kapelle Sv Nikola trifft und auf dem Höhenweg weiter Richtung Osor gehen kann.

Um eine **Rundwanderung zur Kapelle Sv Nikola** und wieder zurück nach Nerezine zu machen, geht man am Trg Studenac links in die Magdalenska bis zu deren Ende, quert die Dorfstraße und geht gegenüber das zunächst asphaltierte Sträßchen entlang („Podgora"). Nach etwa 15 Minuten endet die spärliche Besiedelung ganz und ein **Fußpfad mit rot-weißer Wandermarkierung** beginnt. Dieser führt zunächst unter der Umgehungsstraße hindurch (dann rechts, Rinne bis zum Pfad linker Hand, Wanderzeichen) und steigt dann permanent in südliche Richtung führend an. Der Bewuchs mit Lorbeer und Stechpalmen endet bald, der Untergrund wird zunehmend steinig, teils mit Geröll. Schöne Aussichtspunkte auf Nerezine und das Hotel Manora folgen.

002ki wl

> Der Pfad zur Berghütte mit Aussicht

2

Über ein kleines Geröllfeld erreicht man den Rand eines lichten Nadelwaldes mit einer Abzweigung; hier mündet nach etwa einer Stunde Gehzeit von links die oben beschriebene Čunski-Route auf den Weg zum Gipfel ein. Geradeaus („Osorščića") geht es zunehmend schwieriger über Geröllfelder aufwärts. Man muss nun quasi um den Gipfel herumgehen und dann auf dem kahlen Grat entlang dem kaum noch erkennbaren Pfad folgen, die hinreichenden Wandermarkierungen weisen aber stets den richtigen Weg.

Etwa 1¼ Stunden nach der Abzweigung ist das schwerste Stück geschafft und die kleine **Kapelle Sv Nikola** auf 557 Höhenmetern erreicht – ein schöner Aussichtspunkt. Rechts an der Kapelle führt der Weg weiter und verzweigt sich nach 50 m: Rechts geht es hinunter nach Nerezine, wo man zum Ausgangspunkt, dem Trg Studenac, gelangt und die Rundwanderung beenden kann (gut 1½ Std.).

Geradeaus weiter führt der beschilderte Weg zum Gipfel des Televrin und nach Osor. Nach etwa 20 Minuten stört ein **Antennengipfel** (dies ist noch nicht der Hauptgipfel) die ansonsten unberührte Landschaft. Hier beginnt bzw. endet auch eine Piste, die bis Osor hinabführt und der man folgen kann, wenn man etwas schneller, dafür aber unspektakulär nach Osor laufen möchte.

Der schönere Weg ist jedoch der Fußweg, der gleich nach den Antennen von der Piste links abzweigt und zwischen leichtem Baumbewuchs immer auf dem Höhenzug entlang überwiegend eben verläuft. Hier erreicht man bald den **Hauptgipfel Televrin** mit trigonometrischem Punkt auf 588 Metern. Eine schöne Aussicht bietet sich linker Hand über die Inseln Unije, Srakane und Susak sowie die gesamte Westseite von Lošinj mit teilweise traumhaften Buchten.

Bald öffnet sich die Szenerie auch zur rechten Seite und man kann das Ziel Osor erspähen. Der Pfad windet sich links nach unten (kleiner, einfacher Kletterabschnitt) und dann in nordöstlicher Richtung zu einem freien Feld (Mauern), welches den **Abstieg** zur Piste markiert.

Über ein kleines Geröllfeld geht es immer abwärts, wobei man die Berghütte („Planinarski dom") schon vor sich sieht. An einer zerfallenen Bank trifft der Pfad auf die Piste (knapp 1½ Std. ab Kapelle Sv Nikola). Hier kann man geradeaus über die Piste hinweg auf dem Pfad direkt nach Osor gehen oder links der Piste folgend noch eine kleine Einkehr in der Berghütte einplanen (ab hier jeweils ca. 1½ Std. bis Osor). Entlang der Piste erreicht man nach ca. zehn Minuten einen Pfad linker Hand zu einem **Aussichtspunkt mit Kreuz** auf 353 Metern. Nach weiteren zehn Minuten kann man seinen Durst in der urigen **Berghütte Sv Gaudent** mit traumhafter Terrasse löschen (tgl. außer Mo 8–22 Uhr, es gibt auch Schinken und Käse).

Direkt an der Hütte beginnt der Pfad hinunter nach Osor (die Fahrpiste ist länger, nicht so schön und nicht beschattet). Es geht nun stetig abwärts, die Piste mehrfach querend, vorbei an einer kleinen Tafel („ako misliš iti gori, koji put i se odmori" – Wenn du planst, in die Berge zu gehen, mache, gleich auf welchem Weg, auch Pausen). Die letzte halbe Stunde folgt man der breiten Piste bis zum oberen Rand des Campingplatzes am **Kanal in Osor.**

003ki wl

Nerezine

Der einzige nennenswerte touristische Ort zwischen Osor und Mali Lošinj beheimatet nicht nur 400 Einwohner, sondern in den Sommermonaten auch Heerscharen von Touristen. Ein modernes Einkaufszentrum mit Bank, Coiffeur, Boutiquen und Supermarkt, eine neu angelegte Uferpromenade, vor allem aber die Lage unterhalb des **Osorščica-Gebirgszugs** und einige gut beschilderte **Wanderwege** („Sv Nikola", „Televrina"– am Ortsausgang rechter Hand) um dessen 588 m hohen Gipfel mit unvergesslichen Panoramablicken machen Nerezine zunehmend beliebter. Alle Lokalitäten sind ab der Durchgangsstraße gut beschildert, die kleine Marina ebenso wie der Campingplatz. Yachtcharter ist in der Randgemeinde Podgora möglich. **Bademöglichkeiten** findet man beim Campingplatz (befestigt, mit Duschen).

Sehenswertes

Vom Ort aus den Campingplatz immer am Ufer entlang passierend, erreicht man an einem ehemaligen kleinen Hafenbecken das **Franziskanerkloster.** Es wurde als Stiftung der Familie *Kolan Draž* aus Osor 1510 begründet und beheimatete in seinen Glanzzeiten über 100 Mönche. Heute lebt hier nur noch ein einziger Franziskanerbruder, der sich praktisch im Alleingang um Besichtigungen, Messen und Klostererhalt kümmert. Der **Renaissance-Glockenturm** wurde um 1600 errichtet, im Kircheninneren sind der Altar von *Girolama di Santacroce* und ein Bild der „Muttergottes mit Kind" eines unbekannten venezianischen Meisters aus dem 15. Jahrhundert sehenswert.

Die einschiffige **Maria-Heil-Pfarrkirche** am Zentrumsplatz Trg Studenac entstand 1877; auf dem Hauptaltar ist das Titularbild der Muttergottes mit dem Hl. Nikolaus und dem Hl. Gaudentius zu sehen, das ein weniger bekanntes Werk des Ende des 16. Jahrhunderts führenden venezianischen Künstlers *Jacopo Palma Giovanne* (der Jüngere, 1548–1628) sein soll.

Praktische Tipps

An- und Weiterreise

■ Die **Bushaltestelle** befindet sich an der Ortsstraße am Parkplatz vor dem kleinen Einkaufszentrum; Fahrplan/Inselbus siehe Anfang des Kapitels.
■ Man parkt am besten an der alten Durchgangsstraße vor der Bushaltestelle meerseitig auf dem größeren **Parkplatz** (kostenlos). Direkt unterhalb liegt das kleine Einkaufszentrum am Ufer, von wo aus man links zum Kloster und Campingplatz oder rechts zur Marina und (hinter dem Hotel Televrin wieder rechts) zum kleinen Ortskern Trg Studenac gelangt.

Agentur

■ **Agentur Marina Nerezine,** Obala nerezinskih pomoraca 3, am Hafenbecken (gegenüber vom Hotel Televrin), Tel. 051-237038, www.marina-nerezine.hr. Ausflüge, Exkursionen, Unterkunft, Wechselstube, Geldautomat usw.; repräsentiert die Touristeninformation; Mo bis Fr 8–14 und 15.30–21 Uhr, Sa 8–12 Uhr und So 9–12 Uhr geöffnet.

Unterkunft

● **Hotel Manora**④, im Vorort Podgora gelegen, klein und überschaubar, Infos/Buchung unter www. manora-losinj.hr.

● Direkt am Ufer und absolut zentral im Ortskern kann man im **Hotel Televrin**③ unterkommen, Obala nerezinskih pomoraca, Tel. 051-237121, www.televrin.com. Auch die Nachfolger des verstorbenen (Feb. 2013) und sehr beliebten Kölner Hotel-Mitgründers *K.-H. Pütz* wollen den gewohnten freundlich-kompetenten Service beibehalten.

● Privatanbieter mit Zimmern und FeWos in Nerezine werden von der Agentur Marina (s.o.) vermittelt. Ein Direktanbieter ist **Šegota Šime**②, Marinculiceva 13, Tel. 051-237210, www.adria-kroatien. com, oder die direkt am Hafenbecken (kurz vor dem Campingplatz) gelegenen **Apartmani Skipper**③, Fr. Mirela Kramberger, Tel. 051-237179. Wenn man am Hafenbecken (an der Agentur Marina vorbei) hinten um die Ecke geht, steht man vor den **Apartmani Satalic**③ (Tel. 051-237001, apartmani-msatalic@mail.inet.hr) – sehr schöne Alleinlage am Ortsrand und direkt am Ufer.

Camping

● **AC Rapoca**②, Tel. 051-237145, www.losinjplov. hr, Mai–Ende Sept.; liegt toll im Wäldchen am Meer und absolut ortsnah – aber auf der Promenade bewegen sich natürlich auch viele Spaziergänger.

Essen und Trinken

● Das **Café Express** an der Promenade (neben dem Einkaufszentrum) bietet Erfrischungen und Kleinigkeiten sowie Eis.

● Das **Bistro Rio** serviert von 8 bis 24 Uhr tgl. Kleinigkeiten und Snacks (Obala nerezinskih pomoraca, hinter der Agentur Marina).

● Am Zentralplatz Trg Studenac liegen mehrere Gastronomiebetriebe in enger Nachbarschaft. Die **Pizzeria Mornar** (Studenac 11) bietet schmackhafte und preisgünstige Pizzas und Snacks. Etwas gehobenerer – aber nicht überteuert – gibt sich das **Bonaparte** (tgl. geöffnet, Mittagspause 15–18 Uhr) mit guter Fischsuppe, herzhafter Käsesuppe, Miesmuscheln oder Rumpsteak.

MEIN TIPP: Hinter dem Bonaparte rechts den Weg hinein liegt etwas versteckt die **Gostionica Promenada** (Trg Oslobodenia 3, Tel. 051-237086, 1.5.–31.8. tgl. durchgehend geöffnet), wo man zünftig, gut und preiswert essen kann: Käse, Schinken oder Čevapi, Calamari vom Rost, auch Spanferkel und Lamm – aber nicht täglich. Auch die Riesenpizzen sind hier preiswert und gut.

Einkaufen

● Das kleine **Einkaufszentrum** am Ufer unterhalb des Parkplatzes verfügt über Geldautomat, Supermarkt (tgl. 7–21 Uhr), Telefonzelle, Souvenirgeschäfte usw.

● Wenige Meter Richtung Campingplatz gehend, findet man ein paar kleine **Marktstände** mit frischem Obst und Gemüse.

● **Fischgeschäft** am Hotel Televrin; tgl. 7–12 Uhr.

● **Bäckereien:** Loznati, Ul. Spičića, um die Ecke vom Hotel Televrin, tgl. 6–13 und 16–21 Uhr; Pekara Martina, am Trg Studenac, tgl. 6–23 Uhr.

● **Metzgerei,** Ul. Spičića, neben der Bäckerei Loznati, tgl. 7–12 und 18–20 Uhr, So nur 7–10 Uhr.

Nützliches

● **Post** (Mo bis Fr 7.30–21 Uhr, Sa 7.30–12 Uhr, jeweils um 10 und 17 Uhr 30 Minuten Pause, So 11–11.30 und 17–17.30 Uhr) und **Apotheke** am Trg Studenac.

● **Zeitschriftenhandel/Telefonkarten** am zentralen Trg Studenac (8–20 Uhr).

Aktivitäten

■ **Diving Center Kreiner,** Dolac bb, nahe Einkaufszentrum, Richtung Camp, etwas zurückgesetzt, Tel. 051-237362, www.nerezine.cz.
■ **Scooter- und Radverleih** im Hotel Televrin, Tel. 051-237460.
■ **Glasbodenboot:** Auch in Nerezine fährt ein U-Boot-ähnliches Schiff mit Bullaugen unterhalb der Wasserlinie (www.semisubmarine-rabac.com).

Čunski

Viele ehemalige Landwirte beherbergte das Dörfchen Čunski an der Hauptstraße Richtung Lošinj, doch die meisten haben ihre Parzellen auf der Artatore-Landzunge längst aufgegeben und der touristischen Bodenspekulation zugeführt. In Čunski gibt es nicht viel zu sehen, einzig die **Hauptkirche** mit schöner Aussicht bis zur Insel Srakane und die schöne Badebucht mit dem Inselchen Veli Osir locken einige Besucher an. Eine alte **Ölmühle** (nahe der Post, nur Do–Sa 19–21 Uhr, mobil 098-9786414) ist sehenswert, aber nur selten geöffnet. Die restaurierte **Casa Betania** mit dem Ölsteinmonument an der Hauptstraße war

ebenfalls ein Olivenölbetrieb, ist aber heute ein katholisches Kollegium.

Die schöne, versteckte **Badebucht** unterhalb des Ortes erreicht man in zehn Minuten zu Fuß. Parken kann man an der Kirche, sonst gibt es kaum Möglichkeiten im Ort. Kurz hinter der Post nach links dem schmalen Weg mit dem Schild „Kupalište Osiri" bis zum Mini-Sportplatz und dort dem asphaltierten Fußweg hinunter zur Bucht folgen. Die Badestelle ist befestigt (der alte Pier stammt noch aus der k.u.k.-Zeit), mit Süßwasserduschen, aber ohne Bewirtschaftung.

Direkt gegenüber der nördlichen Ortszufahrt führen Stufen (Schild: „Kapelice Majke Božije Lurdske na Polanži") hinauf zum Wanderweg der oben beschriebenen **Inselwanderung** nach Osor.

Unterkunft, Essen und Trinken

■ Schöne Privatwohnungen bietet **Familie Krajnović**②, Čunski 127 (Richtung Strand, an der Gabelung rechts und gleich wieder links bis zum Ende des Weges).
■ Die **Konoba Dvije Palme** (Nr. 15, Tel. 051-235145, tgl. 10–24 Uhr) bemüht sich um Laufkund-

☑ Der Wanderweg nach Osor oberhalb von Čunski

001ki wl

2

schaft; aufmerksames Personal, frisch gegrillter Fisch, Lamm, Spanferkel.

Nützliches

- **Post:** an der Hauptstraße, Mo–Fr 8.30–17.30 Uhr, mit Wechselstube, hier auch kostenloser **WLAN-Hotspot** und kleine **Bücherei.**
- **Minimarkt:** Prodavaonica Čunski, gegenüber der Post.
- **Bus:** Der Inselbus von/nach Lošinj hält 3–4x tgl. in Čunski; ein Fahrplan hängt an der Post aus.

Artatore

Ganz anders als Čunski zeigt sich das Nachbardorf Artatore – ein Ort, der eigentlich noch im Entstehen ist und bislang zu 95 % aus **Ferienwohnungen,** allerdings einzelnen (also keine hässliche Siedlung!), besteht. Hier kann man sehr schön wohnen, ohne dass Tagestouristen die Ruhe stören würden. Artatore stellt man sich am besten als Zwischending aus „Goldgräberstimmung" (es wird ständig weiter gebaut, vor allem Richtung Flughafen) und „mondänem Vorort" von Mali Lošinj vor. Es erstreckt sich als reines **Straßendörfchen** entlang der gleichnamigen Bucht mit Bademöglichkeit. Die meisten Häuser verfügen über einen eigenen kleinen Uferbereich. **Hauptstrand** ist das Kiefernwäldchen hinter dem Restaurant Janja mit Süßwasserduschen, Uferweg und Liegeflächen. Richtung Flughafen findet man die Badebuchten Kandija und Zabudarski (beschildert), die man sich allerdings zu Fuß erschließen muss (je ca. 15 Min.).

Unterkunft

- An der Ortszufahrt kann man über die **Agentur art Medias Artatore** (kleine Bude linker Hand, Tel. 051-233070, www.artmedias.com, tgl. 9–13 und 17–23 Uhr) Unterkünfte mieten.
- Einige Direktanbieter sind die **Pansion Ana**③ (www.pansion-ana.com), die **Apartmani Čaić**③ (Tel. 13691015, www.apartmani-losinj.com) oder **Apartmani Pletikosa**② (Tel. 051-235019, www.losinj-artatore.com), alle an der Uferstraße gelegen. Auch das **Restaurant Janja**③ (s.u.) vermietet Studios für zwei bis drei Personen.

Essen und Trinken

- Für die Grundbedürfnisse des Reisealltags steht ein **Minimarkt** zur Verfügung; für das leibliche Wohl sorgen u.a. die Schänken **Eki,** Tel. 051-233007, und **Oasa Kordiš,** Tel. 051-235013, tgl. 8–24 Uhr.
- Wer etwas feiner speisen möchte, dem sei das **Restaurant Janja** (Tel. 051-232932, Artatore 132, am Ende der kleinen Straße vor dem Strandwäldchen, www.restaurant-artatore.hr) empfohlen, welches mehrfach als eines der Top-Restaurants der kroatischen Adria prämiert wurde. Muscheln, Fisch aus dem Steinofen und Rösteig gehören zu den Hausspezialitäten; umfangreiche Weinkarte.
- Am Flugplatz bietet die **El Paso Grill Bar** tgl. 9–1 Uhr Fastfood und kühle Getränke an.

Aktivitäten

- Eine **GoKart-Bahn** Richtung Flughafen sorgt bei jüngeren Gästen für Adrenalinschübe (im Sommer tgl. 15–24 Uhr).
- **Rundflüge** werden direkt am Flughafen ab 70 € p.P. angeboten.

Inseln Cres und Lošinj

2

Mali Lošinj

Zwischen Nerezine und Mali Lošinj wird der Bewuchs dichter, die Insel wirkt hier grüner. Vor Mali Lošinj liegt die kleine landwirtschaftliche Siedlung Čunski (s.o.) unweit des **Inselflughafens,** den man von der Hauptstraße aus erspähen kann.

Gegründet im späten 14. Jahrhundert von kroatischen Zuwanderern als Malo Selo („kleines Dorf"), entstand der Ort rund um die **Landzunge Sv Martin** an der gleichnamigen Kapelle. Zu venezianischer Zeit wurde der **Schiffbau** gefördert und Mali Lošinj entwickelte sich zu einer kleinen Hochburg. Eine Marineschule und Segelyachtwerften folgten im 18. und 19. Jahrhundert. Mit der Dampfmaschine und dem Bau schnellerer Dampfschiffe stagnierte der Yachtbau und der **Tourismus** wurde ins Leben gerufen: Schmucke Villen entstanden auf der Čikat-Landzunge, im Jahr 1892 wurde Mali Lošinj zum Kurort erhoben; der Wiener Hochadel nahm hier fortan Quartier. Heute sind Yachtbau und Tourismus das Rückgrat des spürbaren Wohlstands der über 8000 Einwohner.

Die touristische Bedeutung für die gesamte Insel äußert sich nicht nur in einer nahezu vollständigen Infrastruktur und einem Angebot, welches den Küstenstädten auf dem Festland in nichts nachsteht, sondern auch in den inzwischen sehr guten Einkaufsmöglichkeiten, die auch von den Einheimischen gern genutzt werden.

046kro wl

Sehenswertes

Das Besondere an Mali Lošinj ist der Ortskern: sein bunter, von prachtvollen spätbarock-klassizistischen **Bürgerhäusern** umsäumter **Hafen,** in dem Obst- und Gemüseverkäuferinnen direkt vom Boot aus frische Ware feilbieten, die dahinter liegenden Altstadtgassen mit der dreischiffigen **Pfarrkirche Sv Marija** von 1696 (Treppenaufgang hinter dem Restaurant Hajduk in der Ulica Braće Vidulića), von der man eine herrliche Aussicht hat, und den **Kastell-Ruinen.**

Eine durchgehende **Uferpromenade** führt von Sv Martin bis zum Nachbarort

Veli Lošinj. Um den Ort herum erstrecken sich ausgedehnte Pinienwälder sowie das **Erholungs- und Freizeitgebiet Čikat.** Besonders bei **Seglern und Tauchern** ist Mali Lošinj ein ausgesprochen beliebter Standort.

Im Zentrum lohnt ein Blick ins **Lošinjski Muzej Palaca Fritzy** mit zeitgenössichen Ausstellungen, meist im monatlichen Wechsel.

🖾 Traditioneller Kurort des Wiener Adels: Mali Lošinj

🟥 **Lošinjski Muzej Palaca Fritzy,** Ulica V. Gortana 35, Tel. 051-233614, tgl. außer Mo 10–13 und 19–22 Uhr, Eintritt 10 K, unter 7 Jahre frei.

Praktische Tipps

An- und Weiterreise

Fähren
🟥 Passagierverbindungen bestehen von/nach **Susak, Ilovik** und **Unije** sowie mit der **Autofähre** via **Premuda, Silba, Olib** und **Ist** von/nach **Zadar** (ab Mali Lošinj Mo und Fr 16 Uhr, im Sommer tgl. zwischen 15.10 und 16.30 Uhr); Details siehe www.jadrolinija.com oder vor Ort im Jadrolinija-Büro am

Mali Lošinj

0 ▬▬▬▬▬ 500 m

■ **Übernachtung**
1 AC Poljana
2 AC Čikat
3 Hotel und Camping Kredo
5 Hotel Helios
8 Villa Hygeia
9 Hotel Bellevue
10 Hotel Alhambra
12 Villa Antonia
16 Hotel Aurora
17 Hotel Vespera
25 Apartmani Mariana
32 Hotel Villa Margarita
43 Hotel Apoksiomen
46 Mare Mare Suites

✈ *Flugplatz,* Osor

POLJANA

Uvala Slatina

Uvala Privlaka

SLATINA ★ *Vela Straža*

Brücke ●

Uvala Zabojci

RT Čikat

Uvala Kadin

Spielplatz *Fußballplatz*

PREMUDA

Badebucht *Tennis*

RT Madona

Uvala Čikat ČIKAT

RT Podmalin

Uvala Zagazine

ZAGAZINJINE

Veli Žal BOĆAC

DRAŽA

ZENTRUM

Ausschnitt

Sunčana uvala ★

Aussichtspunkt Belveder

Uvala Sv. Martin

Polizei ●

BUKOVICA

⚄ *Sv Martin*

Mtrvaška (Ilovik-Fährpier) ⚓

Veli Lošinj

2

0 —————— 100 m © REISE KNOW-HOW 2015

Kvarner11

Fähren ⊗ Ⓑ

Kapelle ⛪
Sv. Nikola

46

Velopin-Promenade

● Schranke (Ausfahrt
Innenstadt-Parkzone)

ⓘ

● Hafenmeisterei

Jadrolinija-Büro ●
und Hafenmeisterei

25

26   Yachthafen

Priko

27

28 ↑   Ausflugs-
boote

Wassertaxi von/ ⊗   41
nach Susak

Taxistand ⊗
29   Trg
30   Republike
      Hrvatske

31

32

33

34

35

Brdina

Sv Marija ⛪

36

✉
37
@

38

Riva Lošinjskih Kapetana

✉
45

44 ⛪ Kapelle
   Sv Antun
Ⓢ
Ⓜ Lošinjski
43   Muzej
    Palaca
    Fritzy
Ⓢ
42
40
39
Ⓢ

Ulica V. Gortana

Ulica Matice Hrvatske

Ulica Braće Vidak i Stjepana Vidulića

Zagrebačka ulica

Sime Kvirina Kozulića

Ulica MaTije

Ulica Mate Vidulića

Kavalina

Essen und Trinken
13 Konoba Odyssey
21 Konoba Corrado
23 Lanterna
24 Papa Bepi
28 Bulldog, Sportmar
32 Villa Margarita
38 Pizzeria Draga
41 Cafés, Bars, Eisdielen
44 Zakantuni

Nachtleben
11 Disco-Bar Villa Anna
19 Miomirisni Otočki Vrt
33 Automatencasino
   Vulkan

Wassersport
 4 Diver Sports Centre
 6 Sunbird
 7 Adriatic Divers
22 Sumartin Divers

Einkaufen/Sonstiges
15 Agentur Capelli
18 Supermärkte
   Diskont, Konzum
20 Lidl
21 Bäckerei
24 Minimarkt,
   Agentur Mediteran
   (Scooter, Räder)
25 Agentur Manora,
   Obsthandel und
   Minimarkt
26 Agentur SanMar
27 Metzgerei Skazlic
29 Galerie und
   Buchhandel Knižel
30 Fischmarkt, Metzgerei
31 Minimarkt, Bäckerei
34 Bäckerei
35 Obst-/Gemüsestände
36 Supermarkt/Delikatessen
37 Mini-Einkaufszentrum
39 Anbieter für Inselausflüge
   (Ilovik, Susak, Srakane)
40 Apotheke
42 Agentur Lošinjska
   Plovidba
45 Agentur Lošinia-Kvarner,
   Radverleih

2

Pier (Riva Loinskih Kapetana, 4.45–5 und 7–17 Uhr, So 10–13 und 15–17 Uhr).

■ **Tagestouren** sind mit öffentlichem Personenfährschiff nur nach **Ilovik** (s.u.: „Kleinere Inseln der Kvarner Bucht") ab Mali Lošinj einigermaßen praktikabel möglich. Es gibt zwar eine Personenlinienverbindung von Mali Lošinj nach **Srakane, Susak** und **Unije,** die ist aber für die Inselbewohner gedacht und geht morgens um 5 Uhr. Die Fähre erreicht Unije um 6.30 Uhr, Susak um 7.30 Uhr, dreht und fährt um 14.30 Uhr nochmals ab Mali Lošinj, um 15.30 ab Susak, um 16.30 ab Unije (18 Uhr wieder in Mali Lošinj). Srakane wird vom selben Boot Di, Do und Sa zusätzlich angefahren.

Flüge
■ Am Sportflugplatz von Mali Lošinj (Privlaka 19, vor der Ortszufahrt rechter Hand, Tel. 051-231466, www.airportmalilosinj.hr) werden **Rundflüge,** aber auch **Taxiflüge** nach Italien, Süddeutschland und Österreich/Wien (ca. 1400 €/3 Pers.) angeboten.

Busse
■ Der neue kleine **Busbahnhof** liegt unmittelbar vor der Fähranlegestelle in der Riva L. Kapetana und in direkter Nähe zur Touristeninformation; (direkte) Anbindung besteht zu allen Orten entlang der Inselstraße bis Osor/Punta Križa, (sonst Umsteigen in Cres) und teilweise bis Rijeka und Zagreb (Gesamtplan siehe am Kapitelanfang). Der Bus nach Osor/ Punta Križa fährt 5.30 und 14.15 Uhr ab Mali Lošinj, 6.30 und 15.30 Uhr ab Punta Križa (20 Min. später ab Osor).

Auto
■ Gebührenpflichtige **Parkplätze** findet man zentral beim Busbahnhof/Fährpier an der Riva L. Kapetana (bis 15 Min. kostenlos, sonst 10 K/Stunde; beschränkt), weitere zentrale Parkplätze stehen in der Ul. Braće Ivana gegenüber vom kleinen Einkaufszentrum zur Verfügung. Einige kostenfreie Parkplätze findet man an der Ampelkreuzung zu den Su-

permärkten landseitig (kleiner Kreuzweg, hier hinunter).

Wer auch baden möchte, sollte den Abschnitt Čikat anfahren (Beschilderung der Hotels) und auf einen Fußballplatz rechts sowie gleich danach auf einen Tennisplatz links achten; am Tennisplatz kann man kostenlos parken und unmittelbar davor links dem Fußweg 50 m zum Strand folgen. Genau entgegengesetzt kommt man auf dem kürzesten Weg zu Fuß ins Zentrum (ca. 15 Gehminuten).

Touristenbahn
■ Im Sommerhalbjahr pendelt eine Touristen-Bimmelbahn zwischen **Trg Rep. Hrvatske** und den großen **Hotelanlagen;** ab Čikat 10, 11, 12 Uhr sowie abends um 19, 20, 21, 22 und 23 Uhr; um 10.30, 11.30, 12.30 und 19.30, 20.30, 21.30 und 22.30 Uhr ab Trg Rep. Hrvatske (20 K, Info-Tel. (mobil) 098-653023).

Taxi
■ Schließlich bleibt noch die Möglichkeit, im Bedarfsfall auf Taxis (am Hafenbecken) zurückzugreifen; in den Hotelanlagen erledigt dies die Rezeption, allgemeine Rufnummern (englischsprachig, teilweise deutsch) sind 098-329825 (mobil) sowie 051-231531. Eine Fahrt von Mali Lošinj/Zentrum zu den Hotels auf der Landzunge Sunčana Uvala kostet rund 120 K.

Info und Agenturen

■ Die **Touristeninformation** Lošinj liegt am Hafenbecken in der Riva Lošinjskih Kapetana 29, Tel./ Fax 051-231547, www.tz-malilosinj.hr, 8–20 Uhr, So 9–13 Uhr.

An **Agenturen** für Unterkunft, Transport, Genehmigungen, Bootsverleih, Ausflüge u.Ä. seien genannt:
■ **Manora,** Priko 29, Tel./Fax 051-233391, www. manora-losinj.hr. Hier werden nicht nur Unterkunft

2

und Ausflüge arrangiert, sondern auch Mopeds, Räder und Quads vermietet; tgl. 9–14 und 17–21 Uhr, Tel. 051-04015742. Betreibt auch das Hotel in Podgora-Nerezine und bietet auf der Website Privatunterkünfte auf der gesamten Insel.

■ Wenige Meter weiter (Priko 24) liegt die Agentur **SanMar** (Tel. 051-233571, www.sanmar.hr), ebenfalls mit Exkursionen, Tauchen, Unterkunft, Boots-, Rad- und Scooterverleih. Leihräder kosten bei beiden ca. 15 €/Tag, Scooter ab 30 €/Tag.

■ **Lošinjska Plovidba,** Riva L. Kapetana 8, Tel. 051-233077, www.losinjplov.hr, 8–22 Uhr, So 9–13 und 18–21 Uhr. Unterkunft, Bootscharter, Ausflüge, außerdem werden mehrere Campingplätze betrieben (AC Poljana sowie Osor und Nerezine).

■ **Capelli,** Kadin (vor der Ortszufahrt rechter Hand), Tel. 051-231582, www.cappelli-tourist.hr. Vermitteln rund 300 Wohnobjekte, die meisten davon im Ort selbst; mit Pkw-Vermietung.

■ Die Agentur **Lošinia-Kvarner** (bei der Touristeninformation am Hafenbecken, Mo–Sa 8–22 Uhr, So und feiertags 9–13 und 18–21 Uhr, Tel. 051-231077, www.losinia.hr) vermietet u.a. auch Räder.

Unterkunft

In der Hauptsaison besteht ein breites Angebot an Unterkünften aller Art. Dabei hat sich als allgemeiner Schwerpunkt die Landzunge Čikat herauskristallisiert, deren riesige **Hotelanlagen** allerdings nicht unbedingt für Schönheitspreise nominiert werden dürften; hier landen nahezu 90 % der Pauschalreisenden. Wer es etwas individueller mag, sollte einen **Privatunterkunft** (Apartment, Zimmer) über eine der örtlichen Agenturen oder direkt bei Anbietern vorziehen.

Alternativ sollte man erwägen, im **Nachbarort Veli Lošinj** zu wohnen und Tagestouren nach Mali Lošinj zu unternehmen – die Busanbindung ist sehr gut, notfalls kann man auch zu Fuß gehen.

Hotels

■ **Hotel/Villa Kredo**⑤, Čikat, Tel. 051-233595, www.losinj-hotels.com/de/. Tolle Lage in mehreren angeschlossenen kleinen Villen im Bereich Čikat, aber auch im Zentrum, mit 100–190 € (DZ Ü/F) bzw. 110–235 € (zzgl. 30 € Reinigung, 15 € Frühstück sowie Kurzzeitaufschlägen von 30–50 % für Buchungen unter einer Woche) aber sehr teuer.

Im angeschlossenen **Camp Kredo**③ kostet die Woche/Hauptsaison für eine 4-köpfige Familie inkl. Stellplatz und „Öko-Zuschlag" rund 400 €, Mobilheime (4 Pers.) sind für 90–140 €/Tag erhältlich.

■ Das ehemalige einfache „Istra" wurde zum **Apoksiomen**④, (Tel. 051-520820, www.apoksiomen.com) luxus-umsaniert und nennt sich nunmehr Boutique-Hotel. Es liegt absolut zentral und ist tadellos.

■ Um die Ecke von der Touristeninformation, ebenfalls an der 36 Riva Lošinskih Kapetana, liegen die **Mare Mare Suites**③ (www.mare-mare.com, Tel. 051-232010), mit B&B-Angebot, DZ und Apartments. Beide Häuser sind schöner als die Čikat-Hotels und wegen der Lage unmittelbar bei Bushaltestelle und Fährpier logistisch ideal, wenngleich nicht unbedingt billig.

■ **Hotel Villa Margarita**③, etwas versteckt im Altstadtzentrum (Bočac 64, Tel. 051-233838, www.vud.hr). Komplett renovierte Aristokratenvilla mit nur 4 Apartments und 6 DZ. Sehr beliebt ist auch das angeschlossene Hotelrestaurant.

■ Im Distrikt Čikat liegen die drei großen Hotels **Helios**③, Tel. 051-232124, www.artmedias.com (nur 8.6.–7.9.), **Alhambra**②, Tel. 051-232022, www.losinj-hotels.eu (trutziger, 2.1.–15.2. und 18.5.–5.10.) und **Bellevue**③, Tel. 051-231222, www.losinj-hotels.com.

■ Neueren Datums, dafür auch eine Preisklasse höher, sind die Hotels der Landzunge Sunčana Uvala, z.B. das **Aurora**③, Tel. 051-667200, www.losinj-hotels.com, und das **Vespera**③, Tel. 051-667300, www.losinj-hotels.com. Wichtig für Besucher dieser Häuser mag der Hotelbus sein, der von 5 bis 22 Uhr (außer 15 bis 17.30 Uhr) etwa alle 45 Minuten zwi-

2

schen Altstadt und den Hotels Bellevue und Aurora pendelt.

Ferienwohnungen/Privatzimmer

■ Vor Ort über die o.g. Agenturen, die Touristeninformation, bzw. vorab auch über die ca. 120 Privatanbieter umfassende Homepage **www.tz-malilosinj.hr** (hier „Mali Lošinj" und dann „private Anbieter")) in einer Preisspanne ab 45 € bis zu 200 €/DZ in Mittel- und Oberklasseapartments für 4–6 Personen. Weitere gute Seiten für die Voraborganisation sind etwa **www.sunbird.de** (eigentlich eine Surfschule, aber mit zahlreichen Angeboten an Wohnungen, Zimmern und auch Campern) oder **www.manora-losinj.hr** (Hotel Podgora, mit vielen FeWos zu Mali Lošinj). Viele der dort angebotenen Unterkünfte liegen hübsch am Hang im Bezirk Bočac (Fußweg vom Hotel Villa Margarita die Ulica Vresikovo hinauf zur Hauptstraße).

■ Wer direkt am Ufer nachfragen möchte: **Villa Antonia,** Velopin 23, Tel. 051-232192, insgesamt 4 Wohneinheiten für 3 bis 4 Personen zu 400–850 €/Woche. Sehr hübsche Anlage, teilweise mit Balkon. Neben den Agenturen haben oftmals auch Tauchbasen Zimmer und Ferienwohnungen für Tauchgäste im Angebot.

Luxus-Ferienwohnungen

■ Im Bezirk Čikat wurden in direkter Ufernähe einige stilvolle **ehemalige Herrenhäuser** aufwendig restauriert und für den Tourismus umgebaut, beispielsweise die **Villa Hygeia.** Dies erfolgte in Kooperation mit dem Alhambra-Hotel, welches für zubuchbares Catering auf Wunsch zuständig ist. Luxusausstattung mit Internetanschluss, Waschmaschine, Klimaanlage usw. ab 200 €/Tag (4 Pers.) bis 450 €/Tag (bis zu 10 Pers.), Tel. 051-232022.

■ Auch im Zentrum am Ufer kann man etwas gehobener wohnen: **Apartmani Mariana**④, Priko 51, Tel. 051-231136. Schönes, stilvolles, klassisches Bürgerhaus, teilweise mit Balkon.

Camping

■ **AC Čikat**②, Tel. 051-232125, www.camp-cikat. com, vorwiegend für Schwimmer und Taucher.

■ **AC Poljana**②, Tel. 231728, www.losinjplov.hr, ideal für Bootsbesitzer, aber etwas weit weg vom Zentrum, zudem erstreckt sich die Anlage entlang der Hauptstraße, ist also nicht überall ruhig. Dafür wurde ein Rad-/Fußweg vom Camp bis zur Brücke und somit direkt bis ins Zentrum gebaut.

077kb wl

Essen und Trinken

Mali Lošinj bietet Dutzende guter Restaurants, Snackbars und Pizzerien, wobei die unmittelbar am Hafen gelegenen sich naturgemäß das „Setting" mitbezahlen lassen. Daher hier ein paar Tipps auch abseits des Hafens:

■ In der günstigen Kategorie sollte man unbedingt einmal in der **Pizzeria Draga** (Tel. 051-231132, Ulica Braće Vidulića 77 – der Inhaber heißt übrigens auch Vidulić!), gegessen haben: Ab 18.30 Uhr stehen die Leute Schlange, die Portionen sind riesig, gut und günstig.

☑ Beliebte Badebucht auf der Landzunge Čikat

■ Für Fischplatten zu moderaten Preisen in netter Lage am Fischerhafen Sv Martin empfiehlt sich das **Lanterna** (Ul. Sv. Marije 12, Tel. 051-233625).

■ Am linken Ende des Hafenbeckens, bei der kleinen Kapelle Sv Antun, liegt linker Hand in einer Seitengasse das **Restaurant Zakantuni** (Ul. Losinjskih brodogradjitelja, Tel. 051-231840) mit günstigen und guten Fisch- und Fleischplatten für 2 Personen, Muschelsalat mit Kräutern 35 K, Suppen 25–35 K, Pizzen 60–80 K, frittierte Calamari 75 K und als Spezialität Kalbsleber vom Rost für 60 K. Rustikal-angenehmes Ambiente.

■ Reisende loben das **Hotelrestaurant Villa Margarita** (Bočar 64, Tel. 051-233838; nur Abendküche 18–22 Uhr): Käseplatten zu 670 K (für 2 Personen!), Scampicocktail für 70 K, grüne Nudeln mit Scampi 70 K oder hausgemachte Suppen zwischen 20 und 35 K. Spezialität des Hauses ist die Fischplatte für 2 Personen, die mit 240 K zu Buche schlägt. Das Lokal liegt etwas zurückgesetzt und ist auch äußerlich kein typisches Hotelrestaurant.

■ Im gehobeneren Preissegment serviert man sehr exquisite Fisch- und Fleischgerichte zu moderaten Preisen in der **Konoba Corrado,** etwas versteckt in einem Innenhöfchen der Ulica Sv Marije 1 (Tel. 051-232487, nur Ende Mai–Mitte Okt. tgl. 11–23 Uhr).

■ Viele schöne Cafés und Bars liegen rund um den Hafen, u.a. **Bulldog** (Sandwiches, Pizzaschnitten und Snacks, Riva lošinjskih kapetana 29, Tel. 051-233011) oder **Sportmar** (mit Barbetrieb; Priko ulica 2, Tel. 051-231492).

■ Weiter am Ufer entlang Richtung Čikat bietet die kleine **Konoba Odyssey** (Velopin 14, Tel. 051-231893) Lammbraten, Sardellen und fangfrische Fischgerichte je nach Saison (ca. 140 K/Teller) an.

MEIN TIPP: Ein Stückchen abseits am Ortsrand Richtung Osor liegt die sehr empfehlenswerte Enoteka-Pizzeria **Papa Bepi,** Trg Zagazinjine 2, Tel. 051-233430, im Sommer tgl. 11–23 Uhr. Tolle Pizzen, aber auch Käseplatten und gute Weine.

Nachtleben

■ Abendunterhaltung – von den Café-Bars am Hafen abgesehen – bieten die **Hoteldiscos** und die **Disco-Bar Villa Anna.**

■ Im **Automatencasino Vulkan** haben nur Volljährige Zutritt; Automaten- und Tischspiele (Zagrebačka 3, 8–6 Uhr).

■ Am Mittwochabend findet im **Miomirisni Otočki Vrt** (Bukovica 6, an der Kurve V. Lošinj Richtung Supermärkte rechter Hand) ab 21.30 Uhr die beliebte „Garden Night Party" mit gemeinsamer Gartenbegehung, typischer Musik und Drinks statt – alles unter dem Motto „Mittelmeerdüfte". Eintritt inkl. 2 Getränke 50 K, Infotel. (mobil) 098-326519.

Einkaufen

Selbstversorger finden in Mali Lošinj alles, was das Herz begehrt:

■ Der **Fischmarkt** am Trg Rep. Hrvatske (tgl. 7–13 Uhr) bietet fangfrische Meeresdelikatessen; nebenan befindet sich eine **Metzgerei.**

■ Sehr gut kann man in der **Metzgerei Skazlic** an der Promenade einkaufen, die neben Fleisch auch Käse und Wurst vertreibt (7.30–13 und 18–20 Uhr, So 7.30–12 Uhr).

■ **Bäckereien** (Pekarna Lo-Pek, hier Burek, Pizzateile, Baguettes usw.) und einen **Minimarkt** findet man ebenfalls direkt am Trg Republike Hrvatske sowie in der Ulica Braće Vidulića (Pekarna Pjazza).

■ Vom Trg Rep. Hrvatske die Ulica Braće Vidulića hinaufgehend, finden sich zahlreiche **Fachgeschäfte und Boutiquen,** auf halber Höhe ein **Supermarkt** (tgl. 7–22 Uhr) mit Delikatessenabteilung außen (8–12 und 18–22 Uhr) sowie ein Stück weiter ein kleines **Einkaufszentrum** mit Obst-/Gemüseständen, Minimarkt (tgl. 7–21 Uhr, So 7–12 Uhr), Bars und Cyber-Café.

■ Die beiden größten Supermärkte der Inseln (**Diskont** und **Konzum,** tgl. 7–21 Uhr) findet man an

2

Inseln Cres und Lošinj

der Hauptstraße kurz hinter der Abzweigung nach Veli Lošinj Richtung Hotelbereich/Čikat; an der Ampelkreuzung nach links ins kleine Industriegebiet – hier nach 150 m beidseitig der Straße. Riesenauswahl, Frischetheken (Brot, Fleisch, Kuchen etc.), Geldautomat. Vor dem Eingang des Diskont findet man rechts die zentrale Leergut-Sammelstelle.

■ An der Ampelkreuzung geradeaus und dann rechts findet sich der Discounter **Lidl,** tgl. 8–21 Uhr, So bis 14 Uhr (eigenes Parkhaus, kostenfrei für Einkäufe); nebenan ist eine Filiale von **dm.**

■ Im Ortsteil Sumartin-Zagazinjine liegt ein größerer **Ultra-Minimarkt** (tgl. 6.30–21 Uhr, So 7–21 Uhr).

■ **Galerie und Buchhandel Knižel** (Mo–Sa 10–13 und 19–23 Uhr), fremdsprachige Bücher, Sachliteratur, Kunstgegenstände.

Aktivitäten

Das Freizeitzentrum für Schwimmer, Schnorchler und Wassersportler liegt in **Čikat** an der hübschen Promenade zwischen den Hotels Bellevue und Helios. Es wurde 1899 von *Dr. Alfred Edler* noch zu „Kaisers Zeiten" begründet und galt als eines der schönsten Erholungszentren seiner Zeit. Snacklokale und Strandbars (Latino-Beach mit Live-Musik ab 21 Uhr) sorgen für Unterhaltung und das leibliche Wohl. Wassersport bietet das **Makis Rent Center** (Tretboote, Kajak) direkt am Ufer.

Ähnliches wird an der **Promenade Velopin** geboten: Wasserski, Wasserscooter, Motorroller, Ruderboote, Fahrräder usw. Sonnenanbeter finden überall ein Plätzchen, FKK-Freunde suchen das Gebiet beim Hotel Vespera auf. **Für Kinder** gibt es Wasser-Hüpfburgen, einen kleinen Spielplatz, Tischtennis, Popcorn- und Hamburgerbuden und, und, und ...

Man kann sehr weitläufig in der Čikat-Bucht **baden,** was für Gäste der ufernahen Hotels kein Problem darstellt. Wer als Tagesgast mit dem Auto anreist, sollte am Tennisplatz parken, sodass die „Tragewege" kurz bleiben. Einige Hotels sind dazu übergegangen, Parkmarken an ihre Gäste auszugeben – Schwarzparken ist sehr teuer!

🌿🌿 Auch für **Spaziergänge** bietet sich der Raum Mali Lošinj an, etwa die Fußgängerpromenade von/nach Veli Lošinj (am südlichen Ortsrand neben der Hauptstraße) oder der Čikat Forest Park, der sich durch eine interessante Vegetation mit seltenen Pflanzen auszeichnet (erklärende Hinweisschilder, siehe auch www.ju-priroda.hr) und von dessen höchstem Punkt (Vela Straža, 62 m) eine fantastische Rundumsicht genossen werden kann.

Tauchbasen

■ **Adriatic Divers,** Čikat, Tel. 051-232918, www.adriaticdivers.de.

■ **Diver Sports Centre,** Čikat, Tel. 051-233900, www.diver.hr, mit schöner Anlage bei der Konoba Cigale am Rande der Čikat-Badebucht.

■ **Sumartin Divers,** Sv Martin, Tel./Fax 051-232835, www.sumartin.com, am Ufer.

Bootsfahrten

■ Direkt am Pier fahren **Ausflugsboote** zu den vorgelagerten Inseln, Tourbuchung über die Agenturen oder direkt an den Kais, z.B. **S. Busanić** (mobil 098-715570) oder **Kapitän Krško** (Tel. 091-5162840) für Susak oder Ilovik/Orjule oder Delfinbeobachtungen, jeweils ganztägig 10–18 Uhr (inkl. Fischpicknick).

■ Sehr beliebt sind die folgenden Boote im Hafen von Mali Lošinj:

Ausflugsboot Mateo, tgl. 10–18 Uhr, angefahren werden die Inseln Ilovik und Orjule sowie Veli Lošinj; mit (190 K) oder ohne (120 K) Menü, Getränke inkl., buchbar ab 18 Uhr direkt auf dem Boot im Hafen oder telefonisch unter mobil 091-2866067.

Ausflugsboot Devin, tgl. wechselnde Ziele (u.a. Susak, Rab, Ilovik, Silba), Preise 100–300 K je nach Ziel sowie ob mit oder oder Verpflegung; buchbar ab 19 Uhr direkt auf dem Boot im Hafen oder telefonisch unter mobil 098-9480192.

Rad-, Boots- und Surfbrettverleih

■ **Surfschule Sunbird,** Sportzentrum E. Vogel (www.sunbird.de), direkt am Ufer im Knick der Čikat-Bucht.

■ **Boots- und Katamaranverleih** in Čikat neben der Diver-Tauchbasis (www.krojak.com, mobil 098-9231034).

■ Die Agentur **Mediteran** vermietet Räder (100 K pro Tag), Trg Zagazinjine 2, Tel. 051-232999, www.imediteran.com.

Nützliches

■ **Autovermietung:** AVIS, Privlaka, Tel. 051-231938.

■ **Post:** Mo bis Fr 8–21, Sa 8–14 Uhr, in der Ulica Braća Ivana.

■ **Bank/Geldautomaten:** mehrere Geldautomaten entlang der Uferzone, u.a. Privredna Banka, oder Die Erste in der Riva Lošinskih Kapetana.

■ **Ambulanz:** am Trg Rep. Hrvatske um die Ecke vom Fischmarkt, Mo bis Fr 7–12 und 18–20 Uhr, Sa 7–12.30 Uhr.

■ **Apotheke:** Am Trg Rep. Hrvatske (linke Seite, Riva L. Kapetana).

■ **Polizei:** Tel. 051-231822.

■ **Pannenhilfe:** Tel. 051-231054.

■ **Marina:** Bezirk Privlaka, Tel. 051-231626, www.losinia.hr/marina. Sehr beliebt, über 200 Plätze.

■ **Hafenmeisterei:** Riva L. Kapetana, Tel. 051-231438.

▷ Veli Lošinj, traditioneller Fischerort

2

Veli Lošinj

Der sehr empfehlenswerte, drei Kilometer lange **Spaziergang** von der Landzunge Sv Martin an den wunderschönen, von kristallklarem Wasser umspülten und von Pinien und Föhren gesäumten **Felsbuchten** entlang führt über den Hotelkomplex Punta nach Veli Lošinj, dem einst größten Ort der Insel Lošinj. Er liegt in einer **fjordartigen Bucht** und zieht sich dann um eine größere Landzunge herum (sehr hübscher Spazierweg!) zum alten **Fischerhafen Rovenska,** der durch die Pinienhaine der Landzunge vom Zentrum getrennt ist.

Früher war „Veli" (kroat.: groß) Lošinj der Hauptort der Insel, der günstigere Tiefwasserhafen von Mali Lošinj lief dem einstigen Zentrum im 19. Jahrhundert dann allerdings den Rang ab. Die wohlhabenden Kapitäne blieben mit ihren Familien in Veli Lošinj und bauten teilweise prunkvolle Bürgerhäuser.

Sehenswertes

Pfarrkirche

Das Zentrum des kleinen Fjords dominiert die Pfarrkirche **Sv Antun** aus dem 17. Jahrhundert (1774 fertiggestellt auf einem Vorgängerbau aus dem 14. Jh.) mit etlichen Malereien italienischer Sakralkünstler. Eine Besonderheit ist die untypisch frontal oberhalb des Hauptaltars angebrachte Orgel. Die wohlhabenden Familien ließen sich früher übrigens in Grüften in der Kirche ohne Sarg – nur in Leinen gehüllt – bestatten. Messe je-

Inseln Cres und Lošinj

den Sonntag 11.30 Uhr in deutscher Sprache.

Waldpark und Strandbäder

Oberhalb der Kirche liegt ein hübscher, von Spazierwegen zum Ortsteil Rovenska durchzogener Waldpark mit über 150 verschiedenen Baumarten, dem bewirtschafteten **Strandbad Plaža Veli** sowie mehreren Aussichtspunkten. Im Bezirk **Rovenska** bestehen weitere Bademöglichkeiten und es bieten sich Uferspaziergänge an.

Kunstgalerie

Auf der gegenüberliegenden Seite des Hafenbeckens führt eine Gasse neben der Post zum **runden Turm** (Kula) aus dem Jahr 1455, in dem eine kleine Kunstgalerie untergebracht wurde (tgl. außer Mo 10–13 und 16–22 Uhr; Eintritt 10 K, Kinder 5 K).

Marine Educational Center

Wenige Meter weiter das Hafenbecken entlang öffnet sich ein kleiner Platz, wo links um die Ecke das Lošinj Marine Educational Center interessante theoretische Einblicke in die reichhaltige **Unterwasserwelt** der Region bietet.

■ **Lošinj Marine Educational Center,** Tel. 051-604666, www.blue-world.org, im Sommer tgl. außer Mo 9–13 und 19–22 Uhr, Eintritt 15 K, Kinder ab 7 Jahre 10 K.

Veli Lošinj

0 — 200 m ©Reise Know-How 2015
Kvarner08

RT Leva

Aussichtspunkt ★

~~~ Strandbad Plaža Veli

kleiner Feldparkplatz 🅿️

1

Plaža Punta ~~~

Mali Lošinj

2

3

Uferpromenade

Waldpark

4

5

Sv Antun ♟♟ 7

KACIOL

Waldpark

6

8
9

Marine Educational Center ★

10 ✉️ ℹ️ Obala M. Tita

11

GARINA

Kula-Turm ★

12

ZADBONE

Ulica Vladimira Nazora

13

KAŠTEL

~~~ *Bade-möglichkeiten*

14

ROVENSKA

15

@

Mali Lošinj

♟♟ *Sv Marija*

PODJAVORI

🅿️

🅱️ 🅿️

🟥 Übernachtung
1 Hotel Punta
3 Villa Milda
5 Vila San
7 Pansion Saturn
8 Villa Mozart
9 HFHS-Jugendherberge
11 Privatvermietung Pjacal

🟦 Essen und Trinken
1 Restaurant Punta

5 Vila San
6 Trattoria Marina
8 Villa Mozart und Cafés

🟧 Nachtleben
1 Disco Punta

🟩 Einkaufen/Sonstiges
4 Fischgeschäft, Flohmarkt

9 Agentur Turist
10 Metzgerei Ljuba
11 Minimarkt
12 Bäckerei Zlatni Klas
13 Agentur Palma, Bäckerei Loznati
14 Minimarkt
15 Agentur Val

🟦 Wassersport
2 Losinj Adventure Watersports

2

Praktische Tipps

An- und Weiterreise

■ Es besteht eine gute **Busanbindung** von/nach Mali Lošinj (siehe Gesamtübersicht eingangs des Kapitels), wobei der letzte Bus um 23 Uhr in Mali Lošinj abfährt und man somit auch gemütliche Abende im Nachbarort verbringen kann.

■ Von den **Parkplätzen** an der kleinen Bus-Endstation orientiere man sich an der zwiebelgetürmten Kirche Sv Marija und folge dort der Hauptgasse Ulica Nazora hinunter zum Zentrum.

Agenturen

■ Mehrere Agenturen bieten diverse touristische Dienstleistungen: Die **Agentur Turist** (Obala M. Tita) arrangiert Bustickets, Leihräder, Tauchen, Unterkunft, Geldwechsel usw., auch Stadtpläne erhältlich. In der Hauptgasse Richtung Parkplatz (Ul. Nazora) findet man die **Agentur Palma** mit ähnlichem Angebot sowie ein Stückchen weiter bei der Marienkirche in Haus 29 die **Agentur Val** mit Internetcafé (www.losinj-val.com), der auch die Pension Saturn gehört.

Unterkunft

Als Alternative zu dem zumindest in der Hochsaison etwas gedrängt anmutenden und in den großen Hotelanlagen wenig anheimelnden Mali Lošinj bieten sich in Veli Lošinj eine größere Aparthotelanlage sowie etliche kleinere Pensionen an.

■ Links die Bucht hinauf gelangt man zum **Hotel Punta**③-④, Tel. 051-236002, www.losinj-hotels. com, mit Disco, Schwimmbad, Restaurant usw. Neben DZ werden Vierer-Apartments vermietet; riesige Anlage, sehr beliebt und gar nicht übel.

■ Neben dem Hotel Richtung Ort liegt die restaurierte **Villa Milda**② (Tel. 051-236263, odmaraliz

te@z.hr). Einfache Zimmer ohne Balkon, etwas charakterlos. Bieten auch Frühstück für Nichtgäste (45 K; Restaurantbetrieb 7–23 Uhr).

■ Direkt am Zentralplatz Obala M. Tita rechts gehend findet man die hübsch restaurierte **Villa Mozart**② (Kaciol 3, Tel. 051-618769, www.villa-mozart.hr). Direkt nebenan liegt die **Pension Saturn**② mit ähnlichen Preisen. Das Haus gehört zur Agentur Val (s.o.) und ist unter www.losinj-val.com auch online buchbar.

■ Neben dem Turm um die Ecke von der Post findet man den Privatvermieter **Pjacal**② (Kaštel 3, Tel. 051-236244, mobil 098-1847115) für Zimmer und Apartments. Hauseigenes Ausflugsboot mit Inseltouren, Fischpicknick usw.

■ Richtung Hotel bietet sich noch die **Villa San**② an, Tel./Fax 051-236160, www.vila-san.com, Halb-/Vollpension möglich, Apartments für bis zu 5 Pers.

■ Um die Ecke der Villa Mozart (Treppe hinauf) findet sich eine Zweigstelle der kroatischen **HFHS-Jugendherbergen**① (Kaciol 4, Tel. 051-236234, www.hfhs.hr). Auf B&B-Basis zahlt man pro Person je nach Saison zwischen 18 und 22 €/Nacht. Oft ausgebucht, Voranmeldung dringend angeraten.

Essen und Trinken

Cafés

■ Rund um das kleine Fjordbecken findet der Hungrige etliche Cafés und Restaurants, etwa das nette **Café Mladost** am M. Tita 6 (Tel. 051-236205) oder das benachbarte **Café Beny,** wo man auch Burek bekommt (Obala Tita 8, Tel. 051-236302). Für einen kühlen Drink oder einen Espresso empfehlen sich die **Café-Bar Eskimo** (Tel. 051-301320) sowie das **Café-Bistro Riva** auf der linken Hafenbeckenseite (Obala Tita 36, Tel. 051-233824, 7–11 Uhr zwei Frühstücksmenüs zu 35 bzw. 65 K).

Restaurants

■ Gut und zünftig speist man am Obala M. Tita Vila in der **Villa Mozart** (Tel. 051-618769) mit biergartenähnlichem Restaurant (Grillplatte 70 K, Spaghetti ab 50 K, Fischteller 135 K).

● Direkt am Ufer an der linken Hafenseite findet man die **Trattoria Marina** (Tel. 051-236178, tgl. 9–24 Uhr, Mitte Nov. bis Mitte März geschl.), welche eine österreichische Schauspielerin unter dem Motto „kreative Küche" begründet hat – heute ein begehrtes Spezialitätenrestaurant für italienisch-istrische Gerichte (Trüffel).

● Wenige Meter den Hügel hinauf Richtung Hotelanlage Punta bietet das sehr beliebte Terrassenrestaurant **Vila San** (Tel. 051-236160) u.a. Fischplatte für 300 K für 2 Pers., Medaillons mit Feigen und Salbei für 80 K, istrischen Käse mit Trüffel für 70 K oder Seebarschfilet für 90 K. Der Koch zählt zu den bekanntesten Fernsehköchen Kroatiens.

● Auch die **Hotelanlage Punta** verfügt über ein sehr schön gelegenes angeschlossenes Restaurant mit toller Aussicht (geöffnet für Nicht-Hotelgäste tgl. 10–23 Uhr).

Einkaufen

Man findet im Zentrum alles, was man für einen Tagesaufenthalt benötigt, wenngleich die Auswahl in Mali Lošinj natürlich ungleich größer ist.

● Am Zentralplatz Obala M. Tita liegt ein **Minimarkt,** gleich links am Hafenbecken die **Bäckerei Zlatni Klas** mit warmen Burek und leckeren Kuchenteilchen. Von hier aus die Nazora 100 m Richtung Parkplatz gehend, erreicht man die **Bäckerei Loznati.**

● Neben dem Marine Educational Center bietet die **Metzgerei Ljuba** (7.30–13 und 18–20 Uhr, So nur 7.30–12 Uhr) frisches Fleisch an.

● Ein kleines **Fischgeschäft** (Ribarnica, tgl. 7.30–12 Uhr) findet man direkt am Ufer unterhalb der Vila San.

⌵ Ausflug von Veli Lošinj zu den vorgelagerten kleinen Inseln

079kb wl

■ Zumindest in den Sommermonaten wird am Weg hinauf zur Vila San manchmal ganztägig eine Art **Floh- oder Andenkenmarkt** abgehalten.

Aktivitäten

■ Auch wenn das Marine Center sehr interessant ist, wollen viele Besucher die Meeresbiologie doch ganz unmittelbar mit einem **Ausflugsboot** erleben. Im Hafen werden nicht nur Tagesausflüge auf vorgelagerte oder benachbarte **Inseln** angeboten (u.a. Ilovik, Oruda, Susak, Šilba oder auch Rab), sondern auch **Delfinbeobachtungen,** die immer wieder faszinierend sind. Auch komplette Boote können direkt am Hafen gechartert werden (ca. 1500–2000 K/Tag).

■ Zahlreiche **Ausflüge** zu vorgelagerten Inseln direkt am Ufer (roter Stand, Tel. 051-236244); das rote „**U-Boot**" fährt auch Veli Lošinj an (www.semisub marine-losinj.com).

■ Am Plaža Punta unterhalb vom Hotel Punta werden Liegen, Sonnenschirme (20 K) und Wassersport angeboten. **Losinj Adventure Watersports** hat Paintball, Boots- und Radverleih (mobil 091-236 5151, www.losinjadventure.com) im Programm.

■ Das Strandbad hinter der Hauptkirche im Ortsteil **Rovenska** hat eine Bar und Meerwasserpools.

■ Radverleih, Kajakverleih und Wassertreten gibt's am **Strandbad Plaža Veli.**

Nützliches

■ **Geldautomat** am Platz Obala M. Tita.

■ **Internet:** Agentur Val, Loznati 29 (bei der Marienkirche).

■ **Telefonzellen** stehen direkt am Ufer vor dem Café Riva.

■ Die **Post** an der linken Seite des Hafenbeckens ist Mo–Fr 7.30–21 Uhr (10.30 und 16.30 je 30 Minuten Pause) geöffnet.

Kleinere Inseln der Kvarner Bucht

Von **Mali Lošinj** aus kann man die vorgelagerten Inseln **Orjule, Ilovik, Unije, Srakane** und **Susak** per Fährboot oder im Rahmen eines Ausfluges besuchen. Am beliebtesten ist Ilovik wegen seiner Blumenpracht im Frühjahr, während Susak die schöneren Strände bietet. Srakane ist etwas für Robinson-Urlauber, Orjule bietet von allem etwas. Die **Touren** werden in Mali Lošinj am Hafen heftig beworben. Je nach Geschmack sind verschiedene Inseln als Tagestour kombinierbar, was rund 25 € p.P. (Kinder halber Preis) inklusive Fischpicknick und Wein/Softdrinks kostet.

Ilovik

Ilovik erfreut sich eines vergleichsweise fruchtbaren Bodens, was sich in der schon beinahe legendären **Frühlingsblumenpracht** der Insel äußert, die Heerscharen von Ausflüglern anlockt. Gute Fähranbindung, kleinere Badebuchten (Stein) und eine bescheidene Infrastruktur in der Siedlung auf der Ostseite machen Ilovik zu einem lohnenswerten Tagesausflugsziel.

Anfahrt

■ Die **Personenfähre „Tim G"** fährt 3–5x täglich (Juni–September) die Route Mali Lošinj – Mtrvaška – Ilovik. Tagesausflüge sind somit täglich möglich, wenn man über ein eigenes Transportmittel zum Pier verfügt; 25 K einfach. Den **Pier Mtrvaška** erreicht man von der Ampelkreuzung in Mali Lošinj an den Supermärkten vorbei immer der Straße über den Hügelkamm bis zum Ende folgend (gebührenpflichtiger Parkplatz).

Unterkunft

Die meisten Besucher bleiben nur für einen Tagesbesuch, aber auch längere Aufenthalte können über **www.ilovik.hr** (Sabina Wohnungen) arrangiert werden. Achtung: keine Pkw-Mitnahme möglich (Gepäck!).

Essen und Trinken

◼ Im Dörfchen findet man einen **Minimarkt** sowie mehere Gastronomiebetriebe.
◼ Sehr gelobt für Fisch wird die **Konoba Panino** (Tel. 051-235978), die **Konoba Oliva** (Tel. 051-235922) für sehr schmackhafte Fleischgerichte.

Susak

Susak unterscheidet sich schon optisch von den ansonsten eher kargen Inseln der Ostadria, da die Bewohner zum Schutz vor dem Wind Unmengen an **Schilfgras** angebaut haben und so ihre Parzellen vor Erosion und Austrocknung schützen. So konnte nicht nur **Wein** angebaut, sondern auch der **Sand** der Insel bewahrt werden, der Susaks Strände nahezu einmalig macht.

Die *Susački*, wie die **Bewohner Susaks** genannt werden, pflegen eigene Sitten und Gebräuche – etwa eine ganz eigene Tracht – und sprechen einen eigenen, schwer verständlichen Dialekt. Im August findet ein großes Treffen aller ehemaligen Bewohner auch aus Übersee

statt, was auf der Insel als allgemeiner Feiertag begangen wird.

Das Dorf Susak ist mehr oder weniger zweigeteilt und wird **Donje Selo** (Unterdorf, rund um die Anlegestelle) sowie **Gornje Selo** (Oberdorf, Treppe zur Pfarrkirche hinauf) genannt. Vor dem Kirchplatz liegt rechter Hand ein schöner Aussichtspunkt. Neben der Kirche dürfte Weinkenner die örtliche Vinarija (geöffnet bei Bedarf!) erfreuen, immerhin gibt es auf Susak überraschend viel Weinanbau. Während Donje Selo für viele Tagestouristen der einzige Eindruck bleibt, bietet sich im Oberdorf ein tiefer gehender Einblick in das Leben der Inselbewohner. Am oberen Ende immer dem befestigten Weg folgend, erreicht man die Friedhofskapelle. Hier rechts gehend, kann man einen kleinen **Rundweg** über einen Leuchtturm (Ruine) und die höchste Erhebung Vela Straža (96 m) unternehmen.

Der **Ortsstrand** in Donje Selo, ein ultraflacher Sandstrand, der auch für Kleinkinder ideal ist, bietet an Infrastruktur u.a. Tretboote, Sonnenschirm- und Liegenverleih sowie Massagen (im Sommer). Er liegt außerdem nahe der Gastronomiebetriebe.

MEIN TIPP: Schöner für Ruhesuchende dürften die **Strände der Ostseite** sein: Von der Friedhofskapelle (links) aus folgt man dem Wanderzeichen; der Pfad führt idyllisch durch Weinberge bis zum Strand Bok (Sand, links) mit Getränkekiosk und Schirm-/Liegenverleih sowie einem Felsabschnitt rechts des Pfades. Geradeaus weiter kommt man zu einer kleinen Marienkapelle am Ende der Landzunge. Zurück kann man immer den rechten Pfad nehmen und kommt im Unterdorf wieder am Ufer an.

Anfahrt

● Anders als bei Ilovik ist man bei Susak auf ein **Ausflugsboot** oder ein **Wassertaxi** angewiesen. Theoretisch kann man auch von Mali Lošinj mit der Jadrolinija-Personenfähre um 5 Uhr hin- und um 15.30 Uhr zurückfahren, was aber nicht jedermanns Sache sein dürfte. Alternativ gibt es im Sommer ein privates Wassertaxi zwischen Mali Lošinj und Susak (am Hafen neben den Ausflugsbooten, mobil 098-1353567).

Information

● Das kleine **Büro** am Uferplatz ist 9–12 und 19–21 Uhr, So 11–12 Uhr geöffnet; die benachbarte **Post** nur im Sommer 10.30–14.30 Uhr.

Unterkunft, Essen und Trinken

Auch für Susak gilt: Man kann durchaus ein paar Tage hier verbringen, muss aber sein Fahrzeug in Mali Lošinj lassen und das Gepäck auf einem Personenboot befördern.
● Allgemeine Unterkunftsorganisation unter http://ferien-susak.de und www.apartmani-grgac-susak.com, oder **Gaudentia Parabokija**② (www.susak-apartmani.com)in Nr. 308. Das Restaurant **Sansegus**① nennt sich Hotel, dürfte aber nach mitteleuropäischem Standard allenfalls als Pension durchgehen (Tel. 051-239013, sansegus.maneti@gmail.com).
● **Minimarkt** (im Sommer tgl. 8–22 Uhr, sonst Mo–Sa 8.30–12.30 und 16.30–19.30 Uhr, So 9–13 Uhr) und **Konoba Ankora** am Hafen; außerdem findet sich am Ufer die **Café-Bar Vala** sowie die **Pizzeria Konoba Vera**. Etwas abseits vom Tagestourismus speist man sehr ordentlich im Oberdorf in der **Konoba Barbara.**

011ki wl

Srakane

❀ Die beiden Inseln **Male und Vele Srakane** sind wahrlich etwas für Enthusiasten von Einsiedler-Ferien. Nur dreimal wöchentlich mit der Personenfähre (s. Mali Lošinj) an das „Festland" angebunden, halten es nur noch drei (!) Bewohner auf der größeren der beiden Inseln dauerhaft aus und betreiben einen Öko-Bauernhof. Dabei wirkt das Dörfchen gar nicht so trist, von den ungefähr 30 Häusern sind die meisten liebevoll restauriert worden und dienen wohlhabenderen Kroaten als ruhiger Sommersitz. Ein Drittel der Gebäude scheint allerdings zu verfallen, so auch der ehemalige Minimarkt bei der Kirche Sv Ana, der inzwischen als Lagerhalle genutzt wird.

Gastronomie und Unterkünfte sind aktuell nicht vorhanden; Baden kann man an der Anlegestelle oder auf der anderen Inselseite (Fels). Male Srakane ist auch als **Tauchspot** („Kathedrale") bekannt.

◨ Einsame Steinstrände auf Srakane

2

Von den Ferienzentren der östlichen Festlandsküste um Crikvenica und Novi Vinodolski lohnt sich ein Ausflug in die Hafenstadt Rijeka und ins Hinterland: in den Nationalpark Risnjak im Kvarner Hochland oder zu den Plitwitzer Seen mit ihren Wasserfällen.

3 Ostküste der Kvarner Bucht

◁ Blick in die Bucht von Bakar nahe Rijeka

OSTKÜSTE DER KVARNER BUCHT

Größere Fährhäfen im Allgemeinen und **Rijeka** im Besonderen werden von Touristen meist links liegen gelassen. Die Bedeutung als kulturelles Zentrum mit Universität, Theater und Museen sowie eine angenehme Fußgängerzone in der Altstadt, interessante Sehenswürdigkeiten und vor allem gute Einkaufsmöglichkeiten begründen letztlich aber eine gewisse Attraktivität der Metropole des Kvarner Landes.

Im weiteren Verlauf der Küste nach Südosten schließt sich ein beliebtes Ferienzentrum an: Ausgezeichnete Wasserqualität, ein riesiges Angebot an Unterkünften und Freizeitmöglichkeiten und vernünftige Preise zeichnen die **Riviera von Crikvenica** aus. Im Weiteren folgen **Novi Vinodolski** – mit seinem mittelalterlichen Flair ein attraktives Städtchen – und **Senj** mit seiner berühmten Uškoken-Festung. Das nahe gelegene **Kvarner Hochland** bietet viel unberührte Natur. Eine Rundfahrt wird am Ende des Kapitels beschrieben.

Rijeka

Rijeka (ital.: Fiume) ist mit gut 170.000 Einwohnern die **drittgrößte kroatische Stadt** nach Zagreb und Split. Vor allem der **Seehafen** mit seinen Industrieanlagen (INA-Raffinerie), aber auch der großstädtische Verkehr und hässliche Vorstadtviertel tragen zum relativ schlechten Ruf der Stadt bei. Doch es gibt einige Sehenswürdigkeiten, die den Besuch lohnen. In Rijeka wurden alle wichtigen Bauwerke und Museen vorbildlich mehrsprachig beschildert.

Von besonderer verkehrstechnischer Bedeutung ist der 2012 abgeschlossene Ausbau der Bahnstrecke Rijeka – Ungarn via Zagreb.

Rijeka unterhält einige Städtepartnerschaften, darunter auch mit Neuss und Rostock, mit Letzterem sogar schon seit

3

0   10 km © REISE KNOW-HOW 2015

Map labels (upper map):

SLO — Triest, Ljubljana — Gerovo — Gorenji Potok — Kočevje — Stari Trg ob Kolpi — Kvarner 16 — SLO

Klana — **95** — Nationalpark Risnjak — **32** — Veli Risnjak 1528 ▲ — Crni Lug — Brod Moravice — Brod na Kupi — **3**

E61 / E63 — **A7** — Marčelji — Dražice — Mrzla Vodica — **95** — Lokve — Vrbovsko — **E65**

Rukavac — Kastav — Marinći — Mavrinci — **A6** — **3** — **E65** — **A6** — Karlovac, Zagreb — Gomirje — **42**

Pazin — **A8** — **16** — Opatija — Ičići — Rijeka — Bakar — Ausschnitt — Sunger — Mrkopalj

Lovran — Medveja — **25** — Rijećki — Kraljevica — Fužine — **97** — Tuk — **96** — Kula 1533 ▲

ISTRIEN — Mošćenička Draga — Mošćenice — zaljev — Omišalj — Jadranovo — Grižane — Jasenak

66 — **28** — **28** — Dramalj — Bribir

Brseč — **28** — Njivice — Crikvenica

Brestova — Porožina — **36** — Beli — Malinska — Pólje — Novi Vinodolski — Drežnica

100 — **104** — **K R K** — Vrbnik — **156**

Valbiska — **136** — Krk — **102** — **149** — **109** — **8** — **E65** — Križpolje — **97** — **A1**

Vodice — Baška — Senj — Brinje

C R E S — **37** — Cres — Merag — **146** — Stara Baška — Sveti Juraj — PRIVĆ — Gospić, Zadar — **E71**

Pernat — **45** — Valun — **K V A R N E R   B U C H T** — **112** — Plitwitzer Seen

46 — Lubenice — Orlec

Map labels (lower map):

Opatija — **A7** — **E65** — **97** — Škrljevo — **501** — **A6** — **E65** — Karlovac, Zagreb

Rijeka — **80** — Bakar — Krasica — Praputnjak — Fužine

Kostrena — Bakarac — Hreljin — Lič

Kraljevica — Križišće

Sv. Marko — **8** — Mali Dol

Rt Kijec — **E65** — Voz — Jadranovo — Tribalj — Baškovići — Lokovo

Rijećki — **122** — Omišalj — Kačjak — Dramalj — Grižane

zaljev — Rudine — **98** — Crikvenica — Dolac — Kotor — Jargovo — Bribir

126 — **102** — **161** — Soline Bucht — Rt Šilo — Crikvenica Riviera — Breze

Njivice — Čižići — Klimno — **158** — Selce — **8** — **E65** — Zagori — Senj

Rt Pelova — **128** — **132** — Maršići — **158** — Soline — Dobrinj — Rt Tokal — **106** — Novi Vinodolski

Porat — Malinska — Gostinjac — **3**

K R K

45 Jahren – somit ist dies eine der ältesten deutsch-kroatischen Partnerschaften überhaupt! Fußballfreunde kennen eventuell den **HNK Rijeka,** Kroatiens dritte Kraft im Kampf um das runde Leder nach Zagreb und Split.

Geschichte

Als Tarsatica (60 v. Chr.) bildete Rijeka in römischer Zeit eine Grenzstadt des liburnischen Limes. Vom 8. bis 15. Jahrhundert vorwiegend in kroatischer Hand, fiel die Stadt 1466 an das Haus **Habsburg** und entwickelte sich zu einer Rivalin der Dogenrepublik Venedig. Erneute Unabhängigkeit folgte im 17. und 18. Jahrhundert, ehe *Maria Theresia* 1776 Rijeka zum Sonderverwaltungsgebiet erklärte. 1848 unterstützte Rijeka den ungarischen Aufstand gegen Österreich, woraufhin der kroatische Vizekönig Gouverneur von Rijeka wurde. Ungarn als Binnenstaat benötigte einen Hafen und betrieb den rasanten Ausbau der Stadt. 1919/20 wurde der **Freistaat Fiume** gegründet – auf Verlangen der im Ersten Weltkrieg siegreichen Italiener mit italienischem Namen –, 1924 von Italien annektiert und nach der italienischen Kapitulation im Zweiten Weltkrieg (1943) zwei Jahre lang von deutschen Truppen besetzt. Nach dem Zweiten Weltkrieg zunächst jugoslawisch, erfreut sich die Stadt seit der Unabhängigkeit Kroatiens immer größerer Beliebtheit bei durchreisenden Touristen.

▷ Rijekas Prachtstraße und Flaniermeile Korzo

Sehenswertes im Zentrum

Ein Rundgang beginnt zweckmäßigerweise am **Trg Jelačić** beim Kanal Mrtvi und führt hier halbrechts zum Dom Sv Marija.

Dom Sv Marija

Die ehemalige Kathedrale wurde im 13. Jahrhundert errichtet und im frühen 19. Jahrhundert mit einer klassizistischen Fassade versehen. Mit dem 33 Meter hohen **Glockenturm** hat es eine kleine Besonderheit auf sich: Er hat sich wegen des feuchten und instabilen Bodens um einen knappen halben Meter zur Seite geneigt, sodass er der **„schiefe Turm von Rijeka"** genannt wird. Die Feuchtigkeit zeigt sich auch im Inneren: Da die Kirche sehr schlecht zu belüften ist, sind die Wandmalereien arg in Mitleidenschaft gezogen, sodass große Teile des Gotteshauses verhüllt sind und Reparaturen vorgenommen werden müssen.

Sv Vid

Die Šporera ein kleines Stück hinaus liegt die Kirche Sv Vid (Veitskirche). Sie ist von ihrer **„legendären" Entstehungsgeschichte** her viel interessanter als der Dom: Im Jahre 1296 spielte ein Mann Karten, hatte aber Pech und verlor. Daraufhin warf er verärgert einen Stein an ein Christuskreuz und traf dieses auf der linken Seite. Blut floss aus dem Kreuz, und wo es auf die Erde tropfte, öffnete sich ein großer Schlund – der Werfer wurde von ihm verschlungen. Ein Gou-

Ostküste der Kvarner Bucht

verneur im frühen 17. Jahrhundert, zunächst ungläubig, als er diese Geschichte vernahm, ließ den Boden umgraben – und tatsächlich fand man den Leichnam. Der Gouverneur ließ die Überreste verbrennen, eine Bronzehand als Mahnmal an der besagten Stelle aufstellen und die Veitskirche darüber errichten. Die Bauarbeiten wurden 1638 begonnen und dauerten fast 100 Jahre. Prunkstück wurde eine **säulengetragene Kuppel** über dem Zentralraum.

Museen

Am Muzejski Trg 1, oberhalb der Veitskirche, entstand im ausgehenden 19. Jh. ein neobarocker Prunkbau für den jeweiligen Gouverneur; heute ist hier ein interessantes **Marine- und Heimatmuseum** mit Exponaten zur Regional- und Seefahrtsgeschichte der Kvarner Bucht untergebracht. Besonders interessant ist die kunsthandwerkliche Abteilung aus dem 18. und 19. Jahrhundert.

Nur wenige Meter entfernt steht das kleine, weniger lohnenswerte **Stadtmuseum,** dessen Ausstellungsstücke sich ausschließlich auf Rijeka beschränken.

Das vielleicht schönste Museum für Kinder liegt oberhalb des Marinemuseums im Park V. Nazora: das **Naturwissenschaftliche Museum** mit Ausstellungen zu Meeresflora und -fauna, einer guten Erläuterung der Geomorphologie der Kvarner Bucht sowie Aquarium und Tierpark.

■ **Marine- und Heimatmuseum** (Pomorski Muzej), Tel. 051-213578, Di bis Fr 9–20, Sa 10–13 Uhr), Eintritt 10 K.

■ **Stadtmuseum,** Tel. 051-336711, Mo–Fr 10–13 und 16–20 Uhr, Sa 10–13 Uhr; Eintritt 10 K, Mo frei.

014kb wl

■ **Naturwissenschaftliches Museum** (Prirodos-
lovni Muzej), Tel. 051-553669, www.prirodoslovni.
com, Mo bis Sa 9–19 Uhr, So 9–15 Uhr; Eintritt
10 K, Familien p. Pers. 5 K.

Römischer Triumphbogen

An den römischen Teil der Stadtgeschichte erinnert der römische Triumphbogen (Stara Vrata), der als **ältestes erhaltenes Bauwerk** Rijekas gilt. Die
mannigfaltigen Veränderungen späterer
Epochen lassen den antiken Ursprung
allerdings nur noch erahnen.

Korzo

Vorbei am ehemaligen Rathaus und Geburtshaus des Komponisten *Ivan Zajc*
am Trg Ivan Kobler passiert man das Tor
des alten Stadtturms. An ihm prangen
noch heute die Büsten der Kaiser *Leo-
pold I.* und *Karl VI.* (sie ernannten Rijeka zur Freistadt) sowie der Doppeladler.
Dahinter liegt die **Haupteinkaufsstraße**
von Rijeka, genannt Korzo, mit zahlreichen Kaufhäusern, Boutiquen, Buchhandlungen und Geschäften für Luxus-
artikel.

Hieronymuskirche

Durch einen Durchgang schräg gegenüber von McDonald's erreicht man den
Trg Riječke Rezolucije mit der Hierony-
muskirche, dem ehemaligen Augustiner-
kloster. Die Kirche aus dem 17. Jahrhundert ist durchaus sehenswert, die modernen Kristall-Lüster wirken jedoch deplatziert.

Rijeka

■ **Übernachtung**
1 Neboder
2 Hotel Best Western Jadran
3 Jugendherberge
12 Apartments Korzo
23 Grand Bonavia

■ **Essen und Trinken**
4 Brun
5 Konoba Feral
9 Café Sv Vida
13 Snackbar Hamby
16 Sewed City
19 Café Ri
20 McDonald's
21 Municipium
25 Restaurant-
 Pizzeria Bračera
26 Zlatna Školjika
30 Arca Fiumana

■ **Nachtleben**
7 Bar Dva lava
10 Irish Pub Café Bard
18 Gradski Casino
24 Hemingway
28 Svid Rock Café
32 Spielautomaten-
 Casino

■ **Einkaufen/Sonstiges**
1 Tower Center
6 Kino Kvarner
8 Apotheke
11 Kaufhaus Korzo
13 Croatia Airlines
14 Buchhandlung
15 Agentur Atlas
16 Kaufhaus Robna
 Kuća Rijeka
17 Agentur Globalturist
22 Agentur Generalturist
24 Bonbonniere Kraš
25 Agentur Tours
27 Buchhandlung
29 Fährgesellschaft Jadrolinija
31 Autovermietung Vučetić
33 ZTC-Shopping,
 CNG-Tankstelle

Ostküste der Kvarner Bucht

0 ━━━━━ 100 m © REISE KNOW-HOW 2015

Kroat22

**Stube Petra Kužića
(Treppe nach Trsat)**
*Titov
Trg*
Skoljić
Vodovodna
Križanićeva
Šetalište Andrije

★*Fort Trsat,*
ⓘ*Franziskanerkloster,*
Trsat, Crikvenica
Slavka Cindrića

P

Skoljić
Fiumara
Mrtvi-Kanal

Ivana Grohovca
Aida Colloneia
Đure Šporera
Ribarska
Scarpina
Vestarska
Cupca

Polizei ●
**Dom
Sv Marija**
ⓘ
Uzarska

Ⓑ **Stadt-
busse**

Matije
 Mata
Ćićeva

Vladimira Nazora Park
**Naturwissenschaftliches
Museum**
Ⓜ

Zrtava fašizma
Sv Vid ⓘ
*Trg
Grivica*

**Volks-
theater**

 Vestarska

★
Justizpalast

**Park
Ivan Zajc**

Tourist-Bus Ⓑ
★ **Markt**
Vatroslava
Lisinskog

Laginjina
*Trg
Koblera*

★
**Stadtmuseum &
Marinemuseum**
Ⓜ

**Ivan-Zajc-Haus
& Römischer
Triumphbogen** ★
*Trg
Rijecke
Rezolucije*

**Hieronymus-
kirche**
ⓘ
Uhrenturm

Ivana Zajca
Verdijeva
Riva Boduli

Laginjina
Kovac
Korzo
✉

Ivan Pavla III
Frana Supila
Frana Kurelca

Frana Supila

Korzo

Riva

Pomerio

**Moderne
Galerie** ★
Dolac

ⓘ
✚
Ambulanz

*Trg
Republike*

Erazma Barčića

Korzo
Adamičeva

Splitska
*Jadranski
trg*
Riva

Tourist-Bus Ⓑ

Fährhafen

Ciottina
Tripimirova

Vajnera Ćiće
Pomerio

ⓘ
**Kapuziner-
kirche**

Ⓑ **Überland-
busse**
*Trg
Žabica*

Ciottina

Bahnhof,
Opatija
Krešimirova

3

[Map numbered markers: 1 2 3 4 5 6 7 8 9 10 11 12 13 14 15 16 17 18 19 20 21 22 23 24 25 26 27 28 29 30 31 32 33]

Galerie

Wenige Meter entfernt beim Hotel Bonavia wurde die Galerie der modernen Künste eingerichtet.

■ **Galerie der modernen Künste,** Ul. Dolac, Tel. 051-334280, tgl. 10–13 und 17–20 Uhr.

Kapuzinerkirche

Oberhalb des Busbahnhofs lohnt ein Blick in die Kapuzinerkirche **Gospe Lurdske,** wegen ihres markanten Äußeren ein recht häufiges Fotomotiv. Sie wurde 1908 anlässlich des 50. Jahrestages des „Wunders" von Lourdes (dort hatte ein Hirtenmädchen Marienerscheinungen) im neogotischen Stil gebaut, im Inneren finden sich rotbraune Mosaiken. Die Kirche ist täglich von 7 bis 20 Uhr (außer zu Messezeiten) zugänglich.

Festungshügel Trsat

Wer ein wenig Zeit mitbringt oder Rijeka mehr als nur einen Kurz- oder Einkaufsbesuch abstatten möchte, sollte unbedingt den Bezirk Trsat besuchen, der **oberhalb des Zentrums** die Altstadt überragt und schon vom Zentralparkplatz leicht auszumachen ist.

Schon zu illyrischen Zeiten wurde der gesamte Hügel als Festungshügel und Rückzugsgebiet genutzt, heute sind neben der eigentlichen Feste ein größerer **Stadtpark,** ein Franziskanerkloster so-

013kb wl

wie die lokale Georgskirche zu sehen; ferner wurden ein modernes Sportzentrum sowie ein Messegelände in Trsat integriert.

Es gibt zwei Möglichkeiten, Trsat zu besuchen: entweder **per Stadtbus** ab dem Trg Jelačić (tagsüber etwa alle 40 Minuten) oder **zu Fuß** die Pilgertreppen Stube Petra Kužića (am Zentralparkplatz/Titov Trg) hinauf – eine durchaus schweißtreibende, aber wegen der Aussicht empfehlenswerte Angelegenheit.

Franziskanerkloster

Das Franziskanerkloster und seine **Kirche Gospa Trsatske** (Hl. Maria von Trsat) wurden als Schrein zu Ehren der Jungfrau Maria angeblich schon im 13. Jahrhundert zu Zeiten der Kreuzzüge gegründet und später unter den Frankopanen als **Pilgerkirche** erweitert. Noch heute sieht man an hohen kirchlichen Feiertagen Gläubige teilweise auf Knien die Treppen vom Trg Titov bis zur Kirche hinaufpilgern. Zahlreiche **Sakralgemälde** des Barockmalers C. Tasce sind im Inneren untergebracht, Hauptsehenswürdigkeit ist jedoch die Ikone der Hl. Jungfrau aus dem 14. Jahrhundert. Das Klosterareal selbst zeigt sich in einer harmonischen Mischung der Baustile Gotik, Renaissance, Barock und Biedermeier.

■ **Kloster und Kirche** sind außerhalb der Gottesdienste tgl. 6–19.30 Uhr geöffnet.

◁ Fort Trsat, das Wahrzeichen von Rijeka

Fort Trsat

Das **Kastell** wurde vermutlich auf den Grundmauern eines römischen Wachturms und einer späteren Schutzburg errichtet, wobei das genaue Entstehungsdatum bis heute nicht festliegt. Im frühen 19. Jahrhundert wählte der irischstämmige österreichische Heerführer *Graf Laval Nugent* das Kastell zu seiner letzten Ruhestätte und verlieh der Anlage das heutige Erscheinungsbild, indem er zahlreiche Erweiterungen und Erneuerungen vornehmen ließ. Vom Kastell hat man eine schöne Aussicht über die Stadt und das Umland.

Unterhalb des Kastells liegt die einstige Pfarrkirche von Trsat, **Sv Juraj** (Georgskirche), aus dem 16. Jahrhundert, die im Laufe vieler Jahrhunderte permanenten Umbauten unterworfen war.

■ **Fort Trsat,** Mo–Fr 10–13 und 17–20 Uhr, Sa nur 10–13 Uhr, Eintritt 15 K.

Praktische Tipps

Rijeka-Card

Nach dem Vorbild zahlreicher Metropolen weltweit wurde auch in Rijeka eine hauptsächlich für Kurzzeittouristen nützliche städtische Karte mit einigen Vorteilen eingeführt. Die Karte ist bei der Touristeninformation (Korzo 14) für 55 K erhältlich, wobei pro Karte ein Kind unter 12 Jahren ohne weitere Kosten ebenfalls alle Vergünstigungen der Rijeka-Card genießt. Sie erlaubt innerhalb von 48 Stunden die unbegrenzte Nutzung der **öffentlichen Verkehrsmittel,** gewährt 50–66 % Rabatt auf alle **Museumseintritte** sowie leichte Vergünstigungen (10–20 %) in zahlreichen **Geschäften und Restaurants.**

3

Touristenbus

In einigen Hotels, der Touristeninformation oder auch beim Busfahrer kann man eine **48 Stunden** gültige Karte für 50 K erwerben für Fahrten mit einem offenen, bunten **Doppeldeckerbus**. Er pendelt 7x tgl. 9–19.30 Uhr zwischen **Rijeka** (Jadranski Trg) und **Opatija** mit Kommentaren zu den wichtigsten Sehenswürdigkeiten in acht Sprachen; im Ticketpreis ist auch der Eintritt zur Burg Trsat enthalten. Während der touristische Doppeldecker nur von Mitte Juni bis Mitte September fährt, ist die Rijeka-Card ganzjährig erhältlich (Infotel. Touristenbus 051-311559).

An- und Weiterreise

Auto

Aus welcher Richtung man auch kommen mag, und auch, wenn man einfach nur durchfahren möchte: Man sollte immer der Beschilderung **„Centar"** folgen, da alle Umgehungen im weiteren Verlauf wieder zusammenführen und für Ortsfremde meist nur Verwirrung stiften! Ein idealer **Parkplatz** („Delta") liegt unmittelbar am Mrtvi-Kanal, wo das östliche Ende der Fußgängerzone ist. Von diesem größten öffentlichen Parkplatz (gebührenpflichtig Mo bis Fr 7–22 Uhr, Sa 7–16 Uhr, So frei) ist man sofort im Zentrum und kann wahlweise auch am Nordende/ Titov Trg die Pilgertreppe nach Trsat hinauf nehmen.

Rijeka war übrigens die erste Stadt weltweit, die eine Bezahlung von **Parkgebühren per SMS** ermöglichte. Dazu muss man das Kfz-Kennzeichen ohne Lücken oder Sonderzeichen an die vierstellige Nummer der entsprechenden Zone, in der man parkt (Schilder beachten), senden; Bestätigung und Abbuchung über die Telefonrechnung folgen sofort (nur über kroatische Mobiltelefon-Netzbetreiber möglich). Ansonsten bezahlt man am Automat (zweisprachig) bzw. beim Aufseherhäuschen.

> ▷ Busse auf dem Trg Jelačić

Bahn

Gute Bahnanbindung besteht nach **Norden** (Ljubljana) 4x tgl. und **Nordosten** (Zagreb) 4–6x tgl.; auch der **Südosten** (Zadar, Šibenik, Split) wird bedient (3–4x tgl.), Juni bis Sept. Sa auch Direktzug über Zagreb, Salzburg und München bis Hamburg. In allen Fällen aber scheint die Bahnreise eher etwas für Nostalgiker zu sein – Busse und Schiffe sind angenehmer und preiswerter. Der **Bahnhof** liegt 400 m westlich des Busbahnhofs; Tickets am besten unter Tel. 051-213333 (Hauptbahnhof) oder bei einer Touristenagentur reservieren.

Bus

■ Die orangefarbenen **Stadt-** und **Umlandbusse** stehen alle am Jelačić-Trg (Mrtvi-Kanal). Hier besteht mehrfach tgl. Anbindung nach Lovran via Opatija, in östlicher Richtung bis Crikvenica. Die Stadtbusse kosten 15,50 K (21 K für Zone 4), günstiger ist der Erwerb einer Tages- (34 K) bzw. Wochenkarte (160 K inkl. Vororte, 80 K nur Innenstadt/Zone 1). Am Trg Jelačić fährt auch der Flughafenbus für 50 K einfach oder der Bus 1/1A von/nach Trsat.

■ Ein **Pendelbus** verbindet den Regionalbusbahnhof mit dem zentralen Busbahnhof am Trg Žabica (Tel. 051-211222), wo die **Langstreckenbusse** fahren – z.B. zu den Inseln der Kvarner Bucht (Krk, Rab, Lošinj) sowie nach Zagreb, Split/ Dubrovnik, Zadar, Pula usw. Hier verkehren auch internationale Linien mit Anbindung u.a. nach Frankfurt, München, Sarajevo oder Belgrad. **Ticketschalter** (tgl. 5.30–22.30 Uhr, Tel. 060-302010) und deutschsprachige Information in der Wartehalle. Hier auch Gepäckaufbewahrung, 5.30–22.30 Uhr, 11 K/Stunde, sowie Wechselstube und Geldautomaten.

Taxi

Für längere Strecken, mit viel Gepäck oder zu den günstigen Hotels empfiehlt sich vielleicht ein Taxi. Im Stadtzentrum gibt es drei **Taxistände**, und zwar am Busbahnhof, Tel. 051-335138, in der Stadtmitte/Matije Gupca, Tel. 051-335417, sowie am Bahnhof, Tel. 051-332893. Grundgebühr 30 K und

016kb wl

5 km inklusive, danach 7 K/km; Zentralstand am Busbahnhof.

Fähre

Anders als etwa Zadar oder Split in Dalmatien dient Rijeka weniger als Angelpunkt für Pkw-Fähren, sondern mehr für den schnellen **Katamaran-Personenverkehr.** Wer mit dem eigenen Fahrzeug die Kvarner Inseln bereisen möchte, muss mit den Fähren in Brestova (Cres/Lošinj) und Jablanac (Rab) Vorlieb nehmen.

Die **Fährgesellschaft Jadrolinija** hat ihr Büro gegenüber dem Fährhafen in der Riva 16 (Tel. 051-211444, www.jadrolinija.hr, Mo bis Fr 7–18 Uhr, Sa 8–14.30 Uhr). Die wichtigsten **Linien** sind im Sommer die Personenfähre von/nach Mali Lošinj über Cres, Martinšcica, Unije und Ilovik (1x tgl.), die Personenfähre von/nach Pag über Rab (nur im Sommer tgl.) sowie die Personenfähre zu den Inseln Silba, Olib und Premuda (1x wöchentlich Sa). Details unter www.jadrolinija.hr.

Flug

Der oft als **„Rijeka Airport"** bezeichnete Flughafen liegt nicht in Rijeka, sondern auf der **Insel Krk** (siehe dort)! Stadtbusse vom Trg Jelačić kosten 50 K einfach bis zum Flughafen. Weitere Infos unter www.rijeka-airport.hr. Siehe auch „Reisetipps A–Z/Anreise".

Info und Agenturen

■ Die eigentliche **Touristeninformation** liegt zentral in der Korzo 14, Tel. 051-335882, www.tz-rijeka.hr, Mo–Fr 8–20 Uhr, von Juni bis September zusätzlich Sa 8–20 Uhr und So 9–14 Uhr. Neben Auskünften und Infomaterialien bietet die Dienststelle die Vermittlung von Privatunterkünften (ab ca. 45 €/DZ) an. Außen findet man eine elektronische Infosäule mit den wesentlichen Informationen zur Stadt (rund um die Uhr). Ein kleines Büro liegt auch am Fährpier/Riva.

Daneben bieten einige **Agenturen** ihre Dienste an, Wie üblich werden Unterkünfte, Fahrkarten usw. organisiert.

■ **Generalturist,** F. Supila 2, Tel. 051-212900, www.generalturist.com, 8–19 Uhr, Sa 8–13 Uhr.

■ **Globalturist,** Korzo 40, Tel. 051-276677, www.globalturist.hr.

■ **Tours,** Korzo 22, Tel. 051-214915, www.tours.hr.

■ **Atlas,** Adamićeva 5b, Tel. 051-321074, www.atlas.hr.

Unterkunft

Touristen nächtigen im Allgemeinen in den umliegenden Feriendomizilen **Crikvenica** und **Opatija,** in Rijeka selbst gibt es daher kaum Privatzimmer oder ähnlich günstige Unterkünfte. Es empfiehlt sich bei Bedarf eine Nachfrage in einer der Touristenagenturen. Für Geschäftsleute oder Reisende, die mit öffentlichen Verkehrsmitteln unterwegs sind, bietet die Stadt einige Hotels. Wer etwas Günstigeres sucht, ist allerdings auf ein Taxi angewiesen.

Hotels

■ **Grand Bonavia**④, Dolac 1, Tel. 051-357100, www.bonavia.hr, Top-Hotel im Stadtzentrum am Trg Jadranski mit allen Annehmlichkeiten.

■ **Best Western Jadran**④, Šetalište XIII Divisije 46, Tel. 051-216600, www.jadran-hoteli.hr. Neu umgebaut und renoviert, DZ und Apartments (bis 4 Personen); Stadtbus 2.

■ **Neboder**②, Strossmayerova 1, Tel. 051-373538, www.jadran-hoteli.hr/neboder, noch zentrumsnah, einfache Mittelklasse, hat sich in den letzten Jahren qualitativ verbessert.

Privatunterkunft

Auch in Rijeka bestehen zahlreiche Möglichkeiten, eine Privatunterkunft zu organisieren; entweder wendet man sich vor Ort an die **Touristeninformation** oder an eine der Agenturen (s.o.).

■ Natürlich kann man sich auch direkt mit Vermietern in Verbindung setzen, etwa **Appartements Korzo,** Korzo 2, mobil 091-2010298, 091-2605959, www.apartmanirijeka.com, im Zentrum; oder ein gutes Stück außerhalb im Bezirk Kantrida direkt am Meer mit der **Villa Nora,** Podkoludricu 4, mobil 099-2158511, www.villanora.info.

Jugendherberge

■ Die städtische **Jugendherberge**① in der Šetaliste 13. Divizije (ca. 1,5 km vom Zentrum Richtung Krk/Crikvenica, Tel. 051-406420, rijeka@hfhs.hr) befindet sich in einer hübschen alten Jugendstilvilla mit nur einem Dutzend Zimmern für 2 bis 8 Personen, 16–20 €/Person inkl. Frühstück, DZ 45–60 € (2 Pers., saisonabhängig); Bus Nr. 1.

Camping

■ Am Ortsrand Richtung Crikvenica liegt das **Camp Preluk-Paviki**③, Tel. 051-621913 und 622185, camp.preluk@gmail.com. Es gibt im Umland wesentlich schönere Campingplätze als hier in Raffinerienähe!

Essen und Trinken

Snacks

■ Einfache Snacks hält die **Snackbar Hamby** in der A. Starčevića bereit (Pizzaschnitten, Sandwiches usw.; gegenüber der Zagrebačka-Bank, Tel. 051-330653). Weitere Snacklokale/Bäckereien usw. findet man entlang der M. Gupca Richtung Korzo, z.B. **Sewed City** am Kaufhaus Robna Kuća Rijeka.

■ Sehr günstig und in einer schier unglaublichen Vielfalt bietet der **Supermarkt im Tower Center** (s. Einkaufen) eine Salatbar und warme Theke mit Speisen und Snacks (nur zum Mitnehmen) von Pizzen über Schweinshaxe bis zu Backfisch.

■ Als Kaffeehäuser seien das **Café Sv. Vida** (Tel. 051-315131) an der Veitskirche sowie das **Café Ri**

3

im gleichnamigen Kaufhaus an der Uferstraße gegenüber vom Fährpier erwähnt. Im spartanisch möblierten Ri, Tel. 051-311026, gibt es eine große Salatbar oder regionale Besonderheiten wie *jota* (Sauerkrautsuppe); Mo–Sa 8–22 Uhr.

Restaurants

■ Wer einfach und preiswert eine gute Pizza essen möchte, achte am Korzo kurz hinter der Touristeninformation rechter Hand auf ein Schild in die Gasse Kružna Ulica, welches auf die **Restaurant-Pizzeria Bračera** hinweist (Nr.12). Man kann drinnen oder draußen an den wenigen, urigen Tischen in der engen Gasse speisen. Wirklich nicht schlecht und sehr zentral. Geöffnet tgl. 11–23 Uhr, Tel. 051-213782.

■ Gute und keineswegs überteuerte Fischgerichte werden in der **Konoba Feral** (Tel. 051-212274) in der M. Gupca 5b serviert, geöffnet Mo–Fr 10–22, Sa 11–18 Uhr.

■ Praktisch um die Ecke (Ribarska/Ecke I. Zajca) bietet das **Brun** (Tel. 051-212544) gutbürgliche und internationale Küche, dabei spezialisiert auf Mittagsgerichte. Sehr beliebt bei Einheimischen. Mo–Fr 10–22 Uhr, Sa 10–15.30 Uhr.

MEIN TIPP: Als sehr zentral, beliebt und dennoch nicht überteuert empfiehlt sich das Fischlokal **Zlatna Školjika** in der Kružna Ulica 12 (Seitengasse des Korzo), Tel. 051-213782. Es gibt auch tolle Suppen, der Thunfisch-Carpaccio ist ein Gedicht; umfangreiche Weinkarte.

■ Als das Top-Restaurant gilt in Rijeka derzeit das **Municipium,** Trg Riječke rezolucije 5, Tel. 051-213000, in einem der ältesten erhaltenen Bürgerhäuser Rijekas zentral in der Altstadt. Traditionelle kroatische Fleisch- und Fischgerichte mit Schwerpunkt leichte Küche; tgl. außer So 10–23 Uhr.

MEIN TIPP: Für Liebhaber rustikaler einheimischer Küche: **Konoba Borik,** Šetalište XIII Divisije 102, Tel. 051-458526. Zünftiges Interieur, leckere heimische Spezialitäten (Lamm im Schmortopf), nur nicht ganz leicht zu finden und etwas außerhalb: mit dem Auto Richtung Krk/Crikvenica bis etwa Hö-

he Rijeka-Tower-Einkaufszentrum, hier in Fahrtrichtung rechts Hinweisschild beachten. Mit dem Bus: Linie 2 (Pečine Plumbum).

■ Und zum Schluss noch etwas Besonderes: In die Marktlücke einer Mischung aus Pub und Spätrestaurant stieß unlängst das **Arca Fiumana** (Adamićev Gat, Tel. 051-319084), ein umgebautes festgemachtes Schiff. Fischgerichte und Gulasch, aber auch das Prosciutto mit Pilzen werden hoch gelobt, ebenso die hausgemachten Brote. Geöffnet So 12–24 Uhr, Fr/Sa 12–5 Uhr, Mo–Do 12–2 Uhr, warme Küche bis gegen Mitternacht, Barbetrieb tgl. ab 18 Uhr.

Nachtleben

■ In der **Užarska,** zwischen Mariendom und Trg Koblera, liegen eine Reihe guter Café-Bars auch für die Abendstunden, z.B. das **Nostromo,** Tel. 051-859318.

■ Urig bei gutem Bier geht es im **Irish Pub Café Bard** (Tel. 051-215235) gegenüber der Kirche Sv Vid zu.

■ „Fetzige" Abendunterhaltung erwartet den Besucher auch im **Svid Rock Café** (Riva/Ecke Splitska, Tel. 051-336397). Souvenirs ähnlich wie beim Hard Rock Café.

■ Das **Dva lava** (A. Starčevića 8, Tel. 051-332390) wirkt mit seinem Interieur – überwiegend schwarz und Chrom – sehr futuristisch. Zwei Ebenen nebst Terrasse, gute Weinkarte, geöffnet tgl. bis 23 Uhr, Do–Sa bis 4 Uhr (DJ-Abende).

■ In einem hübschen österreichisch-ungarischen Bürgerhaus nahm Rijekas Filiale der in kroatischen Städten (u.a. Pula) weit verbreiteten Kette **Hemingway** (Korzo 28, mobil 099-5414444) ihren Sitz. Snacks, Kaffee, Zigarren, gute Drinks und gediegene Atmosphäre; tgl. 7–1 Uhr, Fr/Sa bis 5 Uhr.

■ Bei Nachtschwärmern ist auch die **Bar des Arca Fiumana** (s.o.) sehr beliebt, tgl. ab 18 Uhr; Tel. 051-319084.

Ostküste der Kvarner Bucht

3

Ostküste der Kvarner Bucht

🔲 Westlich des Jadranski Trg liegt ein kleiner **Nachtbezirk** mit einschlägigen Etablissements und **Automatenhallen;** ein weiteres Automatenkasino findet man am Trg. I. Koblera, das modernste liegt wenige Meter hinter der Veitskirche am Mlekarski Trg (Admiral, tgl. 10–2 Uhr).

🔲 Sollten schließlich noch Reisespesen übrig sein – im **Gradski Casino** (Riva, Tel. 051-311246, www. lutrija.hr) kann man diese leicht loswerden.

🔲 Gediegene Unterhaltung verspricht das städtische **Volkstheater** in der Ulica Ivana Zajca (www. hnk-zajc.hr, die Touristenagenturen verfügen über den aktuellen Spielplan und können bei der Kartenreservierung helfen).

🔲 Das **Kino Kvarner** (Ulica A. Starčevića) zeigt viele amerikanische Hollywoodstreifen im Original, besser ist die **Ciné-Star Kinowelt** im Rijeka Tower Center (s.u.), www.blitz-cinestar.hr.

Einkaufen

🔲 Auf der Flaniermeile Korzo liegen mehrere große **Kaufhäuser,** z.B. Korzo und Robna Kuća (Mo bis Fr 8–19, Sa 9–13 Uhr). Letzteres ist auch von der Uferstraße Riva her erreichbar und bietet ein überraschend gutes Café (s.o.) im Obergeschoss.

🔲 Sehr beliebt ist die **Bonbonniere Kraš,** schon zu altjugoslawischen Zeiten eine Art Intershop für Spirituosen, heute exquisite Adresse für erstklassige Süßwaren – Kraš ist heute Kroatiens größter Schokoladenhersteller; mehrere Filialen, z.B. am Korzo (schräg gegenüber der Touristeninformation); Tel. 051-580959.

🔲 **Vinoteka,** A. Starčevića 7, 20 m neben dem Hamby-Schnellimbiss, Mo bis Fr 8–20 Uhr, Sa 8–13.30 Uhr, Tel. 051-335755.

🔲 In den **Buchhandlungen** am Korzo findet man die größte Auswahl im Raum Istrien und Kvarner Bucht.

◁ Am Hafen

MEIN TIPP: Als *der* Einkaufsmagnet für das gesamte Umland von Rijeka gilt das **Tower Center** im Bezirk Pećine (von Crikvenica/Krk kommend an der Bakar-Bucht immer der Küstenstraße folgend nach Rijeka hinein, dann mehrfach beschildert rechter Hand) mit gigantischem **Konzum-Supermarkt** (tolle Brot-, Wurst- und Käsetheken, warme Theke usw.), zahlreichen **Fachgeschäften** (dm-Drogerie, Buchhandlung) und Boutiquen, Geldautomaten, Parkhaus, Kinderbetreuung, Ciné-Star-Kinowelt, Gastronomiebetrieben usw. Interessant mit Blick auf Speicherkarten und Elektronik ist das Fachgeschäft Technomax – was es hier nicht gibt, findet man anderswo auch nicht. Geöffnet Di–Sa 9–21 Uhr, So 10–19 Uhr, Mo 13–21 Uhr.

🔲 Ähnlich interessant ist das neue **ZTC-Shopping** am Westrand der Innenstadt (Janeza Trdine 2/Zvonimira Ulica 3, tgl. 9–21 Uhr), wo auf 20.000 m^2 neben mehr als 50 Fachgeschäften (u.a. Müller, dm, Deichmann), Boutiquen und Gastrobetrieben auch Panorama-Glasaufzüge mit Meerblick den Kunden umwerben. **Plodine-Supermarkt** tgl. 8–21 Uhr.

🔲 Wer um Rijeka herum die Umgehungs-Autobahn fährt und nicht ins Zentrum möchte, findet beispielsweise an der Autobahnabfahrt Škurinje/Škurinska Draga weitere große **Supermärkte** (Konzum, Merkator).

Nützliches

🔲 **Ambulanz:** Korzo 32, Tel. 051-212839.

🔲 **Polizei:** Đure Šporera, nahe Mariendom, Tel. 430333 oder Notruf 112.

🔲 **Konsulat der Republik Österreich,** Stipana Konzula Istranina 2, Tel 051-338554, Mo–Fr 9–15 Uhr.

🔲 **Apotheke:** Ljekarna Mazzi, Đure Šporera 3, gegenüber der Polizei, Tel. 051-331902, oder in der Zadarska/Trg Jadranski, Tel. 051-626212.

🔲 **Bank/Geldautomaten:** im Zentrum allgegenwärtig, z.B. Riječka Banka, Korzo 1/Ecke Jadranski Trg, in der Starčevića oder Korzo (neben der Post).

3

090kb wl

Die kroatische Karstlandschaft

Der Begriff Karst (kroatisch: *kras,* italienisch: *carso*) bezeichnet die meist waldlose Kalkhochfläche östlich des Golfs von Triest auf dem Balkan sowie in Italien. Diese Karstlandschaften dürften eine jener natürlichen Besonderheiten sein, von denen jedes Kind im Geografieunterricht hört, wenn das südöstliche Europa besprochen wird.

Karst bezeichnet einen **Millionen Jahre dauernden Prozess,** an dessen Ende bizarre Tropfsteinhöhlen, Täler und Kraterlandschaften stehen. Voraussetzung dafür sind extrem **weiche Kalkgesteine** sowie Kohlensäure. Die wasserlöslichen Gesteine wie Kalk und Gips werden vom Oberflächen- und Grundwasser ausgelaugt und ausgespült. Das Ergebnis sind **Höhlen** (Blasen) und **Schluchten** (aufgeplatzte Blasen). Sickerwasser lässt später in diesen Hohlräumen **Tropfsteinhöhlen** entstehen. Der Prozess setzt sich permanent fort und wird in Millionen von Jahren weitere Naturkunstwerke kreieren. Die Karstlandschaften sind sehr kalkhaltig und erstrecken sich entlang der gesamten Küste sowie im Hinterland. In der Kvarner Bucht sind derartige Höhlen im **Nationalpark Risnjak** oder auf der **Insel Krk** zu besichtigen.

⌃ Tropfsteine in der Rudine-Höhle auf Krk

3

■ **Hauptpost** (mit Wechselstube): Korzo, neben Kaufhaus Robna Kuća, geöffnet tgl. 7.30–21 Uhr.

■ **Autoverleih:** Direkt gegenüber dem Eingang von Jadrolinija um die Ecke vom Trg Jadranski liegt die kleine Fa. Vučetić, Zadarska 3b, Tel. 051-336558. Große Anbieter (u.a. AVIS, Tel. 051-311135, www. avis.com.hr, oder Hertz, Tel. 051-311098, www. hertz.hr) findet man beim Fährpier an der Uferstraße Riva 6 bzw. 8 (uferseitig am Kaufhaus Robna Kuća).

■ **Internet:** im Zentrum zahllose kostenfreie WLAN-Points (praktisch das gesamte Zentrum); ein gut erreichbares Internetcafé ist das **Ecomclub**, I. Zajca 24a nahe Casino (Eingang Ulica I. Hencke), tgl. 7–22 Uhr, 15 K/Std. Sehr zentral liegt das **Internet-Corner** in der Riva 6 (Kaufhaus Robna Kuća), Tel. 051-311045.

■ **CNG:** In Rijeka sorgt am nordwestlichen Stadtrand die **Tankstelle Energo** (Ulica Milutina Baraca 48, Mo–So 7–22 Uhr) für den ersehnten Nachschub für Erdgasfahrzeuge. Sie liegt günstig an der Uferstraße östlich von Zentrum und Hauptbahnhof unterhalb vom ZTC-Einkaufszentrum.

Rundfahrt durchs Kvarner Hochland

Die folgende Rundfahrt (**nur mit eigenem Fahrzeug** so möglich) beginnt im Norden der Kvarner Bucht. Von der Küste bei Rijeka geht es zunächst ins nördliche Hinterland und dann in großem Bogen nach Osten durch teilweise recht **einsame Berggegenden,** bis man in Senj an der Ostseite der Kvarner Bucht wieder auf die Küste stößt. Entlang der Küstenstraße erreicht man dann wieder den Ausgangspunkt.

Nationalpark Risnjak

🦋 Nicht nur die Küstengebiete der Kvarner Bucht laden zum Verweilen ein, in den Bergen hinter Rijeka liegt ein ganz besonderes „Schmankerl" nicht einmal eine Autostunde von Krk, Opatija oder Crikvenica entfernt: der Nationalpark Risnjak. 1953 wurde das 64 km^2 große Terrain zwischen Lokve und dem **Veli Risnjak** (1528 m) mit seiner subalpinen und alpinen Vegetation zum Nationalpark erhoben. Ein reicher Baum- und Pflanzenbewuchs und **seltene Tierarten** (u.a. Braunbär und Luchs) machen den Park in jeder Jahreszeit zu einem interessanten Ziel zu jeder Jahreszeit. Vom Bergrestaurant mit Pension und Parkverwaltung aus kann man Spaziergänge, etwa auf dem für Familien empfehlenswerten **Lehrpfad** (4,5 km, ca. 2 Std.) oder auch **Wanderungen** zum Risnjak-Gipfel (3 Std. Hinweg, gut beschildert) unternehmen. Bei der Verwaltung erhält man Informationen und Wanderkarten.

■ **Anfahrt:** Von Rijeka nach Gornje Jelenje und weiter Richtung Crni Lug: bis zum Holzschild „Gorski Kotar – Paklenica 15 km" linker Hand, dann via Mrzle Vodice nach Crni Lug.

■ **Bergrestaurant** mit Parkverwaltung und Pension (max. 15 Personen; Bela Vodica 48, Tel. 051-836133).

Lokve

Vom Nationalpark aus zurück Richtung Hauptstraße zweigt links ein Nebensträßchen nach Lokve (Froschzeichen) ab. Auf dieser sehr hübschen Route passiert man eine winzige Feriensiedlung, bei der der einsame **See Jezero Špilja** liegt (in der Siedlung parken). Zwei Kilometer weiter ist Lokve erreicht, ein kleines Bergdorf, das von der Forstwirtschaft lebt. Am Ortsrand bietet sich für Interessierte ein Besuch des **Froschmuseums** an (Šetalište Golubinjak, Tel. 051-833091, tgl. 9–20 Uhr).

Besuchenswert sind auch der **Waldpark Golubnjak** und besonders die Höhle (*jama*), beide gut ausgeschildert. Die 30.000 Jahre alte, vierkammerige Tropfsteinhöhle kann auf einer Länge von 900 Metern begangen werden, sie überbrückt 120 Meter Höhendifferenz und beherbergt Fledermäuse, Schmetterlinge und Algen.

■ **Froschmuseum,** Šetalište Golubinjak, Tel. 051-833091, tgl. 9–20 Uhr.
■ **Höhle,** vom 10.6. bis 10.10. ist der Kiosk von 11–18 Uhr besetzt; Führung und Eintritt 25 K, Kinder 12 K; Gruppen ab zwei Erwachsenen und einem Kind 62 K, Tel. 051-275055.

Information

■ **Touristeninformation Lokve,** Tel. 051-831 250, http://tz-lokve.hr.

Unterkunft

■ In Delnice, wenige Kilometer nördlich von Lokve, bietet das **Hotel Risnjak**① (Tel. 051-508160, www.hotel-risnjak.hr) Unterkunft in 21 rustikalen DZ. Das Hotel bietet auch spezielle **Radler-Ferien** mit Unterkunft, Leihrad, Tourenplanung usw. für ca. 550 €/Woche an.

Über den Kula

MEIN TIPP: Von Lokve aus noch ein heißer Tipp für Biker oder Autofahrer mit ein klein wenig Mut: Weiterfahren Richtung **Mrkopalj** (842 m ü.N.N.) via Sunger. Die Landschaft wirkt ruhig, rückständig

260kro wl

und ländlich, die Häuser sind teilweise beschiefert (was hier als modern empfunden wird!) oder mit Holzschindeln verkleidet. In Mrkopalj auf die Abzweigung „Tuk/Matič Poljana" achten und dieser folgen: Bis **Tuk** (eine Hand voll Berghütten) auf 878 Metern Höhe ist der Weg asphaltiert, dann führt er als Piste abenteuerlich durch einen Wald. Auf dem Plateau Matič Poljana angekommen (linker Hand erkennt man den **1533 Meter hohen Kula**), kann man ein Denkmal und eine **mysteriöse Formation à la Stonehenge** bewundern.

Bei der Weiterfahrt geht es an dem Holzschild „Tuk – Rastova Draga" rechts durch einen wunderschönen Hochwald Richtung **Jasenak;** es folgt noch eine Gabelung (links), dann ist die Verbindungsstraße Ogulin – Drežnica mitten im landwirtschaftlichen Herzen des Kvarner Hochlands erreicht. Achtung: Auf dem Weg laufen manchmal wilde (keine aufgebundenen) **Bären** herum!

Brinje und Vrtnik-Pass

Von der kleinen Safari erholt man sich dann in einer der **Straßenkneipen** von Brinje (486 m, 2000 Einwohner) südlich von Drežnica unterhalb der malerischen **Frankopanen-Burgruine** aus dem Jahr 1343. Wie man an den vielen Pflaumenbäumen erkennt, ist die Gegend hier nicht umsonst bekannt für guten **Šljivovic!**

Über den spektakulären Vrtnik-Pass (an der Konoba Putnik vor dem Pass

rechter Hand) mit einmaligem Fernblick rollt man schließlich hinunter zur Küste nach **Senj** (siehe weiter hinten in diesem Kapitel) an der Ostseite der Kvarner Bucht.

Bucht von Bakar

Die Fahrt von Rijeka unmittelbar an der Küste entlang Richtung Osten bis zur Bucht von Bakar scheint den Eindruck vom ungetrübten Urlaubsparadies zunächst empfindlich zu stören: Die INA-Raffinerie, Docks und Gleisanlagen gruppieren sich um die endlos lang wirkende Bucht und übertünchen doch sehr deren eigentliche Schönheiten: das mittelalterliche, unterhalb der Magistrale gelegene **Frankopanen-Wehrdorf Bakar** selbst, dann das **Fischerdorf Bakarac** mit den seltsamen Holzsitz-Leitern am Ufer. Hierbei handelt es sich um jene sehr selten gewordenen Thunfisch-Beobachtungsposten, auf denen die Fischer früher die Schwärme in der Bucht beobachteten und ihre Boote dirigierten, andere sagen, es handele sich einfach nur um ehemalige Anglersitze.

Der nächste Ort ist **Kraljevica** mit einem (allerdings nur von Weitem) malerischen Frankopanen-Schlösschen aus dem 17. Jahrhundert. Schließlich erreicht man die **Brücke zur Insel Krk** (Krk-Most), eines der beliebtesten Fotomotive der Gegend.

Die Bucht von Bakar ist eigentlich kein sonderlich zu empfehlender Urlaubsstandort. Wer für Ausflüge nach Rijeka, ins Kvarner Hochland oder nach Krk einen Campingplatz am Meer sucht

◁ Das Dörfchen Bakar in der gleichnamigen Bucht

(oder wenn die Plätze Krk/Crikvenica voll sind), findet hier aber immerhin ein paar Ausweichmöglichkeiten.

Unterkunft, Camping

■ **Hotel Jadran**②, Bakar, Palada 32, Tel. 051-762100, www.hotel-jadran-bakar.com, hat recht einfache, dafür aber auch sehr preiswerte Einzel- und Doppelzimmer.

■ **AC Oštro**③, Kraljevica, Tel. 051-281218, Buchungen auch über die Agentur Novi Turist in Novi Vinodolski (Tel. 051-792210, www.novi-turist.hr) oder die Hotelkette Jadran (www.jadran-hoteli.hr), die den Platz managt.

■ **Minicamp AC Bakarac**②, Tel. 051-281005, etwas beliebter, da vor einigen Jahren umfassend renoviert und familiärer.

▽ Beachvolleyball am Strand von Crikvenica

Crikvenica

Zwischen der kleinen Landzunge Kačjak und Selce bietet die Kvarner Bucht ein etwa acht Kilometer langes, zusammen-hängendes **Ferienzentrum** mit knapp 13.000 Einwohnern und den Orten Dramalj und Crikvenica als Zentrum. Man hat die Wahl, in den eher auf Sommerurlauber spezialisierten Campingarealen Selce oder Dramalj/Kačjak unterzukommen oder aber zentral in Crikvenica mit allen Annehmlichkeiten der Kleinstadt.

Crikvenica („Kirchlein") war schon den römischen Legionären als Station Ad Turres bekannt, wurde unter den Frankopanen erweitert (Paulinerkloster, heute Hotel Kaštel) und unter den Habsburgern schließlich zum **Kur- und Badeort** weiterentwickelt. Das mediterrane

085is wl

Klima mit – laut Tourismusprospekt – über 2500 Sonnenstunden im Jahr sowie die sehr reine und klare Luft dienen insbesondere der Regeneration der Atemorgane, aber auch Allergien und Rheumatismus können in Crikvenica kuriert werden.

Sehenswertes

Uferpromenade und Aquarium

Das Sightseeing beschränkt sich auf ausgedehnte Spaziergänge entlang der Uferpromenade (mehrere **Bademöglichkeiten** und ein Strandbad) sowie einen Besuch des Aquariums. In 24 Wasserbecken sind hier Flora und Fauna aus dem Mittelmeer und aus tropischen Gewässern zu sehen.

■ **Aquarium,** Ul. Vinodolska 8, nahe dem Busbahnhof, Tel. 051-241006; tgl. 9.30–18 Uhr, im Sommer bis 22 Uhr, Nov.–März nur auf Anfrage, Eintritt 30 K, Kinder 20 K.

Trg Radića

Wer am Ufer entlang flaniert, wird am Trg Radića in der Grünanlage auch die **Büste des Stjepan Radić** entdecken; er ziert nicht nur die 200-Kuna-Banknote, nach ihm sind auch in vielen kroatischen Orten wichtige Plätze oder Straßen benannt. Stjepan Radić (1871–1928) war Gründer und Vorsitzender der kroatischen Bauernpartei HSS und verfolgte die Idee einer unabhängigen Bauernrepublik Kroatien, weshalb er im Nationalrat 1918 als einziger gegen die Bildung eines Königreiches Jugoslawien stimmte.

Bei späteren Wahlen errang er mit der HSS in einigen Regionen (insbesondere im bäuerlichen Slawonien) teilweise die absolute Mehrheit und verstand sich als kroatisch-nationalistischer Gegenpol zur Zentralregierung in Belgrad. Er wurde von einem montenegrinischen Extremisten während einer Parlamentssitzung im Juni 1928 angeschossen und erlag fünf Wochen später seinen Verletzungen.

Praktische Tipps

An- und Weiterreise

■ **Stadtbusse:** Drei verschiedene Stadtbuslinien verbinden je 7–10x tgl. den Busbahnhof mit Selce (gelbe Linie), Dramalj (blaue Linie) und dem innerstädtischem Bereich (grüne Linie).
■ Häufiger fährt eine **Touristenbahn,** die zwischen Zentrum und Kačjak (Nord) sowie Zentrum und Selce (Süd) jeweils tgl. 9–22.30 Uhr etwa alle 30 Minuten pendelt (15 K).
■ Vom **Busbahnhof** (Kartenschalter 6.30–19.30 Uhr, Sa/So 8–14.30 Uhr für den Kartenvorverkauf) am Trg S. Radića bestehen ganzjährig gute Verbindungen per **Nahverkehrsbus** ins Umland (werktags 25x Novi Vinodolski, 18x Rijeka) sowie mit **Langstreckenbussen** von/nach Zagreb, Pula oder Split sowie direkt bis nach Rab-Stadt (7.25 und 14.40 Uhr).
■ **Selbstfahrer haben es schwer:** Nur wenige Straßen sind ausgeschildert, viele haben keine Namen. Die lange Uferpromenade (Einbahnstraße!) dient im Abschnitt Dramalj auch als **kostenloser Parkplatz.** Die Küstenstraße liegt nur 300 Meter Luftlinie vom Meer entfernt, aber weit oberhalb des Ufers, sodass sich die Straßen und Gassen steil die Hänge hinaufschlängeln. Die Privatzimmer und Ferienwohnungen liegen beidseitig der Hauptstraße. Man frage die jeweiligen Vermieter nach dem kür-

3

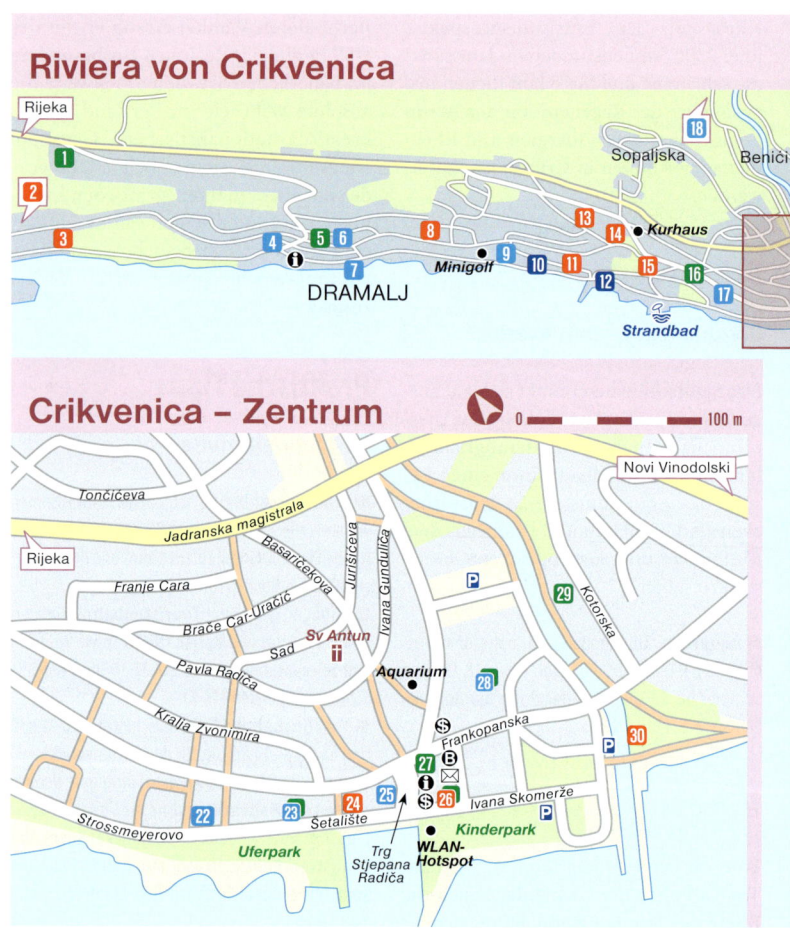

Riviera von Crikvenica

Crikvenica – Zentrum

zesten Fußweg zur Promenade, da sich die Straßen fast endlos hinziehen. Es gibt aber etliche Schleichwege. Tagesbesucher parken am besten auf dem (gebührenpflichtigen) **Großparkplatz** beim Busbahnhof um die Ecke von der Touristeninformation (5 K/Std.) oder zum Einkauf bei den Supermärkten auf der anderen Seite der Hauptstraße hinter dem Markt.

Info und Agenturen

■ **Touristeninformation Crikvenica:** Trg. S. Radića 1, Tel. 051-241051. Hier auch Unterkunft, Ausflüge usw. Geöffnet im Sommer tgl. 8–21 Uhr, sonst Mo bis Fr 8–15 Uhr und Sa/So 8–13 Uhr. Offizielle Webseiten: www.tzg-crikvenice.hr und www.crik venica.hr. Eine elektronische Informationssäule be-

🟧 Übernachtung

2 AC Kačjak
3 Feriendorf Kačjak
8 Hotel Omorika
11 Hotel Esplanade
13 Hotel Ad Turres
14 Pension Klaudija
15 Hotel Kvarner Palace
19 Hotel Varaždin
20 Hotel Selce
21 AC Selce, AC Uvala Slana
24 Hotel Crikvenica
26 Hotel International
30 Hotel Kaštel

🟦 Essen und Trinken

4 Domino Grill
6 Pivovara Crikvenica
7 Bistro Aries
9 Pizzeria Galija
17 Moslavina

18 Konoba Griškinja
22 Brasserie Filumena
23 Bistro Pizza-Cut
25 Café Nik und Rest. Luka
28 Bistro Tržnica

🟩 Einkaufen/Sonstiges

1 Tankstelle
5 Konzum-Supermarkt Dramalj
16 AK-Tours
23 Made in Croatia
26 Agentur Autotrans,
    Adria Casino
27 Agentur Crikvenica Tourist
28 Konzum-Supermarkt,
    Markt, Klek-Tours
29 Plodine-Supermarkt

🟦 Wassersport

10 Wassersport
12 Dive City

findet sich vor der Touristeninformation sowie am Busbahnhof.

🟥 **Touristeninformation Dramalj:** Ulica Gajevo Šetalište 48, Tel./Fax 051-786363. Geöffnet Mo–Sa 8–20 Uhr und So 8–14 Uhr.

🟥 **Touristeninformation Selce:** an der Promenade, Tel./Fax 051-782127, www.tzselce.hr.

Zahlreiche **Agenturen** in der Stadt haben Unterkunftsvermittlung, Geldwechsel, Touren usw. im Angebot, u.a.:

🟥 **AK-Tours,** Kralja Tomislava, Tel. 051-785060, www.ak-tours.hr.

🟥 **Crikvenica Tourist,** Trg Radića 1, Tel. 051-241 516, www.crikvenica-tourist.net, direkt bei der Touristeninformation.

3

● **Autotrans,** Tel. 051-243800, www.autotrans.hr, direkt am Busbahnhof, betreibt das Busnetz und arrangiert Unterkünfte, Ausflüge usw.

● Günstig zentral gelegen, bietet **Klek-Tours,** Brozičević 6, vor dem Markt, Tel. 051-242324, www.klek-tours.com, Ausflüge, Unterkünfte und Geldwechsel.

Unterkunft

Das Angebot ist überwältigend; vom Luxushotel bis zum Privatzimmer wird alles geboten. Man kann sich vor Ort entweder an eine der Agenturen oder die Touristeninformation wenden, auch die folgenden Internetseiten kann man gut für die Vorabsuche einer Ferienwohnung heranziehen: www.selce24.com, www.selce.kroatische.de, www.tzg-crikvenica.hr.

Alle genannten Häuser ohne aufgeführte Webadresse sind im Internet unter www.jadran-crikvenica.hr abrufbar.

Im Zentrum

● Das **Hotel International**②, Ul. Skomerže 1, Tel. 051-241324, www.jadran-crikvenica.hr, schont den Geldbeutel und liegt absolut zentral neben Post und Touristeninformation beim Hafenbecken.

● Wenige Meter entfernt und damit gleichfalls zentral und ufernah empfiehlt sich das etwas stilvollere **Hotel Crikvenica**②, Strossmeyerovo Šetalište 8, Tel. 051-241199, www.hotelcrikvenica.com, das schon seit über 120 Jahren über alle Höhen und Tiefen hinweg Gäste aus aller Welt beherbergt. Nach Möglichkeit sollte man ein Zimmer zur Seeseite hin buchen. Auch einige Apartments sind zu haben.

● **Preis-/Leistungstipp:** Am Schnittpunkt der Straßen Dr. Sobol/K. Tomislava liegt etwa mittig zwischen dem Zentrum und Dramalj die **Pension Klaudija**① für sehr günstige 18–23 €/Person im DZ inkl. Frühstück, auch Vollpension ist mit 35 € nicht überteuert. Dabei verfügen alle Zimmer über einen meerseitigen Balkon. Julija Klovica 2, Tel. 051-785175, www.pension-klaudija.com.

● **Kvarner Palace**④, Ulica Braće Buchoffer 12/Ecke Dr. Sobol 1, Tel. 023-555641, www.kvarnerpalace.info. Bereits Ende des 19. Jh. als Grand Hotel gegründet, wurde es später viele Jahre unter dem (für ein Hotel recht merkwürdigen) Namen Therapia geführt, 2006 vom österreichischen Privathotelier *Holleis* aufgekauft und 2014 runderneuert als Kvarner Palace wiedereröffnet. Das verspielt-neoklassizistische Haus würde problemlos zu Opatija passen. Toller Wellnessbereich und moderne Zimmer (150–300 €/DZ) und Suiten; attraktive Pauschal- und Nebensaisonangebote.

● Erwähnenswert ist auch das einfache **Hotel Ad Turres**②, K. Tomislava 111, Tel. 051-785003, www.jadran-crikveni ca.hr, das sich bis zur Magistrale erstreckt und schöne Unterkunft bietet.

● Schließlich ist das schon optisch sehr auffällige **Kaštel**④ (Frankopanska 22, Tel. 051-241044) am Ostrand des Zentrums direkt uferseitig hinter dem Flüsschen erwähnenswert. 1988 wurde das festungsähnliche ehemalige Kloster in ein Luxushotel umgestaltet.

Außerhalb des unmittelbaren Zentrums

● Die angenehmsten Hotelunterkünfte in der mittleren bis gehobenen Kategorie sind das **Hotel Esplanade**③, Strossmayerovo Šetalište 52, Tel. 051-785006, und das **Hotel Omorika**③, Muževica 35, Tel. 051-785023. Recht preiswert sind hier die sogenannten Paviljoni (Bungalowzimmer).

● Im Sektor Kačjak vermietet das **Feriendorf Kačjak**②, Tel. 051-241970, DZ und günstige Apartments – bei Familien sehr beliebt.

● Im Bereich Selce bietet das **Hotel Varaždin**③, Tel. 051-764032, angenehmen Luxus.

● Relativ schlicht bei gleichen Preisen wirkt dagegen das **Hotel Selce**③, Tel./Fax 051-765465, www.hotel-selce.com.

Auch diese Unterkünfte sind bis auf das Hotel Selce im Internet unter www.jadran-crikvenica.hr abrufbar.

3

Camping

● **AC Kačjak**②, Tel. 051-241970, www.jadran-crik venica.hr, Anfang Mai bis Ende September, klein und ruhig.

● **AC Selce**③, Tel. 051-764038, www.jadran-crik venica.hr, 3 km südlich des Busbahnhofs. Geöffnet Anfang April bis Ende Okt. Beide sind sehr gut, wobei etliche Campingprofis dem AC Kačjak den Vorzug geben.

● In der Nähe (gut beschildert) liegt das **AC Uvala Slana**③, Tel. 051-764246, www.club-adriatic.hr; schöne Lage, 1.6.–5.10. geöffnet.

Essen und Trinken

Snacks

● Für einen Happen zwischendurch bietet sich das **Bistro Pizza-Cut** (mit Internetcafé) in der Strossmeyerovo Šetalište 28 neben dem Hotel Crikvenica an. Geöffnet tgl. 10– 24 Uhr.

● An der Uferpromenade findet man mehrere **Bäckereien** (z.B. Sv Jelena, Strossmeyerovo Šetalište 34), ebenso am Marktplatz.

● Am Marktplatz selbst kann man Burek (kleine Seitengasse Richtung Bach, beschildert) und Grillhähnchen im **Bistro Tržnica** genießen (ganzes Brathuhn, Sardellen, Čevapi).

● Ausgesprochen gute Speisen serviert das sehr preiswerte **Bistro Aries** an der Promenade mit leckerer Fischplatte für 50 K oder frischen Tintenfischringen für 42 K. Imbissatmosphäre, aber gut!

Restaurants

● Besonders nett sind die Cafés an der palmengesäumten Promenade im Zentrum von Crikvenica, u.a. **Café Nik** (tgl. 8–24 Uhr) und **Café/Restaurant Luka,** Trg S. Radića 11, Tel. 051-243301, tgl. 10–24 Uhr; hier kann man von der Terrasse im OG sehr schön den Hafenbereich überblicken.

● Gute und günstige Pizzen backt die **Pizzeria Galija** gegenüber der kleinen Marina, Gajevo Šetalište 1, Tel. 051-784710, geöffnet tgl. 7–2 Uhr. Außerdem kann man hier auch gut frühstücken.

● Auch die **Brasserie Filumena,** Strossmeyerovo Šetalište 42, Tel. 051-241785, serviert Pizzen, gebackene Tintenfischringe und andere kleine Gerichte im einfachen bis mittleren Preissegment.

MEIN TIPP: Der Tipp schlechthin im mittleren Preissegment ist die ausgesprochen nette Lokalbrauerei **Beer Pub/Pivovara Crikvenica** gegenüber dem Hotel Riviera/Dramalj, M. Muzevica 88, Tel. 051-788688.

● Wer es eher nobel mag, diniert im **Domino Grill** (Grillspezialitäten, nahe Konzum-Supermarkt, Brače Car 23, Tel. 051-786472, tgl. 10–24 Uhr) oder im exquisiten Fischrestaurant **Moslavina** (Brače Sobol 13, Tel. 051-785186, tgl. 12–24 Uhr).

● Schließlich noch ein Leser-Tipp ein gutes Stück außerhalb für Selbstfahrer: Die Vinodolska (unter der Brücke) nach Norden hinauf erreicht man die Inlands-Nebenstraße bei Bribir; hier links bis Blaškovići, dort wieder links (Karlići) zur **Konoba Griškinja** (Koštelj 88, Tel. 051-240049). Sehr schön restauriertes, uriges Landgasthaus mit deftiger Küche und angenehmer traditioneller Livemusik Fr und Sa ab 20 Uhr (Reservierung empfehlenswert).

Nachtleben

In der Hauptsaison fahren Pkws die Promenade entlang und verkünden per Lautsprecher, wann und wo diverse **Abendaktivitäten** stattfinden (Turniere, Misswahl o.Ä.).

● An der Promenade nahe dem Busbahnhof bietet das **Kino Jadran** oft englischsprachige Filme mit Untertiteln.

● Mit vielerlei Spielgeräten und klassischen Tischen lockt das **Adria Casino,** Ivana Skomerže 1, Tel. 051-453515.

Einkaufen

■ Ein **Marketender-Bäckereiwagen** fährt am frühen Vormittag zu unregelmäßigen Zeiten durch den Ort; ein Standort ist nahe dem Supermarkt von Dramalj.

■ Im Zentrum von Crikvenica befindet sich der große **Frischwarenmarkt** landseitig der Touristeninformation, Zidarska/Ecke Vinodolska, mit Metzgerei (Mo bis Fr 7–20 Uhr, Sa 7–14 Uhr, So 7–11 Uhr), Ribarnica (Fischgeschäft, 7–12.30 Uhr, So bis 11.30 Uhr), Bäckereien, Obst- u. Gemüseständen usw.

■ Auf dem Marktgelände liegt auch ein **Konzum-Supermarkt** (ebenso am Hang oberhalb der Touristeninformation Dramalj und in der Strossmeyerovo am Hafenbecken); tgl. 7–21 Uhr, So bis 13 Uhr. Ein Stück weiter (Fußgängerweg über den Bach) folgt ein großer **Plodine-Supermarkt** (gleiche Öffnungszeiten; hier kann man umsonst parken).

■ Ein Stückchen versetzt vom Markt (unterhalb der Riesenbrücke) liegen mehrere größere **Geschäfte** (Supermarkt, Baumarkt usw.).

■ **Made in Croatia,** Strossmeyerovo Šetalište 38. Souvenirs, teilweise kitschig, aber auch manche interessante Mitbringsel sind darunter wie eingelegte Honigerzeugnisse, Schnäpse, Trachtenpuppen usw. Geöffnet im Sommer tgl. 9–23 Uhr, sonst tgl. außer So 9–13 und 16–19 Uhr.

Aktivitäten

■ **Schwimmen** ist an allen Strandabschnitten möglich, wobei nördlich der kleinen Marina zahllose Felsabschnitte locken. Südlich davon liegt zunächst der (kostenlose) Plaža Balustrada mit kleinem Spielplatz und sehr hübscher Bepflanzung, dann folgt ein umzäunter und flacher Strandabschnitt, der 15 K Eintritt kostet. Die ruhigsten Stellen findet man auf dem Weg nach Kačjak hinter der Touristeninfo Dramalj. An einigen Strandabschnitten ist **Beach-Volleyball** möglich.

■ Ausgedehnte **Spaziergänge** ohne Schwierigkeitsgrade sind entlang der zentralen Uferpromenade möglich oder z.B. auf den sehr beliebten Routen Hotel Kaštel – Bucht Slana (1 Std., mit Info-Punkten) oder Hotel Omorika – Halbinsel Kačjak (ebenfalls 1 Std.).

■ Zwischen der kleinen Marina und dem umzäunten Strand liegt landseitig eine **Minigolfanlage** mit **Billard-Café** (Tel. 051-786446). Nebenan werden **Mopeds** (Scooter) und **Fahrräder** verliehen.

■ Über ein umfangreiches Sportangebot verfügt u.a. das **Feriendorf Kačjak** (ursprünglich ein Sporthotel/Trainingslager), aber auch alle Hotelanlagen und Campingplätze bieten **Bootsverleih** und **Surfen,** teilweise auch **Tennis- und Segelkurse.**

■ Auf Höhe der Touristeninformation befindet sich am Ufer vor dem Hafenbecken im Sommer ein kleiner **Kinderpark** mit Hüpfburg, Mini-Quad usw.

■ **Bootsausflüge** (u.a. Rab, Krk, Disco-Party) werden direkt am Hafenbecken angeboten; Infotel. 051-785085. **Bootstaxis** (z.B. von/nach Dramalj oder Selce) können unter mobil 098-323380 geordert werden.

■ **Bustouren** organisieren die oben genannten Agenturen; bei praktisch allen im Angebot sind u.a. die Postojna-Höhlen/Slowenien, Rijeka und Opatija, Istrien-Rundfahrt inkl. Mittagessen, Plitwitzer Seen und Venedig.

■ **Tauchbasis: Dive City,** Buchoffer 18, Tel. 051-784174, www. divecity.net. Auch Unterkunft, Ausflüge, Geldwechsel etc.

■ Als traditioneller Kurort bietet Crikvenica im Bereich Dramalj ein echtes **Kurhaus (Thalassotherapie)** zur Behandlung von Atemwegserkrankungen. Informationen in den Agenturen oder im Kur-

> Im Zentrum von Crikvenica

3

Ostküste der Kvarner Bucht

haus unter Tel. 051-241433 bzw. unter www.tha lasso-ck.hr.

■ Auch im Bereich Selce bietet das **Gesundheitszentrum Terme Selce,** Ribara 8, Tel./Fax 051-764055, seine Dienste an.

Nützliches

■ **Ambulanz:** Strossmayerovo Šetalište, Tel. 051-241111.

■ **Apotheke:** am Markt sowie am Trg Radića.

■ **Polizei:** oberhalb Trg Radića, Tel. 439010.

■ **Bank/Geldautomat:** u.a. Riječka Banka, an der Promenade (nahe Trg Radića), 7.30–13.30 und 15–20.30 Uhr, Geldautomat außerdem direkt vor der Touristeninformation.

■ **Post:** Trg Radića (beim Hotel International); Mo bis Sa 7.30–20 Uhr, So 7.30–14 Uhr.

■ **Hafenmeisterei:** Trg Nikole Cara 1, Tel. 051-241029.

■ **Tankstelle:** große 24-Stunden-Tankstelle an der Küstenstraße.

■ **Fahrzeugverleih:** Crikvenica Tourist, Trg Radica 1c, Tel. 051-241249, www.crikvenica-tourist.net, sowie über die Agenturen. Ein reiner **Scooterverleiher** liegt direkt am Markt (Rent-a-Scooter, ab 300 K/Tag, Tel. 051-242985).

■ **Internet:** WLAN-Hotspotzone an der Promenade (rotes Monument); Internet-Club der Fa. Autotrans (s.o., Agenturen) am Busbahnhof.

021kb wl

Novi Vinodolski

Der Begriff „Vinodolski" bedeutet Weintal und bezieht sich auf die **Weinbaugebiete,** die sich von Novi Vinodolski entlang der Orte Bribir und Grižane bis nach Crikvenica und Kraljevica hinziehen. 1288 errichteten Frankopanenfürsten ein Kastell in der Oberstadt und nannten die Siedlung „Novi" (neu), erst seit 1953 trägt der Ort seinen heutigen Namen.

Er gliedert sich in die alte, hübsche **Oberstadt** am Hang (Stari Grad mit Fußgängerzone), die **touristische Unterstadt** entlang der Küstenstraße und die reinen **Feriensiedlungen Zagori und Povile.** Der Ort wirkt insgesamt sehr anziehend, wozu die alleeartigen Sträßchen ebenso beitragen wie das Flair einer mittelalterlichen Stadt. Auch muss man anerkennen, dass die Verantwortlichen in den letzten Jahren den Innenbereich kräftig saniert haben, was sowohl den alten Ortskern als auch die Zentralplätze und die kleine Flanier- und Einkaufsmeile Korzo Hrvatskih Branitelja betrifft. Nicht zuletzt deshalb gilt Novi Vinodolski auch als der beliebteste Ferienort des Kvarner Landes südlich von Rije-

Novi Vinodolski 0 ——— 100 m ©Reise Know-How 2015

Kvarner09

■ Übernachtung
1 Hotel Adria
2 Novi Resort
13 Pansion Lavanda
15 Hotel Lišanj
17 Tamaris
19 Apartments Povile,
   Campingplätze Povile,
   Klenovica, Kozica

■ Essen und Trinken
4 Buffet-Pizzeria Charlie
6 Konoba Pizzeria Nautica
9 Konoba Mate
10 Pakito Snackbar
11 Eiscafé Kalipso

■ Nachtleben
14 Captain's Club,
   Harley Davidson Pub

**■ Einkaufen/
Sonstiges**
5 Metzgerei Petrak
6 Bäckerei
7 Markthalle
8 Apotheke
12 Maritours
18 Adriana

■ Wassersport
3 Bootsverleih
16 Tauchschule Kruna

3

ka – kann die Masse irren? Bademöglichkeiten bestehen entweder (nicht so schön) bei den Plattformen im Hafenbecken, vor allem aber entlang der äußeren Promenade Šetalište Kneža Domagoja.

Sehenswertes

Alle wichtigen Gebäude in und vor der Altstadt sind mit Hinweistafeln versehen worden. Prunkstück ist die **Pfarrkirche Sv Filip**, die in ihrer jetzigen Form aus dem Jahr 1520 stammt. Die Stuckarbeiten wie auch der Hauptaltar sind Werke der Schweizer Brüder *C.* und *G. Somazzi*. Vom Kirchplatz hat man einen schönen Überblick über Stadt und Bucht.

Frankopanenturm

Auf dem Hauptplatz Frankopanski Trg unmittelbar an der Altstadt steht ein quadratischer Turm, **Kvadrac** genannt, ein Überbleibsel der alten frankopanischen Kastellanlage aus dem 13. Jahrhundert. Berühmt sind in diesem Zusammenhang die in Glagolitisch verfassten „Gesetze von Vinodolski" (Vinodolski-Kodex) aus dem Jahr 1288, erlassen von den Frankopanenfürsten zur rechtlichen Regelung des Gemeinschaftswesens. Der Turm 10–12 und 20–23 Uhr geöffnet.

Museum

Wenige Meter weiter vermittelt das kleine Museum mit Galerie (Narodni Muzej Galerija) einen netten Eindruck von der Region und der Stadtgeschichte.

■ **Narodni Muzej,** Trg Vinodolskog zakona 1, Tel. 051-244266, geöffnet 9–12 und 19–21 Uhr, So 9–12 Uhr; Winter nur Mo–Fr 9–12 Uhr, Eintritt 10 K.

Praktische Tipps

An- und Weiterreise

■ Die folgenden ganzjährigen **Busverbindungen** sind für Touristen evtl. von Interesse: tgl. rund 20x von/nach Rijeka (die meisten vor 9.30 Uhr; 54 K), 30x tgl. von/nach Crikvenica (26–30 K), 4–6x tgl. nach Split (davon 2 bis Dubrovnik), je 3–12x tgl. nach Zagreb und nach Pula sowie nach Rab-Stadt (7.35 und 14.50 Uhr). Der Busbahnhof liegt schräg gegenüber der Touristeninformation ostseitig der Marina an der Durchfahrtsstraße; www.auto trans.hr.

■ Man findet sich leicht zurecht: Von der **Durchgangsstraße** führt am Südende der Bucht eine einzige Straße – Korzo Hrvatskih Branitelja – hinauf Richtung Altstadt (davor gebührenpflichtiger **Parkplatz**), ansonsten parkt man unten in der Bucht beim Yachthafen (ebenfalls Automat). Am Nordwestrand der Bucht führt auf der anderen Straßenseite ein Stufenweg hinauf zum **Museum** und zum **Kirchplatz.**

Info und Agenturen

■ Die **Touristeninformation** liegt in der Kralja Tomislava 6, Tel. 051-791171, www.tz-novi-vino dolski.hr, gegenüber der Tankstelle an der Hauptstraße, tgl. 8–20 Uhr.

Die **Agenturen** entlang der Hauptstraße vermitteln wie üblich Unterkünfte, Ausflüge usw., u.a.:
■ **Adriana,** in der Kralja Zvonimira 70, Tel. 051-792165, www.adriana-tours.hr.
■ **Maritours,** am Busbahnhof in der Kralja Tomislava bb, Tel. 051-792134, www.maritours.com.

Unterkunft

■ Als eines der größten Spa&Wellness-Hotels Europas wirbt das supermoderne Luxusresort **Novi**⑤, Ul. Kralja Tomislava 4, Tel. 051-006684, www.novi. hr, direkt am Meer, um betuchtere Kunden.

■ **Tamaris**④, K. Tomislava 14, Tel. 051-792280, www.hoteltamaris.com. Direkt im Uferpark gelegen, 13 komfortable DZ mit Balkon und Meerblick sowie zwei ähnlich ausgestattete Apartments. Vom Preis-Leistungsverhältnis her die beste Wahl im Zentrum.

■ In unmittelbarer, zentraler Uferlage findet sich das **Hotel Lišanj**②, Lišanjska Ulica, Tel. 051-665 600, www.lisanj.com. Kinder bis 12 Jahre 50 %, unter 6 Jahren frei – daher eine gute Wahl für preisbewusste Familien. Pool und großzügige Liegeflächen am Ufer, insgesamt etwas betonlastig.

■ Neu und etwas preiswerter ist die **Pansion Lavanda**②, K. Tomislava 31, Tel. 051-792293, pansion.lavanda@ri.t-com.hr, beim Busbahnhof. Ordentliche DZ mit Safe, a/c, Internet.

Außerhalb

Wer nicht unmittelbar im Zentrum unterkommen möchte, findet auch in den Vororten Hotelunterkünfte. Buchung über die Agenturen, man kann auch direkt an der Rezeption nachfragen.

■ **Hotel Adria**②, Tel. 051-244766, www.adria beachhotel.de, am nördlichen Ortsende in der Obala Petra Krešimira IV 36.

■ **Apartments Povile**②, mobil 091-1207968, www.apartmani-povile.com, für Großfamilien und Gruppen, da hier 15 Personen in 4 Einheiten mit 2 Küchen unterkommen können.

Camping

■ **AC Povile** (auch: Punta Povile)②, Tel. 051-793083, www.autokamp-povile.com, ca. 3 km östlich des Zentrums, klein, schnuckelig, ohne besondere Angebote.

■ **Camp Klenovica**③, Tel. 051-796251, www. camp-klenovica.com. Camping, Mobilheime, Restaurants, Minimarkt, WLAN-Bereich, tolle Pools.

■ **Camp Kozica**②, Tel. 051-222851, www.camp-kozica.com. Einfacher, größerer Platz direkt am Meer.

Essen und Trinken

■ Die **Snackbar Pakito** gegenüber vom Parkplatz vor der Fußgängerzone bietet Sandwiches und Pizzaschnitten an (nur zum Mitnehmen; Korzo Hrvatskih Branitelja 42, Tel. 051-245556).

■ Für einen Kaffee, kühle Getränke oder auch Eis bieten sich die Cafés in der Fußgängerzone an; wer etwas abseits vom Trubel mit Blick aufs Meer sitzen will: Im **Eiscafé Kalipso**, Korzo H. Branitelja, sitzt man sehr angenehm auf der Terrasse mit schöner Aussicht.

■ Am östlichen Altstadtzugang (Stari Grad 1) serviert die **Buffet-Pizzeria Charlie,** Tel. 051-245987, in einem an den großen Filmpionier *Chaplin* angelehnten Ambiente gute und günstige Pizzen und Snacks (tgl. 7–23 Uhr).

■ Besonders empfehlenswert für urige Atmosphäre und gute Küche ist die **Konoba Mate** am unteren Ende der Fußgängerzone, 30 m in die kleine Gasse hinein (Tel. 051-245817, Korzo V. Zakona 36b).

■ Einfache Gerichte, auch Fisch, hat die **Konoba Pizzeria Nautica** in der Fußgängerzone zu bieten; Sardellen, Calamari, Pizzen, Pasta kosten 5–6 € (Tel. 051-244553, tgl. 12–24 Uhr).

■ Zur **Konoba Griškinja** in Koštelj s. Crikvenica.

Nachtleben

■ Am Abend bieten die Bars am Hafen gemütlich-rustikale Unterhaltung, unter anderen der **Captain's Club** (mobil 098-9633220) und der **Harley Davidson Pub,** beide am Hafenbecken Obala Kneža Domagoja.

3

Einkaufen

■ Die Zufahrtsstraße zur Altstadt – Korzo Hrvatskih Branitelja – wurde im oberen Bereich bis zum Zentralplatz Frankopanski Trg zur **Fußgängerzone** umgestaltet; hier finden sich zahlreiche Cafés, Supermarkt Konzum, Zeitschriftenhandel, Bäckereien, Fachgeschäfte usw.

■ In der großen **Markthalle** werden Fleisch, Geflügel, Obst und Gemüse sowie frischer Fisch verkauft; hier auch mehrere **Bäckereien; 7–12.30** Uhr, So 8–11 Uhr.

■ **Metzgerei Petrak,** Korzo H. Branitelja 9 (Fußgängerzone), tgl. 7–13 und 16–20 Uhr, So und Feiertage 7–12 Uhr.

Aktivitäten

■ **Bootsverleih und -ausflüge:** direkt an der Ortspromenade beim Hafen, mobil 09-7920150, ab etwa 100 €/Tag je nach Boot.

■ **Tauchbasis Kruna,** Zagrebačka 1, Tel. 051-244088, www.di ving-kruna.com.

■ Um Crikvenica und Novi Vinodolski wurden sechs unterschiedliche, teils sehr schwierige (von Meereshöhe auf über 1000 m) **Radtouren** in unterschiedlichen Markierungen angelegt; eine Infobroschüre mit Profilen findet man unter http://www.tz-novi-vinodolski.hr/upload/Bikeri%20final.pdf sowie bei der Touristeninformation als Faltblatt.

■ **Automatenkasino Admiral's Club,** am Busbahnhof in der K. Tomislava, tgl. 11–2 Uhr.

Nützliches

■ **Bank/Geldautomat:** Die Erste (mit Automat), am Frankopanski Trg; Zagrebačka mit Automat am Trg Mazuranića; Bankautomaten u.a. direkt vor der Post und der Touristeninformation.

■ **Post:** um die Ecke vom Busbahnhof am Ostrand der Korzo H. Branitelja, Mo bis Fr 8–12.30 Uhr, Sa 7.30–14 Uhr.

■ **Telefonzellen:** Frankopanski Trg (bei der dm-Drogerie).

■ **Apotheke:** in der Fußgängerzone, tgl. 7.30–20.30 Uhr, So 8–11 Uhr, Tel. 051-244354; **Erste-Hilfe-Station** am Busbahnhof, Tel. 051-792200.

Senj

Mit Novi Vinodolski endet festlandseitig die Region Kvarner Bucht, lediglich ein paar Dörfer (u.a. Bunica, Klenovica) mit kleinen Campingplätzen und einigen Straßenlokalen säumen die Route bis Senj. Die Besiedlung entlang der Küstenstraße zwischen dem **Velebit-Gebirge** und den vorgelagerten Inseln Rab und Pag ist äußerst dünn. Von Senj aus führt eine Inlandsroute über den malerischen **Vrtnik-Pass** ins Kvarner Hochland (siehe „Rundfahrt durchs Kvarner Hochland" weiter vorn in diesem Kapitel).

Die Stadt Senj war bis ins 15. Jahrhundert hinein in Frankopanenhand, sie durfte sich zu dieser Zeit der berühmtesten glagolitischen Druckerei rühmen. Dann übernahmen die von den Türken zurückgeworfenen **Uskoken,** eine mittelalterliche **Seeräuberbande** (siehe Glossar), den Ort. Die Uskoken bauten Senj zu einer Festung aus, bekämpften die Türken, arrangierten sich aber 1540 mit ihnen, um fortan freie Hand für Überfälle auf venezianische Handelsschiffe zu haben. Nach einem Pakt zwischen Österreich und Venedig im 17. Jh. wurden die Uskoken aus ihrem Zentrum

3

Senj vertrieben; die Stadt verlor damit ihre Bedeutung als Küstenort.

Das bekannte Kinderbuch **„Die rote Zora und ihre Bande"** von *Kurt Held* (1941 veröffentlicht und 1978 als 13-teilige Fernsehserie verfilmt) spielt u.a. in Senj und in der Uškoken-Burg als Geheimversteck der Waisenkinderbande. Einen kleinen „Appetitanreger" zu dieser Kinder-Ferienlektüre findet man unter www.tz-senj.hr/de/die-rote-zora.

Ortszentrum und Uškoken-Festung

Das Ortszentrum bilden die Bucht und der **Pavlinski Trg** mit Cafés und Restaurants. Hinter dem Platz führen beschilderte Fußwege durch das Altstadtzentrum, vorbei am Gelnica Trg mit der Büste des Uškoken-Führers *Nikola Jurisič* (1490–1545), hinauf zur markanten **Festung Kula Nehaj,** welche weithin sichtbar oberhalb der Stadt thront. Die quadratische Uškoken-Bastion wurde 1551–59 errichtet und galt als nahezu uneinnehmbar. Nach umfangreichen Renovierungsarbeiten wurde sie zur Besichtigung freigegeben. Ausgestellt sind alte Waffen, Rüstungen, Gewänder und Utensilien der Uškoken sowie eine Sammlung glagolitischer Schriften. Besonders witzig ist der „Uškoken-Freefall-Tower", ein ganz oben außen angebautes Türmchen mit einem auch von unten sichtbaren Loch – WC-Spülungen gab es damals eben noch nicht!

Gleich hinter dem Zugang zur Festung passiert man das **Uškoken-Orakel,** ein mit Münzen eingedecktes Wasserbecken; hier soll man über die Schulter eine Münze ins Becken werfen. Gelingt es, hat man einen Wunsch frei – mehr-

025kb wl

malige Versuche sind ausdrücklich erlaubt.

■ **Festung Kula Nehaj,** Mai/Juni, September/ Oktober 10–18 Uhr; Juli/August 10–21 Uhr; Eintritt 20 K, Kinder 10 K, Tel. 051-885277.

⌂ Blick von der Uškokenfestung auf Senj

3

Praktische Tipps

Information

■ **Touristeninformation,** mittig im Zentrum an der Durchfahrtsstraße, Tel. 051-881068, www.tz-senj.hr.

■ **Informationszentrum Nationalpark Nord-velebit,** Obala Tudmana 6, Tel. 051-884551, www.velebit.hr.

Camping

■ **Minicamp Škver,** Tel. 053-885266, www.tz-senj.hr/de/camp-skver, liegt direkt im Zentrum am Ufer.

■ **Camp Ujca,** 3 km außerhalb in südlicher Richtung in Sv Juraj, www.camp-ujca.com, Tel. 053-884626. Hier befindet sich auch die **Tauchbasis Explorator,** Tel. 051-244431, www.tauchen-explorator-hr.de, die auch Unterkunft vermittelt.

● Weitere Plätze sind das **Eurocamp Rača** bei Sv Juraj, Tel. 053-883209, www.moko.hr, oder das **Camp Bunica V** des gleichnamigen Dörfchens, Tel. 053-616718, www.tz-senj.hr/de/camp-bunica-v, sowie nördlich Richtung Novi Vinodolski das **Minicamp Sibinj,** Tel. 051-796916, www.apartmani-sibinj.com, wo auch Wohnungen und Zimmer angeboten werden.

Essen und Trinken

● Fürs leibliche Wohl sorgen die ordentliche **Restaurant-Pizzeria Krešimir,** Obala Zvonimira 10, tgl. 8–24 Uhr, Tel. 053-885247, in toller Lage direkt am Hafenbecken, sowie das **Restoran Košare** am Zentralplatz der Altstadt, Frankopanski Trg 2 / Ecke Obala Tuđmana, Tel. 051-881114, in der mittleren bis gehobenen Preisklasse.

Nützliches

● **Bank mit Geldautomat, Post** und **Apotheke** direkt am Hafenbecken links der Hauptstraße.
● Großer **Konzum-Supermarkt** in der N. Suzana (parallel zur Uferstraße; von Norden kommend an der INA-Tankstelle linker Hand links hinein), Mo–Sa 7.30–21 Uhr, So 8–15 Uhr.
● Eine **Bäckerei** liegt direkt am Ufer nahe der Touristeninformation in der Zvonimira.

[>] Die Plitwitzer Seen mit ihren Wasserfällen waren Drehort etlicher Karl-May-Filme – der Nationalpark gehört zu den Welterbestätten der UNESCO

Plitwitzer Seen

Knapp anderthalb Fahrtstunden von Senj entfernt (in Senj beschildert) liegen im Hinterland der Region Kvarner die bekannten Plitwitzer Seen (Plitvička Jezera), die unbedingt einen Tagesausflug wert sind.

Wer erinnert sich nicht an die malerischen Wasserfälle, von denen der Apachen-Häuptling **Winnetou** seinem weißen Blutsbruder *Old Shatterhand* zuwinkt, um hernach in die Fluten zu stürzen? Noch immer ziehen die überwältigenden **Kaskaden** der Plitwitzer Seen – Drehort zahlreicher Karl-May-Filme – alljährlich Hunderttausende Besucher an, und das ohne große Werbung.

Wasserspiele faszinieren die Menschen seit jeher und erst Recht, wenn sich **16 größere und kleinere Seen** ganz natürlich, mal als kleine Kaskade, mal als **hoher Wasserfall,** auf einer Gesamtlänge von 7,2 Kilometern inmitten von sattem Grün ineinander ergießen und dabei insgesamt 156 Höhenmeter hinabfallen. Die kristallklaren Seen nehmen eine Gesamtfläche von 2,2 km² ein, die Fläche des Nationalparks beträgt insgesamt 295 km² und erstreckt sich um den Gebirgszug Mala Kapela, ein Ausläufer der dinarischen Alpen.

Das „Land der fallenden Seen", wie Plitvice oft genannt wird, ist eine Region des permanenten natürlichen Wandels. Die östlichen dinarischen Alpen sind von **Kalkgestein** geprägt, das Wasser durchlässt und allmählich unterirdisch ausgewaschen wird (Tropfsteinhöhlen; siehe auch Exkurs zur Karstlandschaft). Im Raum Plitvice trat das nunmehr ex-

Ostküste der Kvarner Bucht

trem kalkhaltige Wasser aus dem Gebirge heraus und floss naturgemäß abwärts. In den entstandenen Bach- und Flussläufen siedelten sich Moose an, die für ihre Vermehrung den Kalk herausfiltern und binden, um im Laufe der Zeit dann selbst zu Kalkgestein zu werden. Daher verändern sich die Bachbette und auch Seen und Wasserfälle fortlaufend.

Schon 1928 wurde Plitvice per Gesetz zum Nationalpark ernannt, 1949 international anerkannt und 1979 schließlich zum **UNESCO-Welterbe** erkoren. Nicht zuletzt deshalb konnten im Bosnien-Krieg glücklicherweise größere Schäden im Park vermieden werden, obwohl er im damals heftig umkämpften Bihač-Gebiet liegt. Dieses wurde 1991 von Serbien besetzt und 1995 durch Kroatien

zurückerobert; erst 1996 erhielt das **in Europa einmalige Naturdenkmal** seinen würdigen Frieden zurück.

Nichtsdestotrotz hatte der Bürgerkrieg gewisse nachhaltige (negative) Folgen für das ökologische Gleichgewicht in dieser einzigartigen Primärwaldregion: Die Soldaten erlegten mehr oder weniger das komplette Rotwild, sodass die Tierwelt – insbesondere die **Wölfe** – noch heute ohne ihr wichtigstes Beutetier leben muss. Neben zahleichen Vogelarten und Wölfen und Rötelmäusen sind im Park u.a. auch **Braunbären, Luchse, Wildkatzen, Schwarzwild** und **Fischotter** beheimatet. In den Karsthöhlen der dinarischen Alpen lebt ferner endemisch – also nur hier in den dinarischen Alpen von Slowenien bis Bosnien-

115kro wl

N.P. Plitwitzer Seen

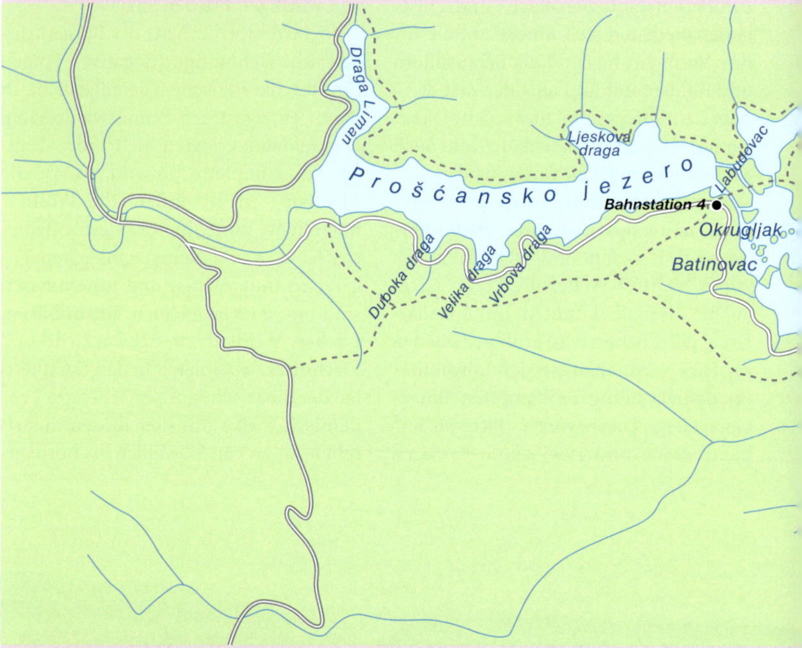

Draga Liman

Ljeskova draga

Labudovac

p r o š ć a n s k o   j e z e r o

Bahnstation 4 •

Okrugljak

Batinovac

Duboka draga

Velika draga

Vrbova draga

Höhenprofil Plitwitzer Seen

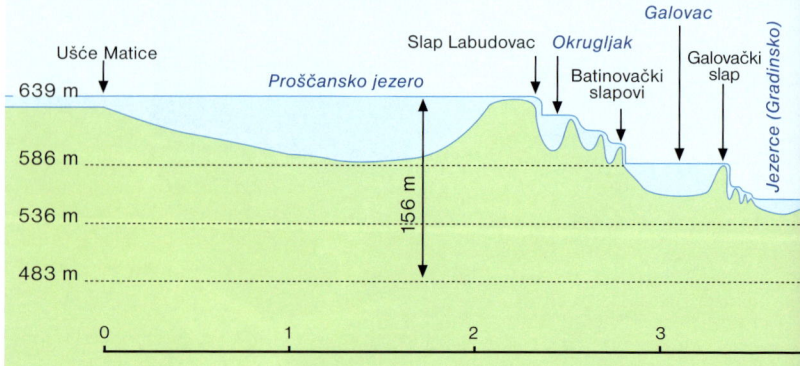

Ušće Matice

639 m

Prošćansko jezero

Slap Labudovac   *Okrugljak*

Galovac

Batinovački slapovi

Galovački slap

Jezerce (Gradinsko)

586 m

156 m

536 m

483 m

0   1   2   3

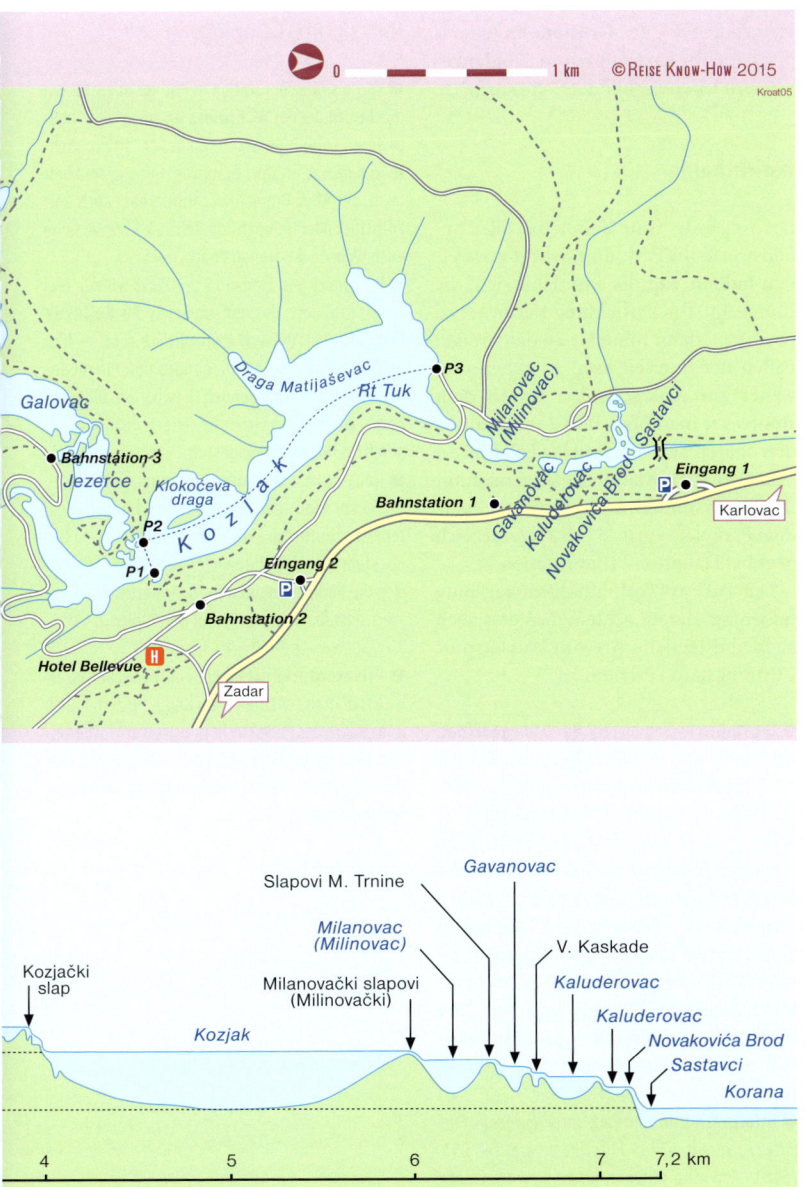

Herzegowina – der **Grottenolm,** ein als permanente Larvenform in Höhlengewässern lebender blinder Schwanzlurch.

Besichtigung

Die folgende **Tour** beinhaltet alles Sehenswerte im Park und dauert etwa einen **halben Tag:** Es empfiehlt sich, die Runde am Tor 1 (Richtung Karlovac) zu beginnen, dann hinunter zu den großen Fällen der unteren Seen zu gehen und weiter zur Anlegestelle P 3. Mit dem **Boot** setzt man über zu P 2 und geht an den oberen Seen entlang bis Labudovac. Von dort (Bahnstation 4) fährt man mit der **Touristenbahn** bis Station 1 nahe dem Parkplatz zurück. Der **Hotelbereich** liegt bei Haupttor 2 (Bahnstation 2).

Der Park ist vorbildhaft sauber, bitte unbedingt darauf achten, dass dies auch so bleibt! Jegliche Art von Wassersport ist strengstens verboten.

■ Der Park ist im Sommer tgl. 8–20 Uhr **geöffnet,** sonst 8–18 Uhr, im Winter 9–16 Uhr. **Eintritt** 180 K/Hauptsaison, 110 K/Nebensaison, 80 K/Winter; Kinder (7–18 Jahre) 80 K/Hauptsaison, 55 K/Nebensaison, 35 K/Winter, Kleinkinder frei. Zweitageskarten kosten 280/180/90 K bzw. 140/90/55 K für Kinder; Studenten erhalten auf den Erwachsenenpreis ca. 25 % Rabatt (Ausweis). Alle Fahrten (Boote, Touristenbahn) sind im Preis enthalten; gebührenpflichtige **Parkplätze** (ab 7 K/Std., Motorrad frei) liegen an den Haupteingängen 1 und 2. Die Tickets sollte man aufbewahren, da routinemäßige Kontrollen vorkommen. Hunde sind nur angeleint zugelassen.

■ **Informationen** zum Park unter *Nacionalni Park Plitvička Jezera,* 53231 Plitvička Jezera, Tel. 053-751015, www.np-plitvicka-jezera.hr, www.tzplitvi ce.hr und www.plitvicer-seen.hr.

Unterkunft, Camping

■ Wer als Zwischenstation in Plitvice übernachten möchte, findet das **AC Korana**③, einen sehr angenehmen Campingplatz ca. 8 km vor Plitvice Richtung Karlovac im Dorf Grabovac. Günstig sind hier auch 2er-Mini-Bungalows anmietbar, auch mit Frühstück oder Halbpension; Tel. 053-751888, siehe auch Website des Nationalparks.

■ Im Bereich von Eingang 2 des Parks wurden drei Hotels etabliert, das günstigste ist das **Bellevue** (Tel. 053-751700, www.np-plitvice.com) – hier greift man aber schon um einiges tiefer in die Tasche als in den umliegenden Ortschaften! Die Parkhotels werden von vielen Reisenden qualitativ generell als Notlösung eingestuft.

■ Noch recht neu ist der Campingplatz **Borje**③, ca. 15 km südlich des Parks (ausgeschildert). Kostenloser Shuttlebus (10.30 Uhr Hinfahrt, 17.30 Uhr Rückfahrt) zu den Plitzwitzer Seen, so spart man sich die Parkplatzgebühren. Sehr nettes Areal mit Wechselstube, Minimarkt und Restaurant. Tel. 053-751790, www.np-plitvicka-jezera.hr.

■ **Privatunterkünfte** bieten mittlerweile fast alle Ortschaften zwischen Slunj und Jezerce (nördlich und südlich des Parks) recht preiswert an, insbesondere rund um Grabovac. Eine gute deutschsprachige Homepage mit Mietangeboten findet man unter www.plitvice24.com.

3

Weiterfahrt nach Dalmatien

Von den Plitwitzer Seen nach Süden erstreckt sich bis Gračac eine unwirtliche, felsige, **steppenähnliche Höhenlandschaft,** in der man teilweise noch heute die Folgen der bis 1995 andauernden kriegerischen Auseinandersetzungen sehen kann. Bosnien, Zentrum des damaligen Bürgerkriegs, liegt nur wenige Kilometer entfernt, und abseits der Hauptstraße werden noch immer **Minen** geborgen; manche Häuser bieten einen traurigen Anblick sinnloser Zerstörung.

Durch das Velebit-Gebirge zur Küste

Möchte man an die Velebit-Küste oder zur vorgelagerten **Insel Pag,** zweigt man in **Korenica** rechts ab durch das im Balkankonflikt sehr stark zerstörte Städtchen **Gospič** und seine landwirtschaftlich intensiv genutzte Hochebene. Hier geht es weiter über den bereits küstennahen **Pass Baške Oštarije.** Hinter dem kleinen Tunnel öffnet sich der Blick sensationell-malerisch aufs Meer und zu den vorgelagerten Inseln.

Serpentinen führen hinunter nach **Karlobag** an der Küstenstraße mit den hübschen Ruinen einer alten **Frankopanen-Wehrburg.** Im dem Ort, dem die Insel Pag unmittelbar vorgelagert ist, lockt ein kleiner Strand zum Bad in den Fluten; Minimarkt, Obstmarkt und die Bistros Adriatik (Tel. 053-694250) und Konoba Katarina (Tel. 053-694104) an der Hauptstraße sorgen für das leibliche

Wohl. Wer hier günstig (zwischen-) übernachten möchte, findet zwei Hotels: das sehr hübsche **Zagreb②** (Tel. 053-694233, www.hotelzagreb.hr) sowie direkt am Ufer das **Velinac②** (Tel. 053-694008).

Inlandsroute nach Dalmatien

Wer zur Weiterfahrt in den Süden nicht die kurz vor Gospič erreichte Autobahn benutzen möchte, kann von den Plitwitzer Seen kommend auf der **Landstraße** nach Dalmatien fahren: Von **Korenica** geradeaus (nicht rechts nach Gospič und Karlobag) geht es in südlicher Richtung zügig weiter durch einsame Landschaften nach **Gračac,** ein seinerzeit ebenfalls im Krieg arg in Mitleidenschaft gezogenes Städtchen, welches mit Hilfe von EU-Förderprogrammen für die Bürgerkriegsflüchtlinge wieder aufgebaut und rückbesiedelt wurde. Rund um Gračac liegt die ausgesprochen fruchtbare und streckenweise malerische Hochebene Ličko Polje.

Von Gračac hinunter zur Küstenstadt **Zadar,** die bereits im nördlichen Dalmatien liegt, ändert sich das Landschaftsbild: Die fruchtbare Ebene weicht einer kargen, nur von einigen Ziegen bevölkerten **Felslandschaft.**

Der E 59 von Gračac in südlicher Richtung folgend, findet der Reisende den Weg durchs Inland nach **Zentral- und Süddalmatien.** Auf dieser Route liegen die sehenswerten Städte Knin, Drniš und Sinj (siehe Kapitel „Zentraldalmatien").

Ostküste der Kvarner Bucht

3

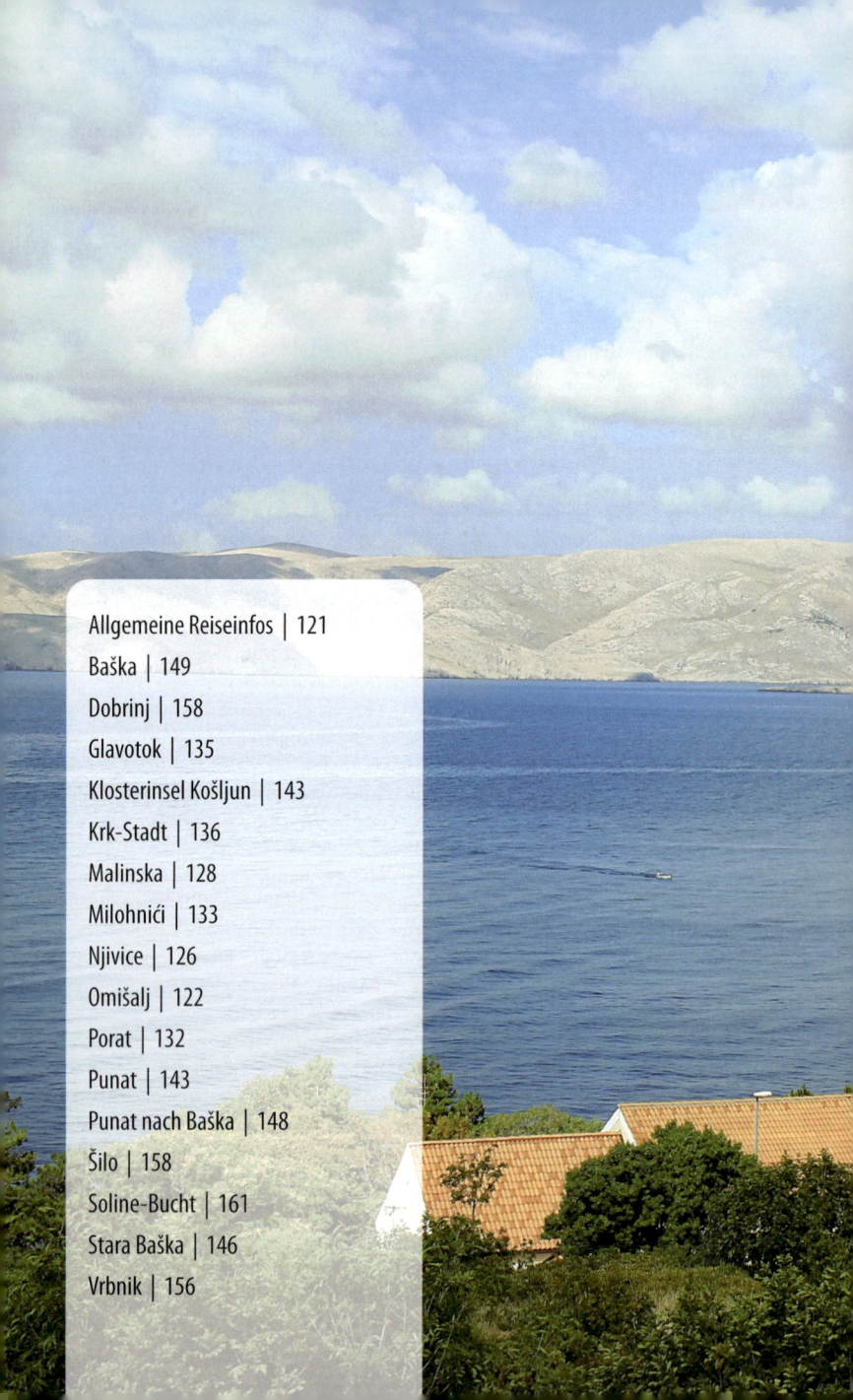

Auch wenn der Begriff „Kvarner" nicht vielen geläufig ist – die in der Adriabucht liegenden Inseln Rab und Krk galten schon vor der „Wende" als klassische Mittelmeerreiseziele. Krk, die größere der beiden, wird durch das Gebirge der Kvarner Bucht

4 Insel Krk

geschützt und ist daher sehr trocken. Die Insel zeichnet sich durch ein breites Freizeitangebot, vielfältige Sehenswürdigkeiten, aber auch unberührte Landschaften und Wandermöglichkeiten aus.

◁ Krk ist recht karg

4

INSEL KRK

Etwa 60 Meter über dem Meer überspannen zwei Brückenbögen die 1310 Meter zwischen dem Festland und der Insel Krk, unterbrochen nur von der kleinen Felsinsel Sv Marko dazwischen. Seit der Eröffnung der **Krk-Brücke** 1980 ist die mit 409 km² **größte Insel der Adria** (neue Vermessungen haben allerdings ergeben, dass Cres auf den Meter gleich groß ist!) mit dem Festland verbunden, ohne jedoch das Inselflair verloren zu haben. Auf der Insel leben ca. 18.000 Menschen. Die Fährverbindungen nach Cres und Rab machen Krk auch zu einem wichtigen Transitpunkt und zum Zentrum des „Inselhüpfens".

Geschichte

Krk war zwar schon in frühgeschichtlicher Zeit besiedelt, die ersten historisch belegten Bewohner sind jedoch die **Liburner** mit dem in römischer Zeit so genannten Zentrum Curicum (bekannt durch die Seeschlacht *Caesars* gegen Pompeji 49 v. Chr.). Nach Rom folgte ein byzantinisches Zwischenspiel und etwa 1000–1797 stand Krk nominell unter venezianischer Herrschaft. De facto regierte jedoch das regionale **Fürstengeschlecht der Frankopanen.** Ab 1797 österreichisch, fiel auch Krk 1918 an Italien, allerdings nur für zwei Jahre. Im Zweiten Weltkrieg nochmals unter deutsch-italienischer Besatzung, folgte anschließend der gesamtjugoslawische und seit 1991 der kroatische Teil der Geschichte.

Allgemeine Reiseinfos Insel Krk

An- und Weiterreise

Brücke und Fähre

Es bietet sich entweder die **Krk-Brücke** (30 K, Wohnmobil und -wagen 50 K, gezahlt wird nur Richtung Krk) oder eine der beiden **Fährverbindungen** an:

■ **Route Merag (Cres) – Valbiska (Krk):** 5.45–22 Uhr in der Hauptsaison 13x tgl. (ca. alle 75 Minuten, sonst 9x tgl.), Pkw inkl. 2 Personen rund 20 €.

■ Die **Route Lopar (Rab) – Valbiska (Krk)** ersetzt die alte Baška-Lopar-Linie; kostet 40 € (PKW inkl. 2 Pers.) und fährt im Winterhalbjahr nur je einmal vor- und nachmittags, im Sommer je 4x tgl. in beide Richtungen (Infos unter www.croatia-rab. com und und www.splittours.hr).

NICHT VERPASSEN!

⮞ Abseits des Trubels – das einsame **Glavotok** | 135
⮞ Sehenswert von der Land- wie der Seeseite – **die Mauern der Stadt Krk** | 136
⮞ Wandern in idyllischer Landschaft an der **Kapelle Sv. Majke bei Batomalj** | 148
⮞ Mal richtig „die Sau rauslassen" in den **Schlammkratern von Soline** | 162

Diese Tipps erkennt man an der gelben Hinterlegung.

Bus

Die wichtigsten Verbindungen:

■ **Rijeka** (7.15, 12.15, 17 Uhr; Gesamtfahrzeit 2 Std., ca. 15 €) – **Omišalj** (13 und 17.40 Uhr; 10 €) – Njivice – Malinska (13.05 und 17.50 Uhr; ca. 10 €) – **Fähre / Insel Cres.** Diese Linie ist prinzipiell nur für die Orte der Nordwestküste von Belang, um nach Rijeka oder Cres/Lošinj fahren zu können. Es gibt keine Busverbindung von Krk-Stadt nach Cres!

■ **Krk-Stadt – Rijeka:** 5.10–20.30 Uhr 14x tgl., 64 K, via Omišalj – Njivice – Malinska (jeweils 35 K).

■ **Krk-Stadt – Zagreb:** 4.30 und 9.30 Uhr; ca. 25 €.

■ **Krk-Stadt – Baška:** 7, 7.40, 11, 13.30, 14, 16.35, 19 und 19.30 Uhr; ca. 4 €; Sa/So auch 9.30 Uhr.

■ **Krk-Stadt – Stara Baška:** 7 und 14 Uhr; ca. 3,80 €.

■ **Krk-Stadt – Vrbnik:** 12.30 und 15.10 Uhr; 30 K; der Bus um 15.10 Uhr fährt weiter bis Klimno (37 K).

■ **Krk-Stadt – Brzac** (für Glavotok): 7, 12.30, 14.05 und 15.10 Uhr, 30 K.

Flug

■ **Flughafen Rijeka-Krk:** Direkt an der Nordspitze der Insel, ostseitig der Inselstraße, liegt der Flughafen von Rijeka-Krk (Tel. 051-841865, www.rijeka-airport.hr). Abgesehen von den internationalen Flügen (s. Kap. „Reisetipps A–Z", Anreise") sind auch Privatflüge, beispielsweise Transferflüge von/nach Mali Lošinj, möglich (Details unter www.airportmalilosinj.hr).

Wer in Rijeka (also auf Krk) landet, kann – wenn er nicht mit dem Vermieter die Abholung vereinbart hat – entweder einen eigenen Transport arrangieren (Minibus-Transfer z.B. unter www.autotrans.hr) oder den öffentlichen **Bus von/nach Rijeka** nehmen. Der aktuelle Busfahrplan ist auf der Webseite www.rijeka-airport.hr unter „kako do nas" und dort „raspored autobusa" einsehbar.

Information

■ Als eines der weit entwickelten Reiseziele Kroatiens verfügt Krk über **touristische Informationsstellen** in den Ortschaften sowie einen eigenen zentralen **Fremdenverkehrsverband:** Trg. Sv. Kvirina 1, 51500 Krk, Tel. 051-221359, www.krk.hr.

Omišalj

Nach der Überquerung der Brücke passiert man zunächst den **Flughafen** und einen kleinen Campingplatz (erste Abfahrt links: schöner Rast- und Badeplatz mit flachem Meereszugang). Dann folgt das auf einer Anhöhe oberhalb der Omišaljski-Bucht gelegene Omišalj, neben Krk-Stadt der älteste und somit **kulturträchtigste Ort** der Insel. Nachteil: Rundum liegen **petrochemische Betriebe** (Stadtbesuch schön, Standort eher nicht!).

Der nahe Flughafen, die Raffinerien und auch die Nähe zum urbanen Zentrum Rijeka haben in Omišalj zu einem gewissen Wohlstand geführt, den der Tourismus noch ein wenig zu untermauern hilft. Selbst oben in der Altstadt haben viele Häuser eine kleine Gartenanlage unmittelbar am Haus, die gesamte Altstadt sieht sehr gepflegt aus, auch wenn das Umland – man gehe einmal zum Aussichtspunkt im Dubec-Park – eher wenig anheimelnd wirkt.

Omišalj gliedert sich in mehrere vollkommen unterschiedliche und auch voneinander getrennte Abschnitte. Was man als Tagesbesucher ansteuert, ist die **hoch gelegene Altstadt.** Parken: Am Kreisverkehr der Beschilderung zu den

Hotels folgen, es kommen gleich linker Hand zwei größere **Parkplätze** (kostenlos); dann vom Kreisverkehr rechts in die (autofreie) Altstadt hinein. Die **Krk-Busse** halten am Zentralkreisel vor der Altstadt (Frequenz siehe Krk-Stadt).

Unterhalb der Altstadt, verbunden durch einen sehr steilen Fußweg, liegt der Hafenbereich für Sportboote mit einem kleinen Sand-Kiesstrand, einem **Kiesstrand** und einem Uferrestaurant (mit dem Auto vom Kreisel aus der Straße folgen, hinter dem Ort scharf rechts hinunter; zu Fuß: gegenüber vom Restaurant Barbi Gerga dem Fußweg immer abwärts folgen); hier liegen einige **Ferienwohnungen** – hier zu wohnen, ist weitaus angenehmer als in den Hotels.

Baden kann man am kleinen Sand-Kiesstrand Kupalište Učka mit Dusche oder am Kiesstrand Plaža Pesja hinter der Marina (Kiosk; Parkplatz 10 K/Tag).

Am Kreisel Richtung Hotelbereich führt das Sträßchen zum Ufer und einigen extrem renovierungsbedürftigen **Hotelanlagen** sowie über mehrere Kilometer hinweg zu einzelnen Häusern (teilweise **Ferienwohnungen**) bis zum **Autocamp Pušća** beim Flughafen – überall am Ufer muss man allerdings auf die JANAF-Raffinerien blicken.

Vom Kreisel in östlicher Richtung immer geradeaus kommt man zur Hauptstraße und den Raffinerien – hier entlang (beschildert) geht es zu den **Ruinen von Mirine-Fulfinum.**

Sehenswertes

Altstadt

Insgesamt ist die hoch gelegene Altstadt durchaus sehenswert und lohnt einen Besuch. Man startet am besten beim Zentralplatz an der Bushaltestelle, folgt der Hauptgasse (alles Fußgängerzone) Prikešte bis zu einer Gabelung und folgt hier der Pod Dubca und geht dann quasi im Uhrzeigersinn durch die Altstadt.

Bedeutendstes Monument ist die dreischiffige **romanische Basilika Sv Marija** von 1213, deren Seitenkapellen bis ins 18. Jahrhundert umgestaltet und restauriert wurden. Die heilige Taufe wurde bis ins 17. Jahrhundert in der Seitenkapelle des Hl. Johannes durchgeführt. Zahlreiche **glagolitische Inschriften** zeugen von der altkroatischen Geschichte des Bauwerks, so die Fragmente romanischer Steinreliefs außen oberhalb des Hauptportals (9./10. Jahrhundert). Der Campanile wurde 1533 bis 1536 von ein-

263kro wl

☑ Glagolitische Inschrift an der Kirche Sv Marija

Omišalj

0 — 100 m ©REISE KNOW-HOW 2015

Kvarner05

✈ **Flughafen,**
Inselhauptstraße, Krk-Brücke

Krk-Stadt, Cres-Fähre,
★ **Fulfinum**

ℹ **Infotafel**

Spielplatz

A L T S T A D T

Wasserturm ★

**Kapelle
Sv. Anton** ⚥   **Sv Marija** ⚥

Parc Dubec ★ **Aussichtspunkt**

Sv. Nikole ⚥

**Kl. Sand-/
Kiesstrand**   **Yachthafen**

**Kiesbade-
bucht**

Fußweg ★ **Fulfinum**

🟦 **Essen
und Trinken**
4 Rest. Kaštel
5 Café-Bar
  Frankie
7 U Barbi Gerga
10 Konoba Ulikva

🟥 **Übernachtung**
1 Hotels
2 AC Pušća
11 Pension Riva

🟩 **Einkaufen**
3 Bäckerei
4 Minimarkt
6 Minimarkt,
  Su-Mo-Tours
8 Metzgerei
9 Apotheke

heimischen Baumeistern angefügt. Außen sind ausführliche mehrsprachige Beschreibungen zur Kirche angebracht, das Gotteshaus kann tagsüber außer zu Messen jederzeit besucht werden.

Bevor man zu dieser Kirche kommt, passiert man ein kleines **Lapidarium** (tgl. 10–12 und 18–21 Uhr, Eintritt frei), das durchaus einen Blick lohnt.

Am Westrand der Altstadt (Beschilderung „Park Dubec") erreicht man den netten, weitläufigen **Stadtpark Dubec** mit der Kapelle Sv Anton, einem alten Wasserturm und mehreren sehr schönen Aussichtspunkten über der Bucht.

Vor der Altstadt liegt ein kleiner **Gedenkpark** für die Weltkriegsopfer, unmittelbar darunter ein größerer Kinderspielplatz.

Unten den Fußweg zur Marina/den Stadtständen hinab, passiert man die kleine **Kapelle Sv Nikole** aus dem 18. Jh. – leider sowohl verschlossen als auch Opfer des lokalen und internationalen Vandalismus.

Ruinen von Mirine-Fulfinum

Eines vorab: Die **Anfahrt** mutet etwas merkwürdig an, fährt man doch auf der Zufahrt zu der rund um die Uhr videoüberwachten Raffinerieanlage JANAF. Erst unmittelbar vor dem Werkstor zweigt die eigentliche Zufahrt nach links ab. Kurz vor dem Ufer gibt es Haltemöglichkeiten, ein **Uferweg** führt direkt zur 150 m entfernten Anlage.

Insel Krk

MEIN TIPP: Fulfinum ist vermutlich die **älteste städtische Siedlung auf Krk,** die unter den Römern etwa um 300 entstand. Da zu diesem Zeitpunkt das Christentum im Vormarsch war, entstand auch eine außergewöhnlich große **frühchristliche Kirche,** die Anfang des 5. Jahrhunderts fertiggestellt worden sein soll. Das Bauwerk ist – nicht zuletzt durch hervorragende Restaurationsarbeiten – überraschend gut erhalten, und es verwundert, dass hier noch kein Museum eröffnet wurde. Auch außerhalb der Kirche sind zahlreiche Ruinen bzw. Grundmauern erhalten, teilweise sind die Bauten mehrsprachig beschildert (sehr ausführlich).

Die Anlage ist nicht umzäunt und kann jederzeit besucht werden (Eintritt frei). Man kann auch zu Fuß vom Kiesstrand Plaža Pesja hinter der Marina gehen (ca. 20 Minuten).

Praktische Tipps

Info und Agenturen

■ Ein großer **Ortsplan** hängt am Parkplatz; **Touristeninformation** in der Haupt-Altstadtgasse Ribarska Obala (neben der Post), Tel. 051-841042, www.tz-njivice-omisalj.hr, Mo bis Sa 8–20 Uhr, So 8–12 Uhr.

■ In der Altstadt hat die (einzige) Agentur des Ortes, **Su-Mo-Tours** (Medermuniće 1, Tel./Fax 051-842230, www.sumotours.hr), ihren Sitz und vermittelt Unterkunft, Ausflüge, Aktivitäten usw.

Unterkunft

■ Das **Adriatic**③, Tel. 051-842126, www.hoteli-omisalj.hr. Mit Felsbadestrand, Nachtklub und Sportzentrum, gilt als die Nummer 1 vor Ort; die Dependancen Marina und Primorka sind rund 15% billiger (hier stehen fast ausschließlich ungarische und slowenische Fahrzeuge davor); WLAN inklusive.

■ Nur wenig günstiger kommt man im **Hotel Delfin**③, Strana 22, Tel. 051-867780, www.hotel-delfin.hr, weg. Liegt etwas abseits am Ufer Richtung Camp.

■ Auf der Landzunge im (angenehmeren) Yachthafenbereich hat sich die **Pension Riva**① als einzige einigermaßen zentrale Unterkunft etabliert; Na Rivi 2, Tel. 051-842083, http://members.goldenindex.com/villariva. Mit 150 K in der Nebensaison (DZ inkl. Frühstück) nicht zu teuer; angeschlossenes Uferrestaurant.

■ Als eine weitere kleine empfehlenswerte Anlage in Altstadt-Gehnähe empfiehlt sich die **Vila Eva**②, Zagradi 4, Tel. 051-841041, www.vila-eva.hr. Sehr schöne dreistöckige alte Villa mit herrlicher Terrasse am Ufer, alle Zimmer mit Sat-TV, Minibar und a/c. Auch kleine 4er-Apartments/Familienzimmer sind verfügbar, allerdings ohne Küche. Beliebtes Restaurant.

Camping

■ **AC Pušća**①, Tel./Fax 051-841440, www.autocamp-pusca.com. Zufahrt gegenüber vom Flugplatz, mit Blick auf den Rijeka-Hafen und die Raffinerie – der Campingplatz ist eigentlich von der Lage her eher nicht zu empfehlen, aber es gibt keinen anderen.

Essen und Trinken

■ Die einfache **Café-Bar Frankie** direkt hinter der Haltestelle empfiehlt sich auf einen Drink zur Überbrückung der Wartezeiten auf den Bus.

■ Das **Restoran Kaštel** (Baječ 2, Tel. 051-841039) bietet einfache und gute kroatische Küche. Sehr zentral, untere bis mittlere Preisklasse.

4

■ Schon seit vielen Jahren hat sich **U Barbi Gerga,** Prikešte bb, Tel. 051-842255, einen sehr guten Ruf als uriges und gleichzeitig qualitativ ansprechendes Restaurant für kroatische Küche erworben. Nudeln mit Scampi und die Fleischspieße mit drei Fleischsorten nebst Beilagen sind zu empfehlen.

■ Die **Eisdiele/Caféteria Caffe** gegenüber (Prikešte 20/1, Tel. 051-842036) bereitet ausgezeichnetes Speiseeis zu – und das nicht überteuert.

■ Und dann noch etwas ganz Feines, wenn es nicht stört, in einer ruhigen Fußgängergasse an einem Kirchplatz zu sitzen, wo eventuell auch ein paar Kinder spielen oder die eine oder andere ältere Frau klöppelt oder häkelt: Die **Konoba Ulikva** nahe der Kirche (Pod Dubca 20, Tel. 051-841004, tgl. 9–21 Uhr) hat keine Riesenkarte, aber wirklich leckere Speisen und Snacks – Tipp der einfachen/mittleren Kategorie!

■ Das Terrassenlokal der **Villa Eva** (s.o.) etwas außerhalb Richtung Hotelbereich wird von Reisenden sehr gelobt. Gleiches gilt für das **Hotelrestaurant Delfin** auf halbem Weg am Ufer entlang Richtung Campingplatz, Stran 22, Tel. 051-867058.

Nützliches

■ **Post:** Neben der Touristeninformation, Mo bis Fr 7.30–19 Uhr, Sa bis 14 Uhr.

■ **Apotheke:** In der Gasse Prikešte neben der Post (10 m).

■ **Tankstelle:** Direkt an der Nordwest-Abfahrt der Inselhauptstraße.

■ Selbstversorger finden am Zentralkreisel zwei größere **Minimärkte** sowie eine sehr gute **Bäckerei;** in der Gasse gegenüber vom Restaurant U Barbi Gerga liegt eine **Metzgerei** (7–12 und 17–20 Uhr, So nur vormittags).

Njivice

Echte Strandfreuden kommen in Njivice auf, einem kleinen und neu wirkenden **Strandbadeort** an der Nordwestküste. Tatsächlich aber unterhielten schon die Römer in Castrum Musculum, wie sie Njivice nannten, eine Garnison. Entlang der kleinen Promenade (Parkmöglichkeit 5 K/Std.) verkaufen Händler Souvenirs, Imbisse und Allerlei, sorgen mehrere Lokale für das leibliche Wohl. **Bademöglichkeiten** bestehen rundum, es empfiehlt sich aber wegen des Meerblicks, den Fußweg nach links ein Stück hineinzugehen (Süßwasserduschen, Kiesstrand, Hüpfburg, Surfbike, Bootsverleih, Jetski, Parasailing etc.). In der anderen Richtung (Camp sichtbar) hat der Besucher die Qual der Wahl: Bistros, Cafés und Restaurants buhlen um die Gunst des Kunden. Die aushängenden Fischernetze zeugen zwar von der Tradition als Fischerort, sind heute aber nicht mehr als eine Dekoration mit rustikaler Note.

Einzige Sehenswürdigkeit ist die **Pfarrkirche Uznesenje Marije** aus dem frühen 20. Jahrhundert, erbaut nach Vorlagen des kroatischen Sakralbaumeisters *Mate Vitesić.*

Praktische Tipps

Info und Agenturen

■ **Touristeninformation** für Omišalj und Njivice: Ribarska Obala 10, 51512 Njivice, Tel. 051-846243, www.tz-njivice-omisalj.hr, im Sommer tgl. 8–20 Uhr, So 8–12 Uhr.

■ Professionell arbeiten die Agenturen **Klub-Tours** (Draga 33, Tel. 051-847664, www.appkrk.com) und **Miramare** (Uferstraße Ribarska Obala 4, Tel. 051-867740, www.miramarenji vice.hr).

Unterkunft

■ In den großen Hotels **Jadran**④ (Tel. 051-661444, 10 Minuten vom Zentrum, keine direkte Strandlage) und **Beli Kamik**④ (Tel. 051-846222, direkt am Ufer) sind DZ in der Hauptsaison nicht unter 1000 K zu haben und bieten dabei nicht einmal besonderen Luxus. Webseite für beide: www.nji viceresort.com.

■ Ferienbungalows findet man bei der Apartmentanlage **Flora-Bungalows**②, Primorska cesta, Tel. 051-846720, www.njiviceresort.com, sie liegen allerdings nicht direkt am Meer.

■ Ein relativ junges Hotel wurde mit dem **Miramare**③ (Tel. 051-867740, www.miramarenjivice.hr) direkt am Ufer bei der Post eröffnet. DZ mit Balkon, TV, Minibar usw.

■ Privatunterkunft (4er-Apartment) bietet z.B. **Riki**②, der auch einen Rad-/Mopedverleih betreibt (Kontakt s.u.); Apartments für 4 Personen sind z.B. in der Hauptsaison für unter 90 € zu haben (ab 23.8. deutlich billiger).

Camping

■ **Camping Njivice**③, Tel. 051-864185, www.nji viceresort.com, www.kampnjivice.com/de/cam pingplatz-njivice.aspx, vor der Ortseinfahrt rechts (beschildert). Anfang Mai bis Anfang Oktober geöffnet, auch Mobilheime je nach Lage und Saison ab 39 bis 140 € für 4 Personen.

Njivice   0 ▬▬ 200 m   ©ℛEISE KNOW-HOW 2015

Kvarner13

Omišalj   Krk

■ **Einkaufen/Sonstiges**
6 Metzgerei
9 Agentur Klub-Tours
10 Apotheke
11 Obst-/Gemüsehandel
14 Agentur Miramare
15 Riki Scooter- und Radverleih

■ **Übernachtung**
1 Camping Njivice
2 Hotel Beli Kamik
3 Bungalow-Anlage Flora
5 Hotel Jadran
12 Hotel Miramare
15 Riki

■ **Essen und Trinken**
4 Rest. Plava Terasa
7 Pizzeria Dundo
8 Pizzeria Victoria
12 Restaurant Miramare
13 Konoba Vijon

Ribarska obala
Primorska cesta
Ul. Kreja Tomislava
Ul. Draga
Placa Kala
Put Postana
Ul. Nikole Jurievica
Marien-Pfarrkirche
WLAN-Hotspot
Put Postana
Ul. Nikole Jurievica
Markt
0 ▬▬ 100 m

4

Essen und Trinken

■ Einfach und günstig speist man in der **Pizzeria Dundo,** Tel. 051-846616, Ribarska Obala 29, oder in der **Pizzeria Victoria** am linken Hafenbeckenende (Ribarska Obala 49, Tel. 051-859222): Pizzaschnitten (10–15 K), Pizza (ab 45 K) sowie Pasta und Miesmuscheln; sehr gut sind im Victoria die Fischplatte mit Kalamar, Thunfisch und Seehecht sowie das mexikanische Rumpsteak.

■ Sehr nett liegt das **Restaurant Plava Terasa** („Blaue Terrasse", mittlere bis gehobene Kategorie, Tel. 051-846012, Mai bis September tgl. 9–1 Uhr), das seinem Namen gerecht wird: Die atriumähnliche Konoba scheint fast mit dem Meer zu verschmelzen.

■ Die **Konoba Vijon** (Ribarska Obala, 50 m neben der Post; Tel. 051-846842) serviert Frühstück ab 35 K, als Vorspeise sind die Sardellen, als Hauptspeise die gemischten Grillplatten mit Salzkartoffeln (für 2 Personen ca. 30 €) sowie die Scampi vom Rost sehr zu empfehlen.

Aktivitäten

■ **Ausflugsanbieter** finden sich an der Promenade – sehr beliebt ist das „Fischpicknick" ab etwa 30 €, daneben werden Touren nach Rab, Delfinbeobachtung oder Fahrten mit dem Glasbodenboot angeboten.

■ **Riki Scooter- und Radverleih,** Kralja Tomislava 57, Tel. 051-846412, www.riki.hr. Scooter ab 210–300 K/Tag, Räder/Mountainbikes 75 K/Tag; auch Kinderräder mit Stützen sind zu haben.

Nützliches

■ **Apotheke** (Mo bis Fr 8–20 Uhr, Sa 8–14 Uhr, So 8–12 Uhr), **Bank** (Riječka Banka, 8–12 und 19–21 Uhr) und **Post** (Mo bis Fr 7–21 Uhr, Sa 7–12 Uhr)

liegen direkt an der Promenade neben der Touristeninformation (Ribarska Obala).

■ **Telefonzellen** stehen vor der Post, hier auch WLAN-Hotspot.

■ **Taxistand** vor der Post, mobil 098-258995.

■ **Parkplatz** vor der Post (Automat).

■ Hinter der Post und dem Miramare-Hotel verläuft die kleine **Fußgängerstraße Placa Kala** mit zwei Minimärkten, dem Obst-/Gemüseladen Sabine, Zeitschriftenkiosk und der Bäckerei Barba Toni.

■ Eine **Metzgerei** liegt in der Ulica Od Vojak Draga/Ecke Primorska (Zufahrtsstraße zum Ufer und Hotel Jadran).

Malinska

Anfang der 1970er Jahre entstand das **sozialistische Urlaubsparadies Haludovo** als Paradestück und Devisenmagnet. Hotel neben Hotel, Sportanlagen, Park, Promenaden und Wanderwege verteilen sich auf dem Areal, das traditionell von Pauschalreisenden angefahren wird. Entlang des ausgedehnten **Uferweges Rajska Cesta** lässt sich einiges entdecken, z.B. einsame, winzige Buchten oder der interessante Stadtmarkt. Unter dem Strich ist Malinska als Standort für alle zu empfehlen, die ein etwas gehobeneres Ambiente bevorzugen und Inselausflüge unternehmen wollen.

▷ Malinska

4

Praktische Tipps

Info und Agenturen

■ **Touristeninformation,** Obala 46, Tel. 051-859207, www.tz-malinska.hr, Mo bis Fr 9–13 und 17–20 Uhr, im Sommer 8–20 Uhr.

Unterkunft (Ferienwohnungen, Zimmer) vermitteln die **Agenturen** an der Promenade:
■ **Atlas,** Tel. 051-859490, www.atlas-malinska.hr, Ul. Lina Bolmarčića 32a bei der Bushaltestelle. Arbeitet auch mit Aquavision am Hafenbecken (neben dem Adria-Hotel) zusammen.
■ **Olivari,** Dubašljanska 111, Tel. 051-859990, www.aprtments-krk.com. Olivari ist eine Allround-Reiseagentur mit eigenem Fuhrpark (auch Rundreisen im Angebot) und für Flugreisende interessanten Aktionen wie kostenlosem Transfer bei Unterkunftsbuchung bis zu einem bestimmten Stichtag.
■ **Apolinar,** Dubašljanska 71, schräg gegenüber von Bushaltestelle und Tankstelle, Tel. 051-869011, www.apolinar.hr.

Malinska

Put Haludova

Joakima

■ **Übernachtung**
1 Apt. Lavande
7 Hotel Adria
12 Hotel Malin
13 Camping Draga
14 Minicamps

■ **Essen und Trinken**
5 Pizzeria Matteo
6 Gostionica Rupa
9 Pizzeria Mia

Unterkunft

■ **Malin**③, Kralja Tomislava 23, Tel. 051-850234, www.hotelmalin.com. Hotel und Aparthotel, vermietet werden DZ und 4er-Apartments. Sauna, kein Pool.
■ Absolut zentral direkt am Hafenbecken liegt das einfache **Hotel Adria**③, Tel. 051-859311, www.hotel-adria.com.hr, welches 255–510 K für EZ und 440–810 K für das pensionsähnliche DZ inkl. Frühstück nimmt.
■ **Lavande**③, Apartmentsiedlung, Put Haludova 3, Tel. 051-655888, www.apartments-lavande.hr. Etwas zurückgesetzte Reihenbungalows und recht klein, aber überwiegend Meerblick.

Camping

Drei Minicamps säumen die Buchten um Malinska:
■ **Draga,** Palih boraca 4, Tel. 051-859905, www.campdraga.com; hier können auch zwei Ferienwohnungen② (2–4 Personen) angemietet werden.
■ **Marica Kosić,** Tel. 051-859113, hübsches privates Minicamp.
■ **Kranjec Nevenka/Stašic,** Tel./Fax 051-858173.

Essen und Trinken

■ Empfehlenswertestes Lokal ist die **Gostionica Rupa** am Südende der Promenade mit köstlichen Fischgerichten (L. Bolmarića 27, Tel. 051-259218, Winter geschl.).

4

0 ▬▬▬▬▬▬▬▬▬▬ 100 m © REISE KNOW-HOW 2015
Kvarner04

Sportplätze

Krk

**Einkaufen/
Sonstiges**
2 Supermarkt
3 Agentur Apolinar,
 Supermarkt Konzum
4 Minimarkt
8 Agentur Olivari
9 Metzgerei
10 Agentur Atlas

MEIN TIPP: Tipp im mittleren Preissegment: Mexikanische Küche, heimische Fleisch- und Fischgerichte bietet in rustikalem Ambiente die **Pizzeria Matteo** in der J. Tončića 7, etwas rückwärtig vom Hafenbecken in einer Parallelstraße mit schöner Veranda. Tel. 051-858150, tgl. 12–24 Uhr.

■ **Pizzeria Mia,** Obala 26, Tel. 051-858433, am Hafenbecken. Gute und günstige Pizzen nebst Lieferservice.

Einkaufen

■ **Bäckerei Ilierija,** Obala (am Hafenbecken).
■ **Metzgerei** (tgl. 8–16 Uhr, So 7–11 Uhr), Obala (neben der Pizzeria Mia).

■ **Konzum-Supermarkt,** Dubašljanska 111 (tgl. 8–20 Uhr), von der Nordabfahrt kommend kurz vor dem Zentrum.

■ **Markt** (Trgovina Krk): Absolut zentral wurde an der Durchgangsstraße der städtische Markt eingerichtet, teilweise außen und innerhalb des zweistöckigen Gebäudes.

■ Zwei **Fischgeschäfte** (tgl. 7–12 Uhr) sowie Obst- und Gemüsestände und die kleine **Vinothek Žlahtina** (Wein vom Fass, tgl. 7.30–20 Uhr, So bis 13 Uhr) liegen parkplatzseitig hinter dem kleinen Marktzentrum. Innen findet man einige **Souvenirhändler, Fachgeschäfte** und **Boutiquen.**

Aktivitäten

■ **Tauchen: Branko i Etične,** Brzac 33, Tel./Fax 051-844744, www.correct-diving.com. Bieten neben Tauchfahrten und Kursen auch Kajak und Bogenschießen an.

■ An den Badeabschnitten werden **Kajaks** vermietet: 70 K/Std. bzw. 350–400 K/Tag; **Boote** ab 200 K/Std.

Nützliches

■ An der Promenade Obala/Ecke M. Radića liegt die **Post,** geöffnet Mo bis Fr 7–19 Uhr, Sa 7.30–14 Uhr. Bei der Post finden sich auch **Telefonzellen.**

■ Größerer **Parkplatz** an der Bushaltestelle (wo die Durchfahrtsstraße Dubašljanska fast bis an das Hafenbecken führt), Tagesticket 25 K (Automat).

■ Mehrere **Geldautomaten** an der Promenade Obala.

Porat

Die Bucht westlich von Malinska ist ebenfalls besiedelt, aufgrund der weniger guten Bademöglichkeiten jedoch längst nicht so (touristisch) intensiv wie bei Malinska selbst. Folgt man der Beschilderung Richtung Porat, passiert man die heute mehr oder weniger mit Malinska zusammengewachsenen Orte Zidarići und Vantačići und erreicht am Ende der Fahrstraße Porat, das **abgeschieden und ruhig** liegt (Sackgasse). Der winzige Ortskern liegt am kleinen **Hafenbecken;** man achte auf einen hohlen Baum am rechten Fahrbahnrand – hier auch Parkmöglichkeit für das Klos-ter. In den letzten Jahren gab es eine erhebliche Ausweitung der Infrastruktur insbesondere im Apartment-/Pensionsbereich.

Sehenswertes

Magdalenenkloster

Hauptsehenswürdigkeit der gesamten Bucht von Malinska ist das **Samostan Sv Marije Magdalene u Portu** (Magdalenenkloster von Porat). Die Klosteranlage wurde schon 1480 als Schaffensort von Franziskanermönchen amtlich dokumentiert, als die Anlage an der Stelle einer zerfallenen früheren Kapelle genehmigt worden war. Mit Fertigstellung der spätgotischen Klosterkirche wurde die Innenausgestaltung vorgenommen, wobei die venezianischen Sakralkünstler *Francesco* und *Girolamo da Santacroce* für den sechsteiligen Polyptichon am Hauptaltar verantwortlich zeichneten. Im Keller steht eine **Original-Ölmühle aus dem Jahr 1850,** als im Kloster die Ernte der gesamten Region verarbeitet wurde. Der Innenhof des Außenbereichs wurde als Lapidarium gestaltet und beherbergt zahlreiche steinerne glagolitische Inschriften, alles Kopien der ältesten erhaltenen kroatischen Schriftstücke.

Direkt gegenüber vom Kloster leben noch heute einige **Nonnen der barmherzigen Schwestern von Heiligkreuz,** die nicht nur soziale Dienste übernehmen, sondern sich auch um den Erhalt des Klosters kümmern. Das Kloster wird früh geöffnet (ca. 7 Uhr) und etwa „gegen Sonnenuntergang" wieder geschlossen (Eintritt frei).

Insel Krk

Praktische Tipps

Unterkunft

Zimmer und Ferienwohnungen in Porat werden über die **Agenturen in Malinska** vermittelt – noch gibt es keine Agentur in Porat selbst.

● **Pansion Cvelić**②, Porat 13 (am kleinen Hafen), Tel. 051-867052, pansioncvelic@porat-krk.com. Studios und Apartments.

● Sehr günstig kommt man in den **Apartments**① **der Familie Dujmović** unter, allerdings nicht direkt am Ufer. Porat 50, Tel. 051-867065, idujmovic.porat50@gmail.com. Die beiden genannten Direktanbieter sind auch online unter www.porat-krk.com vertreten.

● Schön und ufernah wohnt man in der **Villa Margaret**② (Porat 25, zwischen Kneipen und Kloster, Tel. 051-867023, www.villa-margaret.com) in insgesamt 14 stilvollen DZ oder Dreibettzimmern. Eigener Strandbereich und frische Fischgerichte (eigener Kutter).

● Einzige Hotelunterkunft ist am Westrand der Bucht das **Hotel Pinia-Porat**③, Tel. 051-866333, www.hotel-pinia.hr. Halbpension, Sauna, Wellness und Hallenbad.

Essen und Trinken

● Am kleinen Fischerhafen kümmern sich die **Restaurants Piccola Venecia**, Tel. 051-867062, tgl. 12–23 Uhr, italienisch-kroatische Küche, und **Konoba Porat**, Tel. 051-867046, tgl. 9–23 Uhr, gutbürgerliche Hausmannskost, um das leibliche Wohl ihrer Gäste.

Nützliches

● **Telefonzellen** und ein **Minimarkt** (tgl. 7–15 Uhr) liegen ebenfalls im kleinen Zentrum am Hafenbecken.

Milohnići

MEIN TIPP: Anstatt von Malinska direkt nach Krk-Stadt zu fahren, bietet sich ein kleiner **Umweg über Glavotok am Westkap** der Insel an. Nur sehr wenige Besucher machen sich auf den Weg, die engen, mauergesäumten Sträßchen, vorbei an Olivenhainen und Feigenbäumen, zu erkunden. Schade, denn dieser Teil liegt etwas abseits und dürfte der vielleicht **ruhigste und idyllischste Abschnitt der Insel** sein.

Es gibt zwei Anfahrtsmöglichkeiten: Richtung Cres-Fähre und an der Kreuzung (links Vrh/Krk, rechts Glavotok) der Hauptroute folgend oder – etwas abenteuerlicher – vier Kilometer vorher bei Bajčići links bis Poljica und dort auf der Waldpiste (befahrbar) bis Milohnići.

Wanderung von Milohnići zur Kapelle Sv Krševan

MEIN TIPP: Im Dörfchen Milohnići wende man sich an der zentralen kleinen Kreuzung (von Linardići kommend rechts) Richtung Poljica; nach wenigen Metern zweigt ein beschilderter Wanderweg zur Seekapelle Sv Krševan ab. Der Pfad führt erst asphaltiert, dann als Piste bis zu einem Gatter (500 m davor Parkmöglichkeit); dahinter 30 m links dem Wirtschaftsweg (Schild) dann 30 Minuten dem Pfad durch ein einsames Waldstück und über ein Ziegengatter hinweg folgen bis zu einer kleinen Gabelung (Steinzeichen): Rechts geht es in zwei Minuten zum malerischen, absolut **einsamen Ufer,** links in einer Minute zur Ruine der Kapelle Sv Krševan – ein echter Tipp!

4

Fährpier Valbiska

Zurück Richtung Krk-Stadt an der Kreuzung führt die rechte Straße drei Kilometer hinunter durch einsame Landschaft zum Fährpier Valbiska, wo die **Fähren nach Merag/Cres** (12x tgl. 5.45–24 Uhr) ablegen, mit Tankstelle und Snackbar.

Praktische Tipps

Info und Agenturen

■ Die kleine **Touristeninformation** gegenüber vom Minimarkt (Hinterhof, Treppe hinauf) hat sehr gute Wanderkarten (nur April bis Okt., Mo bis Fr 8–14 Uhr, Sa 8–13 Uhr, So geschlossen, Tel. 051-220226).

■ **Agentur Molnar-Gabor Tourist,** Milohnići bb (Ortsrand Richtung Brzac), Tel. 051-880186, www.krktourist.com; Ferienwohnungen und Zimmer vor Ort und auf ganz Krk.

Unterkunft

■ Im **Nachbardorf Brzac** kann man in den **FeWo Rusin**①, mobil 091-5360405, angeboten z.B. über www.krktourist.com/de/apartmanok, entweder im 2er-Apartment oder in der großen Wohnung für max. 6 Personen unterkommen. Beide Einheiten mit a/c, Grill, Terrasse, Parkplatz – uriges, traditionelles, allein stehendes Steinhaus! Nach Hr. Cimerman fragen.

■ Die **Tauchbasis Correct-Diving** bietet ebenfalls Unterkunft an (s.u.).

▽ Der Olivenhain des Klosters von Glavotok

063kb wl

Insel Krk

Aktivitäten

■ **Tauchen:** Correct-Diving, Brzac 33, Tel./Fax 051-869289, www.correct-diving.com. Verschiedene Kurse, Tauchpension Gaspar im Ort, Vermittlung weiterer Unterkünfte und Campingplätze usw.

■ Im Ortsteil Linardići (Richtung Krk linker Hand an der Durchgangsstraße) bietet die britische Firma **Adriatic Adventures** (Tel. 0044-20-85662449, www.adriaticadventu res.com) unter dem sympathischen Motto „responsible tourism" u.a. organisierte Tauchgänge, Surfkurse, Mountainbike-Touren, Wanderungen, Kajaktouren usw. als Pauschaltour an. Hier auch Moped- und Quadverleih.

Nützliches

■ An der Dorfkreuzung in Milohnići Richtung Klosterbucht/Camping folgt rechter Hand ein **Minimarkt** (tgl. 7–21 Uhr, So bis 13 Uhr). **Geldwechsel** im Minimarkt möglich, davor auch **Telefonzellen.**

■ Etwas außerhalb, an der Ortskreuzung nach rechts Richtung Sv. Krševan, liegt die **Konoba Pod Prevolt,** in der ordentliches Essen aufgetischt wird, Milohnići 16, Tel. 051-862149.

Glavotok

Von Brzac sind es noch etwa zwei Kilometer bis Glavotok; an einer Straßengabelung fährt man rechts zum Camp und links hinunter zum Weiler Glavotok. In dem zehn Häuser umfassenden idyllischen **Fischerdörfchen** direkt am Ufer dominiert ein **Franziskanerkloster** die kleine Bucht: 1507 entstand die einschiffige Kirche Sv Maria mit gotischem Chor, die Seitenkapellen folgten 1760. Die Altarbilder im Inneren stammen

von *Girolamo da Santacroce,* der auch im Kloster von Porat gearbeitet hat. An der Außenfassade ist eine interessante Sonnenuhr mit glagolitischer Schrift angebracht. Im Jahr 1879 war der Wellengang so hoch, dass die Anlage einige Meter weiter ins Landesinnere verlegt werden musste. Wegen zahlreicher Piratenüberfälle ummauerte man das Anwesen und verstärkte die Portale mit Eisentoren.

In der Hauptsaison ist ein **Kiosk** an dem kleinen Parkplatz beim Kloster geöffnet (Eis, kühle Getränke, Snacks wie Hotdog, Cheeseburger oder Čevapi).

Wer dem Trubel der Touristenorte einmal entgehen möchte, wird Glavotok lieben! Toll für **Schnorchler,** sogar an der alten Anlegestelle! Nahe der Straßengabelung Richtung Camp oberhalb von Glavotok führt nach links ein **Fußpfad** ab; er verläuft direkt und ufernah bis zum Camp (ca. 15 Minuten). Man achte dabei auf eine befestigte kleine Plattform am Ufer – hier kann man sehr schön schnorcheln.

Praktische Tipps

Camping

■ Sehr beliebt ist das einsame, abgelegene **AC Glavotok**②, Tel. 051-862117, www.kamp-glavo tok.hr. Mit Laden, Restaurant, Boots-Slip; maximal 250 Plätze.

■ Falls Glavotok voll sein sollte, man aber dennoch an der Südküste campen möchte: In einer Nachbarbucht vom Fährpier Valbiska liegen – sehr einsam und idyllisch – die Minicampingplätze **AC Amar**②, Njivine 8 im Weiler Pinezići, Tel. 051-863029, für 30 Personen, und das bessere **AC Marta**③, Skrpčići 29, Tel. 051-863126, ebenfalls für rund 30 Personen; beide 1.5.–30.9. geöffnet.

4

Krk-Stadt

Von Glavotok oder Malinska kommend, durchquert man bei der Fahrt zur Inselhauptstadt größere Mais- und Weinfelder, wobei die insgesamt empfehlenswertere **Route über den Ort Vrh** führt (Nebenstrecke).

Das **römische Munizipium Curicum** war traditionell kultureller, wirtschaftlicher und verkehrstechnischer Schnittpunkt der Insel. Überfälle und Zerstörungen führten zu wehrhaften Verstärkungen der Altstadt, deren **bastionsartige Wälle** sehr gut erhalten sind und das Stadtbild prägen. Die Stadt Krk (ca. 6500 Einwohner) bemüht sich sichtlich, das historische Erbe zu bewahren (viersprachige Hinweisschilder), ohne dabei übertriebenen Prunk herauszukehren – die Gebäude der Altstadt geben einen außerordentlich gelungenen Eindruck einer **mittelalterlichen Frankopanenstadt.**

Sehenswertes

Ummauerte Altstadt und Kastell

Vom Kreisel/Parkplatz westlich der Altstadt am Hafen achte man linker Hand auf einen ehemaligen Waschplatz **Krušija,** der am Austritt eines unterirdischen Bachlaufes lag (Hinweisschild). Die **Uferpromenade,** gesäumt von Souvenirhändlern, führt zur eigentlichen, vom 12. bis 15. Jahrhundert allmählich von Frankopanen und Venezianern aufgebauten und ummauerten Altstadt, die man von der großen Anlegestelle aus

durch das **Kleine Stadttor** (Mala Vrata, 1398) betritt. Der Mahvica-Gasse nach rechts folgend, passiert man den ehemaligen **Gerichtssaal** (Sudnica, 1191) und das **Frankopanenkastell** (Kaštel, 1407) am Trg Kamplin, beide sehr beeindruckend (mobil 098-726884, Eintritt 10 K; wird bis Frühjahr 2015 restauriert und ist bis dahin nicht zugänglich).

Kathedrale

Bedeutendstes Bauwerk von Krk-Stadt ist die dreischiffige **Marienbasilika** mit Zwiebelturm, um 1150 errichtet auf den Relikten römischer Thermen aus dem 6. Jahrhundert. Das linke Seitenschiff birgt eine frankopanische Kapelle aus dem 15. Jahrhundert, der Hauptaltar eine ebenfalls frankopanische silberne Madonnenfigurine sowie ein Altarbild der Bestattung Christi von *G. Pordenone* (frühes 16. Jh.). Eine der tragenden Säulen zeigt Fisch fressende Vögel, die ein Symbol für das heilige Abendmahl darstellen sollen.

Direkt angebunden sind die „gruftige" romanische **Kirche Sv Kvirin** aus dem 10. Jahrhundert, der **Glockenturm** aus dem 16. Jahrhundert sowie der **erzbischöfliche Palast** mit einer interessanten Sammlung venezianisch-italienischer Gemälde.

■ **Öffnungszeiten:** tgl. 9–12 Uhr; der Kathedralenkomplex kann nur als „Komplettpaket" zum Preis von 15 K besichtigt werden, Tickets im Turm.

▷ Am Seetor von Krk-Stadt

Vela Placa

Durch die von Juwelieren und Boutiquen beherrschte Strossmeyera kommt man durch das **Haupttor** (Magna Porta Civitatis, 1493) zum prachtvollen **Zentralplatz** Vela Placa mit Cafés und Verwaltungsgebäuden. Von hier führt das **Seetor** (Kula Na Obali, 1470) wieder auf die Promenade.

Klöster

Es lohnt ein Spaziergang vom Vela Placa aus die Ulica J. Križnica hinauf zum Trg Krckih Glagoljaša, um von dort einen Blick auf das Nordtor (12. Jh.) und die Klöster Franjevački Samostan und Benediktinski Samostan zu werfen. Der Platz wird wegen seiner besonderen Konzentration traditionsreicher Sakralbauten bei Einheimischen auch (etwas spöttisch) „Kleiner Vatikan" genannt.

Das **Franziskanerkloster** entstand um 1277 als Teil der nördlichen Stadtmauer und wurde bis ins 20. Jahrhundert ständig erweitert und renoviert. Kunstfreunde werden das Werk „Madonna mit Kind" des Renaissancemalers *Vittoreo Carpaccio* in der Klosterkapelle zu schätzen wissen. Die Entstehungsgeschichte des **Benediktinerinnenklosters** reicht bis ins 13. Jahrhundert zurück, wobei zunächst nur ein Klosterteil bei der Konventskirche gebaut wurde und weite Teile der Gesamtanlage erst im 19. Jahrhundert hinzukamen, als von 1803 bis 1906 eine Grundschule auf dem Gelände von den Nonnen betrieben wurde. Die Konventskirche stammt aus dem 14. Jahrhundert und wurde später vom Kvarner Sakralbaumeister Sebastijan Petrucci aus Rijeka ausgestaltet.

Schließlich steht am Trg Krčkih Glagoljaša die **Kirche Majka Božja od zdravlja** (Muttergottes der Gesundheit) aus dem 11. Jahrhundert, die ursprünglich zum Benediktinerinnenkonvent gehörte und dem Hl. Michael geweiht war. Später wurde die Kirche abgegliedert und erhielt während einer Cholera-Epidemie im 19. Jahrhundert ihre heutige Bezeichnung.

268kro wl

Praktische Tipps

An und Weiterreise

■ Hinter der Ortseinfahrt folgt ein Kreisverkehr an der Bucht – hier kann man gegenüber vom Supermarkt beim Busplatz gut **parken**, die Altstadt kann bequem zu Fuß erkundet werden.

■ **Busse:** Der Busplatz von Krk in der Ul. Linardića hinter dem zentralen Kreisverkehr ist der Ausgangspunkt der Busverbindungen zu allen Inselorten. Es besteht Verbindung zu den Ortschaften Baška, Omišalj, Njivice, Malinska, Stara Baška, Vrbnik, Klimno

und Brzac/Glavotok sowie nach Rijeka oder Zagreb auf dem Festland (siehe Kapitelanfang), Infotel. 060-300101.

Info und Agenturen

■ **Touristeninformation,** Vela Placa 1, Tel./Fax 051-221414, www.tz-krk.hr, Sa/So 8–13 Uhr, sonst 8–15 Uhr.

Organisierte Ausflüge, Privatzimmer und wunderhübsche Ferienwohnungen (sehr individuell) vermit-

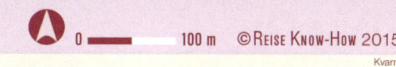

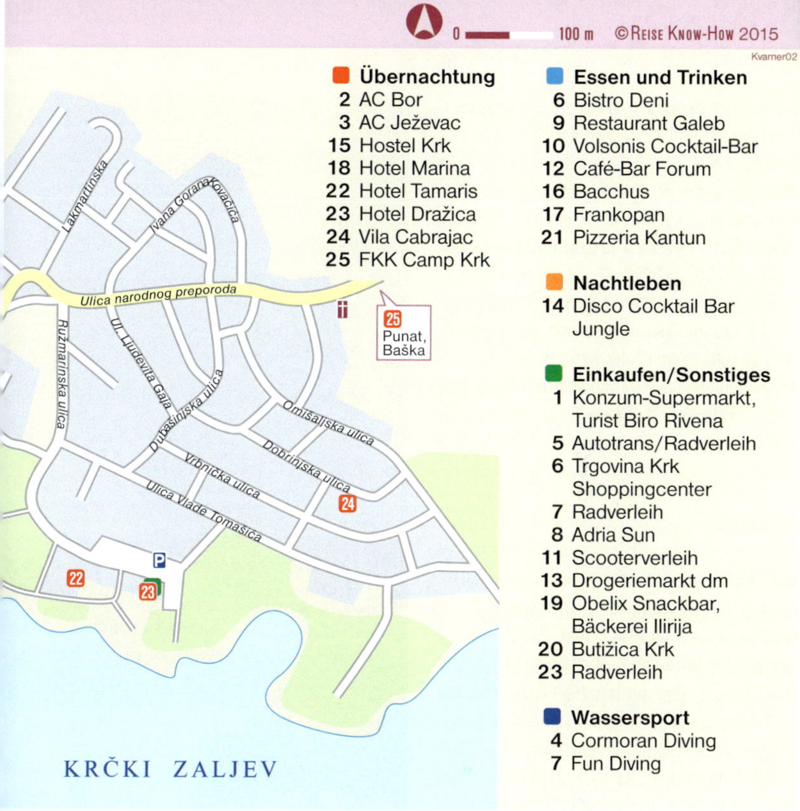
0 100 m ©Reise Know-How 2015
Kvarner02
Übernachtung
2 AC Bor
3 AC Ježevac
15 Hostel Krk
18 Hotel Marina
22 Hotel Tamaris
23 Hotel Dražica
24 Vila Cabrajac
25 FKK Camp Krk
Essen und Trinken
6 Bistro Deni
9 Restaurant Galeb
10 Volsonis Cocktail-Bar
12 Café-Bar Forum
16 Bacchus
17 Frankopan
21 Pizzeria Kantun
Nachtleben
14 Disco Cocktail Bar Jungle
Einkaufen/Sonstiges
1 Konzum-Supermarkt, Turist Biro Rivena
5 Autotrans/Radverleih
6 Trgovina Krk Shoppingcenter
7 Radverleih
8 Adria Sun
11 Scooterverleih
13 Drogeriemarkt dm
19 Obelix Snackbar, Bäckerei Ilirija
20 Butižica Krk
23 Radverleih
Wassersport
4 Cormoran Diving
7 Fun Diving
Lakmartinska
Ivana Gorana Kovačića
Ulica narodnog preporoda
25 Punat, Baška
Ružmarinska ulica
Ul. Ljudevita Gaja
Dubašnjska ulica
Omišaljska ulica
Dobrinjska ulica
Vrbnička ulica
Ulica Vlade Tomašića
24
P
22
23
KRČKI ZALJEV

teln die **Agenturen;** viele finden sich an der Promenade, z.B.:

- **Adria Sun,** Šetalište Sv Bernardina bb (Uferpromenade nahe Busbahnhof), Tel. 051-880333, www.adriasun.hr.
- **Autotrans,** am Busbahnhof (Šetalište Svetog Bernardina 3), Tel. 060-222661, www.autotrans.hr, hauptsächlich Bustransport, hier auch Fahrräder, Zimmer.
- Beim Konzum-Supermarkt an der Ausfallstraße nach Brzac liegt die Agentur **Turist Biro Rivena,** Tel. 051-221120, www.turistbiro-krk.com. FeWos, Ausflüge, Bootsverleih.

Unterkunft

- In der Dinka Vitezića 23 in der Nähe der Kathedrale dürften die meisten Backpacker landen: Das **Hostel Krk**①, Tel. 051-220212 und 220320, www.hostel-krk.hr, hat günstige Zimmer (2er bis 6er) zu 16–21 € mit Frühstück pro Person.
- Im Zentrum selbst, Promenade Hrvatske Mornarice 6, gibt es nur das **Hotel Marina**③, Tel. 051-221128, www.hotelmarina.hr. Die günstigste und zentralste Hotelunterkunft direkt am Ufer.
- In der Nachbarbucht liegt das **Hotel Tamaris**③, Tel. 051-221022, www.hotelikrk.com, nebst

Dependance **Dražica**③ (gleiche Tel./Homepage). Management und Preise sind dort dieselben wie beim Marina.

■ Privatunterkunft und Apartments arrangiert man über eine Agentur (s.o.); ein unabhängiger Direktanbieter wäre die **Vila Cabrajac**② in der Dobrinjska 18, Tel. 051-222047, www.apartmanikrk-cabrajac.hr, mit drei Wohnungen für 3 bis 8 Personen. Für Kleingruppen gut geeignet, aber ein gutes Stück zu Fuß außerhalb der Ortsmitte.

■ Privatunterkunft in DZ und Apartments bietet in der nahe gelegenen Bucht von Punat z.B. die Tauchschule **Divesport** (s.u.: Punat).

Camping

■ **AC Bor**②, Tel. 051-221581, www.camp-bor.hr, westlich der Stadt (nicht direkt am Wasser).

■ **AC Ježevac**③, Tel. 051-221081, www.camping-adriatic.com. Besser als Camp Bor und in Gehnähe zum Zentrum, aber mit fast 750 Plätzen für über 2000 Personen unpersönlicher. Animation, Sportangebot, WLAN inklusive, Mobilheime.

■ **FKK Camp Krk**③, Tel. 051-221351, www.camping-adriatic.com, am östlichen Ortsausgang Richtung Punat (an der Tankstelle rechts, beschildert). Umfassend renoviert und erweitert, z.B. auch Mobilheime, Bootsslip, Kinderbetreuung usw.

Essen und Trinken

■ Das **Bistro Deni** am Trgovina-Krk-Einkaufszentrum (Tel. 051-221503) hat Kleinigkeiten und Snacks im Angebot; weitere einfache Bistros und Pizzerien liegen an der Promenade und am Jelačić Trg.

■ Die **Café-Bar Forum**, Vela Placa 1, Tel. 051-222739, eignet sich vorzüglich, um das geschäftige Treiben am traditionsreichen Hauptplatz von Krk-Stadt bei einem kühlen Getränk oder einem Kaffee zu beobachten.

■ In der **Pizzeria Kantun**, Tel. 051-222979, am Ostende der Strossmeyera/Ecke Stepinća sitzt man nicht nur sehr angenehm, es gibt weit mehr als nur Pizza, etwa slawonische Kulen, eine Grillplatte oder riesige Fischplatten.

■ Das **Bacchus** Strossmeyera 3, Tel. 051-222002, inmitten der Altstadtgassen hat einen für Weinfreunde verlockenden Namen, Chef *Branko* legt

064kb wl

aber Wert darauf, dass außer den flüssigen auch die festen Verköstigungen hohen Ansprüchen genügen.

■ Im **Frankopan** an der Kathedrale (Trg Sv Kvirina, Tel. 051-221437, tgl. 11–23 Uhr, 1.11.–20.12. geschl.) speist man sehr gediegen, auch wenn es als

⌃ Der markante Turm der Kathedrale in der Altstadt

„Restaurant-Pizzeria" firmiert; Spezialität: Gerichte mit fangfrischem Fisch.

■ Sehr gut isst man auch im **Restaurant Galeb** direkt an der Uferpromenade; neben einer reichhaltigen Auswahl an Cocktails wird nationale und internationale Küche geboten. Angenehmes Ambiente, aber nicht ganz billig. Obala hrvatske mornarice 3, Tel. 051-221261, April bis Okt. tgl. 8–23 Uhr.

4

Nachtleben

■ Abends flaniert man durch die Altstadt oder geht in die **Disco Cocktail Bar Jungle,** S. Radića, mobil 091-3271221, Mai–Sept. tgl. ab 20.30 Uhr, an Wochenenden bis 5 Uhr.

■ Eine nette Café-Bar mit Spätabendbetrieb liegt mit der **Volsonis Cocktail-Bar** zentral an der Vela Placa 8; Tel. 051-880249, tgl. 7–2 Uhr.

Einkaufen

■ Vom Vela Placa kommend wenige Meter die Strossmeyera hinein, bietet eine **Metzgerei** linker Hand u.a. frische Grillhähnchen.

■ **Bäckereien** (z.B. Ilirija Krk) und **Snacks** auf die Hand (z.B. Obelix Snackbar, Tel. 051-604248) findet man zahlreich entlang der Strossmeyera in der Altstadt.

■ Sowohl diverse lokale Schinken- und Käsespezialitäten als auch Schnäpse und Weine bietet die **Butižica Krk** in der Frankopanska/Ecke Strossmeyera; hier auch sonstige Souvenirs (Honig usw.).

■ Am Kreisverkehr vor der Altstadt liegt das kleine **Einkaufszentrum Trgovina Krk** mit Supermarkt, Bäckerei, Fischgeschäft (rechts um die Ecke) und Geldautomat.

■ Größer und besser ist der **Konzum-Supermarkt** an der Umgehungsstraße/Kreuzung Richtung Vrh (tgl. 7–20 Uhr, So bis 13 Uhr); nimmt alle Plastik-Pfandflaschen an.

■ **Drogeriemarkt dm** in der S. Radića.

Aktivitäten

■ **Bademöglichkeiten** bestehen an der Landzunge zwischen Marina und Campinganlagen sowie beim Hotel Dražica (Surfen, Tennis, Bootsverleih).

■ **Bootsausflüge** aller Art arrangieren die Agenturen (s.o.), sie können aber auch direkt an der Promenade bei den zahllosen Anbietern direkt gebucht

werden; z.B. Rundfahrten (ca. 20 €), Fischpicknick (etwa 35–40 €) oder Ausflüge zur Insel Košljun.

■ **Tauchbasen: Fun Diving,** Braće Juras 3, Tel. 051-222563, www.fundivingkrk.de (auch Unterkünfte, Scooter, Räder), und **Rainer & Garvens Cormoran Diving,** Lukobran 10, Tel. 051-220141.

Eine sehr beliebte und bekannte Basis liegt direkt an der Gabelung Richtung Baška/Punat in der Bucht von Punat: **Divesport** (Tel. 051-867303, www.dive sport.de) bietet neben Tauchen auch preiswerte DZ und Apartments (s. Punat). In der Bucht kann man auch gut **baden** (Parkplätze, Snacklokale, Kinderrutschen).

■ **Radverleih:** Agentur Autotrans (Tel. 051-660375) und Hotel Dražica (Tel. 051-221022).

■ **Scooterverleih:** Rent-a-scooter, am Trg Bana Jelačića, mobil 098-643515, 45–50 €/Tag, und bei der Tauchschule Fun-Diving.

Nützliches

■ **Post:** am Trg Jelačića; Mo bis Fr 7–21 Uhr, Sa bis 12 Uhr.

■ **Bank/Geldautomat:** am Kreisverkehr; 8–14 und 15–20 Uhr, Sa bis 12 Uhr; Automaten auch in den Supermärkten.

■ **Hafenmeisterei** (Kapetania): Tel. 051-221380, **Marina:** Tel. 051-221221.

■ **Internet:** WLAN-Hotspot an der Promenade; Volsonis Cocktail-Bar und Krk-Hostel (für Gäste).

■ **Taxiruf:** Tel. 051-221456.

■ **Apotheke:** am Vela Placa.

> Strandbad am Plaža Punat
mit der Marina Punat im Hintergrund

4

Klosterinsel Košljun

Die kreisrunde Insel Košljun in der fast geschlossenen **Bucht von Punat** östlich von Krk-Stadt wirkt in ihrer natürlichen Schönheit geradezu pittoresk-surreal und lohnt jederzeit einen Ausflug. Einzig ein **einsames Kloster** thront erhaben auf dem gut 6400 m² großen Eiland, auf dem im 13. Jahrhundert Benediktinermönche eine Abtei errichteten, die im 15. Jahrhundert von den Franziskanern übernommen wurde. Sehenswert ist hier die **Marienkirche** mit dem mehrteiligen Altargemälde, auf dem auch Sv Kvirin, der Krker Schutzpatron (Stadt in Händen), verewigt wurde. Im angeschlossenen **Sakral- und Heimatmuseum** werden unersetzliche glagolitische Schriften sowie Utensilien und Trachten vergangener Jahrhunderte aufbewahrt. Beachtenswert ist ferner der Grabstein der letzten Frankopanenfürstin *Katarina* (gest. 1529).

Tagestouren inklusive Museumsbesuch werden für 350–400 K an der Promenade in Krk angeboten.

Punat

Im Südosten der Insel Krk liegen einige Abschnitte, die unterschiedlicher nicht sein könnten: das aktive, lebhafte und durch die Marina mondän wirkende Punat und auf der anderen Seite, getrennt durch einen Bergpass, das ruhige Stara Baška (s.u.).

Insel Krk

066kb wl

Der **zweitgrößte Ort** auf Krk (knapp 2000 Einwohner) wird wegen der in Kroatien seltenen und schönen **Sandstrände** sowie wegen der gigantischen 5-Sterne-Marina als **mondäner Ferienort** beworben. Offen gestanden: Wer nicht zur privilegierten Schicht gehört und im Besitz einer Yacht ist, dürfte sich hier kaum wohlfühlen. Das mag vielleicht etwas übertrieben sein, auf jeden Fall aber ist Punat fest in der Hand der **Segler,** der Durchschnittstourist wird sich (auf den ersten Blick) deplatziert vorkommen.

Praktische Tipps

Info und Agenturen

■ **Touristeninformation,** am Busplatz in der Pod topol (nur im Sommer 8–20 Uhr), Tel./Fax 051-854970, www.tzpunat.hr.

Übrigens werden hier auf Rechnungen nicht nur die Kurtaxe (meist 7 K pro Tag und Person), sondern auch eine **„Ekotaxe"** (Ökosteuer) in Höhe von 1 K pro Tag und Person aufgeschlagen. In anderen Regionen ist die Praxis einer Umweltabgabe (noch) nicht verbreitet.

■ Für Unterkünfte, Ausflüge und Aktivitäten aller Art wende man sich an die **Agentur Marina Tours,** Obala/Ecke Kljepina, Tel. 051-854375, www.marina-tours.hr, mit Filiale am Yachthafen, oder an die **Agentur More** (Tel. 051-855033, www.more-punat.hr); beide zentral an der kleinen Promenade.

Punat

0 ——— 200 m

Baška

Ulica Kralja Zvonimira

Starobaščanska

Augusta Cesarca

Rijeka, Krk, **Marina**

Augusta Cesarca

Pešćivica

Galerie Toš

Galija

Kolušin

Pionirska

Ulica Rudera

Boškovića

Sv. Trojice

Drena

Prgon

Jagonka

Ulica Kralja Zvonimira

Pod topol

Matije Gupca

17 travnja

Stari Kanao

 Veli Dvor

Ulica Klančić

Novi Dul

Ivana Gorana Kovačića

Ivana Gorana Kovačića

Frankopanska

Vinogradska

17 travnja

Obala

Ulica Kljepina

Obala

Šetalište Ivana

Brusica

WLAN-Hotspot

PUNATSKA DRAGA

Insel Košljun

■ Übernachtung

1 Camping Maslinik
2 Hotel Kanajt
16 Falkensteiner-Hotel Park
17 Hostel Halugice

19 Apt. Omorika
20 AC Pila
21 FKK-Camp Konobe

Unterkunft

■ Beliebt bei Seglern, da in der Nähe der Anlegestellen (Obala 94), ist das **Falkensteiner-Hotel Park**③, Tel. 051-854024, www.hoteli-punat.hr. Mehrere neuere Dependancen (Park II und Kvarner) in unmittelbarer Nähe. Etwas überteuert.

■ Das **Hotel Kanajt**④, Kanajt 5, Tel. 051-654340, www.kanajt.hr, liegt direkt bei der Marina und ist ein sehr ansprechendes Familienhotel.

■ In der Frankopanska liegen die **Apartments Omorika**③, Tel. 051-654500, www.omorika-punat.com, nicht gerade billig.

■ Das meist als „Jugendherberge" bezeichnete **Hostel Halugice**①, Novi Put 8, Tel. 051-854037, www.nazor.hr, liegt im Zentrum; geöffnet Mai bis Sept., Frühstück ist im Preis (120–130 K) inklusive.

■ Günstige **Zimmer und Ferienwohnungen** vermitteln auch die örtlichen Tauchschulen.

Camping

■ **AC Pila**③, Tel. 051-854122, www.hoteli-punat.hr. Platz für 2000 Menschen, etwas außerhalb im Süden mit breiter Badeplattform; WLAN-Hotspot.

■ **FKK Camp Konobe**③, Tel. 051-854049, www. hoteli-punat.hr, in fjordähnlicher Bucht am Ufer Richtung Stara Baška. Keine Pkw-Parkmöglichkeit in den Parzellen, einige Mobilheime können gemietet werden; WLAN-Hotspot.

■ An der Durchgangsstraße liegt der von der Marina betriebene kleine Platz **Maslinik**②, mobil 091-1654445, www.kamp-maslinik.hr.

Essen und Trinken

■ An der Ausfallstraße nach Stara Baška liegt linker Hand das sehr zu empfehlende **Restaurant Aurora** (Kralja Zvonimira 143, Tel. 051-855352), bekannt für gutbürgerliche Fleisch- und Fischgerichte.

■ Im **Restaurant Lanterna** (Ul. Kljepina, Tel. 051-654926) bekommt man neben Pizzen und Suppen auch zahlreiche vegetarische Gerichte.

■ Die **Pizzeria Ragusa** (Kljepina 8, Tel. 051-855010) hat von Mitte März bis Mitte Okt. täglich 12–24 Uhr (Winter 22 Uhr) geöffnet, neben Pizzen ist hier die mexikanische Küche (Tacos, Burritos, Fajitas usw.) zu moderaten Preisen hervorzuheben.

■ Die Käsespezialisten im **Restaurant Vele Vode** (Obala 29, Tel. 051-854109) bieten gemischte Käse-/Schinkenteller, Knoblauchcremesuppe und zahlreiche Fischkreationen (Haifischsteak oder Scampi vom Rost).

■ Ebenfalls sehr gut und ufernah speist man im **Restaurant Sidro** (Obala 18, Tel. 051-854235, tgl. 11–24 Uhr, im Winter bis 22 Uhr). Sehr zu empfehlen sind hier die Fischsuppe, Calamari Sidro mit Rohschinken und Reis, Gnocchi 4 Käse sowie hausgemachte Bratwürste mit Beilagen.

© REISE KNOW-HOW 2015
Kvarner06

■ Essen und Trinken
6　Sidro
7　Vele Vode
12　Pizzeria Ragusa
14　Lanterna
18　Aurora
22　Beach Bar

■ Einkaufen/Sonstiges
4　Minimarkt
8　Bäckerei Milo
9　Agentur Marina Tours
10　Bäckerei
11　Minimarkt
12　Metzgerei
13　Apotheke
15　Agentur More

■ Wassersport
3　Tauchbasis Divesport
5　Magic Dive Tauchertreff

Stara Baška

Krčka

Primorska

Jadranska

Rapska ulica

Buka

Batovo

Kožuljanska ulica

Buka

4

Einkaufen

◼ An der Durchfahrtsstraße liegt ein **„Cash & Car-ry"-Minimarkt,** ein weiterer in der Ul. Kljepina (tgl. 6.30–21 Uhr).

◼ Die **Bäckerei** in der Ul. Kljepina hat tgl. 6.30–13.30 Uhr geöffnet, So 7–13 Uhr, die **Bäckerei Milo** am Ufer (Obala bb) 6–24 Uhr.

◼ Eine **Metzgerei** liegt neben dem Restaurant Ragusa in der Ul. Kljepina.

◼ Kunstfreunde mögen sich vielleicht einmal in der kleinen **Galerie Toš** (Ul. Klančić) umsehen wollen, geöffnet wird nur auf Verlangen (klingeln).

Aktivitäten

◼ Entlang der Promenade gibt es mehrere **Bademöglichkeiten,** allerdings nicht unmittelbar im Ortszentrum selbst. Am schönsten ist es etwas außerhalb Richtung Krk am Plaža Punat. Von Krk-Stadt kommend, folgt nach der Abzweigung Richtung Punat ein größerer Strandabschnitt mit Restaurants, Tauchbasis und Wasserskilift.

◼ Die Tauchbasis **Divesport** (Tel. 051-867303, www.divesport.de) am Plaža Punat vermittelt auch preiswerte Unterkunft im Ortsteil Kornic nahe der Strandbucht: DZ 25–40 €, FeWo 30–60 € (2 Pers.) bzw. 55–96 €/Tag (6 Pers.).

◼ Schon fast als Einheimischer gilt *Erwin Kropp* mit seiner Basis **Tauchertreff Magic Dive** (Pasjak 1, Tel. 051-855120, www.tauchertreff-punat.de) mit Taucherpension (30 Zimmer) und Restaurant.

◼ Wenige hundert Meter außerhalb von Punat (Hauptstraße Richtung Stara Baška) liegt der gut beschilderte Ausgangspunkt für **Wanderungen** über den Veli Vrh (549 m) nach Jurandvor (12 km). In diesem sehr gut markierten Wandergebiet liegt der höchste Gipfel von Krk, der Obzova (569 m).

◼ **Pape,** Kljepina 30 (nahe Minimarkt/Apotheke), vermietet **Scooter** (Tel. 051-854163).

◼ **Bootscharter Punat,** Tel. 051-654170, www.mcp.hr.

Nützliches

◼ **Ambulanz, Apotheke, Bank, Post** (Mo bis Fr 7.30–18 Uhr, Sa bis 14 Uhr) und **Autoverleih** liegen direkt landseitig an der Promenade, eine weitere Bank und eine Apotheke auch in der Ul. Kljepina.

◼ **Marina,** Tel. 051-654111, www.marina-punat.hr, hier auch WLAN-Hotspot.

◼ Eine **Touristenbahn** (10 K) verkehrt im Sommer tagsüber zwischen Marina und AC Pila.

Stara Baška

Zehn Kilometer von Punat entfernt locken die **einsamen Kiesstände** von Stara Baška (Sackgasse). Die Gegend erinnert in ihrer rauen Unwirtlichkeit ab dem 238 m hohen **Svinsko-Pass** stark an das südöstliche Rab bzw. Pag. Kurz hinter dem Pass geht es steil abwärts; hier kann man rechts hinunter in die schöne **Badebucht Uvala Stara Baška** gehen (mit Kiosk, parken nur auf der anderen Straßenseite am Rand möglich).

Unten in der Bucht folgt dann noch einen Kilometer vor dem Ort das **Camp Škrila,** dann kommt Stara Baška, das sich die enge Straße entlangzieht und in den steilen Hang gebaut ist. Auch von hier aus bestehen **Wandermöglichkeiten:** auf den 549 m hohen Veli Vrh (an der Straße mehrfach beschildert) sowie über den Veli Hlam (482 m) und Batomalj nach Jurandvor sowie direkt nach Baška.

▷ Blick vom Straževnik-Pass auf die Badebucht bei Stara Baška

Unterkunft

■ In der Ortsmitte mit der kleinen Fußgängerzone zum Meer hinunter liegt die **Agentur Zala** (Tel. 051-844755), die für Unterkunfts- und Ausflugsarrangements in Anspruch genommen werden kann.

■ Zimmer bietet die **Pension Stanka**① (Stara Baška 1, Tel. 051-844654) am Ortseingang.

■ Ein Stückchen weiter die Straße in der Nummer 28 verfügt das Haus **Stara Baška**①, Tel. 051-844658, über DZ und Apartments.

■ In **Nr. 185**①, rechts der Hauptstraße, Tel. 051-844611, gibt es ebenfalls günstige DZ.

■ Am Ende der Straße etwas oberhalb liegt **Pension-Restaurant Nadia**②, Stara Baška 253, Tel. 051-844663, www.nadia.hr, mit Tauchbasis (www.bluedive-krk.com).

Camping

■ **AC Škrila**③, Tel. 051-844678, www.skrila.hr. 1 km vom Ort Stara Baška entfernter Campingplatz, 850 Personen haben Platz, Mobilheime, überwiegend unbewachsenes Gelände (kein Schatten!), direkte Meereslage, langer Kiesstrand.

Nützliches

■ Im Ort verstreut liegen einige Gaststätten, etwa der **Felix-Grill** (Frühstück, Pizza, Fischgerichte) direkt am Meer in der Senke.

■ **Parken** ist ein Kunststück, am besten bleibt man auf dem großen Platz am Ortsende bei der Pension Nadia (5 K/Stunde).

067kb wl

Von Punat nach Baška

Mein Tipp: Von Punat bis Vrbnik bildet ein Höhenzug eine natürliche Barriere zwischen dem belebten und dichter besiedelten Nordteil der Insel und dem idyllischen, eher ruhigen Südteil. Nur eine Straße führt Richtung Baška, die **schönste Strecke auf Krk** überhaupt: Durch die erst karge, dann pinien- und kiefernbewachsene Landschaft windet sich die Straße über einen malerischen **Pass am Straževnik** (367 m) hinauf zu einem Aussichtspunkt mit herrlichem Fernblick auf 320 Meter Höhe. Dann öffnet sich das Bergland abrupt gleich einer Schere nach beiden Seiten hin und die Straße fällt jäh ab, während beidseitig die 300 bis 400 Meter hohen Bergzüge allmählich einer abgeschotteten Talebene weichen. An der Abfahrt plätschert rechter Hand eine erfrischende **Süßwasserquelle** an der Straße – hier halten auch viele Einheimische, um Trinkwasser zu zapfen.

Draga Bašćanska

Die erste Ortschaft im **Ričina-Tal,** benannt nach dem zumindest außerhalb des Sommers wasserführenden Ričina-Flüsschen, ist Draga Bašćanska, ein landwirtschaftlich orientiertes Straßendorf mit einem Plus-Minimarkt und einigen **Obst-, Öl- und Honigverkäufern** direkt an der Straße.

Nützliches

■ Am Ortsausgang bietet die **Agentur Igen,** Tel. 051-844095, www.igen.hr, u.a. Unterkunftsvermittlung (Zimmer, Studios, Apartments) und Scooterverleih.

Jurandvor-Batomalj

Kapelle Sv Majke

Der folgende Abstecher ist unbedingt empfehlenswert: In Jurandvor-Batomalj achte man rechter Hand auf die Beschilderung „Batomalj, Sv Majke"; das Sträßchen führt hinauf zu einer Bergkapelle mit **sagenhaftem Ausblick** über das Tal von Baška. Das schlichte einschiffige Kirchlein Sv Majke wurde 1415 erbaut und mit Altarbildnissen aus weißem Marmor und einem Marienbildnis von *Celestin Medović* ausgestattet. Der Glockenturm wurde 1594 ergänzt und soll angeblich immer dann genutzt werden, wenn der Bischof von Baška zu Besuch ist.

Im **Weiler Batomalj** treffen sich die Wanderwege Stara Baška – Baška (beschildert) und weitere **Wanderwege** von/nach Baška und zum AC Zablaca (alles beschildert), sodass auch längere Wanderungen zur Kapelle von Baška möglich sind. Oben an der Kirche (am Gittertor links von der Kapelle) führt ein mit „Lipica" bezeichneter Weg zum Nordrand von Draga Bašćanska.

Kapelle Sv Lucija

Zurück an der Durchfahrtsstraße liegt gleich dahinter nach links ausgeschildert

(„Sv Lucija, Bašćanska Ploča") die kleine Lucienkapelle mit der berühmten **Steintafel von Baška,** dem ältesten kroatischen Schriftstück überhaupt. Die Tafel bezeugt die Abtretung des Kapellenlandes durch König Zvonimir (gest. 1089) an die Kirche sowie den Bau der Kapelle. Das Gelände ist heute ein archäologischer Park, daher kann die Kirche selbst leider nur noch im Rahmen einer Führung besucht werden (Führungen 10–12 und 16–22 Uhr, 20 K).

Nützliches

■ Einkaufsmöglichkeiten bestehen im **Plus-Minimarkt** im Ort.
■ An der Abzweigung zur Kapelle Sv Majke bietet die **Konoba Malin,** Tel. 051-856149, deftige Lammgerichte und Spanferkel, tgl. 10–23 Uhr.

Baška

Das in die **südliche Inselbucht** eingebettete Städtchen Baška empfiehlt sich für all jene, die es nicht so bieder-touristisch wie an der Nordwestseite von Krk mögen und eventuell einmal halbtägige Wanderungen durch die stille Landschaft unternehmen möchten, ohne dabei auf umfangreiche touristische Angebote wie Abendunterhaltung, Tauchen, Wassersport usw. verzichten zu müssen. Der kilometerlange **Sand-Kiesstrand Velika Plaža,** geradezu paradiesisch umrahmt von kargen Hügeln, die engen Gassen des kleinen Zentrums und nicht zuletzt die majestätisch oberhalb des Ortes thronende Johanneskirche tun ihr

Übriges, alljährlich Zehntausende von Besuchern in den Kreis der „Baška-Fans" zu ziehen. Wichtig: Die Autofähre von/nach Rab (Lopar) verkehrt nicht mehr hier, sondern ab Valbiska.

Gleich hinter Jurandvor liegt eine Straßengabelung: Rechts geht es zu den Hotels, dem Camp Zablace und zu Parkplätzen für einen reinen Strandbesuch. Die Hauptstraße zieht sich um den Ort herum zum FKK-Camp Bunculuka und der Bergkirche Sv Ivan; kurz vor der Zufahrt zu Sv Ivan (Vogelschutzgebiet „Ornitološka Zona") führt die Kralja Tomislava nach rechts zum Bushalteplatz und einigen Parkplätzen – hier ist man schnell im Altstadtkern, aber etwas weiter vom Strand- und Hotelbereich entfernt.

☐ Das Grab von Emil Geistlich bei der Kirche Sv Ivan oberhalb von Baška

070kb wl

Der Tourismuspionier von Baška: Emil Geistlich (1870–1922)

Der Strand von Baška ist wirklich eine Klasse für sich, ob man sich nun in die Fluten stürzt oder nur die Promenade Emil Geistlicha entlang flanieren möchte. Apropos: Emil Geistlich – nicht gerade ein typisch kroatischer Name! Der gebürtige Tscheche und Leiter der Prager Zeitungsdruckerei „Narodna Politika" (Heimatpolitik) kam 1909 zunächst mehr oder weniger zufällig als Tourist nach Baška. Er war vom Meer und dem örtlichen Strand so sehr angetan, dass er beschloss, in Baška zu bleiben, und schon bald betätigte er sich als nachhaltiger Förderer des Tourismus in der Region: 1910 ließ er den **ersten vorgefertigten Strandpavillon** aufstellen, und ein Jahr später begann der Druckereispezialist mit dem **Druck von Werbebroschüren** über Baška. 1912 organisierte er die „Abende von Baška", eine Art Vorläufer folkloristisch geprägter touristischer Veranstaltungen. 1914 folgte seine **Zeitschrift „Baška",** die insgesamt jedoch nur neunmal erschien, nicht zuletzt wegen des Ersten Weltkrieges, der jeglichen Tourismus verhinderte. Am Ende des Krieges stand die italienische Okkupation, der Tourismus konnte sich nicht erholen. Emil Geistlich blieb seiner Liebe Baška jedoch treu. Er starb dort am 7. Juli 1922. Auf seinen Namen trifft man immer wieder – als Uferpromenade, als Denkmal oder bei einem Besuch der Bergkirche Sv Ivan.

Sehenswertes

Pfarrkirche und Museum

Im kleinen Zentrum sind die barocke Pfarrkirche **Sv Trojice** aus dem frühen 18. Jahrhundert und das benachbarte, 1974 eröffnete **Heimatmuseum** sehenswert. Die acht wertvollen Altartafeln des 2007 komplett restaurierten Altarraumes stammen von venezianischen Künstlern, u.a. von *Palma dem Jüngeren* die Muttergottes mit dem Hl. Markus sowie das letzte Abendmahl. Das Triptychon des Hl. Michael wird *Paolo Campsa* zugeschrieben (1514). Die Glasfenster wurden erst vor wenigen Jahren eingebaut. Als Sitz des Kapitels von Baška ersetzte sie nach ihrer Inauguration am 29. Juni 1740 die Bergkirche Sv Ivan.

■ **Heimatmuseum,** geöffnet nur im Sommer tgl. außer Mo 9–13 und 17–20 Uhr, Eintritt 10 K, Kinder 5 K; Tel. 051-750550.

Aquarium

Aufs Meer blickend am linken Ende der Badebucht den Weg hinauf, liegt in der Kralja Tomislava (Richtung Bushalteplatz) linker Hand das Aquarium mit einer der größten **Muschel- und Schneckensammlungen** der Adria. Es werden über 400 Muschel- und rund 100 Fischarten gezeigt.

■ **Aquarium,** St. Radica 26, Tel. 051-856052, www.akvarij-baska.com.hr, im Sommer tgl. 9–22 Uhr, im Winter 10–15 Uhr, Eintritt 30 K, Kinder (5–12 J.) 20 K, unter 5 Jahren frei.

Sv Marka

Am Velika Plaža, zwischen Villa Adria und Hotel Atrium, liegt die kleine unscheinbare Kapelle Sv Marka (Markuskirche). Es handelt sich um einen **frühchristlichen Komplex,** der vermutlich bis ins 5. Jahrhundert zurückreicht. Recht gut erhalten sind die typischen **römischen Mosaikböden** jener Zeit, das heutige Bauwerk stammt allerdings erst aus dem 16. Jahrhundert (tgl. 8–11 und 18– 21 Uhr, Eintritt 10 K).

Sv Ivan

MEIN TIPP: Geradezu ein Muss ist der Aufstieg bzw. die Auffahrt zur markanten, ockerfarbenen Friedhofskirche Sv Ivan mit **phänomenalem Ausblick** über den Velika Plaža bis zur Insel Rab. Einige der

Baška   0 ———————— 200 m   © REISE KNOW-HOW 2015

Kvarner03

Krk, Rijeka

Vogelschutzgebiet

Pescivica

Kralja Zvonimira

Ul. Ante Starčevića

Strossena Radića

Zaobilaznica

Skopalj

Lošinjska ulica

Zanrebačka

Grohni

P

Aquarium ★

Stari Dvori

Gunciceo

B

Porat

**Bergkirche
Sv Ivan**

Rabska

Kralja Tomislava

Uska čka

✉

P

Put Kupalištu

8

9

11

10

Kralja Zvonimira

Pfarrkirche

M

Gorinka
V. Nazora

Tibarska

Palada

5

P

P

🛏 *Hauptstrand*
(Velika Plaža)

12

**Helmat-
museum**

13

6

7

Sv. Marka

4

3

14

15

B A Š Ć A N S K A
D R A G A

16

2

🟧 **Übernachtung**	🟦 **Essen und Trinken**	🟩 **Einkaufen/Sonstiges**
4 AC Zablaće	3 Galeb	1 Agentur Aventura
5 Corinthia Baška	8 Lantino und Cicibela	7 Konzum-Supermarkt
6 Hotel Zvonimir	9 Konoba Mare	11 Minimärkte
7 Atrium Residence,	10 Fish & Chips Fast Fish	13 Fischgeschäft
Villa Adria	12 Pizzeria Konoba Lanterna	
15 FKK Camp	14 Captains,	🟦 **Wassersport**
Bunculuka	Café-Bar Marinero	2 Squatina Diving
		16 Scuba Tironi

wildwestartigen, schlichten Holzkreuze verleihen der Szenerie hier oben eine schaurig-pietätvolle Note. Hier befindet sich auch die letzte **Ruhestätte von Emil Geistlich** (siehe Exkurs).

Praktische Tipps

Info und Agenturen

■ **Touristeninformation,** Kralja Zvonimira 114, Tel. 051-856817, www.tz-baska.hr, tgl. 8–22 Uhr, im Winter nicht So und nur bis 18 Uhr.

Zahlreiche zentral gelegene Agenturen arrangieren Geldwechsel, Unterkunft, Ausflüge, Bootsverleih usw., insbesondere für Apartments/Ferienwohnungen wird man kaum um sie herumkommen. Die vier folgenden Agenturen liegen an der Hauptfußgängerstraße im Ortszentrum.
■ **Aventura,** Zvonimira 194, Tel./Fax 051-856774, www.aventura-baska.com.
■ **Guliver,** Zvonimira 98, Tel./Fax 051-856004, www.pdmguliver.hr.
■ **Primaturist,** Zvonimira 98, Tel. 051-856132, www.primaturist.hr.
■ **Splendido,** Zvonimira 148, Tel. 051-856116, www.splendido.hr.

Unterkunft

Zimmer und Ferienwohnungen vermitteln die Touristeninformation und die Agenturen; privat findet man Apartments (2 bis 4 Personen, ab 40 €/Apartment und Tag) z.B. unter www.baska.at oder www.baska-krk.at. Weitere Privatanbieter sind die **Apartmani Dvori Narca** und die **Apartments Petrinic,** beide unter mobil 095-8370999, www.baska.info zu kontaktieren.

Über ein Hotelmonopol in Baška verfügt seit Urzeiten die Gruppe **Hoteli Baška,** der alle unten genannten Häuser (teilweise Aparthotel) gehören und die über die Internetseite www.hotelibaska.hr gebucht werden können.
■ Neu und direkt am Badestrand bietet die **Villa Adria**④ (E. Geistlicha 39, Tel. 051-656111), mondäne und luxuriöse Apartmentunterkunft für 2 bis 6 Personen.
■ Wenige Meter entfernt liegt ebenfalls in der ersten Reihe das neue **Atrium Residence**⑤ mit DZ und Studios in glamourösem Ambiente (Tel. 051-656890).
■ **Corinthia Baška**③, Riesenhotel mit drei Flügeln in der E. Geistlicha 38, Tel. 051-656800, 656 111. Mit Poollandschaft und diversen Gastronomiebetrieben, inzwischen wegen der Neubauten in der zweiten Reihe.
■ Das **Zvonimir**④ (Tel. 051-656810) mit 70 Zimmern und 15 Apartments ist eine Mittelding zwischen dem Hotel Corinthia und den Nobelapartments. Noch überschaubar und schöne Lage an der Strandpromenade.
■ Hübsche **Studios und Wohnungen**③-④ in zwei renovierten Stadthäusern an der Uferstraße E. Geistlicha (Villa Anna, Villa Eda) im gehobenen Preis-/Leistungsverhältnis bietet das **Cicibela-Restaurant** (www.cicibela.hr).

Camping

In Baška können Camper auf zwei Plätzen unterkommen: Zablače liegt näher am Velika-Plaža-Strand, dafür ist es seit der Schließung der Rab-Fähre in Bunculuka ruhiger.
■ **AC Zablače**②, Tel. 051-856909, www.hotelibaska.hr/hr/kampovi/kamp-zablace. Geöffnet Mai bis Sept., flaches Wiesengelände, Kapazität 1600

▷ In den Gassen von Baška, im Hintergrund Sv Ivan

Personen, Mietcaravans, Sport- und Einkaufsmöglichkeiten.

■ **FKK Camp Bunculuka**②, Tel. 051-856806, www.hotelibaska.hr/hr/kampovi/. Geöffnet Mai bis Sept. Restaurant, Bar und Minimarkt auf dem Gelände, welches sehr verschachtelt an einem Hang liegt (ein Teil der Plätze ohne Pkw-Parkmöglichkeit; Zentralparkplatz), 1200 Personen Maximalkapazität, Sportzentrum (Tauchen, Surfen, Minigolf und Tennis).

Essen und Trinken

Snacks

Eine kleine Spezialität sind die an der Promenade Geistlicha in Buden gebackenen, einer länglichen, essbaren Schuheinlage ähnelnden **Pačića** ab 7 K, eine Art Krapfen mit Puderzucker. Pačića gibt es in einigen Varianten: mit Ketchup, Käse, Schokolade, Zucker, Marmelade usw.

■ Beinahe englisch mutet der kleine Self-Service **Fish & Chips Fast Fish** am Uferfußweg Palada an;

Sardellen, Calamari, Sardinen, Garnelen (alles im Bereich 35–45 K), auch Pommes und Softdrinks sind erhältlich.

■ Wer mehr auf einen fleischhaltigen Imbiss steht – wenige Meter weiter gibt es einen **Dönerstand.**

Restaurants und Bars

■ Für einen gemütlichen Drink bietet sich die **Café-Bar Marinero** beim ehemaligen Fährpier an.

■ Am linken Ende des Velika Plaža (E. Geistlicha 3, Tel. 051-856114) gibt es in der **Konoba Mare** günstige Pizzen, heimische Schinken- und Käseteller, grüne Nudeln mit Meeresfrüchten oder Fischplatte (sehr gut!) für 2 Personen für allerdings rund 40 €. Etwas außergewöhnlich sind die Hühnerbrust in Pilzsauce oder das Beefsteak in Salbeisauce mit Pršut (Rohschinken) und Beilage.

■ In der Kralja Zvonimira kann man in der **Pizzeria-Konoba Lanterna** (mobil 098-9352262) Pizzen zwischen 40 und 80 K oder Fischgerichte sowie heimischen Käse genießen. Besonderheiten sind hier das Curry-Hühnchen oder hausgemachte Teigwaren mit Lammgulasch.

4

www.fotolia.de © Pablo Debat

■ Etwas gediegener speist man im **Restaurant Galeb,** E. Geistlicha 38, kurz vor dem Camp, Tel. 051-856651.

■ Ebenfalls an der Strandpromenade zaubert das **Bistro-Restaurant Lantino,** E. Geistlicha 30, Tel. 051-856484, gute Salatkreationen wie Meeresfrüchtesalat oder Oktopussalat sowie Pasta mit Meeresfrüchten oder die fast schon legendären Krebsfleischspieße mit Beilagen. Sehr gepflegtes und angenehmes Ambiente; tgl. 8–24 Uhr, Oktober bis März geschl.

■ Nur wenige Meter weiter (E. Geistlicha 22a, Tel. 051-856013) kreiert der inselweit bekannte Koch *Eda Bogdešić* im **Restoran Cicibela** landestypische Kleinigkeiten und Fleischplatten. Seine Spezialität sind jedoch Fischgerichte wie Jakobsmuscheln, Scampicocktail oder die Fischplatte, nur April bis September tgl. 10–24 Uhr geöffnet.

■ Als die Rab-Fähre Lopar – Baška noch in Betrieb war, rentierten sich auch die zahllosen Lokale rund um die Fähre; heute bietet hier nicht einmal mehr eine Handvoll ihre kulinarischen Schöpfungen an: **Captains** (Tel. 051-856541, April bis Nov. tgl. 10–24 Uhr) serviert leckere Suppen, Fleischplatte, Sardellen und Miesmuschen.

Einkaufen

Noch gibt es keine größeren Supermärkte in Baška, was Sommerurlauber angesichts der Menschenmengen immer wieder etwas verwundert. Wenn man aber bedenkt, dass acht Monate lang nur rund 1000 Einwohner vor Ort leben, erklärt sich dieser Mangel von selbst. Dennoch sind die Einkaufsmöglichkeiten ausreichend, für Großeinkäufe sollte man den Konzum-Supermarkt in Krk aufsuchen.

■ Ein **Minimarkt** liegt in der Hauptgasse Kralja Zvonimira, ebenso ein **Metzger** (Mo–Sa 7–13 und

⌂ Blick auf die Bucht von Baška

17–20 Uhr, So nur vormittags) und eine **Bäckerei** (tgl. 6.30–22 Uhr); einen weiteren Bäcker findet man in der E. Geistlicha beim Zvonimir-Hotel.

■ Ein **Konzum-Supermarkt** findet sich am Ufer bei der Villa Adria, Mo–Sa 7–20 Uhr, So 7–13 Uhr.

■ Die örtliche **Ribarnica** (Fischgeschäft) liegt in der Palada/Ecke Nazora, tgl. 7–11 Uhr.

Aktivitäten

■ **Squatina Diving,** Zarok 88a, Tel. 051-856034, www.squatinadiving.com.

■ Eine **Surf-Schule** liegt an der Zufahrtsstraße zum AC Zablače.

■ Die Hotel- und Campinganlagen bieten **Tennis, Volleyball, Fitness- und Wellnessprogramme.**

■ Am linken Strandende bietet **Water Sports Baška** Banane (10 €/Std.), Paragliding (40 €/Std.), Surfbrettverleih (10 €/Std.), Kajakverleih (8 €/Std.).

■ **Segler** wenden sich an Rare Bird, Kircin 12, Tel. 051-856536, www.rare-bird.org.

■ **Sonnenschirme und Liegen** (ca. 5 €/Tag) gibt es am Strand, ebenso die **„Käfer"-Tretboote** (ab 10 €/Std.).

■ Wer **Klettern** (echtes Climbing) exerzieren möchte: Es wurden jüngst zwei Abschnitte – Bunculuka im FKK-Camp und Portafortuna außerhalb im Tal – eröffnet, Infos unter www.climbin baska.com.

■ Wer am 15. April auf Krk ist, sollte das **Markusfest** zu Ehren des Dorfheiligen nicht versäumen. Gefeiert wird überall im Ort.

Nützliches

■ **Post** (mit Telefonzellen; Mo bis Fr 7.30–21 Uhr, Sa 7.30–14 Uhr), **Bank** und eine **Apotheke** liegen an der Haupteinfahrtsstraße Richtung Strand (nahe dem Hotel Corinthia).

■ **Ambulanz:** Ul. Kralja Zvonimira 100, Notruf 051-856825.

Vrbnik

Die eher karge Landschaft südöstlich von Krk-Stadt mit vorwiegend Krüppelkiefer- und Strauchbewuchs steht in deutlichem Kontrast zur **Nordostküste** mit intensivem **Weinbau** rund um Vrbnik – das hölzerne Fass am Ortseingang unterstreicht die Bedeutung dieses Inselteils als zentrales Weinbaugebiet. Das Städtchen (900 Einwohner) liegt 48 Meter oberhalb eines kleinen Fjords und wehrte sich schon im 12. Jahrhundert gegen die Einführung des Lateinischen – seither galt Vrbnik als Hochburg slawisch-glagolitischer Schriftkultur. Auch der letzte Sprecher des Dalmatischen soll hier Ende des 19. Jahrhunderts gelebt haben.

Touristisch betrachtet ist Vrbnik ein typisches Ausflugsziel für ein paar Stunden, man nutzt am besten den Parkplatz unmittelbar vor der Altstadt und den Trg Skujica für 5 K/Stunde.

Sehenswertes

Vom Trg Skujica geht man die Fußgängergasse Ulica Potocina hinauf. Ein besonderes Vergnügen bereitet es immer wieder, arglose Touristen im wahrsten Sinne des Wortes durch Vrbnik rutschen zu sehen! Vorbei an zwei **Kapellen** (Sv Ivan und Sv Martin mit glagolitischen Inschriften) und dem Placa Vrbničkog Statuta „gleitet" man sanft über die spiegelglatten Pflastersteine der Roč Ulica Richtung **Pfarrkirche**. Der prachtvolle Hauptaltar im Inneren mit den beidseitigen Schnitzereien ist ein Werk des kroatischen Meisters *I. Rendica*. Im Glockenturm der Marienkirche ist ein **Lokalmuseum** (10–12 und 18–21 Uhr) untergebracht. Dahinter liegt ein Aussichtspunkt mit dem Weinlokal Nada. Die engen Gassen weiter entlang, folgt eine **Kunstgalerie** (Ulica Petrisa), von der aus der Zentralplatz gleich wieder erreicht ist. Eine **Bademöglichkeit** gibt es im Kies-Strandbad am nördlichen Ortsrand.

Praktische Tipps

Info und Agenturen

■ **Touristeninformation,** Trg Vrbničkog Statuta 4, Tel. 051-857479, www.vrbnik.hr.
■ **Agentur Mare Tours,** Trg Skujica, Tel. 051-604401, www.mare-vrbnik.com. Vermittelt werden DZ ab 25 €, in der Hauptsaison bis 40 €, oder FeWos von 30–70 €, in der Hauptsaison bis 100 €. Ähnliches bietet **Vrbnik-Tours,** Trg Sv Ivana, Tel. 051-857128, mobil 091-5466296, 8–13 und 18–20 Uhr (So nur vormittags).

Unterkunft

■ Das einfache **Hotel Argentum**② liegt an der Hauptstraße vor der Altstadt, Tel. 051-857352, http://apartments-croatia.info/hotel-argentum/de.htm; nur 10 Zimmer.

Essen und Trinken

■ Noch vor dem Ortseingang liegt die sehr empfehlenswerte **Konoba-Vinarija Katunar,** Tel. 051-857391, www.katunar.hr. Hier besteht die Möglichkeit zu einer Weinprobe inkl. Imbiss (ab 10 Pers.) oder Menü (je 3x Fisch bzw. Fleisch zur Auswahl).

■ In der Frankopanska 1, oberhalb vom Trg Skujica, liegt das **Restoran Gospoja** (Tel. 051-857017, tgl. 10–23 Uhr, Sa/So 12–22 Uhr, Jan.–März geschl.) Spezialitäten sind Gulasch und Lammgerichte mit lokalen Weißweinen.
■ Für Kleinigkeiten und Snacks empfiehlt sich das **Bistro Galeb** gleich nebenan.

Einkaufen

■ Backwaren bietet die **Bäckerei Pekara Vrbnik** am Trg Sv Ivana 6, 6.30–13 Uhr, So 7–12 Uhr.
■ Gegenüber hat die **Ribarnica** (Retec 2) frischen Fisch und der **Minimarkt Draga** ein Basissortiment für Selbstversorger (7–21 Uhr, So 7–11 Uhr).
■ **Minimarkt Stupec** beim Parkplatz die Varoš hinein.

Nützliches

■ **Post:** Ul. Varoš, nebenan Ambulanz.
■ **Geldautomat** beim Bäcker, Trg Sv Ivana.
■ **WLAN-Hotspots** am Platz Škujica und am Platz der Vrbniker Statuten.
■ **Bushaltestelle** am Parkplatz (Anbindungen siehe Gesamtübersicht am Anfang des Kapitels).
■ Eine **Touristenbahn** fährt alle Ortsteile von Vrbnik außerhalb der Altstadt an, 12 K.

4

Dobrinj

Vergleichsweise selten machen Reisende entlang der Route Šilo/Klimno – Vrbnik einen Abstecher zum Verwaltungszentrum des nordöstlichen Krk. Die Sehenswürdigkeiten der ältesten Siedlung auf dem Plateau beschränken sich auf Sakralbauwerke, namentlich die Hauptkirche **Sv Stjepan** aus dem 11. und **Sv Antun** aus dem 14. Jahrhundert sowie die Kapellen Sv Vid (11. Jh.) und Sv Ivan (14. Jh.).

Essen und Trinken

■ Für Speis' und Trank sorgt in Dobrinj die **Konoba Kennedy** (Tel. 051-848129, 1.4.–30.9. tgl. 12–24 Uhr) mit Fisch- und Muschelgerichten sowie Spezialitäten vom Grill.

Šilo

Šilo in der **Stipanja-Bucht** war einst ein Fährort zum gegenüber auf dem Festland gelegenen Crikvenica, geriet aber mit dem Brückenbau trotz der insgesamt guten touristischen Infrastruktur etwas ins Abseits. Auf der Abfahrt hinunter zum Ort passiert man die kleinen Weiler Polje und Zupanje, in denen vereinzelt Privatunterkunft geboten wird. Dann gelangt man über die Nova Cesta hinunter zum Ufer (Parkmöglichkeiten). Ein schmaler Fahrweg führt dort rechts zu Tauchbasis und Camp (knapp 1 km), unmittelbar links liegt das kleine Zentrum rund um das Hafenbecken.

Bademöglichkeiten bestehen am Ufer rechts gehend an befestigten Abschnitten sowie Richtung Camp an Sandstrandabschnitten. Weitere kleine Buchten liegen beim Campingplatz, unterhalb der Ruinen-Kurzwanderung sowie am Fußweg Richtung Klimno.

⌄ Das Dorf Dobrinj oberhalb der Soline-Bucht, im Hintergrund erheben sich die Berge des Kvarner Hochlands

Kurzwanderung zur Ruine

MEIN TIPP: Hinter der Bäckerei am Ufer entlang Richtung Camp passiert man nach ca. 100 m das Schild „Roman Villa 650 m". Nach einem kurzen Anstieg endet das Sträßchen, eine Piste führt weiter landeinwärts; nach ca. 200 m zweigt nach links ein Pfad (wieder beschildert) ab, dem man noch etwa 10 Minuten bis zu den Ruinen eines allerdings kaum mehr als solches erkennbaren **spätrömischen Anwesens** gelangt. Die Anlage selbst ist weniger sehenswert, aber man hat von hier eine **sehr schöne Aussicht.**

Fußweg nach Klimno

Hinter der Apotheke zweigt ein Weg (Borići) ab, der zunächst durch Wohngebiet führt und sich nach ca. 10 Min. gabelt. Rechts erreicht man in 5 Min. eine kleine Badebucht, links führt ein markierter Wanderweg über den 114 m hohen Sladova ins ca. 5 km entfernte Klimno.

Insel Krk

www.fotolia.de © xbrchx

Praktische Tipps

Info und Agenturen

■ **Touristeninformation Šilo,** Stara Cesta bb, Tel./Fax 051-852107 (neben der Agentur Estee).
■ Ein paar örtliche Agenturen helfen bei der Unterkunftssuche: **Agentur Tina,** Nova Cesta, Tel. 051-852311, www.atina.hr, am Ortseingang rechter Hand; am Hafenbecken die **Agentur Šiloturist,** Tel. 051-852203, www.siloturist.hr; am Ende des Hafens um die Ecke das Sträßchen hinauf die **Agentur Estee** (Tel. 051-852241, www.estee.hr), jeweils tgl. 8–20 Uhr geöffnet.

Unterkunft, Camping

■ **Ferienwohnungen** (über 50 FeWo-Angebote) kann man beispielsweise unter www.siloturist.com arrangieren.
■ **Pension Zeba**②, www.pensionzeba.com, rechter Hand am Ortseingang.

■ Camping ermöglicht das **AC Tiha**③, 5 Minuten zu Fuß außerhalb, Tel. 051-852120, www.campsilo.com, geöffnet Mai bis Sept.

Essen und Trinken

■ An der kleinen Promenade liegen einige preiswerte **Snackbars.**

☑ Winzige Bucht bei Šilo

071kb wl

■ Die **Konoba Portić,** Cesta bb, Tel. 051-852170, zaubert marinierte Sardellen mit Ruccola und Kartoffeln oder hausgemachte Pasta mit Scampi.
■ **Bistro-Pizzeria Roko,** Stara Cesta 1, Tel. 051-852342, u.a. vorzügliche Meeresfrüchtepizzen ab 40 K.

Nützliches

■ **Post:** in der Stara Cesta, Mo bis Fr 8–12 und 13–17 Uhr.
■ **Internetcafé** in der Agentur Estee (s.o.).
■ **Geldautomat** und **Apotheke** neben der Touristeninformation in der Stara Cesta.
■ Direkt am Hafenbecken beim Parkplatz liegen ein **Minimarkt** und eine gute **Bäckerei** (tgl. 7–13 Uhr), ein weiterer Minimarkt (7–21 Uhr, So 7–13 Uhr) findet sich in der Stara Cesta neben der Touristeninformation.
■ **Tauchen** (auch mit Unterkunft) bietet das **Tauchcenter Neptun,** Tel. 051-604404, www.neptun-silo.com.

Soline-Bucht

Klimno

In der nächsten Bucht namens Soline liegt am Ende einer Stichstraße das Dörfchen Klimno, noch heute **Zentrum des Fischerbootsbaus.** Viele neue Häuser prägen das Ortsbild. An der kleinen Promenade liegen eine Agentur (Ausflüge, Bootsverleih), die Marina und ein glagolitisches Denkmal. Am Ende der Bucht befindet sich ein kleiner Campingplatz – die Zufahrt mit breiten Fahrzeugen ist eine Kunstübung. Rund um

4

die Bucht von Soline kann man überall baden. Noch herrscht hier einigermaßen Ruhe – sehr zu empfehlen, wenn man abseits von Malinska oder gar Baška eher Entspannung und Einsamkeit auf Krk sucht.

Unterkunft, Essen und Trinken

■ Schöne **Ferienwohnungen** finden sich online unter www.klimno.net/klimno_deu.htm, vor Ort hilft die **Agentur Paralela-Tours** (am Ufersträßchen, Tel. 051-850504, www.paralela-klimno.com) weiter, wenn es um Unterkunftssuche, Geldwechsel, Fahrzeugverleih, Ausflüge usw. geht.

■ **Infos** nicht nur zu Klimno: www.klimno.net.

⌃ ⌄ Badespaß der gesunden Art – Heilschlamm in der Bucht von Soline

■ Kulinarisch empfehlen sich in Klimno das **Fischrestaurant Žal,** welches auch Unterkunft anbietet (Klimno 44, Tel. 051-853142, www.restaurant-zal.com), sowie die **Konoba Oleander,** Klimno 36, Tel. 051-853144, tgl. 9–24 Uhr, Febr. geschl., für Schinken und Käse, Muscheln, Scampi und Fleischgerichte auf Bestellung.

Soline

✿ Weniger der nächste Weiler der Soline-Bucht, als vielmehr das Treiben unmittelbar außerhalb Richtung Čižići ist mehr als nur einen Blick wert. Die Bucht ist hier extrem flach und am Buchtende von mineralsalzhaltigem **Heilschlamm** geprägt. Ein langer Betonsteg ragt hier ins Meer hinein, beidseitig sind **vulkantrichterähnliche Bodenvertiefungen** auszumachen. Und in diesen Trichtern befindet sich der zähflüssige Schlamm, in dem sich Männer, Frauen und Kinder im echten Wortsinne wälzen und anschwärzen – ein Erlebnis für Jung und Alt. Diese Gruben sind nur hüfttief und ungefährlich; selbstredend sollte man Kinder im Auge behalten.

Čižići

Das Dörfchen Čižići am Nordwestrand der Soline-Bucht findet – wenn überhaupt – Eingang in die Reiseliteratur durch den Hinweis auf die einige Kilometer außerhalb gelegenen Tropfsteinhöhle. Ein Touristenmagnet wird die 250-Seelengemeinde wohl mittelfristig nicht werden, immerhin aber findet der Durchreisende mehrere Bademöglichkeiten, die Tamaris Pizzeria & Apartments am Ortsrand landseitig, die Snackbar Café Porto Fango sowie einen Zeitschriftenkiosk am Ufer.

Tropfsteinhöhle Rudine

MEIN TIPP: Folgt man der Uferstraße und hinter dem Ortsausgang von Čižići an einer Abzweigung der Beschilderung „Biserujka", endet der Weg an der sehenswerten Tropfsteinhöhle Rudine (Špilja Biserujka-Rudine). Die Höhle ist zwar nicht besonders groß, dafür hält sich der Andrang in Grenzen und man kann die „Reise zum Mittelpunkt der Erde" einmal genießen!

Von der Uferstraße aus (von der Höhle kommend rechts halten) windet sich das Nebensträßchen durch ein karges, wenig bewachsenes Gebiet bis zur Haupt-Inselstraße bei Omišalj.

■ **Špilja Biserujka-Rudine:** April und Okt. 10–15 Uhr, Mai, Juni 9–17 Uhr, Juli und August 9–18 Uhr, Sept. 10–17 Uhr, Nov. bis März geschlossen, Tel. 051-852203, www.spilja-biserujka.com.hr, Eintritt 20 K, Kinder 5–12 Jahre 12 K, unter 5 J. frei.

072kb wl

Mit Rab endet die Kvarner Bucht im Südosten. Die sich anschließende Insel Pag gehört bereits zu Dalmatien. Das 94 km² große Rab gilt als die mondänste Insel der Kvarner Bucht, zugleich ist sie am üppigsten begrünt und am dichtesten besiedelt.

5 Insel Rab

◁ In der abgelegenen Ciganka-Bucht auf der Lopar-Halbinsel

0 ▬▬▬▬ 5 km © REISE KNOW-HOW 2015

Kroat26

Valbiska (Krk)

Rt Sorinj

Rt Stojan

Rt Šilo 188

Sveti Grgur

Lopar-Halbinsel

Rt Saramić

183 Lopar 184

105

Rt Stolac

San Marino

Maman

181 Supetarska Draga

Vidasi

180 180 Kampor Vidasi

Waldpark Šuma Dundo

Rt Kalifront

179 Kalifront-Halbinsel Kloster Sv. Eufemija

Suha Punta

Rt Kristitor 179 Schinken-bucht Frkanj 170

Rab

168 Banjol

168 Barbat

Velo Celo ▲ .219

Kamenjak ▲ 410

Mundanje

R A B

Rt Krklant

Mag

Dolin

105

Mišnjak

Badebucht Pudarica

Lun

Pag

Rt Gornji

188 Goli Otok

Senj, Rijeka

Klada

Starigrad

8 E65

Karlobag, Zadar
Stinica

Jablanac

INSEL RAB

Ein kleiner Nachteil der ca. 10.000 Einwohner zählenden Insel Rab ist, dass es hier weniger Bademöglichkeiten als auf anderen Inseln zu geben scheint: Die zum Festland gelegene Ostseite ist steil und unzugänglich, auf der Westseite sind viele Abschnitte entlang der Hauptstraßen in Privatbesitz und umzäunt.

Nichtsdestotrotz gibt es natürlich auch auf Rab einige großartige und vielseitige Strandbereiche mit Zentrum rund um den Hauptbadeort Lopar, wenn auch teilweise etwas versteckt. Die Stadt Rab verzückt jeden, ob man nun auf kulturhistorischen Spuren wandeln oder einfach das erfrischende Seebad mit städtischem Flair genießen möchte. Außerdem sind die Wege auf Rab deutlich kürzer als auf den Nachbarinseln.

Geschichte

In vorgeschichtlicher Zeit von illyrischen Liburnern bewohnt (illyrisch *Arb* = „grün, bewaldet"), wurde die Insel als „Arba" 155 v. Chr. römische Kolonie. Unter Kaiser *Augustus* erfolgte der Ausbau der Hauptstadt mit Wehrtürmen, Stadtmauer und Hafen. Mit der Völkerwanderung zunächst byzantinisch, stand Arba vom 9. bis 15. Jahrhundert unter kroatischer, von 1409 bis 1797 unter venezianischer, bis 1918 unter österreichischer und bis 1943/45 unter italienisch-deutscher Herrschaft. Anfang des 20. Jh. setzte eine touristische Entwicklung ein, die heute das Rückgrat der lokalen Wirtschaft bildet – so soll der **erste FKK-Strand Jugoslawiens** auf Rab entstanden sein. Angeblich soll *Edward VIII.*, später König von England, 1934 um die Genehmigung des hüllenlosen Badevergnügens für seine Frau **Wallis** ersucht haben.

➡ Markantes Panorama – **vier Kirchtürme in einer Reihe in Rab-Stadt** | 171

➡ Einsame kleine Badestellen abseits der Zivilisation in der **Schinkenbucht** | 179

➡ Biken, wandern und entdecken im **Waldpark Šuma Dundo** | 180

➡ Familien mit Kindern lieben den riesigen **Sandstrand von Lopar** | 183

Diese Tipps erkennt man an der gelben Hinterlegung.

NICHT VERPASSEN!

Allgemeine Reiseinfos Insel Rab

An- und Weiterreise

Fähre

◾ Die Fähre **von Stinica auf dem Festland nach Mišnjak** auf Rab (häufigste und schnellste Fährverbindung) legt in der Hauptsaison von 3.30 bis 23 Uhr permanent ab (alle vier Fähren werden eingesetzt und fahren ab, wenn sie voll sind). Zwei Personen inklusive Pkw zahlen im Hochsommer ca. 20 €; Infos unter www.rapska-plovid ba.hr.

◾ „Inselhüpfer" werden die längst eingestellte, aber noch häufig in Publikationen verzeichnete Route Lopar – Baška (Krk) vermissen, sie wurde durch die (längere) Verbindung **Lopar – Valbiska** (Krk) ersetzt; 4x tgl. für ca. 260 K (PKW + 2 Pers. in der Hauptsaison), www.splittours.hr. **Abfahrt von Valbiska/Krk:** 7.45, 11.45, 16.00, 20.30 Uhr (letztere So 21 Uhr); **Abfahrt von Lopar/Rab:** 6.00, 9.45, 14.00, 18.30 Uhr; außerhalb der Hauptsaison zu leicht versetzten Zeiten.

◾ Neben Personenverbindungen von/nach **Rijeka** und **Novalja** (Insel Pag, Katamaran-Schnellboot, www.jadrolinija.com) besteht im Sommer von Rab aus eine direkte Fährverbindung in die Schwesterstadt **San Marino** auf dem italienischen Festland. Informationen unter www.emiliaromagnalines.it.

Bus

Dreh- und Angelpunkt für alle lokalen und Langstreckenlinien ist der **Busbahnhof Rab-Stadt** an der Durchgangsstraße vor der Altstadt; Infos unter www.rab-croatia.com.

◾ **Langstreckenbusse** nach Zagreb starten 4 bis 5x tgl., nach Rijeka tgl. 5.25, 13.40 (nur Sommer) und 15.40 Uhr via Crikvenica. Die Agenturen in Rab

5

organisieren auch Direktlimousinen-Service vom/zum Flughafen Rijeka-Krk (4 Personen zusammen etwa 100 €/einfach) oder im Linienbus (etwa 25 € einfach p.P.).

● Die wichtigsten Linien der **Inselbusse:**

Rab – Lopar: 4.30, 5.45, 8.30, 10.15, 12.15, 14.15, 14.45 (nur Fr und So), 15.15, 18 und 22.15 Uhr.

Lopar – Rab: 5, 6.10, 9, 10.45, 12.45, 14.45, 15.45, 18.30 und 22.45 Uhr.

Rab – Kampor: 5, 6.15, 6.45, 10.15, 13.40, 15.15 Uhr, vom 1.7. bis 31.8. nur Fr und So: 17.30 und 22.15 Uhr.

Kampor – Rab: 5.20, 6.30, 7, 10.30, 13.55, 15.30 Uhr, vom 1.7. bis 31.8. nur Fr und So: 17.45 und 22.30 Uhr.

Rab – Barbat: 5.40, 6.30, 6.40, 7.15, 10, 14.15, 14.40 und 15.40 Uhr.

Barbat – Rab: 5.50, 6.40, 7.30, 9.20, 10.15, 11.20, 14.30, 16.50 und 21.55 Uhr.

Rab – Dumici/Supetarska Draga: 7.15, 10.15, 13.15, 15.15 und 19.30 Uhr.

Dumici/Supetarska Draga – Rab: 7.30, 10.30, 13.30, 15.30 und 19.45 Uhr.

Rab – S. Punta: 8.45, 12, 13.40, 18.50 Uhr und 22.15 Uhr (nur 1.7. bis 31.8.).

S. Punta – Rab: 9, 12.10, 14, 19 Uhr und 22.30 Uhr (nur 1.7. bis 31.8.).

Unterkunftssuche

● Unter www.apartmani-hrvatska.com findet man Angebote für **Ferienwohnungen** besonders zu Rab, weitere Webseiten sind www.rabonline.net, www.reisen-nach-rab.de, www.apartmani-rab.net und www.rab-visit.com.

● Eine sehr umfangreiche Homepage mit zahlreichen guten Informationen, v.a. Unterkünften in allen Orten auf Rab findet man unter **www.rab-croatia.com.** Auch die offizielle Homepage von Rab (www.rab-visit.com) hilft bei der Suche nach Hotel-, Privat- und Campingunterkunft.

Barbat und Banjol

Von der **Fährstelle Mišnjak** erstreckt sich zunächst ödes, unbesiedeltes Land – wie man es von Pag her kennt – den Hang hinauf. Unmittelbar gegenüber der vorgelagerten Insel Dolin liegt die beliebte **Badebucht Pudarica** (Sand!). Ab Barbat ändert sich das Bild grundlegend: Das Land wird deutlich grüner, Wein, Mais und Tomaten werden angebaut. Eine ununterbrochene Besiedlung entlang der beiden Hauptstraßen bis Lopar bzw. Kampor wird sichtbar.

Bei Barbat und Banjol, einst eigenständige Dörfer, handelt es sich heute praktisch um eine zusammenhängende **Verlängerung der Stadt Rab** in Form eines Straßendorfes entlang der **Uferstraße** auf der der Insel Dolin zugewandten Seite. Irgendwelche Ortsgrenzen sind nicht zu erkennen – ab einem bestimmten Punkt (etwa Hausnummer 800) heißt die Uferstraße einfach „Barbat" statt „Banjol".

Die Bademöglichkeiten sind hier eher mäßig, meist befestigte kleine Plattformen und winzige Kiesabschnitte. Viele der Häuser entlang der sehr schmalen Uferstraße bieten Ferienunterkunft an, oder besser: Wer ein Haus in der ersten Reihe besitzt, vermietet mit hoher Wahrscheinlichkeit Zimmer oder Wohnungen. Es sind hauptsächlich Angler und

> Meerblick auf die Stadt Rab

Insel Rab

Bootsbesitzer, die hier wohnen, um unmittelbar eine Anlegestelle vor der Tür zu haben – und/oder ein wenig Abstand vom üblichen Baderummel.

Praktische Tipps

Unterkunft

Vielfach werden Unterkünfte in Barbat und Banjol pauschal als „Rab" angeboten, sie liegen allerdings ziemlich weit außerhalb des eigentlichen Rab (Altstadt); siehe Rab-Stadt.

Essen und Trinken

■ **Restauranttipp:** Von Rab kommend, zweigt unmittelbar hinter dem Eko-Centar Natura Rab in Barbat rechts ein Sträßchen ab; dann gleich wieder rechts kommt man zum **Restaurant Bimbo,** Barbat 643, Tel. 051-721176, geöffnet Mitte Mai bis Mitte Okt. 11–14 und 17–24 Uhr. Immer gut gefüllt, keine Laufkundschaft, angenehme Terrasse, super Essen (Fischteller „Bimbo"!) – eines der qualitativ besten Lokale der Insel, dabei aber insgesamt durchaus günstig.

■ Etwas näher am Ufer isst man auch gut im **Restaurant Leut,** Barbat 254, Tel. 051-724064, März bis Sept. tgl. 11–23 Uhr, geboten wird fangfrischer Fisch, aber auch die Fleischspieße sind ausgezeichnet.

■ Das kleine **Bistro-Konoba Puntica** (Tel. 051-654380) kurz vor dem Ende des Ufersträßchens linker Hand bietet Erfrischungen und Snacks wie Čevapi im Fladenbrot, Hamburger und Thunfischsandwich an.

■ **Kaštel Cocktail-Bar** und Internetcafé kurz vor dem Bootskran von Barbat am Ufer.

www.fotolia.de © Ralf Hettich

Einkaufen

An der Hauptstraße (Fährpier – Rab-Stadt) liegt im Bezirk Barbat das markante, mehrfach national und international zertifizierte **Eko-Centar Natura Rab** rechter Hand, Tel. 051-721927, wo man hauptsächlich Liköre, Honig, Früchte, Weine usw. aus ökologischem Anbau erwerben kann; eine Filiale befindet sich in Rab-Stadt am Trg Municipium Arba. Die Homepage www.natura-rab.hr informiert über weitere Details zum beginnenden Öko-Anbau auf Rab.

Nützliches

■ **Tauchbasis Mirko,** Barbat 710, Tel./Fax 051-721154, www.mirkodivingcenter.com, ganzjährig geöffnet. Arrangiert werden auch Genehmigungen und Boots-/Tauchexkursionen.

■ In der Bucht hinter dem Restaurant Leut liegen ein **Minimarkt** sowie ein Restaurant mit **Fahrrad- und Scooterverleih** (Captain's Club, Räder ab 7 €/Tag, www.captains-club.net); auch **Pensionszimmer**② und Familienapartments.

Rab-Stadt

Die Altstadt von Rab wird neben Dubrovnik oft als **schönste Stadt der kroatischen Küste** bezeichnet. Ihr unverkennbares Wahrzeichen sind die – von einem Aussichtspunkt im Ort betrachtet – vier in einer Reihe stehenden Kirchtürme.

Der Ausgangspunkt für Besichtigungstouren der Altstadt liegt am kleinen Stadtpark auf der Buchtseite, von hier verläuft die Uferpromenade Obala Krešimira IV unterhalb der sich rechts den Hügel hinauf erstreckenden Altstadt. Hier und in der Donja Ulica („Tal-

029kb wl

▷ Eine der engen Altstadtgassen in Rab-Stadt

straße") liegen etliche Bars, Restaurants und Eisdielen, das Bild der Srednja Ulica („Mittelstraße") wird von Juwelieren und Boutiquen geprägt, während die Gornja Ulica („Bergstraße") den schönsten und kulturell bedeutendsten Teil der Stadt umfasst. Rab-Stadt bietet gleich zwei zentrale Ortsplätze mit „Glanz und Gloria": den Trg Kristofora und den Trg Municipium Arba. Die Altstadt ist überwiegend für Autos gesperrt, Parkplätze (7–10 K/Std.) liegen vor der Altstadt am Hafenbecken beim Hotel Imperial.

Rab-Stadt umfasst im Kern die **Altstadt** und nördlich davon den recht zersiedelten **Bezirk Palit** mit Busbahnhof, Einkaufspassage und einigen Unterkünften. Gegenüber der Altstadt liegen die Marina und der sich nach Osten am Ufer entlang erstreckende Bereich **Banjol** (s.o.) u.a. mit dem großen Campingplatz Padova.

Sehenswertes

Trg Sv Kristofora

Es empfiehlt sich für einen allgemeinen Überblick, zunächst vom Trg Sv Kristofora die Treppen zu den gleichnamigen **Ruinen** aus dem 15. Jahrhundert hinaufzugehen – von der kleinen Galerie Vidikovac hat man den typischen Panoramablick mit den vier Türmen. Unmittelbar daneben liegt das **Kristoferus-Museum** mit Lapidarium. Die kleine **Kapelle Sv Antun** neben dem Restaurant am Trg Sv Kristofora wurde von *F. Prazza* im 17. Jh. gestiftet.

■ **Kristoferus-Museum,** Bobotine bb, Tel. 051-777341, 10–13 und 19–21 Uhr, Eintritt 10 K.

Vier Türme

Auf den Grundmauern einer Basilika aus dem 6. Jh. entstand im 11. Jh. die **Johanneskirche (Sv Ivan Evanđelista);** zu sehen sind nur noch einige Säulen und der Turm (man kann jederzeit hinauf – sehr eng, sehr schöne Aussicht). Direkt daneben steht die Kirche **Sv Križ** (Hl. Kreuz, 16. Jh.). Bemerkenswert sind hier einige Bodenmosaike, die von einer unbekannten Vorgängerkirche stammen.

Die Kirche **Sv Justina** (16. Jh.) mit einem integrierten **Sakralmuseum** ist leicht an ihrer kronenähnlichen Kirchturmspitze zu erkennen, während die Türme der anderen Kirchen spitz und kantig sind. Sehenswert ist das zentrale Altarbild „Tod des Josef" aus dem 16. Jahrhundert.

Der dritte Turm steht auf dem Areal der Kirche des Benediktinerinnenklosters **Sv Andrija** (11. Jh.), das noch von einigen Nonnen bewohnt ist. Gegenüber der Klosterkirche achte man auf die schweren, mit aufwendigen Ornamenten verzierten Türen der Privathäuser.

Der vierte und hinterste Turm schließlich gehört zur Kirche **Sv Marija Velika** (Große Maria, 1177 von Papst *Alexander III.* geweiht) mit einem sehr hübschen Marienbildnis im linken Flügel. Typisch byzantinisch sind die Säulengänge der Seitenflügel und der baldachinähnliche Hauptaltar. Da die Kirche erst im 11. Jh. gebaut wurde (lange nach Byzanz), nimmt man an, dass sie einem an gleicher Stelle erbauten älteren Vorbild nachempfunden wurde. Taufbecken und Portal (15. Jh.) stammen vom kroatischen Baumeister *Peter* aus Trogir. Die Relikte des Stadtpatrons, des Hl. Christoph, werden in der Schatzkammer auf-

5

Rab-Stadt

PALIT

1 Lopar, Mundanje, Barbat, Mišnjak

2 P **Polizei,** Kampor

5 **6** S ✉

Banka

7

8

Sportplatz

i **4**

3 ⓑ

Ⓗ ACI-Marina

Šetalište kapetana Ivana Dominisa

Šetalište Makrantuna Dominisa

9

Stadtmauer

Obala kralja

10 **11**

Trg Svetog Kristofora

12

Jurja Barakovića S

13 **i** **Kapelle Sv Antun**

19

Donja Ulica

S **20**

Trg Muni-cipium Arba

Srednja Ulica

Stadttor ★

Galerie

M

14

Kristoferus-Museum/ Lapidarium

M

16

17

18

21

Gornja Ulica

ALTSTADT

15 **Sv Ivan & Sv Križ** **i**

Trg Slobode

Stadtturm, Aussichtspunkt ★

i

Sv Justina

Fußweg
i **Kloster Sv. Eufemija**

Šetalište fra Odorika Badurine

---

bewahrt. Der frei stehende, 26 Meter hohe **Campanile** (10–13 und 19–21 Uhr, Eintritt 10 K) gilt als Paradestück des gesamten Mittelmeerraumes.

Kloster Sv Antun

Rechts um Sv Marija herum – hier hat man einen schönen **Ausblick** über die Bucht – gelangt man schließlich zum Kloster Sv Antun mit einer kleinen Ka-

pelle. Beide Gebäude wurden vermutlich Ende des 15. Jahrhunderts von *Katarina,* der letzten Frankopanenfürstin, aus Furcht vor den auf dem Festland herannahenden Türken errichtet.

Uferpromenade

Von der Ulica Gornja führen einige Treppen hinunter zum herrlichen Uferweg (bis zum Eufemija-Kloster) mit gu-

Insel Rab

BANJOL

25 26 Barbat, Mišnjak-Fähre

© Reise Know-How 2015

0 — — — 50 m

🔵 **Essen und Trinken**
5 Velum
7 Konoba Amfora
13 Restaurant Grand
16 Pizzeria San Marco
17 Konoba Rab
20 Astoria,
  Café San Antonio
21 Paradiso

🟠 **Nachtleben**
12 Disco-Bar Vox
20 Club San Antonio

🔴 **Übernachtung**
9 Hotel Imperial
10 Hotel Istra
19 Hotel
  International Rab
24 Hotel Arbiana
25 AC Padova
26 Hotel Padova

🟢 **Einkaufen/Sonstiges**
1 Supermarkt Petra
2 Konzum-Supermarkt,
  Fischgeschäft
3 Agentur Kristofor
4 Apotheke
6 Einkaufspassage,
  Markthalle
8 Drogerie dm
11 Minimarkt,
  Agenturen Katurbo,
  Numero Uno
14 Winterkino
15 Open-air-Kino
18 Minimarkt
22 Eko Centar Natura Rab
23 Automatencasino
  Admiral's Club

Petra Krešimira IV.
22
23
Stadtmauer
24
Sv Marija
Sv Antun
Kloster
Sv Andrija

ten **Bademöglichkeiten** im kristallklaren Wasser und zum angenehmen **Waldpark Komrčar,** der sich bis zum Hotel Imperial erstreckt.

Paläste

Von Sv Antun durch den Klosterpark gehend, durchschreitet man das kleine Seetor zur Uferpromenade. Es folgt der **Trg Municipium Arba,** ein zu römischen Zeiten angelegter, zentraler Stadtplatz. Hier steht das bedeutendste weltliche Bauwerk von Rab-Stadt, der ehemalige Fürstenhof (Knežev Dvor) und spätere **Rektorenpalast** aus dem 13. Jahrhundert, zu erkennen an den venezianischen Löwen, die den Balkon stützen. Weitere für das Stadtbild recht typische Familienpaläste liegen in den Gassen Donja und Srednja.

5

Sehenswertes außerhalb

Kloster Sv Eufemija

Von Rab Richtung Kampor, immer die besiedelte, aber dennoch landwirtschaftlich geprägte Hauptroute entlang, überrascht hinter einer Kurve ein verträumt liegendes Klosterareal aus dem 15. Jahrhundert, genannt Sv Eufemija. Sehr empfehlenswert ist der **Fußweg** von Rab-Stadt am Ufer entlang (ca. 1 Std.). Auf dem Hauptaltar sticht ein recht seltenes zehnteiliges, farbiges Ikonenbildnis ins Auge.

■ **Museum:** 10–12 und 16–18 Uhr, Eintritt 15 K.

Mundanje

An der Inselhauptstraße beim kleinen landwirtschaftlichen Weiler Mundanje kann man hausgemachte Weine erwerben (Schilder „vino"), je nach Saison auch Obst oder Honig. Hier lohnt die Auffahrt zum 410 Meter hohen **Kamenjak** mit einmaliger **Aussicht auf Rab-Stadt.** Das Sträßchen ist okay, aber sehr eng und erfordert bei Gegenverkehr haarsträubende Manöver – am besten sehr früh hinauffahren, wenn man mehr oder weniger allein ist (bestes Licht!).

090is wl

Praktische Tipps

An- und Weiterreise

Der **Busbahnhof** liegt günstig vor der Altstadt an der Durchfahrtsstraße, Verbindung besteht von hier sowohl zu den wichtigsten Inselorten als auch auf das Festland (u.a. Rijeka, Zagreb; Details siehe Kapitelanfang). Tickets direkt am Busbahnhof (Autotrans, Mali Palit bb, Tel. 060-306080, tgl. 5.15–19.15 Uhr).

⌃ Rab-Stadt mit den berühmten vier Türmen

Info und Agenturen

🟥 **Touristeninformation Rab,** Škver 6, am Trg Municipium Arba, Tel. 051-771111, www.rab-visit. com, Mo bis Sa 8–15 Uhr, im Sommer tgl. 8–22 Uhr, mit Filiale in der Fußgänger-Einkaufszone hinter dem Busbahnhof (tgl. 8–21 Uhr).

Unterkunftsvermittlung, Ausflüge und Geldwechsel bieten z.B. folgende **Agenturen:**
🟥 **Katurbo,** Dominisa 5, Tel. 051-724495, Fax 777015, www.katurbo.hr.
🟥 **Numero Uno,** Dominisa 5, Tel./Fax 051-724688, www.numero-uno.hr.

🟥 **Kristofor,** Palit bb (am Busbahnhof), Tel. 051-725543, www.kristofor-travel.com, bietet hauptsächlich Unterkünfte und Ausflüge an.

Unterkunft

Hotels
🟥 Segelfreunde bevorzugen das **Hotel Padova**③, Tel. 051-724544, www.imperial.hr, da es noch in Gehnähe zum Zentrum nahe der Marina liegt. Riesenanlage mit tollem Blick auf die Altstadt.
🟥 Der Zweckbau des **Hotel Imperial**③, Tel. 051-724522, www.imperial.hr, liegt gegenüber vom

5

030kb wl

Busbahnhof und wird gerne von Reisegruppen genutzt. Keine schöne Aussicht aus den meisten Zimmern, aber zentral.

◼ Das zentrale **Hotel Istra**③, Tel. 051-724276 und 724134, www.hotel-istra.hr, gilt zu Recht als ältestes und stilvollstes Hotel von Rab. Sehr schönes gehobenes Ambiente. Es lohnt der Aufpreis von 5 € für die Halbpension.

◼ Die vielleicht schönste Lage fast an der Spitze der Altstadt-Landzunge nimmt das **Hotel Arbiana**④ ein (Obala Krešimira IV Nr. 12, Tel. 051-775900, www.arbianahotel. com). 1928 als Exklusivhotel für betuchte Gäste eröffnet, bieten 28 großzügige Wohneinheiten gediegenen Luxus für die Oberklasse (alle Zimmer mit a/c, Internet, Sat-TV, Safe usw.).

◼ Alternativ empfiehlt sich noch das **Hotel International Rab**③ (ehem. Ros Maris), Obala Krešimira 4, Tel. 051-774875, www.hotelrab.com, ein umfassend renoviertes, gehobenes Mittelklassehotel am Hafen mit Hallenbad, Wellness und komfortablen Zimmern; bei Vorabbuchung über die Homepage maximal 105 €/DZ (in der Hauptsaison).

Pensionen und Ferienwohnungen

Die meisten **Privatunterkünfte** liegen im Ortsteil **Banjol** hinter dem Sportplatz (siehe „Agenturen" und Hinweise am Anfang des Rab-Kapitels).

◼ Recht beliebt im Bezirk Banjol ist die **Vila Lučica**③, Banjol 737, Tel./Fax 051-721510, hellrotes Haus mit Palme und antiker Brunnenschale davor, mit Apartments und Zimmern.

◼ Ein weiterer Anbieter ist die **Villa Petrac**③, Banjol 590, Tel. 051-771088, www.villapetrac.com, schöne Apartments für max. 8 Personen.

⌃ Gemütliche Cafés säumen den Trg Municipium Arba

■ Am anderen Ortsrand, im Distrikt Palit, empfiehlt sich die **Villa Ana**②, Tel. 051-724719, www.villaana-rab.com, Richtung Kampor kurz vor dem Kloster.

Camping

■ **AC Padova**② (Padova I bis III), Tel. 051-724355, ein gutes Stück außerhalb am kleinen Kap Artić in Banjol gelegen, zu Fuß 45 Minuten bis zur Altstadt. Infos unter www.rab-camping.com. Die Beschilderung in Rab vor dem Supermarkt Tina linker Hand beachten. Gilt als einer der besten Plätze des Landes mit gutem Freizeitangebot von Tauchschule über Rad-/Bootsverleih bis zu Wassersportvergnügungen (Banane, Parasailing).

Essen und Trinken

Cafés und Snacks

■ **Essensstände** rund um den Trg Kristofora haben oft Fettgebackenes (eine Art Minikrapfen) im Angebot, eine Spezialität auf Rab und Krk.

■ In der Fußgängerzone hinter dem Busbahnhof findet man mehrere **Cafés, Bäckereien** und **Snacklokale.**

■ Guten Cappuccino serviert das **Café San Antonio** am Trg Municipium Arba (Tel. 051-725145) mit schönem Blick über den Hafen.

Restaurants

Hier soll nicht verschwiegen werden, dass viele Lokale in Rab-Stadt (nicht alle!) vom **Tagestourismus** leben und einige Reisende daher einen gewissen Qualitätsabfall im Vergleich zu Lokalen in anderen Inselorten bemängeln; außerdem sind die Gaststätten in Rab etwas teurer (Getränke!) als gewohnt. Praktisch alle Restaurants liegen an den beiden Sträßchen Sredna und Donja Ulica, man sollte durchaus einmal beide entlanggehen und sich inspirieren lassen.

Innerhalb der Altstadt:

■ Sehr schön und zentral am Trg Kristofora wurde das **Restaurant Grand** in die Altstadtmauern integriert. Nationale und internationale Küche, geöffnet tgl. bis 23 Uhr, Tel. 051-724115.

■ In der Ulica Rabske Brigade, abzweigend von der Srednja Ulica, liegt recht versteckt mit kleinem Außenbereich die **Pizzeria San Marco,** deren Portionsgrößen legendär (Lasagne!) sind; die Getränke sind teuer, Tel. 051-724820, tgl. 11–24 Uhr.

MEIN TIPP: Mit einigen empfehlenswerten Spezialitäten wartet die rustikal-urige **Konoba Rab** auf, Branimira 3, Tel. 051-725666, März bis Oktober 10–24 Uhr, Wochenende 17–23 Uhr. Im Angebot stehen Meeresfrüchtesalat, Lamm im Tontopf oder Kalbshaxe. Auch die Getränkepreise sind für Raber Verhältnisse günstig.

■ Das **Paradiso** in der Srednja Ulica/Ecke Radića 1, Tel. 051-771109, tgl. 8–24 Uhr, an der alten Loggia bietet Frühstück, eine angeschlossene Vinothek, ein stilvolles Restaurant (im Sommer an Wochenenden Hintergrundmusik) und DZ (ab 60 € inklusive Frühstück).

■ Als eines der trendigsten Oberklasserestaurants von Rab hat sich das **Astoria** etabliert, Trg Municipium Arba 7, Tel. 051-774844, geöffnet tgl. 12–15 und 18–23 Uhr. Die Jakobsmuscheln sind ein Gedicht, ebenso die Kalmare vom Grill mit Knoblauch oder die Fischsuppe nach Hausfrauenart. Sehr lieblich schmecken die Putenmedaillons mit Pflaumen. 🦋 Hier wird Wert auf die Verarbeitung heimischer, im ökologischen Anbau erzeugter Produkte gelegt.

Vor der Altstadt:

■ Das **Restaurant Velum,** Palit 71, Tel. 051-774855, tgl. 10–24 Uhr, in der Einkaufspassage ist eines der nobleren von Rab: Pasta- und vor allem Fischspezialitäten, sehr gut sind die Riesengarnelen auf Nudeln.

■ Die kleine **Konoba Amfora** ist eines der wenigen Spanferkelrestaurants auf Rab, Banjol 1, Tel. 051-776394, tgl. 8–14 und 16–24 Uhr, Jan./Febr.

geschlossen. Einfach und zünftig, einziger Nachteil ist die Lage direkt an der Straße.

Nachtleben

■ Am Abend wird die **Disco-Bar Vox** (um die Ecke vom Trg Kristofora) vor allem von der einheimischen Jugend angesteuert.

■ Neueste Musik wird im **Club San Antonio** am Trg Municipium Arba 4, Tel. 051-724145, gespielt.

■ Im Sommer wird am Sandstrand beim alten Fährpier von Pudarica (s. Banjol) eine **Open-Air Disco** aufgebaut – ein Hit für Einheimische wie Touristen gleichermaßen.

■ Das **Open-air-Kino** (Ljetno Kino) zeigt an Sommerabenden englischsprachige Filme (Aushänge beachten).

■ An der Treppe zwischen Trg Kristofora und dem Aussichtspunkt liegt linker Hand ein Saal, der im Sommer als **Kunstgalerie,** im Winter als **Kino/Theater** dient.

■ Es wirkt in Rab ein wenig deplatziert, aber man kann rund um die Uhr im Automatenkasino **Admiral's Club** zocken (am Trg Municipium Arba 7, Tel. 051-771553).

Einkaufen

■ Selbstversorger shoppen im kleinen **Supermarkt** neben dem Hotel Istra oder in der **Einkaufspassage Banka** mit Kaufhaus hinter dem Busbahnhof; hier auch mehrere **Bäckereien** (tgl. 6.30–22 Uhr).

■ In der Einkaufspassage Banka liegt auch die Tržnica Rab (**Markthalle,** neben dem Merkur-Kaufhaus) mit Metzgerei, Fischgeschäft, Obst- und Gemüseständen (nur vormittags).

■ **Ribarnica** (Fischgeschäft): 20 m vor dem Parkplatz des Konzum-Supermarktes rechter Hand, nur vormittags geöffnet.

■ Groß sind die beiden **Supermärkte** von Rab: **Petra** (an der Hauptstraße, von Mišnjak kommend kurz vor der Kurve ins Zentrum; tgl. 7–22 Uhr) und **Konzum** (tgl. 6.30–21 Uhr; mit Bankautomat), ca. 150 m hinter dem Busbahnhof Richtung Lopar nach rechts; hier hinter dem Eingang um die Ecke Pfandflaschensammelstelle für ganz Rab.

■ **Eko Centar Natura Rab,** am Trg Municipium Arba, 9.30–13 und 19–22 Uhr, Verkaufsfiliale des Eko Centar Barbat (siehe dort).

■ **Drogerie dm:** am Hafenbecken.

Nützliches

■ **Ambulanz:** Blato 1, Tel. 051-775165.

■ **Apotheke:** neben der Touristeninformation/Einkaufspassage.

■ Die **Hauptpost** in der Einkaufspassage hat Mo bis Fr 7–20 Uhr, Sa 7–14 Uhr geöffnet.

■ **Bank/Geldautomat:** in der Altstadt am Trg Municipium Arba und in der Einkaufspassage am Busbahnhof.

■ **Marina Rab:** Tel. 051-724023, Fax 724229, www.aci-club.hr, **Hafenmeisterei:** Tel. 051-776122.

■ **Polizei:** Ortsausgang Richtung Suha Punta neben dem Fischgeschäft vor dem Konzum-Supermarkt rechts 100 m, Tel. 051-439810.

■ **Scooterverleih:** bei der Tankstelle in der Šetalište Dominisa.

■ **Bootsausflüge** arrangieren die oben genannten Agenturen, man kann aber auch direkt am Stadthafen vor der Altstadt die Boote begutachten und buchen.

■ **WLAN-Zone** ist der Trg Municipium Arba.

Halbinsel Kalifront

Suha Punta

Nördlich des Klosters Sv Eufemija Richtung Kampor setzt eine intensivere landwirtschaftliche Nutzung ein. Die **Feriensiedlung** Suha Punta unterbricht diesen Eindruck deutlich. Am Ende der **Bucht Sv Fumija** (Eufemija) zweigt die einzige befestigte Straße in ein zusammenhängendes größeres **Waldgebiet** ab. Am Ende dieses Sträßchens liegt die zu den älteren Feriensiedlungen gehörende Anlage Suha Punta, in der Sportmöglichkeiten wie Wasserski, Surfen, Reiten und Tennis angeboten werden; Fahrradverleih im Hotel Eva. Familien sollten ihren Standort eher in Lopar suchen.

Unterkunft

■ **Carolina**③, Tel. 051-669100, www.imperial rab.com. Alle Zimmer mit Seeblick.
■ **Eva**②, Tel. 051-668200, www.imperialrab.com. Tennis, Restaurant und Bootsanlegestelle.
■ **Suha Punta**②, Tel. 051-724060, www.imperial rab.com. Sehr beliebte Apartmentanlage.
■ **Villa Anka**③, Suha Punta 90, Tel. 051-724775, www.suha-punta.com. Moderne DZ mit a/c, Sat-TV und Frühstück. Das Haus liegt an der kleinen Straße zwischen den Hotels Carolina und Eva.

Schinkenbucht (Uvala Gozinka)

Die gesamte bewaldete, fast unbewohnte Halbinsel Kalifront ist mit Wegen zu den zahlreichen Badebuchten (FKK-Möglichkeiten) und Wanderwegen (teilweise beschränktes Naturschutzgebiet) durchzogen. An den Hotels selbst bestehen eher bescheidene Bademöglichkeiten, sehr schön und ruhig sind die Buchten am **Kap Kristifor** – Hinweisschilder „Uvala Gozinka/Schinkenbucht" (tatsächlich so!) an der einzigen Abzweigung von der Hauptstraße beachten.

Gleich hinter der S-Kurve in den Wald Richtung Suha Punta führt eine schmale Asphaltstraße rechts ab; hier entlang achte man linker Hand auf die **Abzweigung „Uvala Gozinka/Schinkenbucht".** Dabei handelt es sich um eine winzige Anlegestelle am Kap Kristifor mit einem sehr beliebten Uferlokal (Muscheln!) und einigen Privatvermietern.

Die Parkmöglichkeiten sind begrenzt. Wo sich das Zufahrtssträßchen gabelt, geht es links hinunter zum Lokal mit Parkplatz, rechts zu einigen Wohnungen und einem kleinen Waldparkplatz rechter Hand – hier geht es am Ende hinab zur anderen Buchtseite (**Cifnata**) mit mehreren schönen Badebuchten und Spaziermöglichkeiten. Folgt man hier immer dem Ufer-Fußweg, erreicht man u.a. eine FKK-Bucht mit beschilderten Lehrabschnitten (z.B. ein alter Meiler).

Unterkunft

Alles ist im Augenblick noch sehr untouristisch; im Folgenden einige **Zimmeranbieter** (eigentlich

`5`

gibt es hier nur einen einzigen „Clan"). DZ kosten in allen Häusern zwischen 45 und 55 €, Apartments 75–110 € für 4 bis 6 Personen. Weil Gozinka administrativ zu Kampor (s.u.) gezählt wird, lautet die offizielle Postanschrift der Vermieter „Kampor" nebst einer 100er-Hausnummer.

■ **Vila Lucija – Srečko Kurelić,** Tel. 051-772510, http://vilalucija.com.

■ **Marija Kurelić,** Kampor 100, Tel. 051-724815 (Zimmer und Apartments).

■ **Sonja i Petar Kurelić** (Tel./Fax 051-725426) oder **Vesna Kurelić,** Tel. 051-724882, www.suhapunta.info, DZ 50–58 €, 4er-Wohnung 55–90 €.

■ Sehr ansprechend ist die **Villa Felix Arbat** von den Kurelić-Sprösslingen *Frane* und *Ana,* Nr. 102, Tel. 051-772469, http://rab-gozinka.com.

Waldpark Šuma Dundo

Für längere Spaziergänge bietet sich der Waldpark Šuma Dundo an (am Hinweis „Uvala Gozinka/Schinkenbucht" geradeaus bis zur Schranke), welcher bereits in den 1950er Jahren als kleines Waldreservat eingerichtet wurde (Eintritt frei, Infos unter www.ju-priroda.hr. Hier findet man einige **ruhige Buchten** mit Bademöglichkeiten sowie unberührte Flora und Fauna, z.B. Zwergeule oder Gelbrückenmaus.

Kampor

Der Name des Ortes Kampor („Camp, Lager", gemeint ist KZ) hat einen faden Beigeschmack: Von **Juli 1942 bis September 1943** unterhielt die italienische Besatzungsmacht hier ein **Konzentrationslager,** in dem 15.000 „Staatsfeinde", großteils Juden und Slowenen, inhaftiert waren. Das ehemalige Lager ist heute ein antifaschistisches Mahnmal (Eintritt frei, Schild „Groblje Žrtava Fašista" vor dem Ort links beachten).

Kampor ist ein winziges **Fischerdorf** mit ein paar Badebuchten rund um den Ort und zwei Tauchbasen. Man wohnt hier relativ abgeschieden, dennoch gibt es alles Notwendige vor Ort im Einkaufszentrum (unübersehbar) mit Bäcker, Minimarkt und Agentur (Unterkunft, Radverleih). Die Straße ist im Ort zu Ende (Buswendeplatz), dahinter halbrechts über den Hügel verteilt liegen weitere kleine Buchten und ein schmaler, befestigter Ufer-Fußweg bis Donji Supetarska Draga.

Praktische Tipps

Unterkunft

Privatvermieter (FeWo)

■ **Ralf Waldeck**② , Kampor 396, mobil 098-1303078, www.rab-apartments.eu.

■ **Vila Staničić**② , Kampor 412, Tel. 051-776027, www.stanicic-rab.com.

■ **Fam. Gušćić**③ , Kampor 446, Tel./Fax 051-776 6695, www.guscic.com.

■ **Starturist Vile Kampor**③ , Kampor 443, Verwaltung in Rab-Stadt, Tel. 047-645600, www.villas-rab.com.

▷ In der Bucht von Supetarska Draga

Essen und Trinken

◼ Kleine Kioske und Pizzerien, z.B. **Pizzeria Victoria,** Tel. 051-776301, findet man an der Hauptstraße und am Ende des langen Strandes (am Minimarkt halblinks blickend).

◼ Mehr für das Frühstück oder einen Drink eignet sich das **Café Trto** (tgl. 7.30–24 Uhr) neben dem Minimarkt.

MEIN TIPP: Richtig gut essen kann man in Kampor im ausgezeichneten **Restaurant der Tauchbasis Kron** (s.u.): Spezialitäten sind u.a. Spieß für 2 Personen inkl. Beilagen (250 K), Seehecht in Weinsauce (75 K), ausgezeichnete Steaks, alles mit sehr guten und frischen Zutaten! Auch Paulaner Weißbier ist zu haben.

Aktivitäten

◼ **Kron Diving,** Kampor 413a, Tel. 051-776620, www.kron-diving.com, ausgezeichnete Basis, tolles Restaurant anbei, auch sehr schöne Unterkünfte.

Nützliches

◼ **Agentur Matovica,** gegenüber vom Minimarkt, Tel. 051-604199, www.matovica.hr, tgl. 7.30–22 Uhr, Räder und Scooter, Geldwechsel, Ausflüge, Unterkunft usw.

◼ Der **Minimarkt** am Ufer bietet alles Notwendige; gegenüber verkauft der **Bäcker** frische Backwaren.

Supetarska Draga

Vom 11. bis zum 16. Jahrhundert Klosterort, zieht das beidseitig der Bucht (vor der Bucht links Donji Supetarska Draga, rechts Gornji Supetarska Draga) gelegene Straßendorf in erster Linie **Wassersportler** an. Zum Baden ist der Ort weniger gut geeignet, dafür liegen die Strände von Lopar nahe.

032kb wl

Kurz vor Supetarska Draga weist ein braunes Hinweisschild auf **Sv Petar** nach rechts hin. Das **Kloster** geht auf eine großzügige Stiftung der Bürger der Stadt Rab zurück und wurde 1059 im romanischen Stil errichtet. Trotz mehrfacher Restaurationsarbeiten gilt Sv Petar als eine der am besten erhaltenen Sakralanlagen des Landes, deren Glockenturm die älteste Glocke Kroatiens beherbergt.

MEIN TIPP: Richtung Lopar nach dem Ortsausgang liegt linker Hand ein größerer **Aussichtspunkt-Parkplatz** – unbedingt halten, denn der Ausblick ist wirklich toll! Die Bucht unten ist trotz des Fährwracks aber nicht empfehlenswert; 200 Meter weiter folgt links ein Feldplatz (Parkmöglichkeit), dann dem Trampelpfad halbrechts folgen.

Praktische Tipps

Unterkunft

Es werden ausschließlich **Ferienwohnungen bzw. Zimmer** angeboten, und zwar sowohl links in Donji Supetarska Draga (Dumići, Gonar) in den Hängen als auch in Gornji Supetarska Draga entlang der langen Durchgangsstraße. Schöner und auch ruhiger wohnt (und isst) man im Bezirk Donji Supetarska Draga, der ziemlich verstreut in die Hügel gebaut ist.

■ Man kann entweder über eine der Agenturen (siehe Rab), allgemeine Webseiten (siehe „Unterkunft" zur Insel Rab allgemein) oder direkt über die Webseiten der Vermieter Vorabbuchungen vornehmen, z.B. **M. Dumić,** Sup. Draga 245, Tel. 051-776158, www.sikic-rab.com; **S. Dumi,** Sup. Draga 263, Tel. 051-776122, www.arbia.hr; **Z. Eminefendić,** Sup. Draga 469, Tel. 051-776435, www.arbia.hr; **F. Gulić,** Sup. Draga 399, Tel. 051-776227,

www.apartments-subic-rab.com. Alle genannten Vermieter haben mehrere Wohnungen im Angebot und liegen in einer Preisklasse zwischen 45 und 110 €/Tag je nach Größe und Saison.

■ Die **Pension Royal**③, Donji Sup. Draga, www.rab-royal.com, Tel./Fax 051-776320, hat Zimmer und Apartments inkl. Tennis, Fitness und Bootsanlegeplatz direkt vor der Tür; WLAN und Liegeplatz für Bootsbesitzer inklusive.

■ Sehr günstig kommt man im **Belveder**①-② unter, Tel. 051-776162, www.belveder-rab.com.

Essen und Trinken

■ Marktführer vor Ort ist das **Belveder-Stiegenwirt,** Donji Sup. Draga 223, Tel. 051-776162, geöffnet 8–24 Uhr; sehr schöne Terrasse.

■ Das **Restaurant Valentino** in Donji Sup. Draga bietet gutbürgerliche Küche zu überraschend günstigen Preisen; viele Einheimische. Tel. 051-776588, ab 17 Uhr. Vermieten auch **Apartments**②.

■ Am Ende des Sträßchens, Donji Sup. Draga-Gonar, Dreiergabel rechts, liegt die **Konoba Gonar,** Tel. 051-776638, tgl. 10–24 Uhr. Kroatische Küche, frischer Fisch.

■ **Bistro Snoopy,** Donji Sup. Draga-Gonar, Dreiergabel geradeaus, hier führt auch ein Uferweg nach Kampor, geöffnet tgl. 9–24 Uhr, Tel. 051-776749. Es gibt Snacks und merkwürdig anmutende Katergerichte wie Rührei mit Oktopus.

■ Um die Ecke vom Snoopy beginnt ein kleiner Promenadenweg mit dem **Restaurant More,** Tel. 051-776457. Schöne Terrasse, große Auswahl von Pizza über Snacks (Schinken, Čevapi) bis hin zu feinen Fischmenüs.

Aktivitäten

■ Die **Agentur Valentino,** Donji Sup. Draga, bietet neben Unterkunftsvermittlung auch Bootsverleih.

5

■ **Bademöglichkeiten** beim Restaurant More (betonierte Liegeflächen); hier auch **Telefonzellen.**

■ **Nautic-Bootsverleih** und **Wassersport:** am Badeufer beim Restaurant More (tgl. 9.30–18 Uhr), Boote ab 100 K/Stunde, Motorjachten ab 1500 K/Tag, Infos und Buchung unter www.nautic.hr. Ebenso der Bootsverleih Dumičić, mobil 098-289686.

■ **Aquasport Diving,** Donji Sup. Draga-Gonar (an der Dreiergabelung rechts), Tel. 051-776145, www.aquasport.hr, vermietet auch **Zimmer**① und **Apartments**②.

Nützliches

■ **Bäckerei** und **Minimarkt** an der Durchfahrtsstraße (Gornji Sup. Draga).

■ **Marina,** Tel. 051-776268, Fax 776222.

Lopar

Lopar, die zweitgrößte Siedlung auf Rab und **Fährhafen nach Krk** (ca. 1300 Einwohner), lebt vom Tourismus und von den zahlreichen Wein- und Gemüsepflanzungen außerhalb. Im Ort bietet fast jedes zweite Haus Privatzimmer an. Lopar verfügt über mehr als zwanzig Badebuchten, von denen drei (Ciganka, Sahara und Stolac) den Nudisten vorbehalten sind. Insgesamt ein **idealer Ferienort für Familien mit Kindern** sowie für jüngere Reisende, denen Rab-Stadt und Suha Punta zu „gediegen" sind.

Hauptstrand ist die weitläufige, kinderfreundliche, flache ==Sandbucht San Marino== (Veli Mel) mit dem riesigen Campingplatz. Der Legende zufolge war ein gewisser Marin von Lopar der Gründer der Schwestergemeinde San Marino auf der anderen Seite der Adria.

Das Areal ist vollständig erschlossen mit Bars, Snackbuden, Restaurants, Souvenirständen sowie Wassersport (linkes Buchtende Richtung Hotels). Man kann ein Inselchen in der Bucht erkennen, ein beliebtes Ziel von Tretbootfahrern. Erwachsene können zwei Drittel des Weges durch das flache Wasser gehen, sodass man auch ohne Boot hinüberkommt.

Weitere Buchten auf der Halbinsel

Tipp: Die **ruhigen Badebuchten** liegen alle etwas abseits der Siedlung Lopar auf der Nordseite der gleichnamigen Halbinsel. Am einfachsten orientiert man sich an der Ortseingangsgabel (bei der Touristeninformation) und fährt/ geht links, bis nach ca. 200 Metern ein Schild auf das Restaurant „Madonna" hinweist; man folgt diesem Hinweis und dem befestigten Weg am Restaurant vorbei in den Wald hinauf bis zu einem Parkplatz. Dort geht es nur zu Fuß (im Sommer wird der weitere Weg versperrt) geradeaus weiter bis zu Wegweisern (mit Entfernungsangaben) zu den einzelnen Buchten. Hier kann man der Beschilderung **„Ciganka"** – Bucht – folgen (sehr schön, zwei FKK-Abschnitte).

Die **anderen Buchten** des Wegweisers wie Dubac, Sturić etc. erreicht man auch und etwas schneller, wenn man an der Gabelung bei der Touristeninformation immer geradeaus (Kirche im Blick) das Gässchen hinauffährt (beschildert).

5

Praktische Tipps

An- und Weiterreise

■ **Bushaltestelle:** an der Agentur Numero Uno/ Campingzufahrt und kurz vor dem Fährpier. 11x tgl. von/nach Rab (20 K); letzter Bus 20.04 Uhr.
■ Die **Parkplätze** an der Straße sind im Hochsommer gebührenpflichtig.
■ **Autofähre Lopar – Valbiska (Krk):** 4x tgl. ganzjährig (s. Kapitelanfang).

Info und Agenturen

■ **Touristeninformation Lopar,** Tel. 051-775 508, www.lopar.com, am Ortseingang/Gabelung linker Hand, tgl. 7.30–20 Uhr.
■ **Agentur Numero Uno,** am Minimarkt/Abzweigung zum Camp, Tel. 051-775073, www.numero-uno.hr, geöffnet tgl. 8–22 Uhr. Ausflüge, Geldwechsel, Unterkunft, Internetcafé, Fahrzeugverleih, Radverleih usw.

Lopar-Halbinsel — 0 ▬▬ 200 m ©Reise Know-How 2015

Kvarner01

RAPSKI KANAL

RT Gros
Podšilo-Bucht
Saramić
Brneštrilje
FKK SAHARA
Tanki rt
RT Sturić
Dubać-Bucht
RT Stojan
FKK
Ciganka-Bucht
Sturić-Bucht
BRAJNINA
FKK
LOPAR
GLAVIČICE
Matahlići
Andreškići
Paparići
Waldparkplatz
RT Zidine
Siće
Perići
San Marino
Javorno
Dražica
Tennis/Sportanlagen
Crkvena
Skalice
9
Hauptstrand
Valbiska (Krk)
Podfranovo
Lopar
Jerići
3 **4 5 6** **8**
Crnika
Lopar **Spielplatz**
Rab-Stadt
7
2

■ Übernachtung
3 Hotel San Marino
4 Hotel Epario
5 Aptm. Paparić
6 Aptm. Lorena
7 AC San Marino
9 Aptm. Jerić
10 Pension Dragica
11 Pension Lavanda

■ Essen und Trinken
1 Madonna
10 Dragica, Sv Marin

■ Einkaufen/Sonstiges
2 Bäcker, Minimarkt
8 Minimarkt,
   Agentur Nr. Uno

Unterkunft

Die Hotels liegen in der Zufahrt zur Badebucht.

■ **San Marino**③, Tel. 051-775144, www.imperial.hr. Riesenkomplex mit über 1000 Betten.

■ **Epario**③, kurz vor der Zufahrt zum Campingplatz/San-Marino-Strand linker Hand, etwas abseits vom Trubel, Tel. 051-777500, www.epario.net. Fitness, Kinderbetreuung, Sportcamps usw., 28 Zimmer, familiär.

■ **Apartments Paparić**②, Lopar 466, zentral und doch etwas abseits des Trubels, Tel. 051-775308, www.rajka-lopar.com. Insgesamt vier schöne und große Wohnungen für 4 Personen.

■ Gegenüber der Parkplätze am großen Strand (neben dem Bäcker) liegen die **Apartmani Lorena**③, Lopar 491, Tel. 051-775575, www.apartmani-lorena-lopar.com, mit modernen, hellen Wohneinheiten.

■ Dem Sträßchen Richtung Fähre folgend, liegen noch vor den großen Hotels rechter Hand oberhalb der Bucht die **Apartmani Jerić**②, Lopar 555, Tel. 051-775320, www.rab-jeric.com. Apartments für 2 bis 6 Personen.

■ Sehr beliebt ist auch die **Pension Lavanda**② am Hügel im Hotelbereich (Lopar bb, Tel./Fax 051-775399, www.pension-lavanda.com). DZ inkl. Halbpension, Sat-TV, Internet, Balkon, Meerblick, Apartments mit ähnlicher Ausstattung.

■ Schließlich sei noch auf die **Pension Dragica**② (s.a. „Essen und Trinken") verwiesen.

■ Weitere Wohnungsanbieter findet man online unter www.reisen-nach-rab.com und www.apartmani-rab.net.

Camping

■ **AC San Marino**③, Tel. 051-775133, www.imperial.hr. Sehr großer Platz am Strand mit etlichen Sportangeboten und Tauchbasis Moby Dick (s.u.), Boots-, Scooter-, Wasserskiverleih (am Ufer, mobil 098-9702439) u.Ä. mehr. Besonders gut sind hier die Einkaufsmöglichkeiten (für jedermann zugänglich, s.u.), weniger gut ist das eintönige Erscheinungsbild der Parzellen, das einem Schrebergarten-Musterkatalog entnommen sein könnte – es fehlen nur noch die Gartenzwerge …

Essen und Trinken

Das gastronomische Angebot in und um Lopar entspricht der touristischen Bedeutung des Ortes, kurz: Man kann hier sehr gut essen. Die Betreiber sind in aller Regel keine Pächter (wie in Rab), sondern Eigentümer und somit noch mehr auf wiederkehrende Besucher angewiesen.

■ Eines der versteckten Lokale von Lopar ist das **Restaurant Madonna,** Lopar 38, Tel. 051-775173, geöffnet 12–15.30 und 17.30–23 Uhr. Gutbürgerliche Küche, schöne Terrasse und gute Fleisch- und Fischgerichte. Vor der Fähre nach rechts beschildert.

MEIN TIPP: Das **Sv Marin** an dem Sträßchen zum Hotelbereich linker Hand, Tel. 051-775074, verfügt über einen schönen Außenbereich (Veranda), serviert großartige Pizzen, aber auch Eintopf Hausmacher Art, Gulasch, gefüllte Paprika und sonstige Leckereien.

■ Ganz in der Nähe liegt die **Pension Dragica,** Tel. 051-775420, www.pensiondragica.com, mit Internetcafé, Bootsverleih, Pensions- und Restaurantbetrieb. Einfache und leckere Kost nicht nur für Gäste.

■ **Obst- und Grillhähnchenstände** *(pečeni pilić)* an der Abzweigung zum Campingplatz; **Snacklokale** am linken Buchtabschnitt mit Tischtennis, Spielplätzen usw.

Nachtleben

■ Ein kleines **Vergnügungszentrum (Marineros)** mit Bars, Billard, Kinderbelustigung (Trampolin, Hüpfburg) und abendlicher Sommerdisco (Millennium, tgl. 21–4.30 Uhr) liegt neben dem Parkplatz am Hauptstrand.

5

■ An Wochenenden bietet die **Sunset Bar** am Nordrand der Siedlung während der Sommermonate Live-Musik, an Donnerstagen Beachparty.

Einkaufen

■ **Minimarkt, Apotheke** und **Bäckerei** finden sich rund um den Kreisel bei der Touristeninforma-tion am Ortseingang; ein zweiter Minimarkt (tgl. 7–21 Uhr, So bis 20 Uhr) mit Geldautomat und Bä-ckerei (tgl. 6–21 Uhr) liegt vor der Zufahrt zum Campingplatz.

■ **Fischgeschäft** (tgl. 7–11 Uhr), **Metzgerei** (Mo bis Fr 7–19.30 Uhr, Sa/So 8–12.30 und 17–19.30 Uhr), **Bäckerei** (tgl. 7–22 Uhr), **Zeitschriftenhan-del** und **Minimarkt** (tgl. 7–21 Uhr) auf dem Cam-pingplatz AC San Marino.

085kb wl

■ Auch auf der anderen Ortsseite Richtung Pier kann man im **Minimarkt** und in der **Bäckerei** (gegenüber vom Kinderspielplatz) einkaufen.

Aktivitäten

■ **Ausflugsboote** zu den Inseln Goli Otok und Sv Grgur fahren unregelmäßig am Pier unterhalb des Hotelbereiches ab; hier auch **Wassersport** (Jetski, Banane, Glasbodenboot usw.) sowie **Bootsverleih** direkt am Pier. Reservierung unter mobil 091-5258147 sowie 091-5391300.

■ Am Nordrand der Bucht **Tennis** (ab 10 €/Stunde), **Minigolf** (20 K), **Tischtennis** (30 K/Stunde), Sonnenschirm- und Liegestuhlverleih.

■ **Tauchen: Moby Dick,** Tel. 051-775577, http://mobydick-diving.com, im AC San Marino (s.o.).

■ **Wassersport aller Art** aller Art unterhalb des Hotelkomplexes San Marino, im Campingareal und entlang des San-Marino-Strandes.

Nützliches

■ Eine **Touristenbahn** verkehrt tagsüber zwischen den einzelnen Ortsteilen von Lopar entlang der Hauptstraße.

■ **Geldautomat:** neben der Touristeninformation.

■ **WLAN-Hotspots** am Fährpier und an der Touristeninformation.

■ **Post:** am kleinen Platz neben der Touristeninformation, Mo–Fr 8–21 Uhr (Pause 16–17 Uhr), Sa 8–12 Uhr.

■ **Süßwasserduschen** bei den Tennisplätzen am Uferweg.

■ **Ambulanz:** an der Hauptstraße gegenüber der Agentur Numero Uno, Tel. 051- 775165.

◁ Flache Sandbuchten prägen die Halbinsel Lopar

Inseln Sv Grgur und Goli Otok

Von Lopar aus können zwei größere **vorgelagerte Inseln** im Rahmen eines Ausfluges besucht werden, wobei die beiden sehr unterschiedlich sind.

Goli Otok

Heute zwar gänzlich **unbewohnt,** findet man dennoch zahlreiche Spuren einstiger menschlicher Aufenthalte auf Goli Otok. Lange Zeit diente die Insel als ein Weidegebiet für Schafe, wovon noch einige verfallene Hirtenschutzhütten und Zisternen zeugen. Nach dem Zweiten Weltkrieg suchten die Schergen Titos

www.fotolia.de © LianeM

◰ Kleine, unbewohnte Inseln liegen zwischen Rab, Krk und dem Festland

3000 gleichzeitig – mussten unter härtesten Bedingungen Schwerstarbeit (Steinbruch und Marmorwerke) verrichten. Interessante Details und zahlreiche Hintergrundinformationen findet man bei einem sehr guten virtuellen Rundgang auf der (auch deutschsprachigen) Internetseite www.goliotok.com. Nach dem Zerfall Jugoslawiens wurde das Gefängnis als Synonym für menschenunwürdige Haftbedingungen geschlossen, Goli Otok ist seither unbewohnt. Bunker, Gleisanlagen, Fabriken und Gefängnis können besichtigt werden, ein kleines Restaurant bietet während der Sommermonate Erfrischungen und Snacks.

Sv Grgur

Die größere der beiden Inseln, Sv. Grgur, umfasst 6,4 km². Ähnlich wie Goli Otok war auch Sv Grgur eine **Gefängnisinsel,** allerdings ausschließlich für Frauen. Die Anstalt ist allerdings schon seit etwa 1980 geschlossen und der Zerfall relativ weit fortgeschritten, sodass Goli Otok die interessantere, Sv Grgur die unberührtere der beiden Inseln ist.

Anfahrt

Das übliche Programm beinhaltet eine etwa dreieinhalbstündige **Bootstour** mit insgesamt jeweils einer Stunde Aufenthalt pro Insel, wobei einige Ausflugsanbieter auch gezielt eine Insel anfahren und z.B. einen mehrstündigen **Badeaufenthalt** anbieten.

■ Als ein Beispiel sei das **Glasbodenboot „San Marino"** genannt (mobil 098-424660), das täglich um 10.30 und 15.30 Uhr in Lopar ablegt (etwa 20 €/ Person, Kinder 50 %).

nach einem geeigneten „Gulag" für politische und schwerkriminelle (männliche) Häftlinge – man fand es auf dem nur 4,5 km² großen Goli Otok und errichtete dort ein **Hochsicherheitsgefängnis,** welches von 1949 bis 1988 in Betrieb war. Die Gefangenen – bis zu

Dalmatien ist der Küstenstreifen, der sich über mehrere Hundert Kilometer, immer schmaler werdend, nach Süden zieht und Kroatien seine charakteristische Form verleiht: der untere Teil des „Bumerangs". Der Norden der Region präsentiert das, wofür

6 Norddalmatien

Dalmatien bekannt ist: unzählige kleine Inseln und Halbinseln, die dem Festland vorgelagert sind und mit malerischen Stränden und Buchten Wassersportfreunde und Badehungrige anlocken.

Zagreb
Rijeka   Karlovac
Krk
Cres
Pag
Zadar
Split
Brač
Vis   Hvar
Korčula
Dubrovnik

◁ Inseln zwischen Dugi Otok und Ugljan

6

Norddalmatien

0 ━━━━━━ 20 km

RAB
Rab
Stinica   Senj, Rijeka   Otočac   A1   Karlovac,   Korenica
206   Plitwitzer Seen
Lun   Mišnjak   Jablanac   Gornji
Stara   Košinj   Perušić   E65   Bunić
Novalja   Prizna   Lički Osik
200
Novalja   Žigljen
Karlobag   Gospić   Udbina
Kolan   Metajna
Mandre   Šimuni   ▲ Sv Vid   Lukovo   Medac   Jadova
247   246   Maun   Šugarje
Silba   Olib   207
198   Pag
PAG   213   Gorica   Barić Draga   Raduč   Lovinac
Sil016   Olib   Vela   195
Blato   Dinjiška   Nationalpark
Premuda   250   249   222   Povljana   Smokvica   215   Paklenica
Lošinj   Lozice
Škrda   Ist   Vir   Vlasići   Rtina
248   Torovi   Vir   Ražanac   Starigrad
Molat   215
Nin   240   Maslenica   Jasenice Muškovci
253   Posedarje   244   Zrmanja
Leuchtturm   269   Novigrader
Ancona   270   Božava   Ugljan   224   A1   Meer   Obrovac
Veli Rat   Sakarun-   251   Zadar   E65   Novigrad   239
Bucht   UGLJAN   Preko   Karin Gornji
Brbinj   267   Sukošan   Donji Karin
Iž   Kukljica   277   Benkovac   Rodaljice
268   264   Sveti   Sveti Filip i Jakov
DUGI OTOK   Petar   279   Vrana   Žažvić
272   Pašman   Biograd   281
Sali   PAŠMAN   na Moru   Vraner
Tkon   See
Žut   Pakoštane   284
Drage   Pirovac
274   Betina   Tisno   290
Murter   284
Nationalpark   MURTER   Jezera   Vodice
Kornaten   Kornat   310
Žirje

A D R I A T I S C H E S

M E E R

© REISE KNOW-HOW 2015
Dalma02

NORD-DALMATIEN

Die Region rund um Zadar darf getrost als das abwechslungsreichste Gebiet Dalmatiens bezeichnet werden: Dutzende größerer und kleinerer Inseln sind von Zadar aus erreichbar, ein interessantes Hinterland mit zwei atemberaubenden Nationalparks lockt, und auch ein halbes Dutzend historisch und architektonisch faszinierender Kleinstädte zieht den interessierten Besucher in seinen Bann – nicht zu vergessen Zadar selbst, jene verwaltungstechnisch, logistisch und historisch bedeutendste Stadt des nördlichen Dalmatien.

➡ Die kleinste Kathedrale der Welt – **Sv Križ in Nin** | 217

➡ Kunstgenuss der besonderen Art – **die Meeresorgel von Zadar** | 232

➡ Tollster Strand der norddalmatischen Inseln – **die Sakarun-Bucht auf Dugi Otok** | 270

➡ Kroatiens größtes Süßwasserreservoir – **der Vraner See** | 281

NICHT VERPASSEN!

Diese Tipps erkennt man an der <mark>**gelben Hinterlegung.**</mark>

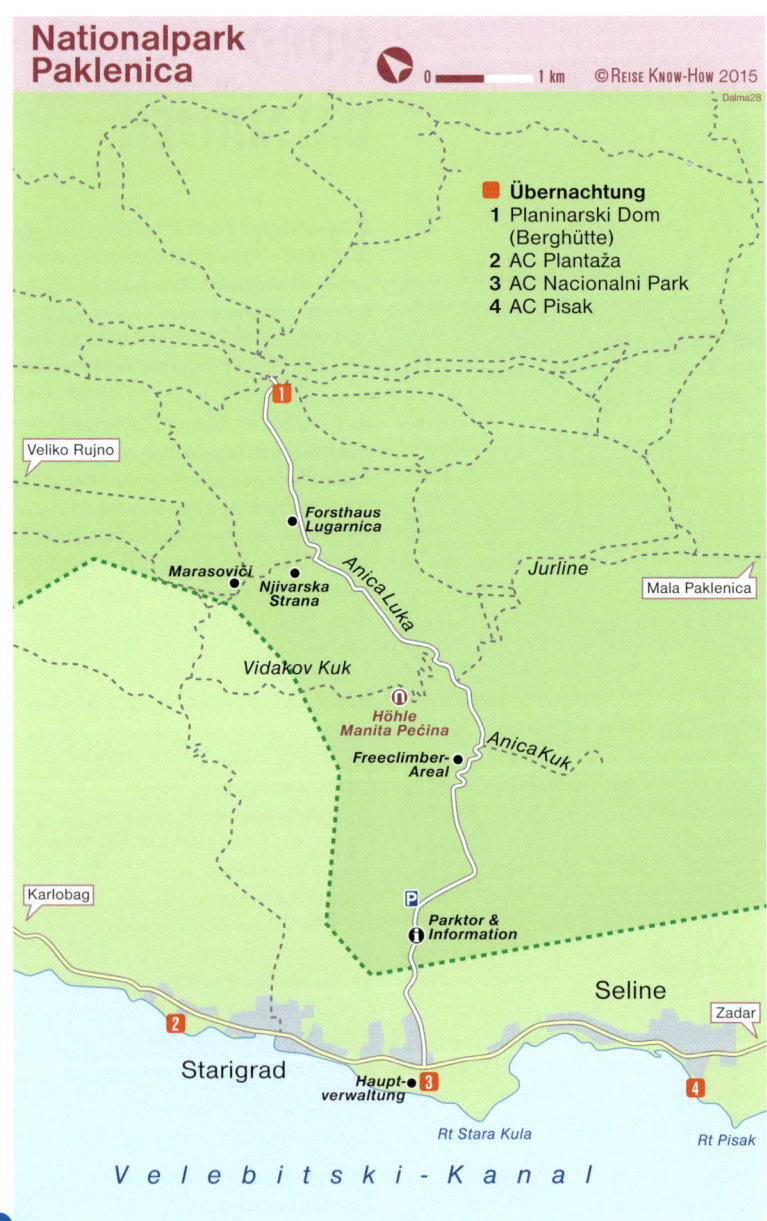

Nationalpark Paklenica

0 _____ 1 km © REISE KNOW-HOW 2015

Dalma28

■ Übernachtung
1 Planinarski Dom (Berghütte)
2 AC Plantaža
3 AC Nacionalni Park
4 AC Pisak

1

Veliko Rujno

Forsthaus Lugarnica

Marasovići

Njivarska Strana

Anica Luka

Jurline

Mala Paklenica

Vidakov Kuk

Höhle Manita Pećina

Freeclimber-Areal

Anica Kuk

Karlobag

P

Parktor & Information

Seline

Zadar

2

Starigrad

Haupt-verwaltung **3**

4

Rt Stara Kula

Rt Pisak

V e l e b i t s k i - K a n a l

Norddalmatien

Nationalpark Paklenica

Seien wir ehrlich: So schön und reizvoll die unterschiedlichen Regionen und Orte eines Küstenlandes auch sein mögen, nach einer Weile gelüstet es den Reisenden danach, das Hinterland zu erkunden oder die atemberaubende Berglandschaft aus der Nähe zu sehen. Es gibt nur wenige Möglichkeiten, das **Velebit-Gebirge** so intensiv kennenzulernen wie im küstennahen Nationalpark Paklenica. Ohne zu große Erwartungen wecken zu wollen – ein Tag in Paklenica wird zu einem bleibenden Erlebnis!

🦋 Faszinierend sind das phänomenale **Bergpanorama** und die **reiche Pflanzen- und Tierwelt:** Über 200 Vogelarten kreisen an den Hängen; Marder, Wiesel, Wolf oder Wildschwein kann man mit Glück, Schlangen, Feuersalamander und andere Reptilien durchaus häufig beobachten. Der Nationalpark Paklenica steht in einem interessanten Kontrast zur sonst dominierenden Meereswelt in Dalmatien.

Während der großen **Waldbrände** in Südeuropa in den vergangenen Jahren wurde auch Paklenica in Mitleidenschaft gezogen; Feuerwehren der Region waren im Dauereinsatz, etliche Hektar Waldbestand wurden vernichtet. Dennoch kam Kroatien insgesamt, verglichen etwa mit Griechenland oder Italien, relativ glimpflich davon, insbesondere kamen keine Menschen ums Leben, die Region Starigrad musste auch nicht evakuiert werden.

Campen, Pflanzen sammeln oder gar Jagen sind im Park selbstverständlich tabu, Zuwiderhandlungen werden ebenso wie Umweltverschmutzung streng geahndet. **Bergkletterer** dürfen nur an ausgewiesenen Stellen klettern (Anmeldung am Parkeingang erforderlich). Das Areal ist nicht kinderwagen- oder rollstuhlgeeignet.

Ausgangspunkt für einen Parkbesuch ist der Ort **Starigrad** an der Küste, der aufgrund seines guten touristischen Angebotes vor allem bei Kletterern und Freeclimbern ein sehr beliebter Standort ist. Baden ist hier in bescheidenem Umfang möglich. An der kleinen Marina liegen der Markt sowie – für größere Expeditionen wichtig – die **Hauptverwaltung** des Nationalparks.

Zufahrt

Die Zufahrt zum Park liegt 200 Meter südlich des Hotels Alan an der Hauptstraße (braunes Schild) und führt vorbei am malerischen Gehöft Škinjići zum **Parkeingang** (Eintritt 50 K, Kinder 30 K, Okt.–April 40 K bzw. 20 K, Faltblatt, Infos und Wanderkarten erhältlich, www.np-paklenica.hr). Von hier fährt man noch zwei Kilometer weiter die Schlucht hinauf zum Parkplatz, wo der Fußweg beginnt. Zahllose hervorragend **ausgeschilderte Wanderwege** durchkreuzen das Gebiet; wer Gipfel in Angriff nehmen oder Mehrtagestouren vornehmen möchte, wende sich an die Parkverwaltung. Auch die Besichtigung der Höhle Manita Pećina ist nur in Begleitung möglich.

Wandern

Zu empfehlen ist unbedingt der **Haupt-pfad durch die Freeclimber-Schlucht,** über den man die Serpentinen hinauf zum Höhenweg Anica Luka gelangt. Das Geröllfeld rechter Hand (Schild „Anica Kuk") gibt den Blick auf einen Brutfelsen seltener **Greifvögel** frei (u.a. Weißkopf-geier), ist aber recht schwierig zu bege-hen. Ein Stückchen weiter auf dem Hauptweg sprudelt eine Quelle – das fri-sche Gebirgswasser kann ab hier an mehreren Stellen des Weges genossen werden (Feldflasche mitnehmen!). Die **Abzweigung „Jurline/Mala Paklenica"** führt zum unberührtesten und damit wohl auch malerischsten Teil des Parks (vor der Wanderung nach der aktuellen Wegequalität fragen!); gleiches gilt für die Abzweigung nach links zur **Höhle Manita Pećina.**

Der **Hauptweg** ist weiter beschildert mit „Šumarska Kuta Lugarnica" (Forst-haus) und „Planinarski Dom" (Berg-haus). In beiden ist tgl. von 10–17 Uhr Einkehr möglich, diese empfiehlt sich aber erst oben in der **Berghütte,** wo klei-ne Snacks und warme Getränke angebo-ten werden (ca. 2 Std. Gehzeit ab Park-platz). Das Berghaus bietet auch Schlaf-saalunterkunft an (Schlafsack erforder-lich, Reservierung unter Tel. 023-301636, www.pdpaklenica.hr).

MEIN TIPP: Badesachen mitbringen, ein **Naturpool** lädt zur Erfrischung ein!

Von hier aus gibt es etliche interessan-te Möglichkeiten des Weiterwanderns, eine Detailkarte hängt oben am Berg-Blockhaus. Um einen kleinen **Rundweg** zurück zum Parkeingang zu gehen, halte man sich unmittelbar vor der Hütte ste-hend links (Veliko Rujno) und dann wei-

terhin stets links („Marasoviči", „Nji-varska Strana", 5 Std. Gesamtgehzeit).

Wählt man einen weiteren **Umweg über die Höhle** („Marasoviči/Manita Pećina", 6 Std. Gesamtgehzeit), gelangt man zurück zum Hauptpfad.

Wer längere, eventuell mehrtägige Wanderungen, Mountainbiketouren oder auch Klettern im Park anstrebt, sollte über die örtlichen Anbieter (z.B. Wanderverein Malacka, Tel. 021-230 149) oder vor allem über die Parkver-waltung buchen (Tuđmana 14a, Stari-grad, Tel. 023-369155 und 369803, www. paklenica.hr, zusätzliche Beschreibun-gen unter www.bergsteigen.at, www.faszi nation-kroatien.de/paklenica.htm). Hier kann man unter mehreren geführten Halbtages- und Tagestouren (ab 400 K/ Gruppe) in unterschiedlichen Schwie-rigkeitskategorien auswählen.

Praktische Tipps

Unterkunft

Hotels

■ Das **Hotel Alan**④, Dr. Tuđmana 14, Starigrad, Tel. 023-209050, www.hotel-alan.hr, bietet DZ und Apartments. Gehört zur Bluesun-Gruppe und arran-giert auch Halbtages- und Tagestouren wie Rafting, in die Nationalparks Krka und Plitvice – und natür-lich in den Paklenica-Park. Zum Hotel gehört ein eigener Campingplatz (www.hotel-alan.hr/camp-paklenica.aspx).

■ Etwas günstiger kommt man im **Vicko**③, J. Do-koze 20, Tel./Fax 023-369304, www.hotel-vicko.hr, unter, wo man wahlweise im Hoteldoppelzimmer

▷ Der Nationalpark Paclenica im küstennahen Velebit-Gebirge ist ein beliebtes Ziel zum Wandern und Freeclimbing

002da wl

(knapp 100 €/2 Personen mit Frühstück) oder in Zimmern bzw. kleinen Apartments in der ange-schlossenen Villa Vicko (etwas teurer) unterkom-men kann.

Ferienwohnungen

■ Unterkunftsangebote auch unter www.stari grad-paklenica.net oder www.dalmacija.net/desti nation/Starigrad-Paklenica.

■ Wer sich länger hier aufhalten möchte, wird sicherlich sowohl nah am Park als auch ufernah wohnen wollen; hier bieten sich die **Apartments Mia**③ an (Velebitska 25, Starigrad-Paklenica, Tel. 023-235335, www.apartmani-paklenica-dalmacija.htnet.hr), 4–8 Personen.

Camping

■ Direkt am Ufer und beim Parkzentrum liegt das **AC Nacionalni Park**② (Tel. 023-369202, www.paklenica.hr), das sehr einfach ausgestattet ist und hauptsächlich von Klettersportlern genutzt wird.

■ 2 km vom Park entfernt bei Seline bietet sich alternativ das **AC Pisak**① (Tel. 023-656129, www.autokamp-pisak.com) mit Mobilheim-/Bungalowvermietung an.

■ Etwas mehr Komfort bietet das **AC Plantaža**② (Put Plantaže 2, Tel. 023-369188, www. plantaza.com) mit Minimarkt, Snacklokal, Sportmöglichkeiten Bootsverleih, Zimmer-/Apartmentvermietung und einigen Mietbungalows.

003da wl

Insel Pag

Die 63 km lange und nur 1,5–11 km breite Insel Pag (305 km²) zählt zwar administrativ zum Verwaltungsgebiet Rab und somit streng genommen zu den Inseln der Kvarner Bucht, doch nicht nur die logistische Anbindung durch die **Brücke bei Zadar,** sondern vor allem die **karge Landschaft** machen Pag in vielerlei Hinsicht zum „nördlichsten Teil Dalmatiens". Von der bizarr-faszinierenden Landschaft abgesehen, lohnt sich der Besuch der Insel besonders wegen der interessanten Städte Novalja und Pag. Die knapp 8500 Einwohner leben traditionell vom Wein- und Olivenanbau sowie von der Schafzucht, vor allem die jüngere Generation konzentriert sich aber vorwiegend auf den allmählich aufblühenden Tourismus. Am Zrce-Beach bei Novalja entstand eine der beliebtesten Partymeilen Europas, die inzwischen an Agia Napa/Zypern oder Ibiza heranreicht. Zwei besondere Spezialitäten von Pag sind hervorzuheben: zum einen der landesweit berühmte **Pager Schafskäse** (*paški sir*), zum anderen die Pager **Spitzen-Stickereien.** Die Stickkunst führte 1906 sogar zur Gründung einer eigenen „Spitzenstick-Schule" im Hauptort Pag-Stadt.

Geschichte

Wie andere kroatische Adriainseln kannte auch Pag **jungsteinzeitliche Besiedlung.** Historische Erwähnung aber fand die Insel erstmals während der römischen Kolonisation im 1. Jahrhundert, als die Römer hier illyrisch-liburnische Grabstätten und Siedler vorfanden und beschrieben. So nimmt man an, dass der Name Pag vom lateinischen *pagus* (Dorf) stammt. Nach dem Untergang Westroms im Jahr 476 fiel Pag nominell an **Ostrom** (Byzanz, siehe Glossar), wurde aber von kroatischen Königen verwaltet. Damit begann auch jenes permanente Wechselspiel in der Oberhoheit über Pag, welches noch heute die Frage aufwirft, ob die Insel eher zu Dalmatien oder zu Nordkroatien (Kvarner) zu zählen ist: König *Krešimir IV.* nämlich schenkte 1078 den Nordteil von Pag an die Stadt Rab, wohingegen der Südteil an Zadar fiel. Und damit war Pag zum Spielball der unterschiedlichen Interessen geworden: Ungarn/Kroatien kämpfte gegen Venedig um Rab, und Rab wiederum kämpfte gegen Zadar um Pag. Der Grund war das **Salz der Salinen von Pag,** ein bis in die Neuzeit höchst wertvolles Handelsgut. Venedig errang schließlich 1376 den politischen Sieg (Abtretung der Oberhoheit durch Kroatenkönig *Ludovig Veliki*). Erst unter den **Habsburgern** (ab 1797) und mit dem damit verbundenen Wirtschaftsaufschwung konnte ein neues Nationalbewusstsein entwickelt werden. 1918 war Pag zunächst Bestandteil des jugoslawischen Königreiches, 1941 folgte die italienische Besatzung, während der bei Slano nahe Pag-Stadt ein Konzentrationslager ähnlich dem auf Rab errichtet wurde. Im April 1945 ging die Insel in Jugoslawien und somit in Kroatien auf.

Allgemeine Reiseinfos Insel Pag

Norddalmatien

An- und Weiterreise

Brücke und Fähre
Einfach haben es Reisende von Süden her, da eine **Brücke bei Ražanac** nördlich von Zadar („Paški Most", kostenlos) vom Festland nach Pag führt.

■ Die Fährgesellschaft Jadrolinija betreibt die Überfahrt zum Norden der Insel, von **Gradina-Prizna** auf dem Festland nach **Žigljen** (8–20 Uhr halbstündlich, 20–8 Uhr 10 Nachtfähren; etwa 15 €/ Pkw inkl. 2 Pers.). Achtung: Die Fähre legt bei schlechtem Wetter auf Pag nicht in Žigljen, sondern in **Stara Novalja** an und ab! Das Büro von Jadrolinija liegt neben dem Hotel Loža in Novalja.

■ Daneben gibt es einige private Schnellbootverbindungen zwischen **Lun** und **Rab** (7.30 Uhr ab Lun, Di/Do/Fr auch 10 und 16 Uhr), ab Rab 12 Uhr (Di/Do/Fr auch 9 und 17 Uhr) sowie von Juni bis September **von Novalja via Rab nach Rijeka** (6 Uhr ab Novalja, So 9 Uhr; 17 Uhr ab Rijeka).

Bus
■ Von den beiden Hauptorten Pag und Novalja besteht eine Busverbindung mit **Rijeka und Zadar** (2–3x tgl.).

■ **Inselbusse** verbinden alle wichtigen Orte miteinander (z.B. Pag – Novalja 10x tgl., 5–21.50 Uhr).

Info

■ Allgemein informieren die Internetseiten www.pag-tourism.hr, www.croatia-online.de sowie www.pag24.com.

■ Über die Websites **www.novalja-pag.net** und **www.novalja.com** können Ferienwohnungen auf ganz Pag organisiert werden.

☐ Getrocknete Fledermaushäute auf Pag

6

Fahrradfahren

Pag mausert sich allmählich zum **beliebten Biker-ziel** in Norddalmatien, über ein Dutzend interessanter thematischer Touren sind bislang ausgearbeitet worden; Details inkl. Höhenprofil usw. zum Ausdrucken unter der Website: www.novalja.com. Nur vor Ort ist bei den Informationsstellen die für Radler sehr informative kostenlose **Broschüre/Faltkarte** „Pag – Trekking- und Mountainbike" erhältlich, die Beschreibungen, Profile, Untergrundshinweise und Radempfehlungen enthält. Gleiches gilt für die auf den Raum Novalja beschränkte Faltkarte „Otok Pag – Cikloturistička karta Novalja", die oft in anderen Sprachen vergriffen, aber auch in der kroatischen Fassung sehr informativ ist (Ortsangaben, Wegbeschreibungen).

Novalja

Von der Anlegestelle Žigljen kommend (tolles Panorama Richtung Festland), trifft der Reisende mit Novalja (3500 Einwohner) auf den zweitgrößten Ort der Insel Pag. Eine weitläufige Uferpromenade und ein gutes Freizeitangebot von Kiesstränden über unterschiedliche Unterkunftsarten bis zu Diskotheken und Beachclubs (Zrce Beach) machen den einstigen Fischerort zum **beliebtesten Ferienziel auf der Insel.**

Vom kleinen, verwinkelten Ortskern abgesehen, wirkt Novalja heute eher modern und großzügig. Sehenswert sind das Stadtmuseum mit stadtgeschichtlichen Exponaten sowie die **Kirche Sv Majka Božija** aus dem 17. Jahrhundert, die auf den Resten einer frühchristlichen Basilika aus dem 4. Jahrhundert steht; die moderne **Pfarrkirche Sv Katarina** dahinter wurde erst 1906 erbaut.

Stadtmuseum

Ende der 1990er Jahre wurde ein antikes **römisches Wasserleitungssystem** entdeckt, das man daraufhin über mehr als ein Jahrzehnt ausgegraben und teilrestauriert hat. In bis zu 44 m Tiefe haben die Römer das über 1000 m lange Netz unterirdisch angelegt. Es ist heute im Rahmen des Museumsbesuchs zu bestaunen.

■ **Stomorica-Archeological Collection,** Tel. 053-661160, tgl. 9–13 und 18–22 Uhr, So vormittags geschl.; Eintritt 15 K, Kinder 10 K.

Zrce Beach

Eine Attraktion ist der berühmte Zrce Beach ca. 3 km außerhalb. In den letzten Jahren haben hier **Clubs und Stranddiscos** ein zweites Ibiza entstehen lassen, was auch zu einem gesteigerten Bedarf an Hostels und günstigen Unterkünften in und um Novalja führte. Im Sommer erlebt man hier einen starken Zustrom von **jüngeren Besuchern aus ganz Europa,** wie man es von den Vergnügungsmeilen in Spanien oder Zypern kennt.

Die bekanntesten Clubs mit **After-Sun-Partys** und **Open Air Disco** (Star-DJs) sind das Aquarius mit Foam-Partys am Nachmittag und abendlichem Discobetrieb, das Papaya mit After-Beach- und Nightpartys auf mehreren Bühnen und mit diversen Becken für bis zu 5000 Gäste oder das sehr beliebte Kalypso, ältester Club vor Ort, der keinen Eintritt nimmt und lokale DJs favorisiert. Von Pag-Stadt kommend, vor dem Ortseingang rechter Hand; Infos und Eventkalender unter http://zrce.eu. Der Strand wird praktisch durchgehend von Lokalbussen bedient.

An- und Weiterreise

■ **Selbstfahrer** sollten berücksichtigen, dass Novalja – von der Umgehungsstraße abgesehen – weitgehend aus Einbahnstraßen besteht und die Orientierung für Neulinge nicht ganz einfach ist. Es empfiehlt sich für einen Tagesbesuch beim Friedhof zu **parken** (alternativ beim Sportplatz) und dann ca. 10 Minuten zu Fuß bis zur Promenade zu gehen. Parkplätze im Zentrum sind in der Hauptsaison eher rar und nicht billig (ab 10 K/30 Minuten).

■ **Busse:** Mit der Bedeutung Novaljas als Touristenmagnet auf Pag hat sich die Busanbindung spürbar verbessert. Vom neuen Busbahnhof beim Friedhof fahren Busse von 5.40 bis 18.40 Uhr 7–8x tgl. von/nach **Zagreb**, von 5.50 bis 20 Uhr 7x tgl. von/nach **Zadar** und je 2x tgl. von/nach **Split** und **Rijeka.** Abendbusse (je 1x) bedienen **Osijek, Varaždin** und **Maribor/Slowenien.**

■ Ein **Strandbus** pendelt 8–22 Uhr alle 30 Minuten zwischen Zrce Beach und Zentrum, im Sommer auch nachts bis 6 Uhr.

■ Schließlich verbindet ein **Touristenzug** das AC Straško mit dem Zentrum 11x tgl. 10–23 Uhr.

Info und Agenturen

■ Die kleine Filiale der offiziellen **Touristeninformation** liegt direkt an der Promenade am Trg Brišćić 1 (Ende der KFZ-Sperre), Tel. 053-661404, www.tz-novalja.hr und www.visitnovalja.hr; geöffnet Mai bis Oktober tgl. 7–18 Uhr, im Hochsommer bis 22 Uhr; November bis April tgl. außer So 8–12 und 13–17 Uhr.

■ Eine Hand voll zuverlässiger Agenturen bietet wie üblich Wechsel, Unterkunft, Ausflugsorganisation, z.B. **Sunturist,** Kranjčevićeva, Tel. 053-661

211, www.sunturist.hr, am Ortseingang. Bieten u.a. Ausflüge und Touren aller Art (auch Bungee, Paintball, Kayak, Stadttouren, Partyboot etc.).

Unterkunft

Ein sehr umfangreiches Wohnungsangebot zur Voraborganisation in Novalja und Pag findet man unter www.novalja-pag.net.

Hostels

■ Im **Timun Hostel**②, Obala P. Krešimira IV Nr. 5, mobil 099-2981083, kann man in einfachen DZ inkl. Frühstück und WiFi unterkommen; angeschlossene Konoba.

■ Traveller-Hochburg von Novalja ist seit eingen Jahren das **Big Yellow House**②, Lokunje 1, Tel. 053-663539, www.bigyellowhostel.com. DZ mit Frühstück und Balkon, schöner Vorgarten und Barbetrieb, Gemeinschaftsküche, Radverleih, Ausflugsorganisation, Internet inkl. Außerdem lässt man sich hier immer wieder etwas einfallen: Partyabende, BBQ, Musikevents usw.

■ Absolut zentral liegt das **Hostel Providenca**①, Ribarska ulica, mobil 095-8239246, www.hostelprovidenca.com. 3er-, 4er- und 6er-Zimmer mit konstenfreiem WLAN, Gemeinschaftsraum und -küche.

■ Das **Moon Rocks Hostel**①-③ (gehört dem Papaya Beach Club, Zrce; Caskin put bb, mobil 091-4629476, www.moon-rocks.eu) ist vor allem bei Partylöwen beliebt und liegt verkehrsgünstig an der Umgehungsstraße in Gehnähe zum Zentrum (und zum Busbahnhof), nicht aber, wie viele erwarten, nahe beim Zrce-Beach (3 km). 4er-Schlafsäle (20–25 € p.P.), DZ ab 350 €/Woche (inkl. Frühstück) sowie relativ teure Apartments. Bar, Restaurant, WLAN und kostenlose Gepäckaufbewahrung.

Ferienwohnungen

■ **Gajac-Hostin**③, Tel. 053-684367, www.hostin.hr, sehr beliebte Anlage, allerdings 5 km außerhalb

Novalja

0   300 m

Strand Planjka-Trinćel
Stara Novalja

Badeplätze

Ausschnitt

Čaškin Put

Metajna

Primorska Ulica

Ulica Brace Radić

Škopalsika

Vodovodna Ulica

D107

Sunčani Put

Stalinska Ulica

Zeleni Put

D107

Zrce Beach
Pag-Stadt

■ Übernachtung

1 Apartments Tolo,
  Apartmani Vidusin,
  Apartments Mediteran
2 Camp Dražica
3 Punta Mira
4 Apartments Meri
5 Moon Rocks Hostel
6 Hotel Liburnija
7 Camping Straško
11 Pansion Livić
12 Hostel Providenca
14 Hotel Loža
15 Hotel Villa Palcic
17 Timun Hostel
23 Big Yellow House

■ Essen und Trinken

3 Punta Mira
12 Konoba Ankora
14 Starac i more

16 Stari Kaštel
18 Konoba Pifra
20 Moby Dick

■ Einkaufen/Sonstiges

8 AM Car Rental
9 Hypernovalis-
  Einkaufszentrum
10 Konzum-Supermarkt
11 Tauchklub RK Amfora
13 Fischgeschäft
15 Metzgerei
19 Jadrolinija-Büro
20 Rent a Scooter and Quads,
  Rent a Scooter
21 Plodine-Supermarkt
22 Agentur Sunturist

gelegen Richtung Pag, Asphaltweg rechts, mit hübschen Ferienwohnungen und Minimarkt, Post, Bank, Restaurants usw.

■ Studios/Apartments bietet ufernah bei der großen Anlegestelle die *Familie Vidusin* (**Apartmani Vidusin**②, Primorska, Tel. 053-661957, www.vidusin.novalja-pag.net). Alle fünf gut ausgestatteten Wohneinheiten verfügen über Balkon mit Meerblick.

■ In derselben Straße und ebenfalls ufernah (ca. 30 m) liegen die insgesamt zehn top-modernen **Apartments Tolo**③ (Primorska, Tel. 053-661067, www.apartmani-tolo.com) für 2–6 Gäste.

■ Ein Stückchen zurückgesetzt und damit ruhiger wohnt man in den komplett ausgestatteten Ferienwohnungen **Apartments Meri**③ (mobil 091-5334417, www.meri-novalja.com) in der Škopljanska bb. Großes Gartengrundstück mit Grillmöglichkeiten, große Balkone überwiegend mit Meerblick, gute Parkmöglichkeiten für Selbstfahrer.

■ Wer lieber etwas ruhiger und am Zentrumsrand wohnt, dem seien die **Apartments Mediteran**② (Primorska 57 b, Tel. 053-661426, branko.klasnic@gs.t-com.hr) empfohlen. Schöne Wohnungen für Familien mit Kindern, noch in Gehnähe zum Zentrum.

004ki wl

Ein Stückchen näher am Zentrum, ebenfalls am Westend, bietet **Punta Mira**② (Primorska 35, Tel. 053-661915, www.puntamira-bistro.hr) DZ mit Balkon/Meerblick, Kühlschrank und WLAN zu 50–80 € (B&B/Zimmer); angeschlossener Restaurantbetrieb.

Zur zentral gelegenen **Pansion Livić**① s.u.: „Tauchen".

Hotels

Hotel Loža③, Tel./Fax 053-663381, www.turno.hr, liegt unmittelbar im Altstadtzentrum am alten Kai und bietet abends Tanzmusik auf der hoteleigenen Terrasse. Eher älteres Publikum oder Bootsführer.

Zur Betreiberkette Turno gehört auch das **Hotel Liburnija**②, ein eher unschöner, quadratischer, dunkler Flachbau mit einfachen DZ, Radverleih und WLAN am Ostrand des Zentrums direkt am Strand; in der Nebensaison unter 20 €/Person, buchbar z.B.

über das kroatische Hotelbuchungsportal www.kroatien-adrialin.de.

Hotel Villa Palcic③ (Josipa Kunkere 4, Tel. 053-663680, www.villapalcic.com), sehr familiäres Kleinhotel mit modernisierten DZ ohne Meerblick ab 55 €. Touren und Ausflüge, angeschlossenes Restaurant (Konoba 85).

Camping

AC Straško②, Tel. 053-661226, www.kampstrasko.hr und www.campingkroatienpag.de. 2 km südlich von Novalja an der Südseite der Insel; geöffnet Mai bis September. Sehr schönes Camp mit Kiesstrand, Restaurant, Kinderclub, Sportbereich, FKK-Anteil, Minimarkt und Wassersport-Aktivitä-

⌂ Die Promenade in Novalja

ten. Mobilheime (50–120 Euro) sind ebenfalls erhältlich; eine detaillierte, parzellengenaue Buchung vorab ist möglich (s. Homepage). Prämiert als DCC Preisträger 2013 und bestes Camp Kroatiens 2013.

■ Zwischen Novalja und Lun liegt an der Hauptstraße die von Einheimischen gelobte Konoba Vitalo. Kurz dahinter zweigt ein Asphaltweg zum kleinen, malerischen und ruhigen **Camp Dražica** (nur für Zelte, Tel. 053-661294, www.autocampdrazica.com) ab.

Essen und Trinken

■ Einige nette Cafés und Snackbars säumen den hübschen Marktplatz im Zentrum, besonders hervorzuheben ist die **Konoba Ankora** (Ribarska Obala 19, Tel. 053-287168, vom Marktplatz aus in die kleine Seitengasse hinein) mit der bislang besten Küche von Novalja; exquisite Fleisch- und Fischgerichten; Spezialität: Leber.

■ In der unteren Preisklasse bieten mehrere **Pizzerien** ihre Gerichte an, die ihre Snacks an der Promenade Obala Krešimira IV feilbieten.

■ Schön „eingemauert" in den Stadtmauerresten liegt das **Stari Kaštel** (Trg Loza 14, Tel. 053-661401, tgl. 12.30–0.30 Uhr), welches als erste Adresse insbesondere für Fischgerichte gehandelt wird. Eines der wenigen Restaurants, bei dem sich eine Tischreservierung zumindest in der Sommersaison empfiehlt.

MEIN TIPP: Für Pizza und Nudelgerichte zu vernünftigen Preisen empfiehlt sich das **Moby Dick** an der Obala Krešimira IV nahe der Touristeninformation, Tel. 053-3885108. Schöne Terrasse und offene Pizzabäckerei.

■ Bei Einheimischen und Reisenden gleichermaßen beliebt ist auch die **Konoba Pifra** am Trg Briščić gegenüber der Touristeninformation.

■ Für Fischgerichte sei neben dem Stari Kaštel auch das seit vielen Jahren bewährte **Starac i more** („Der alte Mann und das Meer", Braće Radića bb,

am Ufer beim Hotel Loža, Tel. 053-662423) empfohlen – auch wegen des originellen Fischerbootes im Hofgarten und des urigen Ambientes.

Einkaufen

■ **Souvenirs** (auch Brillen, T-Shirts etc.) verkaufen die Stände entlang der Promenade Richtung Hotel Liburnija.

■ An der großen Ampelkreuzung am Ortsrand Richtung Pag wurde ein großer **Konzum-Supermarkt** (am Hypernovalis-Einkaufszentrum) eröffnet, der keine Wünsche offen lässt. Der **Plodine-Supermarkt** am Zentrumsrand ist wie die Minimärkte in der Altstadt deutlich kleiner.

■ Selbstversorger finden eine **Metzgerei** am Marktplatz (beim Hotel Villa Palcic), tgl. 7–20 Uhr.

■ In der Dalmatinska 10 (im Zentrum nahe dem Museum) liegt ein **Fischgeschäft** (Ribarnica, tgl. 7–12 Uhr).

Aktivitäten

■ **Baden:** Zu den diversen Stränden der unmittelbaren Umgebung gehen Wege oder Pisten von der Hauptstraße Richtung Kolan ab – auf die Beschilderung „**plaža**" achten (s.u.)! Weitere empfehlenswerte Strände erreicht man Richtung Žigljen an der kleinen Nebenstraße Caska – Metajna, wobei besonders die herrlichen **Buchten um Caska** Beachtung verdienen. Im Ort badet man im Hotelbereich oder an den zahlreichen betonierten Liegeflächen westlich vom Ortskern. Etwas westlich liegt der Nicht-Discostrand **Plaža Planjka-Trincél,** ein vollständig ausgestatteter Uferstreifen mit Duschen, Kabinen, Wassersport und Liegen-/Schirmverleih sowie Snacklokalen.

■ **Ausflüge** aller Art (Kornaten, Zadar, Nationalpark Paklenica etc.) können jederzeit über die Touristeninformation oder bei den Ausflugsanbietern direkt am Ufer arrangiert werden.

6

● Wer selbstständig mit dem **Mietboot** unterwegs sein möchte, findet unter www.rentaboatnovalja.com ein geeignetes Boot zur Anmietung (ab 750 K/Tag).

● **Tauchen:** In Stara Novalja (nahe der alten Anlegestelle) bieten die Basen **Nautilus,** Tel. 053-651258, und **Lagona Divers,** mit Tauchpension **Mama,** mobil 098-1631008, www.lagona-divers-pag.com, Land- und Bootstauchgänge an. Sehr zentral liegt der Tauchklub **RK Amfora,** Livić 9, mobil 098-215500, dem auch die preiswerte **Pansion Livić**① (beschrankter eigener Parkplatz) angeschlossen ist, mit B&B sowie sehr preiswerten 2er- und 4er-Apartments; Bootsführerscheinausbildung wird ebenfalls angeboten.

● **Tanz** bietet das Hotel Loža.

● **Sport-** und **Leihmöglichkeiten** (Surfbretter, Räder, Boote usw.) bestehen im AC Straško sowie in einigen der Badebuchten rund um Novalja.

Nützliches

Im Ortskern zwischen Marktplatz, Bushaltestelle (am Ufer) und Hauptstraße findet der Reisende alle notwendigen Einrichtungen:

● Die örtliche **Ambulanz** ist unter Tel. 053-661367 zu erreichen.

● **Polizei:** Matice Hrvatske bb, Tel. 053-661212.

● **Hafenmeisterei:** Kralja Tomislava bb, Tel. 053-661301.

● **Apotheke:** an der Hauptstraße, Tel. 053-661370.

● Die **Post** (beim Hotel Loža, uferseitig) öffnet werktags 7.30–21 Uhr, Sa 8–12 Uhr.

● **Banken:** Privredna, Mo–Sa 7.30–13 Uhr; Riječka, Mo–Fr 7.30–20 Uhr, beide Obala Krešimira IV. Mehrere Wechselstuben (meist 9–24 Uhr) liegen landseitig entlang der Promenade.

● **Fahrzeugverleih: AM Car Rental,** am großen Parkplatz gegenüber vom Spital (Ortszufahrt), mobil 091-9219004, www.am-rentacar.hr, bietet preiswerte Kleinwagen, Squads und Mopeds. An der Promenade Krešimira IV neben der Touristeninformation hat sich **Rent a Scooter and Quads,** mobil 098-615097, auf Mopeds und Quads spezialisiert. Kostenfreie Hausanlieferung bietet z.B. **Rent a Scooter** (mobil 099-6893295, ebenfalls neben der Touristeninformation) für Mopeds und **Novalja Rent a Car** (mobil 092-2691583).

● **Ruftaxi-Service** rund um die Uhr bietet Mare Grandis unter mobil 091-9398814.

Landzunge Lun

🦋 Über die 20 Kilometer lange und nur einen knappen Kilometer breite Landzunge Lun führt ein sehr einsamer und karger Höhenweg zur Siedlung **Lun-Tovarnele.** Die Fahrt empfiehlt sich besonders dann, wenn man auf Pag länger wohnt und Zeit mitbringt – hier oben scheint sie nämlich still zu stehen. Lediglich Feigenbäume und Ziegen bevölkern die karge Landschaft, einige Bekanntheit erlangten auch die **Olivenbäume** von Lun, neben der Käseherstellung Haupteinnahmequelle der wenigen Ortsansässigen. Eine „Einbahnstraßen-Schlinge" durchzieht den kleinen Ort mit Kai, zwei Zimmeranbietern, ein paar Gaststätten (Konoba Jadran, Restoran Lun), einem Minimarkt und einer kleinen Kiesbadebucht.

Rund um den Sv Vid

🦋 Zwischen Novalja und Pag erhebt sich die malerische Bergregion des Sv Vid (Hl. Veit), mit 349 m die höchste Erhebung der Insel. Bedeutendste Siedlung des Landesinneren ist **Kolan,** bekannt für Wein- und Käseprodukte (kleine Käserei Gligora, Laden tgl. 7.30–20 Uhr,

Tel. 023-698052). Sehr zu empfehlen ist auch ein Besuch des kleinen **völkerkundlichen Museums** an der Hauptstraße (nur Mi, Sa und So 18–21 Uhr). Auch der **Gipfel des Sv Vid** kann von Kolan aus erwandert werden (knapp 2 Std. ab Ortsmitte, roter Kreis als Markierung); atemberaubende Blicke auf das Umland und die beiden vorgelagerten **Inselchen Škrda und Maun** lohnen die Mühen. Lediglich Maun (ca. 10 km²) ist von einigen Schafhirten bewohnt; die Inseln sind nur mit Fischerboot ab Mandre oder Šimuni an der Südseite von Pag zu erreichen.

MEIN TIPP: Die **Küstenroute** zwischen Šimuni und Pag-Stadt ist landschaftlich besonders sehenswert. **Mandre** ist zwar ein noch relativ ruhiger, kleiner Fischerort ohne Hektik und Trubel, zahlreiche Ferienwohnungen lassen das Dörfchen im Sommer aber aufleben.

Unterkunft, Essen und Trinken

■ In allen genannten Orten offerieren zahlreiche Privatvermieter Zimmer, ebenso die örtlichen Touristikagenturen an den Hauptstraßen. Besonders empfehlenswert sind in Mandre die netten **Apartments Marija**① in der Riječka 46, Tel. 023-697327, www.novalja-pag.net/mandre/marija) mit drei verschiedenen Häusern in schön angelegtem Garten mit Außengrill, bis zu 6 Pers./Einheit möglich.

■ Zum Essen empfiehlt sich das **Grill-Restaurant Smirka** in Šimuni sowie die **Konoba Giardin** an der Durchfahrtsstraße in Kolan (Tel. 023-698007, tgl. 7–24 Uhr) nahe der Feuerwehr.

Aktivitäten

■ **Baden:** Zwischen Kolan und Novalja liegen eine Reihe von Strandzufahrten (teilweise beschildert); hier empfehlen sich u.a. der **Plaža Sv Duh, Plaža Cista** mit Konoba/Cafébar, **Plaža Trnica** (mit kleiner Café-Bar) oder **Plaža Kaparelac** (Abzweigung bei der Tankstelle vor Novalja); im Sommer gebührenpflichtige Feldparkplätze (10–20 K/ Tag).

■ **ACI-Marina Šimuni**, Obala 1, Tel. 023-697457, www.aci-marina.hr, ganzjährig geöffnet, 200 Liegeplätze.

Pag-Stadt

Der mit knapp 2500 Einwohnern größte Ort der Insel bildet das wirtschaftliche und administrative Herz von Pag. Kleinstädtisches Flair, eine kleine Altstadt, emsiges Markttreiben und sogar Strandleben ergeben eine angenehme Mischung aus Betriebsamkeit und Gelassenheit. Besonders auffällig wird der krasse Gegensatz zur ansonsten stillen und fast öden Insel, wenn man aus Richtung Zadar kommt und den Südteil von Pag erkundet hat; natürlich tragen auch die kargen, weitläufigen **Salinenfelder** und die Salzfabrik am südlichen Ortsende zu diesem Bild bei.

Der zentrale Uferparkplatz bildet einen sehr guten Ausgangspunkt für einen **Rundgang;** wer mit dem Fahrzeug nahe an den Strand möchte, parkt am besten bei den Lagerhallen auf der anderen Seite der Salinen.

Interessant ist in Pag selbst vor allem der **historische Altstadtkern** rund um den Trg Kralja Krešimira. Hier liegt die dreischiffige **Basilika Kolegiata,** errichtet vom bekannten kroatischen Baumeister *Juraj Dalmatinac* um 1466 in stilistischer Mischform: Über dem gotischen Portal erhebt sich beispielsweise eine Rosette mit zwei Erzengeln im Renaissance-Stil; man beachte auch die interessante Semiplastik im Altarbereich. Auch der benachbarte **Rektorenpalast** stammt von *Dalmatinac.*

In den Altstadtgassen rund um den Trg Krešimira, insbesondere in der Velika Ulica, wird allerlei **Kleinkunst und Handwerkliches** feilgeboten – Bilder, Spitze, Taschen, Bekleidung und auch Käse; Wechselstuben und Banken sind hier reihenweise zu finden.

An der alten **Stadtmauer,** einem restaurierten Teilstück aus dem 15. Jahrhundert, liegt die kleinere Benediktinerkirche Sv Margarita aus dem Jahre 1526. Zum Flanieren lädt die **Uferpromenade** ein, hier hat man die größte Auswahl an Restaurants und Cafés, auch werden Souvenirs und Andenken angeboten.

Über die Fußgängerbrücke gelangt man zum nur wenige Gehminuten entfernten örtlichen **Kiesstrand** mit Wasserrutsche, kleinem Aquapark (40 K/Std.), Jetski- (10 Min./200 K) und Liegen-/Sonnenschirmverleih. Bademöglichkeiten in begrenztem Umfang finden sich auch vor dem Hotel/Spa Cissa.

Auf dem Weg zum Strand passiert man die alten **Lagerhallen,** wo heute eine Ausstellung zum Thema **Salzgewinnung** (10–13 und 20–23 Uhr, 10 K) sowie ein größerer Minimarkt untergebracht sind. Rund um die Hallen findet man Fastfood-Kioske und Souvenirstände (auch Brillen, Schals, Hüte etc.) sowie ein paar Obst-/Gemüsestände mit Erzeugnissen der Region.

> Im Zentrum von Pag-Stadt

An- und Weiterreise

● Die Bushaltestelle liegt neben dem **Pkw-Parkplatz** (Automaten, 7 K/Stunde); hier fahren **Lokal-** sowie **Langstreckenbusse** ab (z.B. von/nach Zagreb 7x tgl., Ljubljana 1x tgl.).

● Begrenzt findet man auch **Automatenparkplätze** an den alten Lagerhallen/Salzmuseum (dort 10 K/Stunde). Der zentrale Uferparkplatz bildet einen sehr guten Ausgangspunkt für einen Rundgang; wer mit dem Fahrzeug nahe dem Strand stehen möchte, parkt am besten bei den Lagerhallen auf der anderen Seite der Salinen.

Info und Agenturen

● Offizielle **Touristeninformation,** Velika Ulica (am Glockenturm), Tel. 053-611286, www.pag-tourism.hr; tgl. 8–21 Uhr, im Sommer bis 22 Uhr.

● Privatunterkünfte, Ausflüge, Leihfahrzeuge usw. vermitteln die Agenturen, z.B. **Mediteran,** Tel./Fax 023-611238, www.mediteranpag.com.

Unterkunft

● **Biser**②, Matoša 8, Tel. 053-611333, www.hotel-biser.com, etwas außerhalb mit eigenem Strand.

● **Hotel/Spa Cissa**③, Starčevića 1, Tel. 053-611210, www.coning-turizam.hr, neben dem Pkw-Parkplatz gelegen, schlicht und okay, mit Wellness-Bereich.

● **Apartments Vrban**②, Tel. 053-611406, www.novalja-pag.net/vrban, Marina Držića 9, 2–6 Pers., Gartengrill, Balkon/Terrasse mit Meerblick, sehr gepflegt und noch nicht sehr alt, 15 Gehminuten zu Strand und Zentrum. Sat-TV und a/c.

● Oberhalb vom Hauptstrand findet man die **Apartmani Nada**① (Tel. 023-611026, www.hr

vatskaapartmani.hr/apartmani-i-sobe-nada-pag.
aspx) und **Apartmani Pampas**② (mobil 098-
215408, www.apartmani-pampas-pag.com.hr),
beide mit schönen und preiswerten Wohnungen für
4–5 Personen.

Camping

■ Über die Serpentinen mit Aussichtspunkt Rich-
tung Novalja erreicht man das kleine, ruhige **Camp
Košljun**① (Tel. 023-699007, beschildert).
■ Ein Stückchen weiter folgt die Riesenanlage
Camping-Village Šimuni③, www.camping-si
muni.hr, mit Geschäften (Konzum-Minimarkt),
klassischen Campingmöglichkeiten und einer Vielzahl an unterschiedlichen Mobilheimen bei Preisen
von 30 bis 200 € pro Nacht und Einheit. Zahlreiche
Land- und Wassersportaktivitäten inkl. Segeln und
Tauchen, mit Animationsprogrammen, Boots- und
Radverleih. Mehrere unterschiedliche Strandabschnitte mit Beach-Bars, dabei bislang weltweit
einmalig: ein reiner „Salzstrand". Angeschlossen ist
die **Tauchbasis Šimuni** unter österreichischer Leitung (mobil 091-5699238, www.tauchen-kroatien.
com). Busanbindung Pag/Novalja, gut 10 Minuten
per Fahrzeug ab Pag-Stadt.

Essen und Trinken

■ Das **City Kebab Lav** nahe der Brücke bietet
herzhafte Kleinigkeiten wie Döner und Wraps an.
■ Preiswerte lokale Gerichte werden im **Taverna
Grill Mišković** gegenüber vom Hotel/Spa Cissa (A.
Starcevica 1, Tel. 023-611363) serviert. Insbesonde-
re deutschsprachige Reisende loben es für hohe
Qualität und Athentizität.
■ Gehobenere Küche offerieren das Restaurant
Croatia Grill beim Zentralparkplatz (Tel. 023-
600211), die urige **Konoba Bodulo** bei der Stadt-
mauer (Tel. 053-611989, nur Juni–Sept. tgl. 12–24
Uhr, nicht zu teuer) und **Dva Ferala** mit seinem

sehr hübschen Ambiente in neuer Uferlage (Tel.
053-612693, April bis September tgl. 12–1 Uhr,
Lammspezialitäten).
■ Im **Restaurant Diogen** (Uhlinac 9, mobil 091-
5352193, bei der Hafenmeisterei), das früher als
Bistro an anderer Stelle angefangen hat, werden
heute leckere Fleisch- und Fischgerichte serviert,
auch die gute Auswahl an Weinen und Bieren kann
sich sehen lassen; netter Außenbereich.

Nachtleben

■ **Disco-Bar Magazin,** tgl. 22–6 Uhr (Sommer), in den alten Lagerhallen, gilt als beliebteste Disco der Stadt.

▽ Blick auf Pag-Stadt mit den Salinen, im Hintergrund das Velebit-Gebirge

Einkaufen

■ Der große **Supermarkt Lorenco** an der Ausfallstraße Richtung Novalja bietet Selbstverpflegern alles, was das Herz begehrt.

■ Ein **Konzum-Minimarkt** (tgl. 7–22 Uhr, So 8–20 Uhr) liegt in den alten Lagerhallen bei der Fußgängerbrücke, hier findet man auch eine **Bäckerei** mit reichhaltiger Auswahl.

006ki wl

■ Frisches Obst und Gemüse wird auf dem **Markt** bei der Margarita-Kirche verkauft.

■ In der Velika Ulica (neben der Touristeninformation) kann man in der **Siroteka** echten Pager Käse erwerben; tgl. 9–22 Uhr geöffnet.

Hauptparkplatz, **Agencija Koboušek KWF,** tgl. 8–21 Uhr mit Filiale in Mandre (dort 9–20 Uhr).

■ **Boots- und Mopedverleih:** am Parkplatz, mobil 099-2878636.

Aktivitäten

■ **Tauchen: Scuba Diving Pag,** Branimirova obala 10, Tel. 023-600246, www.scuba-pag.com. Tauchgänge, Kurse, Exkursionen. Ein weiteres Tauchzentrum sowie ein **Radverleih** liegen am

Nützliches

■ **Postfilialen** liegen nahe der Stadtmauer sowie an der Promenade; hier sowie in den **Banken** und **Wechselstuben** der Velika Ulica ist Geldwechsel meist durchgehend 8–20 Uhr möglich.

Pag-Stadt

0 ▬▬▬ 200 m ©Reise Know-How 2015

Kroat28

■ **Übernachtung**
1 Camp Košljun,
  Camping-Village Šimuni
3 Hotel Biser
4 Apartments Vrban
5 Apartments Pampas und Nada
9 Hotel/Spa Cissa

Novalja

Kiesstrand

Fußgängerbrücke

Lagerhallen

★ Stadtmauer & Burgreste

⋔ Basilika Kolegiata

Velika Ul.

Trg Kralja Krešimira

Ul. St. Radica

PKW-Brücke

Salinen

Zadar

■ **Essen und Trinken**
10 Taverna Grill Mišković
12 Restaurant Croatia Grill
13 Konoba Bodulo
14 Restaurant Diogen
18 Dva Ferala,
  City Kebab Lav

■ **Einkaufen/Sonstiges**
6 Konzum-Minimarkt,
  Bäckerei

7 Souvenirstände
8 Agentur Mediteran
11 Radverleih Koboušek
14 Hafenmeisterei
15 Markt
17 Käseladen Siroteka
19 Apotheke

20 Supermarkt Lorenco

■ **Wassersport**
2 Tauchbasis Šimuni
11 Wassersport Koboušek
16 Scuba Diving Pag

Povljana

Zwischen der Stadt Pag und der Brücke zum Festland erstreckt sich **eines der kargsten Gebiete Kroatiens,** die Povljana-Halbinsel. Trotz des Mangels an Bewuchs hat auch diese Gegend ihren Reiz, vor allem für diejenigen, die Abgeschiedenheit und Einöde nicht als Nachteil eines eines Reiseziels empfinden.

Vorbei am Salzwerk von Pag und an den Salinen erreicht man die winzige, im Schilf liegende Salzarbeitersiedlung Gorica, wo eine Abzweigung zur 700-Seelen-Gemeinde Povljana führt, die sich zum zweiten Novalja zu entwickeln scheint. Süßwasserquellen auf den Anhöhen rund um das Dorf verwandeln die umliegenden Parzellen beinahe in eine Oase für **Obst- und Gemüseanbau.** Das kleine Zentrum liegt rund um die Pfarrkirche, allerdings darf nicht mehr als ein paar Obst- und Gemüsestände und ein Minimarkt erwartet werden. Westlich vom Zentrum Richtung Strand wurden reihenweise Neubauwohnungen aus dem Boden gestampft, im Hochsommer findet man am Ufer höchstens einen Stehplatz.

Dem Sträßchen hinter der Kirche nach rechts folgend, findet der Sonnenanbeter mit der **Plaža Dubrovnik** (Kies) trotz der permanenten Umbauten und Erweiterungen (Ferienwohnungen usw.) den noch immer beliebtesten Strand der Halbinsel mit der kleinen Kapelle Sv Nikola und ein paar kleinen Schenken, einer Snackbar, Tretbootverleih sowie Sonnenschirm- und Liegenvermietung.

Westlich des Ortes gibt es größere Heilschlamm-Vorkommen, die gegen Rheuma eingesetzt werden.

Info und Agenturen

■ Die kleine **Touristeninformation** an der Hauptstraße organisiert auch Unterkunft (Ul. St. Radića 20, Tel. 053-692003, www.tz-povljana.hr; im Sommerhalbjahr Mo–Fr 8–12 und 18–21 Uhr, im Sommer 8–21 Uhr mit einer Stunde Mittagspause um 12 Uhr, Sa 9–12 Uhr).

■ **P&M Tourist Agency** (Tel. 053-330499), Unterkunft und Ausflüge sowie Fahrzeugarrangements; Wechselstube.

■ **Pag-Tours** (am Konzum-Supermarkt, B. Jelačića, Tel. 023-646722), Ausflugs- und Unterkunftsagentur mit Wechselstube.

Unterkunft

Es ist wahrscheinlich nicht übertrieben zu behaupten, dass jeder zweite Hausbesitzer in Povljana Ferienwohnungen vermietet. Eine sehr umfangreiche Aufstellung mit Kontaktdaten bietet die Website www.novalja-pag.net.

■ **Aurora**②-③ (Tel. 053-663493, www.aurora-novalja.com) ist eine Agentur, die ein halbes Dutzend Ferienhäuser/-wohnungen und z.T. Pensionen betreut. Gutes Preis-Leistungsverhältnis.

■ **Villa Kaštel**④, Kralja Tomislava bb, Tel. 023-692830, www.villa-kastel.hr, Zimmer und Ferienwohnungen für 2–5 Personen direkt am Hauptstrand, mit Pool, Restaurant und Beach-Bar.

■ Ebenfalls sehr schöne Wohnungen mit Grillgartenlaube bietet die **Villa Silva**③ nebenan (Ulica Dubrovnik 10, Tel. 023-692174, http://villa-silva-povljana.com.hr. Acht Einheiten für 2 bis maximal 6 Personen mit u.a. WiFi, Mikrowelle, kleinem Kinderspielplatz und schönem Meerblick-Balkon.

■ Für Preisbewusste: Etwas zurückgesetzt am Parkplatz beim Dubrovnik-Strand liegen nebeneinander die **Apartmani Ultima**① (www.ultima.com.hr) und **Skoda**① (www.povljana-apartmani-skoda.hr), beide nicht unmittelbar am Ufer, aber mit Meerblick, zu sehr günstigen 50 €/Einheit (2–5 Personen) außerhalb der Hauptsaison.

Camping

■ **AC Porat**②, www.camp-porat.com, Tel. 023-692995. Sehr ruhiges Hauptcamp der Halbinsel mit Mobilheimen, Snackbar, Restaurant, Frühstücksbäcker, Waschmaschinen, WiFi. Außer Tennis kein großes Unterhaltungs-/Sportangebot. Anfang Mai bis Ende Oktober geöffnet.

■ **Minicamp Mali Dubrovnik**②, Kralja Petra Svačića bb, Tel. 023-692331. 30 Stellplätze, nicht so beliebt wie Porat.

Essen und Trinken

■ Gute Fisch- und Grillgerichte isst man im **Grill Mornar** (Tel. 053-692092) in der M. Krleže 11, eines der ältesten Restaurants im Ort.

■ Das **Restoran Nirvana** (S. Radića 43, Tel. 023-692211, an der Hauptstraße beim AC Porat) bietet tgl. 11–18 Uhr für deutlich unter 10 € ein halbes Dutzend Menüs an (Vorspeise/Suppe, Hauptspeise, Beilagen, Salat); bei Campern sehr beliebt.

■ **Pizzeria Snoopy,** S. Radića 20 (neben der Post), Tel. 023-692003, günstige Pizzen auch zum Mitnehmen ab ca. 5 €.

Einkaufen

■ **Minimarkt Sonik** am Bootshafen beim AC Porat; am Hauptstrand **Minimarkt Siljo; Metzgerei Lukin** neben dem Sonik-Minimarkt.

■ Großer **Konzum-Supermarkt** (tgl. 7–21 Uhr, So bis 12 Uhr) am Kreisverkehr an der Ortszufahrt B. Jelačića.

Nützliches

■ **Post:** neben der Touristneninformation im alten Zentrum; Mo–Fr 8–14 Uhr, Sa 8–12 Uhr.

■ **Apotheke:** an der Hauptstraße vor der Abzweigung zum Strand.

Im Süden von Pag

Die Verbindungsstraße von Povljana zur Inselhauptstraße wird jedem Durchreisenden als **„Mondlandschaft"** in Erinnerung bleiben; lediglich kleine Mauern im typisch mediterranen Stil grenzen die weitläufigen, öden Parzellen ab, und man fragt sich unwillkürlich: Warum eigentlich? – Es wächst doch ohnehin nichts!

❀ Der **See Velo Blato** (= „großer Sumpf") passt im Sommer in dieses Szenario: In der Regenzeit, wenn seine Oberfläche sich vervielfacht, bildet er ein unverzichtbares **Biotop** (*Ornitološki rezervat*) für Wildgänse, Fasane und andere Vögel.

Ein Abstecher führt nach **Vlašići,** einer 200 Einwohner zählenden Gemeinde am Ende der Nebenstraße. Das Zentrum liegt unmittelbar an der Kirche (hier auch Minimarkt), hinter der Kirche führt eine S-Kurve den Hügel hinauf zu Ferienwohnungen, wo man gleich darauf einen sehr hübschen **Badestrand** erreicht.

Noch vor Vlašići zweigt eine schmale Nebenstraße (Sackgasse) nach **Smokvica** ab, einem kleinen landwirtschaftlichen Weiler auf 70 Höhenmetern, in dem hausgemachte Produkte verkauft werden. Auf schmalen Pfaden kann man zu unberührten Badebuchten hinunter-

Norddalmatien

wandern (großer Kiesstrandbereich, aber weite Wege zum Ufer).

Wieder zurück an der Hauptstraße am Velo Blato, erreicht man über das Dörfchen **Dinjiška** (mit kleinem Steinstrand, Restaurant Dodo und Privatcamp Dinjiška) die 340 Meter lange **Brücke Paški Most** zum Festland Richtung Nin und Zadar.

Unterkunft

■ Günstige Unterkunft findet man in Vlašići direkt oberhalb vom Meer, z.B. bei den Ferienwohnungen **Glavan**②, Put Mrta 76, Tel. 023-616009, www.glavanvlasici.com, für 2–5 Personen.

Rtina

Auf der Fahrt vom Festland über die Bočertina-Halbinsel Richtung Brücke zur Insel Pag passiert man die Weiler **Rtina Miočići** und **Rtina Miletići,** die sich eine Scheibe vom Pag-Tourismus sichern wollen und in den vergangenen Jahren eine bislang eher bescheidene touristische Infrastruktur aufgebaut haben. Nennenswerte Aktivitäten sind die **St.-Simons-Festivitäten** (30.7.) und der **Rtina-Schwimmmarathon,** der ebenfalls im Juli stattfindet.

Information

■ Am **Campingplatz Miočić** (s.u.); Infos zum Ort unter www.rtina.info.

Unterkunft, Essen und Trinken

■ **Pension-Restoran Mate**②, Tel. 023-653009, www.pension-mate.hr, mit Studio-Apartments für 2–4 Personen, Zimmern und Restaurant.

■ **Villa Rosa**③, Tel. 023-653007, www.villa-rosa.hr, schöne DZ für 2–3 Personen mit Kühlschrank und Balkon für 48 € pro Person im August – mit sehr üppiger Halbpension. Angeschlossenes Restaurant, Bootsausflugsorganisation.

■ **Augustino Grill-Pension**②, Tel. 023-653333, www.pension-augustino.hr, direkt am Strand mit Liegestühlen/Schirmen, DZ, Familienzimmer, kleines Häuschen etwas abseits, alle Zimmer mit Balkon/Meerblick; Bootsvermietung.

Camping

■ **Camping Miočić**①, mobil 098-9863710, www.camp-miocic.com. 25 Plätze, Volleyballfeld, eigene Konoba.

Nin

Knapp 20 Kilometer nordwestlich von Zadar, auf dem Weg zur Insel Vir, stößt der Reisende auf das alte Salzstädtchen Nin (ca. 2750 Einwohner), bekannt für eine gesunde, überdurchschnittlich **salzhaltige Luft** sowie **Heilschlamm,** der zur Rheuma-Therapie eingesetzt wird. Der Ort bietet sich für Tagestouren wie auch als idealer Standort an, wenn man Norddalmatien erkunden möchte, ohne in der Großstadt Zadar zu wohnen. Ordentliche Verkehrsanbindung, gute Bademöglichkeiten sowie einige interessante Sehenswürdigkeiten ergeben einen sehr positiven Gesamteindruck.

6

Geschichte

Nin war bereits vor den Römern bewohnt und zählt zu den Hauptsiedlungsgebieten der Liburner (siehe Glossar); die zahllosen **liburnischen Gräber** machen Nin zu einem der wichtigsten Ausgrabungsorte Kroatiens. Relikte einer größeren **Tempelanlage** und Augustusstatuen (im archäologischen Museum von Zadar zu sehen) legen Zeugnis von der nachfolgenden römischen Besiedlung ab. Im Hochmittelalter erkannte die Stadt den ungarisch-kroatischen Doppelmonarchen an, fiel dann aber 1328 an Venedig (vgl. Stadtgeschichte von Zadar). Im Spätmittelalter wurde Nin mehrfach bei kriegerischen Auseinandersetzungen mit den vorrückenden Türken zerstört, weshalb die Bewohner um 1400 einen Graben um die Stadtmauern herum zum Meer zogen – hierdurch wurde Nin eine Insel. 1797 ging der Ort in Österreichisch-Dalmatien auf.

Sehenswertes

Kapelle Sv Nikolaj

Noch vor Nin liegt – von Zadar kommend linker Hand – ein seltsamer Turm auf einem Hügel; hierbei handelt es sich um die Kapelle Sv Nikolaj aus dem 11. Jahrhundert, errichtet auf einem prähistorischen Hünengrab. Der turmähnliche obere Teil wurde als **Beobachtungsposten** während der Türkenkriege aufgestockt.

▷ Sv Križ in Nin aus dem 9. Jahrhundert – die kleinste Kathedrale der Welt

6

Branimir-Monument und Condura Croatica

Fürst *Branimir* regierte von 879 bis 892 und erlangte an der kroatischen Küste eine weit reichende Autonomie (Anerkennung des kroatischen Staates durch Papst *Johannes VIII.* im Jahr 879). Nin war fortan Regierungssitz der kroatischen Könige, *Branimir* gilt als „Urvater" einer kroatischen Monarchie. Ihm zu Ehren wurde ein Denkmal vor der **Fußgängerbrücke zur Altstadt** errichtet. An der Brücke findet im Sommer an Sonntagvormittagen ein kleiner Marktbetrieb statt.

Über die Brücke gehend, sieht man ein etwas merkwürdig aussehendes **altes Boot** mit einem schrägen Mast. Hierbei handelt es sich um den **Nachbau einer Kondure.** Diese schlanken, schnellen Ruder-/Segelschiffe befuhren die kroati-

304kro wl

schen Gewässer schon im 11. Jh. Sie dienten militärischen Zwecken und gelten als kleinste Kriegsschiffe überhaupt.

Sv Anselmo

Betritt man Nin durch das Stadttor hinter der Fußgängerbrücke, liegt halbrechts der Hauptweg, halblinks das Parallelsträßchen dazu. Folgt man dem Hauptweg, trifft man rechter Hand auf die Pfarrkirche Sv Anselmo aus dem 9. Jahrhundert, deren besondere Attraktion die angeschlossene **Schatzkammer** sein dürfte: Neben zahlreichen holzgeschnitzten sakralen Kunstschätzen sind lokale Feinschmiedearbeiten in gotischem und romanischem Stil zu bewundern. Ebenso sind Reliquien des *Hl. Anselm* zu sehen: ein Schulterblatt und eine Hand. Das Kirchengebäude selbst und dessen Innenmalereien wurden im 18. Jahrhundert vollständig renoviert.

◼ **Sv Anselmo,** nur 15.6.–15.9. Mo–Sa 10–12.30 und 17.30–21 Uhr, Eintritt 20 K, Kinder 10 K.

Altertümermuseum

Weiter die Straße entlang, vorbei an Restaurants und Ständen mit Likören der Region, erreicht man das Museum der Altertümer von Nin mit Exponaten zu den Ausgrabungen der liburnisch-römischen Epoche sowie zur Lokalgeschichte mit einer Kopie des berühmten **Višeslav-Taufbeckens** aus dem 9. Jahrhundert. Dieses stammt aus der Zeit, als Missionare die südslawischen Kroaten zum Christentum bekehrten. Links am Museum vorbei liegt am Ende des Weges

ein **römisches Ausgrabungsfeld** von bemerkenswerten Ausmaßen.

◼ **Muzej ninskih starina,** Trg Kraljevac 8, Tel. 023-264726, Mo–Sa 9–14 Uhr, im Sommer tgl. bis 21 Uhr, Eintritt 20 K.

Kathedrale Sv Križ

Etwa 250 Meter weiter rechts steht man unvermittelt vor der **kleinsten Kathedrale der Welt,** Sv Križ (Heilig-Kreuz)! Der eher unscheinbare vorromanische Bau aus dem 9. Jahrhundert diente dem jeweiligen Bischof von Nin als bischöfliche Kirche und stand daher mit jeder anderen Kathedrale der Welt auf einer Stufe.

Wenige Meter weiter steht das **Denkmal** des Nationalhelden *Grgur Ninski* (Bischof *Gregor von Nin,* siehe Glossar), jenes norddalmatischen Freiheitskämpfers, der für den Erhalt der slawischen Sprache und ein starkes Kroatentum eintrat. Neben dem Denkmal befindet sich eine kleine **Kunstgalerie** (im Sommer tgl. 10–12 und 19– 22.30 Uhr; Eintritt frei).

Römische Tempelruinen

Wieder auf dem Haupt-Fußgängerweg, folgt man dem Sträßchen bis zum Ende und sieht linker Hand eine rund 700 m² große römische Tempelanlage. Sie geht auf Kaiser *Vespasian* (69–79 n.Chr.) zurück und fällt somit in die Epoche vor der Christianisierung. Der Haupttempel soll Götzenstatuen enthalten haben. Die 17 m hohe Rekonstruktion einer **korinthischen Säule** überragt den Platz.

Nin

0 ▬▬▬ 300 m

Kroat63

2

Vir

3 **4** **5**

Put bjala

Put Vanete Anzolike

Put Grgura Ninskog

1

D 306

Zadar

Ausschnitt

Salz-museum Ⓜ **6**

Vrsi

7 **8** **9**
ii **Kapelle Sv Nikolaj**
Zadar

Zadar

Ausschnitt

0 ▬▬▬ 100 m

Ul. kneza Trpimira

Ulica doktor Snjegovoja

Römische Tempelruinen

ii Svetog Mihovila
10 Ⓜ

Ulica kraljice Jelene

Ulica kralja Tomislava

Banovac Ulica

11 **Altertümer-museum**

Remetovac Ul.

Ulica Biskupa Teodozija

Ob. Kralja Krešimira IV

Trg Kraljevac

Kathedrale Sv Križ ii

Ulica Petra Zoranića

Kunst-galerie Ⓜ

ii **Denkmal** ★
Sv Anselmo

Branimirova Ulica

Dvorine Ulica

12

Obala Spile

Fußgänger-brücke

13 **14**

Libumska Obala

15

Ulica bana Jelačića

Šibenska Ulica

Bus-haltstelle
★ **Branimir-Monument**

ⓘ Ⓑ

16

Svetog Jurja

17

✉ **18**

Ⓟ

12-pl.

Ul. Vile Velebita

Trg braće Radić

Zrinsko-Frankopanska Ulica

Zadarska ulica

Obala kneza Branimira

19

Put Grgura Ninskog

Vukovarska Ulica

Kraljičin Put

Norddalmatien

■ **Übernachtung**
2 Camping Ninska Laguna
3 Kamp Dišpet
4 Apartments/Camping Nick
5 Apartments Marinović
7 Feriensiedlung Zaton,
   Aparthotel Onk'l Ivan,
   Camp Peros
15 Apartments Danijel
16 Apartments Mlasina

■ **Essen und Trinken**
6 Tomislavs Bufet
8 Kruške i Jabuke
10 Konoba Stara Kužina
11 Konoba Aenona
12 Perin Dvor
13 Sokol
14 Pizza King

■ **Nachtleben**
9 Disco Saturnus

■ **Einkaufen/Sonstiges**
1 Supermarkt Maras
17 Bäckerei, Metzgerei
18 Apotheke
19 Rad-/Quadverleih

▬ Fußgängerzone

Salzmuseum

Während die **Salzgewinnung im Raum Nin** auf eine lange Tradition bis in die Zeit der Römer zurückblickt, ist die Idee der Einrichtung eines rein auf dieses Produkt begrenzten Museums noch recht neu und stammt aus dem Jahre 2011. Neben dem Produktionsprozess stehen Arbeitsutensilien- und Bekleidung, Arten der Salzgewinnung, der Nutzen für die Gesundheit sowie natürlich das Endprudukt mit seiner edelsten Form „Fleur de Sel" im Mittelpunkt der Exponate. Im Museumsshop können zahlreiche Salzprodukte einschließlich (salzhaltiger!) Schokolade und Keksen erworben werden.

■ **Muzej Soli,** Ilirska cesta 7 (unmittelbar östlich vor der Altstadt), Tel. 023-264021, tgl. 8–20 Uhr. Geführte Touren werden 8–13 und 17–19 Uhr immer zur vollen Stunde angeboten und kosten 35 K pro Person.

Praktische Tipps

An- und Weiterreise

■ Die Bushaltstelle der Linie Vir – Zadar ist an der Post, Verbindung nach Vir etwa alle 2 Stunden, nach Zadar alle 75–90 Minuten.
■ Nin liegt an der Route **Zadar – Insel Vir;** an der Ortseinfahrt teilt sich für den Selbstfahrer der Ort: Man kann entweder am Kreisverkehr vor der Fußgängerbrücke **parken** (Schild „Centar", hier Richtung Fußgängerbrücke liegt rechts ein beschrankter und gebührenpflichtiger Parkplatz) oder zunächst Richtung Vrsi (beschildert) durch das Salinenfeld bis zur kleinen Autobrücke linker Hand und dort in die Stadt hineinfahren (Automatenparkplatz an der Stadtmauer; 9 K/Stunde, ab 17 Uhr 20 K pauschal).

Von der **Fußgängerbrücke** kommend, betritt man das alte Stadttor und steht unmittelbar im alten Zentrum der künstlichen Insel.

Information

■ **Touristeninformation,** Trg Braće Radića 3 (vor der Fußgängerbrücke bei der Post), Tel. 023-265247, www.nin.hr; tgl. 8–15, im Sommer bis 21 Uhr.

Unterkunft, Camping

Eine **Privatunterkunft** – auch unter der Hand – ist in Nin leicht zu bekommen, sehr viele Privatvermieter hängen ihre Schilder nahe der Fußgängerbrücke aus (Festlandseite, nicht in der Altstadt).
■ Als Beispiele seien die **Zimmer/Apartments Danijel**① der Familie *Skočić* in der Ul. B. Jelačića 5 (Tel. 023-265095) nahe der Fußgängerbrücke in einem typischen Mehrfamilienhaus genannt oder die **Apartments Mlasina**② für bis zu 4 Personen ein Stückchen landeinwärts mit Balkon, Meerblick und Pool; buchbar z.B. unter www.sun-villa.com.
■ Etwas teurer, dafür aber auch in direkter Strandlage, sind die **Apartments Nick**② (Tel. 023-264

143) mit angeschlossenem **Minicamp** direkt am Uferweg oder die für den Preis sehr schönen **Apartments Marinović**② (Dalmatinska 3, Tel. 023-264 474, www.sandstrandkroatien.com) für 2–5 Personen mit Balkon/Terrasse, Gemeinschaftswaschmaschine und Innenhofgarten mit Grillmöglichkeit.
■ Viele Reisende bevorzugen jedoch die **Feriensiedlung Zaton**③-④, 2 km vor Nin, Tel. 023-280280, www.zaton.hr, eine insgesamt sehr empfehlenswerte Anlage. Mobilheime im beliebten **Campingareal** sind nicht günstiger (Tel. 023-280215, camping@zaton.hr), liegen aber großteils schöner. Das Freizeitangebot reicht von Tennis über Surfen bis zu Reitsport. Berühmtheit erlangte vor allem die **Disco Saturnus** – eine der größten Diskotheken Dalmatiens. Weitergehende Informationen zum Bezirk Zaton findet man unter www.zaton.hr. Die anlageneigene Ausflugsagentur (Tel. 023-211005, agency@zaton.hr) bietet Touren in die großen Nationalparks, Rafting, Stadtbesuche usw. an.
■ An den Straßen Richtung Vir und Zaton liegen weitere, kleinere Campingplätze: **AC Ninska Lagu-**

▽ Am Kanal in Nin

007ki wl

Norddalmatien

na② (Tel. 023-264265, www.ninskalaguna.hr) und **Camp Peros**② (Tel. 023-265830, www.autocampperos.hr), die vom Angebot her nicht mit Zaton vergleichbar sind.

■ Sehr schön an der Landzunge zum Hauptbadestrand liegt das **Kamp Dišpet**② (Put Ždrijaca, mobil 098-858236) mit WLAN und Bäckereistand.

■ Ebenfalls im Bezirk Zaton liegt in der Dražnikova 17 das beliebte **Aparthotel Onk'l Ivan**②, Tel. 023-265900, www.onklivan.hr, mit sehr schönen Zimmern und Apartments.

Essen und Trinken

Einige hübsche und preiswerte Lokale locken die Kundschaft in Nin. Viele liegen in der Hauptstraße nahe der Kirche; jeder Besucher wird bald seinen Favoriten gefunden haben. Dass Nin ein kulinarisches El Dorado ist, hat sich weit herumgesprochen, ab 19 Uhr wird es schwierig, noch einen Platz zu bekommen, was aber nicht zu einer Schnellservier-Mentalität geführt hat! Je nach Geschmack und Reisekasse sind besonders zu empfehlen:

■ In der Pizzeria **Pizza King** (Anita Viduka Dvorina 4, mobil 098-1647246) außen vor dem Stadttor (Fußgängerbrücke) ist die Auswahl klein, aber die Gerichte sind preiswert und gut.

■ Das **Perin Dvor** (Hrvatskog sabora, Tel. 023-264307) ist ein einfaches Restaurant etwas abseits der Zentrumsrestaurants nahe der Altstadtmauer am Parkplatz.

■ In der preislich unteren, geschmacklich aber mindestens mittleren Kategorie sei **Tomislavs Bufet** (links um die Ecke vom Museum, Šubića Bribirskih 1, Tel. 023-264373) wärmstens empfohlen. Die gebratenen Sardellen stehen übrigens nicht auf der Karte.

■ Wenige Meter weiter an der Ecke zu den römischen Tempelruinen findet sich die **Konoba Stara Kužina** (Šubića Bribrskih 5, Tel. 023-264099) mit schönem Innenhof und lokalen Fleisch- und Fischgerichten.

■ Dalmatische Spezialitäten bietet das **Sokol** (Branimirova bb, Tel. 023-264412), mit hübschem Innenhof hinter dem Stadttor; leckere Fischgerichte.

■ Exquisite Fischgerichte und nationale Delikatessen serviert die **Konoba Aenona,** Tel. 023-264052, beim Grgur-Denkmal in der P. Zoranića 2. Mittlere Preisklasse; schönes, beschattetes Außenareal.

■ Außerhalb in der Siedlung Zaton loben Reisende das Restaurant **Kruške i Jabuke** („Birnen und Äpfel", Tel. 023-280356, Mai bis Sept. durchgehend geöffnet) für lokale und internationale Spezialitäten in angenehmen Ambiente.

Einkaufen

■ Zentrale kleine Läden finden Selbstversorger in der Ul. Bana Jelačića, etwa einen **Sonik-Minimarkt**, die **Bäckerei Pekarna Nin** sowie die **Metzgerei Surić.**

■ Ein Stück westlich des Zentrums in der Put Grgur Ninskog, kurz vor der großen Umgehungsstraßenampel, liegt links ein großer **Maras-Supermarkt.**

Aktivitäten

■ **Sportmöglichkeiten, Verleihstellen** und **Disco Saturnus** in der Feriensiedlung Zaton (s.o., Tel. 023-280315).

■ **Baden** ist an etlichen Stränden rund um Nin möglich; auch im Hochsommer sehr ruhig ist es 1,5 km außerhalb Richtung Vrsi, hinter der Salzfabrik und den Lagunen links (wo ein einsamer Schlot sichtbar wird). Spürbar belebter, aber auch noch attraktiver ist der überwiegend sandige „Strand der Königin", dessen Bezeichnung der Volkslegende nach auf die Gattin von König *Tomislav* zurückgeht; Strandbar, Parkplatz 20 K (ganztägig).

■ In **Vrsi**, nur wenige Kilometer von Nin entfernt, gibt es ebenfalls mehrere **gute Strandabschnitte,** außerdem die **Pizzeria Bonaca** sowie die sehr beliebte **Diskothek Atlantik.**

6

Nützliches

■ **Post:** am Kreisverkehr beim Markt vor der Fußgängerbrücke neben der Touristeninformation, Mo bis Sa 7–9.30, 10–17 und 17.30–21 Uhr (auch Geldwechsel).

■ Ein **Touristenzug** verkehrt zwischen Altstadt und Zaton: um 19, 20, 21 und 22 Uhr ab Zaton und 19.30–22.30 Uhr stündlich ab Nin; 20 K/Person.

■ **Rad-/Quadverleih:** Am Kreisel in der Neustadt, mobil 099-4454577

■ Eine kleine **Apotheke** befindet sich bei der Post.

■ Das Camp Zaton verfügt über eine **Erste-Hilfe-Station** (Tel. 023-64444).

Insel Vir

Mit nur 22 km² und 3500 Bewohnern erweist sich die Insel Vir – Ferienhochburg der Norddalmatier – nicht gerade als riesig. Auch was die ausländischen Besucherzahlen anbelangt, dürfte Vir eher eines der Schlusslichter unter den Inseln sein – aber vielleicht ist gerade das für manchen der besondere Reiz, auch wenn zunehmend Tagestouristen die Insel für sich entdecken.

Das urkundlich schon in der Regentschaft von König *Krešimir* (11. Jahrhundert) erwähnte Vir besticht weniger durch historische Bauten, als vielmehr durch seine schlichte Rolle als **Erholungsinsel**. Das Eiland wurde per Brücke an das Festland angebunden, ein Abstecher bietet sich insbesondere vom nahe gelegenen Nin an.

Vir-Stadt

Die Zufahrtsstraße ab der Brücke mit eher hässlichen Neubauten und industriellen Parzellen bis zum Ortseingang des Hauptortes Vir wirkt zunächst ernüchternd, wovon man sich aber nicht abschrecken lassen sollte. In Vir-Stadt (Einbahn-Rundstraße, dem Schild „Zadar" folgen) locken an der Hauptstraße Straßenbäckereien mit sehr gutem *burek*; ein guter Supermarkt liegt, von Zadar kommend, an der Hauptstraße am Kreisverkehr.

Information

■ Neben dem Konzum-Supermarkt am Ortseingangskreisel, Tel. 023-362196, www.otok-vir.info.

Unterkunft, Camping

■ Sehr preiswert ist das **Restaurant/Pension Katarina**①, Lucica 7, mobil 098-859732. Studios und kleine Apartments sind für unter 50 € / Hauptsaison zu haben.

■ Campingmöglichkeiten bieten das **AC Kotarina** ② hinter der Marina, Tel. 023-362196, das **AC Matea**①, Tel. 023-362474, sowie kurz davor das nette **AC Ann**① direkt am Strand. Das **AC Sapavac**① (Put Bunara, mobil 091-2072267 bei Batalaža) ist für seinen Heilschlammstrand bekannt.

Nützliches

■ **Tauchen:** Vir Turizam, Prezida VII, Tel. 023-346741, agency@virturizam.hr.; 3–4-tägige Taucharrangements mit und ohne Unterkunft.

■ Entlang der Durchfahrtsstraße liegen **Supermärkte** (Ultrasonik, Tommy), die **Bäckerei Peka-**

ra **Zagreb** sowie ein **Fischgeschäft** (200 m hinter dem Ultrasonik).

■ Die **Vagabundo-Snackbar** hat Gratis-**WLAN**.

■ Einen **Geldautomaten** findet man beim Restaurant Katarina.

■ Die **Dorfpost** am Ortsausgang Richtung Torovi (Mo bis Sa 8–20 Uhr) bietet auch Geldwechsel.

Strände und Buchten

Jadro Beach

Virs Paradestrand ist der Jadro Beach in der **Bucht Radovanjica,** die unmittelbar **südlich von Vir-Zentrum** liegt. Die Zufahrt erfolgt über eine beschrankte Uferstraße (8–24 Uhr 15 Minuten kostenlose Durchfahrt, sonst Parkschein), an der sich Lokale und Unterkünfte aneinanderreihen. Snacklokale, Eisbuden und Sonnenschirm-/Liegenverleih sowie Wassersport (direkt am Ufer, mobil 095-1978295) ergänzen das Angebot. Im August ist es hier sehr voll, ansonsten durchaus einen Abstecher wert.

Unterkunft, Camping, Essen und Trinken

■ **Apartmani Banek**②, Šetnica, Tel. 023-362220, http://apartmani-banek.com, große Wohnungen mit seeseitigem Balkon für 2–4 Personen.

■ Ein Stückchen weiter liegt die **Villa Monica**② mit angeschlossener **Pizzeria** im Erdgeschoss, Šetnica 26, Tel. 023-363800, www.villa-monica.hr, mit DZ, Studios und Apartments für 4–6 Personen.

■ Camper können im kleinen **AC Lolo**① am Ende der Bucht unterkommen; Infos und Buchungen unter www.otok-vir.info.

■ Auch das kleine **Autocamp Sapavac**①, Put bunara 101, www.otok-vir.info, bietet in Strandnähe Campern eine Snackbar und Heilschlamm.

■ Jenseits der Schranke und ein Stückchen abseits vom Hauptstrand kann man in der **Pizzeria Para-** diso (Stari put 49, Tel. 023-362695) sehr gut essen; im Sommerhalbjahr tgl. 7–24 Uhr geöffnet. Auch Apartments für 2–4 Personen.

■ Ein Stückchen weiter schließen sich das **AC Luka** ① (mobil 098-449041) und das **AC Ann**① (Tel. 023-346241) mit Studios an. Nebenan findet man auch einen Minimarkt nebst Metzgerei (mit Hähnchen vom Grill).

Lučica/Bobovik

Hinter der Vagabundo-Snackbar zweigt eine schmale Straße Richtung Lučica/Bobovik ab, die über die kleine Badebucht Lučica an der **Nordseite von Vir-Stadt** bis zur winzigen Anlegestelle Brdonja mit Ferienwohnungen und Bademöglichkeiten führt. Hier gibt es keine Restaurants oder Einkaufsmöglichkeiten in Gehnähe, dafür ist es insgesamt etwas ruhiger als im Zentrum oder am Hauptstrand.

Lozice und Torovi

Die Strecke nach Lozice ist wenig bebaut und ruhig, in der Ansiedlung gibt es einen Minimarkt („Biss") und eine Schenke. Der Weg endet in einer meist einsamen **Badebucht** – wenn man Wochenenden und Feiertage meidet.

Richtung Torovi passiert man den Inselfriedhof und hat an einer weiteren Gabelung die Möglichkeit, den 112 m hohen **Sv Jurai** rechts oder links bis Torovi zu umrunden – in beiden Fällen enden die Wege inmitten weit verstreuter Neubauten und üppiger Felder. Nur zu Fuß oder per Allradfahrzeug lassen sich die Wege zu den einzelnen Buchten weiter erkunden (lohnenswert!).

6

130nd wl

Zadar

Kaum ein Reisender wird die **Handels- und Fremdenverkehrsmetropole** Zadar (Stadtgebiet: 76.000 Einwohner) links liegen lassen. Neben dem Tourismus bilden Nahrungs- und Genussmittelproduktion, Schiffbau und Textilfertigung die wichtigsten Säulen des regionalen Wirtschaftslebens. Besondere Bekanntheit erlangte die Spirituosen-Industrie mit dem berühmten **Maraschino-Likör,** gewonnen aus den Kirschen des sehr fruchtbaren Umlands von Zadar.

Wer auf dem Seeweg zu anderen dalmatischen Städten oder auf eine der vorgelagerten Inseln des **Zadar-Archipels** fahren möchte, reist ebenso über Zadar wie diejenigen, die von hier aus Ziele in Italien per Autofähre (Ancona, Triest) oder Schnellboot (Venedig) besuchen wollen. Für die „Inselfahrer" ein wichtiger Hinweis: Auf dem Weg zum Fährhafen passiert man große Supermärkte (Lidl, Plodine, Getro, Mercator, Kaufland – alle gut ausgeschildert). Selbstversorger mit Ferienwohnung sollten hier noch einmal groß einkaufen, da in den Insel-Minimärkten viele Dinge doch deutlich teurer sind als in Zadar. Von den meisten Inseln kann man aber auch während des Aufenthaltes einen Tagesausflug nach Zadar (ohne Fahrzeug, einfach nur per Fähre direkt zur Altstadt)

⌃ Zadar, die bedeutendste Stadt Norddalmatiens

für eine Besichtigungs- und Einkaufstour auf dem Markt einplanen.

Das Stadtbild ist zweigeteilt: Die „altjugoslawischen" Außenbezirke wirken auf den ersten Blick eher abstoßend und ähneln anderen Großstädten wie Rijeka oder Split. Die **auf einer Landzunge gelegene Altstadt** dagegen darf in ihrer architektonischen Gesamterscheinung sicher zu Recht als Perle der kroatischen Kultur und Geschichte bezeichnet werden.

Geschichte

Im 2. Jahrhundert v. Chr. übernahmen die **Römer** die vom illyrischen Stamm der Liburner angelegte Hafenstadt und bauten sie unter dem Namen *Jadera* weitläufig aus: Es entstanden ein Kapitol, eine Kanalisation, Thermen mit Wasserversorgung, gespeist vom 20 Kilometer südlich gelegenen Vransko Jezero, Befestigungsmauern sowie ein Amphitheater. Im Frühmittelalter nominell byzantinisch, geriet Zadar vom 11. Jahrhundert an unter den starken Einfluss der **kroatisch-ungarischen Monarchie,** womit eine kulturelle und ökonomische Blütezeit ihren Anfang nahm.

Die Stadt widersetzte sich lange Jahre erfolgreich den Übernahmeversuchen Venedigs, wurde im 13. Jahrhundert jedoch überrannt und mit Ausnahme einiger Sakralbauten vollkommen zerstört. Der ungarisch-kroatische König *Ladislav* sah sich schließlich gezwungen, ganz Dalmatien 1409 an **Venedig** zu verkaufen. Positiv wirkte sich vom 15. bis 17. Jahrhundert die Gefahr durch die **Türken** aus (im 16. Jh. weite Eroberungen im Hinterland), als die norddalmatische Metropole als Bollwerk gegen die Türken stark befestigt wurde. Ruhe kehrte ab 1571 ein, als eine vereinigte Flotte aus venezianisch-dalmatinischen Kriegsgaleeren und solchen des maltesischen Johanniter-Ordens die Türken in der Seeschlacht von Lepanto entscheidend besiegte. Während der anschließenden **österreichischen Phase** (1797–1918), unterbrochen nur von den Feldzügen *Napoleons,* wurde Zadar die **Hauptstadt Dalmatiens** und Hort des intellektuellen Widerstandes gegen jegliche Fremdbestimmung – Ziel der Südslawen war eine Vereinigung Dalmatiens mit Kroatien.

Nach dem Ende des Ersten Weltkriegs fiel Zadar an Italien und wurde eine **italienische Enklave** im ersten jugoslawischen Königreich. Im Zweiten Weltkrieg war Zadar eine der am härtesten von Gefechten betroffenen Städte Jugoslawiens und wurde im Oktober 1944 von *Tito* erobert.

Mit Ausbruch des **Bürgerkriegs 1991** nach dem Fall der sozialistischen Republik Jugoslawien, der damit einhergehenden serbischen Besetzung der Krajna um Knin und der darauf folgenden mehrjährigen Einkesselung Zadars folgte eine erneute Zeit des Leidens und der Zerstörung. Fast pausenlos beschoss serbische Artillerie die Stadt – die meisten Bewohner harrten während der dreijährigen Belagerung in Kellern aus oder flohen, etliche Bauten wurden beschädigt oder zerstört.

Die **vollständig restaurierte Altstadt** erweckt heute den Eindruck, als sei nie etwas passiert. Promis frequentieren Zadar heute wieder regelmäßig – zuletzt *Jean Reno,* um ein Konzert von *Lenny Kravitz* zu besuchen.

Sehenswertes

Stadttore

Von der Obala Branimira aus betritt man die Altstadt über die Fußgängerbrücke und das **Neue Landtor** (Nova Vrata) zwischen dem kleinen Yachthafen und den weitläufigen Fähr-Anlegestellen. Das **Alte Seetor** (Morska Vrata) gegenüber den Fährpiers birgt den venezianischen Löwen sowie eine Erinnerungstafel an die berühmte Seeschlacht von Lepanto.

Das Neue Landtor (Nova Vrata) ist nicht zu verwechseln mit dem **Stara Vrata (Altes Tor)** direkt am **Fischmarkt** an den Stadtmauern, welches kaum auffällt und nicht viel mehr als ein Durchgang durch die Mauer zu sein scheint. In den Morgenstunden vertreiben hier die zahllosen Fischer aus dem gesamten Umland ihre Ware – frischer geht es für eine Stadt kaum, auch wenn der Morgenduft nicht unbedingt dem eines Blumengartens entspricht …

Durch das alte Tor kommt man zum eigentlichen **Markt,** wo von Schafskäse über Dalmatinerschinken bis zu Obst und Gemüse alles erhältlich ist, was die Natur des Landes hergibt. Wer es lieber modern mag: Direkt an den Markt schließt sich die sogenannte **Meggi Boutique** an, eine Kombination aus Supermarkt und kleineren Boutiquen.

Antikes Glasmuseum

Nach diesen ersten exquisiten, wenngleich auch überwiegend kulinarischen Eindrücken der Altstadt dürfte das Antike Glasmuseum mit Wechselausstellungen, experimenteller Kunst und permanenten Exponaten zu Glas- und Keramikfunden der Region von Interesse sein. Die Sammlung gilt als eine der besten Sammlungen **römischer Keramik- und Glasware** außerhalb Italiens.

■ **Muzej Antičkog Stakla,** Poljana Zemaljskog odbora 1 (nahe Neues Landtor), Tel. 023-363831, Mo–Sa 9–21 Uhr, Eintritt 30 K.

Sv Kreševan

Die nur wenige Meter entfernte dreischiffige **romanische Kirche** Sv Kreševan aus dem 12. Jahrhundert wird das Auge des architektonisch Interessierten erfreuen: Die mit üppigen, verspielten Galerien, Bögen und angedeuteten Säulen reich verzierte Kirche war 1403 Stätte der Krönung *Ladislavs* zum kroatisch-ungarischen König, jenes *Ladislavs* also, der sechs Jahre später Dalmatien an Venedig verkaufen sollte. Auch wenn die spätmittelalterlichen Fresken im Inneren nur mehr zu erahnen sind, dient Sv Kreševan dennoch als gut erhaltenes Beispiel der **Sakralarchitektur** des Hoch- und Spätmittelalters. Der im 16. Jahrhundert begonnene Campanile blieb unvollendet, die Kirche selbst wurde im 18. Jahrhundert im barocken Stil restauriert. Die Statue des *Petr Oranic* (1508–1543) zeigt den Lokalpatrioten der Unabhängigkeitsbestrebungen Dalmatiens von Venedig.

Forum und Sv Donat

Das alte, 3,6 ha große **römische Forum,** damals wie heute **zentraler Platz** der

Stadt, weist zwar keine römischen Bauten mehr auf, die alten Säulen und die Weitläufigkeit des Platzes vermitteln jedoch einen guten Eindruck dieses erhabenen, antiken Ortes.

Heute dominiert der markante, 27 m hohe Rundbau **Sv Donat** das Forum; die **Rotunde** zählt zu den exorbitanten Sakralbauten Dalmatiens und wurde im 9. Jahrhundert zunächst als repräsentative Hauskapelle des Episkopats von Zadar unter Bischof *Donatus* (8./9. Jh.) errichtet. Die mittlere der drei Seitenkapellen im Erdgeschoss beherbergte einst den Hauptaltar, eine Treppe führt an der Innenseite der Kapellmauer hinauf zur beeindruckenden **Galerie.** Sv Donat dient heute keinen liturgischen Zwecken mehr. Wegen der hervorragenden Akustik finden in der Rotunde gelegentlich musikalische Darbietungen statt (www.donat-festival.com).

309kro wl

■ **Sv Donat,** Eintritt 15 K/Person, auf den benachbarten Campanile (56 m) mit tollem Blick über Zadar 15 K oder 2 €, geöffnet tgl. 9–15 Uhr, im Sommer bis 22 Uhr.

Sv Stošija

Unmittelbar neben Sv Donat steht die zwischen dem 12. und 14. Jahrhundert errichtete **romanische Kathedrale** Sv Stošija (Anastasia). Die drei Portale des semizyklischen Vorbaus führen in das Innere der dreischiffigen Basilika, deren Seitenschiffe zahlreiche wertvolle Reliquien bergen, u.a. die der Hl. Anastasia, die hier auf Anweisung des Bischofs *Donatus* von Zadar ihre letzte Ruhestätte fand. Das Hauptschiff führt zum erhöhten Altarbereich mit Baldachin von 1332 sowie dem original venezianischen Chorgestühl aus dem 15. Jahrhundert. Der abgesetzte, 56 Meter hohe **Campanile** wurde im 15. Jahrhundert begonnen und erst im 19. Jahrhundert nach dem Vorbild der Kathedrale von Rab fertiggestellt. Im rechten Seitenschiff existiert ein Zugang zum Innenhof des Gesamtareals mit den Grundmauern eines frühmittelalterlichen Baptisteriums aus dem 6. Jahrhundert; von hier gibt es Verbindungsgänge zur Donat-Kirche und zur Kathedral-Sakristei.

⌂ Campanile der Kirche Sv Stošija

6

Zadar

■ Übernachtung
5 AC Borik,
   Jugendherberge
9 Studentski Dom
16 Oldtown Hostel
18 Scallop
23 Apartman Borelli
25 Apartmani Nekić,
   Three Corners Hostel
30 Drunken Monkey Hostel

■ Essen und Trinken
2 Konoba Martinac
3 Konoba Amore
15 Pizza-Grill/Eis
19 Atrij
21 Konoba Marival
24 Pizzeria Zadar
25 Studentenkneipen
26 Café Plaza
27 Café-Bar Kolona,
   Pet Bunara
29 Foša

■ Nachtleben
7 Maraschino-Bar
10 Skipper Pub
12 Maya Pub
20 The Garden
25 Gina
28 Downtown

■ Einkaufen/Sonstiges
1 Jadrolinija-Hauptstelle
   & Agentur Miatours
4 G & V Lines
6 Agentur Atlas
8 Eurobike
10 City Galeria
11 Jadrolinija Inseltickets
13 Meggi-Boutique
14 Agentur Kompas,
   Buchhandlung Svjet Knjige
17 Konzum-Minimarkt, dm-Drogerie
22 Agentur Croatia Express

Kanal von Zadar

0 ▬▬ 100 m © REISE KNOW-HOW 2015

Kroat29

5 *Marinas,* Borik, Puntamika

Obala Branimira

6

Liburnska obala

zadarskih pobuna

Schnell- und Personenfähren

Stjepana Radica

4

★ *Altes Seetor*

Ugljan-/ Dugi Otok-Pier

12 **11**

9 *Hauptbahnhof, Busbahnhof,* Autobahn, Bibinje

7 **8**

Divnica

Trg Sv Krševana

Šubića

H a f e n

P

10 *Fährhafen Gaženica (PKW)*

♨⊠

Simuna Kožičića

★ *Fischmarkt*

Fußgängerbrücke

V r u l j e

ⓘ *Sv Krševan*

Kmarutića

★ *Altes Tor*

Bobirskin

13

Markt ★

Dalm - Sobora

Bedemi

14

Ⓜ *Archäologisches Museum*

Ⓢ

ⓘ *Sv Andrija*

18

19

★ *Neues Landtor*

zadarskih pobuna

Yachthafen

15

ⓘ *Sv Marija*

Wechselstube

20

Ⓜ *Antikes Glasmuseum*

Madijevaca

Vranjanin

Široka ulica

16

17

Stadt- wache ★

Narodni Trg

★ *Patrizier- Palast*

F. Grisogona

@

Obala Tomislava

Zore Dalmatinske

Borelli

Stadtlóggia ★

21

@ Kotromanić

@

22

Don Prodana

mira 1358

Klaića

23

ⓘ *Sv Mihail*

B. Kasica

Mihovila

@ Varoška @

Nautisches Museum Ⓜ

ⓘ *Sv Šimun*

25

Brusine

26

27

Trg Zoranica

Pavlinovića

Rudera Boskovića

● *Treppen- aufgang*

Bastion

28

★ *Land- tor*

Trg pet bunara

Yacht- hafen

29

Stadtmauer

F o š a

30

6

Archäologisches Museum

Ebenfalls am Forum, gegenüber Sv Donat, öffnet das Archäologische Museum, erbaut auf den Fragmenten des ursprünglichen erzbischöflichen Palastes, seine Pforten. Die Sammlung von über **80.000 Exponaten** lokaler und regionaler Funde aus der Jungsteinzeit bis ins Mittelalter untermalt die historischen Eindrücke zu Zadar. Das liegt zum einen an der aufgelockerten Darbietung, zum anderen an den konkreten Inhalten zur liburnischen (1. Jahrtausend v. Chr.), römischen (2. Jh. v. Chr. bis 5. Jh. n. Chr.) und insbesondere altkroatischen (8. bis 11. Jh.) Kultur der Region Dalmatien, die in keinem anderen Museum des Landes so konzentriert zu finden sind.

■ **Archäologisches Museum,** Mo–Fr 9–14, Sa 9–13 Uhr, April–Okt. tgl. 9–22 Uhr, die benachbarte Schatzkammer (Sakralna Umjetnost) hat tgl. 10–13 und 18–20 Uhr (So nur vormittags) geöffnet, Infotel. 023-250516, Eintritt: 15 K.

Sv Marija

Unmittelbar neben dem Museum steht das **Benediktinerinnenkloster** Sv Marija mit der gleichnamigen dreischiffigen **Klosterkirche** aus dem späten 11. Jahrhundert. Das im Zweiten Weltkrieg stark in Mitleidenschaft gezogene Bauwerk wurde jüngst umfassend restauriert, insbesondere die aufwendigen spätbarocken Stuckornamente im Inneren. Durch das polierte weiße Gestein wirkt die Kirche außergewöhnlich lichtdurchflutet. Das Kloster beherbergt eine **kunsthandwerkliche Feinschmiede-Ausstellung** zum Thema „Gold und Silber von Zadar" mit zahllosen wertvollen Sakralgegenständen und Kirchengemälden venezianischer Meister. Legenden zufolge wurden die Kunstschätze in den 1940er Jahren unter dem Klosterfundament vergraben und überstanden so den Krieg unversehrt.

Gospa od Zdravlja

Am Ende der Ulica Bianchinija steht die kleine **Kapelle** Gospa od Zdravlja mit einem wertvollen Sakralkunstwerk dalmatischer Skulpturkünstler, einem von Marmorengeln flankierten Marienbildnis aus dem späten 16. Jahrhundert im vergitterten Altarbereich. Die Kapelle wurde 1990 zerstört, mittlerweile aber wieder vollständig restauriert.

Sv Frane

Geht man vor der Kapelle Gospa od Zdravlja die kleine Gasse Ul. Tri Bunara entlang, erreicht man das **Franziskanerkonvent** Sv Frane, im 13. Jahrhundert im gotischen Stil errichtet. Die Kirche, ohne Seitenschiffe gebaut, wirkt weiträumig und schlicht. Auf der rechten Seite ist eine Statue des Ordensheiligen *Franziskus* zu sehen, im Hauptaltarbereich ein Franziskusgemälde aus dem 18. Jahrhundert von *G. Pitteri*. Die nur auf Anfrage zu besichtigende **Ordens-Schatzkammer** birgt Kruzifixe und Sakralmalereien, die im Laufe der Jahrhunderte zusammengetragen wurden. Rechts der Kirche liegt der Klosterbereich mit einem atriumähnlichen Innenhof und Grabplatten ehemaliger Ordensbrüder an den Säulengängen.

Altstadtgassen und Sv Mihail

Vom Franziskanerkloster sind es nur wenige Schritte zur parkähnlichen **Uferpromenade** Obala Kralja Krešimira IV mit Blick auf die vorgelagerten Inseln des Zadar-Archipels. Der Promenade folgt man in südlicher Richtung bis zur Ul. Stomorica und wendet sich Richtung Altstadtmitte. Durch nette Gassen mit zahllosen kleinen Straßenkneipen und Cafés erreicht man die Ul. Brušine mit der kleinen **Kirche Sv Mihail,** deren stille Schmucklosigkeit und kühler Marmor in angenehmem Kontrast zu den lebhaften Innenstadtgassen stehen.

Landtor und Bastion

Die Ul. Brušine weiter in südlicher Richtung entlanggehend, achte man linker Hand auf einen Treppendurchgang, der zur alten **Bastion** oberhalb des Landtores führt. Letzteres wurde 1553 vom

Venezianer *Sanmicheli* gebaut und gilt als **wichtigstes Renaissance-Denkmal** Zadars. Unverkennbar sind die beiderseits des Portals angebrachten venezianischen Löwen sowie der *Hl. Chrysogon,* der städtische Schutzheilige. Auf der alten Bastion sind die fünf Brunnen zu sehen, welche dem offenen Platz den Namen Trg Pet Bunara verleihen. Die Bastionsmauern selbst, Mitte des 16. Jahrhunderts erbaut, dienen heute als kleiner Park mit Aussicht über den inneren Yachthafen Foša.

Sv Šimun

Von der Bastion aus überquert man den Trg Zoranica und steht unvermittelt vor der rötlich-ockerfarbenen **Kirche** Sv Šimun aus dem 14. Jahrhundert. Zentrales

⌄ Im Innenhof des Franziskanerklosters

446kro wl

Kunstwerk im Inneren ist der **Sarkophag des Hl. Simeon,** gefertigt 1377 auf Anordnung der Gattin des ungarisch-kroatischen Königs *Ludwig I.* Den Sarkophag zieren – neben der liegenden Simeon-Figur auf dem Deckel – hauptsächlich Darstellungen monarchischer Ereignisse wie der Einzug *Ludwigs* in Zadar oder das Wappen des Hauses Anjou, dem *Ludwig* entstammt.

Narodni Trg

Neben dem Forum stellt der inmitten der Altstadt gelegene Narodni Trg (Volksplatz) den Mittelpunkt Zadars dar. Hier wurden die bedeutendsten weltlichen Bauwerke der venezianischen Epoche, etwa die **Stadtloggia** (1565 von *Sanmichele* erbaut) mit ihren für die Renaissance so markanten pseudorömischen Doppelsäulen oder die **Stadtwache** mit dem typischen Uhrturm aus dem Jahre 1562, erbaut. Im Inneren der Stadtwache ist heute die **ethnografische Sammlung** Zadars untergebracht. Das relativ moderne **Rathaus** entstammt der italienischen Besatzungszeit. Auf dem Platz bieten lokale Künstler Aquarelle und Radierungen feil – es lohnt sich zu handeln!

■ **Narodni muzej** (Ethnografische Sammlung), Tel. 023-251851, außer an Feiertagen Mo–Sa 8–20 Uhr, Sommer 9–22 Uhr, So 9–13 Uhr, Eintritt 15 K.

Uferpromenade

Unbedingt empfehlenswert ist ein Spaziergang entlang der Uferpromenade **Obala Kralja Krešimira IV** mit schönem Blick auf die vorgelagerte Inselwelt (Ugljan, Pašman) und mit einigen interessanten Hinweistafeln, etwa zu dem berühmten Filmregisseur *Alfred Hitchcock* und über dessen Aufenthalt in Zadar. Das hier ausgestellte, sehr bekannte Hitchcock-Porträt stammt von *Ante Brkan.*

Meeresorgel

An der Promenade stößt man automatisch auf das derzeit weltweit einmalige Projekt des Architekten *Nikola Bašic,* die Meeresorgelvon Zadar. Dabei verdrängt das Meerwasser die Luft aus insgesamt 35 unterirdisch mit dem Meer verbundenen „Orgelpfeifen" – das Naturinstrument stimmt immerhin sieben Akkorde an! *Bašic* erhielt dafür 2006 in Barcelona den europäischen **Architekturpreis für das beste öffentliche Projekt.**

Neben der „Orgel" hat *Bašic* das Kunstwerk **„Gruß an die Sonne",** eine Glasscheibenkonstruktion mit 22 m Durchmesser, in den Boden eingearbeitet.

▷ Blick auf den Hafen

Praktische Tipps

An- und Weiterreise

Auto

Durch das Schild „**Trajekt**" (Fähre) wird man automatisch ins Zentrum geleitet; es empfiehlt sich aber, sofern man nicht zu einer Fähre möchte, in der Obala Branimira gegenüber der Altstadthalbinsel zu **parken** (noch kostenlos). In der Altstadt selbst kosten Parkplätze per Parkscheinautomat (z.B. bei den Fährpiers) 12 K pro Stunde. Münzgeld scheint hier noch schwieriger zu ergattern zu sein als anderswo!

Bus

Von der Fußgängerbrücke (Altstadtseite) aus der Uferstraße Obala Tomislava rund 1,5 km folgen bis zur Zagrebačka, dann rechts bis zur Kreuzung mit der Ante Starčevića; hier liegen **Bahnhof** und **Hauptbusbahnhof** nebeneinander. Stadtbusse (Linien 2 und 4, ca. alle 10–15 Min., 5.40–23 Uhr) verbinden den Busbahnhof mit der Bushaltestelle Liburnska Obala (Jadrolinija-Büro) auf der Altstadt-Halbinsel. Wichtig sind auch Linien 5 und 8, die

Puntamika/Borik mit dem Zentrum von 5 bis 23.15 Uhr alle 10–30 Minuten verbinden.

Alle anderen Routen – Langstrecke wie auch in andere Stadtteile (insbesondere zu den Campingplätzen) – werden nur vom genannten **Hauptbusbahnhof** aus befahren. Tgl. angefahren werden 5–22 Uhr: Zagreb/Nordkroatien 18–21x (Zagreb 130 K), Split 25–26x durchgehend, Rijeka 3–10x, Dubrovnik 8x, Novalja/Pag 10.15, 10.45, 14, 17 und 20 Uhr, Nin (Zaton) 5.50–22.20 Uhr 13–19x, Petrčane 6.50–22.20 Uhr 10–15x, Insel Vir 6.30–22.20 Uhr 9–13x.

Reservierungen, Auskünfte und Informationen unter Tel. 023-211555, www.liburnija-zadar.hr. **Innenstadt-und Regionalbusse** sind weiß, die Innenstadtbusse halten außen vor dem Busbahnhof.

Bahn

Die **Bahnverbindungen sind sehr bescheiden.** Im Bahnhof (Tel. 023-333444) gibt es eine Information, eine Wechselstube sowie ein Ausflugsbüro, Fahrkarten bekommt man an dem gelben Schalter in der Ecke. Bei den Zügen handelt es sich in aller Regel nur um **Zubringerzüge** bis Knin, wo dann umgestiegen werden muss.

165nd wl

Fähren

■ In Zadar wird 2015 (voraussichtlich vor der Sommersaison) der **neue PKW-Fährhafen Gaženica** südlich der Altstadthalbinsel eröffnet, von wo aus die norddalmatischen Inseln (Ugljan/ Pašman, Dugi Otok usw.) sowie Mali Lošinj (Letzteres nur Sa/Hochsommer 1x tgl.) angefahren werden. Für die Altstadt von Zadar ist dies eine spürbare Entlastung, da der Uferbereich des zurzeit noch genutzten **Altstadthafens** aus allen Nähten platzt.

Der neue Hafen liegt ca. 6 km südlich der Altstadt. Von Süden oder Osten kommend, bleibt man immer auf der Küstenstraße Jadranska Magistrala (im Ort: Zagrebačka) und kommt so direkt zur Abzweigung Gaženica cesta und zum Hafen Gaženica (Orientierung: Lidl links und blaue Brücke – hier Schild „Luka Gaženica" nach rechts beachten). Von Nin aus fährt man durch die Stadt, dann immer geradeaus bis zur Kreuzung mit mehreren Supermärkten (Plodine, Merkator, Interspar) und biegt hier links ab anstatt in die Altstadt. Der Hafen ist aus allen Richtungen bestens ausgeschildert (Orientierung: schräg gegenüber von Lidl). Infos zum Hafen findet man unter www.port-authority-zadar.hr/i_en_info.html, Fahrpläne und Preise unter www.jadrolinija.hr.

■ Die üblichen **Autofähren** („Trajekt") zu den vorgelagerten Inseln sind (zumindest in der Hauptsaison) sehr zahlreich: Ugljan/Pašman und Dugi Otok, aber auch kleinere Inseln wie Molat oder Šilba werden ebenso wie Städte in Istrien und der Kvarner Bucht angefahren (siehe Tabelle).

■ **Personenkatamarane und Ausflugsboote** fahren weiterhin ab der Altstadt! Sie verbinden mit den Häfen Ilovik, Olib, Silba, Rivanj, Rava, Žverinac, Molat (Brgulje, Zapuntel), Ist, Premuda, Sestrunj, Božava, Iž, Lošinj und Pula – allerdings nicht unbedingt täglich, sodass sich eine vorherige Anfrage schon vor der Anfahrt nach Zadar lohnt, entweder bei Jadrolinija Zadar (Tel. 023-212003, Fax 311151), in der Zentrale in Rijeka (Fax 051-211485) oder unter www.jadrolinija.hr bzw. www.miatours.hr (Tel. 023-254300) und http://gv-zadar.hr für einige Ka-

tamaran-Linien. Hier erfährt man alle aktuellen Fährverbindungen und Preise.

■ Zwischen dem Hafen Gaženica und dem Hauptbusbahnhof verkehrt zwar **Stadtbus Nr. 9,** allerdings nur 2x frühmorgens, 2x am Nachmittag und werktags gegen 22 Uhr. Da die Personenfähren weiter ab der Altstadt fahren, ist eine Busanbindung für Touristen unnötig.

Flüge

Eiligen Reisenden bietet der 13 km östlich des Zentrums gelegene Flugplatz Zemunik (www.zadar-airport.hr) rund **zehn nationale Flüge täglich.** Das Büro von **Croatia Airlines** liegt in der Poljana Nodila 7 (Tel. 023-314272, www.croatiaairlines.com). Jeweils abgestimmt auf Ankunft/Abflug pendelt ein städtischer **Linienbus** zwischen Altstadthaltestelle, Busbahnhof und Flugplatz (siehe auch im Kap. „Reisetipps A–Z", „Anreise").

Info und Agenturen

■ **Touristeninformation Zadar,** Narodni Trg, Tel. 316166, nur von Mai bis Oktober tgl. Mo–Fr 8–24 Uhr, Sa/So 9–13 Uhr geöffnet; außen Touchscreen-Infomat. Die offizielle Website ist die sehr umfassend aufgebaute Seite www.tzzadar.hr. Die Seite www.zadar.hr beinhaltet auch Teile des Umlandes.

■ **Die Zadarcard** (www.zadarcard.com) ist mehr für diverse Vergünstigungen in bestimmten Lokalen, bei Freizeitanbietern, Yachtvermietern usw. als für Tagesbesucher von Nutzen.

Tickets (Flug/Bahn/Bus), Unterkunft, Leihfahrzeug, Ausflüge aller Art (z.B. Kornaten, Plitvice, Kajak) bieten u.a. folgende **Agenturen** (allgemeine Infos auch unter www.fortuna-zadar.com):

■ **Atlas,** Obala Branimira 12, Tel. 023-235850, atlas@zadar.net.

■ **Croatia Express,** Široka Ul. 9, Tel. 023-250502, www.croatiaexpress.com, schräg gegenüber vom Donat, hier auch Wechselstube usw.

Norddalmatien

Fährverbindungen ab Zadar zur Hauptsaison

Hafen	Insel	Fährart	Abfahrt/ Frequenz	Preis p.P.	PKW[3]
Brbinj	Dugi Otok	Trajekt	09:00, 12:30, 16:30, 20:00	3,00	18,75
Zaglav	Dugi Otok	KAT	05:30, 10:00, 15:30, 20:00	2,75	
Sali	Dugi Otok	KAT	05:30, 10:00 15:30, 20:00	2,75	
Božava	Dugi Otok	KAT	i.d.R. 1 mal tgl.nachmittags	2,60	
Preko	Ugljan	Trajekt	05:00 - 24:00, 18 mal	2,50	12,00
V. & M. Iž	Iž	KB	14:00, 16:30	3,00	20,50
Bršanj	Iž	Trajekt	15:15	2,60	18,00
Rava	Rava	KB	14:00, 16:30	3,00	20,50
Mala Rava	Rava	Trajekt	Di, Do, Sa 15:15	3,00	20,50
Ošljak	Ošljak	Trajekt[1]	11:30, 14:45	2,50	
	Ist - Olib - Šilba - Premuda - M. Lošinj	Trajekt	09:00	3,00 (Ist) - 5,80 (Lošinj)	18,00 - 27,50
	Olib - Šilba - Premuda	KAT	Tgl. nachm., So 2 mal	Je 2,50	
Zapuntel	Molat	KAT	11:00, 16:30	2,50	
Brgulje	Molat	Trajekt	14:05	2,75	17,50
	Rivanj - Šestrunj - Zverinac - Molat	Trajekt[2]	i.d.R. täglich 10:00	2,00 (R, S) 2,50 (Z, B)	17,50
Pula	via Šilba, Ilovik, Lošinj, Unije	KAT	16:00	5,75 - 16,50	

Trajekt = KFZ-Fähre, KB = Klasični Brod (bis 7,5 t),
KAT = Katamaran (Personenbeförderung)
[1]Ošljak: autofreie Insel, wird mit der Ugljan-PKW-Fähre angefahren
[2]keine Fahrzeugentladung in Rivanj und Zapuntel
[3]PKW-Preis beinhaltet den Fahrer,
alle Preise in Euro (Hauptsaison, sonst –25%)

6

■ **Kompas**, Široka Ul., Tel./Fax 023-251892, www.kompas-travel.com.

■ **Miatours**, Tel. 023-254300, www.miatours.hr, Liburnska Obala 3, neben dem Jadrolinija-Büro, vermietet auch Fahrzeuge und betreibt einen Personenkatamaran zu kleineren Inseln.

■ **G & V Lines**, Poljana Natka Nodila, Tel. 023-250733, www.gv-zadar.hr, ist eine kleine, private Schnellbootgesellschaft für Passagierfähren von/nach Dugi Otok (Zaglav und Sali), Iž und Rava.

Unterkunft

Es bieten sich nur zwei Varianten an: entweder die Unterkunft in einem der recht günstigen **Privatzimmer** über eine der Touristenagenturen (z.B. für Zwischenübernachtungen) oder eines der Hotels im **Stadtteil Borik** (Stadtbus Nr. 5 ab dem Busbahnhof), die unter www.hoteliborik.hr reserviert werden können und für die sich länger in Zadar wohnende Gäste zumeist entscheiden.

■ **Jugendherberge Centr Omladinski**①, Obala K. Trpimira 76, Tel. 023-331145, www.hfhs.hr, an der Marina von Borik-Puntamika (Stadtbus/Fährpiers-Altstadt: „gelbe" Linie Richtung Puntamika oder „hellrote" Richtung Friedhof = Gradsko groblje), Anmeldung 3 Wochen vorher empfehlenswert; ab 20 Euro/Person, 2-, 4- und 6-Bettzimmer.

■ Als echte Backpacker-Hochburg gilt das **Drunken Monkey Hostel**②, J.K. Skenderbega 21, Tel. 023-314406 , www.drunkenmon keyhostel.com, in der Neustadt in Gehnähe zum Busbahnhof und zum Stadtstrand Kolovare, 38 Schlafsaalbetten sowie einige DZ.

■ Die Universität von Zadar bietet Schülern und Studenten Unterkunft im **Studentski Dom**①, F. Tudmana 24 d, Tel. 023-315471, www.unizd.hr/studentskidom (Richtung Hauptbusbahnhof).

■ Zentral in der Altstadt liegt das **Apartman Borelli**② (Borelli 6, mobil 098-9387731). Renoviert und modernisiert, allerdings kein Seeblick.

■ In der Nachbarschaft bieten sich alterativ die **Apartmani Nekić**② (mobil 098-9659069) und das bei Backpackern sehr beliebte **Three Corners Hostel**① mit 3er, 4er und 5er-Gemeinschaftsräumen an (mobil 091-5610780, www.fourcornershostel.com, beide Ul. Kovačka).

■ Ebenfalls sehr zentral liegt das **Oldtown Hostel**① (mobil 099-8093280, Mihe Klaića 5); kostenloses WiFi, Getränkeküche, Wäschereiservice/Waschmaschine und Schließfächer. Es sind 2er-, 4er-, 8er- und 10er-Zimmer erhältlich, jeweils ohne Bad, wobei pro Person je nach Zimmer und Saison ab 13 € und bis zu 25 € fällig werden.

■ Über der Café-Galeria **Gina** (Varoška 2) sind vier neue **Apartments/Zimmer**② zu vermieten. Sehr geschmackvoll eingerichtet und relativ preiswert. Kontakt: *Renata*, mobil 091-3247555.

■ **Aparthotel Donat**③, M. Radovana 7, Borik, Tel. 023-206500, www.hoteliborik.hr. Gehört wie einige Anlagen im Raum Zadar zur Falkensteiner-Gruppe, bietet Zimmer und kleine Apartments.

■ Am oberen Ende der Preisskala rangieren die Anlagen **Funimation**④ (Tel. 023-206636, www.ho teliborik.hr, in Seenähe am Campingplatz in Borik, und **Diadora**④, Tel. 023-555911, www.hoteli borik.hr, mit eigenem Spielcasino (auch für Nichtgäste).

■ Zwischenübernachtungen wie auch längere Aufenthalte können schon in Deutschland organisiert werden, z.B. in der **Pension Stanić**③, kleiner Familienbetrieb in Borik, 250 m vom Ufer entfernt, www.pension-stanic.de, Tel. in Deutschland 07251-56862. Leser bestätigen einen vorzüglichen Abholservice vom Busbahnhof/Hafen.

■ Ähnliches bietet die **Villa Ivana**④ (Tel. 023-335871, www.villa-ivana.com) im Distrikt Puntamika (s.o., Jugendherberge). Direkt am Meer, herrlicher Blick über die Inselwelt und sehr zu empfehlen, wenn man eine Stadtrandlage in Zadar sucht. Nicht ganz billig und nichts für Familien/Gruppen (2er- bis 3er-Apartments).

■ Den Luxus eines 3–4-Sternehotels bei gleichzeitig privater Atmosphäre genießt man sehr zentral im **Scallop**③ (Ulica Dalmatinskog Sabora 4, Tel. 023-312425, www.stayinzadar.com/en/stay-in-zadar/rooms/scallop-rooms) mit a/c, Flatscreen, Safe, WiFi in modernen, sehr angenehmen DZ. Die Anlage gehört zur Agentur Feral-Tours, die auch Boote, Ausflüge, Transfers, Fahrzeuge u.v.m. organisiert (www.feral-tours.com).

Camping

● **AC Borik**②, Majstova Radovana 7, Ortsteil Borik, Tel./Fax 023-332074, www.camping.hr/borik) mit Mobilheimen, Tauchbasis, Wassersport und Rad-/Bootsverleih, Busanbindungen siehe Jugendherberge.

Essen und Trinken

● Am Marktplatz bietet das kleine **Bufet Pod Redemom** Erfrischungen.

● Einen kleinen Imbiss auf die Hand (z.B. Pizzastücke) sowie Eiscreme bietet der **Pizza-Grill** in der Široka Ulica, wo mehrere Pizzabäcker ihre Waren auf die Hand feilbieten.

● Am Trg Zoranica (bei den fünf Brunnen) liegen gleich mehrere nette, kleine Cafés/Pizzerien – besonders empfehlenswert ist hier die **Café-Bar Kolona,** zu erkennen an der markanten (pseudo-) römischen Säule. Sehr gut speist man hier auch im **Pet Bunara** (Tel. 023-224010, tgl. 11–23 Uhr), je nach Saison sind neben leckeren Pizzen auch gegrillter Thunfisch oder Tintenfisch in rustikal-gemütlichem Ambiente erhältlich.

● Zünftig kroatisch speist man in der **Konoba Marival** am Narodni Trg (Ecke D. Ive Prodana, Tel. 023-213239).

● Viele Lokale im Zentrum sind eher auf Laufkundschaft eingestellt. Die alteingesessene **Konoba Amore** (Bianchinija 7, mobil 095-9099350, tgl. 11–22 Uhr) unmittelbar hinter dem Sv Donat gilt als qualitativ herausragend. Sehr beliebt sind die

dalmatische Fischsuppe und der Tintenfisch mit Folienkartoffel.

● Die **Konoba Martinac** (mittlere bis gehobene Kategorie) am Trg Tri Bunara (Papavije 7, Tel. 023-251589) mit schöner Innenhofterrasse tischt tgl. 11–23 Uhr ausgezeichnete Risotto-, Fisch- und Muschelgerichte auf.

● Das **Café Plaza** in der Režnica zieht eher jugendliches Publikum an.

● An der Promenade bietet die **Pizzeria Zadar** (sehr schöner Blick auf die Inselwelt) Suppen für 25 K, Bier für 20 K, Pizza ab 42 K, Schinken oder Käse für 55 K und ein vorzügliches Pfeffersteak für 115 K an.

● Eine ganze Reihe kleiner und uriger „**Studentenkneipen",** die meist aus nicht mehr als einem Brett an der Hauswand bestehen, findet man in der Varoška Ul./Ul. Stomorica.

● In der gehobeneren Preisklasse darf besonders das Restaurant **Atrij** (Tel. 023-215461) am großen Stadttor hervorgehoben werden, welches neben hervorragenden dalmatischen auch internationale Gerichte kreiert.

● Für sehr gute kroatische Fischspezialitäten sei das **Foša** außerhalb der Zitadellmauern am Yachthafen empfohlen (Kralja D. Zvonimira 2, Tel. 023-314421, tgl. 11–24 Uhr).

Nachtleben

● An der inneren Promenade Liburnska Obala Nr. 6 sitzt es sich sehr nett bei einem Drink im **Maya Pub** (Tel. 023-251171, bis 1 Uhr, Fr/Sa/So bis 3 Uhr). Ganz in der Nähe in der R. Boskovica bietet die Café-Bar **Downtown** Drinks und Snacks.

● Interessant ist sicherlich auch der **Skipper Pub** (in der City-Galeria, siehe unten) mit einem riesigen Meerwasseraquarium und modernistisch-nautischem Interieur; tgl. 8–24 Uhr, an Wochenenden bis gegen 4 Uhr.

● Klein, aber fein präsentiert sich die Café-Galeria **Gina** in der Varoška 2 (Tel. 023-314774) mit Live-musik in engem, aber bei Einheimischen sehr beliebtem Ambiente.

■ Tagsüber Café, abends Disco und Livekonzerte – das bietet die **Maraschino-Bar** (Branimira 6, Tel. 023-211250) auf der Festlandseite der Brücke; an Wochenenden im Sommer durchgehend geöffnet.

■ **The Garden,** Bedemi zadarskih pobuna 5, Tel. 023-254509, tolle Open-Air-Lage nahe Stadttor, komfortabel, mit Jazz (auch live), Latin, Slow Electronica – sehr beliebt zum Abhängen und Relaxen.

■ **Kino Pobjeda** (Altstadt, schräg gegenüber vom Narodni Trg), 2x wöchentlich fremdsprachige Filme im Original.

Einkaufen

■ Entlang der Ausfallstraßen (Richtung Nin und Split) findet man zahlreiche riesige **Supermärkte,** u.a. Lidl beim neuen Fährhafen Gaženica und Kaufland (beschildert; mit Geldautomat und Wechselstube).

■ Neu ist das **Supernova-Einkaufszentrum** (Ortsrand/Hauptstraße Richtung Pag/Posedarje, Ulica Akcije Maslenica 1, geöffnet außer an Feiertagen tgl. 9–21 Uhr). Hier locken neben einem sehr gut sortierten Spar-Supermarkt (mit Bankautomaten und umfangreichen Frischwarentheken) auch Ketten wie dm, C&A und H&M.

■ Ein größerer **Konzum-Supermarkt** liegt gegenüber vom Busbahnhof, eine kleine Filiale zentral in der Široka Ulica in der Altstadt.

■ Einfache **Snacks** und zahllose regionale Spezialitäten (Ziegen-/Schafskäse, Schnäpse) findet man auf dem **Markt** (Bäckereistände, halbe Hähnchen, Burek- und Käsestände, vormittags frischer Fisch usw.).

■ **dm-Drogerie** im Innenhof neben dem Konsum-Minimarkt (Široka Ul.) im Altstadtzentrum.

■ **Buchhandlung Svjet Knjige,** im Innenhof in der Široka Ulica, Mo–Sa 8–21 Uhr; auch einige deutschsprachige Bücher zu Kroatien.

■ Richtung Busbahnhof (am Ostende der Branimira in die Frankopanska, erste größere links/Polacišce, 150 m rechter Hand) liegt das moderne **Einkaufszentrum City Galeria** mit zahlreichen Boutiquen und Fachgeschäften sowie Gastronomie- und Unterhaltungseinrichtungen.

Aktivitäten

■ Auf den Campingplätzen im Ortsteil Borik bzw. am dortigen Strand werden **Tretboote, Surfbretter** usw. verliehen.

■ **Ausritte** arrangiert das **Horse Riding Center Zaton** (mobil 098-472227, www.horse-center-libertas.hr); auch Kutschfahrten und Reitschule sind im Angebot.

■ Segler finden zwei **Marinas:** Ul. I. Mestrovica/Obala Branimira, Tel. 023-204850, www.marinazadar.com (mehr für heimische Mitglieder), sowie die neuere Marina Borik, Kneza Domagoja 1, Tel. 023-333036, www.marinaborik.hr, 500 Liegeplätze, Charter, Reparaturen, Snackrestaurant.

■ **Tauchen: Zadar Sub,** Dubrovacka 20, Tel. 023-214848, www.zadarsub.hr, oder **Diveclub Zlatna Luka** in Bibinje, Tel. 023-261413, www.diving-zlatnaluka.net.

■ **Baden:** An der „Meerorgelseite" wird die Promenade im Sommer gern zum Baden genutzt (Treppen/Leitern), Hochburg ist allerdings der Bereich Borik rund um das Campingareal.

■ **Leihräder** (interessant für die Mitnahme auf Inseln für Nicht-Motorisierte) und Ersatzteile bietet günstig gelegen **Eurobike** in der Kneza Branimira 6c (gegenüber der Altstadt); Tel. 023-241243.

Nützliches

■ **Post:** Ul. Šimuna Kožičića, Mo bis Sa 7–21 Uhr. Hier gibt es auch schöne und preiswerte Ansichtskarten.

008ki wl

■ **Bank/Geldautomaten:** u.a. Dalmatinska Banka, Trg Sv Stošija; Hypo-Adria Banka, Ul. M. Klaića; Torgovačka Banka, Ul. M. Boreli, Zagrebačka Banka (hinter dem Seetor) und Splitska Banka, Ul. P. Borc V., zahlreiche Geldautomaten in der Kožicica und Široka Ulica (ab Forum).
■ **Internet:** *Izbor* am Trg Tri Bunara (Tel. 023-466288); *Internet-Point,* gegenüber der Touristeninformation; *Internet-Center,* Varoška 3 (Tel. 023-311265, tgl. 9–22 Uhr); *Aeris-Net,* F. Gisogona 8 (Tel. 023-346211, www.internet-zadar.net).
■ **Erste Hilfe:** Medizinisches Zentrum Zadar, Tel. 023-315677, Stadtbusse 2 und 4.

⌂ Der „Kapellenstrand" Sv Duh
am Novigrader Meer bei Posedarje

Novigrader Meer

Nur durch einen engen Kanal mit dem offenen Meer verbunden, wird das **Novigradsko More** hauptsächlich vom Fluss Zrmanja gespeist und weist daher einen deutlich geringeren Salzgehalt als die Adria auf. Es sind hauptsächlich die drei kleinen Orte Maslenica, Posedarje und das namensgebende Novigrad, die – um das Binnenmeer verteilt – ein vergleichsweise ruhiges Dasein führen und in Norddalmatien noch am ehesten den Status eines Geheimtipps innehaben. Der Massentourismus hat hier nur begrenzt Einzug gehalten, wenngleich seit dem deutschen WM-Sieg 2014 ein kleiner Wandel droht – doch dazu mehr bei

6

den Unterkünften von Posedarje, die sich neuerdings in weltmeisterlicher Nachbarschaft befinden.

Über die Abfahrten Maslenica bzw. Posedarje besteht gute Autobahnanbindung ans Novigrader Meer, über die Fernstraße Jadranska Magistrala erreicht man von hier zügig Zadar und den nicht weit entfernten Nationalpark Paklenica, aber auch das Hinterland Richtung Obrovac/Zrmanja-Fluss (einer Rafting-Hochburg, s.u.).

Posedarje

Die kleine Gemeinde Posedarje am Westufer des Binnenmeeres gilt als recht ursprünglich. Der rund 3600 Einwohner zählende Ort ist ruhig und hat einige hübsche Badeplätze. Beim traditionellen **Eselsrennen** am zweiten Augustwochenende finden diverse Sportwettkämpfe und folkloristische Aufführungen an mehreren Tagen statt – eine Statue am Marktplatz weist auf die auch heute noch große Bedeutung des Lasttieres hin.

Die Durchfahrtsstraße Ivana Goraćica führt von der südlichen Ortszufahrt am Stadion (Bushaltestelle) bis zum nördlichen Ortsrand mit dem Campingplatz. Am Ufer liegt das kleine Zentrum rund um den Platz Obala A.D. Klanca mit **Bootshafen** und großem Parkplatz (Zufahrt nur am Ufer-Fischstand, aufs Ufer blickend rechts). Die kleine **Promenade** nach links gehend, erreicht man nach 200 Metern den Ortsstrand.

Es sind mehr die kleinen Sehenswürdigkeiten, die einen Streifzug durch Posedarje lohnenswert erscheinen lassen:

Ein Denkmal zu Ehren von *Martin Posedarski,* einen Adeligen aus dem 16. Jh., eine Kapelle aus dem 17. Jh. vor der Promenade sowie eine **Ölpresse** (*Uljara,* Ulica Nikice Gundić 4, Richtung Campingplatz gegenüber vom Tommy-Minimarkt; Tel. 023-266772) sind auch schon die Highlights der kleinen Gemeinde.

Der **Ortsstrand Punta** (tagsüber mit Kioskbetrieb) bietet sich an, wenn man ausschließlich am Ort bleiben möchte. Wer mobil ist, nutzt den schöneren Bereich **Sv Duh** ca. 2 km außerhalb Richtung Zadar (am Ortsende links abbiegen Richtung Novigrad), wo die kleine **Heiliggeistkapelle** auf einem per Damm erreichbaren Inselchen dem Badevergnügen eine besondere Note verleiht (mit Strandbar). Weitere Zugänge zum Strand schließen sich hinter Sv Duh an.

Information

■ **TZ Posedarje,** N. Tavelica 11 (am Marktplatz Trg M. Posedarskog, an der Konoba Kod Bunara die Gasse Richtung Kirche hinauf, vorher linker Hand), Tel. 023-266742, 8–14 und 17–20 Uhr, So 8–12 Uhr. Hier werden auch Ausflüge wie Rafting auf der Zrmanja (s.u.) vermittelt. Über die offizielle Website www.tzo-posedarje.hr sowie im Büro selbst können Unterkünfte gebucht werden.

Unterkunft, Camping

Grundsätzlich ist die Region um das Novigradsko More spürbar preiswerter als die Hochburgen an der „echten" Küste, ohne dass zumindest bei den Ferienwohnungen auf Qualität verzichtet werden müsste. Die Auswahl in diesem Bereich ist groß, Hotels vor allem der gehobenen Klasse sind dagegen Mangelware.

Im Zentrum

■ **Apartmani Riva**②, Marinka Vedrića, Tel. 023-266313, buchbar z.B. über www.apartmanija.hr/apartmani/posedarje. Direkt im Ortskern an der Durchfahrtsstraße nahe der Ölmühle, modernes Haus mit Apartments für 4–5 Personen mit Balkon/Terrasse und Grillmöglichkeit.

■ Ein Stückchen weiter liegen die **Apartmani Danica**②, Tel. 023-266381, www.apartmanidanica.net, für 2–5 Personen mit schönem Meerblick von den kleinen Balkonen.

■ Zentrale Ferienwohnungen mit Balkon und Meerblick am Ortsstrand findet man mit den **Apartmani Vera**② (Obala Kneza Branimira 6, mobil 098-9077876, www.apartmani-vera.com.hr) für 2–5 Personen. Modern und freundlich eingerichtet, die Eigentümer sind Schweden, ein örtlicher Verwalter kümmert sich um alles.

■ **Camping:** Im Ort bieten zwei kleine Anlagen Campingmöglichkeiten, nahe der Ölmühle das Minicamp **Staro Selo**① (Tel. 023-266225) mit rund 10 Stellplätzen sowie am Ortsrand Richtung Maslenica das **Camp Kristina**① (mobil 098-9479601, www.autokamp-kristina.com) mit ca. 25 Plätzen.

Ortsrand Richtung Maslenica

■ **Apartmani Novaković**②, Zadarska, mobil 098-532216, www.apartmani-posedarje-maslina.com, Richtung Maslenica 1,5 km außerhalb (in der Kurve beim Schild „Pavlinka"). Tolle Wohnungen für 4 Personen mit Balkon und Waschmaschine sowie einem sehr prominenten Privatstrand. Das gesamte Areal am Ufer gehörte *Biserka* und *Ivan Novaković*, bis 2014 kein Geringerer als Fußballweltmeister *Mats Hummels* das Areal rundherum (bis auf dieses Haus) kaufte, um für sich und Angehörige mehrere Villen am Ufer zu bauen. In der großen Villa, halblinks von den Balkonen blickend, wurde der WM-Titel Ende Juli 2014 ausgiebig mit einigen Weltmeistern gefeiert. Im Sommer trifft man die Familie *Hummels* hier manchmal persönlich an. Die Security ist wenig störend, als Gast bei *Novakovićs* hat man ungehinderten Zugang zum Privatstrand. Was ein wenig verwundert, ist der „Hummels-Tourismus" zahlreicher Deutscher, die unbedingt die Villa ihres Idols knipsen wollen.

■ Wer hier kein Glück hat, kann es im benachbarten **Pavlinka**② (Tel. 023-7887021, www.villa-pavlinka.de) versuchen, ebenfalls sehr beliebt, da ruhig gelegen und von Verwandten der *Novakovićs* betrieben. Hier werden Doppel- und Vierer-Familienzimmer geboten, stets inklusive Halbpension.

■ **Hotel Lucija**③, Braće Dežmalj bb, Tel. 023-266844, www.hotel-lucija.hr. Schönes, modernes Kleinhotel mit DZ und einigen Apartments, Restaurant und Privatstrand.

Essen und Trinken

Posedarje zeichnet sich durch die landesweit bekannte Spezialität *Posedarski Pršut,* eine Sonderform des **dalmatischen Rohschinkens,** aus. Der wird hier über heimischen Hölzern und Kräutern geräuchert und erlangt so ein recht markantes, herzhaftes Aroma.

■ **Konoba Kod Bunara,** Trg M. Posedarskog, Tel. 023-266727, tgl. 11–15 und 17–23 Uhr. Uriges Lokal mit schönem Biergarten am Brunnen direkt am Marktplatz.

■ **Café/Bar Kontrara,** N. Tavelica, ruhig gelegene Oase für einen kühlen Drink gegenüber der Touristeninformation.

■ **Café-Bar 58**, Obala A.D. Klanca, Tel. 023-266093, direkt im Zentrum des Geschehens.

■ **Pizzeria/Café Bolić,** Obala A.D. Klanca, Tel. 023-266 093, kein kulinarischer Hit, aber günstig und immer gut besucht, auch von Einheimischen, tgl. 7–22 Uhr.

Einkaufen

■ **Minimärkte:** Sonik-Markt (tgl. 7–22 Uhr), Obala A.D. Klanca, ein kleiner Minimarkt am Trg Velika vrata.

009ki wl

An der Umgehungsstraße liegt ein größerer **Tommy-Supermarkt** (tgl. 7–22 Uhr), ein Ableger befindet sich, vom Zentrum Richtung Campingplatz gehend, gegenüber der Ölmühle.

Fischgeschäft: Obala A.D. Klanca, tgl. 7–12 Uhr, vormittags auch Stand mit frischen Fängen gegenüber am Ufer.

Der kleine **Markt** bietet Obst und Gemüse aus lokalem Anbau, traditionell verkauft von älteren Damen. Ein kleiner **Obst-/Gemüsestand** befindet sich vor der Sebo-Bäckerei, weitere Privatverkäufer bieten entlang der Hauptstraße ihre Produkte aus Eigenanbau an.

Metzgerei: am Markt, tgl. bis 12 Uhr, So bis 11 Uhr geöffnet, eine weitere Metzgerei liegt 200 m weiter gegenüber der Bäckerei Sebo.

Bäckerei Sebo, Ul. A. Starčevića, tgl. 6.30–20 Uhr, So/Fe 7–12 Uhr, eine weitere kleine Bäckerei ist neben der Post (gleiche Öffnungszeiten).

Apotheke: Ul. A. Starčevića (gegenüber der Bäckerei Sebo), Mo–Fr 8–13 und 17–20 Uhr, Sa 8–14 Uhr.

Nützliches

Banken: u.a. Zagrebačka (am Marktplatz M. Posedarskog) sowie Splitska Banka (Mo–Fr 8–14 Uhr, Sa 8–12 Uhr) am zentralen Platz Obala A.D. Klanca.

Post mit Wechselstube: am Marktplatz, Mo–Fr 8–14.30 Uhr, Sa 8–12 Uhr.

Polizei: Trg Velika vrata 1, Tel. 023-266711.

⌃ Trachten beim Folklorefest in Posedarje

Norddalmatien

Maslenica

Neben Novigrad und Posedarje ist Maslenica die dritte nennenswerte Siedlung am Novigrader (Binnen-)Meer. Durch die nahe gelegene Autobahnauffahrt verkehrsgünstig gelegen, wählen manche Urlauber Maslenica als Ausgangspunkt für Tagestouren ins Umland und an die Küste. Sehenswürdigkeit Nummer eins im Ort ist die Maslenički Most, eine **Brücke über den Kanal** zwischen Novigrader Meer und Adria, an der auch gelegentlich **Bungee-Jumping** betrieben wird. Ansonsten führt Maslenica noch ein recht beschauliches Dasein, verglichen mit vielen anderen Küstendörfern.

Unterkunft

◼ Entlang der Abfahrt zum Ufer haben sich eine Handvoll Restaurantbetriebe angesiedelt, einige Ferienwohnungen bieten Unterkunft; z.B. die hochwertigen, komfortablen **Apartmani Anna**③ (N. Marune, www.apartmentsanna.com) mit Wohnungen für 4–6 Personen mit Spülmaschine und WLAN, oder die **Apartmani Simičević**② (Tina Ujevića 6, www.apartmani-simicevic.com) mit zwei sehr schönen Apartments mit Meerblick vom Balkon.

Novigrad

Ähnlich wie Obrovac weist auch Novigrad, einst größte Siedlung am gleichnamigen Binnenmeer, eine markante **Burgruine** auf. Besiedelt schon in der Bronzezeit und später von liburnischen Stämmen sowie den Römern, entstand im 13. Jh. ein bedeutendes Kastell (*Castrum Novum*, „neue Burg/Stadt") oberhalb der Bucht. Neben Zadar konnte No-

vigrad auch zur Zeit der Türkenkriege seine Unabhängigkeit bewahren und verlor erst mit dem Ende der Fischerei im 20. Jh. seine Bedeutung als wichtige Kreisstadt. Heute ist man um einen bescheidenen Tourismus bemüht, der Ort steht aber in der Besucherbeliebtheit deutlich hinter Posedarje. In Novigrad findet man daher auch in der Hauptsaison noch (!) viel Ruhe und Ursprünglichkeit.

Am Ende der Straße beim Hotel Castrum Novum bestehen **Bademöglichkeiten** (Kiesstrand). Rund um das kleine Hafenbecken gruppieren sich ein Minimarkt, Post, Bäckerei, eine Café-Bar und Kioske.

Unterkunft, Essen und Trinken

◼ **Hotel Castrum Novum**③, Obala kraljice Elizabete Kotromanić bb, Tel. 023-375309, www.kroatia.hr. Aparthotel mit themenbezogenen unterschiedlichen Wohneinheiten, benannt nach wichtigen kroatischen Orten. Jeweils zwei Schlafräume, TV, a/c, Kitchenette, wahlweise mit Meerblickbalkon oder zur Landseite (günstiger). Rad- und Kajakverleih; Sonnenschirme/Liegen am Strand sind inklusive.

◼ Privatzimmer und Wohnungen findet man beispielsweise bei **Kontinovi Dvori**①, Prof. Vice Vlatkovića 2, Tel. 023-375115, www.houseofvlatkovic.com, oder in der **Pansion 8 Ferala**①, Bana Butka Kurjakovića 27, Tel. 023-375114, www.pansion8ferala.com.

◼ **Konoba Mika,** Priko Gromilke 6, mobil 098-512012.

Obrovac und Zrmanja-Fluss

Obrovac mit seiner **Burgruine** aus dem 16. Jh. ist eine wenig ansehnliche ehemalige Industriekleinstadt mit (geschlossenen) „Geisterwerken" wenige Kilometer außerhalb, dient aber als wichtiger Orientierungs- und Straßenverkehrsknotenpunkt im Hinterland. Im Umland scheinen sich Fuchs und Hase gute Nacht zu sagen, teilweise wird man an eine Einöde erinnert. Dennoch erlangte der Raum Obrovac einige Bekanntheit durch den Zrmanja-Fluss, der heute ein bedeutendes **Rafting- und Ausflugszentrum** darstellt und in den 1960er-Jahren Drehort der berühmten **Karl-May-Verfilmungen** war.

Wirtschaftlich war Obrovac lange Zeit ein wichtiger Magnet im Hinterland mit Bauxitwerken und einem Werk der slowenischen Elan-Yachtbauten. Heute spielt nur noch das nahe gelegene Pumpkraftwerk an der Zrmanja eine bescheidene Rolle.

Kulinarisch macht die Region durch das jährliche **Prisnac-Fest** im August auf sich aufmerksam, bei dem lokale Kuchenspezialitäten prämiert werden – *Prisnac* ist eine Quark-Hefeteig-Kreation. Ein bescheidener Tourismus ist im Aufbau begriffen. Sehenswert ist im Ort neben der Ruine (gesperrt) das **Heimatmuseum** mit Exponaten zur Holz- und Keramikverarbeitung sowie Trachten und Gebrauchsgegenständen.

■ **Heimatmuseum,** Stjepan Radić 8, Tel. 023-689375, Mo–Fr 8–12 Uhr, im Sommer 10–13 Uhr, Eintritt 10 K.

Rafting auf der Zrmanja

Startpunkt der meisten Touren ist **Kaštel Zegarski** ca. 15 km östlich von Obrovac („Manastir Krupa"; in Obrovac hinter der Brücke links hinauf, oben wieder links). Die Touren enden an der kleinen Brücke von **Muškovci.** Zu diesem kleinen Ort („Zekulici/Donji Bilišani/Berberi/Zrmanija Fastfood") kann man durchaus einen Abstecher einplanen, auch wenn man nicht unbedingt ein Kanu-Fan ist. Es ist noch sehr ruhig hier. Kinder können ungefährdet von der Brücke über die Zrmanja springen. Es gibt kleine Gastronomiebetriebe (mobil 098-1706267) sowie Camping- und Unterkunftsanbieter.

Rafting auf der Zrmanja wird über viele Touristeninformationen und Agen-

010ki wl

Norddalmatien

turen in ganz Norddalmatien angeboten, etwas günstiger ist meist die eigene Vorabreservierung über die Websites diverser Anbieter (z.B. Frane Zrmanja, mobil 098-774651, www.f-zrmanja.com, www.avanturist.hr oder www.raftrek.hr). Je nach Jahreszeit sind unterschiedliche **Touren** wie einfaches Rafting, Fotosafari oder Teambuilding-Touren im Angebot. Der Richtpreis im Sommer beträgt für eine Tagestour inkl. gemeinsamem Abschlussessen 40 €, Kinder knapp 30 €.

Information

■ **Touristeninformation Obrovac,** Ivane Brlić Mažuranić 6, Tel. 023-689870. Eine sehr umfassende Zusammenstellung zu Unterkünften in und um Obrovac bietet die Homepage www.tz-obrovac.hr.

Unterkunft, Camping

■ Direkt am Flussufer in Muškovci werden kleine **Holzbungalows** für 4 Personen zu 600 K vermietet; mobil 099-8552001, http://zrmanja-bungalovi.com.

■ **Camping Muškovci,** am Restaurant, ganzjährig geöffnet mit Toiletten und Duschen sowie Womo-Stellplätzen; Reservierung im Restaurant.

■ Leser empfehlen für Zwischenübernachtungen im Raum Zadar oder auch Raftingtouren die **Pension Lavanda**① in Karin Gornji, einem Weiler unweit von Obrovac. Reservierung dringend empfohlen, Tel. 023-687532, www.casa-lavanda.com.

☑ Rafting auf der Zrmanja im Hinterland

6

Die norddalmatische Inselwelt

„Und als der Herr die Gestaltung der Erde beendet hatte, bemerkte er, dass von den Naturschönheiten, die er der Erde zugedacht hatte, noch eine ganze Reihe übrig geblieben waren. Der Herr blickte auf sein Werk und war erstaunt über das tiefblaue Meer, welches er kurz zuvor unter dem Saum Südeuropas versteckt hatte. Also nahm er die restliche Naturpracht und ließ sie in der Adria fallen" – so entstand einer Legende nach die Landschaft des norddalmatischen Inselarchipels.

MEIN TIPP: Es empfiehlt sich, vor einem Wochentrip auf die Inseln in Zadar noch einmal **günstig einzukaufen,** da die Preise der Minimärkte auf den Inseln doch etwas höher liegen als in den Supermärkten des Festlandes. Für die **Anreise per Fähre** siehe die Tabelle bei Zadar.

Insel Olib

Das 25 km² große und relativ flache Olib liegt etwa mittig zwischen der Insel Lošinj und Zadar, wird von der verbindenden Fähre angefahren (Linie 401, www.jadrolinija.hr) und führt ein eher stiefmütterliches Dasein im norddalmatischen Fremdenverkehr. Die Inselform ähnelt der ihrer bekannteren Schwester Silba, nämlich der einer Eieruhr mit dem Hauptort im Mittelpunkt. Olib wurde im 15. Jahrhundert als Fluchtinsel vor den Türken von Kroaten besiedelt und begann unter dem Lokaladel zu prosperieren (Oliven, Wein und Schaf-

zucht). Mit den Wirren des Ersten Weltkriegs setzte eine umfangreiche Auswanderungswelle, vorwiegend nach Nordamerika, ein – heute leben nur rund 160 Menschen auf Olib. Den Reiz der Zurückgezogenheit auf der **autofreien Insel** (PKW-Fähre, Abstellen möglich) kennen bislang vorwiegend kroatische Besucher vom Festland. Bargeld sollte man vorher tauschen – bislang war in der Dorfpost kein Geldwechsel möglich.

Sehenswert ist im Ort Olib die **Pfarrkirche Sv Marija,** die um 1785 an eine noch heute sichtbare Kapelle angebaut wurde. Das Innere birgt ein schlichtes Holzkreuz, welches von Pater *Cetinjanin,* dem Anführer der Flüchtlinge des 15. Jh., nach Olib gebracht worden war. Auf der Südwestseite stehen die Reste des alten Klosters Sv Ante Opata, das 1948 aufgegeben wurde.

Gute **Bademöglichkeiten** bestehen unmittelbar in der Bucht von Olib-Stadt (überwiegend befestigt) sowie in der zu Fuß in gut 15 Minuten erreichbaren Bucht Slatinica auf der Ostseite (Kies).

An- und Weiterreise

■ Die **Autofähre** Zadar – Olib fährt derzeit täglich um 9 Uhr ab Zadar und um 19.50 Uhr ab Olib, im Winterhalbjahr nur an bestimmten Wochentagen (Details und Preise siehe unter www.jadrolinija.hr). Daneben bietet der kleine regionale Fährdienst Miatours einen ganzjährigen Katamaranservice (mind. 1–2x tgl., 12–18 K, www.miatours.hr) an.

Information

■ **Touristenbüro** am Hafen, Tel. 023-370162, Mo bis Sa 16.30–20.30 Uhr, vermittelt Privatzimmer.

Unterkunft, Essen und Trinken

● Die (noch) einzige offizielle **Pension Amfora**② (Tel. 023-376010, mireilletelesmanic@net.hr, mit Restaurant) liegt etwas oberhalb vom Hafen, ebenso wie Post, Kirche, Minimarkt und Marktstände (nur im Sommerhalbjahr).

● Kühle Getränke bietet die einfache **Konoba Plavnik** (Tel. 023-376099) am Hafen, gute Lokalküche gibt es in der **Gostionica Olib** (Tel. 023-376163), ebenfalls an der Anlegestelle.

● Gehobenere Küche wird im Seglertreff **Gostionica Amfora** (s.o., Mai bis Oktober tgl. 8–24 Uhr geöffnet) geboten.

Insel Silba

Das 14 km² große Silba unterscheidet sich – von der Form einer Eieruhr mit Hauptort im Mittelpunkt abgesehen – sehr stark von der Nachbarinsel Olib. Während Olib hinsichtlich Vegetation und Kultur die Nähe zum kargen Pag widerspiegelt, zeigt Silba deutliche Ähnlichkeiten zu Lošinj: eine einst reiche Seefahrer- und Kapitänsinsel mit **milderem Klima** und **gepflegtem Bewuchs,** nur in geringem Umfang landwirtschaftlich genutzt. Mit dem Untergang der Segelschifffahrt – Anfang des 20. Jahrhunderts lagen im Hafen noch 200 inseleigene Segler vor Anker – folgte eine Umstellung auf den **„Durchreisetourismus"** zu See von Mali Lošinj nach Zadar. Heute gilt Silba als beliebteste kleine nordwestliche Insel des Archipels von Zadar.

Die bekannteste Sehenswürdigkeit ist der sogenannte **Liebesturm,** ein schlan-

ker, hexagonaler Aussichtsturm, den ein ortsansässiger Kapitän im 18. Jahrhundert seiner Liebsten errichtete, damit sie sein Schiff überall auf dem Meer erspähen könne!

Im Ort sind alle touristisch wichtigen Einrichtungen vorhanden (alle in der Nähe des Liebesturms): Post, Polizei, Erste-Hilfe-Station, Läden, usw. Bademöglichkeiten bestehen links der Anlegestelle (Kies) sowie in abgelegeneren kleinen Buchten auf der anderen Dorfseite.

An- und Weiterreise

● Die **Autofähre** fährt einmal täglich von/nach Zadar bzw. Mali Lošinj, im Winterhalbjahr nur an bestimmten Wochentagen; Infos unter www.jadro linija.hr. Daneben bietet der kleine regionale Fährdienst Miatours einen ganzjährigen Personenfährenservice (mind. 1–2x tgl., 18 K, www.miatours. hr) an.

● **Auskunft und Buchung** im Jadrolinija-Büro am Fährhafen (Tel. 023-370010, tgl. 6–12 Uhr sowie vor den Abfahrtszeiten) oder bei der Mik-Agentur im Ort.

Unterkunft

Zimmer und Ferienwohnungen vermittelt die **Agentur Mik,** Tel./Fax 023-370030, tgl. 8.30–20.30 Uhr. Eine ganze Reihe von Apartmentvermietern haben sich auf der offiziellen Homepage der Insel (www.silba.net) zusammengeschlossen.

● **Pension Fregadon**③, Tel. 023-370104, www. pansion-silba.com, bietet hübsche Zimmer mit a/c, TV und Terrasse/Balkon.

● **Studio/Aptm. Darija Vanjak**②, Tel. 023-393370, zvonimir.vanjak@fer.hr, mit Sat-TV und a/c für 1–4 Personen (nur Juli/August), ufernah.

■ **Apartman Mareta**②, direkt am Strand, Balkon, 2 Schlafzimmer, max. 4–6 Pers., *Tanja Telesmanic,* Tel. 023-305606, tanjate@net.hr.
■ Auch über das **Restaurant Alavija** (s.u.) kann eine **Apartment-Unterkunft**② vorab arrangiert werden; www.silbaisland.com und www.otoksil ba.com.

Essen und Trinken, Nachtleben

■ Gastronomisch haben etliche Cafés und Restaurants kulinarische Leckerbissen im Angebot, besonders empfehlenswert sind das **Silba** (Luka Mul, Tel. 023-370371, April bis Oktober 7–24 Uhr) für Fischgerichte und die **Pizzeria Jadran** (Tel. 023-370090) nebenan.
■ Urig sieht auch das **Alavija** (mobil 098-752106) beim Pier aus, wo man sowohl an der Promenade wie auch im halboffenen Obergeschoss sehr schön sitzen kann; Spezialität sind diverse Thunfischkreationen.
■ Die **Disco Bar „Skipper"** lädt ein zu Tanz und Musik, zudem gibt es Spieltische und ein angenehmes Freigelände, 22–3 Uhr.

Insel Molat

Unterholz und Baumschulen wie auch die zerklüftete Küste prägen das Landschaftsbild der 23 km² großen Insel Molat, deren rund 230 Bewohner sich auf die Orte Molat, Bruglje und Zapuntel verteilen. Sie leben ausschließlich von Schafzucht, Ackerbau, Fischfang und Tourismus. Seit 1409 venezianisch, wurde Molat an die Adelsfamilien von Zadar als Lehen vergeben, was das faschistische Italien 1941–1943 „aus historischen Besitzgründen" zum Anlass nahm, hier ein

013da wl

Konzentrationslager zu errichten. Heute ziehen die vielen kleinen Buchten **Angler, Segler und Badefreunde** an. Autoverkehr ist auf Molat rar, alle Ziele werden ausschließlich zu Fuß erschlossen. Mehrere kleine Kies- und Sandbuchten an der Nordseite sind in wenigen Minuten erreichbar – auf dem Weg passiert man das ehemalige italienische Konzentrationslager.

Knapp drei Viertel der Inselbewohner leben im **Hauptort Molat,** wo man Post, Bäckerei, Minimarkt, Apotheke mit Erste-Hilfe-Station sowie Ferienwohnungen (am Hafen) findet. Reservierungen für Unterkünfte (allerdings teilweise recht exklusive und teure) kann man über die Internetseite www.casamundo.de oder auch direkt, z.B. bei den **Apartments Mia**②, Tel. 023-371889, www.molat.host zi.com, vornehmen.

Das „landwirtschaftliche Zentrum" **Brgulje** bietet zwei Kneipen, einen Minimarkt sowie eine Hand voll **Privatzimmer**①. Zehn Gehminuten unterhalb des Dorfes liegen die kleine Marina sowie mehrere Kies- und Sandbuchten. Am Pier legt die Fähre Zadar – Polat an, aber nicht immer!

Der drittgrößte Weiler auf Molat besteht aus **Zapuntel** und dem etwas unterhalb gelegenen Haupt-Fährpier **Polat.** Beide Teilorte haben je eine Dorfschenke zu bieten.

⌃ An der malerischen Küste von Molat

An- und Weiterreise

◼ Tgl. außer samstags **PKW-Fähre** von/nach Zadar, zusätzlich 1x tgl. **Personenfähre** (www.jadro linija.hr und www.miatours.hr).

Insel Ist

🦋 Vom 174 Meter hohen **Straža** blickt eine kleine Kapelle seit Urzeiten über das 10 km² große **autofreie** Ist (das Auto kann mitgeführt und abgestellt werden). Während man auf anderen Inseln vorwiegend Ackerbau und Viehzucht betreibt, leben die 280 verbliebenen Seelen auf Ist seit Jahrhunderten vom **Fischfang.** Bademöglichkeiten gibt es in den kleinen Nachbarbuchten (Kies/Fels) des einzigen Dorfes der Insel, Wassersport-möglichkeiten bietet die Tauchschule (s.u.).

An- und Weiterreise

■ Die **Autofähre** von/nach Zadar verkehrt derzeit nur Mo, Do, Fr und Sa ab Zadar (www.jadrolinija. hr). Eine reine **Personenfähre** verkehrt außerdem täglich zu unterschiedlichen Zeiten, siehe unter www.miatours.hr.

Nützliches

■ **Tauchschule Ist-Diving,** Tel. 023-372444, ist auch bei der Buchung von **Privatunterkunft**①-② behilflich.
■ Wichtigste Anlaufstelle im 140-Seelen-Dorf ist neben der Tauchbasis das **Restaurant Maestro,** dessen Besitzer große Pläne für den in den Anfän-gen begriffenen Tourismus hat: Neben dem Lokal und dem **Turist-Biro** (Tel. 023-372419) betreibt er auch den Tennisplatz und vermittelt **Ferienwoh-nungen/Zimmer**②, u.a. für die Pension Maestro, Tel./ Fax 023-372419, ist@zd.tel.hr.
■ **Pension Maestro**②, Tel. 023-372449, www. dalmatia-ist.net/cro.htm.
■ Der kleine Ort bietet **Post, Erste-Hilfe-Station,** ein paar **Läden,** mehrere **Restaurants** und schließlich eine **Marina** für die vielen Segelsport-freunde (Meldung im Turist-Biro).

Insel Premuda

Besiedelt schon im 3. Jh., wurde die Insel Premuda im 15. Jh. administrativ der Stadt Zadar zugeordnet. In ihrer Glanz-zeit als Fischereihochburg war sie die Heimat von über 600 Einwohnern, heute sind es gerade noch 60, die bei Schaf-zucht, Wein- und Olivenanbau auf dem 9 km² großen Eiland ausharren und in den Sommermonaten durch den Touris-mus hinzuverdienen. Das Ganze sieht nach einer „Clanwirtschaft" der *Smirčićs* aus, da zwei der drei Schänken und die Ferienwohnungen von jeweils unter-schiedlichen Trägern dieses Namens ge-managt werden.

Für **Taucher** wegen eines Wracks und eines Grottensystems sehr interessant, bietet sich Premuda vor allem für einen ruhigen Urlaub an. Attraktionen sind die kleine Dorfkirche am Ufer sowie die un-mittelbar vorgelagerte Leuchtturminsel.

An- und Weiterreise

■ **Fähre Zadar – Lošinj** (Linie 401, www.jadroli nija.hr); auch hier können PKW mitgenommen, auf der Insel aber praktisch nicht genutzt werden.

Unterkunft, Essen und Trinken

■ **Apartmani B. Smirčić**③, mobil 091-2009240, oder **Apartmani L. Smirčić**②, mobil 098-429967, leon.smircic@zd.t-com.hr.
■ Zumindest im Sommer sind drei Gastrobetriebe geöffnet, das **Buffet Masarine** (mobil 098-299 232), das **Kod Celestina** (mobil 098-778192) und das **Grmalj** (mobil 098-323904, alle 9–24 Uhr).

Inseln Ugljan und Pašman

Die beiden lang gestreckten, Zadar und Biograd vorgelagerten Inseln Ugljan (50 km^2, ca. 7500 Einwohner) und Pašman (57 km^2, etwa 3500 Einwohner) sind durch eine **Brücke** miteinander verbunden und werden von vielen Touristen gleichsam „in einem Aufwasch" besucht, ohne dabei überlaufen oder sehr touristisch zu wirken. Pauschal gesprochen kann man sagen, dass Urlauber bevorzugt auf Ugljan wohnen, ohne dass die Insel dabei überlaufen oder sehr touristisch wirkt, wogegen Pašman einen eher einsamen Eindruck macht.

Da viele Bewohner auf dem Festland arbeiten, wurde eine **sehr gute Fähranbindung** geschaffen, die es auch den Reisenden ermöglicht, gegebenenfalls spontan und ohne große Vorplanung Ugljan-Pašman zu besuchen. Die übrigen Inselbewohner leben von der **Landwirtschaft** (Wein, Feigen, Oliven, Früchte), wobei die Fruchtbarkeit von Nord nach Süd abnimmt, was auch die deutlich dünnere Besiedelung auf Pašman erklärt.

Das Landschaftsbild ist von **hügeligen Waldbereichen** (Nadel- und Laubgehölz) auf Ugljan und Nord-Pašman geprägt, die Südhälfte Pašmans weist vorwiegend kräuterbewachsene **Karstlandschaften** auf. Höchste Erhebungen sind der Šćah (286 m) auf Ugljan sowie der Bakoli (272 m) auf Pašman, wobei auf beiden Inseln jeweils die Festlandseite mit den Siedlungen flach, die Südwestküste steil abfällt.

Busverbindungen auf Ugljan/Pašman

Preko – Ugljan
6.00, 6.50, 8.00, 10.00, 12.00, 14.00, 15.15, 16.00, 17.10, 18.30, 19.50, 21.10

Ugljan – Preko
5.15, 6.20, 7.20, 9.20, 11.30, 12.45, 13.55, 14.50[2], 16.40[1], 18.00, 19.20, 20.40

Preko – Kukljica
6.00, 6.25, 7.15, 8.00, 10.00, 12.00, 14.00, 15.15, 16.00, 17.10, 18.30, 19.50, 21.10

Kukljica – Preko
5.20[1], 6.15, 7.30, 7.45[2], 9.45, 11.45, 13.20, 15.15, 16.50, 18.05, 19.30, 20.45

Preko – Tkon
6.25[1], 8.00, 10.00, 12.00, 14.00, 15.15, 17.10, 18.30, 19.50, 21.10

Tkon – Preko
4.50[1], 5.50, 7.15, 9.15, 11.15, 12.50, 14.45, 17.30, 18.55, 20.15

[1] nur werktags
[2] nur am Wochenende und an Feiertagen

Viele Kroaten aus Zadar und Biograd haben ein Landhäuschen auf den Inseln errichtet und verbringen ihren Urlaub oder die Wochenenden dort. Es steht daher eine **Vielzahl an Unterkünften,** allerdings nur wenige Hotels zur Verfügung; Touristen nehmen oft auch mit den zahlreichen Campingmöglichkeiten vorlieb.

Auf Pašman geht es deutlich ruhiger zu als auf Ugljan; eine (gut markierte) Jeeppiste führt südlich der Hauptstraße auf dem Höhenzug die gesamte Insel entlang von Tkon bis Ždrelac – ideal für Wanderer und Mountainbiker und Liebhaber einsamer Buchten. Besonders für Wanderer und Biker auf der Suche nach den weniger befahrenen Nebenwegen empfiehlt sich die Anschaffung der ausgezeichneten **Karte** „Island Ugljan/Pašman Trekking & Mountain Biking" (1:20.000), die von der regionalen Tourismusbehörde (www.zadar.hr) herausgegeben wird und bei den örtlichen Touristeninformationen (manchmal gegen eine kleine Gebühr von 10–15 K) erhältlich ist. Nicht ganz so gut, aber brauchbar ist die ebenfalls dort erhältliche kostenlose Karte „Ugljan Trekking and Biking", die nur die Insel Ugljan abdeckt (plus einem kleinen Teil der Nachbarinsel (Download unter tz.preko.hr). Dies funktioniert jedoch nur über die englische bzw. kroatische Version, der deutsche Link ist seit Jahren „blind".

Geschichte

Beide Inseln waren schon in der **Antike** besiedelt, sowohl illyrische als auch römische Ruinen zeugen davon. Die heutigen Siedlungen entstanden im Mittelalter als Fluchtorte während der **Türkenkriege.** Da das Festland weiträumig in türkischer Hand war, dienten die Inseln gleichzeitig auch als „ausgelagertes Ackerland" der Bewohner von Biograd und Zadar. Nur Ugljan war mit Pinienwäldern, Feigenbäumen, Weinbergen und Olivenhainen bedeckt und verdankt seinen Namen dem seit Jahrtausenden

aus den über 100.000 Olivenbäumen gewonnenen aromatischen Öl.

Die Geschichte der Doppelinsel weist übrigens interessante Parallelen zu Cres-Lošinj in der Kvarner Bucht auf, da dort wie auch hier die Inseln ursprünglich miteinander verbunden waren. Der heutige **Kanal** an der flachsten Landstelle entstand erst im späten 19. Jh., um den Schiffsverkehr zwischen den Inseln zu ermöglichen. In den 1970er Jahren schließlich verband man Ugljan und Pašman wieder mittels einer (kostenlos befahrbaren) **Brücke.**

Ein allgemeiner **Hinweis für Badefreunde:** Viele Ortschaften verfügen über Badeplattformen und liegen an der Nordostseite der beiden Inseln (Richtung Zadar), während südwestseitig Steilküsten mit teilweise schwer zugänglichen, meist unerschlossenen kleinen Felsbuchten locken.

Noch eine kleine Merkwürdigkeit zu Ugljan: Auf der Insel nimmt man es nicht immer so genau mit der **Kfz-Zulassung,** auffallend viele Autobesitzer haben ein „Faible" für nordamerikanische Fantasiekennzeichen entwickelt.

Allgemeine Reiseinfos Inseln Ugljan und Pašman

An- und Weiterreise

■ Zwei **Fähren** bieten von Juni bis September eine gute Verbindung zu den Inseln: **Zadar – Preko** (5.30–24 Uhr 12–18x tgl., Pkw mit 2 Personen ca. 16 €) und **Biograd – Tkon** (6–22.30 Uhr 8–13x tgl., Pkw mit 2 Personen 10,50 Euro); Fahrzeit je eine knappe halbe Stunde.

Inseln Ugljan – Pašman

0 ▬▬▬ 2 km   © REISE KNOW-HOW 2015

NorDalm15

Sestrunj

Rivanj

Idula

Rt Sv. Petar

Punta Scala

Petrčane

Rt Radman ★

Leuchtturm

Žerava

Poljica Brig

Brbinj

Sušica

D. Selo

Ugljan

★ **Leuchtturm**

Ceprljanda

Kožino

Poljak

Dračevo
Ninski

Gruse

Ivanac

Rt Zaglav

Rt Sv. Grgur

★ **Leuchtturm**

Leuchtturm

Oštri rat ★

Bokanjac

Briševo

Murvica

Lukoran

Šćah
286 ▲

Sutomišćica

Poljana

Hafen

Zadar

Autobahn

Smokovići

Božava,
Veli Rat,
Sakarun-
Bucht

Veli Iž

Sv. Mihovil

Preko

★

PKW-Fähre

Crno

Rutnjak

Ošljak

Ošljak

Ploče

Dračevac

Uvala
Svitla

IŽ

Rava

Knežak

UGLJAN

Kali

Bibinje

Babindub

Mali Iž

Kobitjak
199 ▲

Rt Otrić

★ **Leuchtturm**

Tomešnjak

Školj Veli

152 ▲

Luka

Bisage

Rt Podvara

Sukošan

Žman

Rt Parda

Sabuša-Bucht

Kukljica

★ **Leuchtturm**

Leuchtturm ★

Sv. Kasijan

Makarska

Debeljak

Podvršje

Zaglav

Krava

Tukošćac

Mryonjak

Sabuša-Bucht

Martinjak
139 ▲

Panoramski Put

Ždrelac

Dobropoljana

Donje
Raštane

Sveti Petar
na Moru

DUGI OTOK

Sali

Lavdara

V. Bokolj
272 ▲

Nevidjane

Vela
Balabra

PAŠMAN

Garmenjac

Galešnjak

Mrljane

Komornik

Turkljača

Turanj

**Naturpark
Telašćica**

Telašćica
Bucht

Lavdara
mala

Kurba
mala

Sit

Vela Skala

Brušnjak

Pašman

Babac

Sv. Ante

★ **Leuchtturm**

Sveti Filip
i Jakov

G. Aba

Katina

M.
Buč

Glamoč

Mala Skala

Šćitna

Ugrinići

Kraj

Biograd
na Moru

Aba
Vela

Strižna

Bizikovica

Golubovac

Gangarol

**Franjevački
samostan** ★

Tkon
184 ▲

**Nationalpark
Kornaten**

Vela
Svršata

Tovarnjak

Bicarijica

Gustac

Košara

**Sv. Kuzma
i Damjan**

Lučica

Pristanište

Leuchtturm ★

Levrnaka

KORNAT

Rt D.
Borovnjak

Žižanj

Žut

V. Buč

6

Ugljan

■ **Öffentliche Busse** verbinden, auf die jeweiligen Fährzeiten abgestimmt, **alle Inselorte beider Inseln und beide Fährpiers.** Die Übersicht gibt die Abfahrtszeiten in den Hauptorten wieder; Preisbeispiele: Preko – Ugljan und Preko – Kukljica je 10 K, Preko – Tkon 20 K. Für einen Tagesausflug nach Zadar sollte man mit dem Bus zur Fähre fahren; Info-Tel. 023-211555.

Dorf Ugljan

Der Fischerort Ugljan ist keinesfalls der Hauptort der Insel, bietet allerdings eine recht breit gefächerte touristische Infrastruktur. Er erlangte durch zwei Anlagen einige Bekanntheit: einmal durch das **Franziskanerkloster Sv Franje** von 1430 auf der Nordseite am Ufer (für die Öffentlichkeit zu besichtigen nur 16–17 Uhr), dann durch die **Landzunge Muline mit römischen Ruinen,** von denen etliche noch unter Wasser liegen und zum beliebten Ziel für Taucher wurden.

Richtung Muline am T-Ende rechts fahrend, kommt man gleich links zu einem (beschilderten) Feldweg, der zum ummauerten „Schlösschen", dem **Dvorac Califfi** genannten einstigen Landsitz der Adelsfamilie *Beršić* führt (heute im Privatbesitz des ehemaligen Basketballstars *Krešimir Čosić*). Ein Stückchen weiter (nächster Weg rechts) lohnt ein kurzer Abstecher zur Allerheiligenkapelle, die einsam mitten auf der Landzunge steht.

Info und Agenturen

■ Die **Touristeninformation,** Tel. 023-288011, www.ugljan.hr, Mo bis Sa 8–21 Uhr, So 8–12 und 18–21 Uhr, mit Zimmervermittlung und sehr guten

Karten zu Ugljan liegt am kleinen Platz im Zentrum neben der Agentur Galius.

■ Die **Agentur Galius,** Tel. 023-288314, www. apartmaniugljan.com, vermietet Boote (Ugljan bietet einige Bootsliegeplätze), vermittelt Unterkünfte (42–52 Euro/4er-Apartment) und bietet Tagesausflüge zu den Kornaten an.

■ Übernachtung
1 Aptm. Funčić, Campingplätze
2 Aptm. D. Židov
3 Pension Stari Dvor
4 Villa Oleander
5 Hotel Ugljan
12 Aptm. Šarin
   & Aptm. Karlović

■ Wassersport
9 Tauchbasis Ugljan

■ Essen und Trinken
3 Rest.-Pension Stari Dvor
5 Apollo
7 Pizzeria Jazina
8 Café-Bar Azur
10 Cocktail-Bar Ritam

■ Einkaufen/Sonstiges
6 Agentur Galius
7 Metzgerei
8 Sonic-Minimarkt
11 Commerce Supermarkt

Sv Franje

Promenade

Ugljan

Kl. Marktplatz

Uvala Činta

Kreiskrankenhaus

Preko,
Kukljica

Unterkunft, Camping

Zu Ugljan zählen heute auch die Vororte Uvala Činta/Čeprljanta (südlich) sowie Batalaža und Sušica (nördlich) mit zahlreichen Unterkünften und auch Campingplätzen.

■ Das einfache **Hotel Ugljan**① direkt an der Promenade im Zentrum, Tel. 023-288024, bietet preiswerte Zimmer und verleiht auch Fahrräder. Das Hotel bietet außerdem einige Ganztagsausflüge auf dem Festland (Plitwitzer Seen, Kornaten, Bergpark Paklenica und Krka-Fälle) an.

■ Wenige Meter weiter Richtung Kloster wohnt man sehr schön am Ufer in der **Villa Oleander**② (Tel. 021-878454, zu buchen u.a. über www.apartmani-sobe-hrvatska.com).

■ Im Bereich Uvala Cinta/Ceprljanta findet man hauptsächlich private Apartmentvermieter, etwa **Dajana Šarin**② (Tel. 023-288014, dajana.sarin@ugljan.hr) mit Ferienwohnungen für 2–5 Personen

6

oder **Denis Karlovic**① (Tel. 023-288275, mobil 098-317626, vladimir.karlovic@ugljan.hr), bei dem bis zu 6 Personen die Ferien verbringen können.

■ Sehr empfehlenswert nördlich des Zentrums ist die **Restaurant-Pension Stari Dvor**② (Tel. 023-288688, www.staridvor.hr) im Bezirk Batalaža. Sehr schön und ufernah kommt man hier auch bei **Draga Židov** unter (mobil 091-2527057, www.apart mani-ena.com).

■ Der noch weiter nördlich gelegene Abschnitt Sušica wird hauptsächlich von Campern des **AC Porat** ① (Tel. 023-288318, www.campingporat.com, familientauglich mit Sandstrandabschnitt) und des **AC Mekelenić** ① (Tel. 023-288108, ivan.mekele nic@ri.t-com.hr) frequentiert. Direkt am Meer findet man hier auch **Ferienwohnungen**② für 2–4 Personen bei Nenad **Funčić** (Tel./Fax 023-288646, nenad-petar.funcic@zd.t-com.hr).

■ Abgesehen von den großen offiziellen Campingplätzen bieten einige „Minicamps" ohne Komfort etliche Stellplätze rund um Ugljan: **Marijo** (Tel. 023-288172), **Batalaža** (Tel. 023-288153), **Pavlešina** (Tel. 023-288102) und **Stipanić** (Tel. 023-288035).

☑ Das Franziskanerkloster in Ugljan

Essen und Trinken, Nachtleben

■ Als die Nummer Eins vor Ort im Zentrum von Ugljan behauptet sich derzeit das **Apollo** (Tel. 023-288394) mit schöner Terrasse direkt am Ufer.
■ Gute und günstige Gerichte serviert die kleine **Pizzeria Jazina** (Tel. 023-288525, tgl. 9–24 Uhr) an der Ortszufahrt bei der Post.
■ Kleine Erfrischungen bietet die **Café-Bar Azur** (Tel. 023-288253) neben dem Minimarkt am kleinen Marktplatz.
■ Auf der anderen Seite der Dammbrücke liegt die sehr schöne **Cocktailbar Ritam** mit Spielmöglichkeiten (Billard, Tischfußball) – gemütlich, kleine Snacks, Blick auf Zadar und das Kloster.

Aktivitäten

■ **Tauchbasis Ugljan,** Tel. 023-288022.
■ **Fahrradverleih** im Hotel Ugljan und bei der Tauchschule, außerdem findet man in Muline („Plaža Luka") einen **Moped-, Rad- und Bootsverleih** (mobil 098-1842793).
■ **Angelausflüge/Sportfischen** bietet MB Pišmolj (Tel./Fax 023-288105) im AC Mekelenić an.
■ **Baden:** Die besten Strände liegen beim Kloster (Sand), beim verfallenen Hotel Zadranka (befestigt) sowie bei den zahlreichen kleinen Campingplätzen

191nd wl

in Ortsrandlage. Im Ort selbst kann man auch an der befestigten Promenade einen Sprung ins kühle Nass wagen.

Nützliches

■ An der Ortszufahrt liegen **Post** (mit Wechselstube, Mo–Sa 8–12 und 17.30–21 Uhr), **Sonic-Minimarkt** (tgl. 6–22, So 6–13 Uhr) und die **Metzgerei Rehrana** (tgl. 7–12 und 18–20 Uhr), vor der Fußgängerbrücke findet täglich vormittags ein kleiner **Frischwarenmarkt** (auch Zeitungskioske) statt.

■ Ein **Getränke- und Minimarkt** (beschildert „Diskont Bure Commerce") liegt landseitig der Inselhauptstraße zwischen Čeprljanta und Ugljan.

■ **Kreiskrankenhaus Čeprljanta,** gegenüber der Ortszufahrt (beschildert), Tel. 286179.

■ **Geldautomat** neben der Touristeninformation.

■ **Kartentelefon** vor der Post.

■ **Internetcafé:** Cyber caffe, Tel. 023-288253.

Lukoran und Sutomišćica

Die beiden **Buchten nördlich von Preko** werden bislang kaum von Reisenden besucht und bieten auch keine großen Besonderheiten. Eine neue Verbindungsstraße schließt Lukoran an Sutomišćica an, sodass mittelfristig auch hier eine gewisse touristische Infrastruktur entstehen wird. Bislang gibt es in Lukoran nur **bescheidene Bademöglichkeiten** (befestigte Plattform), empfehlenswerter ist das größere Nachbardorf Sutomišćica.

Unterkunft, Camping

■ Sehr gut ist die Homepage http://tz.preko.hr, wo (derzeit „nur" auf Englisch) unter „accomodation"

auch zu den Dörfern von Lukoran bis Poljana zahlreiche **Privatunterkünfte**①-② im relativ günstigen Bereich angeboten werden.

■ Campingmöglichkeit besteht im **Camp Novi**① in Lukoran (Tel. 023-284090, am Ufer rechts beschildert).

Essen und Trinken

■ Sehr beliebt ist in Sutomišćica das **Restaurant Lantana** in einem restaurierten Landsitz aus dem 17. Jahrhundert (Tel. 023-268264). Abendliche klassische Klaviermusik, Gemüse aus eigenem Anbau sowie heimische und internationale Spezialitäten versprechen einen gediegenen und entspannten Abend.

Poljana

Der **kleine Fischerort** Poljana liegt **unmittelbar vor Preko** und bemüht sich derzeit, ein wenig von dem touristischen Segen dort abzukriegen. Eine neue Badeplattform, Kinderspielplatz, das Bistro Garofulin (Tel. 023-268328, mit Pizza-Lieferservice), die Spaghetteria Moka (Tel. 023-282404), ein Minimarkt und eine Dorfpost (hier Telefonzelle) bilden das kleine Infrastrukturgerippe (Unterkünfte s.o.: „Lukoran").

Preko

Angesichts des gegenüberliegenden Zadar (kroat. *preko* = gegenüber) nimmt sich Ugljans Hauptort Preko (rund 4000 Einwohner) bescheiden aus, er bietet aber eine ganze Reihe touristischer Annehmlichkeiten (derzeit noch einzige Tankstelle der Doppelinsel!). Sehenswert

6

sind die **romanische Johanneskirche** aus dem frühen 13. Jahrhundert sowie die lebhafte **Uferpromenade.**

An- und Weiterreise

■ **Autofähren** verbinden Preko mit Zadar von 5.30–24 Uhr etwa 18x tgl. Der Fährpier liegt etwa 1 km südöstlich und ist mittels einer Uferpromenade an das Zentrum angebunden (Pkw müssen weit außen herumfahren).

■ Abgestimmt auf die Fähren bestehen drei **Buslinien** von/nach Ugljan, Kukljica und Tkon (s.o.).

Info und Agenturen

■ Die **Touristeninformation** (Auskünfte zu Fähren, Bussen und Unterkunft) liegt rückwärtig auf Höhe der Badeinsel Galovac zentral an der Promenade; Tel. 023-286108, http://tz.preko.hr und die Gemeindepräsentation auf tz.preko.com.

■ Neben Jadrolinija (am Pier, ca 15 Gehminuten vom Zentrum) bietet die Agentur **Rušev** (Tel. 023-286085) im Zentrum Auskünfte, Ausflüge und Unterkunftsvermittlung. Sehr gut für die Voraborganisation ist vor allem die oben genannte Seite der Touristeninformation.

■ An der Promenade/Ortsrand Richtung Poljana bietet die **Agentur Con Sole** (Tel. 023-647284) Mopeds, Räder, Ausflüge und Unterkunftsvermittlung.

Unterkunft

■ **Vinko-Apartments**②, Tel. 023-861163, web@promjena.com.

■ Etwas erhöht und mit tollen Blicken bis Zadar wohnt man auch in den **Apartments Štulec**②, Tel. 023-286073, free-kr.t-com.hr/apartmani-stulec. Am oberen Preis-Leistungslevel bewegt sich die **Villa Eden**③ mit qualitativ sehr hochwertigen

Wohneinheiten für 2–6 Personen. Praktisch direkt am Strand, Boots- und Fahrradverleih werden arrangiert. Jaz 18, Tel. 023-286075, www.eden.hr.

■ **Košta-Apartments**① direkt am Ufer (Tel. 023-268345), hübsche 2–4-Personenwohnungen mit Balkon/Terrasse.

■ In einer Preisspanne von 40 € bis max. 75 € bietet **Nada Matic**① 2–4-Personenapartments etwas zurückgesetzt am nördlichen Rand der Ortsbucht an (Kustroina 2a, Tel. 023-286651, www.apartmani-preko.com).

Essen und Trinken

■ Für Erfrischungen und einen Espresso bietet sich die **Café-Bar Luna** an der Uferpromenade an.

■ Die **Café-Bar Kobra** (direkt auf das Inselchen blickend) mit Cocktails und Poolbillard zieht mehr die Jugend an.

■ An der Promenade Richtung Fähre findet man die **Konoba Petrina** (Tel. 023-286860, tgl. 11–24 Uhr) mit dalmatischen Spezialitäten wie Muschel- und Krebsplatten, aber auch Nudelgerichten, Pizzen und Salaten.

■ Das **Restaurant Jardin** (Tel. 023-286358, 12–23 Uhr) bei der Post bietet internationale Küche in der gehobenen Preisklasse.

Aktivitäten

■ Badefreunde lockt die angenehme und nett angelegte **Uferanlage Plaža Jaz** (Duschen, Liegeflächen, Spielplatz, Beachvolleyball), die schon mehrfach die „Blaue Flagge" für außerordentlich gute Strandanlagen erhielt.

■ Ansonsten kann man zur kleinen, unmittelbar vorgelagerten **Badeinsel Galovac** mit ihrem alten Franziskanerkloster schwimmen (es sind keine 100 m) oder eine **Wanderung zur Bergfeste Sv Mihovil** (gut 1½ Stunden) unternehmen.

■ **Radverleih** direkt neben der Touristeninformation sowie bei der Agentur ConSole.

■ **Kinderhüpfburgen** an der rechten Landzunge bei der Post.

Nützliches

■ Für Selbstversorger bieten sich ein **Sonic-Supermarkt,** zwei **Metzgereien** (tgl. 6.30–12 und 18–20 Uhr), eine **Bäckerei** sowie ein **Obst- und Gemüsemarkt** direkt im Zentrum an. An der Anlegestelle (knapp 2 km außerhalb) findet man **Minimarkt, Bank** mit Geldautomat, **Tankstelle,** Grillhähnchen und Frischfischverkauf (vormittags).

■ **Bank** (Nova Banka) und **Post** liegen im Zentrum an der Promenade.

■ **Internetcafé Mediastar** (Tel. 023-286649) im Zentrum an der Promenade, tgl. 16–22 Uhr; auch Spielhalle.

Festung Sv Mihovil und Bucht Uvala Svitla

Höchste Erhebung auf Ugljan ist an der Südwestseite der Insel der 286 m hohe **Berg Šćah,** in dessen Nähe die Reste der alten venezianischen Festung Sv Mihovil (Hl. Michael) auf 260 Höhenmetern stehen. Über die Festung ist relativ wenig bekannt, im 11. oder 12. Jh. sollen Benediktinermönche eine Abtei des Hl. Michael gegründet haben, die im 13. Jh. von den Venezianern übernommen und zur Festung ausgebaut worden sein soll. Später wurde sie verlassen und zerfiel teilweise, heute nutzen Mobilfunkgesellschaften und das Militär die Anlage als „Schüsselhalter". Von den Mauern bietet sich dem Besucher ein **herrlicher Blick**

sowohl nach Zadar (beste Sicht nachmittags) als auch bis hinüber nach Dugi Otok (vormittags).

■ **Sv Mihovil,** Eintritt frei, unbedingt empfehlenswert. Die Anfahrt ist sehr gut beschildert, das Teersträßchen bis zum Parkplatz oben kann gut befahren werden, alternativ bieten sich auch Wanderungen ab Preko an; Einzelheiten findet man unter www.preko.hr und auf den oben genannten Detailkarten.

Uvala Svitla

Auf halbem Weg hinauf zur Festung weisen Schilder auf eine **Badebucht** („Plaža") (Wanderweg 3 und 4) hin. Man kann diesen Pisten (mit PKW nur vorsichtig) bis zu einer kleinen Parkfläche folgen und dort dem Pfad hinunter zur Uvala Svitla, einer bei Einheimischen beliebten Badebucht mit kleiner Bootsanlegestelle folgen. Sehr ruhig, keine Bewirtschaftung.

Kali

Die größte und vermutlich **älteste Gemeinde Ugljans** erstreckt sich beidseitig der Inselhauptstraße, wobei der alte, die Hänge hinunter gebaute Ortskern nordostseitig liegt, ein kleines Industriegebiet dagegen südwestseitig. Kali hat zwar noch keinen größeren touristischen Aufschwung erlebt, spielt aber dennoch eine herausragende Rolle auf Ugljan. Der traditionelle Fischerort verfügt nämlich gleich über zwei Fischereihäfen, einen älteren im Altort sowie einen neueren auf der Südwestseite der Insel. Eine **Muschelzucht** sowie eine Fischfabrik siedelten sich an und bieten wichtige Arbeitsplätze für die Inselbevölkerung.

Der von engen Einbahngässchen geprägte Ort hat keine Attraktionen an sich zu bieten, für den Reisenden kommt ein Besuch des traditionellen **Fischerfestes** am zweiten Augustwochenende in Betracht (Banderolen an der Straßenbeleuchtung beachten sowie www.kali.hr/kali/ribarske_noci.asp).

Die beste (bescheidene) **Bademöglichkeit** ist in der kleinen Bucht Kali-Lamjana gegeben, wo auch die örtliche Fischfabrik/Muschelzucht am Ende der Bucht steht.

Information

■ Die **Touristeninformation** für Auskünfte und Unterkunftsvermittlung findet man an der Durchfahrtsstraße nahe Zebrastreifen (Tel. 023-282406, www.kali.hr).

Unterkunft

■ **Apartments** werden zahlreich angeboten, z.B. bei **Goran Blaslov**① (Tel./Fax 023-281596,

⊡ Großartige Aussicht auf Zadar von der Festung Sv Mihovil

203nd wl

Norddalmatien

www.kali.hr/blaslov) direkt am Ufer oder bei **Kurtin Tino**① am Hang etwas zurückgesetzt (Tel. 023-286254, www.kali.hr/kurtintino/index.htm). Oberhalb der Bucht mit schöner Aussicht, dafür straßennah wohnt man sehr günstig bei **Zdenko Lukin**① (Tel. 023-281607), der mehrere Wohnungen für 2–9 Personen anbietet.

Nützliches

■ Im Zentrum des Altortes verteilen sich die **Café-Bar Riva**, die **Café-Bar Bubalo** an der Kirche Sv Lovre sowie ein paar Obst- und Zeitungsstände.
■ Neben der Touristeninformation findet sich ein **Geldautomat**; ein **Sonic-Minimarkt** liegt ebenfalls an der Durchfahrtsstraße (etwa Ortsmitte).

Kukljica

Das alte Bootsbau- und Fischerdorf Kukljica bietet heute eine gut ausgebaute touristische Infrastruktur mit zahlreichen preiswerten Apartments/Zimmern, einem netten Marktplatz sowie reihenweise guten und preiswerten Restaurants entlang des Hafenbeckens. Die meisten Touristen steigen im Ferienkomplex Zelena Punta ab (mit eigenem Strand, Bootsliegeplätzen und Tenniscourts).

Küstenpfad Kukljica – Kali

Als kleine **Wanderung** mit Bademöglichkeit bietet es sich an, von der **Gnjojišća**-**Bucht** (die Seite mit dem kleinen Sprungturm, dort links) im Bezirk Zavrh immer am Ufer entlang bis zur **Kapelle Sv Jerolim** (bis dahin recht guter Fußweg) zu gehen. Unmittelbar hinter der Kapelle liegt die nette **Kostanj-Sandbucht** (Bademöglichkeit), dahinter – die Treppenstufen landeinwärts hinauf – kann man dem Pfad bis Kali an der Küste entlang folgen (insgesamt 5,5 km, ca. 1½ Std.).

Wanderung Kukljica – Sabuša – Kapelle Gospa Snježna

Hinter dem Marktplatz folgt man der Beschilderung „Plaža Velika Sabuša" durch die schrebergartenähnliche Wohnsiedlung von Kukljica etwa 10 Minuten bis zum Zebrastreifen an der Inselhauptstraße. Auf der anderen Straßenseite geradeaus am Friedhof vorbei erreicht man nach weiteren 10 Minuten die **Sabuša-Bucht,** wo man sich links am Ufer entlang hält. Am Ende der Bucht wird der Fußweg zu einem dünnen Wald-Uferpfad, der sich immer wieder dicht am Ufer entlang (manchmal schwer zu sehen!) bis zur **Villa Kunčabok** erstreckt. Vor dieser am Meer gelegenen Villa muss man (noch vor den Mauern!) 30 m „querfeldein" landeinwärts bis zum breiten Zufahrtsweg vor dem Anwesen gehen. Diesem folgt man bis zu einem T-Ende und wendet sich nach links bis zur Hauptstraße, der man wieder links etwa 10 Minuten aufwärts folgt. In einer lang gezogenen Kurve zweigt dann auf der Anhöhe ein Feldweg nach rechts ab, dem man etwa 15 Minuten hinunter bis zur Kapelle Gospa Snježna am **Ždrelac-Kanal** folgt (da dieser Abschnitt an einem Schrottplatz vorbeiführt, plant die Gemeinde einen alternativen Fußweg, der 200 m vorher von der Hauptstraße rechts abführen soll; dieser ist zwar schon auf den offiziellen Karten eingezeichnet, bislang aber nicht in natura vorhanden!).

Von der Kapelle führt der Weg immer am Ufer entlang in ca. 30 Minuten zurück nach Kukljica. Die gesamte Wanderung dauert ca. 90 Minuten.

Information

■ Auskünfte über Privatunterkünfte (ab 180 K/DZ) erteilt das **Turist-Biro,** Tel./Fax 023-373276, www.kukljica.hr, am Hafen Richtung Zelena Punta (links), tgl. 8–21 Uhr.

Unterkunft

■ Touristenkomplex **Zelena Punta**②, Tel. 023-373337, Bungalows, zumindest außerhalb der Hauptsaison sehr preiswert. Mehrere Restaurants, Tauchschule, Ausflugsangebote (Fischpicknick, Kornaten usw.), Spielplatz, Badeplattformen, am Ende des Ortes schön im Wäldchen gelegen. Geöffnet Ende April/Anfang Mai–Ende Oktober.
■ Die **Pension Andelka**②, Tel. 3023-373411, www.dragom.eu, am Marktplatz (beschildert), bietet 8 Zimmer sowie ein Studioapartment.
■ Fast eine Institution ist in Kukljica die sehr beliebte Apartmentvermieterin **Marija Ugarković**②, Tel. 023-373346, mobil 091-5876918, dunja.frkovic@ri.t-com.hr.
■ Unmittelbar am Ufer wohnt man sehr schön bei **Rino Vojvodic**② (2–5 Pers., Tel. 023-373373, rino.vojvodic@zd.t-com.hr).
■ An der Promenade Richtung Zelena Punta bietet Bruder **Mladen Vojvodic**② unterschiedliche Ferienwohnungen für 2–6 Personen an (Tel. 023-373636, auffälliges Haus mit 8 Balkonbögen).
■ Den „Clan" vervollständigt **Marijana Vojvodić**② mit Studios/Apartments für 2–4 Personen (Tel. 023-373301, marko.vojvodic@zd.t-com.hr).

■ Sehr schöne Ferienwohnungen für 2–6 Personen bietet auch die **Familie Mavra**③, alle Einheiten mit Klima, Telefon und Sat-TV sowie einem kleinen Kinderspielplatz (Tel. 023-373603, venko.mavra@zd.t-com.hr).

Essen und Trinken, Nachtleben

■ Sehr empfehlenswerte Lokale sind u.a. das **Kod Barba Tomé** (Tel. 023-373323) für Fisch (Thunfischsteak, frittierte Sardellen usw., mittl. bis gehobene Preisklasse) links neben der Touristeninformation sowie das **Stari Mlin** (mittlere Kategorie, Tel. 023-373304) wenige Meter weiter. Direkt nebenan brät das **Zaglav** (Tel. 023-373585) tellergroße Pizzen zu günstigen Preisen.
■ Sehr gute Küche bietet auch das **Ciao Ciao** (Tel. 023-223732) mit sehr guten Platten für zwei Personen und tellergroßen Pizzen; günstige Preise und angenehmes Ambiente.
■ Im Bereich der Feriensiedlung Zelena Punta bietet das **Restoran Punta** (Tel. 023-373337) Kleinigkeiten und regionale Gerichte an.
■ Für abendliche Unterhaltung sorgt die **Disco Coco's** (Zelena Punta).

Aktivitäten

■ **Bademöglichkeiten** existieren reichlich rund um die **Sabuša-Bucht** (beschildert) und die **Jelenica-Bucht** (Felsbucht, FKK), beide an der Westküste und in 20 Minuten zu Fuß vom Ort aus zu erreichen (Fußweg beschildert; keine Parkmöglichkeiten an den Buchten), sowie in der **Kostanj-Bucht** Richtung Kali; alle drei gelten übrigens offiziell als Sandbuchten. Auch im Ort selbst kann man baden, und zwar in der **Gnjojišća-Bucht** (kleiner Sprungturm) und rund um die **Landzunge Zelena Punta,** um die herum auch ein schöner **Uferrundweg** (Kukljica – Zlena Punta – Gnjojišća-Bucht – Kukljica, ca. 30 Minuten) führt.

■ Als weiterer Spaziergang bietet sich der sehr einfache und flache **Uferweg zur Kapelle Gospa Snježna** am Ždrelac-Kanal (30 Minuten) mit schönem Blick auf die Brücke an (siehe auch Rundwanderung oben).

Einkaufen

■ Selbstversorger finden – zumindest in den frühen Vormittagsstunden – alles Notwendige auf dem kleinen **Marktplatz** vor dem Minimarkt. Obst-, Gemüse-, sehr früh morgens auch Fischstände, Kioske und ein Bäckereiwagen (sehr gut!) vertreiben preiswerte lokale Produkte, alles Weitere erhält man im **Minimarkt.**
■ Die **Metzgerei** am Marktplatz hat tgl. 6–14.30 Uhr geöffnet.

Nützliches

■ **Polizei** (Tel. 023-345111) und **Internetcafé Ive** (Tel. 023-373863) am Marktplatz.
■ **Geldautomat** am Minimarkt.

Ždrelac

Hinter Kukljica erreicht man recht bald die 210 m lange **Brücke nach Pašman.** Erste Anlaufstation ist meist das Dörfchen Ždrelac mit Post, Einkaufsmöglichkeit und einem kleinen **Turist-Biro,** welches sehr einfache, dafür aber auch sehr günstige Zimmer und Ferienwohnungen vermittelt. Camper loben das **AC Ruža**① am Ortseingang trotz des Mankos, dass es nicht unmittelbar am Meer liegt. Mehrere **Badebuchten** liegen beiderseits des Hafenbeckens sowie rund um den Ort (beschilderte befestigte Sträßchen),

die kleine Tauchbasis Doris-Sport ermöglicht Tauchgänge.

Wer in Ždrelac Urlaub machen möchte, muss wissen, dass der Ort sich über drei Abschnitte erstreckt: gleich hinter der Brücke der Abschnitt **Gladuša** (hier Aufbau eines Touristenkomplexes), der 3 km entfernte **Altort** rund um den alten, kleinen Hafen sowie die **Bucht Matlovac** mit dem Strandbad 1 km weiter.
❀ Kurz hinter der Brücke beim Touristenkomplex Podgladuša findet man rechter Hand die Zufahrt zum sogenannten **„Panoramski Put"** (Panoramaweg, beschildert), einem auf dem Höhenzug von Pašman entlangführenden Feldwegsystem von Ždrelac bis Tkon. Über diesen Weg sind wunderschöne Buchten an der Südwestküste erreichbar (u.a. Landin, Žinčena, Sv Ante, Soline); diese Wege kann man nur eingeschränkt und sehr vorsichtig mit Pkw befahren – für Wanderer und Mountainbiker sind sie wie geschaffen.

Unterkunft

■ Schöne **Ferienwohnungen** (UG behindertengerecht) mit Pool in Ždrelac am Ufer bietet beispielsweise *Werner Geiselsöder,* 91325 Adelsdorf, Hans-Rebhan-Str. 1, Tel. 09195-2521, bzw. in Ždrelac, Put Rogaca 1, Tel. 023-374642, www.rogaca.de, für 4–6 Personen zu 70–85 € in der Hauptsaison. Der Vermieter kümmert sich auf Wunsch auch um Transfer, Rad-, Bootsverleih und Ausflüge.
■ Ebenfalls sehr hübsche Angebote findet man bei **Mladen Loncar,** Ul. Gladuša 8, mobil 098-772345, www.dina-apartmani.com mit Preisen ab 45 € (Hauptsaison).
■ Auch www.croliday.com vermittelt Wohnungen in Ždrelac.

Aktivitäten

■ **Bademöglichkeiten** bestehen links vom Hafenbecken (kleiner FKK-Abschnitt) sowie hauptsächlich im schönen **Strandbad der Nachbarbucht Matlovac** (am Hafenbecken beschildert, enges Sträßchen) mit Wasserrutsche, Volleyballplatz (gute Parkmöglichkeiten sind vorhanden).

Nützliches

■ Am alten Fischerhafen findet man eine Ribarnica (**Fischgeschäft,** tgl. 7–12 Uhr), Kartentelefon, Minimarkt, darüber die **Touristeninformation** (Tel. 023-260155, 8–12 und 18.30–20.30, So 8–11 Uhr) und die **Konoba Moka Rica.**
■ Die **Ambulanz** hat Tel. 023-269298.
■ Eine kleine **Dorfpost** (Mo–Sa 7–12 und 17–21 Uhr) liegt neben dem Camp oben an der Ortszufahrt, die **Busse** halten an der Hauptstraße.

Nevidjane

Acht Kilometer weiter auf der Inselstraße erreicht man die landwirtschaftliche Hochburg der Doppelinsel, die 450-Seelen-Gemeinde Nevidjane (auch Nevidane, Navidane) mit einer trotz der Meereslage enormen **Schaf- und Ziegenzucht.** Bademöglichkeiten bestehen in Sand- und Kiesbuchten Richtung Süden.

Nützliches

■ Das **Turist-Biro** an der Durchfahrtsstraße, Tel. 023-269239, vermittelt Privatzimmer.
■ **Post, Minimarkt** und zwei **Gaststätten** gewährleisten eine grundlegende touristische Versorgung.

Dorf Pašman

Administratives Zentrum der Teilinsel Pašman ist der gleichnamige Ort (400 Einwohner), etwa mittig auf der Inselnordseite gelegen. **Weinbau** und **Tourismus** sind die Haupterwerbsquellen des schon zu illyrischer und römischer Zeit besiedelten Ortes. Die lange Geschichte beweisen **archäologische Funde** an der Küste, teilweise auch im Meer, deren Erschließung allerdings mangels Geldgeber noch auf sich warten lässt. Bademöglichkeiten gibt es zahlreich in der **Lučina-Bucht** sowie in den Nachbarbuchten (befestigte Badeplattform, Sand/Kies).

Information

■ **Touristeninformation,** Tel. 023-260155, www. pasman.hr, mit Ausflugsangeboten (z.B. Kornaten ab 20 €/Person) und Zimmervermittlung.

Unterkunft, Camping

■ **AC Lučina**①, Tel./Fax 023-260173, www.lucina. hr, in der nahe gelegenen Bucht, ca. 2 km außerhalb, sehr schlichter Campingplatz mit Radverleih.
■ Nebenan liegt die **Pension Lučina**②, Tel. 023-269381.

Nützliches

■ **Post, Bäckerei, Minimarkt,** mehrere **Restaurants** am Hafenbecken. Insbesondere das **Tamaris** (Tel. 023-260022) an der Hauptstraße ist für Fisch besonders zu empfehlen.

[>] Wanderweg Panoramski Put auf Pašman

6

Tkon

Sveti Kuzma i Damjan (Čakovac)

Auf dem Weg nach Tkon bietet sich ein Besuch des **Historischen Museums** (Eintritt 8 K) **in Kraj** an, welches einen Überblick über die Funde und den Ausgrabungsstand der römischen und illyrischen Relikte auf Pašman bietet. Tkon (800 Einwohner) selbst basiert auf der Gründung des **Benediktinerklosters** Sv Kuzma (s.u.) aus dem 12. Jahrhundert auf dem „Hausberg" Čokovac (kroat. *čak* = Amsel).

Durch den natürlichen Hafen und die Nähe zu Biograd na Moru auf dem Festland erfuhr Tkon mit der neuen **Fährverbindung** eine Aufwertung. Die Zufahrt zur **Piste „Panoramski Put"**, die sich inlandseitig auf dem Höhenzug bis Ždrelac erstreckt, liegt direkt hinter dem Minimarkt Bure (beschildert).

Das **Kloster** wurde von *Theodorus*, dem Bischof von Biograd, auf den Ruinen einer byzantinischen Vorgängerkapelle errichtet, als der ursprüngliche Ordenssitz der Benediktiner in Biograd während der Kreuzzüge zerstört wurde. Nach Auseinandersetzungen mit Venedig nahmen die Benediktinermönche weitreichende Veränderungen an der gotischen Klosteranlage vor (14./15. Jahrhundert). Die **festungsartige Bauweise** zeugt noch heute von der Schutzfunktion des Klosters, in dessen unmittelbarer Umgebung in den folgenden Jahrhunderten Fischer und Bauern, auch auf der Flucht vor den Türken, eine neue Heimat suchten. Seit dem Spätmittelalter hat sich das Kloster zu einem **Hort der glagolitischen Schriftkultur** entwickelt, die

192nd wl

auf den norddalmatischen Inseln bis weit in das vergangene Jahrhundert hinein emsig gepflegt wurde. Das Kloster erlangte dabei eine weitreichende Autonomie, da es von Papst *Clemens VI.* mit der Übersetzung lateinischer Bibeltexte ins Glagolitische betraut wurde und somit unter höchstem Schutz stand. 1808 (Napoleonische Kriege) wurde Sveti Kuzma i Damjan geschlossen, dem letzten Mönch *Petar Plestiković* gelang es aber, die Klosteranlage der österreichischen Verwaltung abzukaufen. 1849 vermachte er das Kloster der Gemeinde von Tkon, die einen Pachtvertrag mit der bekannten Touristenagentur Liburnija schloss, die heute noch etliche Buslinien in Zadar und hier auf den Inseln betreibt. Diese errichtete eine Art **Hotel/Pilgerstätte** (wie auch in Sv Mihovil/Tkon und Sv Ilija/Pelješac, Süddalmatien). Es gab sogar Pläne zur Errichtung einer Seilbahn für Touristen, die jedoch wieder verworfen wurden. 1965 wurde die Anlage wieder von den Benediktinern übernommen, heute leben hier sechs Mönche mit Prior Bruder *Jozo*. Čakovac ist damit das **letzte aktive Benediktinerkloster** in Dalmatien und gilt noch heute als einzigartiger Hort der glagolitischen Lithurgiesprache.

■ **Sv Kuzma i Damjan,** das Kloster kann gegen eine kleine Spende (etwa 10 K/Person) von Mai bis September tgl. außer So von 16–18 Uhr besichtigt werden; auch die herrliche Aussicht lohnt den Aufstieg.

An- und Weiterreise

■ **Fähre** von/nach Biograd 6–22.30 Uhr mindestens 8–13x tgl., im Sommer je nach Bedarf auch nonstop, PKW mit Fahrer umgerechnet rund 10,50 €.
■ **Busanbindung** Richtung Preko 9–10x tgl., abgestimmt auf die Biograd-Fähre.

Information

■ **Turist-Biro,** Tel. 023-285213, www.tkon.hr, So und Fe 7–12, sonst 7–21 Uhr. Vermittlung von Ausflügen und Unterkunft; gute Wander-/Bike-Karten.

Unterkunft, Camping

Privatunterkunft wird in Tkon etwas seltener angeboten, die meisten Reisenden bevorzugen die örtlichen Campingmöglichkeiten.
■ Zimmer/Apartments vermittelt die **Agentur Tourist Agency** neben dem Arka-Restaurant. Interessant hier vielleicht ein Häuschen auf einer kleinen vorgelagerten Insel für einen sogenannten „Robinson-Urlaub" (115 Euro/Tag, 5–7 Pers.). Geöffnet Mo bis Fr 8–22, Sa 7–22, So 9–20 Uhr, auch Ausflüge und Exkursionen (Kornaten usw.).
■ Im Vorort Kraj kann man sehr schöne Wohnungen bei *Ivanka Kontin* (**Vila Kruna**③, Tel. 023-285410, www.vilakruna.com) anmieten. Pool, Internet, Sat-TV, HP möglich.
■ Wegen seiner flachen Sandstrände am Campingplatz und in den Nachbarbuchten wird das 1,5 km außerhalb am Inselende gelegene **AC Sovinje**②, Tel. 023-285541, sehr gern frequentiert (FKK), Animationsprogramm, Rad-/Bootsverleih, Restaurant.
■ Ganz in der Nähe liegt das **AC Adriana**② (Tel. 023-285017, www.adriana-tkon.8m.com).

Essen und Trinken

■ Einkehr mit zünftigen Gerichten bietet das **Restoran Maestral** (Obala 247, Tel. 023-285316, Juni bis September tgl. 10–23 Uhr).

6

● Das **Restaurant Arka** (Tel. 023-286445) bietet vorzügliche lokale Speisen, sehr lecker ist der Ziegenkäse.

Nützliches

● **Minimarkt „Bure", Metzgerei, Bäckerei „Hajduk"** (hier auch Pizzateilchen usw.), **Geldautomat, Apotheke** und **Post** bieten dem Besucher rund um die Anlegestelle das Nötige für den Alltag.
● Die größte **Bäckerei** der Insel findet man in Kraj (mit Verkaufsstelle) einige Kilometer außerhalb.
● Im Ort bieten viele **Privaterzeuger** (Schilder) Olivenöl, Rakija und Wein an.

Insel Iž

Obgleich nur 17,6 km² groß und ohne größere Bodenschätze, Naturhäfen oder andere Anziehungspunkte, besiedelten illyrische Stämme das Inselchen Iž schon vor der Zeitenwende. Auch griechische Quellen verweisen auf eine frühe Besiedlung, die im 8. Jahrhundert kroatisch dominiert war. In der Folgezeit entwickelte sich Iž kulturell zu einer Hochburg des glagolitischen Schrifttums – noch in den 1970er Jahren schrieben die örtlichen Priester glagolitisch – und wirtschaftlich zu einem bedeutenden Seefahrerort.

Veli Iž bildet bis heute den Hauptort, das wenige Kilometer entfernte **Mali Iž** blieb ein beschauliches Fischerdorf. Die Anbaumöglichkeiten rund um den knapp 170 m hohen Korinjak beschränken sich auf Feigen, Oliven und Wein, ansonsten sind Schafzucht, Fischfang und Tourismus der Broterwerb der rund 600 Bewohner von Iž.

Iž hat kulturell einiges zu bieten; so ist das traditionelle **Töpferhandwerk** noch heute eine Teilbeschäftigung einiger Bewohner. Besonders beliebt ist das **Fest Iška Kralj** (Königssuche, Ende Juli/Anfang August), das auf dem alten Brauch basiert, einen ungekrönten König aus den Reihen der Bewohner zu wählen, der für zwei Wochen alle Festbesucher freizuhalten hat! Ob dieser ruinösen Regelung wurde die Wahl offiziell längst abgeschafft, in touristischer Form aber im Sommer wiederbelebt.

Sehenswert ist besonders das **Ethnografische Museum von Veli Iž** mit Exponaten zur Inselgeschichte wie Trachten und Handwerk. Ansonsten kann man viel wandern, z.B. in das eine Gehstunde entfernte **Mali Iž,** wo sich ein Besuch der altkroatischen Marienkirche sowie der Pfarrkirche Pavel i Petr anbietet. Baden ist in der Nähe des Hotel Korinjak am schönsten, ansonsten fährt man per Bootstaxi zur kleinen vorgelagerten **Badeinsel Rutnjak.**

● **Ethnografisches Museum,** Veli Iž, nur im Juni Mo, Mi, Fr 10–12 und 18–20 Uhr und im Juli 10–12 und 19–21 Uhr, Eintritt 15 K.

An- und Weiterreise

● **Fähre:** Die Anfahrt mit der Fähre ist nur von Zadar möglich, tgl. verkehrt eine Pkw-Fähre (im Sommer 2x tgl.) zum Fährort Bršanj; Fr und So zusätzlich Personenfähre. Nachmittags, allerdings zu wechselnden Zeiten, verbindet ein **Inselbus** Bršanj mit Veli Iž.

Nützliches

● Die **Informationsstelle** am Hafen von Veli Iž, Tel. 023-277021, ist für Fährtickets und Unterkunftsvermittlung zuständig.

● Günstig ist das **Hotel Korinjak**② bei der Hafeneinfahrt von Veli Iž mit Tauchschule, Tennis, Bootsverleih, eigenem Minicamp und Disco (Tel. 023-277064).

● In Mali Iž gibt es eine **Dorfpost** und die **Pension/Restaurant Knež**①, Tel. 023-278111) für Unterkunft und Verpflegung. Sehr schöne Apartments für 2–8 Personen.

● Veli Iž verfügt über **Post** (Geldwechsel), **Ambulanz, Läden,** eine Hand voll **Restaurants** (Pizzeria Batela für einfache und günstige Speisen oder die traditionelle Konoba Luzarija, Tel. 023-962601, April bis November tgl. 16–24 Uhr) sowie eine **Marina** (Tel. 023-277186).

Insel Dugi Otok

Die 43 Kilometer lange, aber maximal nur fünf Kilometer breite **„Lange Insel"** nimmt die größte Gesamtfläche aller norddalmatischen Inseln ein, doch gerade einmal 3000 Bewohner leben hier. Sie liegt zwischen der Insel Molat und den Kornaten, wird aber überraschend selten von westlichen Touristen als Ziel ins Auge gefasst. Dies mag daran liegen, dass Dugi Otok trotz guter Fährverbindungen keine „Stimmungskanone" unter den kroatischen Ferieninseln wurde – und auch nie werden wollte! Die touristische Infrastruktur nimmt sich eher bescheiden aus. So waren es bislang denn auch mehr die **Taucher und Individualisten,** die sich mit den einfacheren Un-

terkünften zufrieden geben und oft noch sehr lange von dieser vielleicht schönsten dalmatischen Insel schwärmen. Aber: Der Zulauf steigt.

Die **Vegetation** ist nicht gerade sonderlich üppig; der Nordteil weist einige Zentimeter fruchtbaren Bodens auf, was das prägende Landschaftsbild aus Hainen, Buschwerk und Sträuchern erklärt. Der Südteil dagegen ist felsig und karg, sodass im Norden bescheidener **Wein- und Olivenanbau,** im Süden mehr **Fischfang und Viehzucht** den Menschen ein Auskommen ermöglichen. Touristen ermöglichen ein kleines Zubrot und sind gerne gesehen. Der Fremdenverkehr konzentriert sich noch immer auf Sali und Božava im Norden, weitere Orte bemühen sich um eine konkurrierende Stellung.

Historisch gehört Dugi Otok – wie viele Nachbarinseln auch – zu jenem Zufluchtsort, der zwar schon in der Antike besiedelt wurde, jedoch erst während der Türkenkriege seine Bedeutung als Auffangbecken der Zuwanderungswelle von Festlandsflüchtlingen fand.

Große Sehenswürdigkeiten sind auf Dugi Otok rar, es sind die Ruhe und die friedliche Landschaft, die den Gast in den Bann ziehen.

Noch eine kleine Merkwürdigkeit zu Dugi Otok: Auf der Insel nimmt man es nicht immer so ganz genau mit der Kfz-Zulassung, amtliche Kennzeichen sucht man gelegentlich vergebens.

▷ Veli Rat auf Dugi Otok

330nd wl

Allgemeine Reiseinfos Insel Dugi Otok

An- und Weiterreise

■ Dugi Otok wird fast ausschließlich von Zadar aus angefahren, einmal wöchentlich besteht in Brbinj zudem Anbindung an die **Personenschnellfähre** Rijeka – Split – Dubrovnik. **Fahrzeugfähren** legen in Brbinj (2–3x tgl., ca. 25 €/Pkw und 2 Personen, Sa immer 13.30 und 20 Uhr). Einmal tgl. fährt eine reine Personenfähre von Zadar nach Sali und Zaglav.

■ Ohne eigenes Fahrzeug ist eine Rundreise schwierig; ein **Pendelbus** verbindet zwar alle In-selorte, aber nur die Linie Autofähre – Zaglav/Sali fährt wenigstens 4–5x tgl.; in die andere Richtung

(Brbinj – Veli Rat) maximal 2x tgl. zu stets wech-selnden Zeiten.

■ Achtung Selbstfahrer: Eine **Tankstelle** gibt es bislang nur im (Katamaran-)Hafen Zaglav!

Božava

Das von nur 150 Einheimischen be-wohnte Dorf im Norden von Dugi Otok hat sich wegen seiner angenehmen **Was-sersportmöglichkeiten** und der fried-lichen Idylle zum „Touristenmagnet" entwickelt – nein, nein, es sind keine Tausende, die hier abends durch die we-nigen Gassen rund um das Hafenbecken schlendern, aber der Trubel fällt eben

6

doch auf, auch bedingt durch die große Hotelanlage.

Bademöglichkeiten bestehen in den Nachbarbuchten (Promenade Richtung Leuchtturm), gute **Sandbuchten** liegen etwas außerhalb im Nordwesten. Ein kleiner **Yachthafen** (Tel. 023-377230) ergänzt die touristische Infrastruktur.

An- und Weiterreise

■ Am Hafenbecken 2–3x tgl. **Katamaran** (morgens 6.10 Uhr, retour z.B. 14.45 Uhr) über Rivanj, Šeštrunj und Zverinac von/nach Zadar.

Info und Agenturen

■ In der Ortsmitte informieren die **Agentur Ami-Travel**, Tel. 023-377713, und die **Touristeninformation** (neben der Post, Tel. 023-377607, tgl. 8–14.30 und 15–22 Uhr, So 11– 14.30 Uhr, über Wissenswertes und vermitteln Zimmer und Ferienwohnungen. Auch Boote können gemietet werden.

■ **Internetseiten** für die Unterkunftsorganisation auf Dugi Otok findet man etwa unter www.kroadria.de oder auch www.adriagate.com/de.

Unterkunft, Essen und Trinken

■ Im Zentrum kommt man im **Hotel Maxim-Bo-žava**③, Tel. 023-291291, www.hoteli-bozava.hr, ist der wichtigste Anlaufpunkt für Wassersportler, dunter. Es ist der wichtigste Anlaufpunkt für Wassersportler, da hier die (deutsche) **Tauchbasis Bo-žava-Divers** ihre Dienste anbietet, Tel. 023-291816, www. bozava.de. Neben Hotelzimmern② kann man auch **Apartments**② für 2–3 Personen anmieten – Vorabarrangements beispielsweise unter www.adriatica.net oder die Homepage der Tauchbasis.

■ Hübsche Privatwohnungen im Ort mit Grill und Klimaanlage bietet **Familie Jerić**①, www.apart mani-jeric.com (drei Wohneinheiten).

■ Empfehlenswert ist das **Velikan Kamik** (Tel. 023-377614) nahe der Anlegestelle für sehr gute Muschelgerichte und Kalbskoteletts. Eigentliche Spezialität ist hier allerdings Rinderlende.

Nützliches

■ **Geldwechsel** in der **Post** (Mo–Sa 8–12 und 17.30–21 Uhr), im Hotel oder in der **Agentur Ami.**

■ Ein **Minimarkt,** eine **Erste-Hilfe-Station** sowie Cafés und Restaurants an der Promenade runden das Angebot ab.

Veli Rat

Wer etwas einsamere Strandabschnitte sucht, sollte das nähere Umland im Nordwesten von Božava erkunden; Sandstrände mit Kies-Liegeflächen locken in der <mark>Bucht Sakarun</mark> sowie bei Veli Rat. Beide sind nicht ganz leicht zugänglich (Richtung Leuchtturm, Feldweg nach links beschildert). Der Sakarun-Strand dürfte wohl einer der schönsten Flecken auf Dugi Otok sein, ein kleiner Kiosk bietet Erfrischungen (manchmal auch ein zweiter im Wäldchen ganz rechts). Auch der Abschnitt rund um den **Leuchtturm** von 1849 am Ende der Halbinsel Veli Rat ist malerisch und unbedingt sehenswert, teilweise wird dort auch wild gecampt (nur Wohnmobile, zelten verboten!).

An- und Weiterreise

■ **Bus** nur von Brbinj gegen Mittag (und relativ spät abends), täglich unterschiedlich. In Verunic

Norddalmatien

aussteigen und dann noch in Fahrtrichtung ca. 20 Minuten der Beschilderung zur Sakarun-Bucht (bald Feldweg links) folgen.

Nützliches

● Zur Einkehr bieten sich der **Verona-Grill** (Tel. 023-378038, Spezialitäten: Tintenfischsalat, Risottos) und die **DM-Bar** in Verunić an. Hier findet man auch einen **Minimarkt** und direkt am Ufer die **Gorgonia-Apartments** (Tel. 023-378153, www.gorgonia.hr).

Inselzentrum

Brbinj

Der Fährort Brbinj hat ein paar Yachtliegeplätze, begrenzte Bademöglichkeiten und eine Hand voll Privatunterkünfte; ein paar Obst- und Gemüsestände sowie ein Minimarkt sorgen für bescheidene Einkaufsmöglichkeiten.

Savar

Interessanter ist der Ort Savar, dessen bekannteste Sehenswürdigkeit die **vorgelagerte Friedhofsinsel** mit der altkroatischen Pelegrinus-Kapelle aus dem 13. Jahrhundert ist.

Luka

Unterhalb des höchsten Berges von Dugi Otok, des 340 Meter hohen **Vela Straža,** liegt das landwirtschaftliche Zentrum der Insel um den Ort Luka. Hier gibt es einen Minimarkt sowie das **Hotel Luka**

② (Tel. 023-372114, www.hotelluka.hr). Beim Hotel breitet sich ein angenehmer Fels-/Kiesstrand aus, auch dem Surfsport wird hier gern nachgegangen (Verleih und Schule im Hotel). Unterkunft im Dörfchen Luka bietet auch die **Pansion Alen**③ (Tel. 023-372218, www.lincarnica.com/alen).

Žman

Interessant zum **Baden** (befestigtes Ufer), aber auch für den **Einkauf heimischer Produkte** (kleine Stände, etliche Hinweisschilder für Olivenöl, Wein, Schinken und Käse) ist das Örtchen Žman. Zimmer vermittelt die kleine Touristeninformation am Hafenbecken, eine Dorfpost (nebenan Erste-Hilfe-Station), die Schänken Marija (qualitativ die beste vor Ort), Roko und Regula und ein kleiner Minimarkt sorgen für das Nötigste. Angenehm und nicht überteuert sind die **Apartments Jazina**② (Tel. 023-372023, www.apartmani-jazina.com), die man auch über die deutschsprachige Homepage vor der Anreise anmieten kann.

Zaglav

Das ehemalige Fischerdorf Zaglav spielt heute vorwiegend als **Fährort** (Katamaran, s.o.) eine wichtige Rolle, beim Pier gibt es einen Minimarkt, die Inseltankstelle, eine Tauchbasis (www. kornati-divers.com), die kleine Rock'n' Roll Bar sowie zwei Zimmervermieter. Kulturhistorisch von Interesse ist das nahe gelegene **Franziskanerkloster Sv Mihovil** aus dem 15. Jahrhundert.

Sali

Mehr als ein Drittel der Inselbevölkerung lebt im **Hauptort von Dugi Otok,** vorwiegend deshalb, weil die örtliche Fischfabrik Maraešić – noch zumindest – als wichtigster Arbeitgeber für Auskommen sorgt. Auch der Tourismus profitiert vom relativen Wohlstand, eine Hotelsiedlung und ein Yachthafen sind entstanden. Sali entwickelte sich auch zum Ausgangspunkt für **Ausflüge auf die Kornaten** und **Wanderungen** ins Umland. Die nahen Bademöglichkeiten sind eher mäßig, beim Hotel ist ein teilweise befestigter Felsbadeabschnitt vorhanden. Interessant sind in Sali die **Pfarrkirche** mit glagolitischen Inschriften sowie der **Bergfriedhof,** auf dem die neuen Gräber in den Fels gesprengt und später mit steinernen Grabplatten verschlossen werden.

Information

● Auskünfte und Unterkunftsvermittlung in der **Touristeninformation** am rechten Kai, Tel. 023-377094, www.dugiotok.hr, tgl. 8–12 und 17.30–20 Uhr.

Unterkunft

● Das **Hotel Sali**②, Tel. 023-377049, www.hotel-sali.hr. Sehr angenehmes Ambiente sowie Disco für die schwungvolle Abendunterhaltung.
● Am Hafenbecken links 150 m entlang, erreicht man direkt am Ufer die moderne **Apartment-Pansion Šoštaric**③ (Tel. 023-377050, sostaric@gmail.com).

> Das Zentrum von Sali auf Dugo Otok

● Schön ausgestattet liegen direkt am Ufer die **Gorgonia Apartments**② (Tel. 023-378153, www.gorgonia.hr).
● Günstiger kommt man weiter oben bei den **Moric Apartments**① weg (Tel. 023-377341, mobil 098-332266, www.angelfire.com/mt/franto).

Essen und Trinken

● An der Promenade liegen mehrere Gaststätten verstreut; besonders zu empfehlen sind das **Bife Toni** (Tel. 023-377486, April bis Oktober tgl. 16.30–0.30 Uhr) mit preiswerten und leckeren Grillplatten, mittig der rechten Hafenseite das **Tamaris** (einfache, gute Küche, Tel. 023-377377) und das **Restaurant Marin** (Tel. 023-377500) für Fischgerichte. Im **Kod Sipe** (Tel. 023-377137, tgl. 10–24 Uhr) gibt's ebenfalls Fischgerichte, im Sommer findet gelegentlich gesangliche Unterhaltung statt.

Aktivitäten

● Kleine **Tauchbasis** in der Hotelanlage, Tel. 023-377079, www.dive-kroatien.de.
● **Mopeds** verleiht die Konoba Marin (Tel. 023-377500) am Hafenbecken.
● **Bootsausflüge** zu den Kornaten oder zur Telašćica-Bucht werden im Hotel und im Turist Biro arrangiert, können aber auch direkt am Hafenbecken gebucht werden. Angeboten werden oft „Fischpicknick" inklusive Mittagessen und Kornatenrundfahrt (je nach Umfang ab 40 €).
● **Baden** kann man im Ort am besten beim Hotel Sali.

Nützliches

● Selbstversorger nutzen vormittags den kleinen **Marktbetrieb** am Hafenbecken (Honig, Obst, Gemüse, manchmal Fisch), ansonsten versorgt ein

Minimarkt wenige Meter weiter mit dem täglichen Bedarf.

◼ Im Ort findet der Besucher **Post** (Mo–Sa 8–12 und 17.30–21 Uhr) sowie eine kleine **Erste-Hilfe-Station** (Tel. 023-377129).

◼ **Geldautomat** neben dem Minimarkt.

◼ **Polizei** am Hafenbecken (neben dem Minimarkt), Tel. 023-377022.

Telašćica-Bucht

🦋 Von Sali aus geht es nur per Boot oder zu Fuß nach Südosten weiter. **Pfade** führen zur acht Kilometer langen Telašćica-Landzunge (**Naturpark,** Zufahrt 28 K/Person, Kinder 14 K), die bereits zum Nationalpark Kornaten gehört. Eine neue Zufahrtsstraße führt zum **„Friedenssee"** (kleiner Binnensee mit hohem Salzgehalt), wo ein kleines Restaurant Erfrischungen und Snacks bereithält. Hauptsächlich aber kommen Bootsfreunde hierher; die Telašćica-Bucht bietet immerhin den bestgeschützten Naturhafen der gesamten Adria – eine Tatsache, die schon die k.u.k. Marine veranlasste, hier zahlreiche Manöver abzuhalten. Genaue Auskünfte zu den Wandermöglichkeiten erteilt das Turist Biro in Sali (s.o.), ein Orientierungsplan hängt am Ende des Zufahrtsweges.

Unterkunft

◼ Es besteht die Möglichkeit, im Naturpark einige wenige **Häuser** in toller Alleinlage anzumieten. Die Angebote liegen bei 400–700 Euro/Woche, sind aber jeden Cent wert. Buchungsanfragen unter www.kroatien-fewo.net/dugiotokfewo.html, Nr. 108 oder 168.

500kro wl

225nd wl

⌃ Die Telašćica-Bucht ist als Naturpark geschützt

Aktivitäten

■ Es werden auch **Angellizenzen** (100 K/Tag), **Offroad- und Jagdlizenzen** (bis zu 19.200 K) erteilt, kommerzielle Fotos werden mit 6000 K täglich belastet – da ist die Tauchlizenz für 40 K geradezu ein Schnäppchen! Details s. www.telascica.hr – bleibt zu hoffen, dass sich die Kommerzialisierung im Rahmen hält!

Nationalpark Kornaten

Die Kornaten genießen einen beinahe legendären Ruf als **„Robinson-Inseln"** und erfreuen sich vor allem bei Seglern, Tauchern und Individualisten großer Beliebtheit. Auf einer Fläche von 235 km^2 verteilen sich rund 150 praktisch unbewohnte Inseln und Inselchen, deren gesamte Landfläche gerade einmal 70 km^2 ausmacht. Die Kornaten sind nichts für diejenigen, die „mal eben auf

che Süßwasser lässt nur in geringem Umfang Wein-, Oliven- und Obstbau zu, ansonsten war und ist wegen der **sehr kargen Landschaft** (Brandrodung) nur eine sogenannte „Gastnutzung" möglich – die Bauern und Viehzüchter haben auf einigen Inseln zwar kleine Felder und Viehbestände, wohnen aber in der „Zivilisation" von Murter bzw. Dugi Otok. Die meisten verbliebenen Häuser wurden entweder dem Verfall preisgegeben, werden als exklusive Ferienwohnungen vermietet oder dienen den Bauern und Viehzüchtern als saisonale Unterkunft.

So bestechen die Kornaten an Land durch friedliche Kargheit, unter Wasser durch einen immensen **Reichtum an Unterwasserflora und -fauna.** Rund 300 Meerestierarten wurden gezählt, zu den augenfälligsten gehören Muränen, Haie, Tintenfische, Brassen, Lippfische, Barsche, Schalentiere und sogar Korallen.

Der Nationalpark ist **autofrei,** die meisten Ausflügler gehen auf den **größten Inseln Kornat** (33 km^2) und **Žut** (14 km^2) an Land. Von den vielen kleineren Inseln sind etliche vollkommen einsam und nur mit eigenem Boot zu erreichen. Und manch einer wird sich bei der Anreise der Worte George Bernhard Shaws erinnern: „Am letzten Tag der Schöpfung wollte der Herr sein Werk krönen – also schuf er die Kornaten (kroat. für Krönung) aus Sternen, Tränen und göttlichem Atem!"

dem Wege" die 1980 zum Nationalpark erklärten Inseln besuchen möchten; eine stolze Tagesgebühr und eine gewisse Vataborganisation verhindern den Massentourismus. Organisierte **Tagestouren, Tauchexkursionen und Segeltörns** sind denn auch die Hauptattraktionen dieser vielleicht interessantesten, weil **unberührtesten Inselgruppe** Kroatiens.

Zu Beginn der österreichischen Phase in Kroatien, Anfang des 19. Jahrhunderts, kauften vor allem die Bauern von Murter sowie (in geringerem Umfang) die Fischer von Dugi Otok die Kornateninseln auf, um hier Landwirtschaft und Fischerei zu betreiben. Das spärli-

■ Alle Besucher des Nationalparks Kornati müssen eine **Gebühr** in Höhe von 150 K pro Tag entrichten (häufige Kontrollen!), für Teilnehmer organisierter Tagesausflüge liegt der Gesamtpreis je nach Abfahrtsort dann bei insgesamt rund 350 K. Derartige **Tagesausflüge** beinhalten Überfahrt, Menü und Landgänge mit Bademöglichkeit und werden von etlichen Nachbarinseln (Murter, Dugi Otok, Veli Iž, Ugljan, Pašman) sowie von Zadar und Biograd aus durchgeführt und in den dortigen Agenturen angeboten. **Individualreisende mit eigenem Boot** wenden sich vorab an die Parkverwaltung (siehe Murter oder www.kornati.hr) oder an eine der Marinas/Anlegestellen. Auch ohne Boot sind längere Aufenthalte möglich, hierzu vereinbart man mit den Agenturen der genannten Orte einfach einen späteren Rückfahrttermin.

■ **Achtung Bootsführer:** Wegen der zahllosen **Untiefen** in den Gewässern der Kornaten sei – so ein Hinweis der Parkverwaltung – vor einer Tour ohne das in einschlägigen Fachhandlungen erhältliche Seekartenmaterial eindringlich gewarnt!

■ **Anlegestellen** gibt es auf Kornat, Žut, Ravni Žakan, Levrnaka, Vela Smokvica, Piškera und Lavsa, wobei lediglich die ACI Piškera, mobil 099-470009, 022-34341, und die ACI Žut, mobil 099-470028, 022-343353, Versorgungsmöglichkeiten bieten.

■ **Informationen:** www.kornati.hr, sehr empfehlenswert vor allem für Bootsführer, gerade für die Kornaten, ist der Nautikführer „Kroatische Küste – Die Kornaten" von *Bodo Müller*.

Unterkunft, Essen und Trinken

■ Die Agenturen (teilweise auch die Touristeninformationen) in Murter und Sali vermitteln auf Žut und Kornat schmucke **Fischerhäuschen** zu rund 700 €/Woche/4 Personen inkl. Überfahrt und Parkgebühr. Direktkontakt zu Vermietern und Voraborganisation ermöglichen Internetseiten wie www.direkt-kroatien.de/robinson-tourismus/zut oder www.fishingrobinson.com. Eine allgemeine „Robinsonurlaub"-Linksammlung findet man für ganz Kroatien unter www.smsportnet.com/apartments/robinson_tourismus_kroatien.php.

■ **Zelten** ist strikt untersagt, ausgenommen in den ausgewiesenen Arealen von Ravni Žakan und Levrnaka.

■ **Restaurants** bieten ihre hervorragenden Fischgerichte in den Marinas an sowie auf den Inseln Žut, Piškera, Lavsa, Ravni Žakan, Smokvice, Levrnaka, Katina sowie auf Kornat – ansonsten ist Selbstverpflegung Trumpf!

Aktivitäten

■ **Baden** (auch FKK) ist ohne Einschränkungen auf fast allen Inseln der Kornaten möglich; sicherlich findet jeder Selbstfahrer seinen eigenen Favoriten unter den Inseln.

■ **Tauchen in Eigenregie** ist nur mit Sondergenehmigung möglich (erhältlich für rund 150 € bei der Parkverwaltung in Murter). Es empfiehlt sich die Nutzung der **Basis Božava-Divers** in Božava bzw. **Sali-Divers** in Sali auf Dugi Otok, die nicht nur die besten Tauchplätze kennen, sondern auch das Genehmigungsverfahren erledigen.

051sd wl

Sveti Filip i Jakov

Ab Zadar in südlicher Richtung beginnt das eigentliche **dalmatische Festland.** Hinter den hässlichen Petro-Werken unmittelbar an der Küstenstraße (hier auch sehr großer Supermarkt) folgt nach den Vororten Sukošan (Abzweigung zum Flughafen) und Turanj der vergleichsweise ruhige **Badeort** Sveti Filip i Jakov (knapp 5000 Einwohner). Einzige kleine Sehenswürdigkeit sind die **römischen Relikte** des Heereslagers Liburnium aus dem 1. Jh. (beschildert „Roman Relics") unweit der Hauptstraße. Sprachwissenschaftlich Interessierte finden außerdem glagolitische Inschriften in der Hauptkirche.

Von der Küstenstraße Jadranska (Ampelkreuzung) folgt man der Beschilderung ins Zentrum, vorbei an der Hotelpension Donat. Man kann für 5 K/Std. auf dem zentralen Parkplatz halten oder weiter an der Ulica Kralja P. Krešimira IV bzw. der Put Primorja parallel zum Hauptstrand kostenlos parken. Von dort führen an den bzw. zwischen den Camps Đardin und Filip hindurch mehrere Wege zum Ufer.

Wer länger in der Nähe von Zadar wohnen möchte, ist in Sv Filip i Jakov sicher gut aufgehoben – hier ist es sowohl ruhiger als auch deutlich preiswerter als in der Stadt. Im Dorf um die Pfarrkirche „Philip und Jakob" aus dem 16. Jahrhundert mit seinen angenehmen Kiefernwäldern hat der Unterkunftssuchende einige Auswahl.

Info und Agenturen

■ Auskünfte und Organisationshilfen zu diesem recht jungen Touristenort gibt die **Touristeninformation Filip i Jakov,** Obala Tomislava 16 (Eingang um die Ecke der Post), Tel. 023-389071, www.sv-filipjakov.hr. Die Seite bietet direkte Kontaktaufnahme zu Wohnungs- und Zimmeranbietern.

■ **Agentur Sirena,** Obala Tomislava 2, Tel./Fax 023-389147, www.sirena-tours.hr.

■ **Agentur Iris Dalmatica,** Tel. 023-388246, www.irisdalmatica.hr, sehr beliebt für Fahrten nach Plitvice und Raftingtouren.

■ Im Vorort Turanj in der Hauptstraße 46 oder in Filip i Jakov direkt am Ufer bei der Post bietet **Arca noae** (Tel. 023-389442, www.arcanoae-rent.hr) Boots- und Scooterverleih.

Unterkunft

■ **Hotel Villa Donat**③, Tel. 023-383556, www.ilirijabiograd.com, 2010 neu eröffnetes, traditionelles Haus mit 16 sehr komfortablen Zimmern sowie einer modernen Dependance mit 56 Zimmern.

■ Das schlichtere **Alba**②, Tel. 023-388667, bietet 2- bis 4-Bettzimmer, alle mit Balkon/Meerblick in direkter Strandlage.

MEIN TIPP: **Apartments Petrina**①, Tel. 023-388801, www.sv-filipjakov.hr/apartmanipetrina, etwas zurückgesetzt, dafür sehr ruhig und preiswert. Insgesamt sieben Einheiten mit Studios und FeWo für 2–6 Personen mit Balkon/Terrasse, teilweise mit Meerblick.

■ **Apartmani Tatarović**②, Tel. 023-290100, www.apartmani-croatia.com. Sehr moderne Anlage mit Einheiten für 2–6 Personen.

◁ Typische Adria-Vegetation: Agaven

■ **Apartmentsiedlung Margarita Maris**②, Put Promorja 131, Tel. 023-292400, www.vud.hr, sehr schöne Anlage, aber nur für 2 Personen empfehlenswert.

Camping

Campingmöglichkeiten bestehen unmittelbar im Zentrum beim Hauptstrand, der sehr gut organisiert ist und mehrere Gastronomiebetriebe angelockt hat.

■ **AC Đardin**④, 023-388960, www.camping-croatia.com, schöne Lage an teils sandigem Ufer mit Beachvolleyball und kleinen vorgelagerten Inselchen, kein Freizeitangebot.

■ **Minicamp Filip**②, Put Primorja 10, Tel. 023-389196, www.campingfilip.com.

■ **Kamp Aveto**②, Turanj 350, im Vorort Turanj, Tel. 023-388140, www.aveto.hr. Bietet Camping, Zimmer, Studios und Apartments.

■ Am anderen Ortsrand, der Put Primorja Richtung Biograd folgend, erreicht man das kleine **Camp Rio** ③, Put Promorja 66, Tel. 022-388671, autocamp_rio@hotmail.com. 54 Plätze in sehr schöner Lage; Einkaufs- und Gastronomieeinrichtungen in Gehnähe, keine Freizeitangebote, wurde bereits prämiert als Camp des Jahres in Kroatien.

Nützliches

■ **Baden:** Der Hauptstrand entlang der Promenade ist schmal (befestigt, winziger Sand-/Kiesabschnitt), bietet aber Duschen, Snacklokale/Bars (nett: Mojito-Bar), Eisdielen und schöne Blicke nach Biograd bzw. über die Insel Babac bis Pašman. Für Kinder gibt es einen kleinen Aquapark (Webit, 60 Min. 40 K). Ein weiterer Badestrand erstreckt sich Richtung Turanj (hier Tretbootverleih).

■ Ein **Touristenzug** (20 K, Kinder 10 K) pendelt entlang der Promenade zwischen Filip i Jakov und dem Vorort Turanj, im Sommer tgl. 18–22 Uhr halbstündlich.

■ **Post:** Obala Krešimira IV, Mo–Fr 8–14.30, Sa 8–12 Uhr.

■ **WLAN-Hotspot:** direkt am Ufer vor der Post (rotes Monument).

■ **Geldautomat:** neben der Touristeninformation.

Sveti Petar

Zu Sv Filip i Jakov gehört administrativ das nördlich gelegene Uferdörfchen Sveti Petar, benannt nach der gleichnamigen Hauptkirche, welches in letzter Zeit ebenfalls Werbung für den Tourismus betreibt. Oft sieht man hier Schilder mit der Aufschrift „Otok Ljubavi" (Insel der Liebe) mit einem Herzen. Damit ist das **Inselchen Galešnjak** zwischen Turanj und Sv Petar gemeint, welches tatsächlich einem Herz gleicht und als Badeinsel angesteuert werden kann. Es gibt auch mehrere **Badeplätze** im Dorf, im Campingbereich Filko sowie Richtung Zadar.

Unterkunft, Camping

■ **Informationen** zum Dorf sowie weitere Privatvermieter: www.svetipetarnamoru.com.

■ Im Dorf findet man die **Apartments Esperanza**③ (http://esperanca-web.com), die **Hotelpension Holliday Inn**③ (www.hotel-biograd.com) sowie den **Campingplatz Filko**② (mobil 091-5132311, www.autokamp-filko.hr) mit Restaurant (urig, schöner Blick auf die Insel Pašman) und Bootsanlegestellen.

■ Alternativ bietet sich das kleine **Kamp Martin** ① (Tel. 023-391104, neven.colic1@zd.htnet.hr) an, welches ganzjährig geöffnet ist.

Biograd na Moru

28 Kilometer südlich von Zadar lockt die 5600-Seelen-Gemeinde Biograd mit Stränden, hypermodernen, ja geradezu futuristischen Marinas, einem recht umfassenden Freizeitangebot sowie diversen Unterbringungsmöglichkeiten. Zudem bietet sich Biograd als Sprungbrett für **Ausflüge zu den Nationalparks** Krka, Paklenica und Kornateninseln sowie zu der nur von hier aus zu erreichenden Insel Pašman an. Dennoch hat das Städtchen als Urlaubsstandort eine eher untergeordnete Bedeutung, obwohl es von der Logistik, den Einrichtungen wie auch dem kleinstädtischen Flair her durchaus attraktiv wirkt. Die Menschen leben von Landwirtschaft, bescheidenem Fischfang sowie vor allem vom Tourismus.

Historisch ist Biograd insofern von Interesse, als es erstmals im 10. Jh. urkundlich erwähnt und im 11. Jh. bereits zum Sitz der kroatischen Könige erkoren wurde. 1102 wurde beispielsweise König *Koloman* hier gekrönt. Mehrfache völlige Zerstörungen im Hoch- und Spätmittelalter waren eine Folge der Türkenkriege und der Auseinandersetzungen Dalmatiens mit Venedig.

Ältestes Relikt der Stadt ist die **Bruderschaftskirche Sv Ivan,** von den Benediktinern im Jahre 1069 gegründet. Das kleine **Museum** gegenüber Pier 1 mit seinen vorwiegend römischen und altkroatischen Funden aus der Region ist einen Besuch wert.

Ansonsten lohnt es sich, durch die **Altstadtgassen** mit ihren kleinen Geschäften und Boutiquen zwischen Ufer und Busbahnhof zu schlendern.

■ **Stadtmuseum,** Obala Kralja Krešimira IV 22, Tel. 023-383721, tgl. 9–12 und 18–22 Uhr.

An- und Weiterreise

■ **Busse:** Dubrovnik 3x tgl., Zadar tgl. 5–22 Uhr alle 20–30 Minuten, Šibenik/Split 13–16x tgl., Zagreb 5–7x tgl., Rijeka 7–8x tgl. sowie Pula 2x tgl. Busstation direkt in der Altstadt am Trg Hrvatskih velikana, Tel. 023-383022.
■ **Fähren:** Das Jadrolinija-Büro am Pier (Tel. 023-384589) ist tgl. 6.30–20 Uhr geöffnet, Pausen 9–9.30 und 17–17.30 Uhr; angefahren wird hier Tkon auf Pašman für etwa 12 €/Pkw mit zwei Personen (derzeit 8x täglich).
■ **Parken** im Zentrum kostet 10 K/Std. 7–19 Uhr. Die besten Möglichkeiten, zentrumsnah zu parken, findet man beim Fährpier.

Info und Agenturen

■ **Touristeninformation Biograd,** Trg hrvatskih velikana 2, Tel./Fax 023-383123, www-tzg-biograd.hr, die Stadt selbst stellt sich unter www.biogradnamoru.hr vor. Weitere und ausführlichere touristische Infos unter http://biograd.info/en (engl.).
■ **Val-Tours** gegenüber der Post organisiert Ausflüge, Fahrzeuganmietungen und Unterkünfte; Trg Hrvatskih velikana bb, Tel. 023-386479, www.val-tours.hr.
■ Ähnliches bietet **Šangulin-Tours** um die Ecke vom Restaurant Riva an der Promenade; Ulica kraljice Jelene 3, Tel. 023-385150, www.sangulin.hr, betreibt auch den Campingplatz Biograd.

Unterkunft

Über die Agentur Val-Tours (s.o.) können Häuser und Wohnungen in und um Biograd vorab oder vor Ort arrangiert werden.

Norddalmatien

6

● Um die Ecke von der Post und sehr zentral liegt die kleine **Hotelpension Bijeli Delfin**③ (P. Zoranića 1, Tel. 023-386161, www.bijelidelfin.hr) und bietet Studios mit Kitchenette für 2 bis 4 Pers., für die in der Hauptsaison bis zu 120 € fällig werden.

● Größere Hotels findet man am Ortsrand, etwa das sehr ordentliche und preiswerte **Meduza**② (Augusta Šenoe 24, Tel. 023-383331, www.hotel meduza.com, DZ bis max. 66 €/Zimmer; liegt Richtung Camping Soline, beschildert, östlich der Altstadt) oder das **Palma**③ (Vlake Bukovca 3, Tel. 023-384463, www.hotelpalma.com.hr), etwa 10 Gehminuten nordwestlich des Hafens.

● Erste Adresse im absoluten Zentrum ist das sehr stilvoll restaurierte Altstadthotel **Carpymore**④ (Kralja Tvrtka 10, Tel. 023-386119, www.carpymo re.hr). Die Übernachtung mit Frühstück im DZ kostet bis zu 130 €/Zimmer inkl. WLAN und hoteleigenen Parkmöglichkeiten.

● Privat kommt man z.B. gut in den **Apartments Peran**② (www.peran.net) unter; u.a. 6er-Apartment mit Meerblick.

● Von der Küstenstraße der Markierung „Centar" folgend, passiert man das **Hotel Alba Maris** (Tel. 023-383123) und zahlreiche Zimmeranbieter.

Camping

● Zentrumsnah und gut ausgeschildert ist der renovierte Campingplatz **AC Park Soline**③, Tel. 023-383351, www.campsoline.com, mit Tennis, Minigolf, Rad- und Bootsverleih und Segelkursen. Angenehme, teilbewaldete Lage am Meer, Kapazität 3000 Personen.

● Nicht ganz so groß, aber mit Mobilheimen und rund 100 Stellplätzen ebenfalls gut ausgestattet ist das benachbarte **Camp Mia**②, Put Solina 55, mobil 098-647792.

● Ebenfalls in der Nachbarschaft bietet sich alternativ das kleine, bewaldete **Camp Diana & Josip**② (Tel. 023-385340, www.autocampdiana.com)

oder das Minicamp **Biograd**② (Tel. 023-385185, www.sangulin.hr) an.

Essen und Trinken

Entlang der Promenade (abends für den Fahrzeugverkehr gesperrt) buhlen zahlreiche Cafés, Restaurants und Pizzerien um die Gunst der Kunden.

● **Restaurant Riva,** Obala kralja Petra Krešimira IV 5, Tel. 023-384768, tgl. 9–23 Uhr; gemischte dalmatische Küche im mittleren Preissegment.

● Die **Konoba Aquarium,** Obala kralja Petra Krešimira IV 10, Tel. 023-383883, gilt als eines der besten Fischlokale in und um Biograd.

● Reisende loben die **Konoba Vapor,** Knezova Bribirskih 3, nahe dem Fährpier, Tel. 023-385482, für Muscheln und Risottos. Der Name „Dampfer" zeugt übrigens von der einstigen Bedeutung der Dampfschifffahrt in Biograd.

● Einfache und preiswerte Schnellgerichte findet man im **Bistro Šare** (Trg Hrvatskih velikana, Tel. 023-385584) um die Ecke vom Busbahnhof.

Aktivitäten

● **Baden:** Im **Zentrum** (mittelgroßer Sand-/Kiesstrand am linken Promenadenende) sowie im Bereich **Soline/Crvena Luka** (Strand Dražica) oder auf der vorgelagerten FKK-Badeinsel **Sv Katarina** (Fährtaxis für 25 K/Person legen von der Promenade ab).

● **Taucher** steuern in Biograd das deutsche **Dolphin Divers** an, eine 5*-IDC-PADI-Basis, die u.a. auch Ausrüstungsverleih und -verkauf anbietet, Obala Branimira 1, Tel./Fax 023-384841, www.dol phin-divers.de. Per Schnellboot oder Holzkutter werden 25 interessante Tauchplätze der Gegend angefahren, insbesondere der Nationalpark Kornaten. Geöffnet von Ostern bis Ende November, bei Gruppenbuchungen auch länger. Kontakt in Deutschland über Dolphin Divers, Röntgenstr. 12f, 76829 Landau, Tel./Fax 06341-30383 oder 0172-6200792. Alternative Tauchbasen sind **Albamaris,** mobil 099-534783, www.albamaris.hr, sowie die niederländische Basis **Bougainville,** Tel. 023-385901, www.bougainville.nl.

■ **Reiten:** 4 km außerhalb bei Jankolovice bietet der ungarische Stallbetreiber **Venzel** (mobil 099-5188347, http://kkv.zz.mu) Ausritte (2 Std./300 K), Sommercamps und viele weitere Aktivitäten an.

■ **Bootsausflüge** können an der Altstadt-Uferpromenade gebucht werden; sehr beliebt sind Kornaten-Touren mit Fischpicknick (ab 30 € p.P.).

■ **Bootsverleih** direkt am Ufer, mobil 099-7367070.

Nützliches

■ Von der Küstenstraße der Markierung „Centar" folgend, passiert man das örtliche Krankenhaus (Tel. 023-383494).

■ Über die Jadranska Magistrala fahren Selbstfahrer wie Busreisende weiter ins Zentrum von Biograd, zum Trg Kralja Tomislava IV (an der Schilder-Abzweigung Centar – Busbahnhof/Kolodvor – Trajekt/Fähre Parkplatz suchen). Hier liegen eng beieinander **Busbahnhof, Post** (Mo–Fr 7.30–21 Uhr, Sa bis 13 Uhr, hier auch Geldautomat), **Apotheke, Polizei,** eine Bäckerei, die **Bank** Splitska Banka (Mo bis Fr 8–13 und 14–20 Uhr).

■ Am vorderen Ende der Promenade liegt die ältere **Marina Šangulin** (Tel. 023-385020), am anderen Ende der Promenade die neue **Marina Kornati** (Tel. 023-383556) mit dem edlen gleichnamigen **Restaurant** (Branimira 1, Tel. 023-384505, dalmatische Spezialitäten und tgl. frischer Fisch) und Bootsverleih.

■ Für den Großeinkauf bietet sich **Lidl** (tgl. 8–22 Uhr) an der Umgehungsstraße Jadranska Magistrala 1a an. Folgt man von der Jadranska der Beschilderung „Centra" hinunter zur Altstadt, findet man dort einen **Plodine-Supermarkt** sowie das **Shopping-Centar Bure** mit u.a. Mercator-Supermarkt

und Intersport (beide linker Hand) an der Zufahrtsstraße.

■ Kostenloser **WLAN-Hotspot** (roter Kreis) direkt an der Promenade.

■ **Taxistand:** am Busbahnhof, mobil 098-536591.

Pakoštane und der <mark>Vraner See</mark>

Weiter auf der Küstenstraße durchquert der Reisende zwischen Biograd und Vodice eine Hand voll recht selten besuchter Ortschaften am **Vransko Jezero,** einem Süßwassersee mit großem Fischaufkommen (Karpfen, Aale, Welse) und Platz für zahllose Zug- und Nistvögel (Reiherarten). Leider ist neben Surfen, Wasserski und Angeln auch Vogelschießen eine bevorzugte Freizeitbeschäftigung in diesem Gebiet. Der etwa 12 km lange und 2,5 km breite Vraner See ist nur durch einen **schmalen Landstreifen** vom Meer getrennt. Er ist mit 3000 Hektar Oberfläche das **größte Süßwasserreservoir Kroatiens.** Am Nordufer, rund sieben Kilometer im Inland, liegt **Vrana,** eine kleine landwirtschaftliche Ansiedlung, nach welcher der See benannt wurde. Am See liegt die im Jahr 1644 gegründete **Karawanserei Maskovica Han,** eines der seltenen türkischen Baudenkmäler Kroatiens, sowie die für Fachleute interessante **archäologische Fundstätte Crkvine.**

Hauptort am Vraner See ist das auf dem Landstreifen zwischen der Adria und dem See gelegene Pakoštane mit einem Dutzend Campingplätzen und Resorts am Meer. Badefreunde stürzen sich meerseitig in die Fluten. Der „Hausstrand" wird **Punta-Beach** (Kies) genannt und liegt unmittelbar nordwestlich vom Altstadtzentrum beim kleinen Yachthafen. Im drei Kilometer entfernten Vorort Drage (s.u.) – mitten auf dem Landstreifen gelegen – bieten sich etliche weitere Stellen zum Baden an.

Von der Küstenstraße Jadranska Magistrala weisen Schilder zum Ort und zum See; folgt man dieser Abzweigung Richtung Pakoštane, fährt man über die Kraljice Jelene südwärts ins Zentrum der Altstadt. Dabei passiert man die Touristeninformation (linker Hand, beim Friedhof) sowie das Hotel Marin. Einige Parkplätze gibt es bei der Touristeninformation und am Ufer (5 K/Std., Automat).

Info und Agenturen

■ **Touristeninformation Pakoštane,** Kraljice Jelene 78, www.pakostane.hr, im Sommer tgl. 7–21 Uhr.

■ Ausflüge, Fahrzeuge, Unterkunft usw. arrangiert die Agentur **Dalmatia Adventures,** Tel. 023-381543, www.dalmatiadventures.com. Sehr beliebt sind die einwöchigen kombinierten Wander-/Rad-/Kajaktouren.

■ In Pakoštane kann man über die Firma **Galeb Avanture** (Obala Krešimira 72, Tel. 023-381423) interessante Ausflüge am und um den See (Katamaran- und Kajakverleih) sowie ins Hinterland (Trekkingtouren) arrangieren.

■ Unmittelbar im Zentrum an der Hauptstraße bei der Pfarrkirche und sehr leicht zu finden ist die **Agentur Aquarius** (Kraljice Jelene 2, Tel. 023-382501, http://aquarius-pakostane.com). Vermittlung von Unterkunft und Ausflügen sowie Rad-, Boots- und Fahrzeugverleih.

Unterkunft

■ **Apartment-Siedlung Mara**②, 2 km außerhalb von Pirovac (beschildert), Krešimira IV 61, Tel. 022-466669.

■ Schöne Privatwohnungen in unterschiedlichen Größen bietet **Apartmani Bernardica**②-③ (Ul. Kneza Domagoja 2, Tel. 023-381053, www.apartments-bernardica.com); ufernah zum Meer (Punta Beach), Balkon/Meerblick, WLAN inklusive.

MEIN TIPP: Sehr originell arbeitet das **Pine Beach Eco Resort**③ (www.pinebeach.hr, Tel. 023-382800, Brune Bušića 45, gleich am Ortseingang von Pakoštane beschildert). Man wird in komfortablen Schilfgrasbungalows (ohne Strom/Wasser) untergebracht, ansonsten ähnelt das Ganze dem Campingbetrieb mit Gemeinschafts-Sanitärzonen, umfangreichem Sport- und Unterhaltungsangebot sowie Radverleih. Es sind All-inclusive-Arrangements zu ca. 50 €/Person und Tag möglich. Auch viele große Pauschalanbieter haben Flugreisen mit dem Pine Beach im Programm und kosten dann um die 600 €/Woche (all inclusive). Kroatiens „Certificate of Excellence" ging 2014 an das Pine Beach.

■ Wer eine klassische Unterbringung im Hotel bevorzugt, sollte das **Marin**② wählen (Kraljice Jelene bb, Tel. 023-381581, www.hotel-marin.hr), eine kleine, familiäre Hotelpension mit ordentlichen Zimmern für bis zu 4 Personen.

Camping

In und um Pakoštane gibt es rund 20 Campingplätze. Die folgenden findet man leicht von der Hauptstraße aus, weitere siehe www.pakostane.hr.

■ 5 km südlich vom Zentrum Biograds Richtung Vraner See liegt die Anlage **Crvena Luka**②, Tel. 023-383106. Camping, Bungalows und Apartments sowie Hotelbetrieb.

■ **AC Kozarica**②, Tel. 023-381070, www.adriamore.hr, ca. 15 Minuten zu Fuß zum Ortszentrum,

neben dem Pine Beach Resort gelegen. Tauchen, Rad- und Bootsverleih, Animationsprogramme.
■ **Camp Nordsee**②, Tel. 023-381438, www.auto camp-nordsee.com, deutsches Management, klein und ohne Angebote.
■ **AC Strana**②, Tel. 023-381580.
■ Das kleine **Camp Jezero**②, Tel. 023-381004.
■ Am Nordufer direkt am See liegt das **FKK-AC Crkvine**②, Tel. 023-381433, mit eigenem Restaurant, Minigolf, Tennis und ca. 200 Stellplätzen.

Einkaufen

■ Das nahe gelegene Biograd bietet zahlreiche Möglichkeiten für größere Einkäufe. Pakoštane selbst verfügt über ein gutes Angebot (rund um die Kirche) mit **Minimärkten**, der **Metzgerei Kod Mate** und einer **Bäckerei** sowie einem **Studenac-Minimarkt** bei der Touristeninformation ein Stückchen die Hauptstraße hinauf.

Aktivitäten

■ **Tauchen:** Nadji Laguna, mobil 091-5906617, www.nadji-laguna.com; Jadransko Ronjenje, mobil 091-1135035, www.potapeni-online.cz.
■ **Radfahren:** Fahrräder können in den meisten Unterkünften und Camps ausgeliehen werden. Die Rundtour um den See über gut 50 km und mit dürftiger Beschilderung sowie schlechten Wegen wird von manchen Reisenden jedoch eher negativ eingeschätzt.
■ **Tretboote, Katamarane, Kayaks:** z.B. Galeb, Obala Krešimira 72, Tel. 023-381423.

Drage

Das Dörfchen Drage, zwei Kilomer südöstlich von Pakoštane, liegt zwischen dem Vraner See und dem Meer und ist bestrebt, eine touristische Alternative zum Hauptort Pakoštane zu entwickeln. Die Voraussetzungen sind nicht schlecht, am Ort liegt eine hügelige kleine Landzunge mit mehreren noch nicht bebauten, hübschen Sand-Kiesbuchten.

Unterkunft, Camping, Essen und Trinken

■ Hotelunterkunft bietet das **Hotel Stipe**③ (Tel. 023-635087, www.hotel-stipe.hr), ein Familienhotel, etwas zurückgesetzt vom Ufer (5 Minuten zum Strand) mit DZ und auch einem Familienzimmer mit Waschmaschine. WLAN inklusive, Ausflugs- und Fahrzeugorganisation, Shuttle-Bus nach Pakoštane und Biograd.
■ In Drage liegt das sehr moderne **Camp Oaza Mira**④ (www.oaza-mira.hr, Tel. 023-635419) mit sehr schönen Mobilheimen und Stellplätzen im oberen Preis-Leistungssegment. Sportmöglichkeiten, Boots-/Radverleih, schöne Lage auf eigener Landzunge.
■ Fürs leibliche Wohl sorgt u.a. das **Restoran As** (Tel. 023-635050) an der Hauptstraße, auch das **Hotelrestaurant Miran** (am Ufer) wird von Reisenden sehr gelobt.

Nützliches

■ Für Ferienwohnungen und Ausflüge bietet sich die Agentur **Laurana Tours** (Ulica M. Tripala 2, Tel. 023-635402, www.lauranatours.com) an.
■ Ein **Sonik-Minimarkt** am Ortsausgang rechter Hand versorgt mit dem Nötigsten.

Pirovac

Insel Murter

Mit rund 2000 Einwohnern ist Pirovac, etwa mittig zwischen dem Vraner See und der Insel Murter direkt am Meer gelegen, ein touristisch bislang eher unbeschriebenes Blatt. Einst landwirtschaftlich (Feigen) und fischereitechnisch (Muschelzucht) von regionaler Bedeutung, wird nach dem Verlust zahlreicher Arbeitsplätze und mit dem aufkommendem Urlauberzustrom eine Verschiebung zum Tourismus angestrebt. Es ist allerdings weit weniger Massentourismus als etwa in Biograd oder auf Murter vorhanden.

Info und Agenturen

■ **Touristeninformation Turistička Zajednica,** Ulica Kralja Krešimira IV, Tel. 022-466770, http://tz-pirovac.hr.
■ Arrangements vor Ort über die **Agentur Kosirina,** Ecke Kralja Zvonimira/Dr. Tudjmana, Tel. 022-466036, www.kosirinatours.hr.

Unterkunft, Camping

■ **Hotel③ und Campingplatz② Miran,** Zagrebačka bb, Tel. 022-466803, www.rivijera.hr. Das Hotel der Rivijera-Gruppe verfügt über Studios für 2–4 Personen sowie DZ mit Balkon im Hauptgebäude unmittelbar am Strand. Rad-, Kanu-, Tretbootverleih und Ausflugsorganisation. Das benachbarte Camp bietet über 400 Gästen Stellplätze und (bislang) 6 Mobilheime.

Während das dalmatische Festland an der Küste eher karg und wenig fruchtbar ist, erstaunt die kleine **Halbinsel Kamena** bei Tisno ob ihres natürlichen Reichtums an Feigen- und Weinparzellen. Unmittelbar vorgelagert und durch das Festland klimatisch geschützt, schließt sich die knapp 20 km² große Insel Murter an diese Halbinsel an. Nachdem schon seit Urzeiten eine **Brücke** den in Tisno nur 25 Meter breiten **Murterski-Kanal** überbrückt – heute in Form einer modernen Drehbrücke –, erfreuen sich die zahlreichen Sandstrände und Yachthäfen der Insel zunehmender Beliebtheit. Die gut 5000 Inselbewohner leben von bescheidener Landwirtschaft (Oliven, Feigen, Wein, Obst) und von den vielen Sommerbesuchern zu Land und zur See.

Vier Siedlungen verteilen sich auf Murter: Tisno als Bindeglied zum Festland, der Yachthafen Jezera, der Hauptort Murter und das landwirtschaftliche Zentrum Betina.

■ Einen guten Überblick bietet die Website **www.murter-kornati.com,** aber auch die offizielle Touristeninformation-Seite **www.tzo-murter.hr.** Auf beiden Seiten wird man hinsichtlich **Ferienwohnungen①-②** fündig.

Tisno

Die Siedlung Tisno liegt beiderseits der Murter-Brücke und ist dadurch und wegen der Wassersportmöglichkeiten (kleiner betonierter Streifen entlang der Straße) vorwiegend ein Transitort. Jenseits der Brücke fährt man rechts über den kleinen Pass mit schöner Aussicht und folgt der Abzweigung Jezera bzw. Betina/Murter.

Info und Agenturen

■ Auskünfte sowie Zimmer- und Ausflugsvermittlung (Kornaten) sowie Squad- und Jetskiverleih bietet das **Turist Biro Tisno** an der Brücke, Tel. 022-438920, tgl. 8–12.30 und 17.30–20 Uhr, www.tisno.com.
■ **Kozirina** wenige Meter weiter vermietet auch Räder.

Unterkunft, Camping

■ Auf der Festlandseite liegen vor der ersten Bucht die neue **Apartment-Siedlung Hostin**①, Rastovac, Tel. 022-438373, www.hostin.hr, mit Apartments ab 60 € und das **Restaurant Carmen** (Tel. 022-438601, Schotterparkplatz mit Bademöglichkeiten, Mitte April bis Mitte Okt. tgl. 12–24 Uhr).

■ Nordseitig der Brücke auf dem Festland findet sich das **AC Jazina**①, Jurja Dalmatinca 17, Tel. 022-434580, www.murter-slanica.hr, mit Ferienwohnungen, Mobilheimen und klassischen Parzellen.
■ Hier liegt auch das Familienhotel **Tisno**③ (Zapadna Gomilica 8, Tel. 022-438182, www.hoteltisno.hr) mit schönen, komforatblen DZ und Familienzimmern, allerdings ohne Balkon.

Essen und Trinken

■ Unmittelbar hinter der Brücke folgen Bank und Post, dann das **Restaurant Toni** (mit Zimmervermietung, Tel. 022-439203, 10–24 Uhr) sowie die empfehlenswerte **Konoba Brošćica** (Tel. 022-438111, 9–23 Uhr, Lokalspezialitäten: Fischplatte und Dalmatinerschinken. Auch an der (landseitigen) Promenade liegen mehrere Snackanbieter und Pizzerien.

⌄ Neubauten prägen die Orte auf Murter

017da wl

Wer einmal fein ausgehen möchte, dem sei die **Konoba Banovi Dvori** (an der Zufahrt nach Tisno von der Küstenstraße Jadranska, Tel. 022-466379) empfohlen. Das 150 Jahre alte, fein restaurierte Gastronomieanwesen bietet u.a. Brot, Schinken und Käse aus eigener Herstellung, Lamm/Spanferkel sowie Peka-Gerichte vom Allerfeinsten. Eigene Tierzucht, Bioanbau und Weinherstellung.

Jezera

Von der Natur mit einer geschützten, zum Festland gerichteten Bucht gesegnet, wurde aus dem einstigen Fischerdorf Jezera durch die Anlage einer **modernen Marina** ein bei Seglern und Campern beliebtes Ziel. Die Orientierung ist einfach, man fährt über die Dorfstraße immer bis zum Ende am Ufer, dort bestehen ausreichend Parkmöglichkeiten rund um das Uferbecken. Zentrum ist die Promenade Obala Sv Ivana mit dem Dorfplatz und der Touristeninformation.

Info und Agenturen

■ **Touristeninformation Jezera,** Obala Sv Ivana/ Put Zaratica, Tel. 022-439120, www.tzjezera.hr, tgl. 8–14 und 14.30–21 Uhr, So 9–13 und 18–21 Uhr.
■ **Turist-Biro Jezera,** Tel. 022-439075, 7.30–21 Uhr, Ausflugs- und Zimmervermittlung.
■ Die **Agentur Koima** (über Zagreb: Remetinečka 77, Tel. 01-6556667, apartmani@apartmani-hrvatska.com) vermittelt Privatunterkunft.

Unterkunft, Camping

■ Im Ort findet man zahlreiche Privatanbieter von Ferienwohnungen. Ufernah an der Promenade lie-

gen zum Beispiel die **Apartmani Polić Ivanka**②, Obala Sv Ivana 24, Tel. 022-439838, oder die Wohnungen **Pirjak Dušan**②, Obala Sv Ivana 41, Tel. 022-439029, beide auch über die Touristeninformation kontaktierbar.
■ Zwischen Jezera und Murter finden Campingfreunde eine ganze Reihe hübscher, flacher Kies- und Sandbadebuchten mit guten Plätzen. Administrativ zu Jezera gehört das **AC Lovišća**③, wo man auch in der angegliederten **Apartmentanlage Lovišća,** Tel. 022-439600, www.jezeravillage.com, unterkommen kann. Camping, Mobilheime, Apartments, Marina, Tennis, Tommy-Supermarkt, Restaurant – alles aus einer Hand.

Essen und Trinken

■ Das empfehlenswerteste Lokal (preiswert) ist die **Taverna Kukuljari** an der Zufahrtsstraße Donji Put (Tel. 022-439160, tgl. 10–24 Uhr) mit „Lamm unter Glocke" als Spezialität.
■ In der hufeisenförmigen Bucht liegen ein Dutzend Restaurants und Snacklokale. Schon lange existieren die Restaurants **Kandela** (Obala Sv Ivana bb, Tel. 022-438627, im Sommer 11–14 und 17–23 Uhr) mit guten Fischgerichten und **Modro Oko** (Tel. 022-685216, tgl. 8–1 Uhr), welches großartige Peka-Gerichte (Lamm, Kalb, Oktopus) zu 130 K oder Leber sowie Lammkoteletts (unter 100 K) serviert.

Einkaufen

■ Die **Metzgerei Musić** im Zentrum neben der Post versorgt täglich mit frischem Fleisch.
■ Ein **Konzum-Minimarkt** liegt an der Ortsstraße kurz vor dem Uferbecken.
■ An der Promenade Obala Sv Ivana findet man **Bäckereien, Obst-/Gemüsehändler** und Lokale auch zum Frühstücken.

Nützliches

■ Die **Post** liegt 20 m neben der Touristeninformation im Zentrum, mit Geldwechsel.
■ Die **ACI-Marina Jezera,** Tel. 022-439295, verfügt über Reparaturwerkstatt, Minimarkt und ein Restaurant.
■ Eine **Busverbindung** (ab Kriegerdenkmal) nach Murter besteht etwa alle 90 Minuten.
■ **Scooterverleih:** Rent a Scooter, Domagojeva 31, mobil 098-385179.
■ Ein **Geldautomat** befindet sich unmittelbar neben der Touristeninformation.

Murter-Stadt

Unterhalb des Hügels Gradina mit der **Kapelle Blagorodica,** mit 125 m die höchste Inselerhebung, erstreckt sich entlang der **Hramina-Bucht** der Ort Murter selbst. Da Murter und Betina mittlerweile rund um die Marina zusammengewachsen sind, leben in der Doppelgemeinde rund drei Viertel der Inselbewohner. Die Orientierung ist leicht: An der Gabelung vor dem Kapellberg geht es links hinunter ins Zentrum von Murter, dort immer der Uferstraße Matije Kupica folgen, die über Betina zurück zur Kapellberg-Gabelung führt. Umgekehrt, von Betina kommend, gelangt man automatisch am Ufer entlang zum Parkplatz und Zentrum.

Bademöglichkeiten in Gehnähe zum Zentrum findet man am Ortsrand Richtung Betina sowie hinter der Marina (dort keine Parkmöglichkeiten). Schönere Buchten (Kies-Sand) sind die auf der Südseite von Murter: Lučica, Slanica und Čigrađa.

Dem aufmerksamen Reisenden wird der inflationäre Gebrauch des Wortes „Kornati" auf Murter auffallen, was sich aus der historischen Tatsache erklärt, dass in früheren Jahrhunderten die Bewohner von Murter nicht nur Bauern und Fischer, sondern auch tüchtige Geschäftsleute waren. Es gelang ihnen, desinteressierten Adelsfamilien aus Zadar zahllose Ländereien abzukaufen, u.a. im Gebiet um den Vraner See und auf den Kornateninseln. So vergrößerten sie ihre Herden und ließen diese ausschließlich auf den Kornaten weiden, während sie Obst und Gemüse am fruchtbaren Vraner See anbauten. Zwar gingen derartige Latifundien mit der Entstehung des sozialistischen Jugoslawien verloren, die enge emotionale Beziehung der „Murteri" zu den Kornaten besteht jedoch bis heute.

Archäologische Fundstätte Colentum

Vermutlich schon im 1. Jh. unserer Zeitrechnung gründeten die **Römer** eine kleine Hafenstadt namens Colentum. Die hier zu sehenden **Gebäudereste** stammen vermutlich von einem großen Gebäudekomplex, von Zisternen und einer Thermalanlage. Einige Räumlichkeiten liegen sogar unterhalb des Meeresspiegels – ihre Verwendung lässt Raum für Spekulationen (Bootsunterstände, Kerker). Eine Treppe soll bis zum Gipfel des kleinen Hügels Gradina (63 m) geführt haben. Bis mindestens ins 6. Jh. hinein soll die Anlage genutzt worden sein, das weitere Schicksal ist ungeklärt.

Anfahrt: An der Tankstelle beim Tommy-Supermarkt nicht Richtung Betina, sondern links dem Ufersträßchen folgend, kommt man zur Friedhofskirche

Gospe Gradine. Unmittelbar dahinter endet der Weg an der Fundstätte. Die Anlage ist jederzeit zugänglich, der Eintritt ist frei.

An- und Weiterreise

● **Busverbindung** besteht zwischen dem Hauptort Murter und Šibenik (stündlich), Biograd (1x tgl.), Zadar (3x tgl.) sowie (je 2x tgl.) Rijeka und Zagreb. Etwa alle 90 Min. werden die Inselorte per Inselbus angefahren. Die Busse halten an der langgezogenen Bootspromenade, von Betina kommend hinter dem Tommy-Supermarkt. Hier liegt auch ein großer **Parkplatz,** der je nach Nähe zum Zentrum unterschiedlich viel kostet (Automat, 5–8 K/Std.).

Info und Agenturen

● **Touristeninformation Murter,** Rudina bb (direkt am kleinen Zentrums-Kreisverkehr), Tel. 022-434995, www.tzo-murter.hr, tgl. 8–22 Uhr (Winterhalbjahr bis 15 Uhr).
● Direkt nebenan liegt die **Nationalparkverwaltung der Kornaten,** Tel. 022-434662. Hier werden vor allem Kornatenausflüge (Tagestour ab 30 €/Person) angeboten.
● Agenturen für Bootsverleih, Fahrzeuganmietung, Wohnungsarragements sowie Ausflüge aller Art findet man entlang der Hauptstraße, z.B. **Fortuna Maris,** Trg Rudine bb, Tel. 022-434146, http://fortunamaris.com (Boote, Scooter, PKW). Ähnliches bietet **Kornat-Tourist** (mobil 099-7342169, www.kornatturist.hr) nebenan.

Unterkunft, Camping

● Die meisten Reisenden wählen eine Privatunterkunft, recht angenehm ist aber auch das **Hotel Colentum**② (Put Slanice, Tel. 022-431100, www.ho

tel-colentum.hr), strandnah, Pool, Sat/TV, All-Inclusive-Angebote usw., z.B. DZ/HP ab 350 €/Woche p.P.
● Oben am Ortsausgang Richtung Jezera liegen die **Apartmani Viktoria**③ (http://hrmurterviktoria apart.hupont.hu) unter ungarischem Management. Schöne Aussicht, sehr gepflegte Wohnungen (Kontakt in englischer Sprache).
● Bei der Marina findet man die **Apartmani Mudronja**②, Ulica Put Jersan 25, Tel. 022-434735, http://apartmani-mudronja.com, ufernah und trotzdem etwas abseits des Zentrums.
● Recht preiswert wohnt man im **Kornati-Hostel**① (von Betina kommend noch vor dem Tommy-Supermarkt links; mobil 095-5802338, www.kornatihostel.com), 2er- und 3er-Zimmer ab ca. 200 €/Woche. Kleiner Garten, Gemeinschaftsküche, WLAN.
● **Camping Slanica**②, Jurja Dalmatinca bb (beschildert), Tel. 022-434580, www.murter-slanica.hr, 180 Stellplätze, Ausflüge, Tennis, Bootsplätze, Scooterverleih, Tauchen, Internetzugang.

Essen und Trinken

● Rund um den Kreisverkehr im Zentrum liegen etliche Snacklokale, z.B. das **Mareta-Bistro** oder das **Buffet Lav,** beide Trg Rudine.
● Wenige Meter entfernt zweigt die Ul. Butina parallel zum Ufer ab; hier liegen beliebte Restaurants wie die **Konoba Boba** (Ul. Butina 22, mobil 099-9485272), vor allem für Meeresfrüchte und Fisch.
● Die **Konoba Nona,** Mrkantova 4, mobil 099-3502240, liegt am oberen Ortsausgang linker Hand und somit etwas abseits der touristischen Hauptströme. Sehr gutes Essen, Spanferkel ist hier ein Gedicht.

Einkaufen

● Selbstversorger finden einen größeren **Tommy-Supermarkt** am Ortseingang von Betina kommend (tgl. 7–21 Uhr).

🔴 Der kleine **Markt** am Trg Rudine versorgt mit frischem Obst und Gemüse, dazu gehört auch eine **Ribarnica** mit frischem Fisch.

🔴 Eine **Bäckerei** sowie die **Metzgerei Klarić** liegen direkt gegenüber der Touristeninformation.

Aktivitäten

🔴 Für Taucher empfiehlt sich die (deutschsprachige) **Basis Najada** in der Zrtava Ratova 19, Tel./Fax 022-436020, www.najada.com. Auch die **Nautilus Divers** haben hier eine Filiale (Branimira 19, mittig zwischen Betina und Murter am Ufer; http://obrt-kornati-nautilus.hr). An der M. Kupica findet man das **Aquanaut Dive-Center,** Tel. 022-434988.

🔴 Die **Marina Hramina,** Tel. 022-434411, www.marina-hramina.hr, bietet umfassenden Service sowie Segelkurse und Yachtverleih; westlich liegt die kleine (Ausweich-)**Marina Vinci,** Tel. 022-435299.

Betina

Betina (ca. 1200 Einwohner), mit einer Zwiebelturmkirche, die schon vom Festland aus zu sehen ist, strahlt mit seiner friedlichen Beschaulichkeit eine unvermutete **ländliche Idylle** aus. Der Ort wird von Nachkommen der im Spätmittelalter vor den Türken geflohenen Siedler vom Vraner See bewohnt. Es lohnt unbedingt, die **Gasse Ul. Varos** entlangzuspazieren, die einen guten Eindruck von der dörflichen Stille vermittelt. Hinter der Pension Stiz in dieser Gasse führt ein Stichweg links hinauf zur **Pfarrkirche Sv Franžisk** aus dem 17. Jahrhundert, die nicht nur wegen ihrer Stilistik, sondern insbesondere wegen des malerischen Ausblicks über die umliegenden Buchten besticht.

Unmittelbar vor dem kleinen Zentrum, wo man scharf links abbiegen muss, führt eine Seitenstraße zum netten **Kiesstrand** mit einem größeren Parkplatz (Automat, beschildert). Von hier aus verläuft eine kleine **Promenade** ins Zentrum. Der Trg Dragutina Pilica am Marinabecken bildet das winzige Zentrum mit Touristeninformation, Post, Markt und Bushaltestelle.

Info und Agenturen

🔴 **Touristeninformation Betina,** Dolac 2, Tel. 022-436522, www.tz-betina.hr.

🔴 **Agentur Lori,** Zrače 2, Tel. 022-435631, www.touristagency-lori.hr.

🔴 **Agentur Atlas,** Trg Republike Hrvatske 2, Tel. 022-434999, www.atlas-croatia.hr.

🔴 **BTB-Agentur,** Dolac 1 (direkt neben der Touristeninformation), mit Geldautomat, Busticketschalter und aushängendem Busfahrplan.

Unterkunft, Camping

Unmittelbar im Ort sind zahlreiche Ferienwohnungen über die Touristeninformation oder die Agenturen buchbar.

MEIN TIPP: Immer willkommen ist man bei den **Stiz**② (*Schtis*, kein Werbegag, die heißen wirklich so!), Kralja Krešimira IV 130, Tel. 022-435668, www.apartmani-stiz.hr, etwas außerhalb, ruhig und ufernah, preiswert. Schöne Studios und Apartments mit Balkon/Meerblick, Liegestühlen am Ufer, umfangreicher Wassersportverleih (Surfbretter, Boote, Wasserski), Fahrradverleih.

🔴 Ein Stückchen weiter findet man **Ille-Ilic**②, Obala Petra Krešimira IV 90, Tel. 022-434785. Ebenfalls direkt am Ufer, Meerblick, WLAN, ein Bootsplatz pro Apartment.

6

■ Mehrere Campingplätze liegen zwischen Betina und Jezera, etwa das **Camp Plitka Vala**②, Tel. 022-435268, btp.camps@email.t-com.hr, quasi gegenüber das kleinere **Camp Kosirina**①, Tel. 022-435268 (gleiche E-Mail-Adresse), oder das große **Camp Lovišća** (s.o.: Jezera).

Essen und Trinken

■ **Restaurant Marinero,** Obala Petra Krešimira 4, Tel. 022-434248, im Sommer tgl. 9–24 Uhr, am Parkplatz beim Ortsstrand, mit Außenterasse und schönem Blick über Strand und Ort. Mittleres Preissegment, beliebt für gemischte Fleischplatten.

■ Nur von Juni bis Anfang September tgl. 12–2 Uhr öffnet das **Trabakul**, Varoš 70 (beschilderter Zugang über die Gasse zur Hauptkirche), Tel. 022-434080. Schöne Uferterrasse, sehr beliebt, gutes Essen.

■ Seit Jahren für regionale Küche berühmt ist das urige **Stari Mlin** (Trg na Moru, Tel. 022-435231), tgl. 18–23 Uhr, nur im Sommer geöffnet.

Aktivitäten

■ **Tauchen:** Tauchgänge und Tagestouren (u.a. Kornaten) sind nur über den Ansprechpartner in Deutschland möglich: **Die Tauchbasis,** Otto-Schönhagen-Str. 4, 56070 Koblenz, Tel. 0261-805099, www.die-tauchbasis.de. Die Basis vermietet auch Zimmer und Apartments.

■ **Marina:** N. Skevina 15, Tel. 022-434497, www.marina-betina.hr.

Nützliches

■ Obst, Gemüse und regionale Erzeugnisse (auch Käse und Schinken) bietet der kleine **Markt** gegenüber der Touristeninformation; nebenan findet man eine gute **Bäckerei** (tgl. 7–15 Uhr) mit Eisverkauf.

■ **Post und Apotheke:** am Hafenbecken (Trg Dragutina).

■ **Busse** halten unmittelbar vor der Touristeninformation am Marktplatz.

Vodice

Vodice passt nicht. Nicht in das Bild des Dalmatien-Reisenden, der karge Landschaft, ruhige Buchten und beschauliche kleine Orte mit historischen Zentren erwartet. Nein, Vodice (rund 11.000 Einwohner) wirkt wie ein mondänes, überwiegend aus betonierten Promenaden, Arkaden und Hotels bestehendes „Mini-St.-Tropez" im Herzen der dalmatischen Adria. Und es ist genau dieser Beigeschmack des Künstlichen, der den echten Dalmatien-Freund eher andere Örtlichkeiten aufsuchen lässt. Was die Logistik betrifft, so muss neidlos anerkannt werden, dass Vodice wirklich alles auf engem Raum bietet, was der (Durch-)Reisende dringend benötigen könnte. Und so ist es eben eine reine Geschmackssache, ob man das Städtchen zum Standort eines Kroatien-Urlaubs machen möchte oder eben nicht.

Ganz unhistorisch darf man sich Vodice auch nicht vorstellen, immerhin war es schon den Römern als *Arausa Antonina* bekannt.

Um ins Zentrum zu gelangen, folgt man am besten den Schildern zum Busbahnhof („Autobusni Kolodvor"), der praktisch der Kern von Vodice ist. Unmittelbar rundherum liegen Spital, Einkaufszentrum, Wechselstube, Post und Gaststätten. Das Sträßchen zwischen der Touristeninformation und der Agentur führt zur Pfarrkirche Sv Križa aus dem 17. Jahrhundert.

An- und Weiterreise

■ Von der Marina fährt 2–3x tgl. eine **Fähre** zu den Inseln Zlarin und Prvić. 3–4x tgl. Personenfähre von/nach Šibenik.

■ Auf der Rückseite des Busbahnhofs liegen ein Minimarkt, die Bussteige und der Ticketschalter für **Busse** von/nach Šibenik (6.15–22.30 Uhr etwa 20x tgl. Lokalbus plus 8x Intercitybus), Murter (6.05–21.15 6–7x tgl. Lokalbus, 20 K), Trogir (2.10–20.12 Uhr 6–8x tgl.), Split (3.40–23.05 Uhr 20x tgl., 64 K), Makarska/Ploče/Dubrovnik (4.05, 7.10, 11.10, 12.30, 13.45 Uhr), Zadar (6–20 Uhr 6x tgl., 46 K), Rijeka (13.10, 19.50 Uhr), Pula (10 Uhr), Zagreb (7.15–19 Uhr 7x tgl.), Varaždin (12.20, 14, 17.00, 23.15 Uhr), Ljubljana (19.35 Uhr).

Information

■ **Touristeninformation,** Ivo Čače 1, Tel. 022-443888, www.vodice.hr.

Unterkunft, Camping

■ Recht zentral bietet sich Campern das **ACI Marina Vodice**② an, Tel. 022-443086.

■ **AC Imperial**③, 3 km südlich, Tel. 020-454412, www.rivijera.hr. Der Platz liegt zwar nicht schlecht, wird aber oft als zu teuer und dabei laut (Hotelanimation, frühmorgendliche Müllabfuhr) und überlaufen (gemeinsamer Strand mit den Hotelgästen) empfunden.

■ Direkt nebenan liegt das **Hotel Imperial**③, Tel. 022-454454, www.rivijera.hr, mit unterschiedlichen Unterkünften.

■ Ein günstiges Hotel ist das **Kristina**③, Šetalište 3, Tel. 022-443830, www.hotel-kristina.hr.

Essen und Trinken, Nachtleben

■ Kulinarisches offerieren der **Markt** vor der Arkade (Obst, Hähnchengrill), das **Bufet Tony,** Obala J.I. Cota 21, Tel. 022-443116 (Pizza, Nudeln), gegenüber sowie die benachbarte **Konoba Makina** (Tel. 022-440015, tgl. 8–24 Uhr, Januar geschl.) mit dalmatischen Spezialitäten.

■ **Open-Air-Discos** am Ortsrand sorgen am Abend für Stimmung.

Aktivitäten

■ Zwei **Tauchbasen** bieten ihre Dienstleistungen an: Neptun (im Hotel Punta, Tel. 022-200493, www. neptun.com.hr) und Vodice Dive (Cyril i Metoda 5, mobil 098-9196233, www.vodice-dive.com).

■ Der lokale **Radclub Orlov Krug** (mobil 098-336275, www.orlovkrug.hr) hat zahlreiche mittelschwere und schwere Routen ausgesteckt und bietet trainierten Radsportlern die Teilnahme am täglichen Training an.

■ **Fahrradverleih** ist bei den Agenturen Homberger (Trag Branimira 32, Tel. 022-444109, hier auch PKW) sowie Brko (Trag Fržopa 53, mobil 091-5090942) möglich.

Nützliches

■ In der „Duty-Free"-Einkaufsarkade bieten mehrere höherpreisige Restaurants sowie eine **Bank** und eine **Wechselstube** ihre Dienstleistungen an.

■ An der Küstenstraße, direkt an der Zufahrt nach Vodice, liegt der große **Supermarkt Plodine,** der mit den niedrigsten Preisen Kroatiens wirbt (tgl. 8–22 Uhr); beliebt und preiswert ist auch **Lidl,** ebenfalls an der Durchfahrtsstraße, tgl. 8–21 Uhr (So bis 18 Uhr).

Weiter nach Süden ändert sich das Küstenbild: Den winzigen Inselchen des nördlichen Dalmatien weichen größere, langgestreckte Inseln. Brač hat sich mit seinem berühmten Sandstrand zum

7 Zentral-dalmatien

Ferienparadies entwickelt, aber auch die Hafenstadt Split mit ihren römischen Wurzeln und das bergige Hinterland lohnen ausgiebige Besuche.

◁ Bol, das touristische Zentrum von Brač, mit dem Strand „Goldenes Horn"

ZENTRAL-DALMATIEN

Im Herzen Dalmatiens findet sich mit der auf die Römerzeit zurückgehenden Metropole Split eine der kulturell interessantesten Städte des Landes. Kleinere Küstenorte, darunter Trogir, Šibenik und Primošten, bieten malerische, mittelalterlich geprägte Altstädte und viel mediterranes Flair. Größere Inseln wie Brač und Šolta müssen sich hinter den Urlaubszentren der nördlichen Adria nicht verstecken und im bergigen Hinterland faszinieren Naturphänomene wie die Wasserfälle der Krka und die Cetina-Schlucht.

NICHT VERPASSEN!

- ➡ Seen, Badebuchten, Wasserfälle, Bootstouren im **Krka-Nationalpark** | 311
- ➡ Eine Altstadt zum Schwärmen in **Trogir** | 323
- ➡ **Split,** die Metropole Dalmatiens, mit dem berühmten **Diokletianspalast** | 336
- ➡ Einer der fotogensten Strände Kroatiens – das **Goldene Horn von Bol** auf Brač | 373
- ➡ Paradies für Wildwasser-Fans – die **Četina-Schlucht** | 379

Diese Tipps erkennt man an der gelben Hinterlegung.

Šibenik

Die Stadt Šibenik (ca. 65.000 Einwohner) wird mit den großen Perlen Dalmatiens, Dubrovnik und Trogir, oft in einem Atemzug genannt. Dass Šibenik dabei stets an dritter Stelle steht, liegt wohl am ersten Eindruck, den der Besucher beim Anblick der von Industrie- und

Hafenanlagen geprägten Außenbezirke gewinnt. Der **Altstadtkern** dagegen ist unbedingt sehenswert und beherbergt einige **herausragende Sehenswürdigkeiten.** Von Šibenik aus lassen sich auch sehr gut Ausflüge zu den Kornaten, den Krka-Fällen und zu kleineren vorgelagerten Inseln unternehmen. Das Strandleben spielt sich auf der nahe gelegenen **Landzunge Solaris** mit ihren Kiesstränden und Campingplätzen ab.

Geschichte

Die erste urkundliche Erwähnung des eher jungen Šibenik geht auf einen Besuch von König *Krešimir IV.* im Jahre 1066 zurück. Ab etwa diesem Zeitpunkt (11./12. Jahrhundert) gehörte die Stadt zum ungarisch-kroatischen Königreich, ehe sich 1412 die siegreichen **Venezianer** zum neuen Herren von Šibenik aufschwangen. Unter dem Zepter der Dogenrepublik wurde die Stadt wegen der herannahenden Türken befestigt, es entstanden zahllose Prachtbauten. Während der **österreichischen Phase** geriet Šibenik eher in Vergessenheit und wurde im Vertrag von Rapallo (Ende des Ersten Weltkriegs) dem Königreich Jugoslawien zugesprochen. Während des Bürgerkrieges der 1990er Jahre drangen die Krajna-Serben bis in Küstennähe vor, Šibenik blieb aber von größeren Schäden verschont. Die Altstadt wurde 2007 von der UNESCO zum **Weltkulturerbe** erklärt.

Sehenswertes

Beginnend zwischen dem **Volkstheater** (Narodni Teatr) und dem **Franziskanerkloster** (Sv Franžisk) mit der markanten Sonnenuhr, ist ein Streifzug durch die Altstadtgassen lohnenswert, insbesondere durch Zagrebačka und Tomislava. Alte, einst prachtvolle Bürgerhäuser sowie zahllose Kirchen und Kapellen (Sv Marija, Sv Duh, Sv Ivan, Sv Barbara) vermitteln einen feinen Eindruck von der städtischen Architektur der frühen Neuzeit – das kleinstädtische Alltagsleben der Gegenwart nicht zu vergessen!

Trg Republike Hrvatske

Als zentraler Punkt der Altstadt dient der Trg Republike Hrvatske an der Kathedrale, der mit seinem Pflaster aus polierten Steinplatten zu den **schönsten Stadtplätzen Kroatiens** zählt. Interessant ist zunächst die **Statue** des berühmten dalmatischen Architekten *Juraj Dalmatinac* (1407–73, siehe Glossar), ein

Werk des modernen Künstlers *I. Meštrović*. Das große Gebäude mit den Bögen und großen Fenstern war einst **Stadtloggia und Rathaus,** vom Balkon aus verkündeten die Venezianer dem Volk ihre Beschlüsse. Verschlungene Gassen ziehen sich vom Platz den Hang hinauf Richtung Festung Sv Mihovil.

Kathedrale Sv Jakov

Zwischen Trg Republike und Uferpromenade erhebt sich der bedeutendste Sakralbau der dalmatischen Frührenaissance, gleichzeitig das **Wahrzeichen der Stadt:** die Kathedrale Sv Jakov. Der fast ausschließlich aus Marmor und Kalkstein von der Insel Brač errichtete Kirchenbau wurde 1433 begonnen und erst 1536 fertig gestellt. Mehrere venezianische Architekten, vor allem aber der auf dem Trg Republike lebensgroß verewigte dalmatische „Stararchitekt" *Juraj Dalmatinac,* zeichneten für die Gestaltung verantwortlich. So gehen u.a. der kreuzförmige Grundriss, die Vierungskuppel und die 73 Köpfe an den Chorapsiden auf *Dalmatinac* zurück. Die **einzigartige Dachkonstruktion** aus ineinander verzahnten Platten – ohne Mörtel oder sonstige Bindemittel gebaut – ist ein Geniestreich des Dalmatinac-Schülers *N. Fiorentino.* Im Inneren der recht finsteren Kathedrale sind ferner der barocke Hauptaltar sowie die Schatzkammer mit Filigranschmiedearbeiten lokaler Künstler sehenswert. Die Treppe auf der rechten Seite führt in das Baptisterium mit einem anmutigen Taufbecken der frühen Renaissance. Sv Jakov wurde 1997 in die Liste des UNESCO-Weltkulturerbes aufgenommen.

019da wl

■ **Sv Jakov,** tgl. 8.30–20 Uhr, im Winter 12–16 Uhr geschlossen, Eintritt zur **Kirche** 15 K, das **Sakralmuseum** um die Ecke kostet 10 K extra. **Coat of Arms:** An der Ostseite der Kathedrale kann man einen Blick auf die Entstehung des Stadtwappens werfen. Die kleine Ausstellung ist tgl. 10–13 Uhr und 19–21 Uhr geöffnet, Eintritt frei.

Aquarium

Unweit der Kathedrale wurde 2015 ein kleines Aquarium eröffnet, welches mit 200 m² Fläche und ca. 20 Becken allerdings eher bescheiden wirkt. Zusätzlich gibt es Informationsmonitore und Exponate lokaler Künstler.

■ **Aquarium,** Kralja Tomislava 15a, mobil 099-21258 19, Eintritt 37 K, Schüler/Studenten/Kinder 5–13 Jahre 27 K, mit Souvenirshop.

Bischofspalast und Rektorenpalast

Unterhalb der Kathedrale an der Uferpromenade Obala Palih Omladinaca schließt sich der ehemalige bischöfliche Palast an. Das aufwendig renovierte Gebäude erinnert an den einstigen Luxus der sakralen Würdenträger.

Nur ein paar Schritte daneben steht der trutzburgartige ehemalige Rektorenpalast (15. Jahrhundert); das befestigte und zugleich prunkvolle Bauwerk diente den venezianischen Kirchenherren als Dienstsitz. Heute beherbergt es das **Stadtmuseum** mit Exponaten zur dalmatischen Geschichte des 14. bis 17.

⌂ Šibenik mit der Kathedrale Sv Jakov

7

Jahrhunderts sowie Wechselausstellungen zu Kunst und Geschichte.

■ **Stadtmuseum,** tgl. 10–13 und 17–19 Uhr, Eintritt 30 K, Schüler/Studenten 10 K, unter 12 Jahre frei; Tel. 022-213 880, www.muzej-sibenik.hr.

Festung Sv Ana/Sv Mihovil

Die beeindruckende, gut begehbare **Ruine** der Festung Sv Ana thront oberhalb der Altstadt und gestattet wahrhaft **famose Ausblicke** bis zu den Krka-Seen (halb rechts, Richtung Brücke blickend). Die Festung war eine Verteidigungsanlage der Venezianer während der Türkenkriege im 16. Jahrhundert und wurde zunächst nach einer Kapelle *Sv Ana* benannt, ehe mit den 2014 abgeschlossenen Umbauarbeiten zum **Freilichttheater** auch die Umbenennung in *Sv Mihovil* erfolgte (Eintritt 30 K, Schüler/Studenten 15 K, Kinder unter 5 Jahre frei).

Klostergarten

Von hier hinunter Richtung Promenade gehend, passiert man den **Medieval Garden Sv Lovre,** der rechter Hand liegt (beschildert). Der ehemalige, hübsch um einen Brunnen angelegte, kleine Klostergarten ist eine echte Oase in der engen Altstadt.

■ **Klostergarten,** tgl. 9–23 Uhr, im Winter bis 16 Uhr, Eintritt frei, kleiner Souvenir- und Coffee-Shop.

Falknerei

Etwas außerhalb, im Vorort Dubrava (7 km, beschildert) lohnt sich vor allem für Familien mit Kindern ein Besuch der in Kroatien landesweit einzigartigen Falknerei. Eine kleine Cafeteria bietet Erfrischungen.

■ **Falknerei,** tgl. 10–17 Uhr, Centar grabljivica Skugori bb, Tel. 022-330116, emilio.mendjusic@si.t-com.hr.

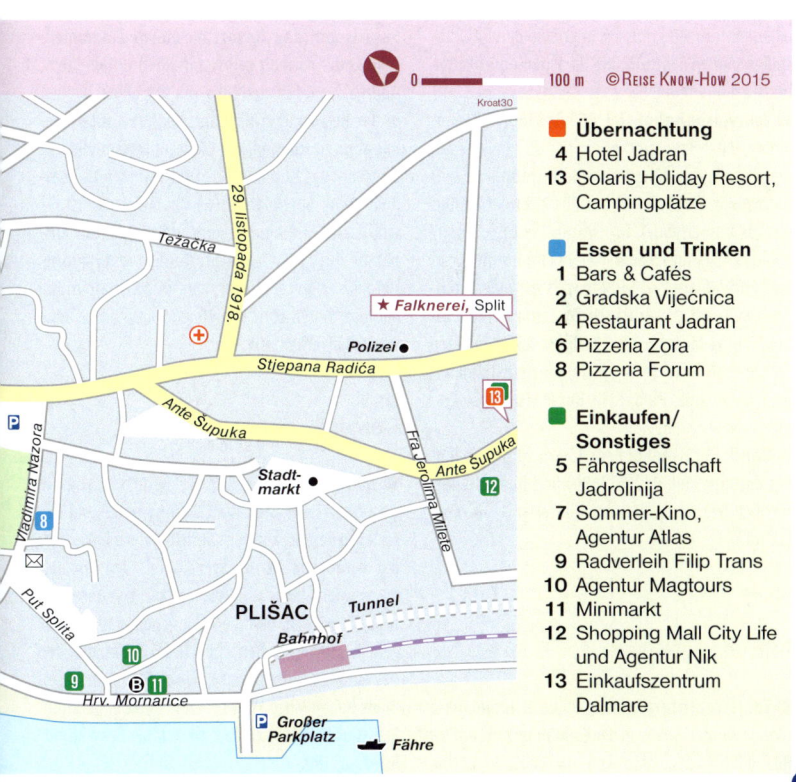

0 ———— 100 m ©Reise Know-How 2015

Übernachtung
4 Hotel Jadran
13 Solaris Holiday Resort, Campingplätze

Essen und Trinken
1 Bars & Cafés
2 Gradska Vijećnica
4 Restaurant Jadran
6 Pizzeria Zora
8 Pizzeria Forum

Einkaufen/ Sonstiges
5 Fährgesellschaft Jadrolinija
7 Sommer-Kino, Agentur Atlas
9 Radverleih Filip Trans
10 Agentur Magtours
11 Minimarkt
12 Shopping Mall City Life und Agentur Nik
13 Einkaufszentrum Dalmare

Praktische Tipps

An- und Weiterreise

■ Durchfahrtsstraße ist die **Kralja Zvonimira,** auf der man der Beschilderung „Trajekt" (Fähre; Ul. V. Nazora) folgt. Am Ufer angelangt, liegt ein großer **Parkplatz** (Automat, 10 K/Std.) am Ende der Zufahrtsstraße zum Busbahnhof und am Ufer entlang. Von hier aus sind die Altstadt und alle wichtigen Einrichtungen in wenigen Gehminuten erreicht.

■ **Fähren:** Das Büro der Fährgesellschaft Jadrolinija, Tel. 022-23468, www.jadrolinija.hr) an der Promenade gegenüber vom Pier verkauft Tickets zu den Inseln Kaprije, Žirje, Zlarin und Prvić sowie nach Vodice (je 2–4x tgl.). Problem: Tagesbesucher mit eigenem Fahrzeug müssen irgendwo den PKW abstellen und im Zentrum sind die Parkmöglichkeiten begrenzt und teuer!

■ Vom **Busbahnhof** (Tel. 060-368368, außen regional, innen Fernstrecken) in der Ul. Draga bestehen gute Verbindungen in alle Richtungen: von/nach Vodice (6.15–22.30 Uhr 20–22x tgl. Lokalbus plus 8x Intercitybus), Drniš/Knin (5x tgl.), Trogir/Split (22–31x tgl.), Zadar (12–14x tgl.), zum AC Solaris und Zablace 7–21 Uhr jeweils zur vollen Stunde, jeweils um .25 zurück (Nr. 6), Zaton 10x tgl., Tribunj (Filip i Jakov) 6.30–20 Uhr 8x tgl., Primošten und Jezera/Murter je 5x tgl.; mindestens 1x tgl. Rijeka, Dubrovnik, Pula; Krka-Busse (Lozovac/Skradin) siehe NP Krka.

■ **Bahn:** Der Bahnhof liegt 150 m vom Busbahnhof entfernt (Tel. 022-333696) und bietet hauptsächlich Verbindungen ins Hinterland bis Knin (5x tgl.).

Info und Agenturen

■ **Touristeninformation,** Obala F. Tudjmana 5 (nahe Fährpier) sowie in der Fußgängerzone am Trg Republike Hrvatske; Mo–Fr 8–14 Uhr, Sa 8–12 Uhr, im Sommer tgl. 8–22 Uhr; Tel. 022-212075, www.sibenik-tourism.hr.

■ **Agentur Atlas,** Trg Republike Hrvatske 2, Tel. 022-330232, www.atlas-croatia.com.

■ **Agentur Nik,** Ante Supuka 5, Tel./Fax 022-338 550, www.nik.hr, kümmert sich um Unterkunftsarrangements, Fahrzeugverleih und gilt als Spezialist für die vorgelagerten Inseln.

Unterkunft

■ **Hotel Jadran**②, Obala F. Tudjmana 52, Tel. 022-212644, www.rivijera.hr, sehr nett, absolut zentral.

■ Auf der Solaris-Landzunge liegen die Hotels des **Solaris Holiday Resort**③, einem Zusammenschluss der vormals selbstständigen Hotels Jakov, Andrija, Ivan, Jure und Niko, um sich gegen die hier in der Region übermächtige Rivijera-Gruppe behaupten zu können. Die sehr unterschiedlichen Häuser – das Andrija z.B. ist für Familien (Kinderanimation, Spielplatz usw.) das Angenehmste – wurden aufwendig renoviert und zählen (mit Ausnahme des Jakov) zur 4-Sterne-Landeskategorie. Details s. www.solaris.hr oder www.kroatienfamilienresorthotels.com. Im Bereich Solaris gibt es eine Disco, Radverleih usw.

Camping

■ Während Šibenik selbst auf der Inlandseite der Krka-Seen liegt, sind die Campingplätze und Resorts auf den seeseitigen Landzungen zu finden, allen voran das **AC Solaris**③, Tel. 022-364000, www.solaris.hr (u.a. Restaurant mit Liveunterhaltung, Beach-Bar, Minimarkt, Tauchen, Rad-/Bootsverleih), sowie das benachbarte **AC Zablaće**②, Tel. 022-354051 (hübsch auf bewaldeter Landzunge). Beide haben Mitte März bis Ende Oktober geöffnet. Stadtbus Solaris – Zablace Nr. 6 fährt etwa stündlich 7–21 Uhr.

Essen und Trinken

Gute Cafés und Restaurants liegen am Ende der Uferpromenade unterhalb der Kathedrale (mittelpreisig).

■ Empfehlenswert ist die **Pizzeria Forum** (Nazora 7, Tel. 022-218646) neben der Post; sehr gelobt wird auch das **Restaurant Zora** neben der Touristeninformation in der Obala F. Tudjmana 4 (Tel. 022-215841).

■ Viele Gäste wohnen auf den umliegenden Campingplätzen; hier findet man im Bereich Zablaće die Restaurants **Dva Mornara** (mobil 098-294122), die **Pizzeria Zora** (Tel. 022-354140) sowie die Weinschenke **Kod Pipe** (Tel. 022-354142).

■ Im gehobenen Preis-Leistungssegment empfiehlt sich das **Gradska Vijećnica** (Trg Republike Hrvatske 1, Tel. 022-213605, tgl. 8–1 Uhr); Lamm- und Fischspezialitäten.

■ Exquisit speist man im Hotelrestaurant **Jadran** (Tel. 022-350220, tgl. 10.30–22.30 Uhr, teuer).

Nachtleben

■ **Abendunterhaltung** bietet die Disco-Cafébar Peskarija am Obala palih omladinaca (bis Mitternacht, Tel. 022-214900).

Einkaufen

■ Ein **Minimarkt** im Busbahnhof führt recht preiswert alles Notwendige.

■ In der Ante Šupuka liegt sehr zentral die moderne **Shopping Mall City Life** (mehrfach ausgeschildert, Ante Šupuka 10, Tel. 022-212832, tgl. 8–21 Uhr). Hier findet man auf vier Etagen neben einem riesigen Konzum-Supermarkt zahlreiche Boutiquen (u.a. S-Oliver, Nike), Fachgeschäfte und Restaurants.

■ Direkt an der Umgehungsstraße Južna Magistrala wurde das riesige **Einkaufszentrum Dalmare** angelegt, mit einer großen Shopping-Mall (u.a. Konzum-Supermarkt, Deichmann-Schuhe, McDonald's mit Internet-Ecke, dm-Drogerie, Fachgeschäfte, Spielothek, Internet-Corner und Multiplex-Kinowelt; tgl. 8–1 Uhr); mehrere Automaten und eine Wechselstube sorgen für das nötige Kleingeld.

■ Gegenüber vom Einkaufszentrum liegt ein **Lidl-Discountmarkt** (tgl. 8–21 Uhr, So bis 18 Uhr).

Aktivitäten

■ **Tauchen:** im Camp Solaris, Vertigo Diving, mobil 098-209073.

■ Lust auf Adrenalinschübe pur? Dann auf zum **Bungee-Jumping** von der örtlichen Brücke (2 km außerhalb Richtung Zadar). Vom 1.7.–1.9. tgl. 10–20 Uhr (So bis 14 Uhr) kann der 40-Meter-Hupf unter www.bungee.com.hr arrangiert werden; mobil 099-6770631.

■ Ausgewiesene **Wanderwege** wurden vom örtlichen Wanderverein angelegt, der auch Routenbeschreibungen und weitergehende Informationen sowie **geführte Touren** anbietet, www.sv-mihovil.hr.

■ Ein gutes Stück außerhalb in Bukići können Freunde der Farbkugelballerei die regionale **Paintball-Anlage** nutzen; www.slaptours.hr, Tel. 022-311460.

■ **Jeep-Safaris** ins Hinterland, zum Vraner-See oder bis zur Dinara bietet exklusiv **Magtours** (Tel. 022-201150, www.magtours.com); Halbtagestouren ab 50 €, Tagestouren ab 80 €.

■ **Baden:** City Beach Jadrija, per Boot ab Innenstadtpier 9–19 Uhr, 9x tgl., 10 K.

Nützliches

■ **Post:** Ul. V. Nazora, Mo bis Sa 7–21 Uhr (auch Geldwechsel).

- **Bankautomaten** sind in der Altstadt rar, am Busbahnhof wird man fündig.
- **Notruf (Krankenhaus):** Tel. 022-246246, an der Hauptstraße S. Radica, 30 m neben Gericht und Polizei.
- **Internet:** Internet-Corner/Paparazzi-Café oder McDonald's, beide im Dalmare-Shoppingcenter. **WLAN-Hotspot** zentral an der Promenade.
- **Radverleih:** Filip Trans Šibenik, Obala hrvatske mornarice bb, mobil 099-6768144.

Brodarica

Ursprünglich einmal ein kleines Fischerdorf, wuchs Brodarica inzwischen mit Šibenik fast zusammen und wird meist als Ortsteil der Stadt bezeichnet. Für den Reisenden ist es allerdings schlecht möglich, zu Fuß nach Šibenik zu gelangen, es sind etwa 5 km bis in die Altstadt. Der Ort selbst bietet keine Sehenswürdigkeiten, ist aber wegen etlicher **Bade- und Freizeitmöglichkeiten** (Tauchen, Reiten) und der **Fähre nach Krapanj** als Standort im Raum Šibenik durchaus zu empfehlen.

An- und Weiterreise

- **Busanbindung** besteht etwa 30x tgl. auf der Route Trogir – Šibenik entlang der Durchfahrtsstraße, Stadtbus Nr. 7 eingeschlossen.
- **Krapanj-Fähre:** Das Personenboot pendelt von 6.45 Uhr bis 24 Uhr ca. 20x tgl. (vormittags immer um „10 nach"), an Sonn-/Feiertagen nur 8.55, 13.10, 16.30 und 20.25 Uhr, Tickets 6 K/einfach. Zwei Zufahrtsmöglichkeiten: am Schild der Pega-

sus-Reitschule gegenüber links hinein oder beim Schild der Krapanj-Fähre, jeweils von der Hauptstraße abzweigend.

Unterkunft

- An der Hauptstraße bieten zahlreiche **Privatvermieter**①-② Zimmer und Wohnungen an.
- Schöner wohnt man allerdings unten am Meer, etwa in der Pension **Zlatna Ribica**③ (Tel. 022-350659, www.zlatna-ribica.hr) an der Promenade. Die Anlage ist mit 8 Bungalows/Apartments und 22 DZ überschaubar und bietet einige Freizeitmöglichkeiten wie Fitnessstudio und Rad-/Bootsverleih, PKW-Vermietung, Ausflüge und Flughafentransfer sowie ein eigenes Restaurant mit zahlreichen Gastro-Eventtagen (u.a. Spargeltag, Stockfischtag).

Aktivitäten

- **Tauchen:** Mediterraneo Sub, Ulica Krapanjskih Spužvara 48, Tel. 022-350894, mobil 091-5394007, www.mediterraneo-sub.com.
- **Reiten:** Pegasus (von Grebaštica kommend Ortseingang rechts, beschildert), Tel. 022-216901, www.pegasus.hr.

Nützliches

- **Infos** unter www.tz-brodarica.hr.
- Entlang der Hauptstraße liegen mehrere **Bäckereien,** am Krapanj-Fährpier bietet ein **Konzum-Supermarkt** alles Notwendige. Für Großeinkäufe bietet sich das nahe gelegene **Einkaufszentrum** am Ortseingang von Šibenik an (Lidl, Mercator, Boutiquen usw.).

Inseln vor Šibenik

Unmittelbar vor der Bucht von Šibenik liegen Dutzende, wenn nicht Hunderte teils einsamer und karger, teils bewohnter und mit einer kleinen touristischen Infrastruktur sogar gut besuchbarer Inselchen und kleinerer Inseln. Drei oder vier Wochen hier verbringen zu wollen, setzt jedoch schon beinahe eine gewisse Zivilisationsfeindlichkeit oder zumindest den Wunsch nach absoluter Ruhe voraus. So sind es bislang eher **Segler und Tagestouristen** aus Šibenik, die sich auf den Weg zu einer der Inseln machen, die (noch) ein touristisch überwiegend unberührter Flecken sind. Wer nicht die Zeit hat, alle Inseln zu erkunden und sich auf eine oder zwei beschränken muss, dem seien **Zlarin** (ab Šibenik, siehe Tabelle Fährverbindungen) bzw. **Krapanj** (ab Brodarica) besonders empfohlen.

Insel Krapanj

Die mit nur 360 m² kleinste und am dichtesten besiedelte Insel des Šibeniker Archipels darf sich der Besonderheit rühmen, mit einer höchsten Erhebung von sage und schreibe 1,50 m die flachste aller bewohnten Adria-Inseln zu sein.

Die Insel fand 1435 erstmals urkundliche Erwähnung, als das seinerzeit unbesiedelte Eiland als Geschenk an den Franziskanerorden überging. Bis 1523 wurde die Ordenskirche gebaut, die in den Türkenkriegen den Bewohnern des Umlandes einigen Schutz bot. Die heutige Kirche stammt allerdings aus dem frühen 20. Jahrhundert, Elemente des Vorgängerbaus wurden integriert wie einige Exponate als Zeugnis zum Leben der Menschen hier in den vergangenen Jahrhunderten.

Die Nachkommen jener, die vor den Türken auf das Inselchen geflohen waren, nahmen zwar auf Krapanj ihren Wohnsitz, bebauten aber ihre alt angestammten Felder auf dem Festland. Erst im 18. Jahrhundert, als die Landwirtschaft nicht mehr als Broterwerb für alle ausreichte, begann man mit der **Fischerei** und dem **Schwammtauchen,** eine Tradition, die hier bis heute bewahrt wurde und einige Einkünfte (Schwammfabrik) ermöglicht.

Die meisten Insulaner, vor allem die Jugend, leben und arbeiten vorwiegend auf dem Festland, ohne dabei die Schätze und die Traditionen der Insel vergessen zu haben. Ein interessantes Kulturerbe – Schwämme, Korallen, Amphoren, Antikgeschirr – sowie die authentische Schönheit der Steinhäuser und der engen Gassen sind ein Anziehungspunkt für viele Besucher.

Vom Pier führt ein zunächst befestigter Weg, am Ende der Bebauung dann ein Kiesweg fast um die Insel herum zum seeseitigen Inselende (Sportplatz, halbe Stunde Gehzeit), wo man auf den breiten, zentralen Weg (Ulica) mit moderneren Häuschen mit Garten trifft. Hier geht es links zur Hauptkirche und zum Hotel, rechts durch die Ortsgassen Richtung Pier mit einem Weltkriegsdenkmal und dem kleinen **Dorfmuseum/Galerie Zitak** (u.a. Schwämme; Trg I Nr. 6, Tel. 022-350950, tgl. 10–17 Uhr geöffnet).

Fährverbindungen
Archipel von Šibenik zur Hauptsaison

Insel	Fährart	Abfahrt/ Frequenz	Preis p.P.	PKW[4]
ab Šibenik				
Kaprije	Trajekt	10:15, 16:00[1]	2,40	17,50
Kaprije	KAT	09:90, 14:15	1,80	
Žirje	Trajekt	10:15, 06:00[1]	2,40	17,50
Žirje	KAT	1 mal täglich, unregelmäßig	2,30	
Obonjan	Trajekt	16:00[1]	2,40	
Zlarin	Trajekt	10:15[2]	1,80	11,50
Zlarin	KB	90:30, 12:45[1], 15:30[1], 19:30	2,30	17,00
Prvić (Prvić Luka, Šepurine)	KB	90:30, 12:45[1], 15:30[1], 19:30	2,50	18,00
Vodice (Festland)	KB	90:30, 12:45[1], 15:30[1], 19:30	2,50	7,50
ab Vodice				
Prvić	KB	04:45, 11:00, 14:00, 18:00[3]	2,30	17,00
Zlarin	KB	04:45, 11:00, 14:00, 18:00[3]	2,30	17,00
Šibenik	KB	04:45, 11:00, 14:00, 18:00[3]	2,30	17,00
ab Brodarica				
Krapanj	Bootstaxi	Ca. stündlich 07:00 - 24:00	1,80	

Trajekt = KFZ-Fähre, KB = Klasični Brod (bis 7,5 t),
KAT = Katamaran (Personenbeförderung)
[1]außer So
[2]nur Do
[3]tgl. außer So (So nur 7:15 Uhr)
[4]PKW-Preis beinhaltet den Fahrer,
Richtpreise in Euro (Hauptsaison, sonst −25%)

Zentraldalmatien

An- und Weiterreise

■ **Fähre:** Krapanj wird nicht von Šibenik aus angefahren, sondern nur vom Vorort **Brodarica** (Vorteil: kostenloses Parken entlang der Uferstraße vor der Anlegestelle). Die Fähre fährt ab Brodarica 6.45–23 Uhr ca. 20x tgl. (Winterhalbjahr 15x tgl.), an Sonn- und Feiertagen nur 4 x tgl., einfache Fahrt 6 K, Infos unter www.putovnica.net/prijevoz/brod-brodarica-krapanj-gradski-parking-sibenik.

Unterkunft, Essen und Trinken

■ **Apartments und Häuser** kann man sehr leicht selbst vorab arrangieren: der Touristenverband Brodarica-Krapanj hat auf seiner Homepage www.tz-brodarica.hr, wie auch auf der englischsprachigen Seite http://krapanj.com etliche Privatanbieter konzentriert, die man direkt und ohne „Makler" kontaktieren kann.

■ Das kleine **Hotel Spongiola**③ (Tel. 022-384900, www.spongiola.com) verfügt über Restaurant, Souvenirshop (Schwämme), Wellnessbereich und Schwimmbad sowie eine hoteleigene Personenfähre.

■ Zur Einkehr bietet sich die **Konoba Ronilac** (Obala bb, mobil 099-563273, tgl. 12–1 Uhr) an der Promenade an; fangfrischer Fisch je nach Saison sowie hausgekelterte Weine.

■ Zünftige regionale Gerichte offeriert die **Konoba Dalmata Krapanj,** Obala 1, Tel. 022-350101, nur 1.6.–30.9. tgl. 11.30–14.30 und 18–24 Uhr.

■ Das **Hotelrestaurant Spongiola** (Tel. 022-348900, Mai bis Okt. durchgehend geöffnet) wird von Reisenden sehr gelobt.

Aktivitäten

■ **Baden:** Ein kleiner Kiesstrand liegt beim Hotel Spongiola, eine sehr flache Bucht (Badeschuhe!)

mit Kinderrutsche und Steg ein Stückchen weiter am Ende der Besiedlung.

■ **Tauchen:** Dem Hotel Spongiola ist das Diving Center Spongiola (Tel. 022-348900, www.spongiola.com) angeschlossen.

Insel Prvić

Prvić, gut 1 km vor Vodice gelegen, hat eine Fläche von 2,37 km² und erstreckt sich mit einer Länge von 3,1 km vom nördlichen Kap St. Lucia bis zum südlichen Kap St. Anton.

Wie Krapanj wurde die Insel hauptsächlich im 15. Jahrhundert während der Türkenkriege besiedelt, und auch hier spielte zunächst die Landwirtschaft mit Feldern auf dem Festland rund um Vodice eine Schlüsselrolle beim Broterwerb. Ergänzend kam auf Prvić eine intensive Viehwirtschaft hinzu, wobei die großen unbewohnten Nachbarinseln Zmajan und Tijat als Weideinseln genutzt wurden. Die heutigen Bewohner betreiben meist im Nebenerwerb **Wein-Oliven- und Feigenanbau,** gehen der **Fischerei** nach oder suchen eine Betätigung auf dem Festland.

Zwei kleine Siedlungen beheimaten die gut 600 Seelen zählende Inselbevölkerung, Šepurine an der Südwestküste und Prvić Luka in der geschützten Südostbucht. Zum Baden bieten sich mehrere **Kiesbuchten** rund um die Insel an.

Prvić Luka

In Prvić Luka mit seinen knapp 200 Bewohnern wurde nach Ankunft glagolitischer Mönche 1461 mit dem Bau der Kirche und des gleichnamigen **Klosters**

Inseln vor Šibenik

ADRIATISCHES

MEER

Übernachtung
2 AC Zablaće
3 Solaris Holiday Resort,
  AC Solaris

Sonstiges
1 Bungee-Jumping
  Šibenik

7

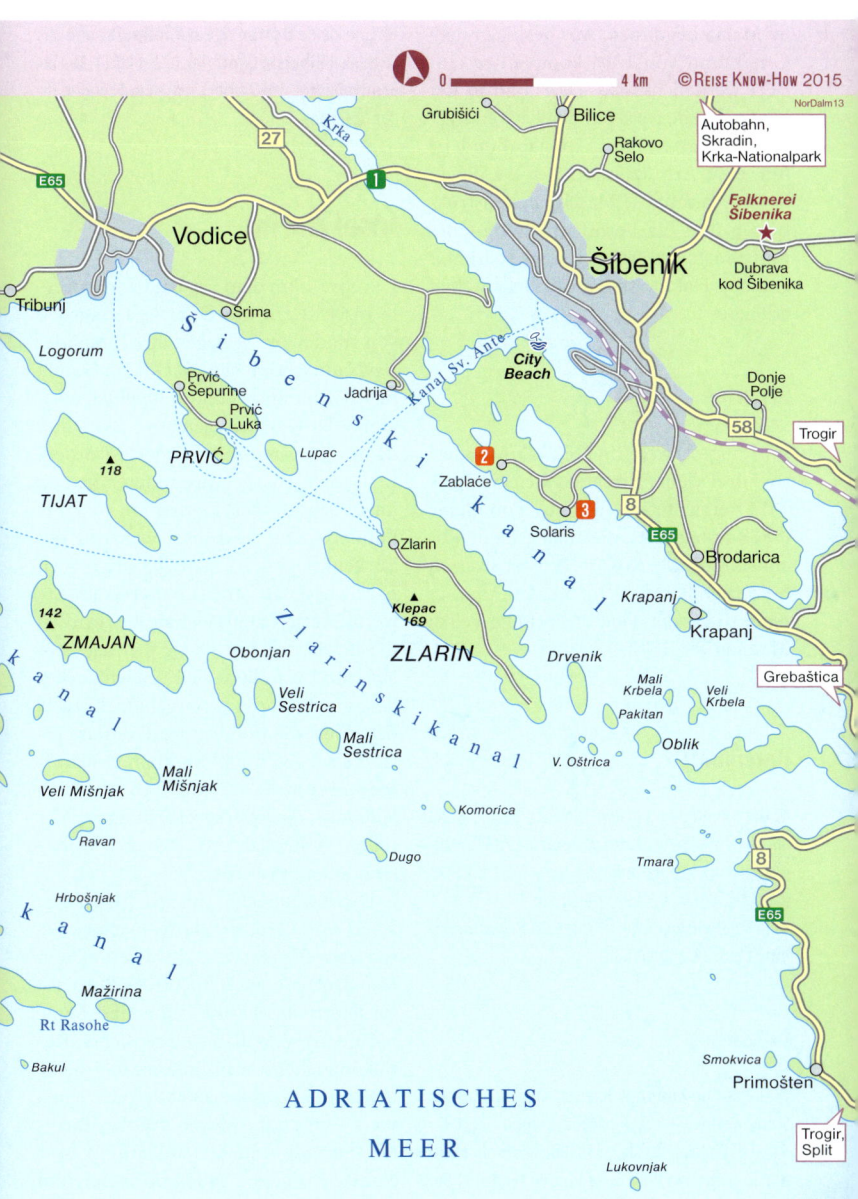

0 ▬▬▬▬ 4 km　©Reise Know-How 2015

NorDalm13

Autobahn,
Skradin,
Krka-Nationalpark

Grubišići
Bilice
Rakovo Selo

27

Krka

E65

1

Vodice

Šibenik

Falknerei Šibenika ★

Dubrava kod Šibenika

Tribunj

Srima

Logorum

Š
i
b
e
n
s
k
i

k
a
n
a
l

Prvić Šepurine
Prvić Luka
Jadrija

Lupac

City Beach

Kanal Sv. Ante

Donje Polje

Trogir

58

▲ *118*

PRVIĆ

2

Zablaće

3

Solaris

8

E65

Brodarica

TIJAT

Zlarin

▲ *142*

ZMAJAN

Z
l
a
r
i
n
s
k
i

k
a
n
a
l

▲ Klepac *169*

ZLARIN

Krapanj

Krapanj

Obonjan

Drvenik

Mali Krbela
Veli Krbela

Grebaštica

k
a
n
a
l

Veli Sestrica

Mali Sestrica

Pakitan

V. Oštrica

Oblik

Veli Mišnjak
Mali Mišnjak

Komorica

Ravan

Dugo

Tmara

8

k
a
n
a
l

E65

Hrbošnjak

k
a
n
a
l

Mažirina

Rt Rasohe

Bakul

Smokvica

Primošten

A D R I A T I S C H E S

M E E R

Trogir, Split

Lukovnjak

7

Sv Maria begonnen, welches nach dem Großbrand von 1884 komplett restauriert werden musste. Das Grab in der Klosterkirche weist auf den Universalgelehrten *Fausto Vrančić* (16. Jahrhundert) hin, eine Art „dalmatischer da Vinci", der durch zahllose Maschinenkonstruktionen und die Veröffentlichung eines fünfsprachigen Wörterbuches (darunter erstmals Dalmatisch) große Bekanntheit erlangte.

Šepurine

Im Hauptort Šepurine (420 Einwohner) sind **drei kleine Kirchen** sehenswert, die 1479 errichtete Gospino Pohodenje (1878 restauriert), die 1620 gebaute Rochuskirche Sv Rok mit sehenswerten hölzernen Barockelementen im Altarbereich sowie die neue Pfarrkirche Velika Madona von 1878.

Unterkunft

■ Unterkunft bietet in Prvić Luka das kleine, direkt am Ufer gelegene **Hotel Maestral**③ (Tel. 022-448300, www.hotelmaestral.com) in rustikalem dalmatischen Stein-Holzambiente.
■ In Šepurine wird wie in Prvić Luka **Privatunterkunft** ab 30 € angeboten.

Nützliches

■ Drei kleine **Konobas** (die sehr beliebte Konoba Stara Makina, Tel. 022-448152; Nanini, Tel. 022-448105, und Val, Tel. 022-448300) sowie ein **Minimarkt** sorgen in Prvić Luka für den täglichen Bedarf.

■ Eine kleine **Dorfpost,** ein **Minimarkt** und das Fischlokal **Ribarski Dvori** (Tel. 022-448511, Mai bis September tgl. 10–24 Uhr) sorgen in Šepurine für das Nötigste.

Insel Zlarin

Die etwa 1 km dem Festland vorgelagerte Insel Zlarin mit einer Gesamtgröße von rund 8 km² – wegen ihrer besonderen Naturschönheit mal „Goldene Insel", mal „Grüne Insel" und schließlich auch „Insel der Korallen" genannt – ist schon in der Jungsteinzeit besiedelt worden. Erste dalmatische Zuwanderer kamen im 13. Jahrhundert hierher, im 16. Jahrhundert dann nochmals während der Türkenkriege. Es entwickelten sich Landwirtschaft und Fischerei als Erwerbszweige, hauptsächlich aber wurden die Bewohner Zlarins als tüchtige Seeleute und vor allem als Korallentaucher bekannt. Letzteres wird nicht mehr aktiv betrieben, die Korallen rund um das Eiland sind geschützt, im kleinen **Korallenmuseum** (8–12 und 16–19 Uhr) kann man die Handverarbeitung der Korallen nachvollziehen und auch Korallenschmuck erwerben.

Die meisten der 150 Inselbewohner leben im Hauptort Zlarin in einer geschützten Bucht im Nordwesten, ein paar Dutzend auch im Weiler Borovica im Südosten der Insel. Sie sind heute nach dem Wegfall des umstrittenen Korallentauchens als Einkommensquelle meist in Šibenik berufstätig oder leben vom Tourismus. Kleine Wälder, Buchten, Strände und kristallklares Wasser ziehen vor allem **Taucher, Segler und Sonnenanbeter** an. Regionale Bekanntheit erlangte auch das Zlariner **Folklorefest** mit Musik und Tanz Mitte August.

Bedeutendste Baudenkmäler Zlarins sind die gotische Kirche „Unsere Liebe Frau von Rašelj" aus dem 15. Jahrhundert, die barocke Pfarrkirche Velioka Madona (1735 auf den Grundmauern eines Vorgängerbaus errichtet) sowie die Kapellen Sv Rok und Sv Simeon (17. Jahrhundert).

Und so wie Prvić mit *Fausto Vrančić* hat auch die Insel Zlarin eine ziemlich bekannte erfinderische Persönlichkeit hervorgebracht, nämlich *Ante Maglica*, eine Art „dalmatischer Daniel Düsentrieb" mit über 100 patentierten Erfindungen. Der USA-Emigrant wurde weltweit vor allem durch die nach ihm benannte und von der amerikanischen Polizei verwendete „Maglite-Taschenlampe" bekannt.

Unterkunft

🔲 Unterkunft bieten in Zlarin u.a. das kleine **Hotel Koralj**② (Obala boraca 15, Tel./Fax 022-553621, www.4lionszlarin.com), die **Apartments Dolphin**② (Tel. 022-553679, www.croatiaisland-apartment-dolphin.com/hrv/index.htm) für 4 Personen mit Terrasse und Garten sowie etwas zurückgesetzt die sehr hübschen **Apartments Katina**② (Tel. 022-219786, www.zlarin.net) für 2–4 Pers.

Nützliches

🔲 Im Hauptort Zlarin steht Reisenden eine **Touristeninformation** (Suncana Obala 14, Tel. 022-553557, nur Juli/August, die Website www.zlarin. net bietet ebenfalls Basisinformationen zur Insel), eine **Post,** eine **Metzgerei** sowie ein **Minimarkt** zur Verfügung.

Insel Kaprije

Die Insel Kaprije liegt im mittleren Teil des Šibeniker Archipels und erstreckt sich über eine Landfläche von knapp 10 km². Im 14. und 15. Jahrhundert im Besitz einer Adelsfamilie aus Šibenik, suchten auch hier während der Türkenkriege im 16. und 17. Jahrhundert zahlreiche Flüchtlinge Zuflucht und errichteten die **Petruskirche** im Dörfchen Kaprije, die um 1801 erweitert wurde. Der Inselname weist auf die Gewürzknospe der Kaper hin, die hier seit der frühen Neuzeit angebaut wurde. Heute leben die nur gut 100 Bewohner der Insel von bescheidener Landwirtschaft (Oliven, Wein), von Fischfang und Tourismus.

Der windgeschützte und bei Seglern beliebte Hauptort an der Nordwestseite der Insel ist von Hügeln umgeben, vom höchsten, dem 132 m hohen Velika Glavica, hat man einen schönen **Rundblick** über das Archipel von Šibenik.

Unterkunft

🔲 Unterkunft findet man in Privatzimmern ab 25 € oder in der empfehlenswerten, ufernahen **Pension Nada Gulin**① (Tel. 022-449748, pansiongulin@ vip.hr) mit 11 Zimmern und angeschlossenem Fischrestaurant, Übernachtung ab 12 € p.P.

Nützliches

🔲 Der Hauptort bietet mehrere **Konobas** (günstig: Pizzeria Kaprije, Istočna obala 24, mobil 098-1864568, Mai bis Oktober, tgl. 8–24 Uhr; zünftig; Konoba Toni, Tel. 022-449892, Mai bis Oktober, täglich 11–15 und 17–24 Uhr), eine **Dorfpost** (Tel. 022-449810, täglich außer So 7–14 Uhr) eine **Am-**

bulanzstation (Tel. 022-449813) sowie einen **Minimarkt.**

Insel Žirje

Der Name der entferntesten Insel (Gesamtfläche 15,5 km²) im Šibeniker Archipel weist darauf hin, dass sie früher vermutlich von einem Steineichenwald bedeckt war (kroat. *žir* = Eichel). Das merkwürdige Relief der Insel ist von zwei Hügelketten mit einem dazwischen liegenden fruchtbaren Tal geprägt, wo **Oliven, Wein, Feigen und Pflaumen** gedeihen. Die durchtrennte Küste ist zusätzlich mit vielen Felsen und Inselchen durchzogen, die Gewässer sind besonders fischreich – Delfinschulen auf dem offenem Meer sind keine Seltenheit!

Schon spätsteinzeitlich besiedelt, spielte das Eiland dann unter den Römern eine strategisch bedeutende Rolle als Vorposten vor der ostadriatischen Küste. Im 6. Jahrhundert wurde eine **spätantike Festung** auf dem Hügel Gustijerna erbaut, deren Relikte noch heute sichtbar sind. 1059 schenkte der kroatische König *Peter Kresimir IV.* die Insel den Benediktinern, ab 1323 unterstand sie wieder der Region Šibenik. 1572 wurde die Insel von den Türken dem Erdboden gleich gemacht, wirtschaftliche Verarmung und Abwanderung auf das Festland waren bis in die Gegenwart die Folge.

Die rund 75 verbliebenen Einwohner Žirjes leben von Landwirtschaft, Fischerei und bescheidenem Tourismus. Segler und Badeurlauber erfreuen sich der naturgeschützten Buchten, aber auch **Rad- und Wanderwege** versprechen ruhige und abgeschiedene Erholung.

Unterkunft

■ Unterkunft auf Žirje findet man etwa in den **Apartments Gacanin**② (Muna-Bucht, www.infoadriatic.com/zirje) oder gleich nahe der Fährstelle Muna bei **Skorić-Apartments**① (Tel. 022-462818, www.infoadriatic.com/zirje) mit Apartments für 2 bis 4 Personen, sowie die **Apartmani Nada**② (Uvala Muna 13, Tel. 022-330673, www.hrvatska apartmani.hr/apartmani-nada-otok-zirje.aspx).
■ Eine hübsche Bildersammlung zur Einstimmung auf die Insel bietet die Website **www.zirje.biz.**

☑ Badespaß an den Kaskaden der Krka – der Nationalpark liegt nicht weit von der Küste

Nationalpark Krka

Der Unterlauf des mit 72 Kilometern längsten zentraldalmatischen Flusses, der Krka, ergießt sich auf einer Länge von rund 20 Kilometern in **Kaskaden und sieben Wasserfällen** von Dračevića (Roški Slap) bis nach Skradin (Skradinski Buk). Anschließend fließen die Wassermassen ruhig in den **Prokljansko-See,** der sich bis nach Šibenik erstreckt.

Hier mündet die Krka nach einem verengten, kurzen Teilstück in die Adria.

Günstige klimatische Bedingungen bei einem hohen Süßwasser-Anteil der Gewässer führten zu einem intensiven Bewuchs des Gebietes (rund 860 bekannte Pflanzenarten), was nicht weniger als **220 Vogel-, 18 Fisch- und unzählige Amphibienarten** anzog. Das gesamte Gebiet entlang der Krka von Skradin bis Knin wurde daher 1985 offiziell zum Nationalpark erklärt. Vor allem im Sommer sind die Krka-Fälle für den Besucher ein wohltuender Kontrast zur sengenden Küstensonne.

020da wl

7

Klosterinsel Visovac

Das **Franziskanerkloster** auf der Insel Visovac lässt sich sehr gut mit dem eigenen Pkw anfahren. Vom Hochplateau aus bietet sich ein schöner Blick auf die Insel und das Krka-Tal, bevor die Straße ins Tal hinabführt. Zu jeder vollen Stunde (10, 11, 12 Uhr; 14, 15, 16 Uhr) kann man mit einem kleinen Boot auf die Insel übersetzen. Die Franziskaner jedenfalls erreichten Visovac im Jahr 1445, um eine bereits bestehende Eremitei zu übernehmen. Die heutigen Klostergebäude stammen aus dem 17./18. Jahrhundert. Die Schätze des Klosters sind in einem kleinen Museum ausgestellt.

Krka-Kloster

Das **Manastir Krka** wiederum, ein serbisch-orthodoxes Kloster am Oberlauf der Krka, ist über eine 3 km lange Stichstraße von Kistanje aus zu erreichen. Mitte des 14. Jahrhunderts errichtet, überlebte das Kloster mehrere Verwüstungen, zuletzt 1995 während der „ethnischen Säuberungen". Dem Kloster ist ein – mit Unterbrechungen – seit 1615 existierendes Knabenseminar angeschlossen.

© Reise Know-How 2015
Dalma29

Übernachtung
1 Camping

Sonstiges
2 Tickets für Boote nach Visovac u. Roški Slap

Ljubotič

Matasi

Ljubač   Knin

Sinj

Anfahrt

Zwischen den Abfahrten „Šibenik-Nord" und „Šibenik-Süd" der **Küstenstraße** zweigt die **Abfahrt „Krka/Drniš"** nordostwärts ins Hinterland ab. Nach 10 km folgt man dem Schild „Krka Park – Vodoslap" (Wasserfall) nach links und gelangt gleich darauf an eine Gabelung: Links geht es nach Skradin (zur Bootsfahrt s.u.), das Schild rechts führt zum Haupteingang des Krka-Nationalparks bei Tvornica-Lozovac (ab Parkplatz Shuttle-Bus, s.u.).

Mit dem **eigenen Fahrzeug** darf man mit Ausnahme der Stichstraßen zu den beiden Klöstern **nicht in den Park hi-**neinfahren; man muss sich also für **Bus oder Boot** entscheiden. Der Bus bietet den Vorteil eines kostenlosen Parkplatzes plus Panoramablicken von oben, beim Schiff (uriger) muss man in Skradin einen Parkplatz suchen oder auf den teuren Hauptparkplatz im Ort zurückgreifen.

Ein **Bus** verbindet Šibenik mit Lozovac und/oder Skradin um 9, 11.15, 12.45, 14, 15.20 und 20.15 Uhr, zurück um 14.10, 17.10 und 19.55 Uhr.

Touren

An einigen Stellen des Parks darf **gebadet** werden (z.B. Skradinski Buk), ansonsten bieten sich ausgedehnte **Spaziergänge** oder eine Bootsfahrt an. Im Gegensatz zu den Plitwitzer Seen gibt es keinen Rundweg, sondern drei unterschiedliche **Abschnitte,** die von den Booten angefahren werden.

Als **Ausflug ab Šibenik** dauert die Tour in Abschnitt 1 einen knappen halben, mit Abschnitt 2 einen vollen Tag; man sollte daher vorsorglich einen ganzen Tag für die komplette Tour erwägen. Die Boote ab Skradin fahren stündlich zwischen 8 und 18 Uhr zur vollen Stunde hin, zur halben Stunde zurück; das letzte Boot fährt um 19.30 Uhr zurück ab Skradinski Buk. Abschnitt 2 findet nur um 11 und um 14 Uhr statt.

Wer mit dem Boot kommt, landet fast direkt am „Badewasserfall", per Bus kommt man am Verkaufskiosk der Bootstour Kloster/Roški Slap an und geht nach links (Hauptweg 10 Minuten zum „Badewasserfall", Abzweigung rechts Naturpfad, ca. 30 Minuten reine Gehzeit).

Im Park bieten größere **Kioske** Snacks, Eis und gekühlte Getränke an (Skradinski Buk, Tvornica-Lozovac und Roški Slap).

Abschnitt 1

■ Anfahrt bis **Skradin,** halbstündige Bootsfahrt zum **Wasserfall Skradinski Buk** mit Bademöglichkeit und Spazierwegen. Hier ist eine Rundwanderung auf markierten Wegen über die Fälle hinweg möglich. Sehr empfehlenswert – man sollte (je nach eigenem Tempo) etwa 1 bis 2 Stunden einkalkulieren, zumal sich beeindruckende Wasserspiele und Aussichtspunkte auftun. Interessant ist das kleine **Ethnografische Museum** auf dem Weg, mit wasserbetriebenen Mühlsteinen sowie landwirtschaftlichen Geräten (tgl. 8–20 Uhr); die meisten Besucher fahren dann mit dem Boot zurück nach Skradin.

Abschnitt 2

■ **Franziskanerkloster-Inselchen Visovac bis Roški Slap;** sehr empfehlenswert, wenn man nicht den Rundweg gehen möchte und vor allem, wenn man früh genug aufgebrochen ist. Diese zusätzliche, etwa dreistündige Bootstour findet nur 2x tgl. (11 und 15 Uhr) statt – die frühere Tour ist empfehlenswerter, um später unten zu baden. Wer per Bus vom Lozovac-Parkplatz kommt, passiert den Kartenschalter ohnehin, wer vom Boot (Skradin) kommt, geht über die Brücke am Bach entlang hinauf bis zum Sträßchen und zum Buswendeplatz Lozovac/unten (ca. 15 Minuten).

Abschnitt 3

■ Vom nördlichen Parkende aus Anfahrt bis Tvornica-Lozovac, vierstündige Bootsrundfahrt auf dem Obersee (Krka-Verbreiterung) mit Besuch der Franziskaner-Klosterinsel und der Fälle Roški Slap (12 Kaskaden). Skradinski Buk und Roški Slap sind quasi unpassierbare „Hindernisse" für die Boote und man fährt jeweils nördlich und südlich zum nächsten Punkt bzw. Ausgangs- oder Endpunkt des Parks.

Gebühren

■ Ab Skradin 95 K, Kinder 70 K (schöner als mit dem Bus; Eintritt, Boots-Shuttle Skradin – Skradinski Buk und Museum); oder ab Lozovac ebenfalls 95 K, Kinder 70 K (Bus-Shuttle Parkplatz – Lozovac, Eintritt und Museum); extra (unten an Bushaltestelle jederzeit buchbar): vierstündige Obersee-Bootsfahrt ab Lozovac (inklusive Klosterinsel) 130 K, Kinder 90 K.

Skradin

Der malerische kleine Fischer- und Ausflugsort Skradin wird heute vorwiegend als **Ausgangspunkt** für Fahrten in den **Krka-Nationalpark** genutzt. Die Wartezeit auf das nächste Boot zur vollen Stunde überbrückt man am besten mit einem Rundgang. An der kleinen Promenade findet der Besucher die Anlegestelle der Krka-Boote, eine Bank, Gaststätten, einen Obstmarkt und an dem kleinen Platz eine **Parkinformation** mit Tickets für das Boot zum Skradinski Buk. **Hinweis:** Im August empfiehlt sich die Anfahrt über Skradin per Boot nur, wenn man sehr früh anreist, da lange Schlangen sowohl vor dem Kartenschalter als auch am Bootspier eher die Regel als die Ausnahme sind.

In den hinteren Parallelsträßchen scheint das Leben stillzustehen. Die verwinkelten Gassen führen zur **Pfarrkirche** aus dem 17. Jahrhundert – immerhin war Skradin vom 6. Jahrhundert bis 1830 Bischofssitz der Diözese des Šibeniker Hinterlandes! Allerdings eroberten die Türken 1522 die Stadt wie auch zahllose weitere Landstriche des bosnisch-kroatischen Hinterlandes.

Zum **Baden** empfiehlt sich das sehr schöne Fleckchen zwischen Ort und Brücke (dort Rad-/Fußweg zum Krka-Park), im Sommer mit Getränke- und Pfannkuchenstand. Zufahrt gegenüber vom kleinen Friedhof, dort einige Parkplätze. Ansonsten großer gebührenpflichtiger Parkplatz am Ortseingang.

Info und Agenturen

■ Die **Touristeninformation Skradin** im kleinen Zentrum informiert über den Ort (hat nichts mit der Parkverwaltung zu tun), Trg Male Gospe 3, Tel./Fax 022-771306.
■ Die **Parkverwaltung** zwischen Parkplatz und Ortskern (modernes Glasgebäude) ist für den Bootsticketverkauf, Informationen zum Park usw. zuständig, Tel. 022-201777, www.npkrka.hr (englisch), www.nationalpark-krka.hr (deutsch).

Unterkunft

■ Privatunterkünfte vermittelt die **Agentur Nik,** Tel./Fax 022-778888, www.nik.hr.
■ Das **Hotel Skradinski Buk**②, Tel. 022-771771, www.skradinski-buk.hr, ist die einzige offizielle Unterkunftsmöglichkeit in Skradin.
■ Es werden auch einige **Ferienwohnungen**①-②, angeboten (www.skradin.com, www.infoadriatic.com/kroatien/skradin), wobei in den letzten Jahren teilweise 50 Euro Endreinigung berechnet wurden, was in Kroatien bislang weitgehend unüblich ist.

Camping

■ Im Ort selbst gibt es keinen Campingplatz, aber zwei Plätze auf der Hochebene zwischen Skradin und Lozovac: **Marina**② (Tel. 022-778503, www.

camp-marina.hr) und **Krka**③ (Tel. 022-778495, www.camp-krka.hr), Letzterer mit Snacklokal und kleinem Kinderspielplatz.

Nützliches

■ Ein **Minimarkt** versorgt mit Lebensmitteln, die **Pizzeria Scardona** mit warmen Mahlzeiten. Gute dalmatische Gerichte servieren die beiden kleinen **Grill-Restaurants** an der Promenade.
■ An der Promenade werden mehrfach **Leihräder** angeboten.
■ **WLAN** besteht in fast allen Gastronomiebetrieben, außerdem am Ufer ein (roter) Hotspot mit Bankautomat.
■ Am Ende der Promenade finden Segler die vom ADAC empfohlene **ACI Marina Skradin,** Tel. 022-771365, www.aci-club.hr, mit angeschlossenem **Restaurant Marina** (Tel. 022-771310, geöffnet April bis November tgl. 8–1 Uhr) der gehobenen Mittelklasse.
■ **Qube Rent a bike,** mobil 091-1382859, bike.skradin@gmail.com, tgl. 8–21 Uhr, 20 K/Stunde.
■ **Rent a bike KTM,** wenige Meter weiter, verleiht Tourenräder; mobil 098-591993.
■ Kostenlose **Parkplätze** sind rar, am besten früh kommen (am Friedhof und an der Straße dorthin beim Badeplatz gibt es ein paar); der Zentralparkplatz vor dem Dorf kostet 10 K/Std. oder 30 K/Tag.

Knin

Wer auf der empfehlenswerten **Inlands-route über Karlovac** nach Zentral- oder Süddalmatien reist, passiert unweiger-lich einige sehenswerte Städte des **dalmatischen Hinterlandes.** Übernachtun-gen oder gar längere Aufenthalte lohnen sich nicht, aber als Abstecher oder Zwi-schenstopp auf der Route nach Süd-dalmatien bietet sich ein Besuch durch-aus an.

Die in einem Talkessel gelegene wich-tige Garnisonsstadt Knin (16.000 Ein-wohner) fungierte einst als Sitz der kroa-tischen Könige, war vom 16. bis 17. Jahr-hundert Hauptquartier der Türken und schließlich im Bürgerkrieg bis 1996 Hauptstadt der ominösen, selbst ernann-ten **„Serbischen Republik Krajina".** Die Stadt bildet heute einen wichtigen Bahn- und Straßenknotenpunkt im zentraldal-matischen Hinterland.

Die wichtigste Sehenswürdigkeit, die alte **Königsburg Spas** (15. bis 18. Jahr-hundert), liegt rechter Hand oberhalb der Stadt an der Hauptstraße in Rich-tung Drniš (T-Gabelung: links Split/Sinj, rechts Drniš/Šibenik). Am Ortsausgang Richtung Drniš wird der Fluss Krka am Nordende des gleichnamigen National-parks überquert.

Wenige Kilometer östlich der Stadt, erreichbar über eine Abzweigung von der E71 Richtung Sinj, liegt die **Quelle der Krka** *(Izvor Krke)*. Vom Parkplatz sind es zu Fuß etwa 5 Minuten bis zur Quelle, die glasklar aus einer Felsenhöh-lung hervorsprudelt. Wenige Meter un-terhalb der Quelle ergießt sich im Win-ter der 22 m hohe **Wasserfall Topolski buk** in die noch junge Krka.

Information

■ **Touristeninformation Knin,** Ulica Dr. Franje Tuđmana 24, Tel. 022-664819, www.tz-knin.hr.

Unterkunft

■ **Hotel Mihovil**③, Vrpolje bb, Tel. 022-664444, www.hotelmihovil.com, kleines Familienhotel mit einfachen Zimmern.
■ In den Apartments **Tri Lovca**① (IV. Gardijske brigade 32, Tel. 022-662642, www.tri-lovca.hr) sind günstige Ferienwohnungen zu mieten; Restaurant/Pizzeria angeschlossen.

Essen und Trinken

■ Die **Pizzeria Palma** (7. Gardijske Brigade 1, Tel. 022-663820) und das **Restoran Putnik** (K. Zvonimira 45, Tel. 022-660372) sorgen für das leibliche Wohl.

Nützliches

■ Im Zentrum gibt es etliche **Einkaufsmöglich-keiten** (Lidl-Supermarkt, Gardijske Brigade 42, tgl. 8–21 Uhr; Konzum in der Zvonimira bb).
■ **Radverleih und Kanutouren:** Eko Krka Knin, Drniška bb, mobil 091-5141829. www.eu-krka-knin.hr.
■ **Bahnhof** (Tel. 022-663722) und **Busbahnhof** (Tel. 022-661005) liegen nebeneinander.
■ **Erste Hilfe/Spital:** Notruf 022-660552.

Zentraldalmatien

Drniš

Sinj

Zwischen Knin und Drniš wird rund um Kosovo **intensiver Weinbau** betrieben (das Dörfchen hat nichts mit dem serbisch-albanischen Kosovo zu tun!). Kurz vor Drniš (8500 Einwohner) bei Siverić (Hinweisschild beachten) liegt das **Mausoleum** des hier geborenen dalmatischen Nationalkünstlers *Ivan Meštrović* (siehe Glossar).

Im Ort selbst sind die aus einer ehemaligen Moschee entstandene **Pfarrkirche** sowie die ehemalige **türkische Festung** (1520 Eroberung des Hinterlandes durch die Türken) oberhalb des Flusses Čikola sehenswert. Der Fluss mündet wenige Kilometer südlich im Nationalpark in die Krka. Von Drniš aus Richtung Dračevića sind es 15 Kilometer bis zum oberen Parkeingang Roški Slap; ansonsten führen zwei beschilderte und gut befahrbare Panorama-Nebenstrecken nach Šibenik und Trogir.

Information

■ **TZG Drniš,** Domovinskog Rata 5, Tel. 022-888619, www.tz-drnis.hr.

Unterkunft, Essen und Trinken

■ Im Zentrum an der Kreuzung 142. Brigade / Ul. Kardinala Stepinca findet man einen **Konzum-Supermarkt** sowie das **Hotel Park**② (Tel. 022-888636). Das zugehörige Restaurant (tgl. 7–24 Uhr) serviert u.a. lokale Käse- und Schinkenspezialitäten.

■ Peka-Lamm backt die **Konoba Kod Tome,** Put Sv Ivana 5, Tel. 022-886415, Mo–Sa 7–23 Uhr.

Wer in Knin der Binnenstraße weiter Richtung Split folgt – anstatt Richtung Drniš zu fahren –, passiert Sinj, die letzte und südlichste nennenswerte Siedlung des dalmatischen Hinterlandes; weiter südlich folgen nur noch Split und die Küstenstädte, wenige Kilometer landeinwärts liegt bereits Bosnien. Sinj (27.000 Einwohner) ist ein bedeutendes **Landwirtschafts- und Verkehrszentrum** zwischen Livno/Bosnien und Split.

Bemerkenswert ist im Ort ein religiöser Tourismus zur **Pfarrkirche Heilige Mutter von Sinj** mit angeschlossenem Franziskanerkloster (erbaut 1698). Dem gleichnamigen Titularbild aus dem 17. Jahrhundert werden Wunderheilkräfte nachgesagt, weshalb alljährlich Tausende von Pilgern der Kirche einen Besuch abstatten. Im zentraldalmatisch-bosnischen Grenzgebiet sind derartige Wunderkirchen keine Seltenheit, erwähnt sei nur der berühmte Wallfahrtsort Medugorje (Muttergottes-Erscheinung) auf der anderen Seite der Grenze. In Sinj geht damit ein Spektakel einher: Am nächstgelegenen Sonntag zu Himmelfahrt (15.8.) findet alljährlich das **Fest Sinjska Alka** statt. Dabei spielt sich ein sehenswertes Schauspiel ab: In vollem Galopp müssen die Dorfrecken mit einer Lanze einen aufgehängten Ring aufnehmen – ein Vergnügen für Jung und Alt! Auch Pferderennen u.Ä. werden an diesem Tag durchgeführt (Ausreitmöglichkeiten gibt es an der Pferderennbahn).

Das **Franziskanerkloster** besitzt darüber hinaus eine kleine archäologische Sammlung (Besichtigung nach Voran-

7

meldung). Für Fußballfans mag der **römische Grabstein** eines siebenjährigen Knaben von Interesse sein, der in die Fassade des Hauses ul. Vrlicka 10 im Stadtzentrum eingemauert ist. Der gezeigte Knabe hält einen runden Gegenstand in der Hand, der manchen als die älteste bekannte Darstellung eines Fußballs gilt.

Sehenswert ist auch die **Festung Kamičak** oberhalb des Ortes aus dem 18. Jahrhundert mit famosen Ausblicken über Stadt und Hinterland.

Information

■ **TZ Sinj,** 12 Put Petrovca, Tel. 021-826352, www.visitsinj.com.

Unterkunft

■ **Hotel Alkar**③, Vrlička 50, Tel. 021-824474, www.hotel-alkar.hr, auch 3er-Zimmer und ein Familienzimmer/Apartment.
■ **Motel Matanovi Dvori**①, Gornje Glavice 650, Tel. 021-824570, matanovi.dvori@ inet.hr, mit Restaurant.

Essen und Trinken

MEIN TIPP: Für Spezialitäten des dalmatischen Hinterlandes wie Wildgoulasch oder Lammkeule auf Blattspinat empfiehlt sich die **Konoba Ispod Ure,** Istarska 2, Tel. 021-822229, Mo–Sa 7–23 Uhr, So/Fe 10–23 Uhr.

Grebaštica

Zwischen Šibenik und Primošten passiert man eine tief eingeschnittene **kleine Bucht,** an deren Hängen die Ortschaft Grebaštica eingebettet liegt. Viel ist hier nicht los, aber genau das, wie auch die zumindest mit eigenem Fahrzeug relative Nähe zu zahlreichen touristischen Zielen der Umgebung, haben das Dörfchen zu einem lohnenden Urlaubsstandort reifen lassen.

Zudem verbirgt sich am Ortsrand auf der Halbinsel Ostrica ein unübersehbares Highlight, die mehrere Hundert Meter lange **Schutzmauer Bedem** aus den Türkenkriegen. Sie entstand im 15. Jahrhundert, ist bis zu 10 m hoch und etwa einen Meter breit. In der Bucht vor der Mauer kann man prima **baden.** Zufahrt/Zugang: letzte Abzweigung in den Ort Richtung Šibenik links kurz vor der Höhe am Ortsausgang (Schild „Uvala Zalesnica"), dann gleich wieder rechts den Feldweg entlang. Hier sieht man auch einige Wildcamper.

Der Ort scheint etwas merkwürdig aufgebaut zu sein: Von der Hauptstraße führen zwei Zufahrtsstraßen Richtung Ufer, wo man dann nur auf dem Ufer-Fußweg von einem Teil in den anderen gelangt; Selbstfahrer müssen also genau wissen, wohin sie wollen. Im kleinen Zentrum am Ufer gibt es im Sommer Eisstände und Vergnügungsbetriebe für Kinder, ein Stückchen weiter entlang des Uferweges kann man schwimmen (Fels) bzw. an den Kiesplätzen der Camps baden.

An- und Weiterreise

■ Die **Busse** zwischen Šibenik und Primošten halten an der Hauptstraße.

Information

■ **TZ Grebaštica,** Grebaštica Donja bb, an der Zufahrt zur Uferstraße 20 m vorher links im Hof; Tel. 022-577044, www.tz-grebastica.hr, tgl. 9–20 Uhr, im Winter bis 15 Uhr.

Unterkunft

Hotels gibt es nicht, aber wer einmal den Uferweg entlangschlendert, entdeckt reihenweise schöne Wohnungen in strandnaher Lage; die Preise liegen zwischen 15 und 25 €/Tag p.P. Man kann über die Touristeninformation Ferienwohnungen und Zimmer arrangieren.

■ Alternativ kann man auch privat in den **Apartments Blue Eye**② bei *Siniša* und *Zdravka Kovač* unterkommen, mobil 095-9001297, sinisakovac@net.hr. Tolle 4er-Apartments mit Meerblick, sehr kinderfreundlich, Opa und Oma spendieren zur Erntezeit frische Feigen und „Selbstgebrannten".

■ Auf der anderen Seite der Bucht liegen die **Apartments Toni Sparada**①, Tel. 022-577404, max. 5 Personen. Minimarkt im Erdgeschoss. Nützlich ist die Website www.grebastica.info (englisch, dort „accommodation") mit einer sehr umfangreichen Zusammenstellung zahlreicher Privatvermieter.

Camping

In und um Grebaštica gibt es mehrere Plätze für Campingurlauber, die ersten drei absolut zentral:

■ **Minicamp & Pension Vala**②, Grebaštica Donja 60, Tel. 022-577435, www.grebastica.net, Pension, kleiner Campingplatz unmittelbar daneben, direkte Kiesstrandlage im Ort, Zufahrt Uvala Zalesnica (wie zur Mauer).

■ Die Minicamps **Sunce**②, Zufahrt um die Ecke von der Touristeninformation, und **Kamp**② (Tel. 022-577487, beschildert ab Hauptstraße) liegen an der ersten Zufahrtsstraße des Ortes.

■ **Camp Tomas**②, Tel. 022-331587, www.camp-tomas.com. Auf der Südseite der Ortsbucht etwas außerhalb am Hang gelegen

■ **AC Adriatic**②, Richtung Primošten, Tel. 022-571223, www.camp-adriatic.hr. Bereits mehrfach als bester Platz Kroatiens ausgezeichnet, sehr schöne Lage, Caravanvermietung, Animation, Sport, Tauchbasis.

Essen und Trinken

■ Sehr gelobt wird das **Restaurant Stari Šibenik** an der Hauptstraße (Tel. 022-755536), tgl. 8–23 Uhr; mittlere bis gehobene Kategorie.

■ Auch unten am Uferweg liegen einige Restaurants, u.a. das **Buffet Delfin** (Grebaštica Donja 172, Tel. 022-577656) mit einfachen Speisen und Snacks sowie frischem Spanferkel.

Nützliches

■ Zwei **Minimärkte,** Mrdesa und Studenac (beide tgl. 6.30–21 Uhr), liegen direkt am Ufer, dazwischen **Zeitungskiosk** und ein kleiner **Fisch-/Gemüse-/Obstmarkt** (nur vormittags). Ein **Bäckerwagen** fährt morgens durch die Nebenstraßen (Vermieter nach der genauen Uhrzeit fragen).

Primošten

Ein ins Meer, direkt vor das Ufer „geworfener" Hügel, verbunden mit dem Festland durch eine Brücke, bebaut im Laufe der Jahrhunderte mit Fischerhäuschen und einer Kirche auf dem höchsten Punkt – so in etwa darf sich der Reisende das reizvolle, auch als Urlaubsstandort empfehlenswerte Städtchen Primoš-

ten vorstellen, ein knapp 3500 Einwohner zählendes, größeres Küstendorf zwischen Šibenik und Trogir.

Der Ort ist heute natürlich über das Inselchen hinausgewachsen, aber nach wie vor klein und überschaubar. Die teils ummauerte Insel bildet die **Altstadt,** der gegenüberliegende Bereich mit der neuen Promenade und dem Tennis-/Hotelbereich die **Neustadt.**

Das winzige **Inselzentrum** liegt gleich am Stadttor, wo sich eine Bäckerei und ein Minimarkt befinden. Geradeaus führt die Gasse hinauf zur Kirche, links zieht sich der Weg an den Fischerbooten außen an der Insel entlang. Folgt man

022da wl

An- und Weiterreise

An der Abfahrt von der Küstenstraße fährt man rechts hinunter bis zum großen **Parkplatz** am Kreisverkehr oder weiter am Tennisplatz (je 10 K/Std.). Von beiden Parkplätzen geht man Richtung Meer und hier nach links die „Souvenir-Promenade" entlang zum Stadttor der Altstadt.

Info und Agenturen

■ **Touristeninformation:** Rudina Biskupa, J. Arnerića 2, Tel. 022-570111, www.tz-primosten.hr. Sehr gut ist auch die Informationsseite www.primostenplus.com mit zahlreichen weiterführenden Hinweisen zu Unterkünften, zur örtlichen Gastronomie und zu touristischen Institutionen.

■ An der Zufahrtsstraße bieten die **Agentur NIK,** Tel./Fax 022-571200, www.nik.hr, wie auch die **Agentur Dalmatinka,** Tel. 022-570323, www.dalmatinka.hr, neben Zimmervermittlung und Auskunft eine Reihe interessanter Ausflugsmöglichkeiten, z.B. Krka ganztägig, Kornaten inklusive Fischessen ganztägig und sogar eine Pilgerfahrt ins bosnische Međugorje inklusive Mittagessen für 40 €.

diesem, erreicht man die Ul. Terzačka (rechts hinauf Konoba Babilon) und die **Pfarrkirche Sv Juraj** aus dem 15. Jahrhundert (im 18. Jahrhundert restauriert). Hier bietet sich ein schöner Blick über die schiefergedeckten Dächer des Ortes, die einen farblich eindrucksvollen Kontrast zum tiefblauen Meer bilden. In der Kirche befindet sich der Sarkophag des Šibeniker Bischofs *Arnerić*; auch der Ortsfriedhof liegt unmittelbar neben der Kirche. In den Gärten der Altstadthäuschen werden Wein und Feigen angepflanzt, Letztere legen die Bewohner oft einfach auf einem Tuch mitten in der Gasse zum Trocknen aus.

Unterkunft

■ Im Innenstadtbereich empfängt den Einfahrenden gleich eine ganze Armada von Agenturen, die **Zimmer**①-③ und **Ferienwohnungen** vermitteln.

■ Sucht man auf eigene Faust, seien die **Apartments More**② (F. Tudjmana 1, Tel. 022-570775, www.infoadriatic.com/more) gegenüber der Konoba Babilon im Zentrum der Altstadt wärmstens empfohlen. Direkte Strandlage, 3er- und 4er-Apartments.

■ Mehrere Hotelanlagen der Adriatiq-Gruppe liegen am Tennisplatz/Parkplatz in unmittelbarer Gehnähe zur Altstadt, allesamt häufiges Ziel von Pauschalreisegruppen. **Hotel Zora-Adriatiq**③-④, Bana Jelačića 7, Tel. 022-581111, www.hotelzora-adriatiq.com. Schöne Anlage mit Pool- und Strandbereich, unterschiedliche Zimmerkategorien (Familienzimmer mit Extra-Kinderschlafzimmer, Suiten) Blick auf die Altstadt und Sportangebot.

Essen und Trinken

■ In der Altstadt empfehlen sich die **Konoba Babilon** (Težacka 15, Tel. 022-570769, April bis September tgl. 12–14 und 18–24 Uhr, Spezialität: Fischplatte für 2 Personen) und die **Konoba Maestral,** ebenfalls mit guten Fischplatten (ca. 50 € für 4 Personen; Tel. 022-570074, Mai–Sept., tgl. 12–24 Uhr), zwischen Bäckerei und Kirche.

■ Mit Innenhof und Terrasse bietet das **Rudina** (Svetog Jurja 5, Tel. 022-570950, tgl. 12–15 und 18–24 Uhr) kleine Gerichte und Snacks zu günstigen Preisen.

■ An der Promenade der Neustadt reihen sich mehrere **Cafés** (ohne Speisen) und **Eisdielen** aneinander.

■ Die **Pizzeria Rtic** (Tel. 022-726731) oben am Tennisplatz bietet günstige und leckere Pizzen und Nudelgerichte.

■ Sehr beliebt ist hier auch das **Galija** (Tel. 022-570374, tgl. 8–24 Uhr, Innen- und Außenplätze) mit kroatischen und internationalen Gerichten.

■ **Weinprobe und -verkauf:** hinter dem Altstadtplatz halblinks der Gasse folgen, nur an einem Schild „Vino" und Holzbänken zu erkennen.

Nachtleben

■ Zum Abhängen bietet sich der irische **Disco-Club Legend Pub** am Trg Don Ive Šarica kurz vor dem Altstadttor an; mobil 098-384207.

■ Lesertipp: Am Ortsrand Richtung Trogir führt rechts ein Sträßchen (Kamenar bb) hinunter zum **Open Air Dance Floor des Aurora Club** mit

wechselnden Themenabenden (Foam Party, Ladies' Night, New Disco usw.); nur Fr/Sa, Tel. 022-570836, mobil 098-9201964, Eintritt je nach Event.

Aktivitäten

■ **Marina Kremik,** Tel./Fax 022-570068, www.marina-kremik.hr, unterhalb der Hotels gelegen.

■ **Pkw- und Mopedverleih:** in der Altstadt am Hauptplatz bei der Kleidungsboutique (!), Mopeds kosten hier 400 K/Tag.

■ **Bootsverleih:** an der Promenade am Hotelstrand, mobil 091-5231542.

■ **Wassersport:** am Hotelstrand, mobil 091-2225503, tgl. 10–19 Uhr Bootsverleih, Paragliding, Jetski, Banane usw.; außerdem unterhalb des Tennis-/Parkplatzes (Abgänge auf der anderen Parkplatzseite).

Nützliches

■ **Konzum-Supermarkt:** uferseitig des Kreisverkehrs links im Souterrain, tgl. 7–21 Uhr, So bis 20 Uhr.

■ **Geldwechsel:** günstig tauscht Western Union am Kreisverkehr bei der Zentrumszufahrt/Parkplätze; nebenan Jadranska Banka mit Automat; weitere **Geldautomaten** beim Konzum-Supermarkt.

■ **Post:** neben der Touristeninformation in der Altstadt sowie Hauptpost am Zufahrtskreisel, Mo–Sa 7–20 Uhr; hier auch Geldautomat.

■ **WLAN:** Hotspot an der Promenade.

■ **Erste Hilfe:** Travanj 5, Tel. 022-570033.

Zentraldalmatien

Trogir

Es muss wohl eine Eigenheit der Kroaten gewesen sein – angesichts der Türkengefahr im Spätmittelalter vielleicht auch ein raffinierter Trick –, dass man um eine am Meer gelegene Siedlung einen Graben grub und so eine **künstliche Insel** schuf. Berühmte Beispiele hierfür sind Primošten, Nin und auch Trogir, die **Perle Zentraldalmatiens.**

In der Tat kann ein – auch längerer – Aufenthalt in Trogir, von der UNESCO zum **Weltkulturerbe** erklärt, wärmstens empfohlen werden, denn es wird eine **vollständig erhaltene, verkehrsfreie Altstadt** geboten, die als eine der Top-Destinationen in Dalmatien gilt. Mit der vorgelagerten und per Klapp-Brücke angebundenen Insel Čiovo liegen Bade- und Wassersportmöglichkeiten vor der Tür, der internationale Flughafen Split ist nur 15 Fahrminuten entfernt, und Ausflugsziele wie Split (ausgezeichnete Busanbindung), Solin, Primošten oder der Krka-Nationalpark liegen in der Nähe. Es gibt ein breites Angebot an Unterkunfts-, Verpflegungs- und Unterhaltungsmöglichkeiten (einschließlich Tauchbasis und Marina).

Viele der rund 11.000 Bewohner (davon etwa ein Drittel in der Altstadt selbst) leben folglich vom Tourismus, ansonsten hat Trogir einen guten Namen im Yachtbau (was leider zu hässlichen Werftanlagen führte) sowie im Pharma- und Tabakhandel.

Geschichte

Schon im dritten vorchristlichen Jahrhundert als griechisches Tragurion belegt, entwickelte sich Trogir während der römischen Phase durch die Nähe zu Split zu einem bemerkenswerten **Handelshafen.** Diese Bedeutung nahm noch zu, als das antike Salona (Solin) zerstört wurde, und die Bevölkerung nach Split oder Trogir floh. Im 9. Jahrhundert slawisiert (Anerkennung der kroatischen Könige) und im 11. Jahrhundert christianisiert (Begründung der Diözese Trogir), entwickelte sich das städtische Gemeinwesen, was zur Anerkennung als **freie Stadt** unter König *Koloman* (1107) und zum Ausbau der heutigen Insel und Altstadt vom 13. bis 15. Jahrhundert führte.

Zwar ging 1420 ganz Dalmatien an Venedig, nicht aber die freien Städte, weshalb Trogir belagert und schließlich

354kro wl

▷ Der Glockenturm am Rathaus von Trogir

7

erobert wurde. Die **städtische Architektur** wurde daraufhin zwar im venezianischen Stil teilweise ergänzt oder restauriert, aber kaum neu gestaltet. Änderungen am Stadtbild sind, auch platzbedingt, seit dem 17. Jahrhundert nicht mehr vorgenommen worden. Während der österreichischen (1797–1918) und altjugoslawischen Phase (1918–1990) entwickelten sich lediglich die Neustadt und die Insel Čiovo.

Sehenswertes

Stadtmauern

Vom Festland und von der Durchfahrtsstraße Trpimira/Stepinca über die Brücke auf die Insel fahrend, blickt man direkt auf die Stadtmauern und das **Landtor** mit dem Stadtpatron *Sv Ivan Ursini.* Der aufmerksame Beobachter wird in Trogir schnell feststellen, dass es nur sehr wenig „echte" Stadtmauer gibt, und dass vielmehr die äußeren Häuser in engem Schulterschluss aneinandergebaut wurden, was der Stadt einen wehrhaften Charakter verleiht. Pkws dürfen lediglich die Blaža Jurjeva auf dem Weg zur Insel Čiovo benutzen.

Stadtmuseum

Das ehemalige venezianische Patrizierdomizil **Palazzo Fanfogna** beherbergt heute das städtische Museum in Form eines Adelssalons mit angeschlossener **Galerie lokaler Künstler.** Interessanter dürfte für Althistoriker das dazugehörige **Lapidarium** mit griechischen und rö-

mischen Skulpturen sowie Bauteilen aus dem Mittelalter sein.

■ **Stadtmuseum,** Mo–Fr 9–14 Uhr, Eintritt 15 K, ermäßigt 10 K, Beschriftungen nur auf Kroatisch.

Gradska und Trg Ivana Pavla II

Zentrale Spaziergasse ist die **Gradska Ulica,** die 1991–2001 zum Dank für die staatliche Anerkennung durch Deutschland (damals Vorreiter in der EU) „Ulica Kohl-Genschera" hieß! Die engen Gassen weiten sich in Trogir nur ein einziges Mal, nämlich zum Trg Ivana Pavla II, benannt nach Papst *Johannes Paul II.* Der **Paradeplatz der Stadt** mit seinen auf einen Cappuccino lockenden Cafés ist Standort mehrerer Prachtbauten.

Čipiko-Palast

Der Stadtpalast der Adelsfamilie *Čipiko* zählt zu den typischsten dalmatischen **Patrizierhäusern** aus der venezianischen Epoche im spätgotischen Stil. Er wurde im 15. Jahrhundert errichtet und nach Bauabschluss mit Zierornamenten (Spruchbänder, Porträts) versehen, was bereits auf den Einfluss der frühen Renaissance hinweist.

Kathedrale Sv Lovro

Als das unbestrittene **architektonische Prunkstück** von Trogir gilt die Kathedrale, da sich in ihr – bedingt durch die lange Bauzeit vom 13. bis 15. Jh. – mehrere Baustile erkennen lassen. Das Hauptportal von 1240, ältester Teil der Laurentius-Kathedrale, zeigt weit mehr Verzierungen als sonst üblich: Adam und Eva auf steinernen Löwen, Heiligenfiguren und einen detaillierten Jahreslauf der zwölf Monate. Das Portal und seine sehr realistischen Darstellungen sind ein Werk des dalmatischen Künstlers *Radovan.*

Auf ihn geht auch das **Ziborium** über dem Hauptaltar der dreischiffigen Basilika zurück. Das geschnitzte **Chorgestühl** zählt zu den feinsten jemals gearbeiteten seiner Art. Erst 1468 wurde die nördliche **Kapelle** des Stadtheiligen *Ivan Ursini* hinzugefügt. Sie ist eine Koproduktion der dalmatischen Renaissancekünstler *Andrija Aleši* (Dalmatinac-Schüler), *Ivan Duknović* und *Niccolo Fiorentino* und beherbergt überdies, neben den figürlich dargestellten Heiligenfiguren auch einen gotischen Sarkophag mit den Gebeinen des Bischofs *Ivan Ursini.*

Im **Campanile** schließlich gipfelt die Stilmischung in einem spätromanischen Unterbau aus dem späten 14. Jahrhundert, einem gotischen ersten Geschoss (frühes 15. Jahrhundert), dem zweiten Stockwerk in venezianischer Spätgotik (um 1425) und dem Renaissance-Obergeschoss aus dem 16. Jahrhundert.

In der **Schatzkammer** sind u.a. königliche Siegel und Sakralreliquien aus der langen Kirchengeschichte Trogirs zu besichtigen. Eine spannende Geschichte ist mit der ausgestellten Haube von König *Bela IV.* verbunden, der 1242 auf der Flucht vor den Hunnen in Trogir Zuflucht nahm und der Stadt zum Dank neben Ländereien auch seine Kopfhaube vermachte.

■ **Sv Lovro**, tgl. 8–12 und 15–20 Uhr, Schatzkammer (externer Zugang) tgl. nur vormittags 8–12 Uhr, Eintritt 20 K.

Loggia und Rektorenpalast

Die beeindruckende, säulenbestandene Loggia mit dem klobigen **Uhrturm** stammt aus dem 15. Jahrhundert und diente ursprünglich als städtischer Gerichtshof. Die Verzierungen und Skulpturen stammen von *Niccolo Fiorentino.*

Unmittelbar neben der Loggia steht der dreigeschossige ehemalige Rektorenpalast, der heute als **Rathaus** von Trogir dient. Er stammt ebenfalls aus dem 15. Jahrhundert und ist mit dem Stadtwappen verziert.

Benediktinerabtei

Der erste größere Orden in Trogir war der der Benediktiner. Ihre Abtei wurde im 13. Jahrhundert an der Ostseite der Stadt errichtet. Von der Abteikirche zu Ehren *Johannes des Täufers (Sv Ivan)* abgesehen, ist von den einst weitläufigen Bauten nichts geblieben. Die Kirche selbst birgt ein Lapidarium und eine **Galerie mit Kirchenkunstschätzen.**

Sv Barbara

In der Gradska Ulica schließt sich unmittelbar an die Loggia die **Basilika** Sv Barbara aus dem 10. Jahrhundert an. Die kleine Kirche macht zwar keinen spektakulären Eindruck, ist aber das **älteste erhaltene Bauwerk der Stadt.** Beim Bau wurden einige römische Säulen eines Tempels verwendet, der an diesem Platz gestanden hatte.

Zentraldalmatien

7

Trogir

Straßen
A Gradska Ul.
B Šubičeva
C Matije Gupča
D Augustina Kažotica
E Obrova
F Duknovica
G Mornarska
H Ribarska
J Matice Hrvatske
K Vukovarska
L Budislavićeva
M Šubičeva
N Hrvatskog Proljeća 1971

Übernachtung
1 Campingplätze
2 Medena
3 Aparthotel Bellevue
4 Zimmervermittlung
12 Villa Carrara
15 Hotel Fontana
17 Villa Meri
19 Hotel Concordia

Essen und Trinken
9 Marjana
10 Monika
11 Tragos
16 Kristian,
    Bistro Jambo u.a.

Nachtleben
2 Medena
7 Disco F1
14 Capo
22 Club Monaco

Einkaufen/Sonstiges
5 Radverleih
6 Kaufhaus, Konzum-Supermarkt
8 Buchhandlung
13 Apotheke
18 Agentur Kairos
21 Privater Weinverkauf
23 Agentur Atlas

Wassersport
2 Medena
20 Dalmatia-Charter

0 ▬ ▬ ▬ 50 m © REISE KNOW-HOW 2015

Kroat32

Taxistand ✗ **6**

Kneza Trpimira

3 **4**

B

7

🅿 *Parkplatz,*
✈ *Flughafen,*
Split

Markt ★

5

🅿

Landtor ★

Markt ★

ℹ ✉ **A**

Ⓢ

Ⓜ **8**
Stadtmuseum

Ⓢ

Čipiko-
Palast ★

ℹ *Laurentius-*
Kathedrale

B

Trg Ivana
Pavla II.   ★ *Rathaus*

C

L M

9

G

10

11

★ *Stadtloggia,*
Uhrturm

17 **16**

Sv Barbara ℹ

ℹ *Benediktiner-*
abtei

D E **15**

F

@

12

13

Kapelle Svi Sveti
& Galerie
ℹ

H

★ *Gerichtshof*

Ⓜ *Kairos-Museum*
ℹ *Sv Nikolaj*

J

14

Kleine ℹ
Loggia ★
@ ★ *Seetor*

K

ℹ
Sv Dominik

N

19 **18**

Obala Bana Berislavića

Hrvatskih Mučenika

Blaža Jurjeva Trogiranina

Slatine

⛴ *Anlegestelle*
Personenfähren

⛴ *Ausflugsboote*

T r o g i r s k i   k a n a l

23

22

21

20
G. Okrug

Insel Čiovo

Sv Nikolaj und Kairos-Sammlung

Kurz vor dem südlichen Ende der Gradska Ulica liegt linker Hand das Benediktinerinnenkloster Sv Nikolaj, gegründet im 11. Jahrhundert. Das Klostergebäude dürfte Kunsthistoriker in wahre Wonne versetzen, wird doch im Innenhof das **einzige erhaltene griechische Schriftzeugnis** Kroatiens aus dem 4. Jahrhundert v. Chr. aufbewahrt.

Die ordenseigene Kairos-Kunstsammlung – vorwiegend mit **Gemälden** aus Mittelalter und früher Neuzeit – verdankt ihren Namen dem ebenfalls griechischen Marmorrelief der **Gottheit Kairos** (Gott des glücklichen Moments) aus dem 1. Jahrhundert v. Chr. Die seltsame Haarpracht des Gottes erklären die Benediktinerinnen damit, dass es sich um ein Sinnbild der These handele, man solle Chancen, wenn sie sich bieten, beim Schopfe packen (Haarpracht vorn), wenn die Gelegenheit vorbeigeeilt sei (kahler Hinterkopf), sei die Chance vertan.

■ **Sv Nikolaj,** im Sommer 9–19 Uhr, im Winterhalbjahr 8–16 Uhr, Eintritt 15 K.

Sv Dominik

Den Benediktinern folgten die Dominikaner nach Trogir und errichteten im 14. Jahrhundert außerhalb der inneren Stadtmauern ihre **Bruderschaftskirche.** Auffallend ist an der schlichten Klosterkirche vor allem der Glockenturm im venezianischen Stil.

■ **Sv Dominik,** Mo–Sa 10–12 und 17–21 Uhr, So 9–12 Uhr.

Kapelle Svi Sveti

Nur wenige Meter stadteinwärts, an der Ecke Vukovarska/Kažotica, trifft der Kunstliebhaber auf die Kapelle Svi Sveti (Allerheiligen), in der heute eine **Galerie** mit Werken lokaler Künstler untergebracht ist.

■ **Svi Sveti,** Mo bis Sa 9–11.30 und 18.30–22.30 Uhr, So 9–12 Uhr.

Festung Kamerlengo

„Und ist die Stadt auch noch so klein, ein Fußballplatz, der muss wohl sein" – das

Zentraldalmatien

westliche Ende der gerade einmal 500x 200 Meter messenden Altstadtinsel wird in der Tat von einem **Fußballfeld** vereinnahmt, das sich zwischen die Überreste der einst mächtigen venezianischen Festung Kamerlengo aus dem 15. Jahrhundert zwängt. Erhalten ist an der Čiovo-Seite noch ein Teil der Wehranlage, an der Kanalseite das **Markustor** und an der Nordseite – einmalig in Kroatien – ein **Rundpavillon** aus der kurzen französischen Besatzungszeit (1805–12) unter *Napoleon*.

■ **Festung Kamerlengo,** die Anlage kann tgl. 10–17 Uhr besichtigt werden, schöne Ausblicke, Eintritt 20 K.

Seetor und Kleine Loggia

Wenige Meter hinter der Klosterkirche Sv Nikolaj durchbricht das Seetor die Außenmauer zur inneren Uferpromenade. Hier schließt sich unmittelbar die Kleine Stadtloggia an, bei der täglich der **Fischmarkt** mit geradezu jahrmarktähnlichem Charakter stattfindet.

Es lohnt sich insbesondere in den Abendstunden, die Stadt auf der **Ufer-**

▽ Der innere Hafen von Trogir

023da wl

7

promenade zu umrunden und auch einmal einen Blick von der gegenüberliegenden Insel Čiovo herüberzuwerfen, um das großartige mittelalterliche Stadtpanorama einzufangen.

Praktische Tipps

An- und Weiterreise

Auto

■ Trogir liegt neben der Küstenstraße; man gelangt über die Durchgangsstraße Trpimira/Stepinca zur Brücke und ins Zentrum. **Parkmöglichkeiten** vor dem Busbahnhof (8 K/Std.) und auf der Insel Čiovo (wenn man Glück hat kostenlos, 10 Minuten Fußweg).

Bus

■ **Slatine/Čiovo** 7–10x tgl.; **Donji Okrug/Čiovo** Mo–Sa 8x tgl., So 4x tgl.; Split 4–23.30 Uhr tgl. (etwa alle 20–30 Minuten). **Šibenik/Zadar** etwa alle 30 Minuten von 5.30 Uhr bis Mitternacht.

Fähren

■ Fährverbindung nach **Veli** und **Mali Drvenik** tgl. 10.30 Uhr (Di 12.30 Uhr) und 17 Uhr (Mo und Mi 15 Uhr) und 14 Uhr sowie Boote von/nach **Gornji Okrug** und zur **Hotelanlage Medena** 8–22 Uhr stündlich, 15 K, beide ab Fährpier/Promenade vor der Kamerlengo-Festung.

Taxi

■ Taxis kosten 12 K plus 10 K/km. Vom Flughafen von Split ist man per Taxi in gut 10 Minuten im Ort, was etwa 25 € kostet.

Info und Agenturen

■ **Touristeninformation Trogir** mit zwei Filialen jeweils an den Stadttoren der Gradska Ulica (Tel. 021-885628, www.tz-trogir.hr), Mo bis Fr 8–14 Uhr, im Sommer tgl. außer So 8–19 Uhr (Hochsommer bis 21 Uhr). Viel aufschlussreicher für Camping und Unterkunftssuche ist die Website www.trogironline.com.

Unterkunftsvermittlung, Ausflüge, Fahrzeuge usw. arrangieren u.a. folgende zentral gelegene **Agenturen:**

■ **Atlas,** Čiovo, an der Brücke, Tel. 021-881 374, www.atlas-trogir.hr.

■ Die **Agentur Kairos** an der Promenade (Obala Berislavica 21, Tel. 021-796290, www.kairos-trogir.com) arrangiert Ausflüge und Bootstouren aller Art, vermietet Fahrzeuge und dient auch als Internetcafé.

Unterkunft

In der Altstadt wie auch in der unmittelbaren Umgebung (z.B. Insel Čiovo) sind reihenweise Unterkunftsmöglichkeiten zu finden, viele sogar in Gehnähe zum Zentrum.

■ **Privatzimmer**①-③ und **Ferienwohnungen** werden über die Agenturen vermittelt; man wird aber auch gern „unter der Hand" aufgenommen, wobei die meisten Unterkünfte auf Čiovo oder an der Lagune Richtung Split liegen.

■ Sehr schön und angenehm wohnt man beispielsweise in der hübsch auf der Insel Čiovo gelegenen, keine 50 m vom Strand entfernten **Ferienwohnung Bernardica**①; schlicht und zweckmäßig eingerichtet mit Balkon oder Terrasse und zusätzlich gemeinsamer Grillterrasse, zu buchen über: Familie Klingenberg, Am Ölberg 9, 55459 Grolsheim, Tel. 06727-892477 oder unter www.privaturlaub-kroatien.de.

■ Leser waren mit der Unterkunft im **Aparthotel Bellevue**② A. Stepinca 42, www.bellevue.com.hr, sehr zufrieden. Große Zimmer mit Einbauküche, Fußweg zur Altstadt ca. 3 Minuten über die Fußgängerbrücke; großes Frühstücksbuffet.

● Die **Villa Carrara**③, Gradska 15, Tel. 021-881075, www.karara-ap.com, bietet zentral in der Altstadt EZ, DZ, 3er-Zimmer und 4er-Apartments inkl. Frühstück. Alle Wohneinheiten verfügen über Klimaanlage und Kühlschrank, ferner werden kostenloser WLAN-Zugang, Restaurant und Bar sowie Parkmöglichkeiten geboten.

● Ebenfalls hübsche Zimmer (2er- und 3er-) und Apartments (max. 4 Personen) findet man in der Altstadt in der **Villa Meri**③, Splitska 1, Tel. 021-882555, www.villa-meri.com.

● 3er- oder 4er-Apartments bietet **Emotha-Apartments**①-② in der Ul. Kamenita (auf Čiovo, auf Höhe der Brücke 30 m landeinwärts; Tel. 021-885414, www.apartments-emotha-trogir.com). Traditionelles Steinhaus, innen hübsch renoviert.

● Etwas außerhalb, dafür in direkter Meerlage bietet Herr **Ivanovic**③ Apartments und Bungalows, Tel. 021-895 025, www.apartmani-ivanovic.com. Er hat mehrere Objekte, nicht ganz billig, aber traumhaft schön!

● An Altstadthotels bieten sich an: das **Fontana**③ (Obrov/Ecke Monarska, Tel. 021-885744, www.fontana-trogir.com) und das **Concordia**②, Obala Berislavića, am Kastell, Tel. 021-885400, www.concordia-hotel.htnet.hr.

● Von der Vielzahl an Hotels Richtung Zadar empfiehlt sich vor allem in Seget Donji die **Hotelanlage Medena**③, Tel. 021-880588, www.hotelmedena.com, mit DZ und Apartments, Disco, Tauchbasis, Bootsverleih. Zwei zurückgesetzte Hauptgebäude sowie zwei Dependancen am Ufer.

Camping

● An der Abzweigung der Küstenstraße nördlich vor Trogir liegt das schöne **AC Seget-Vranjica Belvedere**③, Tel. 021-798222, www. vranjica-belvedere.hr, mit Segelboot- und Surfverleih sowie Wassersport, Minigolf und Radverleih.

● In Seget-Donji liegt das **Minicamp Seget**①, Tel./Fax 021-880394, www.kamp-seget.hr, Mitte April bis Mitte Okt., mit Minimarkt und Radverleih, auch Transfers und Exkursionen.

Essen und Trinken

Die Altstadt und ihre unmittelbare Umgebung bieten preiswerte und originelle Gastronomie im Überfluss.

● Das **Bistro Jambo** (Ul. Obrov, Tel. 021-885630, tgl. 14.30–1 Uhr) kleine gute und preiswerte Nudel-Pizzeria, teilt sich den Platz mit mehreren Gaststätten, u.a. dem mittelpreisigen **Restaurant Kristian** (Pizza, dalmatische Fleischspezialitäten, April bis Ende Oktober).

● Als Fischlokal im mittleren Preissegment ist das **Marjana** mit angenehmem Innenhof hervorzuheben (Fischplatte für 2 Personen für 230 K); Matije Gupca 13, Tel. 021-885012, April bis Ende Okt. tgl. 10–24 Uhr.

● Das **Tragos** (Budisaviceva 3, Tel. 021-884729, tgl. 10–24 Uhr) um die Ecke ist ebenfalls ein – etwas gehobeneres – Fischlokal, auch mit nettem Hof.

● **Konoba Monika** (Ul. Budislaviceva 12, Tel. 021-884 808, tgl. 10–24 Uhr), serviert Omelettes, Suppen, Lamm- und Fischgerichte.

Nachtleben

● Nachtclub mit (leichtem) Discobetrieb im **Hotel Medena.**

● Im Sommer (1.7.–31.8.) **Trogir-Festival** mit Freiluft-Musikkonzerten bis in die Nacht und folkloristischen Darbietungen in den Altstadtgassen.

● Eher das jüngere Publikum lockt die **Disco F1** an (Plano bb, beim Flughafen, mobil 091-4447744); Transport erforderlich.

● Für Nachtschwärmer, die im Zentrum bleiben wollen, bietet sich der **Club Monaco** (Čiovo-Promenade, tgl. 6–21 Uhr Café, bis 3 Uhr Nightclub-Betrieb) an.

■ Eine hübsche Drink-Bar ist auch das **Capo** am Seetor (Ribarska 2, Tel. 021-885334, tgl. 11–1 Uhr), sehr schön und ufernah gelegen.

Einkaufen

■ Selbstversorger finden am Landtor einen **Minimarkt,** in der Stadt **Bäckereien,** einen **Obst-** und **Gemüsemarkt** an der Brücke, ein größeres **Kaufhaus** (mit Konzum) gegenüber vom Busbahnhof.
■ An der südlichen Kreuzung Flughafen/Trogir/ Split kann man seinen Großeinkauf bei **Lidl** erledigen.

Aktivitäten

■ **Bademöglichkeiten** beim Sportplatz bedingt, ansonsten an den Uferabschnitten Richtung Zadar und Split und vor allem auf Čiovo.
■ **Tauchbasen** in der Hotelanlage Medena (s.o.) und in Gornji Okrug/Insel Čiovo (s.u.).
■ **ACI Marina Trogir,** Tel. 021-881544, www.aci-club.hr, mit Restaurant und Nachtclub, auf der Čiovo-Seite.
■ **Bootsverleih/Wassersport** in der Hotelanlage Medena. Auf Bootsverleih ist Dalmatia Charter (Tel. 021-21797239, www.dalmatiacharter.com) am Yachthafen/Čiovo spezialisiert.

Nützliches

■ **Bank/Geldautomat:** u.a. Splitska Banka, Ul. Trogiranina, Mo bis Fr 7–12 und 14–19 Uhr, Sa nur vormittags. Automaten am Trg I. Pavla II sowie am Busbahnhof.
■ **Post:** um die Ecke vom Landtor, Mo bis Sa 7– 21 Uhr, in der Hauptsaison auch So.
■ **Krankenhaus:** Ul. A. Stepinca 17, zwischen Markt und Parkplätzen, Tel. 022-881526.
■ **WLAN-Hotspot** an der Promenade.

Insel Čiovo

Trogir vorgelagert und mit einer Brücke verbunden, dient die gut 30 km² große Insel Čiovo als Erholungsgebiet und Ferieninsel. Eine Marina, angenehme Strände, Campingmöglichkeiten und zahllose Privatunterkünfte machen Čiovo, obwohl es keine Sehenswürdigkeiten zu bieten hat, zu einem beliebten Standort für einen Urlaub in der Region Trogir/Split.

Die **Inselgeschichte** liest sich wie ein historischer Krimi: Verbannungsort unter den Römern, Quarantänestation für Leprakranke im Mittelalter, später Zufluchtsort vor den Türken. Im 19. Jahrhundert wurde die Insel für ihre Heilkräuter be-rühmt.

Die Orientierung entlang der fast durchgehend besiedelten nördlichen Küstenstraße ist leicht: Hinter der Brücke liegt der gleichnamige Bezirk Čiovo, der eigentlich ein Ortsteil von Trogir selbst wurde. Links der Brücke geht es über den alten Dominikanerkonvent Sv Križ/Arbanja (15. Jahrhundert) nach **Slatine.** Es gibt hier etliche Zimmervermieter, die Aparthotels **Villa Sanda①** und **Villa Tina①,** einen kleinen Fischer- und Yachthafen mit Gaststätte (hier Bushaltestelle) sowie eine ca. 2 km lange Schotterpiste mit etlichen Bademöglichkeiten. Split scheint hier zum Greifen nahe zu liegen (ca. 3 km entfernt). Über Trampelpfade kann man noch bis zum Ende der Insel und zur kleinen Kapelle Gospa Prizidnica sowie zu der am Ufer gelegenen Einsiedelei gehen, eine Inselumrundung ist jedoch nicht möglich.

Folgt man der Beschilderung nicht die Küste entlang bis Slatine, sondern noch

Zentraldalmatien

in Čiovo einer schmalen Straße rechts nach **Žedno,** erreicht man nach wenigen Minuten den ruhigsten Bezirk der Insel. Vom **Rudine,** dem mit 218 m höchsten Punkt der Insel, hat man einen guten Überblick über Trogir und die umliegenden Inseln Veli Drvenik, Šolta und Brač.

In Čiovo geht die Straße rechts durch die endlosen, zusammengewachsenen Neubauten zum Bezirk **Gornji Okrug** mit mehreren Badebuchten. Den Hügel hinauf führt rechts die einzige Abzweigung nach **Donji Okrug,** etwas weiter liegen eine kleine, aber feine und flache Bucht sowie das Trogir Diving Center.

Richtung Donji Okrug findet man erstmals einen weniger besiedelten Streifen der Insel. Die Straße endet an einer kleinen, wenig überlaufenen Bucht mit Parkplatz. Der Ortsteil Donji selbst ist winzig, er bietet eine Post am Ortseingang sowie das Restaurant Leut (18–22 Uhr geöffnet).

Information

◼ Infos zur Insel findet man bei der Touristeninformation in Trogir oder unter **www.ciovo.de.**

Unterkunft, Camping

◼ Leser loben den **Campingplatz Labaduša**② (mobil 091-3777705, www.labadusa.com) mit eigenem Restaurant; Anfahrt: Hinter der Brücke von Trogir kommend rechts und der Straße folgen, bis das Autocamp rechts über eine längere enge Piste angeschrieben ist. Mopedverleih am Platz, 20 Gehminuten zur Bushaltestelle.
◼ Alternativ bietet sich das **Camp Rožac**②, Tel. 021-806105, camp-rozac.hr, an.

◼ **Wohnungen** auf der ruhigeren Seite in Donji Okrug findet man z.B. unter www.apartmani-marko.com② oder www.a-vesna.com③.

Nützliches

◼ In Gornji Okrug findet man **Zeitschriftenhandel, Bäckerei, Minimarkt,** Fahrrad- und Wasserscooterverleiher sowie das gute **Restaurant Zerdela** mit dalmatischen Fleisch-Spezialitäten.
◼ **Trogir Diving Center,** Tel./Fax 021-886299, www.trogirdivingcenter.com, Unterkunft in einem der angeschlossenen Gästezimmer möglich, die 50 schönsten Tauchplätze der Umgebung werden per Tauchkutter oder Schnellboot angefahren; geöffnet Ostern bis Ende Okt.
◼ Etwa 500 Meter vom Campingplatz Labaduša entfernt liegt die **Konoba Duga** – toller Ausblick, schönes Ambiente, superfreundliches Personal, trinkbarer Weißwein und sehr gutes Essen! Die gegrillten Calamari sind ein Gedicht. Uvala Duga, mobil 091-5818666.

Solin – das antike Salona

9–14 Uhr, Eintritt 20 K, ermäßigt (auch Split-Card) 10 K inkl. Informationszentrum; Busanbindung siehe Split.

Die Straße zwischen Trogir und Split nennt sich „Kaštela", benannt nach den 13 venezianischen Wehranlagen zwischen den beiden Orten. Zu sehen sind nur noch wenige Reste, so ein Kastellturm am Ortsende von Trogir vor der Auffahrt auf die Küstenstraße.

Salona, der antike Name des heutigen Solin, war um die Zeitenwende bis etwa zum 8. Jahrhundert die bedeutendste Stadt Dalmatiens – der römische **Kaiser Diokletian** baute Salona als **Sommerdomizil** aus. Die Stadt beherbergte damals rund 50.000 Bürger. Im Mittelalter vergessen und zerfallen, kümmern sich heute wieder Heerscharen von Archäologen um die Ausgrabung der antiken Stätten. Tatsächlich findet man überall in und um Solin **Tempelreste, Aquädukte und Mauern.**

Ein wirklich sehenswertes Teilstück sei – schon wegen der herrlichen römisch-kaiserlichen **Gartenanlage** mit Blick auf Split – auch dem geschichtlich vielleicht nicht so Interessierten empfohlen: Küstenstraße Abfahrt „Kaštela/Sinj", dann gleich rechts Richtung Sinj (Kaštelanska Ulica), 300 Meter hinein bis zur Imbissbude „Café-Bar Salona" rechter Hand (Parkplatz, Bushaltestelle). Hier liegt die große archäologische Stätte Salona mit einem gut erhaltenen, blühenden Berggarten, etlichen weitläufigen Tempelrelikten.

■ **Salona,** Juni bis Sept. Mo–Fr 7–19 Uhr, Sa 9–19 Uhr, So 9–13 Uhr, sonst Mo–Fr 9–15.30 Uhr, Sa

Split

„Nirgends auf der Welt sah ich so große Männer und so schöne Frauen als in Split!" (*R. Templeman,* Journalist). Mag diese begeisterte Bekundung auch etwas übertrieben erscheinen, so ist doch nicht zu leugnen, dass aus **Kroatiens zweitgrößter Stadt** (225.000 Einwohner, im Einzugsgebiet über 400.000) nicht weniger als drei bekannte NBA-Basketballer und einige Miss-World- Nominierungen hervorgingen. Aber auch historisch, wirtschaftlich und politisch erweist sich Split als das vitale Herz Mitteldalmatiens. Während andere große Hafenstädte – allen voran Rijeka – nur wenige Reisende anziehen, ist Split mit dem monumentalen Diokletianspalast und der nur wenige Gehminuten entfernten hügeligen Landzunge Marjan letztlich auch touristisch ein Magnet, auch wenn der erste Eindruck der umliegenden Wohn-Vorstädte dieses Bild zunächst etwas trübt.

Für die Bewohner der Stadt und des Umlandes gilt Split als Kernstück und Kopf Dalmatiens, es ist zentraler **See- und Fährhafen,** Sitz peripherer Industrie, Heimat kritischer Tageszeitungen und wissenschaftlicher Fakultäten (Ge-

▷ Das Zentrum von Split mit der Promenade

schichte und Seefahrt), besitzt Museen, Bibliotheken und andere **kulturelle Einrichtungen,** zu denen für die meisten Einheimischen auch der international bekannte **Fußballclub Hajduk Split** gehört, dessen Duelle mit Dinamo Zagreb schon beinahe nationaldalmatischen Charakter tragen.

Wer nicht als Pauschalreisender einen längeren Aufenthalt in Split hat, sollte zumindest einen Tagesbesuch (z.B. per Fähre von einer der vorgelagerten Inseln aus) einplanen.

Geschichte

Illyrische Siedler hatten sich etwa um 500 v. Chr. im nahe gelegenen Salona niedergelassen, wurden aber bereits um 350 v. Chr. von den **Griechen,** welche den Raum Salona/Split/Issa/Hvar kolonisierten, aufgesogen und assimiliert. Ab 80 v. Chr. erschienen auch die Legionen des Imperium Romanum vor den Pfor-

ten Salonas und legten einen Hafen im Bereich des heutigen Split an. Unter **Kaiser Diokletian** begann der weiträumige Ausbau der Stadt. Mit dem Fall Westroms und der einsetzenden Völkerwanderung wurde Salona zerstört, die Bewohner flohen in die einstigen römischen Mauern von Split, welches Ostrom (Byzanz) unterstand.

Im Hochmittelalter, mit Entstehung des kroatischen Königreiches, war eine weitgehend autonome Stadt entstanden, die ihre relative Unabhängigkeit während der Zugehörigkeit Dalmatiens zur kroatisch-ungarischen Doppelmonarchie bis ins frühe 15. Jahrhundert bewahren konnte. Mit der **venezianischen Regentschaft** (1420) begann ein wirtschaftlicher und politischer **Niedergang,** der sich einerseits aus der permanenten Türkengefahr, andererseits aus der bewussten Schwächung der Stadt durch die Dogenrepublik entwickelte.

Die **Habsburger** (1797–1918) erweiterten Split zu einer großstädtischen See-

028da wl

metropole. Anstelle von Wehrmauern und Bastionen, die aus dem Stadtbild verschwanden, entstanden Promenaden, breite Alleen sowie prächtige Wohn- und Verwaltungsgebäude. Mit Gründung des Königreichs Jugoslawien nach dem Ersten Weltkrieg stieg die Bedeutung Splits als dalmatisches Zentrum und **jugoslawischer Handelshafen** immens an, da die anderen wichtigen Seemetropolen Zadar und Rijeka unter italienische Kontrolle kamen. So erwies sich Split im Zweiten Weltkrieg als Hort der Partisanenbewegung Titos, und auch im **Bürgerkrieg** 1991–95 hielt die Stadt zahllosen Bombardements durch Serbien stand. Seit 1991 sieht sich Split – ähnlich wie Pula in Istrien – als „erhobener Zeigefinger" gegen die Zentralregierung in Zagreb. Einige Intellektuelle träumen gar von einer (Teil-)Autonomie Dalmatiens mit der Hauptstadt Split.

Orientierung

Der gesamte **altstädtische Bereich** vom Fährhafen bis zur Landzunge Marjan ist durchaus zu Fuß zu bewältigen, ansonsten stehen Stadt- und Flughafenbusse am Diokletianspalast zur Verfügung. Selbstfahrer kommen zur Marjan-Landzunge, indem sie hinter dem Hajduk-Stadion auf der Kaštelanska vor dem Tunnel rechts und vor der kleinen Tankstelle scharf links (Matoševa) hinauf zum Eingang fahren. Dies empfiehlt sich auch bei einem Tagesaufenthalt in Split, da hier oben kostenlos geparkt (im Zentrum in Zonen eingeteilte Parkscheinautomaten) und die Altstadt von oben auch leicht zu Fuß erreicht werden kann.

Diokletianspalast

Rundgang

Ein Rundgang beginnt zweckmäßigerweise am Diokletianspalast, wobei dieser kein Palast, sondern eine **Ummauerung** eines Teils der Altstadt – des alten römischen Kerns – ist und somit auch keinen Eintritt kostet. Er sollte einmal – höchst umstrittenen amerikanischen Plänen zufolge – abgerissen und zu einem modernen Konsumtempel umgebaut werden. Nach der Aufnahme in die Liste des **UNESCO-Weltkulturerbes** wurden derlei Ideen gottlob rasch dem Reißwolf zugeführt. Daneben gibt es einige interessante Sehenswürdigkeiten in der Altstadt außerhalb des sogenannten Palastes wie auch in der Neustadt.

Der um 295–305 n. Chr. errichtete Palast ist trotz etlicher Umgestaltungen in späteren Epochen das besterhaltene **Monument der römischen Architektur** in Dalmatien. Der fast quadratische Grundriss hat knapp 40.000 m² Fläche und ist durchgehend von knapp 20 m hohen, turmbewehrten und von einem See- und drei Landtoren unterbrochenen Mauern umgeben. Die **Tore** tragen alle einen „metallenen" Namen: Porta Aurea (Goldtor), Porta Argenta (Silbertor), Porta Ferrea (Eisentor) und Porta Aenea (Kupfertor). Die einstigen Thermen und kaiserlichen Räumlichkeiten und Empfangsräume lassen die für Diokletian typische Mischung aus Repräsentation und Wehrhaftigkeit erahnen.

Im Prinzip kann man sich den Diokletianspalast wie eine ummauerte Altstadt vorstellen, der Besuch ist jederzeit möglich und **kostenlos.**

Das römische Imperium unter Kaiser Diokletian

In historischen Dimensionen betrachtet wird *Diocletianus* (240–315) aufgrund seiner (entfernt ähnlich scheinenden) Taten bisweilen mit *Peter dem Großen* oder dem chinesischen Reichsgründer *QinShi HuangDi* in eine Schublade gesteckt. 240 in Salona (Solin) geboren, erwarb er sich in einer lang anhaltenden Phase der innenpolitischen Unordnung Roms und der außenpolitischen Bedrohungen an allen Ecken des Reiches als erfolgreicher Feldherr die Gunst der Cäsaren. 284 denunzierte und tötete er den kaiserlichen Gardepräfekten und ließ sich in Nicomedia (südlich von Byzanz) zum Kaiser ausrufen. 285 besiegte er den noch lebenden Kaiser Carinus und wurde Alleinherrscher. Mit zahllosen durchgreifenden Reformen in Wirtschaft und Militärwesen gelang ihm (wie QinShi in China vor ihm und Peter in Russland nach ihm) eine Stabilisierung des Imperiums. 293 verteilte Diokletian die Macht freiwillig auf vier Parallelkaiser (ihn eingeschlossen, sog. „Tetrarchie"): *Maxentius* (Italien/Afrika), *Constantius* (Gallien/Britan-

nien), vor allem seinen Kriegskameraden *Galerius* (Kleinasien/Persien) und *Diocletianus* selbst (Ostadria, Hellas), der Split zum Zentrum wählte (Bau des Diokletianspalastes). In dieser Tetrarchie lagen letztlich auch die Wurzeln für die spätere Teilung in Ost- und Westrom begründet (siehe Byzanz, Glossar).

Galerius, seines Zeichens aus persönlichen Motiven heraus Christenhasser, stiftete *Diocletian* zur großen Christenverfolgung an (Edikt der Kirchenschließung 303), was sogar Frau und Tochter Diokletians auf den Scheiterhaufen brachte. Doch war die Verbreitung des Christentums schon relativ weit vorangeschritten: Die Co-Kaiser *Maxentius* und *Constantius* hielten sich nicht an die Edikte, Diokletian starb 315, und Galerius resignierte kurz vor seinem Tod letztlich auch. Die Nachfolger von *Diokletian* griffen die Verfolgungen zwar wieder auf, doch ließ sich der Siegeszug des Kreuzes nicht mehr aufhalten.

362kro wl

Seetor (Kupfertor)

Von der Galeeren-Anlegestelle, der heutigen Uferpromenade, betritt man den Diokletianspalast durch das kleine Seetor **(Porta Aenea)**, welches durch unterirdische Gewölbegänge mit dem Peristyl verbunden ist. Heute bieten in den beleuchteten Katakomben Kunst- und Ramschhändler ihre Waren feil. Eine unterirdische **Galerie** ist 9–13 und 18–20 Uhr zu besichtigen (Eintritt 15 K, Kinder 8 K).

Peristyl

Am Ende der Gänge führt eine Treppe hinauf zum beeindruckenden antiken **Säulenhof.** Sein ursprünglicher Zweck war der einer kaiserlichen Empfangshalle vor den eigentlichen Wohnbereichen. Heute bildet das Peristyl eine theaterreife Kulisse für die kleinen Straßencafés.

Kathedrale Sv Duje

Unmittelbar neben dem Peristyl erhebt sich die Kathedrale Sv Duje, die im 6. bis 7. Jahrhundert auf achteckigem Grundriss errichtet wurde. Sie diente zunächst als Mausoleum des Kaisers *Diokletian* und fungierte bereits seit dem 10. Jahrhundert als Bischofskathedrale. Das Gotteshaus mit seinen schweren, verzierten Holzportalen aus dem 12. Jahrhundert von *A. Buvina* wirkt trotz der schmucklosen Kuppel und der für eine Kathedrale geringen Größe monumental. Oberhalb der Marmorsäulen sind unter dem Gebälk Reliefs von *Diokletian* und seiner später verbrannten (christ-

lichen) Frau zu sehen. Die **Sarkophage** bergen die Relikte der einstigen Bischöfe und städtischen Schutzheiligen *Anastasius* und *Domnius*, denen auch die beiden Seitenältäre (rechts *Domnius*, links *Anastasius*) gewidmet sind. Die dahinter liegende **Sakristei** enthält wertvolle **Sakralkunstschätze,** beispielsweise das Ölgemälde der Hinrichtung des *Judas.* Das Altarrelief der Folterung Jesu wurde von dem berühmten dalmatischen Bildhauer *J. Dalmatinac* (siehe Glossar) erst Mitte des 15. Jahrhunderts angefügt. Auch der **Campanile** wurde im 15./16. Jahrhundert fertig gestellt und weist unterschiedliche Stilmerkmale auf. Von oben bietet sich ein herrlicher Rundblick.

Museum für Volkskunde

Aus der Kathedrale kommend, links die Treppen hinauf und hinter dem Durchgang wieder links liegt das volkskundliche Museum. Hier werden Ausstellungsstücke aus ganz Dalmatien wie **Trachten, Gebrauchsgegenstände** und **Schmuck** gezeigt.

■ **Etnografski Muzej,** Iza Vestibula 4, Tel. 021-344164, Mo–Fr 9–16 Uhr, Sa 9–13 Uhr, im Sommer Mo–Sa 9.30–19 Uhr, So bis 13 Uhr. Am Zugang zur Kathedrale (links am Portal entlang auf der Rückseite) befindet sich der Kartenschalter mit Kombitickets für die Kathedrale mit Glockenturm und Volkskundlichem Museum (35 K); Einzelticket 15 K; www.etnografski-muzej-split.hr.

Jupitertempel

Vom Peristyl aus die Kraj Sv Ivana 50 m in westlicher Richtung entlanggehend, öffnet sich ein kleiner Platz mit dem ehemaligen Jupitertempel, seit dem 6. Jh. **Kapelle Sv Ivan Krstitelj** (*Johannes der Täufer*). Von der ursprünglichen Tempelgestaltung blieb das Deckengewölbe vollständig erhalten. Das **Taufbecken** (12. Jh.) entstammt der Epoche des kroatischen Königreiches und wird von zeitgenössischen Ornamenten geschmückt; die Johannes-Bronze im Inneren ist ein modernes Kunstwerk von *I. Meštrović*.

Stadtmuseum

Nicht nur römische und altkroatische Relikte zieren den Diokletianspalast, auch kroatische Kaufleute und Venezianer hinterließen deutliche Spuren. Am bekanntesten ist der **Stadtpalast der Patrizierfamilie Papalić,** ein von *Dalmatinac* im 15. Jahrhundert nach Vorbildern der venezianischen Gotik gestalteter Familiensitz. Heute stellt hier das **städtische Museum** Artefakte der Stadtgeschichte sowie eine bemerkenswerte Münzsammlung aus.

Weitere prachtvolle Gebäude sind der **Palazzo Agubio** (Dioklecijanova Ul.) und der barocke **Palazzo Cindro** (Krešimirova Ul.).

■ **Muzej Grada,** am Silbertor, Papalićeva 1, Tel. 021-360171, im Sommer tgl. 9–21 Uhr, im Winter Mo–Sa 9–17 Uhr, So 9–14 Uhr, Eintritt 20 K, ermäßigt 10 K.

Sehenswertes in der Altstadt

Stadtpark

Vor dem Diokletianspalast an der **Porta Aurea** (Goldtor) erstreckt sich beiderseits der Straße der Stadtpark **Strossmayerov.** An die Palastmauern wurde im 9. Jh. die **Kapelle Sv Martin** angebaut. Wenige Meter weiter steht seit 1957 die Statue des Bischofs *Grgur Ninski* (*Gregor von Nin*, s. Glossar), ein Kunstwerk von *I. Meštrović*. Auf der gegenüber liegenden Straßenseite laden Spazierwege und Brunnen zum Verweilen ein.

Markt und Sv Dominik

Am **Silbertor** (**Porta Argenta**) in der Hrvojeva unterbricht Marktgeschrei die erhabene Stille, die innerhalb der Mauern herrscht. Der **Fischmarkt** (Ribarnica) wird ergänzt durch zahllose Stände mit Obst, Gemüse, Schnäpsen und allerlei Souvenirs. Dem Tor direkt gegenüber liegt der **Dominikanerkonvent** aus dem 16. Jahrhundert mit vorwiegend barocker Ausgestaltung.

Uferpromenade

Unterhalb des Marktes erstreckt sich die prachtvolle, von Palmen gesäumte Flanier- und Uferpromenade Obala Hrvatskog Narodnog Preporoda. Hier öffnet sich dem Auge die einzigartige optische Kombination aus Palastmauern am Meer mit dem 180 Meter hohen Telegrin-Hügel im Hintergrund. Zahllose

Split Zentrum

■ Übernachtung
5 Hotel Bellevue
9 Hotel Adriana
15 Hotel Peristil
16 Old Town Square Hostel, Staytosee-Hostel
17 Apartments Rubić

■ Essen und Trinken
1 Pizzeria Obelix
3 Pizzeria Galija
6 Adriatic Grašo
12 Adriana
14 Boban

■ Einkaufen/ Sonstiges
2 Fotoladen, Kaufhaus Prima
4 Fischmarkt
7 Buchhandlung
8 Croatia Airlines
10 Agentur Atlas
11 Agentur Kompas u.a.
13 Daluma-Reiseagentur, Jadroagent
18 Einkaufszentrum Joker

Landzunge Marjan

Plinarska

Ujevićeva Poljana

Deutsches ● Konsulat

Gospa od Zdravlja

National-theater

Matošića

Veli Varoš

Uvodića Širina

Marmontova

Ban Mladenova

Bana Jelačića

Trg Republike

Zadarska

Landzunge Marjan (Fußweg)

Franziskus-kirche

WLAN-Hotspot

Obala Hrvatskog Uterpromenade

Trumbićeva Obala

Gradska Luka

7

0 ▬▬▬ 100 m © REISE KNOW-HOW 2015
Dalma23

Dobri

Manuš

Slavičeva

Livanjska   18

Trg Gaje
Bulata

Sinjska

Nodilova

Museum
der schönen
Künste
(Ergänzung)

Ⓜ

Kralja Tomislava

Zagrebačka

Strossmajerov
Park

Tolstojeva

Bosanska

Goldtor

Narodni Trg ★ Rathaus

Zagrebačka

Carrarina
Poljana

Uhrturm ★

Bajamontijeva

DIOKLETIANS-
PALAST

17

Stari
Grad

Eisentor ★

Krešimirova

Sv Ivan

Stadt-
museum
Ⓜ

Hrvojeva

Zagrebačka

Trg Braće
Radić

Peristyl ★

ⓘ

Silbertor,
Fischmarkt

16

Stari Pazar

10 Ⓢ

Katakombengang ★
und Vestibül

Kathedrale
Sv Duje

15

★ Markt
Stari Pazar

Sv Dominik

Narodnog Preporoda

Ⓜ Ethnografisches
Museum

Seetor
(Kupfertor)
& unterirdischer
Gang
zum Peristyl

Personen-
Katamarane
(Hvar)

12

14
Autobahn,
Küstenstraße

11

Stadt- und
Flughafen-
Ⓑ busse

Obala kneza Domagoja

Kralja Zvonimira

Gat Sv. Nikole   Obala Lazareta

Ⓑ
Bahnhof,
⛴ Fährhafen   ✉   13

Straßencafés an den historischen Mauern laden zur Verschnaufpause ein.

Trg Radić

In der Mitte der Promenade werden die Altstadthäuser von zwei Durchlässen zum Trg Brace Radić unterbrochen. Hier sind ein **venezianischer Wachtturm** aus dem 15. Jahrhundert, der venezianische **Palazzo Milesi** aus dem 17. Jahrhundert (hier Buchhandlung Znanstvena) und ein Denkmal des kroatischen Nationaldichters und Humanisten *Marko Marulić* (1450–1524), ebenfalls ein Werk *Meštrovićs,* zu sehen.

Narodni Trg

Direkt an das **Eisentor (Porta Ferrea)** schließt sich der von den Einheimischen liebevoll **Pjaca** (ital.: *Piazza)* genannte Narodni Trg (Volksplatz) an. Wer sich umsieht, wird ein architektonisch-stilistisches Sammelsurium feststellen, das seinesgleichen sucht. Da protzt zunächst das **Rathaus** im barocken Stil, daneben schließt sich der **Palazzo Karapića** (Renaissance) an, und Richtung Porta Ferrea entdeckt man, verziert mit einer Heiligenfigur des *Sv Antun,* gotisch-romanische Häuser. Zu erkennen sind ferner die Relikte der ehemaligen Stadtloggia und des Uhrturms.

Sv Frane

Am Ende der zentralen Uferpromenade thront in exponierter Lage die **Franziskuskirche** aus dem 13. Jh. Die grundlegend restaurierte und in ihrer ursprünglichen Form stark veränderte Kirche dient als Grabstätte berühmter lokaler Persönlichkeiten aus Kunst und Politik.

Trg Republike

Das unverkennbar venezianische architektonische Erbe der Stadt liegt gleich neben der Franziskuskirche: der Trg Republike (Platz der Republik). Den rechteckigen Platz umgeben **rötliche Patrizierbauten,** deren Längsseiten Säulengänge mit Rundbögen aufweisen – eine eindeutige Nachahmung der bekannten venezianischen Prokuratorenpaläste.

Trg Gaje Bulata

Vom Trg Republike die Marmontova bis zum Mauerdurchbruch der äußeren (venezianischen) Stadtbefestigung entlanggehend, öffnet sich der modernere Trg Gaje Bulata, der den **Übergang zur Neustadt** bildet. In der Marmontova kann man gut einkaufen (Foto, Kaufhalle, Star Rock Café), das Kaufhaus Prima mit Kino und Wechselstube liegt am Trg Bulata selbst. Auch das Nationaltheater und die Kirche Gospa od Zdravlja sind hier zu finden. Vom Trg Bulata aus sind die Sehenswürdigkeiten der Neustadt gut zu Fuß erreichbar.

Zentraldalmatien

Sehenswertes in der Neustadt

Archäologisches Museum

Am Trg Bulata links (Teutina) und gleich rechts die Ujevićeva Poljana/ Zrinjsko-Frankopanska keine 500 Meter hineingehend, erblickt man linker Hand das Archäologische Museum (Nr. 25). Hier sind sehr interessante und seltene griechische Artefakte aus der Region, vor allem aus Salona, zu sehen. Ohnehin liegt der Schwerpunkt des Museums auf der **griechisch-römischen Phase** der Regionalgeschichte. Hier werden auch weitergehende Auskünfte zu den derzeit aktuellen Ausgrabungen, insbesondere zu Salona, erteilt.

■ **Arheološki Musej,** Zrinsko-Frankopanska 25, Tel. 021-329340, Mo–Sa 9–14 und 16–20 Uhr, So geschlossen, im Winter Sa nur 9–14 Uhr, Eintritt 20 K, ermäßigt (auch Split-Card) und Kinder 10 K, Gruppen nach Vereinbarung.

Museum der Schönen Künste

Von der Ujevićeva Poljana die Svačićeva/ Starčevićeva 400 m entlang bis zur Lovretska (hier rechts, Nr. 11) gehend, erreicht man das Museum der Schönen Künste. **Malereien und Skulpturen** dalmatischer Künstler vom Spätmittelalter bis zur Gegenwart sowie eine für Slawisten sehr interessante **Ikonensammlung** sind die zentralen Ausstellungsbestandteile.

■ **Museum der Schönen Künste,** im Sommer Mo 11–16, Di–Fr 11–19, Sa 11–15 Uhr, im Winter Mo 9–14, Di–Fr 11–19, Sa 9–13Uhr, So/feiertags geschlossen, Eintritt 20 K, Kinder und Studenten 10 K, Tel. 021-480149. Eine **Ergänzung/Auslagerung** befindet sich am Trg Tomislava 15, Tel. 021-350112, www.galum.hr.

Landzunge Marjan

Das **Erholungs- und Freizeitgebiet** rund um den 183 Meter hohen, Split überragenden **Hügel Telegrin** ist sowohl mit dem eigenen Fahrzeug als auch zu Fuß von der Altstadt aus schnell erreicht. Man folge einfach der Šperun/Senjska rechts von Sv Frane bis zum Ende und halte sich dort links den Weg hinauf zur **Terrassengaststätte** (ca. 20 Min. ab Sv Frane), wo der Cappuccino mit Blick über die Stadt besonders mundet. Nur wenige Meter höher liegt malerisch die kleine **Kapelle Sv Nikolaj,** darüber der ärmlich wirkende, kleine städtische **Zoo** (Poljana kneza Trpimira 3, Tel. 021-322988). Vom Zoo aus folgt man dem asphaltierten Sträßchen halbrechts bis zu einem Aussichtspunkt; links davon führt ein Trampelpfad hinunter zu einer gesperrten Straße (hier liegt auch der Parkplatz für Selbstfahrer). Links entlang geht es zu einigen Kiesbuchten mit Süßwasserduschen – **Splits beste Bademöglichkeit.**

Museum kroatischer Monumente

Während sich das Archäologische Museum auf antike Fundorte spezialisiert, werden im Museum Kroatischer Archäischer Monumente vorwiegend kostbare Stücke der kroatisch-dalmatischen Geschichte mit dem Schwerpunkt

7

Split

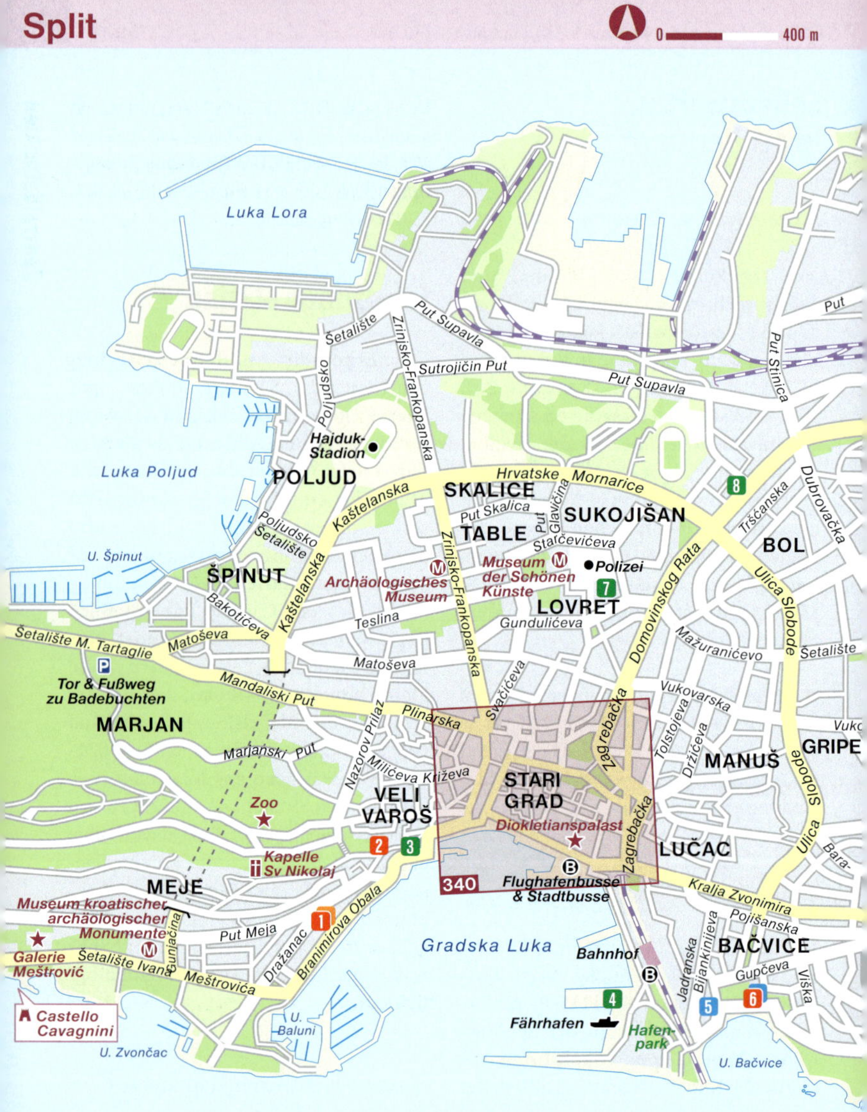

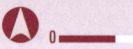

0 — 400 m

Luka Lora

Luka Poljud

POLJUD

Hajduk-Stadion

U. Špinut

ŠPINUT

Šetalište M. Tartaglie

P Tor & Fußweg zu Badebuchten

MARJAN

Marjanski Put

Zoo

MEJE

Museum kroatischer archäologischer Monumente

Galerie Meštrović
Šetalište Ivana Meštrovića

Castello Cavagnini

U. Zvončac

U. Baluni

Put Supavla

Šetalište

Sutrojičin Put

Put Supavla

Put

Put Stinica

Hrvatske Mornarice

SKALICE

TABLE

SUKOJIŠAN

BOL

Museum der Schönen Künste

M Polizei

7

8

Archäologisches Museum **M**

LOVRET

Teslina

Matoševa

Plinarska

Nazorov Prilaz

Miličeva Kruževa

VELI VAROŠ

2 **3**

Kapelle Sv Nikola

1 *Dražanac*

Branimirova Obala

Put Meja

STARI GRAD

Diokletianspalast

340

Flughafenbusse & Stadtbusse **B**

Gradska Luka

Bahnhof **B**

Fährhafen

4

5 **6**

Hafen-park

U. Bačvice

MANUŠ

GRIPE

LUČAC

Kralja Zvonimira

BAČVICE

Pojišanska

Gupčeva

Viška

Übernachtung
1 Hotel Marjan
2 Apartm. Margarita
6 Hotel Park
12 Hotel Senator
13 Radisson Blu Resort Hotel

Essen und Trinken
5 Enoteka Terra
6 Bruna
14 Konoba Koralj

Nachtleben
1 Disco Admiral
9 Disco Masters
10 Disco Metropolis

Früh- und Hochmittelalter aufbewahrt. Ausgestellt sind u.a. das Višeslav-Taufbecken aus Nin sowie Schmuckstücke und Münzen der frühkroatischen Epoche. Wer gut zu Fuß ist, erreicht das Museum von der Altstadt aus in einer guten halben Stunde. Es fahren Stadtbusse 12, 7 und 8.

■ **Muzej hrvatskih arheoloških spomenika,** Šetalište I. Meštrovica 18, Tel. 021-358420, www. mhas-split.hr, Mo–Fr 9–13 und 17–20 Uhr, Sa 9–14 Uhr, So/feiertags geschlossen, Eintritt frei.

Galerie Meštrović

Etwa 250 Meter vom Museum Kroatischer Archäologischer Monumente entfernt liegt die einstige **Sommervilla** des bereits mehrfach erwähnten **dalmatischen Nationalkünstlers Ivan Meštrović** (s. Glossar). Das Gebäude ließ er in den 1930er Jahren erbauen, es beherbergt heute einen Großteil der Werke des wohl bekanntesten kroatischen Bildhauers.

■ **Galerija Meštrović,** Di–So 9–19 Uhr, im Winter Di–Sa 9–16 Uhr und So 10–15 Uhr, Mo/feiertags geschlossen, Tel. 021-340800, Eintritt 30 K, Kinder und Studenten 15 K, Kunststudenten frei.

Castello Cavagnini

Nochmals 500 Meter weiter in einem **malerischen Park** oberhalb des Meeres liegt das ehemalige Castello Cavagnini aus dem 18. Jahrhundert, erworben von *Ivan Meštrović,* der es zu einem prächti-

■ **Einkaufen/Sonstiges**
3 Autovermieter
  (Avis, Budget, Hertz)
4 Fährgesellschaft Jadrolinija
7 Agentur Jadroagent
8 Einkaufszentrum Joker
11 Lidl-Supermarkt

gen Familiensitz in malerischer Parklandschaft umbauen ließ. Zum Anwesen
gehört auch eine Hauskapelle; das Areal
kann auf Anfrage besichtigt werden (in
der Galerie oder telefonisch anmelden).

■ **Castello Cavagnini,** Di–Sa 9–16, So 10–15
Uhr, im Sommer Di–Sa 9–21, So 12–21 Uhr, Tel.
021-358185, Busse s.o., Eintritt 20 K.

Praktische Tipps

An- und Weiterreise

Auto
Auf einer lang gezogenen Halbinsel gelegen, erreicht man Split von der Küstenstraße aus über die
mehrspurigen Straßen Zbora Narodne Garde und
Domovinskog Rata **(Schild: „Centar/Trajekt").**

Insel-Fährverbindungen ab Split zur Hauptsaison

Hafen	Insel	Fährart	Abfahrt/Frequenz	Preis Pers.	Preis Pkw
Rogač	Šolta	Trajekt	6.45, 9.15, 11.45, 16.15, 18.45, 21.15 Uhr	4,00 €	18,00 €
Vis	Vis	Trajekt	9, 15, 20.30, 21 Uhr	5,80 €	38,00 €
Jelsa	Hvar	KAT	16 Uhr	3,25 €	–
Hvar	Hvar	KAT	11.30, 15 Uhr	3,25 €	–
Stari Grad	Hvar	Trajekt	1.30, 5, 8.30, 11, 14.30, 17, 20.30 Uhr	5,50 €	35,00 €
Vela Luka, Ubli	Korčula, Lastovo	KAT	11.30, 15 Uhr	4,00 €	–
Supetar	Brač	Trajekt	5.15–24 Uhr 14x	4,10 €	18,00 €
Bol	Brač	KAT	16 Uhr	3,30 €	–
Milna	Brač	KAT	nur Di 11.30 Uhr	3,40 €	–
Veli/Mali Drvenik[1]	Veli Drvenik, Mali Drvenik	KB	9.30, 15, 20.30 (Mo, Mi, Do, Sa); 9.30, 17.30 Uhr (Di, Fr, So)	3,50 €	17,50 €
Sumartin[2]	Brač	Trajekt	7.30, 10.30, 13.30, 16.30, 20 Uhr ab Makarska	4,00 €	18,50 €
Sućuraj[3]	Hvar	Trajekt	7.30–22.30 Uhr 10x tgl.	1,80 €	12,50 €

Trajekt = KFZ-Fähre, **KB** = Klasicni Brod (bis 7,5 t), **KAT** = Katamaran (Personenbeförderung).
Alle Angaben für die Sommersaison 2015, Preise außerhalb der Hauptsaison ca. -25 %. Der Pkw-Preis
beinhaltet den Fahrer.
[1] Veli/Mali Drvenik auch ab Trogir
[2] Sumartin (Brač) nur ab Makarska (Süddalmatien)
[3] Sućuraj (Hvar) nur ab Drvenik (Süddalmatien)

Zentraldalmatien

Sobald man in der Zagrebačka ist, sollte man einen **Parkplatz** suchen. Ansonsten kann man an der Promenade vor dem Diokletianspalast für ab 10 K/Stunde parken. Wer nicht direkt zu den Fähren will, sollte zur Marjan-Halbinsel fahren (freies Parken) und von dort über den Hügel hinunter zur Altstadt gehen (ca. 15 Minuten). Das lohnt sich wegen des Panoramablickes ohnehin und erspart den Stau in der Innenstadt.

Fernbusse

■ Der **Busbahnhof** (mit Gepäckaufbewahrung) liegt außerordentlich günstig nur wenige Meter von Diokletianspalast, Fährhafen und Bahnhof entfernt. Busse fahren in alle Himmelsrichtungen von **vier Bussteigen:** Norddalmatien, Istrien, Slowenien, Italien auf Steig 1, Süddalmatien auf Steig 2, Bosnien-Herzegowina und Osijek auf Steig 3 und dalmatisches Hinterland (Sinj, Knin usw.) auf Steig 4.

Angefahren werden nationale wie internationale Ziele, Details kann man telefonisch (Auskunft: Tel. 060-327777) oder online unter www.ak-split.hr sowie unter www.plesoprijevoz.hr erfahren. Der allgemeine Ticketschalter liegt bei Steig 1. Einige Beispiele: Rijeka (5–21.30 Uhr 7x tgl.), Zadar (5–1 Uhr 21x tgl.), Dubrovnik (1.30–20.30 Uhr 18x tgl.), Makarska (durchgehend 24x tgl.), Zagreb (30x tgl. fast rund um die Uhr).

Stadtbusse

■ Die **blau-grün-gelben Stadtbusse** der Fa. Promet (www.promet-split.hr) bedienen in der Zeit von 5.30 bis 23.30 Uhr alle städtischen Bezirke und das **nähere Umland** (z.B. Omiš, Trogir). Berechnet wird nach vier Zonen, wobei der gesamte Stadtbereich zur ersten Zone (11 K), Trogir zur vierten Zone (21K) gehört. An Kiosken können 10er-Karten erworben werden, die 17–32K/Stück kosten, also mehr als die normale Einfachfahrt), dafür aber zweimal verwendet werden können (z.B. hin und zurück). Die Busse fahren am Rondell am palastseitigen Ende der Uferpromenade ab, viele Besucher nutzen die Trogir-Verbindung (Nr. 37, 4–23.30 Uhr

rund 50x tgl.), die 71, 79, 80 von/nach Drniš oder die Linien von/nach Solin (22, 23, 35).

Bahn

■ In Split endet die Bahnlinie nach Dalmatien, weiter nach Süden fahren nur noch Busse. Bedient werden mehrfach tgl. **Knin** (umsteigen nach Šibenik), **Drniš** und **Karlovac/Zagreb** (5x tgl.), einmal tgl. **Ljubljana.** Infotelefon: 060-333444.

Bahnreisende müssen darauf achten, nicht am Glavni Kolodvor (Hauptbahnhof), sondern erst am **Kopfbahnhof am Fährhafen** (Trajekt) auszusteigen. Der zentrale Busbahnhof liegt unmittelbar neben diesem kleinen Bahnhof am Fährhafen.

Fähren

■ Von der Altstadt Richtung Busbahnhof/ Fährpiers gehend, passiert man zunächst Pier 1 für **Pkw-Fähren nach Vis und Hvar** (Stari Grad); der Ticketschalter liegt direkt gegenüber.

■ Erst am Ende der Zufahrt folgt der eigentliche, sehr große **Passagierhafen mit Pkw-Fähren** zu den Inseln Lastovo, Korčula, Šolta und Brač. Im Sommerhalbjahr helfen Einweiser der Fährgesellschaft Jadrolinija auf der Zufahrtsstraße, die richtige Fähre zu finden. Man stellt sich am besten in der richtigen Schlange an und kauft dann das Ticket (sonst keine Parkmöglichkeiten). Fußgänger können auch an dem kleinen Schalter auf der Verkehrsinsel beim Palast ihr Ticket kaufen.

■ Zusätzlich verbinden reine **Personenfähren** (in der Regel Katamaran-Schnellboote) Split unregelmäßig mit Rijeka, Zadar, Rab, Brbinj, Hvar, Korčula, Sobra, Dubrovnik, Brač, Drvenik und Trogir.

■ Die **Agentur Splittours** (Tel. 021-352582, www.splittours.hr) betreibt die **Personenschnellfähre** Split – Hvar – Bol – Jelsa – Vis/Komiža für umgerechnet ca. 25 € (Kinder 13 €), Abfahrt um 8.30 Uhr.

■ Die wichtigste Verbindung nach Italien besteht zwischen Split und **Ancona** (1x tgl., ca. 200 € für Pkw mit 2 Pers.), im August empfiehlt sich eine Vorabreservierung bei Jadrolinija (im Hafengebäude),

7

Tel. 021-355339, www.jadrolinija.hr, tgl. 7–21 Uhr (Schalter für Lokallinien durchgehend geöffnet).

Flüge

■ Der internationale **Flughafen Split-Kaštelet** liegt etwa 20 km außerhalb der Stadt zwischen Split und Trogir. Auskünfte über Preise und Flugdaten erteilen die **Flughafenauskunft,** Tel. 021-203506, **Croatia Airlines** (international), Obala Hrvatskog Narodnog Preporoda 12, Tel. 021-362997, oder (national) **Air Dalmatia,** Obala Kneza Domagoja, Tel. 021-338447. Tickets sind auch über die Agenturen (s.u.) oder die allgemeine Flugreservierungsnummer 062-777777 sowie über die Split anfliegenden Fluggesellschaften (s.a. Kap. „Reisetipps A–Z, Anreise") erhältlich.

■ **Stadtbusanbindung:** Die Firma Pleso betreibt einen Flughafen-Transferbus vom Ausgang zum Passagierhafen, 30 K/einfache Fahrt (in der Stadt: letzter Bussteig vom Palast Richtung Fähren gehend, gegenüber vom Jadrolinija-Haupteingang). Außerdem fährt tagsüber etwa alle 20 Minuten die Nahverkehrslinie 38 (aber nur zwischen 6 und 7 Uhr 5x sowie um 12.30 und 13 Uhr ab Flughafen).

Info, Stadttouren, Agenturen

Bei der Touristeninformation, in Agenturen und größeren Hotels ist die **Split-Card** für umgerechnet 5 Euro erhältlich: 72 Std. gültig, freier Eintritt in einige Museen, Ermäßigungen zwischen 5 und 50 % für zahlreiche Restaurants und weitere Museen, Veranstaltungen und Autoverleiher. Wer länger als drei Tage in Split wohnt, erhält die Karte umsonst (Unterkunftsnachweis erforderlich).

■ **Touristeninformation Split,** Peristyl (vor der Kathedrale), tgl. 8–20.30 Uhr, So bis 13 Uhr, Tel. 021-345606, www.visitsplit.com.

■ Vor der Touristeninformation werden **geführte Altstadrundgänge** (90–120 K) angeboten.

■ **Split-Vision Sightseeing** ist ein offener Bus, der in fester Route hauptsächlich Neustadt und

Marjan-Halbinsel ab Riva (am Hafenbecken vor dem Palast oder ab Franziskanerkirche) abfährt. Es gibt neun Stationen, man kann nach Belieben ein- und aussteigen; Tickets beim Fahrer, 70 K, Kinder 40 K, Familienkarte 180 K.

Die bekanntesten Agenturen und Zimmervermittler sind:

■ **Atlas,** Trg Brače Radić, Tel. 0800-9988, www.atlas-croatia.com.

■ **Daluma Reiseagentur,** Obala Kneža Domagoja 1, neben Hauptbahnhof/Bushauptbahnhof, Tel. 021-338484, www.daluma-travel.hr.

■ Ebenso am Busbahnhof: **Jadroagent,** Tel. 021-338228, www.travel.jadroagent.hr. Die Zentrale liegt in der Trg Hrvatske Bratske Zajednice 3.

In der Obala Lazareta Nr. 3 (Uferpromenade) bieten mehrere benachbarte Agenturen rund um den Hafen alles, was das Herz begehrt:

■ **F-Tours,** Tel. 021-344842, www.f-tours.hr.

■ **Kompas,** Tel. 021-323300, www. kompas.hr.

■ **San Diego Tours,** Tel./Fax 021-343307, san-diego-tours@st.t-com.hr.

■ **Split Tours,** Tel. 021-325523, www.splittours.hr.

Unterkunft

Split ist, wie viele andere größere Städte, eher ein Nebensaisonziel oder Transitpunkt zu den Inseln, sodass vorwiegend Tagesausflügler in die Stadt kommen und das Unterkunftsangebot insgesamt nicht so breit ist, wie man es vielleicht erwartet. Dennoch gibt es – wenn auch begrenzte und teure – Möglichkeiten der Übernachtung in der Stadt. Ein Dutzend weiterer Hotelanlagen wurde rund um Split bzw. in den Vororten in Meeresnähe gebaut. Sie werden vorwiegend von Reisegruppen als Quartier gewählt; Individualreisende bevorzugen daher meist eine Unterkunft in Trogir oder Omiš (oder eine vorgelagerte Insel) und kommen für einen Tagesbesuch in die Stadt.

Zimmer und Apartments

Privatzimmer in Split werden von den Agenturen vermittelt und kosten rund 340 K bei einem Mindestaufenthalt von drei Tagen, **Apartments** sind ab etwa 60 € zu haben. Der Onlinevermittler Splitapartments bietet Objekte in und um Split an und gilt als einer der günstigsten. Backpacker werden meist schon am Busbahnhof auf Zimmer angesprochen (Pappschilder „Sobe" beachten).

◾ In Gehnähe zum Diokletianspalast liegen die **Apartments Rubic**② (Tel. 021-473993, www.splitapartment.com), für 2–4 Pers., mit Terrasse.

◾ Sehr ruhig und trotzdem attraktiv und zentral liegen die **Apartmani Margarita**② (Solurat 2, Tel. 021-490121, www.apartment-margarita.com) am Zugang zur Marjan-Halbinsel. Für längere Aufenthalte werden erhebliche Preisnachlässe gewährt.

Zentrale Hotels/Hostels

◾ **Staytosee-Hostel**②, P.K. Jelene 2 (nahe der Touristeninformation), mobil 091-3332207, nur wenige DZ, spartanisch, aber absolut zentral.

◾ Gleiches gilt für das benachbarte **Old Town Square Hostel**②, Poljana Grgura Ninskog 1, mobil 098-212100.

◾ **Hotel Bellevue**②, Bana Jelačića 2, Tel. 021-345644, www.hotel-bellevue-split.hr, Mitte Juni bis Mitte September 55 % Aufschlag. Die Lage ist das Hauptplus, die Zimmer sind sonst eher schlicht und funktional.

◾ **Hotel Adriana**③, an der Promenade Obala Preporoda 8, Tel. 021-340000, www.hotel-adriana.hr, schön restauriert, moderne Ausstattung, Meeres-/Altstadtblick.

◾ Direkt neben dem Silbertor liegt das kleine Familienhotel **Peristil**④, Tel. 021-329070, www.hotelperistil.com, mit luxuriösen, stilvollen Zimmern.

Außerhalb der Altstadt

◾ Das stilvolle, umfassend renovierte **Hotel Park**④ an der Bucht Uvala Bacvice bietet 54 luxuriös eingerichtete Zimmer, ein vorzügliches Restaurant, gediegenes Ambiente, diverse Wellness- und Erholungseinrichtungen einschließlich Sauna und Solarium. Zudem liegt es sehr günstig zur Altstadt (ca. 15 Min. zu Fuß) wie auch zum nahe gelegenen Badestrand. Anschrift und Reservierungen unter Hatzeov perivoj 3, Tel. 021-406400, www.hotelpark-split.hr.

◾ Wer auf Casino, Geschäftszentrum, Nightclub, Privatbadestrand, Schönheitssalon u.Ä. Wert legt, dem sei das **Radisson Blu Resort**④ im südlichen Stadtteil Trstenik (ufernah) empfohlen. Modernes Hotel in einem netten, parkähnlichen Areal, alle Zimmer sind angenehm und praktisch ausgestattet, verfügen über Klimaanlage und einen Balkon wahlweise mit Park- oder Meerblick. Anschrift und Reservierungen unter Put Trstenika 19, Tel. 021-303030, www.radissonblu.com/resort-split.

◾ Auf der anderen Seite der Altstadt, ebenfalls unmittelbar am Meer (nahe ACI-Marina) und in Gehnähe zum Diokletianspalast, bietet das ebenfalls umfassend renovierte **Hotel Marjan**③ einfache Zimmer der Mittelklasse mit Bad und Balkon (Meerseite buchen!). Obala Kneža Branimira 8, Tel. 021-399211, www.hotel-marjan.com.

◾ 8 km südlich auf einer kleiner Anhöhe von Podstrana, etwa 200 m vom Strand entfernt, bietet das **Hotel Senator**② nett eingerichtete Zimmer und Apartments mit Balkon oder Terrasse mit Blick auf Berge und Meer sowie die Insel Brač. Angeschlossenes Restaurant mit großer Frühstücksterrasse und Grillkamin; günstige Alternative zu den Stadthotels! Bartola Kasica 9, Podstrana, mobil 091-5671675.

Camping

◾ **AC Stobreč-Split**①, etwa 10 km südlich der Innenstadt gelegen (beschildert), Tel. 021-325426, www.campingsplit.com. Kapazität für 1200 Gäste, Tennis, Tischtennis, Boots- und Radverleih, Animation, Restaurant, neue sanitäre Anlagen, gute Anbindung an Split-Zentrum (Bus 25, 6–22.40 Uhr etwa stündlich).

Essen und Trinken

Einfach und mittlere Preiskategorie

■ Einfache Snacks holt man sich am **Markt** (Fischmarkt am Westrand der Stadtmauern und Stari Pazar an der Ostseite des Palastes) oder in den günstigen Imbissstuben und Cafés an **Hafen und Busbahnhof.**

■ Für Kaffee und Kuchen bietet sich das sehr beliebte **Café Bobić** am Trg Republike an.

■ An der Uferpromenade nahe der Stadtbus-Haltestelle seeseitig liegen einige preiswerte Cafés und Imbissstuben, wohingegen man bei den palastseitigen (z.B. Restaurant **Adriana,** Tel. 021-340000, tgl. 7–24 Uhr, Spezialität: Gegrilltes) etwas tiefer in die Tasche greifen muss.

■ Gut isst man in der **Pizzeria Galija,** K. Tončića 12, Tel. 021-347932, tgl. 9–24 Uhr.

■ **Pizzeria Obelix** (Ul. Poljana/Vijugasta 75, Tel. 021-533999, tgl. 8–22 Uhr, bietet zur Happy Hour 10–14 Uhr Pizza und Softdrink zum Festpreis an.

■ Wer in Split gut Fisch essen möchte, dem sei die **Konoba Koralj** im Yachthafen, Uvala Baluni, Tel. 021-398568, empfohlen.

Restaurants der gehobenen Klasse

■ Das Restaurant **Boban** ist trotz des eher schlicht-modernen Interieurs eines der bekanntesten Häuser in Split mit fast 50-jähriger Tradition und zeichnet sich durch hervorragende dalmatische Küche aus. Spezialitäten sind Meeresfrüchte-Risotto, Schweinemedaillons mit Champignons sowie ausgezeichnete Jakobsmuscheln. Hektoroviceva 49, Tel. 021-543300, www.restaurant-boban.com, tgl. 10–24 Uhr, Sa/So ab 12 Uhr.

■ Das gehobene **Adriatic Grašo,** unmittelbar am Meer gelegen, ist ein Verfechter der Slow-Food-Bewegung und hat seine Küche entsprechend darauf abgestimmt. So stehen seltene Spezialitäten wie Heringscarpaccio, Shrimps in Blätterteig mit Trüffeln, Fischtatar oder Shrimpcarpaccio neben ausgefallenen Geflügelspezialitäten von Truthahn oder Strauß auf der Karte. Modernes Interieur und schöne Terrasse unmittelbar am Yachthafen. Der Inhaber Zoran Grašoist übrigens der Vater des bekannten kroatischen Popstars Petar Grašo.Uvala Baluni bb (ACI Marina), Tel. 020-398560, tgl. 12–24 Uhr.

■ Ein angenehmes Ambiente bei Klaviermusik lässt die Diners im Restaurant **Bruna** besonders

027da wl

munden. Die darüber hinaus herrliche Aussicht und exquisite Küche mit einer reichhaltigen Auswahl an Muscheln, Fisch und Fleischspezialitäten vom Grill sprechen vor allem die gehobenere Klientel an. Geöffnet tgl. 6–24 Uhr, Hatzeov perivoj 3 (Hotel Park), Tel. 021-406400.

MEIN TIPP: Besonderer **Tipp für Weinliebhaber:** die **Enoteka Terra** kombiniert die gediegene Atmosphäre einer Weinprobe mit den Gaumenfreuden dalmatischer Spezialitäten. Neben einer der umfangreichsten Weinkarten der Region werden zu den edlen Tropfen Snacks in Olivenöl, diverse Bruschette, Pager Käse oder istrischer Schinken, aber auch umfangreiche Menüs und sogar Trüffelgerichte serviert. Geöffnet tgl. 9–15 und 16–24 Uhr, Prilaz brace Kaliterna 6 (nahe Hotel Park), Tel. 021-314800, www.vinoteka.hr. Schöner Gewölbekeller mit gelegentlicher Live-Folkloreunterhaltung.

Nachtleben

■ **Discos: Admiral** (Obala Kneža Branimira 8), – Publikum 20–30 Jahre, kaum älter; **Metropolis** (Tel. 021-305110) und **Masters** (in der Osječka, ab Stadtbus 750 m die K. Zvonimira hinein, dann links).

Einkaufen

■ In der Innenstadt **Kaufhaus Prima** (Ul. Marmontova), Mo–Sa 9–19 Uhr, Tel. 021-245065.
■ Vor Inselbesuchen sollte man aber besser eine der großen Malls aufsuchen, z.B. im Vorort Solin das große **Mercator Einkaufszentrum** (Matoševa 10, Solin, Info-Tel. 021-204400, tgl. 7–22 Uhr, So bis 14 Uhr). Neben dem riesigen Supermarkt findet

◁ Unverkennbar venezianisch: Patrizierhäuser am Trg Republike

man hier Bars, Cafés, Fachgeschäfte und Boutiquen aller Art.
■ Als noch größer und moderner präsentiert sich das **Einkaufszentrum Joker** (Info-Tel. 021-396909, Put Brodarice, auf der Domovinskog rata Richtung Norden fahrend, gut beschildert, rechter Hand). Hier findet man neben einem großen Supermarkt ebenfalls reihenweise Fachgeschäfte und westliche Errungenschaften wie McDonald's, Deichmann, dm usw., sowie die große Kinowelt Broadway kina. Geöffnet tgl. 9–22 Uhr, So bis 14 Uhr.
■ Wer vor seinem Inselurlaub noch den Großeinkauf bei **Lidl** erledigen möchte: Poljička cesta 37 (südliche Stadtzufahrt, beschildert), tgl. 8–21 Uhr.
■ Ein großer **Konzum-Supermarkt** liegt an der Durchfahrtstraße Richtung Makarska; geöffnet tgl. 8–20 Uhr.

Aktivitäten

■ **ACI-Marina:** unterhalb des Marjan-Hügels, Uvala Baluni, Tel. 021-355886, die Busse 8 und 12 fahren vom/zum Zentrum. Hier auch **Yachtcharter** möglich (Tel. 021-398566).
■ Vier weitere, **kleine Yachthäfen** sind Mornar, Tel. 021-362130, Split, Tel. 021-46745, Spinut, Tel. 021-581653, und Zenta, Tel. 021-514039.
■ **Baden** ist auf der Halbinsel Marjan möglich. Eine **Touristenbahn** verkehrt im Sommer stündlich zwischen Marjan und Trg Gaje Bulata (Nationaltheater).
■ **Nationaltheater:** Trg Gaje Bulata 1, Tel. 021-585999, www.teatar.hr.
■ **Reitverein:** nördlich des Hauptbahnhofes, Ul. Slobode 31, Tel. 021-663217, Mail konjickiklub@yahoo.com.

Nützliches

■ **Post:** Kralja Tomislava 9 (Mo–Sa 7–20 Uhr), Zweigstelle landseitig Richtung Fährhafen.

■ **Bank/Geldautomat:** An der Uferpromenade liegen Splitska und Narodna Banka, eine Privredna Banka gibt es am Fährhafen (Mo bis Fr 7.30–13 und 14–20 Uhr, Sa nur vormittags).

■ **Medizinische Versorgung:** Krankenhaus Firule, Spinčićeva 1, Tel. 021-556111; Bolnica Križine, Šoltanska 1, Tel. 557111, Notruf 94 (Anfahrt siehe Campingplatz); Erste Hilfe Split, Tel. 021-587222; Achtung Taucher: Druckkammer-Notruf (24 Std.), Tel. 021-354511.

■ **Polizei:** Notruf 92, Verkehrspolizei Split, Bracka bb (nahe Museum der Schönen Künste), Tel. 021-504036.

■ **Internetcafé** und **Spielautomatenhalle:** Obala kneza demagoja bb, Tel. 021-345014; WLAN-Hotspots u.a. an der Promenade, am Hafen (Marina) und beim Hotel Park.

Insel Šolta

Die von gut 1500 Menschen besiedelte und ca. 59 km² große Insel steht touristisch im Schatten der Nachbarn Brač und Hvar – und gerade das macht sie besonders attraktiv. Neben den kultivierten Parzellen (Oliven, Wein und Feigen) prägen Kräuterwiesen (Rosmarin) und Nadelholzwäldchen das Landschaftsbild. Einsame Felsbadebuchten und eine Hand voll kleinerer Siedlungen am Meer verteilen sich auf Šolta. Höchste Erhebung ist der **Vela Starža** mit 237 m.

Die Insel wurde im 7. Jh. von Flüchtlingen aus dem zerstörten Salona besiedelt und erlangte für vorzügliche **Weine** und **Honigsorten** einige Bekanntheit. Sie untersteht seither der Stadt Split und dient wohlhabenderen Städtern als Wochenend-Domizil.

■ **Allgemeine Informationen:** www.solta.hr (englisch). Inselweite Unterkunft wird über die Spezialisten Soltatours (www.soltatours.net) angeboten.

Rogač

In Rogač legen die **Fähren von/nach Split** an; rund um die Anlegestelle finden sich Kiosk, Tankstelle, ein Café sowie nebenan das Jadrolinija-Büro und die **Touristeninformation** (arrangiert auch Unterkunft in Rogač). Unmittelbar oberhalb der Anlegestelle liegt rechts hinauf eine hübsche kleine **Badebucht.**

An- und Weiterreise

■ **Pkw-Fähre** (Jadrolinija): siehe Fährtabelle Split; Information: Obala Sv Tereze 3, Tel. 021-654491, www.jadrolinija.hr.

■ **Personen-Katamaran:** Rogač – Split (7 und 13 Uhr, ab Split 12.10 und 20.30 Uhr)

■ Zwei **Buslinien** verbinden von hier aus die Orte der Insel: Rogač – Stomorska sowie Rogač – Maslinica (3–8x tgl.).

■ **Taxis** ab Fährhafen kosten 40 K bis Grohote, zu den anderen Inselorten 60–90 K.

Grohote

Der **Hauptort** Grohote wirkt verschlafen und rückständig. Seine Bewohner leben vorwiegend von Weinbau und Landwirtschaft im unmittelbaren Umland. Immerhin gibt es zwei Supermärkte, eine **Touristeninformation** (Tel. 021-654 151, www.solta.hr, Mo–Sa 8–12.30 Uhr), die Inselpolizei und die Pizzeria Oasa (alles an der Hauptstraße) sowie am

378kro wl

Ortsausgang Richtung Maslinica linker Hand eine Erste-Hilfe-Station. Ein Bankautomat befindet sich im Zentrum.

Maslinica

Maslinica, ein hübscher, versteckt in einer umwaldeten Bucht gelegener Fischerort, birgt ein interessantes **Barockschlösschen** aus dem späten 18. Jahrhundert, in dem heute ein Restaurant dalmatische Spezialitäten in gediegenem Ambiente serviert. Maslinica bietet **gute Wassersportmöglichkeiten** von mehreren Felsbadebuchten, vorgelagerten Badeinselchen (Bootstaxi) bis hin zum Bootsverleih. Am Hafenbecken liegen eine **Touristeninformation** (tgl. 8–11

und 18–20 Uhr) sowie das bekannte Fischlokal Riblja Konoba Moni (Tel. 021-659112), welches aber nach Meinung einiger Reisender zu wenig aus seiner Toplage macht und zu viel an die schnelle Kuna denkt.

Nečujam

Die einstige Fischersiedlung Nečujam, Geburtsort des kroatischen Humanisten *Marko Marulić* (siehe Split, Trg Radić), liegt westlich vom Fährort Rogač und

⌂ Kultivierte Parzellen auf der Insel Šolta

7

Brač und Inseln vor Split

dient heute als (hässliche!) Ferien-Bungalowsiedlung. Die Straße endet kurz hinter der Post (linker Hand) in einem T-Ende (hier Bushaltestelle); links erstreckt sich der Yachthafen, rechts liegt nach 500 m das Café De Paris – auf dieser Seite gibt es auch einige **Bademöglichkeiten.**

Nützliches

■ **Touristeninformation:** Šetaliste Marulića 1, Tel. 021-650121, www.solta.hr.

■ **Ferienwohnungen** für zwei Personen kosten in Nečujam ab ca. 70 € in der Hauptsaison und können zentral über den deutsch-kroatischen Anbieter **e-Adria** (Fam. König, Obala Sv Petra 49, Nečujam,

7

Tel. 021-650230, in Deutschland Tel. 07531-66439, www.eadria.com) gebucht werden. Vermittelt werden zahlreiche Objekte auf der ganzen Insel, teilweise sehr günstig und in direkter Uferlage. www.apartmanija.hr/apartmani/necujam, www.solta-necujam.eu/hr.

■ Einzige offizielle Unterkunft ist die **Apartmentsiedlung Nečujam-Afrodite**①, Šetaliste Maru-

lića 1, Tel./Fax 021-650270, solta@st.t-com.hr, z.B. über www.adriaticislands.net/tag/solta, mit 200 Wohneinheiten für 2–5 Personen.

Stomorska

In Bezug auf Restaurants und Ferienunterkünfte hat sich Stomorska beinahe zum Zentrum auf Šolta entwickelt. Der dennoch ruhige und überschaubare Ort bietet den **einzigen Campingplatz Mido**②, Tel. 021-658011, auch **Ferienwohnungen** werden am Camp (vor dem Ortseingang scharf rechts) vermietet. Achtung: große Camper werden Mühe haben, sehr enge Zufahrten!

Entlang des Hafenbeckens liegen ein **Turist-Biro** (Tel. 021-658404, Ausflüge Hvar, Brač u.a.), die Post, mehrere Minimärkte, die empfehlenswerte Pizzeria Volat sowie das in mehrerlei Hinsicht **bemerkenswerte Restaurant Nevera** (Tel. 021-658063, tgl. 8–2 Uhr, Nov.–März geschlossen): Abgesehen vom wirklich guten Essen kann man hier als Selbstversorger frischen Fisch bestellen, die Bestellungen werden gesammelt, abends um 18 Uhr legt der Fischer an und verkauft direkt am Pier. Auf der gegenüberliegenden Beckenseite liegen das **Restaurant Turanj** (mobil 095-9141877, Mai bis September tgl. 11–24 Uhr) mit Lammspezialitäten vom Grill sowie der für etwas Stimmung sorgende **Disco-Club Cuvita** (mit Billard und Spielautomaten).

An- und Weiterreise

■ **Kairos-Schnellboot** (nur Personen) um 6.30 Uhr ab Split, 7 Uhr Stomorska und 7.15 Uhr Nečujam, dann retour nach Split; 9.30 Uhr ab Split, 10.15 Uhr ab Nečujam, 10.30 Uhr ab Stomorska, 19.15 Uhr Split, 20 Uhr Nečujam, 20.15 Uhr Stomorska, zurück nach Split (sonn- und feiertags nur früh und spät).

■ Mit diesem Boot werden übrigens auch die **Tagesausflüge** zu den umliegenden Inseln (zu buchen in den kleinen Agenturen in Stomorska und Nečujam) durchgeführt – eine urige Angelegenheit mit Fischpicknick und Rotwein.

Information

■ **Touristeninformation:** Riva Pelegrin 64, Tel. 021-658404, www.visitsolta.com, www.solta.hr.

Unterkunft

■ Unterkünfte liegen auf beiden Seiten der Bucht und können über die Information (z.B. **Pension Olint**②, Tel. 021-658141) oder auch direkt gebucht werden, beispielsweise bei der familiären und empfehlenswerten deutsch-kroatischen **Tauchbasis Leo Novaković,** Tel. 021-658302, www.leomar-diving center.de mit prima **Taucher-Apartments**②-③ und Badeplätzen vor der Tür. Unikum *Leo* kennt die Tauchplätze der umliegenden Inseln wie kein Zweiter und weiß zahllose Anekdoten zu erzählen, etwa dass Gitarrenvirtuose *Mark Knopfler* der Tauchgang auf Šolta wichtiger war als sein Konzert mit den Dire Straits in Split.

■ Weitere **Privatzimmer** in Stomorska können lokal unter www.saskinja.de, inselweit unter www.eadria.com, arrangiert werden.

7

Inseln Mali und Veli Drvenik

Die Drvenik-Inseln bilden das nördliche Ende des Archipels von Split. Touristisch noch unterentwickelt, sind es vor allem **Tagesausflügler** aus Trogir und Split sowie **Bootsbesitzer,** die eine der beiden kleinen Inseln auf der Suche nach Ruhe und Beschaulichkeit ansteuern.

Auch die Drveniki waren im 15. Jahrhundert ein Zufluchtsort vor den Türken. Die Neusiedler rodeten die bestehenden Nadelwälder und lebten vom Wein-, Feigen- und Olivenanbau. Heute werden außerdem Zitrusfrüchte, Mandeln und Granatäpfel angebaut, in sehr bescheidenem Umfang wird auch Schafzucht betrieben. Zusatzeinnahmen liefern der Fischfang sowie der mäßig vorhandene Tourismus.

Wenn überhaupt, dann wird – vorwiegend an Wochenenden und Feiertagen – die 12 km² große Insel Veli Drvenik von Trogir oder Split aus besucht. In dem gleichnamigen in den Hang gebauten Hauptort fällt nur die **Georgskirche Sv Juraj** (15. Jahrhundert) auf, ansonsten gleichen sich die Kalksteinbauten. Fußwege führen zu den **Badebuchten** (Kies, Fels, aber auch Sand) auf der Ostseite der Insel; höchste Erhebung ist der 178 Meter hohe Buhaj.

Die nur 4 km² kleine Schwesterinsel Mali Drvenik wird nur von Trogir mit der Personenfähre angefahren. In der kleinen Siedlung gibt es **Privatunterkünfte,** auch hier empfiehlt sich bei Bedarf eine Vorabbuchung in Trogir. Ansonsten bietet die Insel schöne **Kies- und Sandbuchten.**

An- und Weiterreise

■ Die einzige **Personenfähre** fährt von/nach Trogir (Mo bis Sa 1x tgl.) und Split (siehe Fährtabelle Split).

Unterkunft

■ **Privatzimmer** werden von Schildern („Sobe") angepriesen, ansonsten empfiehlt sich die Reservierung bei einer Agentur in Trogir oder z.B. über www.unterkunftinkroatien.de/drvenik.
■ **Pension Vila Eleonora**②, Tel. 021-893485, mit angegliedertem, sehr gutem Restaurant am Hafenbecken.
■ **Villa Kamena**②, Donja Vala 130, Tel. 021-680009, www.villakamena.com, vier hübsche Wohneinheiten (2er und 4er), allerdings etwas inlandseitig und ohne Meerblick.
■ Diesen bietet die **Pansion Roko**② unmittelbar am Strand (Cmilje 12, Tel. 021-628175, www.pansion.roko.com) mit DZ, 4er- und 6er-Zimmern sowie 2 Apartments für 3–4 Personen. Ganz neu: Sat-TV!

Nützliches

■ In Veli Drvenik gibt es einen **Minimarkt** (im Sommer tgl., im Winter nur Mo–Sa 9–20 Uhr).
■ Eine gute Konoba ist die **Lude Godine** (Tel. 021-893046), deren Inhaber *Luka Meštrović* übrigens nicht mit dem gleichnamigen Künstler (siehe Glossar) verwandt ist.

Zentraldalmatien

7

Insel Brač

Was haben das amerikanische Weiße Haus, der Berliner Reichstag sowie der Diokletianspalast von Split mit der Insel Brač gemeinsam? Alle genannten Gebäude wurden aus dem weltberühmten **Kreidekalk** der mit 395 km² **größten dalmatischen Insel** gebaut! Neben dem Kalkabbau spielen auf der Insel der Weinbau und die Schafzucht (Käseproduktion) eine große wirtschaftliche Rolle, wobei dem Fremdenverkehr eine stetig wachsende Bedeutung zukommt.

Die Insel Brač (ca. 15.000 Einwohner) unterscheidet sich in mehrfacher Hinsicht von ihren Nachbarn: Ihre massive Gestalt, die Süßwasserknappheit und der Bewuchs (Kiefern und Macchia, wenig Palmen und Zitrusfrüchte) lassen Brač eher karg, keinesfalls aber ärmlicher erscheinen als etwa Korčula oder Hvar. Auch wirken die bis zu 780 m hohen Berge wegen der großen Landmasse weit weniger monströs.

Die **touristische Infrastruktur** ist durchweg **gut,** Zentrum des Fremdenverkehrs ist Bol, der einzige nennenswerte Ort der Südküste. Hier liegt auch **Dalmatiens berühmtester Strand,** die aus Sand bestehende **Landzunge Zlatni Rat** (Goldenes Horn). Eine Fährverbindung besteht sowohl nach Makarska (ab Sumartin im Osten) wie auch nach Split (ab Supetar im Nordwesten), was Brač zu einem beliebten Durchreiseziel mit Aufenthalt für ein paar Tage macht.

In der Antike lag die Insel nicht im Siedlungsgebiet der Griechen, die illyrischen Siedlungen wurden direkt von den Römern übernommen. Auf eine bis ins

frühe 15. Jahrhundert andauernde Periode der wechselnden Herrschaften folgten eine Stabilisierung unter Venedig (ab 1420) und ein wirtschaftlicher Aufschwung unter den Habsburgern (ab 1797). Nach dem Ersten Weltkrieg ging es mit der heimischen Industrie – vor allem dem Kalkabbau – rapide bergab, was eine drastische **Abwanderungswelle** zum Festland mit sich brachte. Erst mit dem Bau von Wasserleitungen vom Festland (seit 1977) gelang es, die Landwirtschaft zu konsolidieren, den Tourismus zu intensivieren und weitere Abwanderungen zu verhindern.

Brač hat sich zur bedeutendsten Urlauberinsel Mitteldalmatiens entwickelt, hauptsächlich wegen des großen **Surferzentrums Bol,** aber auch bei zahllosen **Radlern** erfreut sich die Insel einer aufgrund der immensen Steigungen schon fast unerklärlichen Beliebtheit. Von Bol abgesehen, gibt es zahlreiche kleinere Orte von höchst unterschiedlichem Charakter und einige sehr schöne Badeplätze, aber auch **kulturelle Höhepunkte und Sehenswürdigkeiten.** Zudem bietet sich Brač als Sprungbrett für Tagestouren nach Split an oder als Zwischenstation auf dem Weg weiter nach Süddalmatien (Makarska-Fähre).

> Kristallklares Wasser vor der Insel Brač

7

018da fz

Allgemeine Reiseinfos Insel Brač

An- und Weiterreise

■ **Fähren:** Makarska – Sumartin 3x tgl. (etwa 30 € für Pkw mit 2 Personen), Split – Supetar 10–12x tgl. (gleicher Preis).

■ In Milna und Sutivan ist in der Hauptsaison eine unregelmäßige **Fährverbindung** von/nach Split (4x wöchentlich) eingerichtet.

■ Ein **Schnellboot** fährt in der Hauptsaison die Route Split – Bol (ca. 10 €/Person).

■ Im Sommer bestehen **Direktflugverbindungen** mit Austrian Air und Croatia Air zwischen Brač (Flugplatz bei Bol) und Wien, Klagenfurt, Graz, Linz, Salzburg sowie Innsbruck. Regelmäßige Flüge von/nach Zagreb (tgl. 10.40 Uhr ab Zagreb, 15.25 Uhr zurück) kosten an die 100 €. Das Flughafenbüro für Tickets und Auskünfte liegt am Busplatz in Supetar, Tel. 021-631370, www.airport-brac.hr. Die Informationsstellen helfen bei Reservierungswünschen.

Informationen

■ Allgemeine Informationen bietet die deutschsprachige Website www.bracinfo.com, auf der auch **Ferienwohnungen** angeboten werden.

Supetar

Mit knapp 5000 Einwohnern und einer beachtlichen touristischen Infrastruktur ist Supetar („Heiligpeter", altkroatisch für „Sv Petar") nach Bol das zweitwichtigste Zentrum des Fremdenverkehrs auf Brač. Dies ist sowohl auf seine Bedeutung als **Fährhafen** als auch auf seine besondere Attraktivität als Standort für Inselausflüge zurückzuführen. Die Bürgerhäuser an der schlichten Promenade mit ihren Souvenir- und Imbissbuden wirken wuchtig und trutzig, ebenso die **Pfarrkirche Sv Petar** mit dem hohen Glockenturm, die ihre heutige Erscheinung Modernisierungsmaßnahmen im 18. Jahrhundert verdankt.

Zwei Gründe ziehen Besucher nach Supetar: zum einen der **gute Badestrand** (Hotelbucht, dahinter FKK), zum anderen das interessante **Petrinović-Mausoleum** am Ende der Bucht. Es wurde 1914 von *T. Rosandić* als Grabmal der lokalen Reederfamilie *Petrinović* in europäisch-orientalischem Mischstil gebaut und ist u.a. die Ruhestätte des bedeutenden Bildhauers *I. Rendić* (1849–1932). Entlang der Promenade Richtung Hotels hat sich in den letzten Jahren ein reges gastronomisches wie auch Abendunterhaltungsangebot entwickelt.

Hinweis für Selbstfahrer: der östliche Ortskern mit dem Fährpier ist nicht durch eine Uferstraße mit dem Strand-/Hotelabschnitt verbunden; man muss also über Kreisverkehr und Umgehungsstraße Richtung Mirca der Hotelbeschilderung folgen.

An- und Weiterreise

■ Von Supetar aus verbinden **Linienbusse** sternförmig alle Orte auf Brač (Bushauptbahnhof am Fährhafen). Von touristischem Nutzen sind hauptsächlich die Linien 3 und 4 von/nach Bol (6.30–18 Uhr 8x tgl. etwa alle 60–90 Minuten). Die Linien 1 und 2 bedienen Povlja/Sumartin, 1, 3 und 5 Splitska und Postira, die 6 Milna. Der maximale Fahrpreis beträgt 35 K/einfach. Infotel. 021-630414.

Info und Agenturen

■ **Touristeninformation,** Porat 1, Tel./Fax 021-630551, www.supetar.hr.
■ **Agenturen** im Zentrum u.a.: **Start,** Tel. 021-630824, www.startagencija.hr, mit Unterkunftsvermittlung und Ausflügen zu Zielen auf Brač, aber auch nach Dubrovnik oder zu den Krka-Fällen; direkt am Fährhafen, mit Mopedverleih.

Unterkunft

Ferienwohnungen

■ Apartments werden von den Agenturen vermittelt, ein sehr guter Direktanbieter ist *Jure Bilic* mit der **Apartmentanlage Pama-Luko**② (Put Vele Luke 14b, Tel. 021-630399, www.pama-luko.com) im Hotelbereich. Alle Einheiten sind hell und modern eingerichtet.

Hostels/Pensionen

■ **Pansion Palute**①, Put Vele Luke (schräg gegenüber vom Waterman-Supetrus-Hotel), Tel. 021-631541, www.palute.hr, zentral und dennoch ruhig.
■ **Hostel Funky Donkey,** Ive Jakšica 55, Tel. 021-630937, klassisches Hostel nahe Kreisverkehr (ca. 10 Gehminuten ab Fähre) mit 12 Schlafsaalbetten zu 120–150 K, nur von Mitte April bis Mitte Oktober. Wäscheservice, WLAN, kleine Bibliothek und Gemeinschaftsküche.

◼ Nicht weit entfernt liegt Hotel-Pension **Villa Britanida**②, in der Hrvatskih Velikana 26, Tel./Fax 021-631038, britanida@st.t-com.hr, auch drei Familienzimmer, insgesamt einfach, a/c und WLAN inklusive.

Hotels

◼ Das **Hotel Waterman-Supetrus**③-④, Tel. 021-631133, www.watermanresorts.com, wird von Reisenden sehr gelobt. Bietet Zimmer, Apartments und Villen für jeden Geldbeutel, sehr gepflegte Anlage in klassisch-traditionellem Stil mit modernem Interieur. Fitness, Wellness, Radverleih usw., häufige Top-Angebote bei Online-Buchung unter 38 € p.P./Tag!

◼ Am Uferweg Richtung Mirca liegt ganz am Ende der Besiedlung das **Hotelresort Velaris**③ (Put Vele Luke 10, Tel. 021-606606, www.velaris.hr). Die Anlage besteht aus dem Hauptgebäude „Amor" sowie zwei gesonderten Annexen. Das Hotelrestaurant wird von vielen Reisenden als mäßig bezeichnet.

◼ Ganz exklusiv etwas außerhalb am Uferweg Richtung Mirca wohnt man im **Bračka Perla**④ (Put Vele Luke 52, Tel. 021-755530, www.perlacroatia.com). Zu entsprechendem Preis erhält man perfekten Luxus in einem kleinen Agro-Resort mit Käse und Marmelade aus eigener Herstellung in modernem Ambiente.

Camping

◼ **AC Vrilo Supetar**②, Tel. 021-630088, liegt sehr ruhig etwas außerhalb, etwa einen Kilometer östlich vom Zentrum, geöffnet Anfang Mai bis Ende September.

Essen und Trinken

◼ **Bistro Neven** (Tel. 021-630551) an der Straße beim Hauptstrand mit Kleinigkeiten und Snacks.

◼ **Konoba Gusti Mora,** Pizza und Gegrilltes, am Hafenbecken, Tel. 021-631056.

◼ Ebenfalls am Hafenbecken offeriert das **Bistro Riva** (Tel. 021-631155) Pizza und Steaks.

◼ Feinschmecker loben das **Kaktus** im Hotel Waterman-Supetrus, Tel. 021-640154.

◼ An den Serpentinen Richtung Bol bietet die **Konoba Oliva** sehr gute Hausmannskost und kroatische Spezialitäten wie sauren Rinderbraten, Peka, Lammgerichte und Suppen. Mobil 091-7992316, tgl. 12–24 Uhr. Tolle Aussichtsterrasse.

Nachtleben

◼ Zwischen Hafenbecken und Hotelmeile haben sich neben Automatencasinos einige Discos und Clubs etabliert. Sehr beliebt sind der **Thriller All Night Club** und die **Paparazzo Bar.**

Aktivitäten

◼ **Atlas Supetar,** Porat 10, Tel. 021-756798, www.atlas-supetar.com, bietet als Agentur neben Ausflügen und Unterkünften auch **Fahrzeug-, Boots- und Radverleih.**

◼ **Mopeds und Quads** verleiht Motorino an der Uferstraße (mobil 091-1364848); auch organisierte Quad-Safaris werden angeboten.

◼ **Tretboote** am Hauptstrand kosten etwa 40 K/ Stunde, die Wasserrutschen 5 K.

Einkaufen

◼ Selbstversorger finden am Kreisverkehr einen **Lidl-Supermarkt** sowie 500 m weiter hinter dem AC Vrilo-Supetar einen **Konzum-Supermarkt,** tgl. 7–22 Uhr (Fr bis 21 und So bis 20 Uhr).

◼ Für Hotelgäste an der westlichen Hotelmeile liegt der **Studenac-Minimarkt** in der Put Vele Luke günstig (bei der Feuerwehr nahe Hotel Velaris,

7

Supetar (Brač)

Petrinović-Mausoleum

Friedhof

Put Vele Luke

Fußweg nach Sutivan

Put Vele Luke

Odojak

Branka Deškovića

Ante Minanovića

Junaka Vukovara

Kralja Tomislava

Kralja Petra Krešimira

XII. Dalm Brigade

Bana Josipa Jelačića

18. Ruina

Put Pašika

Bana Josipa Jelačića

Put Jezerina

Mirca, Sutivan

D114

🟧 Übernachtung
1 Bračka Perla
2 Velaris
3 Apts. Pama-Luko
5 Waterman-Supetrus
6 Pansion Palute
17 Villa Britanida
18 Hostel Funky Donkey
19 Camping
   AC Vrilo Supetar

🟦 Essen und Trinken
5 Kaktus
10 Bistro Neven
13 Bistro Riva
14 Konoba Gusti Mora
21 Konoba Oliva

🟦 Wassersport
8 Wasserrutschen,
  Tretboote

🟩 Einkaufen
4 Minimarkt Studenac
7 Minimarkt, Bäckerei,
  Obst-/Gemüsemarkt
9 Motorino
  Mopeds/Quads
12 Bäckerei, Metzger
15 Agenturen
   Atlas und Start
16 Jadrolinija-Büro
20 Lidl-Supermarkt

7

0   200 m   ©REISE KNOW-HOW 2015

Kroat61

Split

Put Vele Luke

Vladimira Nazora

Kustičeva

Vlačica

Sv Petar

Bulatova

Put Barba Maškova

8. Ožujka

Ive Jakšića

Put Varoša

Petra Jakšića

Mladena

Kralja Tomislava

Put Svetog Roka

D114

Hrvatska

Hrvatskih Velikana

Put Vrila

Jadranska

Dolčić

Ulica Put Križa

D113

D113

Postira

Bol, Blaca

■ Nachtleben
11 Strandbars und Discos

7

tgl. 7–20 Uhr); ein Stück weiter Richtung Haupt-
strand/Zentrum liegen ein weiterer Minimarkt, eine
Bäckerei und ein kleiner **Obst-/Gemüsemarkt**
unmittelbar nebeneinander.

■ Weitere **Minimärkte/Metzgereien** findet man
im Zentrum am Hafenbecken.

Nützliches

■ **Polizei Supetar,** neben dem Hotel Velaris, Tel.
021-631145 .

■ An der Fußgängerpromenade liegen die **Bank**
Splitska Banka (Mo–Fr 8–20 Uhr) und eine **Post**
(Ul. Vlačica 13, Mo–Sa 7–21 Uhr) unmittelbar ne-
beneinander; davor **Karten-Telefonzellen.**

Mirca

Zwischen Supetar und Sutivan durchquert der Reisende das Dörfchen Mirca
(350 Einwohner), das in einem starken
Kontrast zum quirligen benachbarten
Fährort steht. Wer ein eher **ruhiges Ur-
laubsdomizil** auf Brač sucht, kann bei
einem der zahlreichen Privatvermieter
oder der Apartmentanlage Otok Gromela fündig werden. Ein kleiner Kiesstrand
im Zentrum mit schöner Aussicht auf
das Festland und eine kleine, aber ausreichende touristische Infrastruktur
runden das Angebot ab. Von der einzigen Zufahrtsstraße zum Ufer zweigt ein
beschilderter Fuß-/Radweg Richtung
Supetar ab, sodass man in gut 20 Gehminuten die Fähre sogar zu Fuß erreichen
und somit gut Tagesausflüge nach Split
planen kann.

▷ Blick auf das „Goldene Horn" vom Aussichtspunkt Vidova Gora, der höchsten Erhebung auf Brač

Unterkunft, Essen und Trinken

■ **Apartments Vujić & Aždajić**②, mobil 099-
6992023, www.brac-apartments.com. Tolle, moderne Wohnungen mit Balkon, Klimaanlage und
Sat-TV unmittelbar am Meer.

■ **Apartments Otok Gromela**③, mobil 099-
7332281, www.otokgromela.hr. Apartments für 4–
6 Personen mit Spülmaschine, Balkon/Terrasse, Sat-
TV, Klimaanlage, kleinem Gemeinschaftspool und
angeschlossenem Restaurant. Die sehr gepflegte
Anlage liegt direkt am kleinen Ortsstrand.

■ Gute Lokalküche und Pizza bietet die **Konoba
Mate** (mobil 099-7332281) direkt bei den Apartments Otok Gromela am Ufer.

■ Wer nur einen Drink am Strand genießen möchte, wird in der gegenüberliegenden kleinen
Strandbar fündig.

■ Selbstversorger finden an der Durchfahrtsstraße
einen kleinen **Minimarkt** (tgl. 6.30–18.30 Uhr).

Sutivan

Das altkroatische Wort *Sut-Ivan (Sveti
Ivan, Hl. Johannes)* deutet auf eine frühchristliche Basilika dieses Namens hin,
auf deren Resten die heutige Pfarrkirche
steht. Eine alte Windmühle (an der Promenade fünf Minuten nach rechts gehend) und **barocke Adelshäuser,** z.B.
der schön restaurierte Ilic-Komplex
(frühes 16. Jh.) am Anfang der Promenade mit großem Innenhof, zeugen von
einstiger Größe. Heute wird das Bauern-
und Fischerdorf eher selten angesteuert.
Wer Ruhe sucht, ist auch hier genau
richtig, wenngleich in Sutivan etwas
mehr los ist als in Mirca. Im Ort rund
um das kleine Hafenbecken gibt es mehrere Gaststätten und einen Minimarkt.
Unregelmäßig hält eine Personenfähre

von/nach Split. **Gute Fels- und Kies-strände** sowie ein **Meerwasserbecken** unterhalb der Hauptkirche runden das Angebot im Ort ab.

Etwa eine Kilometer außerhalb Richtung Milna rechter Hand wurde der **Park Prirode Sutivan** eröffnet (mobil 098-1337345, tgl. 8–21 Uhr), in dem Spielplätze, Esel- und Pferdereiten für die Jüngeren sowie ein Minizoo, Spazierwege und ein Snacklokal zum Entspannen zur Verfügung stehen.

Info und Agenturen

■ **Touristeninformation Sutivan,** Tel. 021-638357, www.sutivan.hr und www.otok-brac.info/sutivan-com-hr, Juli/Aug. Mo–Sa 8–22 Uhr, So 8–12 Uhr, Juni/Sept. Mo–Fr 8–12 und 17–20 Uhr, Sa 8–12 Uhr; sonst Mo/Fr/Sa 8–12 Uhr und Di/Mi/Do 8–14 Uhr.

■ Die **Agentur Cromaris** (mobil 091-2324322, www.cromaris.com) arrangiert Unterkünfte aller Art; **Aldura-Sports** (Tel. 021-638512, www.aldura-sport.hr) arrangiert Trekking, Kanutouren, Mountainbiking sowie Unterkünfte (beide Agenturen an der Promenade).

Unterkunft

Im Ort lebt wohl nahezu jeder vom Fremdenverkehr, kaum ein Haus ohne entsprechenden Vermietungshinweis! Man kann entweder über die Touristeninformation anfragen oder Unterkunftsarrangements über die genannten Agenturen treffen.

■ Schöne **Ferienwohnungen**② mit TV und Balkon bietet *V. Ursić,* Tel. 021-638389, www.apartments-ursic.com; etwas zurückgesetzt im Ort.

■ Unmittelbar an der Promenade Obala Tomislava vermietet *Matko Tonšić* **Ferienwohnungen**② in einem renovierten Altstadthaus für vier Personen, Tel. 012-638112, www.sutivan.ch/tonsic.

004kk wl

Essen und Trinken

■ Zu den empfehlenswerten Lokalen an der Promenade zählen das **Restoran Miki** (Tel. 021-638311, im Sommer tgl. 12–1 Uhr) in der mittleren Kategorie sowie die einfache **Konoba Porat** (Tel. 021-638494, 8–10 und 13–24 Uhr).

Nützliches

■ Vom **Hauptparkplatz** (sonntags frei) kommend, erreicht man einen kleinen Platz noch vor dem Meer; hier liegen die **Post** (Mo–Fr 7.30–12.30 und 18–20.30 Uhr, Sa nur vormittags), ein kleiner **Obst- und Gemüsemarkt,** ein Internetcafé sowie die Touristeninformation.
■ Selbstversorger kaufen im **Konzum-Supermarkt** zentral am Hauptparkplatz ein; geöffnet tgl. 7–21 Uhr, So ab 8 Uhr. Ein **Studenac-Minimarkt** (tgl. 7–22 Uhr) liegt an dem Zufahrtssträßchen vor dem Ufer gegenüber eine Metzgerei.
■ Neben Aldura-Sports an der Promenade liegt ein **Internetcafé** (tgl. 8.30–14 und 17–21 Uhr).

Ložišća

Zu Ložišća gehört die malerisch in einer kleinen Bucht gelegene Gemeinde **Bobovišća na moru,** die man vor dem eigentlichen Ort links die Straße hinunter erreicht. Einzig die Konoba Nazor (Tel. 021-634245) bietet hier Speis und Trank und auch Zimmer an. Der eigentliche Ort Ložišca (Post und Minimarkt an der Ortsdurchfahrt) besticht durch sein besonderes Panorama. Insbesondere der Glockenturm des in die **Steilhänge** hineingebauten Bergdörfchens scheint von unsichtbarer Hand vor dem Absturz bewahrt zu werden. In der engen Ortsmitte erwartet den Reisenden die einzige Ampel der Insel!

Milna

Milna (knapp 1000 Einwohner) verfügt über den besten **Yachthafen** auf Brač und bietet **tolle Kiesstrände** in den durch Fußwege verbundenen Nachbarbuchten (teils FKK). Fischfang und -verarbeitung sowie Fremdenverkehr stehen im Mittelpunkt dieses sehr modern wirkenden Dorfes mit seiner kleinen, aber feinen Uferpromenade. Immerhin findet Milna als historische Fußnote Erwähnung: In der **Seeschlacht von Milna** 1806 besiegte die russische Flotte die französischen Angreifer – mit Hilfe der Bewohner von Milna, wie es heißt.

Information

■ Auskünfte erteilt das **Touristenbüro** an der Promenade, Tel. 021-636233, im Sommer tgl. 8–20 Uhr; www.opcinamilna.hr.

Unterkunft

■ **Hotel Illyrian Resort**②, am Ortsrand (TTel. 021-636566, www.illyrianresort.com) mit Apartments unterschiedlicher Größe, Pool, Radverleih, Internet und angeschlossenem Restaurant.
■ Im Zentrum liegt das moderne, aber einfache **La Baia Blu**②, Tel. 021-636116, la.baia.blu@st.t-com.hr.
■ **Apartments und Zimmer**②-③ werden über die Touristeninformation sowie unter www.bracinfo.com/hr/milna (Vakance-Agentur) vermittelt.

◼ Ein Privatanbieter von vielen sind die **Apartmani Gabi**② (neben dem Bistro Palma am Parkplatz vor dem Zentrum, mobil 099-5153386, apartmanigabi.com) mit Wohnungen für 2 bis maximal 7 Personen.

Essen und Trinken

◼ Bestes Restaurant (mittelpreisig) ist die **Gostionica Marina** am Yachthafen mit leckeren Fischplatten und gutem Schafskäse, Tel. 021-636129.
◼ Das **Fontana** am Schulplatz (Tel. 021-636355, tgl. 10–22 Uhr) ist berühmt für hausgemachte Teigwaren wie die grüne Manestra, ein Nudelgericht mit Meeresfrüchtesauce.
◼ Einfach und günstig isst man im **Bistro Palma** an der Promenade (Tel. 021-636141, tgl. 10–24 Uhr), Spezialität: Gnocchi in Pilzsauce.
◼ Das **Galicija** (Tel. 021-636312, tgl. 11–23 Uhr) wirbt hauptsächlich mit günstigen gegrillten Fischgerichten wie Sardinen oder Makrele sowie Hausgerichten wie Medaillons mit Spargel und Käse.

Nützliches

◼ **Bank** (Splitska Banka, Mo–Sa nur vormittags), **Post, Minimärkte** (davor Telefonzelle und Geldautomat) und **Gemüsemarkt** im Ort, ebenso eine **ACI-Marina,** Tel. 021-636306.
◼ Am rechten Hafenbecken verkauft die örtliche **Bäckerei** tgl. 6.30–13 und 15–22 Uhr frische Backwaren.
◼ Das benachbarte **Internetcafé** (gleichzeitig Frisör!) ist täglich 9–12 und 17–22 Uhr geöffnet. Hier am Ufer findet man auch einen kleinen privaten **Weinhandel mit Agrarprodukten** (Tel. 021-636275).
◼ Beim Bistro Palma findet sich eine weitere **Bäckerei**, ein **Metzger** sowie ein **Internetcafé.**
◼ Eine **Autovermietung** liegt direkt an der Marina (Tel. 021-630709).

Nerežišća

Ein ehemaliger Fürstensitz erinnert mit seinen venezianischen Löwen daran, dass Nerežišća im **Inselzentrum** zur Zeit der Venezianer der Verwaltungssitz von Brač war. Heute dient der Ort als Ausgangspunkt für eine Expedition zur Eremitage Blaca oder zum höchsten Berg Vidova Gora (s.u.). Die Abzweigung liegt ein paar Kilometer außerhalb Richtung Bol rechter Hand.

Vidova Gora

Während das Sträßchen zum Aussichtspunkt auf dem Vidova Gora (778 m) mit Veitskapelle und Grotte gut befahrbar ist, wird die Piste Richtung Blaca zur Material-Bewährungsprobe (vorsichtig befahrbar). Vom Aussichtspunkt Vidova Gora (ab Parkplatz fünf Minuten Richtung Antennen) mit britischer Weltkriegs-Erinnerungstafel hat man einen **herrlichen Blick** hinunter nach Bol und auf die Insel Hvar. Ein kleines Snacklokal bietet Erfrischungen und kleine Speisen an.

Eremitage Blaca

Auf der Zufahrt zum Vidova Gora auf den einzigen markierten Feldweg nach rechts achten (grünes Schild „Pustinja Blaca 6,5 km) und diesem ca. 4 km folgen bis zu einem größeren Feldparkplatz – man geht von hier noch links hinunter ca. 30 Minuten zu Fuß. Die in den Berg gebaute **Eremitensiedlung** ist nur über diesen Fußweg oder ab Bol zu Fuß (Uferweg Murvica – Farska) oder per

7

Ausflugsboot erreichbar. Vom 13. bis ins 19. Jahrhundert wohnten hier altkirchenslawisch predigende Wanderpriester als Eremiten; sie lebten von der Schaf- und Bienenzucht sowie von Spenden der Bauern aus dem Umland. Unbedingt sehenswert!

■ **Eremitenkloster Blaca,** Mai bis Oktober tgl. außer Mo 7–18 Uhr, Eintritt 40 K inklusive Führung.

Essen und Trinken

■ Im Ort bieten zwei kleine **Café-Bars** Erfrischungen an.
■ An der Strecke nach Supetar liegt links **Agroturizam Ranjak** (mobil 091-6316699, www.agroturizam-ranjak.hr, Apr.–Nov. 12–24 Uhr) mit sehr beliebten Lokalspezialitäten zum Direktverzehr und auch zum Mitnehmen.

Splitska

Mehrere kleine, touristisch kaum bedeutsame und gerade deshalb interessante Örtchen warten an der **Nordküste** und im **Nordosten** von Brač auf ihre Entdeckung. Die Route führt ab Supetar an der Küste entlang an mehreren schönen, unbewirtschafteten **Badebuchten** vorbei zunächst nach Splitska.

Immer mehr Touristen entdecken das **ruhige Dörfchen** an der Nordküste als Urlaubsstandort, dennoch geht es hier deutlich beschaulicher zu als im quirligen Supetar oder gar in Bol. An der Umgehungsstraße weisen Hinweisschilder auf die einstigen römischen Steinabbaugebiete von Splitska hin, wovon allerdings nicht mehr allzu viel zu sehen ist. Beliebt ist die **Wanderung nach Skrip,**

001kk wl

einem im Hinterland gelegenen, kleinen Bauerndörfchen mit **Heimatmuseum** (beschilderter Fußweg, ca. 1 Std.). Ein weiterer markierter Fuß-/Radweg führt bis nach Postira.

Unterkunft

■ Apartments vermietet z.B. die deutschsprachige **Pension Panorama**② (Tel. 021-717209, www.pension-panorama-brac.com).

■ Weitere **Ferienwohnungen** können unter www.bracinfo.com vorab arrangiert werden.

Essen und Trinken

■ Von der örtlichen Gastronomie ist neben dem **Panorama** (s.o.) die **Konoba Kod Tonca** (Tel. 021-632266, tgl. 12–23 Uhr) besonders zu empfehlen.

⌃ Die Eremitensiedlung Blaca

■ An der Uferstraße findet man einen kleinen **Frischmarkt** (Obst, Gemüse), einen **Minimarkt** und einen privaten **Weinhändler** (tgl. 18–21 Uhr).

Postira

Der Nachbarort Postira erstreckt sich recht weitläufig um mehrere Landzungen herum und ist der Geburtsort bedeutender kroatischer Persönlichkeiten,

7

namentlich des Dichters und Politikers *V. Nazor* und des Bildhauers *N. Lazanić.*

Auch hier sind wichtige Institutionen wie Restaurants, Post, Markt (auch Fisch), Bank und Metzgerei rund um das kleine Hafenbecken vorhanden. An der Ortszufahrt liegen links die Touristeninformation und die Bushaltestelle, gegenüber die Zufahrt zu den Parkplätzen (Fußballplatz).

Ein Fußweg führt am Meer entlang zur 2 km außerhalb gelegenen, sehr attraktiven **Kiesbadebucht Lovrecica.** Auch direkt im Ort bietet ein kleiner Kiesstrand (Liegen-/Schirmverleih) Bademöglichkeiten.

Info und Agenturen

■ **TZ Postira,** Strancica 3, Tel. 021-632966, www.postira.hr, tgl. 8–21 Uhr. Unter www.postira.hr/map-of-accommodation (nur Karte) und dort unter „accomodation" werden praktisch alle örtlichen Vermieter gelistet.

■ Die Agentur **A Propos Travel** (Tel. 021-632082, www.apropos.hr) neben der Touristeninformation

vermittelt Unterkunft, arrangiert Fahrzeuge, Ausflüge, Bustickets usw.

Unterkunft

■ **Hotel Lipa**③, Tel. 021-599430, www.brac-hoteli.hr, kleine, hübsche Anlage mit 28 Zimmern, mit Pool, Sauna und Wellnessangebot.

■ Das markante, blaue **Hotel Pastura**③, Tel. 021-740000, www.hotelpastura.hr, im Zentrum verfügt über DZ und kleine Apartments für bis zu 5 Personen, bietet WLAN, Radverleih, Wellness sowie Bar und Restaurant.

■ Das **Hotel Vrilo**②, Tel. 021-541250, www.brac-hoteli.hr, liegt direkt am Ufer und verfügt über 13 einfache DZ mit Minibalkon sowie 5 Apartments. PKW- und Scooterverleih.

■ Herr *Baić* (Tel. 021-632751, www.postira.com) vermietet hübsche **Ferienwohnungen**① mit Balkon/Terrasse (Meerblick) für bis zu 6 Personen sehr preiswert.

■ Die **Apartmani Ana**① (Tel. 021-632671, www.apartmentsana.com) liegen in Ufernähe und können für bis zu 6 Personen gebucht werden. Die Wohneinheiten verfügen über Klimaanlage und Sat-TV, das Haus über Grillmöglichkeit und Bootsanlegeplätze, auf Wunsch werden auch Mahlzeiten serviert.

Essen und Trinken

■ Als einfache, mit schönen Außensitzgelegenheiten ausgestattete Pizzeria bietet sich **Café-Bar-Pizzeria Lipa** (Tel. 021-632200, tgl. 6–24 Uhr) beim gleichnamigen Hotel an.

382kro wl

◁ Badespaß mit „Banane"

■ Bierkelleratmosphäre verströmt die **Konoba Gustirna** (Meja bb, mobil 091-1636494) im Zentrum am Hafenbecken, die sowohl Kleinigkeiten als auch auf Vorbestellung traditionelle Gerichte wie Peka oder Lamm serviert.

Nützliches

■ Zwischen Fußballplatz und Ufer liegt ein kleines „Einkaufszentrum" mit **Post** (Mo–Fr 7.30–14.30, Sa bis 12 Uhr), **Minimarkt** (6.30–22 Uhr, So 7–21 Uhr), **Obst-/Gemüsemarkt, Geldautomat, Bäckerei** und **Metzgerei.**
■ Direkt neben der Touristeninformation **Scooter- und Quadverleih** (mobil 091-12812272, tgl. 8.30–16 Uhr).

Pučišća

Das Zentrum des Kalksteinabbaus rund um den Ort Pučišća erscheint vielen interessierten Reisenden mithin einen Besuch wert. Archäologischen Grabungen zu Folge haben schon die Römer in den ersten nachchristlichen Jahrhunderten hier Steinblöcke abgebaut. Erste urkundliche Erwähnung findet der Ort im frühen 15. Jh. Mit den Türkenkriegen geriet man in eine – allerdings lose – Abhängigkeit von den Osmanen, um anschließend relativ unbehelligt ein **Zentrum der Steinbearbeitung** auf dem Balkan aufzubauen, was im frühen 20. Jh. in der Gründung einer ersten Steinmetzgewerkschaft gipfelte und noch heute für den Ort prägend ist.

Am linken Hafenbecken liegt die örtliche **Steinmetz- und Bildhauerschule,** eine der ganz wenigen für diesen Lehrberuf in Europa überhaupt. Führungen werden auf Anfrage über die Touristen-

information arrangiert (Kontakt: Tel. 021-633114, www.klesarskaskola.hr). Kooperationspartner ist die österreichische Schule Hallein.

Ein Stückchen weiter liegt ein feiner **Badeplatz** am kristallklaren Wasser, alle touristischen Institutionen finden sich rund um das kleine Hafenbecken.

Information

■ **Touristeninformation Pučišća,** am Hafenbecken, Tel. 021-633555, www.tzo-pucisca.hr und www.pucisca.hr, nur im Sommerhalbjahr 8–12 und 17.30–20.30 Uhr.

Unterkunft

■ Die Nummer eins vor Ort ist der stilvoll restaurierte **Palaca Dešković**④ (Tel. 021-778240, www.palaca-delskovic.com) im Zentrum. Neoantikes Interieur mit eigenem Jacuzzi, Internet und Minibar; hoteleigenes Restaurant mit offenem Kamin und hochqualitativen Fischgerichten. Das Hotel organisiert Tauchen, Workshops und Wanderungen.
■ **Zimmer und Wohnungen**①-③ vermittelt die Touristeninformation, sie können auch über die Agentur Vacanze unter www.bracinfo.com/pucisca vor der Reise arrangiert werden.

Essen und Trinken

■ Für eine Pizza bietet sich die **Konoba Marin** an (Solina 6, Tel. 021-634899, tgl. 10–22 Uhr).
■ Einfache Snacks serviert das **Bistro Bašta Aquila** (Obala Trifuna Bokanića 1, Tel. 021-663018, tgl. 7–24 Uhr).
■ Fangfrischen Fisch vom eigenen Fangboot bietet die **Konoba Lado** (Put M. Raca 4, Tel. 021-633069, Mai bis Nov. tgl. 11–24 Uhr) an.

Einkaufen

■ Am Hafenbecken kann man sich in zwei **Minimärkten**, bei der **Bäckerei** sowie am kleinen **Obst-/Gemüsemarkt** mit dem Notwendigsten eindecken.

Gornji Humac

Von Pučišća Richtung Osten durchfährt man einige kleinere Dörfer wie Gornji Humac, eine Oase der Landwirtschaft (Käseproduktion!) und **Pražnica**, eine stille Hirtensiedlung rund um einen kleinen Marktplatz.

Essen und Trinken

MEIN TIPP: Die **Konoba Tomic** (Tel. 021-647242), ein 800 Jahre altes Weingehöft in Gornji Humac, könnte ebenso gut als Heimatmuseum durchgehen. Der *turan* (alte Weinpresse) kann hier ebenso begutachtet werden wie der *toc* (steinerne Ölgefäße) oder der *žrvanj* (Maismühle). Superb speisen kann man in uriger Atmosphäre auch: Gebackener Tintenfisch, Sardellen, Ziegenbraten und Bohneneintopf sind nur einige der Köstlichkeiten des Hauses. Eigene Gartenprodukte (u.a. Mangold), ein Brotofen und Hausmacherwurst bei gelegentlichen Musikeinlagen des Wirtes runden das Bild ab – guten Appetit!

Povlja

MEIN TIPP: Am rechten Rand einer großen, gefächerten und **wunderschönen Bucht** liegt der kleine Ort Povlja, der unbedingt für einen Besuch zum Baden einlädt und sich aufgrund der Nähe zur Fähre Sumartin – Makarska auch zum Standorttipp entwickelt hat. Rund um das Hafenbecken liegt eine kleine, aber ausreichende touristische Infrastruktur, am rechten Ortsende bieten sich unterhalb der zerfallenen Hotelanlage ein kleines Strandbad sowie ein sehr schöner Kiesstrand besonders zum **Schnorcheln** an.

An- und Weiterreise

■ **Bus:** 10.45, 12.45 Uhr ab Bol, zurück 12.15 und 17.20 Uhr; 5.30–16 Uhr 5–6x tgl. von/nach Supetar.

Information

■ **Filialbüro der Touristeninformation Sumartin,** Trg Stjepana Radica 5, www.touristboard-selca.com; nur Juli/August 9–20 Uhr, sonst „nach Touristenaufkommen".

Unterkunft

■ **Gästehaus Schmid Blaga**②, am Ufer, Tel. 021-639210, Zimmer und Apartments.

■ Sehr schön wohnt man in der **Villa Arija**② (Tel. 021-639142, talujevic@gmail.com) im 4er-Apartment mit Terrasse und Meerblick.

■ Ebenfalls etwas erhöht liegen die **Apartments Toni-Franka**② (Tel. 021-639001, josko.litovic@st.t-com.hr).

■ Unten am Ufer bietet das Restaurant **Stara Uljana**② Apartments an (Tel. 021-639250), mit Exkursionsvermittlung; Vor- wie auch Nachteil ist das angeschlossene Restaurant.

■ Hinter dem schönen Badestrand (Leuchtfeuer) liegen noch ein paar Ferienwohnungen, u.a. die **Villa Vania**② (Tel. 021-639140, www.villa-vania.com) mit tollen 2er- und 4er-Einheiten.

■ Wer lieber isoliert wohnen möchte: In der Bucht Luka etwas außerhalb liegt das tolle Anwesen **Pipo**③ (Tel./Fax 021-633096, www.pipo1.com) mit DZ/Vollpension. Hauseigene Ankerplätze und mehrere Buchten in Gehnähe.

Essen und Trinken

■ Am Hafenbecken findet man mehrere Restaurants, sehr beliebt ist das **Restoran Stara Uljana,** Tel. 021-639250, tgl. 7–24 Uhr.
■ Die **Taverna Kala** (Tel. 021-639024, tgl. 7–24 Uhr) bietet frische Fischgerichte, in der **Konoba Pipo** in der westlich gelegenen Bucht Luka (s.o., Tel. 021-633361) werden ausschließlich Produkte aus eigener Herstellung (einschließlich Muscheln) angeboten.

Nützliches

■ Am Hafenbecken liegen die **Post** (tgl. 8–12 Uhr), daneben ein **Quadverleih** (www.nemo-adria. com), außerdem der **Minimarkt Trafika** mit **Wechselstube.**
■ **Moped-, Kajak- und Radverleih** sowie **Tauchen** bietet der kleine Shop von Nemo-Adria am Strandbad (rechtes Hafenende) an; es werden auch Apartments vermietet, mobil 095-5606039, in Deutschland Tel. 07251-9293993, www.nemo-adria.com.

Sumartin und Selca

Sumartin, nach der örtlichen Pfarrkirche Sv Martin benannt, ist eigentlich nur der Hafen des höher gelegenen Dorfes Selca. Keine touristische Offenbarung, bietet Sumartin jedoch die für viele Reisende so wichtige **Fähranbindung** ans Festland nach Makarska.

Unterkunft

■ Dem Rummel von Bol kann man im **Ferienhaus Tomic**② in Selca entgehen. Das sehr hübsche und stilvolle Haus für max. fünf Personen verfügt über zwei Schlafräume, Wohnzimmer mit Kamin, Küche (mit Gefriertruhe) und eine zauberhafte Terrasse unmittelbar am Meer. Das Haus kostet je nach Saison zwischen 90 und 130 €/Tag und ist über Familie *Klingenberg*, Am Ölberg 9, 55459 Grolsheim, Tel. 06727-892477, www.privaturlaub-kroatien.de, zu buchen.

Bol

„Baden ohne Limit" (Scherzkürzel der Urlauber für Bol) weist nur eine einzige, echte Attraktion auf: Das **Goldene Horn (Zlatni Rat),** eine sichelförmige, 400 m ins Meer hineinragende Landzunge aus Feinkies, einen knappen Kilometer außerhalb des Ortes. Ohne Frage aber liegt hier eines der Zentren für **Windsurfer** in Kroatien. Wer die Idylle einer Urlaubsinsel sucht, wird vermutlich eher enttäuscht sein – im Hochsommer bekommt man am Strand des Zlatni Rat allenfalls einen Stehplatz. Für einen Tagesausflug aber empfiehlt sich Bol durchaus einmal.

Orientiert man sich an der zentralen **Anlegestelle** (Tankstelle und Bushaltestelle) Richtung Hafenbecken, so findet man Restaurants, Eisdielen, Post, Supermarkt, Geldautomaten und die Touristeninformation. Es folgen dahinter etwas versteckt eine Reihe von beschilderten Privatunterkünften sowie der Fußweg zu einem **Dominikanerkloster,** in dessen Vorgängerbau mit der „Urkunde von Povlja" (1184) eines der wichtigsten

002kk wl

Schriftdokumente Kroatiens erstellt wurde (tgl. 10–12 und 17–19 Uhr).

Von der Anlegestelle nach links passiert man in der V. Nazora zwei Agenturen (s.u.) und erreicht den von Souvenir- und Kitschhändlern gesäumten **Fußweg zum Zlatni Rat.** Hier überlässt man gern die Madonnenbildnisse und liturgischen Schriften des am anderen Ortsende von Bol gelegenen Dominikanerklosters den höheren Mächten und frönt dem Badespaß. Ein Stückchen weiter (beschildert) liegt ein gesonderter FKK-Strandabschnitt.

Wer sich noch anderweitig betätigen möchte, besteigt von Bol aus über einen einfachen, aber sehr steilen **Wanderweg** in gut zwei Stunden den **Vidova Gora**, den mit 778 m **höchsten Berg von Brač**. Über den Küstenweg Murvica – Farska kann man bis zur Eremitage Blaca wandern (s.o., ca. 3½ Std.), auch Ausflugsboote legen unterhalb des Klosters an.

Im Ort selbst ist am Hafenbecken die kleine **Kunstgalerie** sehenswert (tgl. 10–12 und 18–22 Uhr).

Selbstfahrer können an der Zufahrtsstraße zum Zentrum kostenlos parken, im Zentrum kosten die wenigen Plätze 10 K/Stunde. Wer direkt zum Zlatni Rat möchte, folge der Abzweigung „Murvica" bis zum Großparkplatz (ebenfalls 50 K/Tag).

An- und Weiterreise

■ Ein **Schnellboot** verbindet Split via Jelsa mit Bol (in der Hauptsaison, ca. 10 €/Person); 6.20 Uhr (So 13.20 Uhr) ab Bol, 16.00 Uhr (Fr 16.30 Uhr) ab Split.
■ 4–6x tgl. **Busanbindung** nach Supetar und Sumartin (am Pier, siehe Supetar).

Info und Agenturen

■ **Touristeninformation** am Hafen, Tel. 021-635638, www.bol.hr; arbeitet mit den Agenturen zusammen. Einige Richtpreise: Scooter 270–300 K/Tag, Pkw ab 450 K/Tag, Fahrräder 90–100 K/Tag. Es werden auch günstigere Wochenpreise angeboten.

■ Die **Agenturen Boltours**, Tel. 021-635693, www.boltours.com, und **Adriatours**, Tel. 021-635966, www.adria-bol.hr, vermitteln Unterkunft (östlich vom Hafen ist es ruhiger als auf der Westseite Richtung Zlatni Rat); Ausflüge, Boote, Fahrzeuge usw. **Delta-Tours** am Busplatz vermietet Mopeds und Quads (Tel. 021-635148, www.delta-tours-bol.hr).

Unterkunft

■ Das stilvolle **Hotel Kaštil**③, ein ehemaliges Hafenkastell, liegt zentral in Bol am Ufer und hat 32 Zimmer mit AC und Sat-TV sowie ein angenehmes Terrassenrestaurant oberhalb der kleinen Hafenpromenade. Cocktail-Bar, zwei Restaurants und abendliche Live-Musik runden das Angebot ab. Gesetztere Klientel. F. Radica bb, Tel. 021-635995, www.kastil.hr.

■ Das sportlich-aktive, jüngere Publikum bevorzugt das **Resort Bretanide**③ (österreichisches Management) direkt an der Promenade zum Zlatni Rat. Mehrere Restaurants und Pizzerien, Poolbar und Dancing-Club sorgen für Unterhaltung und das leibliche Wohl, Pool, Kinderpool und zahlreiche Sportangebote (u.a. Kite-Surfen, Tauchen, Wasserski) verschaffen so manchen Adrenalinstoß. Eine umfangreiche Wellness-Oase (Ayurveda) rundet das attraktive Angebot ab. Gerade für Familien deutlich besser geeignet als das Kaštil. DZ und Familienzimmer mit AC, Sat-TV, Kühlschrank und Balkon sind auf All-Inclusive-Basis zu haben. A. Rabadana bb, Tel. 021-740140, www.bretanide.hr.

■ Wer Wert auf etwas Luxus legt, ist im **Hotel Elaphusa Bol**④ (Tel. 021-306200, www.hotel-elaphusa-bol.com) gut aufgehoben. Wellness, Pools, Hallenbad, Sauna und viele weitere Annehmlichkeiten, angeschlossenes Tenniszentrum.

■ Als gelungene Mischung aus Stadthotel, Wellness-Oase und Ferienwohnung erweist sich das **Hotel Ivan**③ mit je 8 EZ und DZ sowie je 16 Apartments für 2 bzw. 4 Personen. Alle Wohneinheiten

◁ Das „Goldene Horn" bei Bol

7

verfügen über AC, Internetzugang und Sat-TV, die Apartments zudem über Kitchenette und zusätzlichen Wohn-/Schlafraum. Zum Hotelangebot gehören Pool, Fitnessraum, Massageeinheiten und ein kleiner Nachtklub. David cesta 11a, Tel. 021-640 888, www.hotel-ivan.com.

■ Privatunterkunft findet man am Weg zum Zlatni Rat, z.B. **Villa Giardino**③ (Tel. 021-635286, www. dalmacija.net/bol/villagiardi no) oder **Villa Rajski Dvor**③ (Tel. 021-635056, www.apartmani-bol. com), DZ und Apartments.

■ Im Ortskern direkt am Hafen bietet die **Villa Santo**③ (Tel. 021-717194, www.villa-bol.com) zwei komplett ausgestattete 4er-Apartments mit Meerblick (a/c, Sat-TV, Spül- und Waschmaschine usw.). Auf Wunsch Arrangements für alle Arten von Wassersport, einmal wöchentlich wird das hauseigene Boot für einen Tag zur Verfügung gestellt.

■ Weitere Zimmer/Apartments findet man auch unter **www.bol.hr/de/villas.**

Camping

■ **AC Kito**② , Tel./Fax 021-635551, www.cam ping-brac.hr, das größte der vergleichsweise kleinen Camps vor Ort mit Snackbar und Rad-/Bootsverleih.

■ **Aloa-Camping Murvica**②, Tel. 021-635367, www.camping-bol.com und www.nautic-center-bol.com. Sehr ruhig, ca. 3 km außerhalb gelegen (Piste ab Zlatni Rat), Zelt und Caravanvermietung, Rad-/Bootsverleih sowie Wassersportangebote.

■ **AC Mario**③, an der Ortszufahrt in Gehnähe zu Zentrum und Supermarkt, Tel. 021-635028, www. kampmario-bol.com, Wohnwagen-, Zelt- und Radvermietung.

■ **AC Kanun**②, am Ortseingang, Tel. 021-635293, www.bol.hr, keine Sportangebote; 1.4.–31.10. geöffnet.

■ Beim Dominikanerkloster östlich vom Zentrum (Ul. Rabadana 4, Tel. 021-778000) wurde der zum Klosterareal gehörende Miniplatz **Dominikanski Samostan**② eingerichtet. Sehr beliebt und ruhig.

Essen und Trinken

■ Für einen Drink bietet sich die offene **Varadero Bar** (nahe Pier) an, mit Internet-Point.

■ Das **Bistro Pumparela** (nahe Post) serviert günstige Kleinigkeiten, aber auch Fischgerichte und Steaks, Tel. 021-635886.

Mittlere bis gehobene Kategorie

■ In der Parallelstraße der Uferpromenade von Bol liegt die gemütlich-rustikale Taverne **Gušt**. Neben hausgemachten Gerichten wie Rindergulasch, mariniertem Fisch oder dalmatischem Fischeintopf wird ein mit Kräutern und Feigen hergestellter hausgemachter Brandy serviert. Lokale Weine der Inseln Hvar und Brač. Geöffnet April bis Oktober tgl. 12–2 Uhr, Frane Radica 14, Tel. 021-635911.

■ Nur wenige Meter weiter befriedigt das **Hotelrestaurant Kaštil** gehobene Ansprüche. Von der hübschen Terrasse direkt oberhalb des Yachthafens kann bei vorzüglichen Weinen, dalmatischen wie internationalen Gerichten und gelegentlicher Live-Musik das Treiben im Hafen beobachtet werden. Ul. Frane Radica 1, Tel. 021-635995.

■ Die italienischen Einflüsse auf die moderne kroatische Küche sind nicht zu leugnen; das **Restaurant-Pizzeria Topolino** an der Uferpromenade steht seit vielen Jahren in dem Ruf, nicht nur dalmatische Hausmannskost schmackhaft zuzubereiten, sondern auch die besten Nudel- und Pizzagerichte auf Brač zu servieren. Riesenportionen, günstige Preise, bei der sportlich aktiven, jüngeren Klientel sehr beliebt. Riva 2, Tel. 021-635996.

Nachtleben

■ Im Sommer macht das **Ljetno Kino** (Ul. Rudina) um 20.30 und 23 Uhr Open-Air-Vorführungen.

■ Disco und Tanz bietet der **Club Elaphusa** am Hotel Elaphusa Bol (Zlatni Rat) täglich 22–5 Uhr; Put Zlatnog Rata 46, Tel. 021-635210.

Aktivitäten

■ **Tauchbasen: Big Blue Sport,** Tel. 021-635614, www.big-blue-sport.hr, unmittelbar neben der Touristeninformation (8.30–11.30 und 18–22 Uhr, auch Windsurfen, Kayaking usw.) und am Zlatni Rat; vermieten auch Räder (90–100 K/Tag). Am Hotel Elaphusa Bol liegt außerdem das **Dolphin Diving-Center,** mobil 091-2508033, www.diving-dolphin.com.

■ **Simfo-Windsurf-Center** (am Uferweg zum Zlatni Rt, tgl. 9–18 Uhr), **Tenniscenter** Hotel Bretanide, **Orca Surf- und Bikecenter** mit Bootsverleih sowie die **BIC Bol-Windsurf-Schule** (alle am Fußweg zum Zlatni Rat).

■ Rund um den Strand-/Hotelbereich kann vielen Aktivitäten nachgegangen werden: **Surfbrett- und Bootsverleih, Paragliding, Fahrradverleih** usw.

■ Die **Hafenmeisterei** ist unter Tel. 021-635903 erreichbar.

■ Sehr beliebt sind die Tagestouren nach Hvar-Stadt per **Ausflugsboot** zu rund 150–200 K.

■ Eine **Touristen-Eisenbahn** verbindet das Zentrum von Bol mit dem Hotelkomplex am Zlatni Rat (9–19 Uhr Zlatni Rat, 19–23 Uhr zu den Hotels, 10 K).

Nützliches

■ Selbstversorger finden einen großen **Konzum-Supermarkt** (7–22 Uhr tgl.) an der Ortszufahrt, einen größeren **Minimarkt** an der Promenade und eine **Bäckerei** in der Ul. Rudina 8 (landseitig vom Hotel Kaštil).

■ Der **Obst-/Gemüsemarkt** (Treppe am Hafenbecken) ist am Vormittag besonders gut besucht, hat aber bis in die frühen Abendstunden geöffnet.

■ **Apotheke** (Tel. 021-635987) und **Erste Hilfe** (Tel. 021-635093) am Porat bolskih pomoraca bei der Touristeninformation.

■ Mehrere **Geldautomaten** auf dem Weg zum Pier; am Busplatz befindet sich eine **Wechselstube** für Bargeldumtausch nebst **Internetcafé.**

Insel Vis

Vis, **ehemalige Marinebasis** im sozialistischen Jugoslawien, wurde erst in der „neukroatischen" Ära für Touristen zugänglich gemacht. Die 1930 Bewohner der Insel, die sich etwa gleichmäßig auf die beiden Orte Vis und Komiža aufteilen, sind daher auf ihre traditionelle Lebensweise als Fischer (Fischfabrik) und Bauern (Viehzucht und Wein) angewiesen. Die Landschaft erscheint deutlich karger als auf anderen Inseln, außer Kräutern und vereinzelten Kiefern ist der Bewuchs wegen der geringen Niederschläge außerordentlich dürftig. Wer eine ruhige, abgeschiedene und **untouristische Insel** ohne großartige Höhepunkte sucht, wird sich auf Vis wohlfühlen. Campingmöglichkeiten sind angedacht, aber noch nicht realisiert.

Vis als äußerer Vorposten der süddalmatischen Inseln wurde in allen Epochen stark befestigt. Den illyrischen Siedlern folgten die griechischen Händler, die Römer ab 45 v. Chr. bauten Thermen und Tempel. Nach dem Fall Roms blieb Vis mehr oder weniger unter der Obhut der kroatischen Könige und wur-

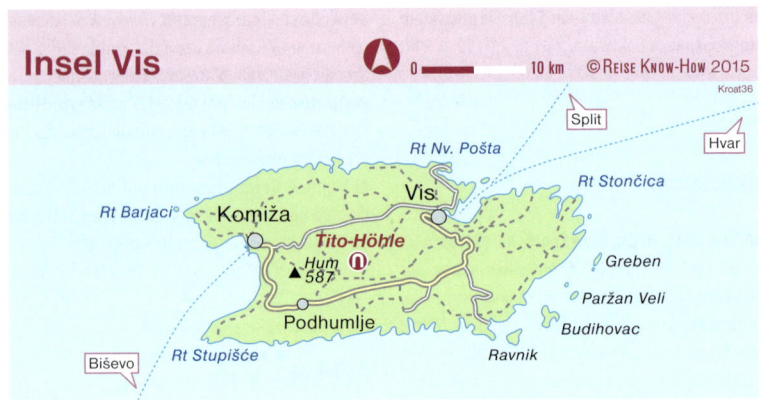

de 1242 nominell der Insel Hvar angegliedert. Somit fiel auch Vis 1420 an Venedig, welches zu diesem Zeitpunkt ganz Dalmatien dem kroatischen König abkaufte. Nach einer kurzen französischen und britischen Einflussnahme wurde Vis 1815–1918 von Österreich regiert und zu einem bedeutenden Marinestützpunkt ausgebaut.

Diesen nutzten dann auch die jugoslawischen Partisanen und machten Vis im Zweiten Weltkrieg zum **Hauptquartier Titos** mit eigens angelegtem Militärflughafen. Tito organisierte seinen Partisanenkrieg von einer Höhle in den Bergen von Vis aus – sie kann man heute bei einer Wanderung von Vis nach Komiža besuchen. Ihre militärische Bedeutung behielt die Insel bis 1989 – seitdem erst ist sie für Ausländer zugänglich.

Hauptort Vis

Im Hauptort Vis mit der Fähranlegestelle sind die alten Prachtbauten – u.a. der **Palazzo Garibaldi** (siehe Glossar) – so

wie das **Archäologische Museum** sehenswert. Die hier gezeigten Funde der näheren Umgebung entstammen der einstigen griechischen Handelsstation Issa (griechisch für *Vis*) sowie römischen Thermen und Theaterbauten. Ansonsten ist noch die **Pfarrkirche Sv Ciprijan** aus dem 16. Jahrhundert mit aufwendigen Deckenmalereien erwähnenswert.

■ **Archäologisches Museum,** Mo–Fr 10–13 und 17–21 Uhr, Sa nur vormittags, So geschlossen.

Komiža

Am anderen Inselende, 18 km von Vis entfernt, liegt das ruhigere Komiža. Sehenswert sind hier das ehemalige **Dominikanerkloster Sv Dominik** aus dem 17. Jahrhundert sowie die kleine **Bergkapelle Gospa Planica** oberhalb des Ortes. Von Komiža aus bieten sich Tagestouren zur **Badeinsel Biševo** an oder eine fünfstündige **Wanderung** auf einem gut markierten Weg, der über die Berge (Hum, 587 m) nach Vis führt. Nach etwa

Zentraldalmatien

8 km wird die knapp 80 m tiefe **Tito-Höhle** (Titova Špilja) erreicht, aus der der Partisanenführer den Widerstand gegen die Achsenmächte organisierte.

An- und Weiterreise

■ Vom 1.6.–30.9. **Fährverbindung** von/nach Split 2–3x tgl. für ca. 55 € (Pkw mit 2 Personen), 1x tgl. Personenschnellboot von/nach Split.
■ Ein **Inselbus** verkehrt 5x tgl. zwischen Vis und Komiža.

Information

■ **TZ Vis,** Šetalište Stare Isse 5, Tel. 021-717017, www.tz-vis.hr, Info und Unterkunftsvermittlung. Alternativ über www.navigator.hr, www.visit.hr und www.paiz-travel.com.

Unterkunft

■ **Hotel Issa**②, Zanelle 5, Tel. 021-711124, issa@st.t-com.hr, in Vis oder **Hotel Biševo**② in Komiža.
■ **Privatunterkünfte** auf der Insel sollte man vor der Anreise arrangieren, eine gute Quelle ist www.visinfo.org mit Unterkünften für 2–6 Personen, insgesamt rund 20 % günstiger als auf den Inseln Šolta und Brač.

Aktivitäten

■ **Baden** ist jeweils in der Nähe der Hotels (Kiesbuchten) möglich. Ab Komiža (Kai) werden Tagestouren zur 6 km² großen Badeinsel Biševo angeboten, bekannt für ihre (nur von See erreichbaren) azurblauen Grotten.
■ Vis hat sich wegen des geringeren Schiffsverkehrs zum interessanten Tauchrevier gemausert:

Tauchbasen An-Ma, Kamenita 12, Vis, Tel. 021-711367, www.anma.hr; **Komiža,** P. Strada, Komiža, Tel. 021-713504, **Manta Diving** (mobil 091-74477020, www.crodive.info) und **Issa,** Ribarska 91, Komiža, Tel. 021-713651, www.scubadiving.hr.

Nützliches

■ In beiden Orten gibt es **Supermarkt, Post, Bank** und etliche **Restaurants.** Eine **Tankstelle** liegt nahe der Anlegestelle in Vis.

Omiš und die Četina-Schlucht

Ab Split südwärts rücken die **Ausläufer der dinarischen Berge** immer näher zur See; der ohnehin schmale Flachlandstreifen verengt sich zusehends und wird nur an wenigen Stellen von Flussmündungen durchbrochen. Eine davon ist die des **Flusses Četina,** der sich in Omiš in die Adria ergießt und der Brücke, die die beiden Ortsteile verbindet, einen bedeutenden Charakter verleiht. Omiš (15.500 Einwohner) wird von Split-Reisenden als Ausweichquartier benutzt und dient als Ausgangspunkt für einen lohnenswerten Ausflug in die Četina-Schlucht.

Unter den kroatischen Königen mehrfach verschiedenen Adeligen als Lehen gegeben, fiel Omiš Mitte des 15. Jahrhunderts an Venedig. Die Venezianer bauten eine **Stadtbefestigung,** die letztlich auch die mehrfach anrückenden Türken nicht überwinden konnten. Die Ruinen der Fortiza in den Hängen auf

7

über 300 m Höhe zeugen von dieser Wehrhaftigkeit. Auch Renaissancepaläste im Ort gehen auf diese Epoche zurück.

Auf der Südseite des Flusses wurden entlang der heutigen Durchgangsstraße die hübschen **Kirchen** Sv Mihovil (13. Jahrhundert), Sv Duh (16. Jahrhundert) und Sv Rok (17. Jahrhundert) sowie der städtische **Uhrturm** errichtet. Ein kleines Juwel steht auf der anderen Flussseite, die Peterskirche aus dem 10. Jahrhundert.

Die Četina-Schlucht

Der Fluss Četina, der sich bei Omiš unmittelbar hinter der Stadt den Zugang zum Meer durch das malerische Gebirgsmassiv bahnte und damit einen **großartigen Canyon** schuf, bildet zusammen mit dem einen Kilometer langen Sandstrand einen unvergleichlichen Abschnitt der Adriaküste. Hier sind Sportarten wie **Rafting** auf den Stromschnellen der Četina und **Klettern** in den umliegenden ursprünglichen Felshängen möglich, ergänzt durch modern ausgestattete Privatpensionen, Villen und Apartments – alles einerseits sehr nahe, andererseits doch weit genug vom Zentrum Split und der Tourismusindustrie entfernt. **Kajak- und Kanufahrten** auf Wildflüssen werden in Kroatien auf der Kupa, Korana, Četina und Una organisiert, wobei die Četina die besten Möglichkeiten bietet.

■ **Infos:** www.raft.hr.
■ Besonderer Beliebtheit erfreut sich die **Kombi-Abenteuertour** der bekannten **Agentur Atlas** in Split, Tel. 021-343055, www.atlas-croatia.com, die

inkl. Flug ab ca. 1300 €/Person gebucht werden kann und kombiniert mit Mountainbike und Kajak eine Woche lang die Četina entlangführt.

Info und Agenturen

■ Auskünfte zur Region und Hilfe bei der Unterkunftssuche bietet das **Büro der Touristischen Gemeinschaft** an der Hauptstraße, Tel./Fax 021-861350, www.tz-omis.hr.
■ Internetinfos zur Region unter **www.omisinfo.com.**
■ Im Raum Omiš arrangiert die **Agentur Active Holidays,** Knežova Kačića, Tel./Fax 021-863015, www.activeholidays-croatia.com, neben Rafting auf der Četina auch Freeclimbing-Kurse, Windsurfen, Tauchen, Unterkunft, Pkw-Vermietung und Ausflüge aller Art.
■ Im nahe gelegenen Ortsteil Nemira wende man sich an die sehr zuverlässige **Agentur Adria Tours,** Duče Zavlje II/2, Tel./Fax 021-734577, www.adriaturist.hr.

Unterkunft

■ Hotelunterkunft bietet das **Hotel Pleter**③ (Buchungstel. 020-362820, www.adriastar-hotels.hr) ein Stückchen außerhalb im ruhigeren Ortsteil Mimice direkt am Kiesstrand; Sauna und Fitness.
■ Ferienwohnungen bieten u.a. die **Apartments Beverly**② im Ort, Put Borka 55, Tel. 021-757115, www.apartments-beverly.com. Alle acht Einheiten mit Waschmaschine, Sat-TV und Balkon, Exkursionen/Rafting wird auf Wunsch organisiert.
■ Auch das **Calypso Diving Center** (s.u.) vermittelt Apartments, weitere FeWo können über tz-omis.hr arrangiert werden.
■ Im Zentrum von Omiš liegt das rundernneuerte **Hotel Plaža**② (Tel. 021-755260, www. hotelplaza.hr) mit Balkon und Meerblick, Wellness-Bereich und günstigem Hotelrestaurant.

■ Seit Jahrzehnten bekannt ist die Hotelanlage **Sagitta-Ruskamen**④, Tel. 021-362820, www.sagitta.hr. Ältere, sehr gepflegte Anlage mit Zimmern, Apartments und Bungalows sowie attraktiven All-inclusive-Angeboten. Rabatte von bis über 50 % außerhalb der Hauptreisezeiten.

Camping

Eine ganze Reihe von Campingplätzen unmittelbar vor und hinter Omiš zieht alljährlich zahllose Campingfreunde an, u.a.:

■ **AC Lisičina**②, Tel./Fax 021-862536, www.ac-lisicina.hr, mit Radverleih, klein und ansonsten ohne Extras.

■ **AC Galeb**② (vorm. Ribnjak), am Ortseingang rechter Hand an der Četina-Mündung, modern und noch recht neu, mit gutem Freizeitangebot: Rad- und Bootsverleih, Tennis- und Surfkurse, breiter, flacher Strand. 600 Plätze, Kinderclub und Animation (Hauptsaison). Tel. 021-864430, www.kamp.galeb.hr.

■ **Camp Danijel**①, Tel. 021-871400, www.autocamp-danijel.com, auch FKK, bewaldete Hanglage.

■ **AC Sirena**①, 7 km vom Zentrum entfernt in Ruskamen, sehr steile Zufahrt (keine Großfahrzeuge/Hänger), intim und familiär, sehr beliebt und preiswert. Tel. 021-862415, www.autocamp-sirena.com.

Essen und Trinken

■ Etliche gute Lokale empfehlen sich entlang der Hauptstraße, besonders erwähnenswert ist der **Konoba-Grill Knez** (vorm. Dalmacija) mit Fleischspezialitäten, Mosorska cesta 13, Tel. 021-863444.

■ Als besonders beliebte Pizzeria sei auf die **Pizzeria Antula** verwiesen (Knezova Kacica bb, Tel. 021-862494, http://i-bulic.wix.com/antula, tgl. 11–1 Uhr, nur 1.6.–30. 9. geöffnet).

■ Die alte Mühle **Radmanove-Mlinice** in der Četina-Schlucht empfiehlt sich für eine Rast (Fisch, Schinken und Käse) bei Touren durch die Schlucht; Tel. 021-862073, April–Okt. tgl. 8–24 Uhr.

Nützliches

■ **Parken:** der große Zentralparkplatz vor der Brücke kostet 5 K/Stunde.

■ Im Ort liegen ein großer **Konzum-Supermarkt** (tgl. 7–21 Uhr, So bis 13 Uhr) sowie zentral das **Studenac-Einkaufszentrum** an der Hauptstraße; ein **Frischmarkt** für Obst und Gemüse liegt hinter der Brücke an der Hauptstraße.

■ Für Kinder wurde beim Camp Galeb der **Dinopark Omiš** eröffnet, im Sommer tgl. 10–22 Uhr, sonst nur Fr/Sa/So 14–19 Uhr, im Winter geschl., mobil 099-4441234, www.dinopark-croatia.com. Hier auch WLAN-Hotspot.

■ Die **Café-Bar Big Blue** (Četvrt Ribnjak bb, Tel. 021-864500) an der Hauptstraße nahe dem Busbahnhof dient auch als **WLAN-Hotspot.**

■ **Calypso Tauchbasis,** Obala gusara bb, mobil 091-8975263, www.calypsodiving.hr, auch FeWo① für 3–4 Personen.

7

Zugegeben, bis in den äußersten Süden ist es kein Katzensprung. Aber der schmale Zipfel nahe der Grenze zu Montenegro lohnt die lange Anfahrt: Hier liegt die „Perle der Adria", Dubrovnik, mit ihrer komplett unter Denkmalschutz stehenden Altstadt.

8 Süd-dalmatien

Die vorgelagerten Inseln Hvar, Korčula oder Pelješac und die Riviera von Makarska locken mit faszinierenden Landschaften und vielfältigen Wassersportmöglichkeiten.

Zagreb

Rijeka Karlovac

Krk

Cres

Pag

Zadar

Split

Brač

Vis Hvar

Korčula

Dubrovnik

◁ Die als UNESCO-Welterbe geschützte Altstadt von Dubrovnik

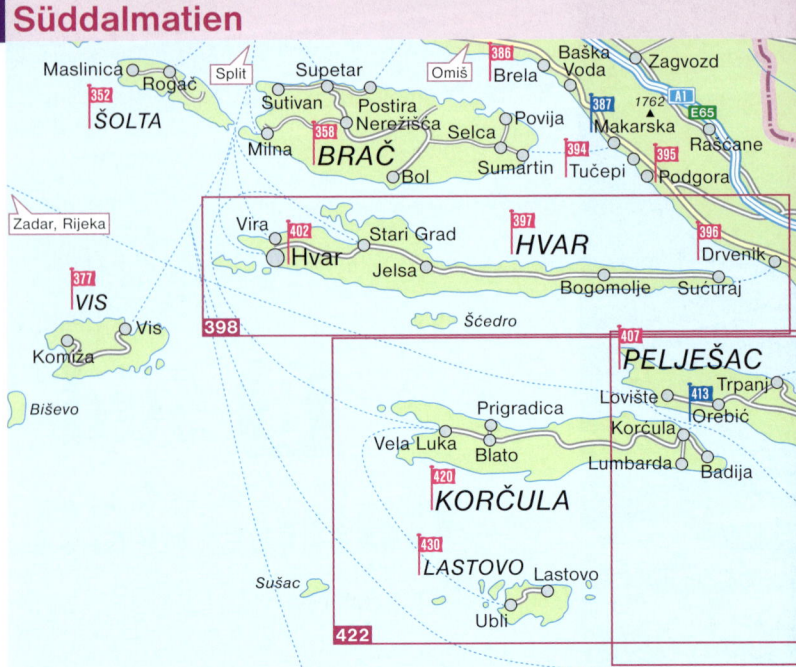

NICHT VERPASSEN!

SÜDDALMATIEN

Vom Küstenort Brela, etwa auf Höhe der Insel Brač, bis zur Grenze nach Montenegro erstreckt sich der schmale Saum des süddalmatischen Küstenlandes mit einer ebenso faszinierenden wie abwechslungsreichen Szenerie. Im Hinterland reicht Bosnien-Herzegowina dicht an die Adriaküste heran, sodass das kroatische Festland hier nur wenige Kilometer breit ist. Darüber hinaus bietet Süddalmatien auch einige höchst unterschiedliche vorgelagerte Inseln, die allesamt einen Besuch lohnen.

Von Norden kommend, erreicht man zunächst die **Riviera von Makarska,** ein Urlaubs- und Badezentrum mit allen touristischen Annehmlichkeiten, das den Zentren Istriens oder der Kvarner Bucht in nichts nachsteht.

Dann folgt das fruchtbare **Delta der Neretva** mit dem wichtigen Umschlaghafen Ploče. Anschließend geht es, zumindest bis zur Fertigstellung der Pelješac-Brücke oder einer Alternative, durch bosnisches Territorium, den Neum-Zipfel. Dahinter erreicht man den vom kroatischen Festland getrennten Landstrich um die vielleicht schönste kroatische Küstenstadt **Dubrovnik.**

Darüber hinaus bietet Süddalmatien einige faszinierende und auch höchst unterschiedliche Inseln, die allesamt einen Besuch lohnen. Die größte und meistbesuchte Insel des südlichen Dalmatien ist **Hvar.**

Brela und Baška Voda

Von Split und Omiš weiter in Richtung Südosten fahrend, passiert der Reisende zunächst die Orte Brela und Baška Voda. Das kleine Brela bietet einen angenehmen Strand und mehrere Hotels und hat sich in den vergangenen Jahren durch die alljährlich im August stattfindenden Kulturfeste und **Fischerabende** (15.–20.8.) einen Namen gemacht. Camper orientieren sich an diesem Abschnitt der Makarska-Riviera eher nach Baška Voda, wo weitläufige Strandabschnitte locken.

⌄ In der Bucht von Makarska, im Hintergrund die aufsteigenden Berge des Biokovo-Massivs

Info und Agenturen

■ Informationen erteilt in **Brela** das Büro der **Touristischen Gemeinschaft,** Obala Kneza Domagoja, Tel. 021-618337, www.makarska.rivijera.hr.
■ In **Baška Voda** erhält man Informationen beim **Tourismusbüro** in der Obala Sv Nikole 71, Tel./Fax 021-620713, www.baskavoda.hr, oder bei einer der zahlreichen Agenturen, die auch Privatzimmer vermitteln, u.a. **Adria,** Tel./Fax 021-620704, www.as-adria.hr, und **Duga,** Tel./Fax 021-620207, www.duga-baskavoda.hr.

Unterkunft

■ Die günstigste Möglichkeit bietet die Hotelsiedlung **Alem**③, etwas südlich von Baška Voda, Tel. 021-612088, www.club-adriatic.hr.
■ In der einfachen Mittelklasse angesiedelt ist das **Hotel Hrvatska**③, Baška Voda, Tel. 021-611340, www.club-adriatic.hr.

032da wl

8

Süddalmatien

■ Am oberen Preissegment rangiert das **Hotel Milenj**④, Šetalište Krešimira IV 5, Baška Voda, Tel. 021-620644, www.hotel-milenij.com.
■ Schöne Apartments/Studios und Bootsvermietung dazu bietet die **Villa Perla**③, Bratuš 17, mobil 091-9449159, www.acca-nautika.com.

Camping

■ **AC Baško Polje**②, Tel. 021-612329, www.club-adriatic.hr, u.a. Minimarkt, Mobilheime, Tauchbasis, Radverleih.

Aktivitäten

■ **Tauchen:** Poseidon Dive Center, Blato 13, Tel. 021-620263, www.diving-poseidon.hr.

Makarska

Das Zentrum der Makarska-Riviera bilden der Ort Makarska sowie die sich südlich anschließenden Orte Tučepi und Podgora. Es gibt viele wunderhübsch und malerisch gelegene Badeorte in Kroatien, doch nur wenige lassen sich mit Makarska (gut 14.000 Einwohner) vergleichen. Dies ist sicherlich auch auf die atemberaubende Hintergrundszenerie des **Biokovo-Massivs** zurückzuführen, das sich unmittelbar hinter dem schmalen Küstenstreifen der Makarska-Riviera auf bis zu 1700 Höhenmeter erhebt und dem Betrachter, der sich im flachen Adriawasser tummelt, nicht nur ein einmaliges Panorama bietet, sondern ihm auch in Erinnerung ruft, wie klein der Mensch doch im Angesicht der Großartigkeit der Natur ist. Touristisch ist Makarska für **Wassersportler,** aber auch für **Wanderer** ein lohnenswertes Ziel, die Infrastruktur lässt es jedenfalls an nichts mangeln.

Geschichte

Besiedelt seit dem 4. Jahrhundert n. Chr. und als **Bistum** vom 6. Jahrhundert an belegt, fielen die Siedlungen um die heutige Bucht von Makarska wechselnden Herrschaftsverhältnissen bosnischer, kroatisch-ungarischer und venezianischer Regenten zum Opfer. Im 14. und 15. Jahrhundert war Makarska **Verwaltungssitz der Osmanen** (Türken), es wurde zur bedeutenden türkischen Handels- und Seefahrtsdrehscheibe zwischen Konstantinopel und der nördlichen Adria ausgebaut und mit Wehranlagen umgeben.

Erst im späten 17. Jahrhundert fiel Makarska an **Venedig.** Dass die Süddalmatier weit mehr Widerstand zu leisten vermochten als ihre Brüder in nördlicheren Gefilden, mussten auch die nachfolgenden **Habsburger** erkennen, als Makarska am 24.10.1865 Wahlen für eine innere Autonomie durchsetzte (noch heute Feiertag der Stadt Makarska). Während die österreichischen Herrscher (1797–1918) versuchten, die Stadt zu „italisieren", entwickelte sich tatsächlich aber ein **kroatischer Nationalismus** – das Kroatische wurde kurzerhand zur Amtssprache erklärt. Ab 1918 jugoslawisch, blieb Makarska während der Weltkriege und auch im Bürgerkrieg relativ unversehrt. Größeren Schaden erlitt die Stadt durch ein schweres Erdbeben im Jahr 1962.

Sehenswertes

Uferpromenade

Die palmenumsäumte Uferpromenade erstreckt sich vom Osejava-Park bis zur Halbinsel Sv Petar; hier pulsiert das Leben, laden Kioske, Eisdielen, Restaurants und zahllose Cafés zum Verweilen ein, oder es locken die Bänke am Kai, den ein- und ausfahrenden Booten in der Bucht zuzuschauen.

Trg Kačićeva

Unmittelbar hinter der Uferpromenade erstreckt sich die nette **Altstadt** mit zahllosen kleinen Geschäften und Straßenhändlern in den Gassen, in denen es

Makarska

nach Gegrilltem duftet und abends das Leben pulsiert. Zentraler Platz ist der Trg Kačićeva mit dem **Denkmal des Nationaldichters Andrija Kačić** (1704–1760). *Kačić* gilt als der Poet des armen Mannes, er vermittelte in seinem Hauptwerk „Erzählungen des slawischen Volkes" historische Begebenheiten der dalmatischen und südslawischen Geschichte in einprägsamen und einfachen dichterischen Formen und trug damit zum dalmatischen Nationalbewusstsein bei.

Sv Marko

Dominiert wird der Trg Kačićeva von der sich malerisch von den dahinter aufragenden Bergen abhebenden **Pfarrkirche** Sv Marko, die dem Schutzpatron ge-

Übernachtung
1 Camp Jure
2 Hotel und Camp Rivijera
3 Hotel Biokovka
4 Hotel Dalmacija, Hotel Bonaca
5 Apartments Puharić
6 Hotel Maritimo
7 Pension Ante Katić
8 Hotel Park
9 Hotel Meteor
15 Hotel Biokovo

Essen und Trinken
7 Konoba Adria
13 Mondo
14 Burger-Imbiss
16 Pizzeria Domina
18 Susvid
19 Biergarten

Einkaufen/Sonstiges
10 Agentur Kompas
11 Agentur Biokovo Active
17 Markt
18 Agentur Atlas
20 Supermärkte Konzum, Apfel

Nachtleben
12 Plaža-Beachclub
19 Disco Grotta

widmet ist. Das relativ schmucklose Gotteshaus entstand im Jahr 1776, das Innere birgt eine interessante **Ikonensammlung.**

Palazzo Ivaniševića

Wendet man sich vor der Kirche nach rechts, trifft man nach wenigen Metern auf den barocken einstigen **Herrenpalast** der Händlerfamilie *Ivanišević* mit einem eigenen Zugang zur See. Der berühmteste Spross der Familie ist Tennisfreunden aus aller Welt wohl bekannt: *Goran Ivanišević.*

Städtisches Museum

Westlich der Pfarrkirche liegt im ehemaligen barocken **Palazzo Tonolli** das kleine städtische Museum mit Exponaten zur mittelalterlichen und jüngeren Stadtgeschichte.

■ **Städtisches Museum,** Obala Tomislava 17, Mo–Fr 9–13 und 21–22 Uhr, Sa 19–22 Uhr; im Winter Mo–Fr 9–15 und Sa 9–13 Uhr, So/Fe geschl., Eintritt 15 K.

Franziskanerkonvent

Eine besondere Sehenswürdigkeit liegt am südlichen Rand der Altstadt, der Franziskanerkonvent. Auf den Ruinen einer Benediktinerabtei aus dem 6. Jahrhundert errichteten Franziskanermönche um 1400 ein Kloster. Seine heutige Form erhielt es – vom barocken **Campanile** aus dem 18. Jahrhundert abgesehen – um 1614. Die Franziskaner sammelten in den Klostermauern etliche wertvolle Gemälde sowie eine umfangreiche **Bibliothek.**

Muschelmuseum

Auf dem Klosterareal dürfte für Taucher und Muschelliebhaber das Malakologische Museum mit Muscheln aus aller Welt von Interesse sein. Die Exponate sind mehrsprachig beschriftet.

■ **Malakološki Muzej,** Juli/August tgl. 10–12 und 17–19 Uhr, Juni und September nur 10–12 Uhr, sonst auf Anfrage unter Tel. 021-611256, Eintritt 15 K, Kinder 8 K.

Halbinsel Sv Petar

Zwischen dem langen Sandstrand und der Uferpromenade liegt die kleine bewaldete Halbinsel Sv Petar mit der gleichnamigen **Waldkapelle.** Das Wäldchen ist von **Spazierwegen** durchzogen; an der Nordseite beim Leuchtturm kann man gut und sandfrei im klaren Wasser **schnorcheln.** Auf der Südseite liegt die beliebte **Disco Grotta** mit einem kleinen Biergarten vor einer Höhle.

Botanischer Garten

Vier Kilometer außerhalb von Makarska in Richtung Gornji Tučepi (beim Weiler Kotišina) kommt linker Hand die Zufahrt zum Botanischen Garten (Botanički vrt) auf 350–500 Höhenmetern. Hier sind die **Pflanzen des vegetationsarmen Biokovo-Gebirges** zu sehen. Der Garten wurde bereits in den 1970er Jah-

Süddalmatien

ren von Franziskanermönchen angelegt. Außerdem beeindrucken hier die Reste eines Kastells aus dem 17. Jh.

Wanderungen

Osejava Rat

Wer ein wenig zu Fuß auf Erkundungstour gehen möchte, sollte das **lang gezogene Waldgebiet** Osejava Rat am südlichen Ende der Bucht von Makarska aufsuchen. Ein wunderschöner Spazierweg führt die Treppen hinauf, an der Parkbank rechts und dann zunächst immer rechts oberhalb der Küste entlang. Nach etwa 15 Minuten erfolgt eine Gabelung: Geradeaus geht es sanft hinab zu einer **FKK-Badebucht,** scharf links und kurz darauf gleich wieder rechts geht es weiter Richtung Tučepi. Man folgt diesem Weg bis zu einer Sackgasse mit **Ruine und Aussichtspunkt** (man kann hier zur FKK-Bucht hinuntersehen, es gibt aber keinen Weg von hier hinunter). Kurz vor diesem toten Ende führt links (kleines Schild beachten) ein Pfad steil(!) abwärts auf einen Weg (Zaun). Hier links und sogleich wieder rechts (Trampelpfad) gehen und dem unscheinbaren Pfad bis zur Öffnung des Waldes folgen. Von hier sind es noch wenige Minuten auf schwer erkennbarem Pfad bis zum **Strandende von Tučepi;** die gesamte Strecke nimmt etwa 75 Minuten (einfach) in Anspruch.

Biokovo-Park

Wer ausgedehntere Spaziergänge und Wanderungen bevorzugt, kann direkt von Makarska aus (Wanderkarten bei der Touristeninfo und bei Zeitschriftenhändlern) über den 1421 m hohen **Vošac** (Schutzhütte) zum Sv Jure, dem mit 1762 m höchsten Berg des Biokovo-Parks, wandern. Alternativ (einfacher) kann man bis **Gornji Tučepi** (897 m) fahren und von dort auf dem (Pkw-mautpflichtigen) Versorgungssträßchen 15 km (einfach!) zur Kapelle Sv Jure hinaufmarschieren/-fahren. Im Parkgebiet (www.biokovo.com) sind weitere kürzere Wanderungen möglich; die Touristeninformation sollte über den aktuellen Wegestand und Wetterverhältnisse befragt werden.

■ Der Bergsteigerverein Makarska, Tel. 021-616455, und die **Agentur Extreme** (mobil 098-9105528, www.tipextreme.hr) veranstalten professionelle Biokovo-Touren.

Praktische Tipps

An- und Weiterreise

■ **Auto:** Am einfachsten folgt man der Beschilderung "Centar", fährt die ganze Promenade entlang und parkt auf dem großen Schotterparkplatz am Osevaja Rat. Es gibt weitere kleinere Parkplätze an der Promenade und in den Seitenstraßen.

■ **Fähre:** Nach **Sumartin** auf der Insel Brač im Juli/Aug. tgl. um 8.00, 11.00, 14.30, 18 und 21 Uhr, Mai/Juni und Sept. 9.00, 12.30, 17 und 20.00 Uhr für ca. 25 € (Pkw mit 2 Personen).

■ **Busse:** Der Busbahnhof liegt zentral in der Hauptstraße A. Starčevića (Tel. 021-612333) und bietet über verschiedene Anbieter (Autotrans, Promet) u.a. 5–21 Uhr etwa alle 30 Minuten Anbindung von/nach Split, tgl. 7.45 und18.40 Uhr nach Dubrovnik, nach Zadar 5x tgl., Zagreb 10x tgl.

■ **Taxis** am Busbahnhof, Tel. 021-611366.

8

Info und Agenturen

■ **Touristeninformation Makarska,** Obala Kralja Tomislava 16, Tel. 021-616288, www.makarska-info.hr, Mo bis Sa 8–21 Uhr, So 8–13 Uhr.
■ **Biokovo Active,** Kralja Petra Kresimira IV 7b, Tel. 021-679655, www.biokovo.net, geführte Mountainbiketouren und Wanderungen.
■ **Kompas,** Hotel Park, Tel. 021-615411, mobil 091-4303013, www.kompasrent.hr.
■ Die **Agentur Atlas** liegt am Trg Kačićeva 9, Tel. 021-617038, www.atlascroatia.com.

Unterkunft

■ Sehr empfehlenswert für Individualtouristen ist die **Pension Ante Katić**①, Moližanskih Hrvata 36 (gelbes Bierschild), Tel. 021-612267, konoba.adria@gmail.com, mit schönen, ruhigen Zimmern und Terrassenrestaurant.
■ Neben dem **Hotel Dalmacija**② (mit Tauchbasis, Kralja Petra Krešimira IV 41, Tel. 021-615777, www.hoteli-makarska.hr) findet man das kleine und familiäre **Hotel Bonaca**①, Tel. 021-615574, http://hotel-bonaca.net.
■ Leser loben das sehr freundlich geführte Familienhotel **Maritimo**③ in direkter Strandlage mit geschmackvoll eingerichteten Zimmern, Put Cvitacke bb, Tel. 021-679041, www.hotel-maritimo.hr.
■ Unmittelbar an der Promenade empfiehlt sich das alte, aber feine **Biokovo**③, Tel. 021-615244, www.hotelbiokovo.hr, mit sehr ordentlichem Frühstücksbuffet.
■ Das **Hotel Meteor**③, Tel. 021-602600, www.hoteli-makarska.hr, liegt direkt am Strand in der Kralja Petra Krešimira IV 19, unmittelbar in der Nachbarschaft folgt das etwas günstigere **Hotel Park**②, Tel. 021-608200, www.parkhotel.hr.
■ Ein wenig abseits vom Trubel, aber in guter Gehnähe zum Zentrum, folgen noch das **Hotel Biokovka**②, Tel. 021-602200, www.biokovka.hr, sowie am nördlichen Ortsrand das **Hotel Rivijera**②, Put

Cvitačke 15, Tel. 021-505000, www.hoteli-makarska.hr, angenehme Zimmer. Kleinstes, ältestes und preiswertestes Hotel der Hoteli-Makarska-Gruppe.
■ Stellvertretend für die zahllosen **Privatvermieter,** deren Gesamtübersicht unter www.makarska-info.hr eingesehen werden kann, seien die **Apartments Puharic**② (Put Cvitacke 8, Tel. 021-611564, www.apartmentspuharic.com) genannt. Recht zentral, 2er- bis 5er-Wohnungen.

Camping

■ Am nördlichen Ortsrand findet man das **Camp Jure**③ (I.G. Kovacic bb, 021-7855951, www.kamp-jure.com), vermietet auch Caravans (325 K) und Bungalows (895–976 K).

Essen und Trinken

■ Warme Snacks bietet der **Burger-Imbiss** in der Kralja Zvonimira/Ecke Obala Tomislava.
■ In der Altstadt liegen etliche gute Restaurants, z.B. die **Pizzeria Domina** (Ante Starčevića 32, Tel. 021-678003) an der Uferpromenade (Altstadtzugang) mit sehr günstigen, wagenradgroßen Pizzen.
■ Ruhig und deftig geht es in der **Konoba Adria** zu, Moližanskih Hrvata 36, Tel. 021-612612, mit guten Grillplatten und Hauswein.
■ Neben der Kirche Sv Marko liegen gleich mehrere Lokale, das **Susvid** mit Meeresfrüchten und Grillplatten und nettem Ambiente empfiehlt sich besonders, Trg Kačićeva, Tel. 021-612732.
■ Gute dalmatische Küche wird auch im **Mondo,** Obala Tomislava 21, Tel. 021-611938, serviert.

Nachtleben

Abends bietet sich ein Streifzug entlang der Promenade und durch die Altstadtgassen mit ihren **Bars** an.

Süddalmatien

■ Nachtschwärmer finden Disco-Unterhaltung in der **Grotta,** wunderhübsch in einer Grotte unter Sv Petar gelegen, oder im noch neuen **Plaža-Beach-club** (Sv Petar 1, mobil 091-1764667), Markarskas größter Disco mit Bar und Restaurant. Mit Gast-DJs, dann 20 K Eintritt.

Einkaufen

■ Selbstversorger finden mehrere **Supermärkte** an der Uferpromenade oder holen sich frisches Obst und Gemüse auf dem **Markt** oberhalb der Kirche Sv Marko. Auch an der Durchfahrtsstraße Dubrovačka (südliches Ortsende/Ampelkreuzung) liegen mehrere **Supermärkte** (Konzum 7–20 Uhr, So bis 12 Uhr, Apfel Mo–Fr 8–20 Uhr, Sa bis 13 Uhr).

Aktivitäten

■ **Baden:** Der lang gezogene Sandstrand mit Wasserrutsche ist eine der Hauptattraktionen der Stadt (auch Tretbootverleih usw.). Aber auch bei Sv Petar am Leuchtturm oder in der FKK-Bucht Nugal (s.o.) gibt es ausgezeichnete Bademöglichkeiten.
■ **Tennis** wird im Areal des Hotel Rivijera gespielt.
■ **Tauchen:** More-Sub, K. Kreš 43, am Hotel Dalmacija, Tel. 021-611727, www.more-sub-makarska.hr, bietet Land- und Bootstauchgänge in der näheren Umgebung an.
■ Vor der Halbinsel Sv Petar, zwischen Uferpromenade und Sandstrand, findet im Sommer täglich (nachmittags und abends) eine Art größerer **Jahrmarkt** mit Souvenirbuden, Imbissständen, Spielen und kleinen Fahrgeschäften statt.

Nützliches

■ **Bank:** Splitska Banka, Obala K. Tomislava 15 (Mo bis Fr 7.30–12.30 und 14–19.30 Uhr), mehrere Geldautomaten an der Promenade.

■ **Post:** neben dem Biokovo-Hotel, 7–21 Uhr, Sa (außerhalb Hochsommer) bis 13 Uhr.
■ **Krankenhaus:** Ul. Alkarska/Ecke Don M. Pavlinovića, Tel. 021-612033.
■ **Apotheke:** Trg Kačićeva 10, Tel. 021-611277.
■ **Polizei:** Kralja Krešimira IV, Tel. 021-307738 und 611666.
■ **Autovermietung:** Agenturen Adria Plus, Tel. 021-602631, Croatiatours, Tel. 021-602685 (beide

Die neretva-nischen Piraten

Was die Uškoken für Senj in der Kvarner Bucht waren, das waren die Piraten des **Neretva-Deltas** für die Region Makarska – Omiš. Die Piraten plünderten jedoch weniger das Umland – schließlich war man auf die Hilfe der Bevölkerung angewiesen –, sondern widersetzten sich jeglicher Autorität, insbesondere den verhassten Venezianern. Auf dem Höhepunkt ihrer Macht vom 9. bis 12. Jahrhundert (887 Sieg der „Nerentani" über die venezianische Flotte bei Makarska) erbeuteten die Neretva-Piraten so viele **venezianische Schiffe,** dass sich die Dogen sogar gezwungen sahen, den Piraten **Tributzahlungen** zu leisten, um für ihre Schiffe im Gegenzug freie Fahrt durch die südliche Adria gewährt zu bekommen. Nicht zuletzt durch dieses „Vorbild" widerstanden die Städte Süddalmatiens den venezianischen Übernahmeambitionen am längsten.

8

Tučepi

034da wl

Unmittelbar hinter Makarska folgt nach etwa vier Kilometern in südlicher Richtung, für Wanderer auch zu Fuß gut erreichbar, der recht mondän und neu wirkende Küstenort Tučepi, der sich mit seinem **Yachthafen** und den **Sporthotels** zu einem etwas gehobeneren Reiseziel der Makarska-Riviera gemausert hat. **Wanderungen** sind vom Ort aus bis hinauf nach **Gornje Tučepi** in weniger als einer Stunde möglich.

Info und Agenturen

■ Auskünfte erteilt die **Touristeninformation Tučepi,** Kraj 46, Tel. 021-623100, www.tucepi.com.
■ Die örtlichen **Agenturen** vermitteln Privatunterkunft und Ausflüge nach Brač, Hvar, Korčula, Dubrovnik, Međugorje und Split, u.a. **Marivaturist,** Kraj 45, Tel./Fax 021-623300, www.marivaturist.hr.; **Dormana,** Kraj 123, Tel. 021-623600, dormana @st.htnet.hr.

Unterkunft

am Hotel Meteor, Krešimira IV) und Kompas (Hotel Park).
■ **Marina:** Yachtmarina Bura, Tel. 021-616323.
■ **Hafenmeisterei:** Tel. 021-611455.
■ **WLAN Hotspots:** in den meisten Hotels und Campingplätzen kostenlos sowie an der Promenade.

⌂ Unterwegs von Makarska nach Tučepi

Wer etwas Einfaches sucht, wird auf die Agenturen angewiesen sein, denn die Hotels in Tučepi bewegen sich mehr im gehobenen Bereich.
■ Toll ist das **Hotel Laurentum**④, Kraj 45, Tel. 021-605900, www.hotellaurentum.com, das über alle Annehmlichkeiten verfügt.
■ Das traditionelle **Hotel Neptun**③, Slatina 4, Tel. 021-605500, www.hotelitucepi.com, bietet diverse All-inclusive-Pakete.
■ Richtung Makarska – dort, wo der Fußweg am Ufer entlang beginnt – liegt das ältere **Kaštelet**③, Tel. 021-601202, www.hotelitucepi.com.

Süddalmatien

● **Vila Afrodita**④, Dračevice, Tel. 021-604500, www.hotelitucepi.com, Vierer-Apartments.
● Sehr schön eingerichtet sind die Apartments der **Villa Nela**②, Mala Lozna bb, Tel. 021-623722, www.tucepi.net/vila-nela. Schöne Wohnungen, z.B. Vierer inkl. a/c und WLAN für rund 90 €/Tag.

Essen und Trinken

● An der Promenade liegen die schon über 30 Jahre aktive Weinstube **Postup** (Kraj 56, Tel. 021-623531, tgl. 7–24 Uhr), die beiden Pizzerien **Gajeta** (Kraj 54, Tel. 021-623260) und **Vapor** (Kraj 74, Tel. 021-623346) sowie die empfehlenswerten Restaurants **Riva** (Kraj 55, Tel. 021-623174, tgl. 7–1 Uhr) und **Barba** (Kraj 126, Tel. 021-623340, Mitte Okt. bis Mitte Mai geschlossen).

Nützliches

● An der kleinen Uferpromenade Kraj zwischen dem Kiesstrand unterhalb der Hotels und dem **Yachthafen** (Tel. 021-623155, www.marinatucepi.com) findet man auch wichtige Einrichtungen wie **Bank** und **Post** (Mo–Fr 8–11 Uhr, Juli/Aug. 8–21 Uhr, Sa bis 12 Uhr).
● **Tauchbasis Butterfly,** Kraj 83, Tel. 021-623 777, www.butterfly-diving.com.

Podgora

Die nächste nennenswerte Siedlung an der Makarska-Riviera ist Podgora, zu erkennen an dem seltsamen, sichelförmigen, überdimensionalen **Betondenkmal** auf einem Hügel. Podgora war einst ein kleines Fischerdorf, um welches herum mehrere preiswerte Hotelanlagen ent-

standen sind, was zu einer recht weiten Zersiedelung führte. Wie überall in Süddalmatien ist das Wasser hier fast „überirdisch" klar.

Info und Agenturen

● **Touristeninformation,** Branimirova 87, Tel. 021-625560, www.tz-podgora.hr.
● Die örtlichen Agenturen an der Promenade Branimirova Obala organisieren Ausflüge und vermitteln Privatzimmer: **Punta Tours,** Tel./Fax 021-625404, www.puntatours.com, und **Marivaturist,** Tel. 021-625199, www.marivaturist.hr.

Unterkunft, Camping

Für das Gebotene sind die **Hotels** in Podgora relativ preiswert.
● Im **Mediteran**②, Tel. 021-625155, www.hoteli podgora.com, kommt man einfach, aber günstig am Kiesstrand unter.
● Das **Aurora**③, Tel. 021-625111, www.hotelauro rapodgora.com, hat zudem Luxuriöses zu bieten wie Sauna, Hallenbad und Pool.
● 6 km südlich hinter der nächsten Bucht (Živogošće) liegt das große **AC Dole**②, Tel. 021-628749, www.hoteli-zivogosce.hr; ohne Schatten, aber mit Minimarkt, Minigolf, Surf-, Tennis- und Segelmöglichkeiten sowie Rad- und Bootsverleih.
● Näher zum Ort liegt das deutlich kleinere, aber modernere **Sutikla**② für rund 300 Gäste, Tel. 021-625377, www.hoteli-podgora.com; schattig, mit Minimarkt, Tauchen und Tennis.

Aktivitäten

● **Tauchen:** Birgmaier Sub, Tel./Fax 021-625610, www.birgmaier-sub.com; das Unternehmen betreibt auch eine Agentur, Tel. 021-625199.

8

Drvenik

Das Örtchen Drvenik (nicht zu verwechseln mit den gleichnamigen Inseln bei Trogir) ist in zweierlei Hinsicht von Interesse: Zum einen liegen zwei gute Campingplätze in der Nähe, zum anderen legen in Drvenik die Fähren nach Sućuraḍ (Sućuraj) auf Hvar ab.

An- und Weiterreise

■ **Fähre** nach Sućuraj auf **Hvar** um 8, 10.30, 13, 17.15, 19 und 22.30 Uhr für ca. 20 € (Pkw inkl. 2 Personen; im Winter nur 3–4 Fähren). 2–3x tgl. auch von/nach Dominče auf **Korčula** für ca. 23 € (Pkw inkl. 2 Pers.), nur im Sommerhalbjahr.

Unterkunft, Camping

■ Im Ort gibt es das günstige **Hotel Quercus**② (= lat. Eiche), Donja Vala 66, Tel. 021-628007, www.hotelquercus.com.hr – falls man die letzte Fähre verpasst hat oder die erste erreichen möchte.
■ **AC Dalmacija**②, Drvenik-Zaostrog (3 km südlich), Hrvatskih domoljuba bb, Tel. 021-629300, www.crocamps.com/de/camping-dalmacija-zaostrog-dalmatien, mittelgroßes Camp mit Mobilheimen, Snackbar, Minimarkt, Disco und Radverleih.
■ **AC Uvala Borova**②, Zaostrog Podaca (3 km weiter), Tel./Fax 021-629033, www.uvalaborova.com, etwas größer, Mobilheime, Snackbar, Minimarkt, mehr für Kleinboote geeignet.

Nützliches

■ Der Ort besitzt einen kleinen Kiesstrand (Drvenik-Beach mit WiFi), einen Supermarkt; einige Gaststätten finden sich am Hafenbecken.

Gradac

Mit einem der längsten Strände endet in Gradac die Riviera von Makarska und geht ziemlich unvermittelt in das **Neretva-Delta** über. Gradac ist übrigens die heimliche „Hauptstadt der Volksfeste": Am 27. Juli und am 2., 3. und 16. August werden allein vier Kirchenheiligen-Feste begangen. Auskunft erteilt die Touristeninformation.

☐ An der Küste von Hvar

151sd wl

Information

■ **Touristeninformation Gradac,** Radića 5, Tel./ Fax 021-697511, www.gradac.hr.

Unterkunft, Camping

■ Unterkunft bieten die **Apartments Labineca**②, Tel. 020-601555, www.hoteli-jadran.hr, und das **Hotel Laguna**②, Tel. 021-601222, www.hoteli-jadran.hr.

■ 7 km außerhalb liegt das **AC Baćinska Jezera**②, Tel. 021-679133, zwischen Gradac und Ploče hübsch am See Baćinsko Jezero (Surfen, Baden, Bootstouren, www.bacinskajezera.com).

Insel Hvar

Hvar (296 km², ca. 11.500 Einwohner) wird ebenso häufig wie Brač besucht, und es ist gar nicht so einfach, die Gründe dafür zu finden. So können die Städte in ihrem Erscheinungsbild mit denen der südlichen Nachbarinsel Korčula nicht mithalten, und auch die Strände und Bademöglichkeiten – von vorgelagerten Inselchen abgesehen – nehmen sich eher bescheiden aus; es mangelt gar an landschaftlichen Höhepunkten wie etwa auf Mljet. Es mag an der interessanten Vegetation liegen, die aus Zypressen,

Palmen, Feigen, Oliven, Wein und Zitrusfrüchten besteht, vor allem aber an dem Ruf Hvars als **Kräuterinsel,** da Unmengen von Salbei und Rosmarin und besonders Lavendel auf der Insel wachsen und das Wohlgefühl der Besucher vielleicht durch den Duft und den netten Anblick steigern. Weinbau, Olivenölgewinnung und Viehzucht sind, vom Tourismus abgesehen, die Haupterwerbszweige auf Hvar. Der **Lammbraten** *(jagnjeće)* ist eine traditionelle Spezialität, daneben sind **Sardinen** (bzw. Sardellen) überall auf der Insel ein kulinarischer Genuss.

Ab dem vierten vorchristlichen Jahrhundert fiel Hvar in das Gebiet der **griechischen Kolonisation** und blieb von den Römern mehr oder minder verschont. Mit der Völkerwanderung im 7. Jahrhundert kamen die Slawen, ungarisch-kroatische Fürsten wechselten sich mit dem nominell dominierenden Byzanz ab. In der langen Zeit von 1420–1797 **venezianisch,** verfiel Hvar beinahe

in einen Dornröschenschlaf und blieb von europäischen „Ränkespielen" unbehelligt. Nach dem Zweiten Weltkrieg begann der rasante Aufstieg des Fremdenverkehrs, der im Bürgerkrieg (1991–95) vollständig einbrach und sich inzwischen allmählich wieder erholt hat. Noch ist die Insel Hvar nicht überlaufen, und gerade im Vergleich zu Bol auf der Nachbarinsel Brač erscheint Hvar als die **ruhigere Alternative.**

Allgemeine Reiseinfos Insel Hvar

An- und Weiterreise

Fähren

■ Nach Hvar bestehen mehrere Fährverbindungen, wobei reine **Personenfähren** Split mit Jelsa und Hvar-Stadt verbinden, **Fahrzeugfähren** dagegen von Split nach Stari Grad und von Drvenik nach

Sućuraj fahren. Die Autofähre von Split nach Stari Grad im Westen der Insel legt 3 km westlich außerhalb der Stadt an.

Inselbusse

Von Hvar-Stadt nach:

- **Jelsa:** 7.45 (Mo–Sa), 9.45, 12.20 (So), 16.30 Uhr
- **Vrboska:** 7.45 (Mo–Sa), 9.45, 12.20 (So), 16.30 Uhr
- **Sućuraj:** Mo und Fr 12.20 Uhr
- **Fährhafen Stari Grad:** tgl. 9.45 und 16.30 Uhr
- **Stari Grad:** 7.45 (Mo–Sa), 9.45, 12.20 (So), 16.30 Uhr

Nach Hvar-Stadt von:

- **Jelsa:** 8.00 (Mo–Sa), 9.00 (So), 10.10, 14.30 (Mo–Sa), 15.50 (So), 22.05 Uhr
- **Vrboska:** 8.00 (Mo–Sa), 9.00 (So), 10.10, 14.30 (Mo–Sa), 15.50 (So), 22.05 Uhr
- **Sućuraj:** Mo und Fr 5.50 Uhr
- **Fährhafen Stari Grad:** tgl. 10.20 und 22.15 Uhr
- **Stari Grad:** 8.00 (Mo–Sa), 9.00 (So), 10.10, 14.30 (Mo–Sa), 15.50 (So), 22.05 Uhr

Stari Grad

Die meisten Reisenden kommen über Split nach Hvar, der erste Eindruck ist daher meist der **Haupthafen** von Stari Grad. Die einstige griechische Siedlung Faros ist für ihren angenehmen Altstadtkern mit der mittelalterlichen Piazza Skor und der **Residenz Trvdalj** am Trg Tvardoj bekannt (tgl. 9–12 und 18–20 Uhr, Eintritt 15 K). Die Residenz war einst der Landsitz des bekannten kroatischen Oden- und Elegiendichters und Philosophen *Petar Hektorović* (1487–1572). Das atriumähnlich angelegte Areal umgibt einen von Meerwasser gespeisten Fischteich und beinhaltet eine kleine Kollektion von Alltagsgegenständen des Dichters.

Sehenswert ist ferner das etwas abseits gelegene **Dominikanerkloster,** dessen Kapelle eine Malerei des venezianischen Künstlers **Jacopo Tintoretto** (1518–94) enthält. Es kann tagsüber besucht werden (Mai bis Oktober, Tel. 021-765442).

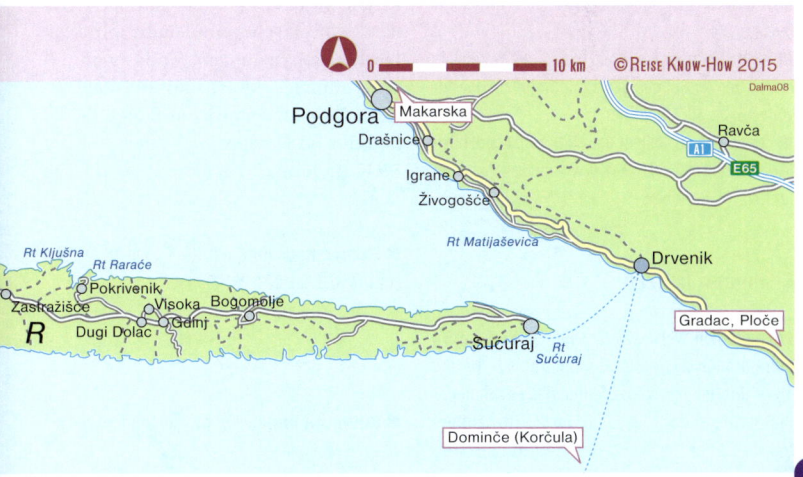

An- und Weiterreise

● **PKW-Fähre von Split:** 1.30, 5.00, 8.30, 11.00, 14.30, 17.00 und 20.30 Uhr, im Winter nur 3x tgl.
● Am Stadtkai besteht eine **Bootstaxi-Verbindung** zu nahe gelegenen FKK-Badebuchten.
● 3–5x tgl. verbindet ein **Bus** Stari Grad mit Hvar-Stadt.

Information

● Die **Touristeninformation am Kai,** Tel. 021-765763, www.stari-grad-faros.hr, hilft bei der Unterkunftssuche (sehr preiswerte Ferienwohnungen und Zimmer), verkauft Fährtickets usw.

Unterkunft, Camping

● Zwei Erwachsene mit Kind kommen gut in den **Helios-Studios**①, Tel. 021-765555, unter. Alternativ sind auch die sehr schönen **Bungalows Trim** ② (Tel. identisch) zu empfehlen.
● Man kann auch über die Agenturen **Hvar-Touristik** (www.hvar-touristik.com) und **Hvar-Unlimited** (www.hvar-unlimited.com) eine Unterkunft buchen.
● **AC Jurjevac**②, Tel. 021-765843, www.heliosfaros.hr. Der zentral gelegene Campingplatz hat nur vom 1.6. bis 30.9. geöffnet.
● Etwas außerhalb liegt das Minicamp **Mudri Dolac**① (mobil 091-5018924, www.mudridolac.com) für max. 30 Personen.

Essen und Trinken

● Empfehlenswerte Lokale sind das **Kod Barba Luka** am Kai (Fischspezialitäten, tgl. 12–15 und 18–1 Uhr, Tel. 021-765206) und das **Feral** an der Pfarrkirche (Boraca 11, Tel. 021-765138, geöffnet tgl. 11–23 Uhr).

MEIN TIPP: Der Steinbau des **Eremitaž** direkt am Ufer war 1487 von N. Berbeta als Mönchsklause errichtet worden und gilt heute als besonderer Tipp der Gastronomie auf Hvar bei überraschend günstigen Preisen. Spezialitäten sind dalmatisches *Brodetto* (Fisch mit Polenta) oder *Gregada,* eine Art Fleischeintopf mit Kartoffeln und Zwiebeln. Geöffnet Mitte April bis Mitte Oktober tgl. 12–15 und 18–24 Uhr, Obala hrvatskih branitelja, Tel. 021-765056.

Vrboska

In einer geschützten Bucht im Nordwesten liegt die stille und friedliche 500-Seelen-Gemeinde Vrboska, bekannt für ihre seltsam anmutende **Wehrkirche** oberhalb des Ortskerns. Das festungsähnliche Kirchlein entstand während der Türkenkriege des 16. Jahrhunderts, als die Kirchen oft die letzte Zufluchtsmöglichkeit der Menschen in unbefestigten Ortschaften waren. Nur wenige Wehrkirchen sind so gut erhalten wie die in Vrboska. Im Ort sind ferner die **Pfarrkirche Sv Lauro** (16. Jahrhundert) und das kleine **Fischereimuseum** mit alten Fischereiausrüstungen und einer Fischerhütten-Rekonstruktion sehenswert. Möglichkeiten zum Baden bestehen nur im Campbereich sowie auf der **FKK-Badeinsel Zečevo** (Bootstaxi ab dem Kai).

● **Fischereimuseum,** tgl. 10–13 und 18–21 Uhr, Eintritt 10 K, Tel. 021-761400.

An- und Weiterreise

● **Busverbindung** von/nach Jelsa nur etwa alle 90–120 Minuten.

Info und Agenturen

■ Auskünfte und Vermittlung von Unterkünften bei der **Information,** Tel./Fax 021-774137, www.vrboska.info, 8–13 Uhr, im Sommer bis 21 Uhr.
■ Die **Agentur Bota** (mobil 098-9075394, www.bota-vrboska.com) arrangiert Moped- und Radverleih, Ausflüge und Surfen.

Unterkunft, Camping

■ **Sporthotel Adriatic**③, Tel. 021-774039, www.hrvaska.net.
■ **FKK-Camp Nudist**②, Tel. 021-774159, camp-nudist@jel kom.org.

Nachtleben

■ Abendliche Unterhaltung bietet die **Disco-Bar** im Ort sowie die Restaurant-Bar der **ACI-Marina Vrboska,** Tel. 021-774018, www.aci-marinas.com.

Jelsa

Das durch einen malerischen Küstenspaziergang mit Vrboska verbundene Städtchen Jelsa (knapp 2000 Einwohner) ist eine **Hochburg der Campingfreunde;** auch die Hotels sind günstiger als andernorts auf Hvar. Jelsa scheint die „Boomtown" der Insel zu sein; es ist sowohl Ausgangspunkt für (organisierte) **Inselwanderungen** (z.B. Humac-Hirtensiedlung, jungsteinzeitliche Grabčeva-Höhle oder griechischer Stützpunkt Tor) sowie für **Bootsausflüge** zu den Badeinseln, allen voran die FKK-Insel Zečevo (Taxiboot am Kai). Auch die **Buchten** beiderseits von Jelsa bieten angenehme Bademöglichkeiten.

Info und Agenturen

■ **Touristeninformation am Hafen,** Tel./Fax 021-761017, www.tzjelsa.hr, 7.30–22 Uhr, im Winter 8–12 und 18–21 Uhr.
■ Agenturen sind u.a. **Atlas,** Tel./Fax 021-761605, www.atlas-croatia.com, und **Globus,** Tel. 021-761 955, www.globus-tours.hr, die ruhige und günstige Zimmer anbieten.

Unterkunft

■ Ein günstiges Hotel in Gehnähe ist das **Hvar**② (ehem. Jadran), Tel. 021-761122, www.hotelhvar-adriatiq.com.
■ Noch recht jung ist das noblere **Adriatiq Resort Fontana**③, Tel. 021-761810, www.resortfontana-adriatiq.com, mit DZ, Studios und Apartments, Meerwasserpool und Liegeflächen, Sport/Animation, Wellness und Kinderbetreuung (Club).
■ Moderne Apartments direkt am Ufer bietet Familie **Blasković**③, Vitarnja bb, Tel. 021-761212, www.blaskovic.info. WLAN inklusive, ca. 1,5 km außerhalb vom Zentrum.
■ Eine empfehlenswerte Alternative außerhalb von Hvar-Stadt ist sicherlich eine der **Ferienwohnungen/Haus Kir**② mit nur vier Einheiten für jeweils 4–5 Personen, ausgestattet jeweils mit 2 Schlafzimmern und geräumiger Wohnküche; ruhige Lage direkt am Meer. Buchung bei: Familie *Klingenberg,* Am Ölberg 9, 55459 Grolsheim, Tel. 06727-892477, www.privaturlaub-kroatien.de.
■ Der Ort Zavala auf der Südseite, 5 km südlich von Jelsa, wird allenfalls gut informierten Weinkennern ein Begriff sein. Reisende finden hier das direkt am Meer, inmitten von Kiefern- und Olivenhainen gelegene und sehr familiäre **Hotel Skalinada**② (12 DZ, 2 Apartments). Die Unterkünfte sind recht einfach, aber gemütlich und verfügen über Balkon bzw. Terrasse mit Blick auf die Inseln Šcedro und Korčula. Im **Terrassenrestaurant** mit Brotbackofen werden eigene Weine kredenzt und außerdem

vorzügliche Fischgerichte serviert. HP zwischen 50 und 60 € p.P. Es werden auch nahe gelegene **Ferienhäuser**③ vermietet. *S. & T. Anticevic*, Tel. 021-767019, www.skalinada-apartmani-hvar.hr.

Camping

◼ In Ortsnähe (1–1½ km) liegen die Campingplätze **AC Mina**①, Račić bb, Tel. 021-761210, **Camp Holiday**②, Mala Banda bb, Tel. 021-761140, www.autocamp-holiday.com, und **AC Grebišče**①, Tel./Fax 021-761191, www.grebisce.hr.

Aktivitäten

◼ Mehrere **Verleihstellen** für Boote, Räder, Mopeds usw. liegen am Kai.
◼ **Tauchen:** Das **Dive Center Hvar,** Tel./Fax 021-261288, www.divecenter-hvar.com, erkundet die 30 schönsten Tauchgründe von Hvar mit einem 12-Meter-Kunststoffboot (März bis November). Ferner gibt es das deutsche **Omfala Dive-Centar** im Hotel Jadran, Tel. 021-761822, www.tauchinjelsa.de.

Hvar-Stadt

Das hübsche und sehr lohnenswerte Städtchen Hvar (ca. 4300 Einwohner) erstreckt sich entlang einer breiten Uferpromenade unterhalb eines Hügels, auf dem die bombastisch wirkende **Spanische Festung** thront. Sie wurde um 1560 von venezianischen Festungsarchitekten unter Mitwirkung spanischer Spezialisten erbaut – daher der Name. Ein Aufstieg (Treppe am Café Marim auf dem Trg Sv Stjepana hinauf) lohnt vor allem wegen des großartigen **Panoramablicks** über die Stadt und die vorgelagerten **Inseln Pakleni Otoci** (Hölleninseln), die besonders von Anhängern der Freikörperkultur als Badeinseln besucht werden (Bootstaxi ab Uferpromenade, teilweise Restaurants auf den Inselchen). Weitere **Bademöglichkeiten** bestehen zu Fuß in den Nachbarbuchten Richtung Hotel Dalmacija/Casino oder in Strandbuchten, die mit Bootstaxi angefahren werden können.

065akro wl

Süddalmatien

◼ **Festung Španjola,** im Sommer 8.30–24 Uhr, im Winter 9–18 Uhr, Eintritt 20 K.

Benediktinerabtei

Beim Aufstieg zur Festung passiert man eine kleine Benediktinerabtei mit einer sehenswerten **Kunstgalerie.**

◼ **Samostan Benediktinski,** im Sommer 10–12 und 17–19 Uhr, im Winter 9–11 und 16–19 Uhr, Eintritt 15 K.

Altstadt

Die gesamte Altstadt ist **autofrei,** die Belieferung der Geschäfte erfolgt mittels kleiner Elektrokarren.

Vom Busbahnhof (hier Internetcafé und Reisebüro, Tel. 021-741888) geht man über den Marktplatz und hinunter zum **Trg Sv Stjepana,** dem zentralen Platz und eigentlichen Altstadtzentrum. Am Trg Sv Stjepana steht der alte **Stadtbrunnen** von 1520, der unter anderem den ehemaligen Rektoren- und Fürstensitz mit seinem markanten Uhrturm (16. Jh.) mit Wasser versorgte. Heute befindet sich hier das Hotel Palace, welches die vorgebaute einstige **Stadtloggia** (15. Jh.) stilvoll in sein Ambiente einbezieht.

An der Nordseite des Platzes wurde um 1571 die **Kathedrale Sv Stjepan** er-

richtet. Die Bauarbeiten an der dreischiffigen Basilika dauerten bis ins 18. Jahrhundert hinein. Besonders augenfällig ist der angesetzte Campanile von 1574 mit barocken Durchbrüchen, deren Anzahl pro Stockwerk um jeweils einen zunimmt. Der daneben stehende **Bischofspalast** beherbergt ein kleines Sakralmuseum (10–12 und 17–19 Uhr).

Gegenüber der **Stadtloggia** (Hotel Arcade) liegt das ehemalige **Arsenal,** in welchem zu venezianischen Zeiten die Kriegsgaleeren Waffen, Pulver und Munition aufnahmen. Im Obergeschoss wurde 1612 das Stadttheater unter Fürst *Semitecolo* eingerichtet, das eines der ersten kleinstädtischen Theater Europas war.

◼ **Arsenal,** im Sommer 9.30–13 und 17–22.30 Uhr, sonst nur vormittags; 15 K.

Franziskanerkloster

Außerhalb des unmittelbaren Kerns auf der Landzunge südlich des Arsenals ist noch das Franziskanerkloster aus dem 16. Jahrhundert sehenswert mit wertvollen Gemälden und Folianten in der **Klosterbibliothek.**

◼ **Franziskanerkloster,** im Sommer 10–12 und 17–19 Uhr, So 10–12 und 16–17 Uhr, Eintritt 15 K.

An- und Weiterreise

◼ Vom Busbahnhof vor der Altstadt fahren die **Inselbusse** nach Jelsa, Stari Grad und Sućuraj (s.o.).
◼ Unter Tel. 021-741373 können **Wassertaxis** nach Vis, Brač, Split usw. bestellt werden.

◁ Trg Sv Stjepana in Hvar-Stadt mit Basilika und Campanile

8

■ Zu den vorgelagerten Badeinseln fahren im Sommer permanent kleine **Pendelboote** im Hafen ab (Schilder beachten).

Info und Agenturen

■ **Touristeninformation,** Trg Sv Stjepana 16, Tel./Fax 021-741059, www.tzhvar.hr, tgl. 9–12 und 17–20 Uhr. Vorbildliche Homepage für Ferienwohnungs-Suchende mit interaktiver Karte, auf der die genaue Lage nebst Kontaktdaten angezeigt wird.
■ An der Promenade liegen die **Agenturen Atlas,** Tel. 021-741911, www.atlas-croatia.hr, **Mengola,** Tel./Fax 021-742099, www.mengola.hr, sowie **Pelegrini-Tours,** Tel. 021-742743, www.pelegrini-hvar.hr; sie bieten Unterkunft und Fahrzeuge, aber auch Ausflüge aller Art (z.B. Komiža, Bol, Korčula, Mljet, Mostar, Rafting (Cetina), Fischpicknick, Dubrovnik, Krka-Fälle).

Unterkunft

■ In Zentrumsnähe befindet sich das **Hotel Adriana Spa (Adriatic)**③, Tel. 021-750750, www.suncanihvar.com/adriana-hvar-spa-hotel.html, kein Schnäppchen, aber ein guter Orientierungspunkt.
■ Zentral unterhalb der Festung bietet das stilvolle und direkt am Meer gelegene **Hotel Palace**③ 73 schöne Zimmer mit Sat-TV, ein kleines Meerwasser-Hallenbad, Sauna, Massage, sowie wöchentliche Tanzdarbietungen. Das Palace war einst ein venezianischer Palazzo, sein Interieur (Renaissance-Loggia) zeugt noch heute davon. Großes Terrassenrestaurant mit sehr schönem Blick auf den Naturhafen von Hvar. Trg Sv. Stjepana bb, Tel. 021-741906, www.suncanihvar.com.
■ Alternativ bietet sich das renovierte und nur 50 m vom Ufer entfernte **Hotel Pharia**③ als sehr familiäres Kleinhotel mit 10 DZ sowie 11 Apartments an, alle mit Balkon, Sat-TV, AC und Internet-

anschluss. Wer Seeblick bucht, kann die spektakuläre Aussicht auf die Höhleninseln genießen. Majerovica bb, Tel. 021-778080, www.suncanihvar.com.
■ Günstiger kommt man im älteren **Delfin**②, Tel. 021-741168, www.suncanihvar.com, unter.
■ In den umliegenden Buchten ist von allen Hotelneubauten das **Hotel Amfora**③, Tel. 021-750 300, www.suncanihvar.com, hervorzuheben.

Essen und Trinken

Im Zentrum lebt jedes zweite Haus vom Fremdenverkehr; **Eisdielen, Cafés** und **Restaurants** liegen aufgereiht wie Perlen an der Kette rund um das Hafenbecken und den Zentralplatz Trg Sv Stjepana (sehr viel Massenabfertigung!).
■ Qualitativ empfehlen sich hier das **Ex Rocco** (gegenüber der Hauptkirche, mobil 099-6810198) für Kleinigkeiten oder die **Pizzeria Kogo** (Tel. 021-742136, tgl. 10–24 Uhr) für ein leichtes Mahl.
■ Von der Treppe zur Festung in Hvar-Stadt gleich die erste unscheinbare Gasse rechts hinein erobert das **Restaurant Zlatna Školjka** („Goldene Muschel") die Herzen der Reisenden mit Lammspezialitäten sowie Muscheln und Meeresfrüchten in angenehmem Ambiente. Geöffnet tgl. 12–15 und 19–24 Uhr (nach Bedarf auch länger), Januar bis März geschlossen, Ul. Petra Hektorovica 8, mobil 098-1688797.
■ Wer gern direkt an der Promenade speisen möchte, dem sei das **Restaurant Gariful** empfohlen, das eine Außenterrasse wie auch eine Dachterrasse hat. Neben Fisch und Meeresfrüchten munden hier Spezialitäten wie gegrillte Scampi oder das gefüllte Steak Zagreb besonders gut. Obala bb, Tel. 021-742999, April bis Oktober tgl. 10–2 Uhr.
■ Das **Restaurant Bounty** glänzt weder durch auffällige Äußerlichkeiten oder besondere Innenausstattung, sondern bietet ausgezeichnete dalmatische Hausmannskost. Vorspeisen wie dalmatischer Schinken, panierter Schafskäse sind hier ebenso zu

405kro wl

finden wie Leckereien à la Hummer vom Rost. Gutes Preis-Leistungsverhältnis. Fabrika bb, Tel. 021-742565, tgl. 11–24 Uhr.

Aktivitäten

■ **Tauchen: Jurgovan Dive-Center,** Tel. 021-742490, **Marinesa,** Hotel Bodul, Tel. 021-741792, sowie das **Ronilacki centar Hvar** von *Alenka* und *Jürgen,* Majerovica bb, Tel. 021-741603, www.dive-center-hvar.com.

■ Das Angebot an **Mopeds und Booten** ist mehr als ausreichend, sie können quasi an jeder Ecke aus-

geliehen werden (z.B. neben der Hauptkirche, mobil 091-5517848, oder bei Luka Rent, Tel. 021-742946, www.lukarent.com), ebenso stehen Bootsverleih, Jetski-, Fahrrad- und Scootervermietung zur Verfügung.

■ **Hvar adventure,** Obala bb, Tel. 021-717813, www.hvar-adventure.com, bietet Rad-, Trekking- und Klettertouren auf der Insel sowie Seekajak an.

■ **Fitness-Center** im Hotel Amfora.

Nützliches

■ Für **Geldwechsel** sind Splitska und Privredna Banka zuständig, die **Post** ist täglich 7–21 Uhr geöffnet.

■ **Geldautomaten** und **Minimärkte** am Trg Sv Stjepana.

■ Am Trg Sv Stjepana liegen außerdem eine gut sortierte **Apotheke** sowie eine **Erste-Hilfe-Sta-**

⌂ Die Promenade von Hvar-Stadt, im Hintergrund die Festung Španjola

tion, Tel. 021-741111, zwischen Kod Kapitana und Hotel Delfin an der Promenade.

■ **ACI Marina Palmižana,** Palmižana bb, Tel. 021-744995, www. aci-club.hr; **Hafenmeisterei,** Tel. 021-741795.

Sućuraj

Das Dörfchen Sućuraj (auch: Sućuraď) am östlichen Inselende dient vorwiegend als bequemer Übersetzpunkt vom und zum Festland (siehe Drvenik). **Bademöglichkeiten** bestehen zwischen dem Camp und dem Leuchtturm und sind über einen befestigten Fußweg zu erreichen.

An- und Weiterreise

■ **Fahrzeugfähre Drvenik:** im Sommer 5–21.30 Uhr, 9–11x tgl., etwa alle 90 Minuten, Oktober bis Mai nur 6.30, 9.45, 12.15, 15 und 18 Uhr.
■ **Busse** von/nach Hvar-Stadt: s. Kapitelanfang.

Nützliches

■ Campingfreunde seien auf das sehr schön gelegene **AC Mlaska**① hingewiesen, mobil 091-501 6163, www.mlaska.com, mit Restaurant und Mini-markt, gemischtem Sand-Kiesstrand und Bootsanlegestelle (3 km außerhalb).
■ Ansonsten bietet Sućuraj eine **Touristeninformation,** (Tel. 021-773203, www.tz.sucuraj.com und www.sucuraj.com), einen **Minimarkt,** eine **Post,** eine **Bank** und gute Lokale an der Promenade. Empfehlenswert ist hier das **Gusarska Luka** (Tel. 021-773214), wo *Ivan* und *Marija* von 6 bis 1 Uhr die Gäste bedienen. Gelobt wird vor allem der gegrillte Tintenfisch.

Ploče

Inmitten des fruchtbaren **Neretva-Del-tas,** das so gar nicht in das karge Dalmatien zu passen scheint, liegt die **Hafen-stadt** Ploče, mit rund 7500 Bewohnern größter Ort zwischen Makarska und Dubrovnik. Die Hauptbedeutung von Ploče liegt heute in seiner Funktion als Umschlaghafen in Süddalmatien. Auch für **Bosnien-Herzegowina** ist Ploče sehr wichtig, da auf der bosnischen Eisenbahnlinie von Sarajevo wichtige Exportrohstoffe wie Erz und Bauxit zum Hafen von Ploče transportiert werden. Bosnien verfügt zwar in Neum über einen eigenen Zugang zum Meer, der Hafen ist aber zu seicht und somit nicht nutzbar. Daher wurde in einem Abkommen vereinbart, dass Kroaten (und Touristen!) ungehindert den Neum-Zipfel im **Transit** zur und von der Exklave Dubrovnik befahren dürfen, im Gegenzug darf Bosnien-Herzegowina den Hafen Ploče ungehindert nutzen. Touristisch war Ploče nie von besonderer Bedeutung, könnte aber durch den **Brückenbau** zur Halbinsel Pelješac künftig interessanter werden.

An- und Weiterreise

■ **Fähren:** 7.30, 10.15, 14.15 und 19.30 Uhr (Winter 9.30, 14.15 und 19.30 Uhr) nach Trpanj auf der Halbinsel Pelješac für ca. 23 € (Pkw mit 2 Personen); Auskünfte im Büro von Jadrolinija am Hafen unter Tel. 020-679321 sowie www.jadrolinija.hr.
■ **Bus** von/nach Dubrovnik (8.55 und 19.50 Uhr) und Split (10 und 17.30 Uhr).
■ **Bahn:** 2–3 x tgl. nach Sarajevo (Bosnien-Herzegowina).

Nützliches

■ **TZ Grada Ploča,** beim Hafen, V. Nazora 26, Tel. 020-679510, http://infoploce.hr. Auskünfte und Zimmervermittlung.

■ Einziges Hotel ist derzeit das **Hotel Ploče**② gegenüber vom Hafen, Tel. 020-601111, www.hotelbebic.hr.

■ **Bank** mit Geldautomat und **Konzum-Markt** neben dem Jadrolinija-Kartenschalter am Hafen.

■ Am Rande des Hafengebietes wurde in der Ul. Vranjak ein **Lidl-Supermarkt** eingerichtet (Beschilderung „Split"; Mo–Fr 8–20 Uhr, So 8–14 Uhr), der übrigens auch auf der Hauptstraße der Halbinsel Pelješac mit Schildern nach Trpanj, dem dortigen Fährhafen, verwirrenderweise beworben wird.

Halbinsel Pelješac

Nach Istrien ist Pelješac mit einer Fläche von rund 350 km² die zweitgrößte Halbinsel Kroatiens. Sie erstreckt sich auf einer Länge von rund 70 km und einer Breite von nur etwa 6 km vor Ploče. Eine gewisse Pikanterie ergibt sich aus der Tatsache, dass Pelješac nur im süddalmatischen Gebiet von Dubrovnik, also südlich des bosnischen Neum-Zipfels, ans Festland angebunden ist.

Hohe, macchiabewachsene Berge (**Sv Ilija,** 960 m) und üppige Täler mit Oliven und Feigen, aber auch Waldstücke mit Eichen, Buchen, Pinien und Zypressen, vor allem aber der allgegenwärtige **Wein** kennzeichnen das ebenso abwechslungsreiche wie interessante Landschaftsbild. Die Pelješac-Weine (Kaštelet, Dingač) sind recht bekannt. Fisch-

fang und Muschelzucht sind bedeutende Erwerbszweige der 8200 Bewohner. Wichtigste Orte sind Ston an der Nahtstelle zum Festland sowie der **Hauptort Orebić,** der auch als Transithafen zur unmittelbar südwestlich gelegenen Insel Korčula dient.

Zunächst römisch besiedelt und nach dem Fall Westroms byzantinisch, siedelten ab dem 9. Jahrhundert die ersten Slawen auf der Halbinsel. Die **Republik Ragusa** (heutiges Dubrovnik) kaufte um 1330 die Halbinsel zu ihrem Territorium hinzu, Ston als Schnittstelle wurde für die Marine ausgebaut. Mit dem Fall der Republik verlagerten sich die Interessen hin zum touristischen Transitpunkt Orebić, der sich unter österreichischer, entscheidend aber erst unter kroatischer Ägide zum wichtigsten Ort mauserte.

Allgemeine Reiseinfos Halbinsel Pelješac

An- und Weiterreise

Fähren

■ **Trpanj** ist der **Fährhafen** zum Festland nach **Ploče** (5x tgl., ca. 25 €, Pkw mit 2 Pers).

■ **Orebić** dient als zentraler Transitpunkt für Reisen von und nach **Korčula** auf der gleichnamigen Insel mit 12 Verbindungen tgl. für rund 12 € (Pkw mit 2 Personen, Hauptsaison).

■ Die kleine Privatfähre „Lovor/Tamaris" verkehrt als regelmäßige **Personenfähre** bis zu 16x tgl. zwischen Orebić und Korčula-Stadt, sodass man für einen reinen Stadtbesuch von Korčula ohne PKW direkt übersetzen kann.

■ **PKW-Fähre nach Mljet:** Die derzeit einzige ganzjährige Verbindung von/nach Mljet besteht 6x tgl. von Prapratno (bei Ston) nach Sobra (Pkw und 2 Personen rund 25 €), Abfahrt ist um 7, 10.15, 13, 17 und 20.30 Uhr in Prapratno, zurück ab Sobra um 6, 9, 12, 16 und 19 Uhr. Im Winterhalbjahr Fährzeit 2 und 3 zusammengefasst: 12 Uhr ab Prapratno, 10 Uhr ab Sobra.

Brückenprojekt

■ Auf dem Festland, ca. 5 km vor der Grenze zu Bosnien-Herzegowina bei Klek-Komarna, wird an einer **Brücke nach Rosica-Glavica** auf Pelješac gebaut. Nach einem kostenbedingten Baustopp (seit 2012) wird erst mit der politischen Beteiligung der EU voraussichtlich 2015 weitergebaut.

Inselbus

■ **Ston, Trpanj und Orebić** sind durch eine 2–3x tgl. verkehrende Buslinie untereinander und mit **Dubrovnik** verbunden.

Ston

Die **Ortsteile Veliki Ston** (600 Einwohner) und **Mali Ston** (200 Einwohner) bilden den Übergang vom Festland zur Halbinsel. Sie wurden im 14. Jahrhundert unter der Herrschaft der Republik Ragusa stark befestigt – eine kilometerlange **Wehrmauer** mit Kastellen und Wachttürmen zeugt noch heute davon. Weltbekannt wurde Ston 1996, als ein verheerendes Erdbeben über die Hälfte der Gebäude zerstörte. Neben dem Tagestourismus ist vor allem die **Muschelzucht** unübersehbar ein Haupterwerbszweig im Raum Ston.

Sehenswert im kleinen Ortszentrum von **Veliki Ston** sind die Festung Veliki Kaštio am Ortseingang, die benachbarte Kathedrale Sv Vlaho sowie der Rekto-renpalast und der ehemalige Sitz des Erzbischofs am Hauptplatz.

Mali Ston, geschützt durch den dazwischen liegenden Hügel, hat weit weniger unter den Folgen des Erdbebens zu leiden. Die Ruinen der Festungen Koruna und Podzvizdi oberhalb der Landbrücke strahlen einen erhabenen und romantischen Charme aus. Die Wehrmauer ist weitgehend wieder instandgesetzt worden und kann in rund 45 Minuten begangen werden (täglich 8–19 Uhr, Eintritt 30 K, Kinder 10 K).

An- und Weiterreise

■ **Bus:** 5.20, 6, 12 und 19 Uhr nach Dubrovnik; 3–4x tgl. nach Orebić.

■ **Mljet-Fähre:** Wenige Kilometer südlich liegt die beschilderte Bucht Prapratno mit der PKW-Fähre zur Insel Mljet nach Sobra. Abfahrt ist im Sommer um 7, 10.15, 13, 17 und 20.30 Uhr ab Prapratno, zurück ab Sobra um 6, 9, 12, 16 und 19 Uhr.

Information

■ Im einstigen Rektorenpalast auf dem Dorfplatz von Veliki Ston befindet sich eine **Touristeninformation,** Tel./Fax 020-754306, www.tzo-ston.hr, mit Zimmervermittlung und Auskünften (an der Hauptstraße).

Unterkunft, Camping

■ Unterkunft bieten die Hotelpensionen **Vila Koruna**③ (Tel. 020-754999, www.vila-koruna.hr)

8

084sd wl

und **Ostrea**③ (Tel. 020-754555, www.ostrea.com), beide in Mali Ston gelegen.

■ In Veli Ston bieten etliche **Privatvermieter** in der Altstadt Zimmer und Wohnungen an, z.B. das **Restaurant Sorgo** (s.u.). Da Ston nicht direkt am Meer liegt, nehmen ausländische Besucher aber nur selten Quartier vor Ort.

■ Ein Stückchen außerhalb (beschildert „Hodilje") bietet die sehr preiswerte **Villa Menalo**① 8 DZ und 2 Kleinapartments; Hodilje bb, mobil 098-1923989, www.villa-menalo.com.

■ **AC Prapratno**②, Tel. 020-754000, www.dupri morje.hr, Minimarkt, Restaurant, Tennis und kleiner FKK-Strandabschnitt in der Nähe; sehr schöne Lage, auch wenn die Mljet-Fähre in Sichtweite liegt.

■ Das kleine Doppelcamp **Vrela-Zakono**③, im Ortsteil Brijesta (Tel. 020-344204, www.brijesta. com) mit Rad- und Bootsverleih wurde von Lesern gelobt.

Essen und Trinken

■ Zwischen dem Ortsplatz von Veli Ston und der Mauer liegen in den Altstadtgassen etliche Restaurants, unter anderem das **Bakus** (Tel. 020-754270)

⌂ Eine kilometerlange Wehrmauer bei Ston riegelte die Halbinsel Pelješac gegen das Festland ab

mit reichhaltiger Auswahl und Menüs, vorwiegend Fisch- und Muschelgerichte.

■ Ähnliches bietet das **Sorgo** (Tel. 020-754666, tgl. 9–1 Uhr), wohingegen die **Pizzeria Stagnum** (Tel. 020-754158, tgl. 6–24 Uhr geöffnet) mit Kleinigkeiten und Snacks eher die kleineren Budgets anspricht.

Nützliches

■ Direkt im Zentrum gegenüber der Touristeninformation findet sich eine brauchbare touristische Infrastruktur rund um den kleinen Platz Gundulićeva Poljana: eine **Post** (Mo–Fr 8–17, Sa 7–14 Uhr, nebenan Geldautomat), ein **Konzum-Supermarkt** (tgl. 8–20 Uhr) und die **Dubrovačka Banka.**

Trstenik

Der Raum Trstenik/Žuljana an der Südküste bietet etliche **ruhige Badebuchten** und eine Hand voll Campingplätze und Cafés sowie die Konoba Maris (Tel. 020-744059). Das Dörfchen war früher mit der PKW-Fähre Trstenik – Polače (Mljet) ein durchaus wichtiger Transitpunkt für Reisende; wegen der wiedereröffneten Linie Ston/Prapratno – Sobra (s. Ston) wurde diese Route auf unbestimmte Zeit eingestellt.

Nützliches

■ Im Ort stehen ein **Minimarkt** sowie eine **Post** zur Verfügung.
■ **Tauchbasis Dragan und Willi,** Tel. 020-756108 oder 756149, www.tauchbasis-zuljana.de (Kontaktadresse in Deutschland: *Willi Thelen,* Nideggener Str. 95, 53881 Euskirchen, Tel. 02251-5316). Im

15-Meter-Tauchkutter werden sechs Wracks sowie Höhlen angefahren; gut erhaltene römische Amphorenfelder und reich bewachsene Steilwände runden das vielseitige Tauchangebot ab. Bieten auch Unterkunft und fungieren als Internetcafé.

Brijesta

Auf der Nordseite der Halbinsel bietet das Dörfchen Brijesta einen wohltuenden Kontrast zu den quirligen Touristenorten. Wer etwas ganz Abgelegenes sucht, findet hier aus einer Hand Apartments und zwei Camps (Zakono und Vrela, mobil 098-344204, www.brijesta.com) direkt am Meer. Wein und Fisch kann man beim Hausherrn kaufen, die nächste Einkaufsmöglichkeit gibt es in Janjina (Fischgeschäft und Plus-Minimarkt an der Hauptstraße) bzw. in Ston.

Potomje und Dingač

Weiter westwärts die Hauptstraße entlang, folgt das bedeutende **Weinbaugebiet** von Pelješac rund um Potomje. Im Ort gibt es eine Tankstelle sowie Bank, Post und Minimarkt. Direkt vor dem **Tunnel** im Ort (kleine Schilder beachten) liegt linker Hand (Fässer) ein **Weingut,** erkennbar an einem Fass am Fußweg – es kann selbst gezapft und probiert werden! Auf der anderen Seite des kleinen Platzes vor dem Tunnel befindet sich der Minimarkt, die einzige Einkaufsmöglichkeit von festen Nahrungsmitteln vor Ort.

MEIN TIPP: Hinter dem Tunnel liegt ein echtes Kleinod: **Dingač-Borak** und

8

Dingać-Potočine. Wer Ruhe und Gemütlichkeit sucht, ist hier genau richtig – „Action" sucht man vergebens! Einmal im Jahr jedoch, am ersten Samstag im August, wird im Rahmen eines Dorffestes kostenlos (!) Fisch gegrillt und Wein verkostet – jeder ist herzlich eingeladen! Ansonsten gibt es hier nur eine sehr gute Konoba (Konoba Dalmatinska Kuća, Tel. 020-741546) sowie einen kleinen Verkaufsstand der Ladenbetreiberin von Potomje.

Unterkunft

■ **Apartments Nikolica**②, direkte Uferlage, Tel. 021-531503, www.dingac.com.
■ Auch die **Villa Ana**② (Tel. 020-748031, www.dubrovnik-online.net/anadingac und http://anadingac-borak.webz.cz) bietet Apartments für 2–6 Pers.; etwas zurückgesetzt am Weinberg gelegen.
■ Preiswert sind die 4–5-Personen-Ferienwohnungen der **Villa Gloria**① (mobil 091-5503067, www.villagloriadingac.com).
■ Sehr nett ist es in der **Villa Dingac**② (Tel. 020-748030, http://dingac-skaramuca.hr/villa-dingac), wo Wohnungen für 3–6 Personen zur Verfügung stehen.
■ Potočine (rechts hinter dem Tunnel) besteht aus nicht viel mehr als fünf Häusern am Meer, alle sind zu vermieten; ein Beispiel sind die **Apartmani Jadranka**②, Tel. 020-742185, www.potocine.com. Über das Internetportal www.meinurlaubinkroatien.de findet man bei Eingabe von „Potočine" die Wohnungen **Kirigija**① für 5 Personen und **Nikolica**② für 3–6 Personen.

Trpanj

Der **Hafen** von Pelješac für Ploče, eingebettet in die Hügellandschaft der Nordküste, fiel um 1340 an die Dubrovniker Adelsfamilie *Gundulić*, deren Familienwappen am Renaissancealtar der Pfarrkirche Sv Rok verewigt wurde (s. auch Gundulić-Platz, Dubrovnik).

Bedeutendstes Ereignis ist die Feier am 15. August (Mariä Himmelfahrt) mit Prozession und Ausfahrt zum Inselchen mit der Statue Zvijezda mora. Aber auch sonst wird Besuchern in den Sommermonaten einiges geboten, vom Eselsrennen bis zur Stranddisco Plavi Klub (Tel. 020-743967).

Info und Agenturen

■ Richtung Hotel Faraon gehend, liegen linker Hand am Hafen die **Touristeninformation** (Tel. 020-743433, www.tzo-trpanj.hr, tgl. 8–20 Uhr) sowie ein kleiner PKW-Vermieter (mobil 092-2152020).
■ Die Agenturen **Laguna,** Tel./Fax 020-743829, laguna-put.agencija@du.htnet.hr, und **Slišković,** Tel. 020-743599, sliskovic@du.htnet.hr, vermitteln Unterkunft.

Unterkunft, Camping

■ **Hotel Faraon**③, Tel. 020-743446, www.hotel-faraon-adriatiq.com, terrassenartig im Hang am Hauptstrand errichtet; Pool, Animation, Gymnastikprogramme, Tischtennis, Familiendisco, auch Familienzimmer (zwei verbundene Räume); nur im Sommerhalbjahr geöffnet.
■ Hinter dem Faraon-Hotel bietet die **Villa Antunovic**①-② (Tel. 020-743538, www.vila-antuno

Süddalmatien

vic.hr) verschiedene Zimmer für 2–3 Personen (wahlweise mit Klimaanlage, Internet, Sat-TV).
■ **AC Vrila**③, Campingplatz am Ostende der Bucht, ca. 1 km außerhalb, Tel./Fax 020-743700, Tennis, Surfen, Beachvolleyball.

Essen und Trinken

■ Einfache Snacks und Pizza serviert das **Dundo** (Žalo 5,Tel. 020-743903) neben der Touristeninformation.
■ Die **Konoba Dubrovnik** (Tel. 020-743463) hat neben kulinarischen Köstlichkeiten auch Apartments und Zimmer zu vermieten.
■ Die **Konoba Trpanj** (Tel. 020-743897) gegenüber bietet einfache und schmackhafte Fleisch- und Fischgerichte an.

Aktivitäten

■ **Baden:** Hauptstrand am Hotel Faraon (Kajakverleih, Liegenverleih, Beachbar), außerhalb in den zahlreichen Felsbuchten.
■ **Ausflugsboote** (Fischpicknick usw.) am Pier beim Hotel.

Nützliches

■ **Bank** und Geldautomat, **Post** (Mo–Fr 8–12 und 17–21 Uhr), **Marktstände**, der **Studenac-Markt** (tgl. 7–21 Uhr, So bis 20 Uhr), die **Bäckerei Antonia** (tgl. 6–20 Uhr) und eine **Tankstelle** liegen am Hafenbecken vor der Fähranlegestelle.
■ Leser empfehlen das **Fischgeschäft** an der Hauptstraße (mobil 098-9120463), Verkauf je nach Fang.
■ **Bus:** Mo–Fr 5.50, 8.50, 13.50 und 16.15 Uhr nach Orebić, Sa nur 8.50 und 15.50 Uhr.

Orebić

Das Straßendorf Orebić (ca. 4200 Einwohner) im Südwesten der Halbinsel erstreckt sich über mehrere Kilometer entlang der **Panorama-Uferstraße** unterhalb des über 950 Meter hohen Sv Ilija. Hübsche **Villenbauten** mit dem Flair früherer Jahrhunderte in mediterran-subtropischer Vegetation prägen das Bild der im 16. Jahrhundert von der Kapitänsfamilie *Orebić* dominierten Kleinstadt. Geradezu legendär sind auch die **Sandbuchten** (z.B. Trstenica) um Orebić, die von Reisenden als die schönsten Dalmatiens gepriesen werden. Auch die **FKK-Inseln Stupa und Badja** (Bootstaxi ab Promenade) gehören zu den schönsten Badeplätzen von Pelješac. Insgesamt ist Orebić mit seiner vorzüglichen touristischen Infrastruktur ein ausgezeichneter Standort für Reisende.

Sehenswert sind im Ort das **Seefahrtsmuseum** (im Sommer 7–20 Uhr, Sa, So, feiertags 18–20 Uhr, im Winter 9–12 und 17–19 Uhr, Eintritt 10 K) am Trg Mimbelli sowie das am Ortsrand (kleine Straße am Hotel Bellevue) gelegene **Franziskanerkloster** mit angeschlossenem Sakralmuseum (tgl. 9–12 und 15–20 Uhr, Eintritt 20 K).

Wanderung zum Sv Ilija

Das **Kloster** ist auch der Ausgangspunkt für den nicht ganz einfachen Aufstieg zum Gipfel des Sv Ilija mit einmaligem Rundblick über die gesamte süddalmatische Inselwelt, dabei besonders am Anfang immer wieder hinüber zum malerischen Städtchen Korčula. Von der Hauptstraße am westlichen Ortsrand

8

(kurz hinter dem Hotel Bellevue) führen ein Fahrweg und ein Wanderweg zum Klosterparkplatz. Hier folgt man zunächst ca. zehn Minuten dem Sträßchen bis zu einem **Weingehöft** rechter Hand. Dorthin abbiegend und am Haus links vorbei, beginnt der ziemlich steile Pfad immer aufwärts in westlicher Richtung und führt nach ca. 45 Minuten landeinwärts, eine gute Weile nur moderat ansteigend.

Kurz darauf passiert man ein Ziegengatter und kommt so in den **Hochwald** mit einem Wegweiser („Ilija 55 Min.") nach rechts. Bald darauf wird es wieder steil und serpentinenartig, bis sich der Wald öffnet und die neue **Hütte** unterhalb des Gipfels erreicht ist (an der Hütte weitergehend, kann man inlandseitig zurück nach Orebić gehen).

Ab der Hütte sind es noch sehr zähe 30 Minuten bis zum **Gipfel,** der Pfad ist teilweise kaum noch erkennbar – im Zweifel halbrechts halten. Nach einer letzten Kletterpartie ist der Gipfel mit atemberaubender Aussicht erreicht. Zurück an der Hütte kann man denselben Weg zurück zum Kloster (bzw. nach Viganj) gehen oder links durchs Hochtal bis Orebić-Mitte wandern.

Die hier vorgestellte Wanderroute ab Kloster ist etwas kürzer als der Weg von der Ortsmitte aus und bietet den Vorteil, zumindest am frühen Vormittag einigermaßen im Schatten zu liegen. Hin und zurück sind es etwa 3½ Stunden, für den Rundweg ab der Hütte unterhalb des Gipfels im Hochtal zurück zum Ort ist etwa eine halbe Stunde mehr einzuplanen.

Wer vom Ortskern hinaufwandern möchte, orientiere sich an der Hauptkirche im Ort – hier gerade über die Hauptstraße, an der Erste-Hilfe-Station vorbei führt ein beschilderter Wanderweg. Es führen auch von Kučisće und Viganj aus Pfade hinauf zum Gipfel.

An- und Weiterreise

■ **Bus:** Trpanj (5.20, 8.20, 13.20 und 15.30 Uhr), Vela Luka (6.30, 11.30 und 18 Uhr), Lovište (6.15 und 9.30 Uhr), Ston (5.30, 8.50, 13.30 und 16.15 Uhr), Korčula/Vela Luka (6.30, 11.30, 18 Uhr). Busplatz direkt an der Fähre.
■ **Korčula-Personenfähre:** Direkt in die Stadt fährt von Juni bis September die kleine Personenfähre Mediteranska Plovidba, 5.20–20.20 Uhr bis zu 14x tgl., Tel. 020-711156. Wer nur Korčula-Stadt besuchen möchte, muss also nicht unbedingt mit der PKW-Fähre hinüberfahren.

Info und Agenturen

■ **Touristeninformation,** am Trg Mimbeli (am Pier), Tel. 020-713367, tz-orebic.com, tgl. 8–21 Uhr. Eine Filiale liegt außerdem an der Hauptstraße in der Ortsmitte gegenüber vom Mini-Einkaufszentrum (tgl. 8–14 Uhr).
■ **Orebić-Tours,** Bana Jelačića 84, Tel. 020-713367, www.orebic-tours.com, arrangiert Privatunterkunft und Ausflüge.

Unterkunft

Zimmer/Apartments

■ Nette Ferienwohnungen für 2 bis 4 Personen bieten an der Hauptstraße die **Apartmani Roso**②, B.J. Jelačića 96 (beim Studenac-Minimarkt), Tel. 020-713226, www.orebic-roso.com, mit modern eingerichteten Wohneinheiten.

Süddalmatien

An der Uferstraße bietet die **Villa Iva**③ sehr zentral moderne 4er-Wohnungen, Tel. 020-713800, www.orebic-korcula.com/app/villa-iva und www.dalmatino-tours.eu. Angeschlossen ist die Agentur Dalmatino-Tours mit Ausflügen sowie Quad-, Boots- und PKW-Verleih.

Kurz vor dem Bellevue-Hotel liegen in der P. Krešimira IV 93 meerseitig die sehr preiswerten **Colonia Apartments**① mit Zimmern, Studios und einer etwas teureren Ferienwohnung für 6 Personen; www.colonia-apartments.de.

Relativ preiswert kommt man in den **Apartments Jerry**② (Tel./Fax 020-713767) unter; ufernah in der Starcevica 2a und nicht weit vom Hauptstrand gelegen, dennoch sehr ruhig. Wohnungen für 2–4 Personen.

Ein Stück weiter Richtung Hauptstrand liegen die **Apartments Pretner**① (Tel. 020-713216, www.apartmani-pretner.com) in einem hübschen Gärtchen. Nur Studios (2 Personen plus max. 1 Kind).

Auch in der **Campinganlage Adriatic-Mokalo** (s.u.) werden **Apartments**②-③ vermietet.

Hotels

Hotel Orsan②, Tel. 020-713026, www.orebic-htp.hr. Schön am westlichen Ortsrand unter dem Kloster und gegenüber von Korčula gelegen. Betreiben mit dem benachbarten Grand Hotel gemeinsam ein **Hotelboot nach Korčula** (9 Uhr hin, 12 Uhr retour; auch für Nichtgäste, 30 K, Kinder 15 K).

Das **Hotel Bellevue**②, Tel. 020-713193, www.orebic-htp.hr, ist mit Einzel-, Doppel- und Familienzimmern im Haupthaus sowie (allerdings sehr einfachen) Reihenbungalows einschließlich zusätzlicher All-Inclusive-Angebote sehr breit aufgestellt. Pool, Tennisplätze und beschrankter hoteleigener Parkplatz.

Das recht neue **Hotel Indijan**④ (Tel. 020-714 555, www.hotelindijan.hr) ist sicherlich die Nummer eins vor Ort; schönes Innenschwimmbad, Sauna, Spa und ein sehr gutes Restaurant (eigene Weine aus Dingač) im Innenhof zum Meer.

Camping

Etliche Campingplätze rund um Orebić locken alljährlich zahllose Campingfreunde aus dem In- und Ausland an:

Camp Postup-Paradiso①, 3 km vor dem Ort (Richtung Osten), Tel. 020-713690, damir.saic@du.t-com.hr; sehr einfach, ohne Angebote, aber mit Bootsplatz.

AC Adriatic-Mokalo③ (mit Tauschschule), Tel. 020-714328, www.adriatic-mikulic.hr. Kleiner, aber feiner Platz 3 km östlich mit Kinderpool, Tauchen, Wassersport (auch Surfen), Rad-/Bootsverleih und Snacklokal; auch Apartments/Studios.

Nevio-Camping③, Tel. 020-713100, www.nevio-camping.com. Jüngerer Platz östlich des Ortes mit Restaurant, Bungalowvermietung (40–155 €), Zelt- und Stellplätzen sowie eigenem kleinen Bootspier.

AC Orebić①, Tel. 020-713324, privates Minicamp für ca. 30 Personen, am Ortseingang landseitig der Hauptstraße (nicht am Wasser).

AC Trstenica②, Tel. 020-713348, www.kamp-trstenica.com, für knapp 100 Personen, super Lage am Hauptstrand, Waschmaschinen, Bootsslip, Snacklokal, Animationsprogramm.

AC Glavna Plaža③, K. Domagoja 49, Tel. 020-713399, www.glavnaplaza.com, sehr klein (75 Gäste), zentral gelegen, Rad- und Bootsverleih; auch kleine **Studioapartments**①.

Essen und Trinken

Einfach und günstig isst man im **Bistro Jadran** (Pizzen ab 40 K; Tel. 020-713243) am Ufersträßchen zwischen Pier und Ortskern.

Schön sitzt man im Innenhof des **Bistro Coco** (Obala pomoraca 8, Tel. 020-714376, tgl. 18–24 Uhr) mit Fleisch- und Fischgerichten, Lasagne und Pizza.

MEIN TIPP: Ein besonderer Tipp ist ein Stück weiter linker Hand die **Konoba Mlinica** (Obala pomoraca,

Orebić (Pelješac)

■ **Übernachtung**
2 Grand Hotel
3 Hotel Orsan
4 Hotel Bellevue
5 Hotel Indijan
6 Colonia Apt.
7 Villa Iva
8 Apt. Roso
23 Apt. Jerry
24 Apt. Pretner
25 AC Glavna Plaža
26 AC Trstenica
27 AC Orebić

■ **Einkaufen/Sonstiges**
8 Studenac-Minimarkt
10 Weinverkauf
11 Orebić-Tours
12 Mini-Einkaufszentrum
16 Apotheke

17 Metzgerei Pivac
18 Antonia Bäckerei
19 Minimarkt
20 Carwash
21 Weinverkauf
22 Bäckerei

Tel. 020-713886), eine ehemalige Mühle mit Steinglockenofen, die nur wenige, aber zünftige Gerichte anbietet wie etwa *Teletina s Krumpirom* (Kalbfleisch mit Kartoffeln) oder *Hobotnica s Krumpirom* (Oktopus mit Kartoffeln).

■ Schön und ufernah sitzt man an der kleinen Promenade in der **Konoba Dalmatino** (Tel. 020-713551) in einem netten Gartenareal mit Minispielplatz für die Kleinen; begrenzte Auswahl, aber gut.

■ Im Ortszentrum bei der Kirche loben viele Reisende das **Restaurant Babilon** (Divovićeva 2, Tel.

020-713352, April bis November tgl. 9–24 Uhr) für ausgezeichnete Fischplatten sowie deftige Hausmannskost.

■ Am Ende des Franziskanerkloster-Fahrweges liegt die **Konoba Panorama Jurkovic** (Tel. 020-714170) mit zünftiger Hausmannskost und toller Terrasse mit Blick bis Korčula. Ebenfalls beim Kloster (150 m vorher) gibt es in der **Konoba Ivo Tolj** (Tel. 020-713308) mit Hauswein, Rakija, Hausmacher-Limonade, Schinken und Käse zu sehr günstigen Preisen. Hier werden auch Ausritte organisiert.

Süddalmatien

● **Essen und Trinken**
  1 Konoba Ivo Tolj,
    Konoba Jurkovic
  9 Konoba Dalmatino
 13 Babilon
 14 Bistro Jadran
 15 Bistro Coco, Konoba Mlinica

Nützliches

● Selbstversorger achten an der Hauptstraße auf das kleine **Einkaufszentrum** mit Bank (Geldautomat), Fischgeschäft, Obst/Gemüsemarkt und Supermarkt sowie Bäckerei, Metzgerei (7–12 und 17–19 Uhr, So 7–11.30 Uhr) und Zeitschriftenhandel auf der anderen Straßenseite. Die **Metzgerei Pivac** liegt wenige Meter weiter (tgl. 7–20 Uhr, So bis 12 Uhr); gegenüber findet man eine **Apotheke.** Für den Großeinkauf bietet sich der **Konzum-Super-**

markt am östlichen Ortsrand an (tgl. 7–21 Uhr, auch wenn „So 20 Uhr" angeschrieben steht!).

● **Banken** (Geldautomat) und eine **Post** (Mo–Fr 7.30–17 und Sa 9–13 Uhr, im Hochsommer Mo–Sa 8–20 Uhr) am Trg Mimbeli (beim Fährpier/Ticketschalter); Filialen mit Geldautomat im Mini-Einkaufszentrum.

8

Viganj

Das kroatische **Surf-Mekka** – ebenso gut wie Bol, aber ruhiger – zieht mittlerweile mehr Urlauber an als Orebić. Der Ort erstreckt sich als reines Straßendorf über mehrere Kilometer. Sehenswert ist das **ehemalige Dominikanerkloster** (heute katholische Kirche) mit einer Madonna in Dominikanertracht und einer weiteren Madonnenstatue aus dem 15. Jahrhundert. Bademöglichkeiten findet man an der Zufahrt zu den Camps (von Orebić kommend links, Ortsteil Kučiste).

Information

■ **Touristeninformation Viganj,** Tel. 020-719 295, www.viganj.net; geöffnet im Sommerhalbjahr 8–12 und 17–21 Uhr.

Unterkunft, Camping

■ **Privatzimmer** haben die Pensionen **M&Z**②, Tel. 020-719293, oder **Balota**①, Tel. 020-719079, www.apartmani-balota.com, beim Beuchat-Tauchzentrum.
■ Am westlichen Ortsrand liegt sehr schön die **Villa Mediterane**②, Tel. 020-719196, www.villamediterane-viganj.com, mit 12 Zimmern und 7 Apartments; eigener Pool, Halbpension ist möglich.
■ In der **Konoba Zamošće,** mobil 098-9303592, www.crotap.com, werden ebenfalls mehrere Ferienwohnungen angeboten; angeschlossen ist eine Surfschule, auch zahlreiche Ausflüge werden arrangiert (u.a. Dubrovnik, Mljet, Hvar).
■ **AC Perna**②, Tel. 020-719286, www.club-adriatic.hr, mit Strandabschnitt und Restaurant, Tischtennis, Surfen, Beachvolleyball.

■ **AC Palme**②, Tel. 020-719164, www.kamp-palme.com, gleich dahinter, deutlich kleiner, Rad- und Bootsverleih.
■ Schönster Campingplatz ist seit Jahren das **AC Antony Boy**④, Tel. 020-719077, www.antony-boy.com, mit Minimarkt, Rad- und Bootsverleih, Tauch- und Surfschule (auch Katamaranverleih).
■ **AC Maestral**③, mobil 098-1969847, www.maestral-camping.hr, sehr schön terassenförmig angelegt, Surfverleih, Snackrestaurant.

Essen und Trinken

■ Sehr schön sitzt man auf der Uferterrasse der **Konoba Karmela** in der Ortsmitte; Tel. 020-719097.
■ Gut und günstig werden Fischgerichte in der **Konoba Zamošće** unweit vom Camp Palme serviert (mobil 098-9303592).

Nützliches

■ An der Uferstraße liegt ein **Plus-Minimarkt** (tgl. 8–20 Uhr) mit **Geldautomat** in der Ortsmitte; ein Stückchen weiter ist die **Post.**

Lovište

Über den steilen Höhenzug um den Sv Ilija hinweg kann man seit noch nicht allzu vielen Jahren das Örtchen Lovište auf dem Landweg besuchen. Einst von Siedlern aus Hvar gegründet, bietet Lovište heutzutage eine deutlich ruhigere Alternative zu den hektischeren Urlaubszentren Viganj und Orebić. Im Ort wie auch in den unmittelbar angrenzenden Buchten gibt es zahlreiche Bademöglichkeiten, auch FKK.

Unterkunft, Camping

■ Privatzimmer und Apartments bietet die Pension **Tamaris**②, Tel. 020-719196, www.pansion-tamaris.com, mit Ausflugsorganisation und angeschlossenem Restaurant (tgl. 17–22 Uhr).

■ **Penzion Tamara**②, nebenan, Tel./Fax 020-718110, www.loviste-penziontamara.com.

■ Auf der linken Seite des Hafenbeckens liegen die Pension **Indira**② (Tel. 020-719002, www.apart-manipeljesac.net, Halbpension möglich), sowie ganz am Ende die Berliner **Pension Gradina**③ mit eigenem Restaurant (tgl. 9–21 Uhr, Tel. 020-718017, www.pension-gradina.de); DZ, Studios und Ferienwohnungen, inklusive WLAN, Liegestühle, Surfbretter und Räder.

■ Sehr beliebt ist das **Minicamp Denka**① am Ortsausgang Richtung Mirce mit Palmen und Olivenbäumen sowie gepflegten Sanitäranlagen.

■ Alternativ bietet sich das **AC Sunny**①, Tel. 020-719164, im Ortsteil Mirce auf der anderen Seite der Bucht (Zufahrt an der Kreuzung vor Lovište rechts) an.

Essen und Trinken

■ Zum Essen geht man in die netten Schenken **Trumbeta** (Tel. 020-718092) und **Barsa** (Tel. 020-718057) oder in die auch von vielen Reisenden gelobte **Konoba Mirce** im gleichnamigen Ortsteil, tgl. 9–23 Uhr.

■ Für Erfrischungen empfiehlt sich die **Café-Bar Caramba.**

Nützliches

■ **Parken** muss man vor dem kleinen Ort.

■ Am Hafenbecken gibt es **Minimarkt** (tgl. 7–21 Uhr), **Post** (mit Wechselstube, Mo–Fr 9–12.30 Uhr) und **Touristeninformation** (Tel. 020-718034, nur Juli/August 8–12 und 17.30–20 Uhr).

■ Neben dem Restaurant Barsa bietet im Sommer ein kleiner Agroerzeuger **Obst, Gemüse, Honig** usw. an.

■ Am linken Uferende können in Haus Nr. 6 **Boote, Kanus, Räder** und **Surfbretter** gemietet werden.

☐ Badebucht bei Dingač

160sd wl

Insel Korčula

Korčula (48 km lang, max. 8 km breit), die „grüne Insel" Dalmatiens, kann von Split und Drvenik aus direkt oder über die Halbinsel Pelješac angefahren werden. Insbesondere bei letztgenannter Möglichkeit sticht der landschaftliche Unterschied zwischen den schroffen Mittelgebirgsketten von Pelješac und den **sanften, bewachsenen Hügeln** von Korčula ins Auge; höchste Erhebung ist der Klupca mit 568 m. Neben Pinien, Kiefern und Palmen gedeihen hier Oliven, Feigen, Wein, Granatäpfel und sogar Zitrusfrüchte.

Die rund 17.000 Einwohner leben heute überwiegend vom Fremdenverkehr. In den Glanzzeiten des 15. und 16. Jahrhunderts spielte der Schiffbau eine bedeutende Rolle. Das touristische Interesse an Korčula verdankt sich dem faszinierenden Städtchen Korčula mit seinem frühneuzeitlichen Erscheinungsbild, den schönen Stränden sowie dem milden Klima bei fast 300 Sonnentagen im Jahr.

Die griechischen Kolonisten des vierten vorchristlichen Jahrhunderts trieben regen Handel mit Salona/Solin, Trogir und Vis. Zur Zeit des Kaisers Augustus römisch, geriet Korčula später immer wieder in den Blickpunkt des Interesses der unterschiedlichsten Regenten und Nationen: Goten, Byzantiner, Neretva-Piraten (siehe bei Makarska), kroatisch-ungarische Könige, Venezianer (1420–1797), Franzosen, Österreicher, Engländer, Russen und Italiener – von einer serbischen Besetzung im Bürgerkrieg blieb Korčula dagegen verschont.

Allgemeine Reiseinfos Insel Korčula

An- und Weiterreise

■ Alle **Pkw-Fähren** legen in **Dominče,** knapp 5 km Richtung Lumbarda, an und ab (Pendelbusverkehr). Verbindungen: 10–18x tgl. von/nach **Orebić auf Pelješac** für ca. 15 €. Von/nach **Drvenik** auf dem Festland fährt im Sommerhalbjahr 2–3x tgl. eine PKW-Fähre von Dominče aus für ca. 23 € (PKW mit 2 Personen).

■ Eine **Personenfähre** fährt von Orebić den **Altstadthafen** von Korčula-Stadt an, Juni bis September 5.20–20.20 Uhr bis zu 14x tgl., Tel. 020-711156.

Korčula-Stadt

Der Hauptort liegt auf einer kreisrunden, ins Meer hinausragenden **Halbinsel** und ist vom Wasser beinahe gänzlich umschlossen. Dass die Stadt quasi am Reißbrett entstand, verdeutlicht die schnurgerade Mittelachse mit den davon abzweigenden Gassen. Diese **Anlage der Stadt** bietet optimalen Schutz vor Wind und sengender Sonne, außerdem waren die umgebenden Wehrmauern schnell und geradlinig erreichbar. Eine derartige Stadtplanung war während der Türkenkriege typisch, europäisches Paradebeispiel hierfür ist Valletta auf Malta. Von April bis Oktober wird an den Stadttoren einmal wöchentlich die **Moreška,** ein symbolischer Schwerttanz in Erinnerung an die Türkenkriege, im Rahmen der Sommerfestspiele aufgeführt. Die

> Das Landtor Veliki Revelin in Korčula-Stadt

Hintergrundmusik dazu wird mit Trommeln und Dudelsäcken gespielt.

Die mittelalterliche äußere **Befestigungsanlage** mit Wehrmauern, Kastellen und zwei Stadttoren ist teilweise gut erhalten; heute verläuft hier die Uferpromenade um die **Altstadt** herum. Als Hauptzugang zur Altstadt dient das **Landtor Veliki Revelin** aus dem Jahr 1571; links hinter dem Tor liegt das Rathaus aus dem 16. Jahrhundert mit der städtischen Loggia.

Die Hauptachse führt weiter zum höchsten Platz der Stadt, dem **Trg Sv Marka** mit der Kathedrale und dem **erzbischöflichen Palast.** Dieser birgt eine Schatzkammer mit Feinschmiedearbeiten, Trachten und Handschriften sowie einer Münzsammlung. Die klobig-wehrhafte, dreischiffige **Kathedrale Sv Marko** (Mo bis Sa 9–21 Uhr) entstand im 15. und 16. Jahrhundert und gilt als das bedeutendste architektonische Monument der Stadt. Auffällig sind das steinerne Ziborium (Altarbaldachin) von 1486 sowie das Titularbildnis hinter dem Hauptaltar (Hl. Markus, Hieronymus und Bartholomäus) von *J. Tintoretto* (16. Jahrhundert). Unmittelbar neben der Kathedrale steht die Kapelle des Pestheiligen Sv Rok mit einem faszinierenden barocken Marmoraltar.

Das **Marco-Polo-Haus** (beschildert) soll das Geburtshaus des Missionars und China-Reisenden *Marco Polo* gewesen sein – die Historiker sind sich über die Authentizität dieser Herkunftsdeutung allerdings uneinig. Einige hübsche Patrizierpaläste sind ebenfalls beachtenswert, so der **Palazzo Arneri** (heute Galerie) oder der **Palazzo Gabrielli** mit dem **Städtischen Museum** (tgl. außer So 10–12 Uhr, Eintritt 20 K inkl. Audio-Führer).

Am südöstlichen Ende der Altstadt steht die **Allerheiligen-Kapelle Svi Sveti.** Sie stammt aus dem 15. Jahrhundert,

420kro wl

Rijeka, Drvenik,
Split, Hvar

Rt Lovište

Lovište ○

Rt Osičać

Split,
Hvar

Proizd

Babina

Račišće

**Vela
Spilja** ⓘ

Prigradica

*Rt
Prohodić*

Pupnat

Rt Vranina

Vela Luka ○

K O R Č U L A

Čara

Blato ●

Smokvica ●

Pupnatska
Luka

Potirna ○

Rt Velo dane

Grščica Prižba

○ Brna

Zavalatica

Trstenik ○

Zvirinovik

*Rt Veli
Zaglav*

A D R I A T I S C H E S

M E E R

L A S T O

LASTOVO

Stomorina ○ Saplun

Prežba
Kručica

Mrčara

Pasadur Lastovo ●

Kopište

Ubli

Skrivena Luka

Cešvinica

D o n j i Š k o l j i

Kručica

ihr Altarbereich gilt als ein Meisterwerk des österreichischen Bildhauers *G. R. Donner* (1693–1741). Angeschlossen ist ein kleines **Ikonenmuseum.**

■ **Ikonenmuseum,** Tel. 020-711306, tgl. 9–12 und 16–18 Uhr, Eintritt 20 K, ermäßigt 10 K.

An- und Weiterreise

Der **Busbahnhof** liegt am Marina-Vorplatz (Obala K. Brodograditelja, Tel. 020-715500).
■ **Inselbusse:** 5–7x tgl. Korčula-Stadt – Vela Luka 6.45–20.15 Uhr, 13x tgl. (So nur 4x) Korčula-Stadt

– Lumbarda 7–18.45 Uhr (Faustregel: volle Stunde Abfahrt in Korčula-Stadt). Lumbarda – Domince 17x tgl. 5–22 Uhr.
■ Ein **Pendelbus** verbindet den Busbahnhof mit dem **Fährpier Domince** (abgestimmt auf die Fährzeiten).
■ **Fernbusse** fahren um 6.45 und 15.45 über Orebić und Ston (Pelješac) nach Dubrovnik bzw. Zagreb/Zadar/Split (19.45 Uhr).

Info und Agenturen

■ **Touristeninformation,** Obala V. Paletina (Promenade), Tel. 020-715701, www.korcula.net und

Ploče

PKW

Personenfähre

Donja
Vručica   Trpanj

Nakovanj
Viganj   P E L J E Š A C
Kučište   Orebić   Mokalo   Oskorušno

PKW-
Fähre

Korčula   Badija   Županje-
Selo
Žrnovo

Majsan

Dominče   Planjak
Vrnik
Postrana   Lumbarda

Rt Ražnjić

Mljet,
Dubrovnik

V N J A C I
Vrhovnjaci

■ **Jadrolinija** (Fährtickets) hat ein Büro nahe der Altstadt-Anlegestelle (Ostseite), Tel. 020-715410, www.jadrolinija.hr.

■ **Korkyra** (Trg Kralja Tomislava, beim Markt am Revelin-Tor, Tel. 020-711750, www.korkyra.info) arrangiert Transfers, vermietet Boote und Fahrzeuge und dient auch als Internetcafé.

Unterkunft

Günstiger ist die Übernachtung in Orebić auf Pelješac, von wo aus man Tagesausflüge nach Korčula unternehmen kann.

■ Das zentrale **Hotel Liburna**③ in Korcula-Stadt verfügt über zweckmäßig und angenehm ausgestattete 83 Zimmer und 26 Apartments und bietet Pool, Kegelbahn, Billard, Tennis und Minigolf. Sehr schöne Restaurantterrasse mit herrlichem Blick über die Altstadt und die Inselwelt. Hohe Rabatte ab 7 Tagen Aufenthalt. Tel. 020-726066, www.korcula-hotels.com.

■ Ganz zentral an der Promenade liegt das kleine **Korčula**③, Obala dr. Franje Tudmana 5, Tel. 020-711078, www.hotelkorcula.com.

■ Das **Hotel Park**③, Tel. 020-726004, www.korcula-hotels.com, liegt in Gehnähe und kann mit einer Disco/Bar aufwarten.

■ Dahinter folgt das **Hotel Marco Polo**④. Es wurde nach dem mutmaßlich bekanntesten Sohn der Stadt benannt, liegt in unmittelbarer Altstadtnähe und bietet Hallenbad, Tennisplätze, Billard, Fitnessraum sowie Kinderbetreuung. Die meisten der komfortabel ausgestatteten Zimmer verfügen über Balkon mit Meerblick. Tel. 020-726100, www.korcula-hotels.com.

■ Noch vor dem Altstadtzugang beim Busbahnhof liegen die **Wohnungen der Familie Ivancevic**② (A. Starcevic 1, mobil 091-5533380, www.korcula.bz) mit Studio (2 Personen) und 4–5-Bettenapartments. Alle Wohnungen mit Balkon, Waschmaschine, Klimaanlage und Sat-TV. Die Besitzer bieten weitere Objekte auf Korcula an.

www.korculainfo.com, tgl. 8–15 Uhr, im Sommer auch 16–21 Uhr. Arbeitet mit **Kantun Tours** (selbes Büro) zusammen, daher hier auch Ausflüge, Radverleih usw.

An der Uferpromenade liegt rund ein Dutzend **Agenturen** für Ausflüge, Zimmervermittlung, Scooter usw., beispielsweise:

■ **Marko Polo Tours,** Tel. 020-715400, info@markopolotours.hr.

■ **Korčula,** Trg Sv Justine bb, Tel. 020-711067, www.korcula-travel.com, arrangieren auch Kreuzfahrten, Segelschule usw.

■ **Atlas Korčula,** Trg 19. travnja bb, Tel. 020-711060, www.atlas-croatia.com.

Camping

■ **AC Kalac**②, Tel. 020-726693, www.korcula-hotels.com, 4 km außerhalb der Altstadt (nahe der Fähre), Campingplatz mit Sandstrand, Rad- und Bootsverleih, Tauchen, Surfen und Tennis.

■ Die Hochburg für Campingfreunde liegt in den Buchten zwischen Korčula-Stadt und dem Badeort Račišće mit den kleinen Campingplätzen **Oskorušica**①, Tel. 020-710897, **Trižala**①, Tel. 020-721244, und **Vrbovica**①, Tel. 020-721311, alle gelistet unter www.korcula.net („Autocamps").

Essen und Trinken

■ Günstige Kleinigkeiten serviert die **Snackbar** am Busbahnhof.

■ Preiswert ist auch die **Pizzeria Amfora** (Ul. od Tetra br. 4, Tel. 020-711739, April bis Oktober tgl. 10–24 Uhr) in der Altstadt.

■ Empfehlenswert für lokale Küche ist die **Konoba Adio Mare** (Sv. Roka 2, am Marco-Polo-Haus in der Altstadt, Tel. 020-711253) mit Gewölbekeller.
MEIN TIPP: Es ist ein offenes Geheimnis unter Reisenden, dass die Restaurants in Korčula-Stadt hauptsächlich auf Tagestouristen eingestellt sind, Kenner speisen außerhalb. Als rühmliche Ausnahme sei die **Konoba Maslina** von *Liljana* und *Ivan* empfohlen. Die Gerichte werden nach Großmutters Rezepten zubereitet, u.a. Muscheln, Fischrisotto oder Hausmacher-Makkaroni, auch zahlreiche vegetarische Gerichte. Einfaches, aber sehr ordentliches Ambiente, günstige Preise für Korčula. Tgl. geöffnet, Lumbarajska cesta, Sv. Anton (etwas außerhalb, ca. 1 km vom Fährhafen), Tel. 020-711720.

Nachtleben

■ **Disco Club Boogie Jungle,** Put Lokve bb, mobil 095-5373167, relativ neu, 24-Stunden-Betrieb, bietet kostenlose Heimfahrten in Minibussen.

■ **Tramonto,** Ismaelli 12, Tel. 020-711080, Restaurant und schöne Cocktailbar.

■ **Massimo,** Zakerjan Tower, Tel. 020-715073, super Setting oben im Stadtturm, 18–2 Uhr, nur im Sommer.

Aktivitäten

■ **Bademöglichkeiten** bestehen an den Hotel- und Campingstränden. Bootstaxis fahren vom Altstadthafen zu den unmittelbar vorgelagerten Badeinseln Badija, Majsan, Vrnik und Stupa (FKK, jeweils 10 Minuten Fahrt).

■ **ACI-Marina Korčula** (mit angeschlossenem Restaurant), Tel. 020-711661, ganzjährig geöffnet.

Nützliches

■ In der Altstadt sind **Parkplätze** rar (Automaten, 10 K/Stunde). Vor der Ortszufahrt wird man auf einen (beschilderten) größeren Parkplatz geleitet, von wo aus es etwa 10 Minuten hinunter zum Zentrum sind.

■ Am Schulparkplatz kurz vor dem Busbahnhof links gibt es einen günstigen **Rad-, Moped-** und **Pkw-Verleih,** ebenso (direkt neben Marco-Polo-Tours) bei **Rent a Dir,** Tel. 020-711098, www-korcula-rent.com. Auch **Cro-Rent** gegenüber der Touristeninformation vermietet Fahrzeuge, Boote, Räder usw. (www.korcula-rent.com).

■ Am Altstadteingang liegen eine **Splitska Banka** (Mo–Fr 7–21 Uhr, Sa nur vormittags) und die **Post** (Mo–Fr 7–21 Uhr, Sa 8–15 Uhr).

■ Am Hafenbecken befinden sich ein großer **Minimarkt,** eine **Splitska Banka** (Geldautomat) und das empfehlenswerte **Café Arula** (Tel. 020-711005), rechts vom Revelin-Tor der **Markt** mit Souvenirhändlern. Neben dem Busbahnhof bietet sich der **Konzum-Supermarkt** für den Großeinkauf an; tgl. 7–22 Uhr, So 8–21 Uhr.

■ **WLAN-Hotspot** an der Uferpromenade.

Lumbarda

Acht Kilometer südlich von Korčula-Stadt und nur knapp drei Kilometer vom Fährpier Dominče entfernt, führte die 1000-Seelen-Gemeinde Lumbarda lange Zeit ein eher stiefmütterliches Dasein. Ein paar hübsche, stilvolle Villen, eine kleine Marina, ein hervorragender, ausgedehnter Strand und nicht zu vergessen die **Weingärten,** aus deren Trauben die berühmten schweren Weißweine gewonnen werden, trugen jedoch dazu bei, dass Lumbarda mittlerweile recht überlaufen wirkt. **Antike Funde** (älteste südslawische schriftliche Überlieferung), die **barocke Pfarrkirche Sv Rok** aus dem 16. Jahrhundert sowie die Geburtshäuser der dalmatischen Künstler *I. Lozica* und *F. Kršinić* sind die wichtigsten Sehenswürdigkeiten von Lumbarda.

Bademöglichkeiten gibt es im Ort an kleinen Sandstränden, am Marina Beach (Kies), Tatjana Beach (Sand/Stein) und vor allem am großen Prižna Beach am Ende der Straße (Sand).

Unterkunft, Camping

Als Unterkunft (deutlich günstiger als Korčula-Stadt) bieten sich an:

■ **Hotel Borik**③, Tel./Fax 020-712433, www.hotelborik.hr, älteres, innen modern renoviertes Hotel in kleiner Gartenanlage mit Pool und angeschlossener Pizzeria Poladin.

■ **Hotel Lumbarda**③, Tel. 020-712700, www.lumbardahotel.com. Schöner Meerblick, kleiner Pool, Internet-Ecke.

■ **Apartments Lina**①, beschildert, Tel. 020-712 150, www.lina.hr, Aparthotel-Anlage mit 72 Einheiten für 2–5 Personen im Zentrum am Ufersträßchen; angeschlossenes Restaurant.

■ Ruhiger und in privaterer Atmosphäre wohnt man in den Apartments der **Pension Bebic**③ (Tel. 020-712183, www.bebic.hr) mit angeschlossenem Meeresfrüchte-/Fischrestaurant.

■ Zahlreiche **Privatanbieter** haben sich unter www.lumbarda.hr zusammengeschlossen.

■ Rund um den Ort liegt eine Hand voll kleinerer Campingplätze. Sehr beliebt ist das **Minicamp Laguna/Jurjevic** (Tel. 020-712440, laguna-apt@mail.inet.hr), wo auch drei **Apartments**② zur Verfügung stehen. Es wird für Lage und Ausstattung (außer Sportmöglichkeiten) hoch gelobt.

Essen und Trinken

■ Pizza, Kleinigkeiten und Snacks serviert die **Pizzeria Poladin** (Tel. 020-712488, tgl. 7–24 Uhr) beim Hotel Borik.

■ Empfehlenswert ist ferner das **Fischrestaurant Konoba Feral** am Meer, Tel. 020-712090, Mai bis Oktober 12–24 Uhr; Spezialität: Tintenfischgerichte.

■ Lesertipp: Vom Marinaausgang gehe man rechts am Ufer entlang, bis ein Schild („Konoba Zure") nach rechts Richtung Berge weist. Nach 5 Minuten ist die einfache, aber originelle **Konoba Zure** erreicht. Spezialität sind köstliche Fischplatten, zu denen schmackhafter Hauswein serviert wird (Tel. 020-712008 und 712334, tgl. außer So 18–24 Uhr).

Nützliches

■ **Post** (Mo–Fr 8–15 Uhr), **Minimarkt** und **Turist Biro** (Tel. 020-712605, www.lumbarda.hr), ein **Geldautomat, Telefonzellen** und ein kleines **Internetcafé** (tgl. 7–24 Uhr) liegen an der Hauptstraße am kleinen Dorfplatz.

■ Die **Marina** erreicht man unter Tel. 020-712730.

■ **Wechselstube, Internetecke** sowie **Scooter- und Kajakverleih** im Hotel Borik.

8

Zwischen Pupnat und Smokvica

MEIN TIPP: Vor Pupnat im Inselinneren weist links ein werbeähnliches Schild auf den Strand von Brača hin, eine ruhige Bucht auf der Südseite der Insel. Bei Pupnat selbst achte man auf das kleine Schild **„Pupnatska Luka"**. Hier liegt die vielleicht **schönste Bucht der Insel** (zumindest von oben!). Eine beschilderte kleine Abzweigung nach links führt hinunter – den schöneren Ausblick genießt man freilich von oben. Die Nebenstraße führt im Bogen zur Inselhauptstraße und via Čara zum **Weinort Smokvica** mit Post und Minimärkten.

Hier führt die Küstenroute (gut befahrbar) über Brna bis Prižba, einem kilometerlangen, aber in keinster Weise überlaufenen Straßendörfchen. Der gesamte Abschnitt mit Blick auf ein Dutzend zum Greifen naher vorgelagerter Inselchen ist vor allem ein besonderer Tipp für Bootsbesitzer.

⌄ Bucht bei Pupnat

421kro wl

Brna

Hübsch in den Hängen einer weitläufigen Bucht an der Südküste gelegen, bietet das Dorf Brna eine überraschend umfassende wie auch unauffällige touristische Infrastruktur. Besuchermassen sucht man trotz einer Hotelanlage mit Tennisplätzen auch im Hochsommer vergebens. Im und um den Ort liegen zahlreiche Bademöglichkeiten. Wer einen eher **dörflichen Standort** sucht, ist mit Brna gut beraten.

Unterkunft

■ **Hotel Feral**③, Tel. 020-832080, www.hotel-feral.hr. Ruhige Ortsrandlage, Pool, gutes Restaurant.
■ Noch vor der Hotelzufahrt liegen die Privatwohnungen **Lagarrelax**② (Tel. 020-832213, www.lagarrelax.eu) mit 1–4 Zimmern.
■ Einen alternativen **Privatanbieter** findet man zum Beispiel unter apartmani-tomasic.com oder www.brna.info.

Essen und Trinken

■ Für Erfrischungen bietet sich die **Café-Bar Riva** am Ufersträßchen an (tgl. 8–2 Uhr).
■ Hier liegt auch **Pizzeria-Grill Žal** (Brna bb, Tel. 020-832219).

Nützliches

■ An der Uferstraße findet man eine **Bäckerei** (tgl. 6.30–19.30, So 7–12 Uhr), am Ende der Bucht ein winziges **Einkaufszentrum** mit Studenac-Supermarkt (6.30–20.30 Uhr, So 7–20 Uhr), **Geldautomat** und der **Touristeninformation** (im Sommer tgl. 9–17 Uhr; www.brna.hr).

Prižba

Das Straßendorf westlich von Brna an der Uferstraße ist keine gewachsene Siedlung und wirkt sehr zersiedelt. Hier suchen meist Bootsbesitzer eine Ferienwohnung, Sehenswürdigkeiten oder großartige touristische Infrastruktur gibt es nicht.

Unterkunft

■ Kurz vor dem Ort liegt auf einer eigenen winzigen Halbinsel in Traumlage die **Aparthotelanlage Prišćapac**④ (Tel. 020-861178, www.priscapac.com) mit Apartments für 2 bis max. 6 Personen, jeweils inkl. Frühstücksbüffet. Das Hotel bietet auch Sport/Unterhaltung, Ausflüge und eine angeschlossene Tauchbasis. Kinder- und Onlinebuchungs-Ermäßigungen.
■ In Prižba bieten am Küstensträßchen bis zum nächsten Ort Grščica zahllose **Privatvermieter** Zimmer und Apartments an.
■ Hübsche Ferienwohnungen (je 2 Schlafzimmer, Küche, Terrasse) findet man im **Haus Miko**② zwischen Prižba und Grščica (eigene Badeplattform). Die sehr attraktive Gegend ist noch nicht touristisch erschlossen und wird hauptsächlich von privat Unterkommenden genutzt. Buchung unter *P. & W. Matz*, Felsenstr. 58, 70794 Filderstadt, Tel./Fax 0711-703826, www.korcula-fewos.de. Hier kann auch das **Ferienhaus Merica**② (2 Wohnungen, je 4 Personen) in Prižba am Waldrand mit direktem Zugang zum Meer gebucht werden. Tolle Blicke auf die unmittelbar vorgelagerten Inseln Vrhovnjak, Sridnjak und Crklica.
■ Am westlichen Ortsrand beim Minimarkt liegt das kleine **Autocamp Ravno** für ca. 40 Gäste; Tel. 020-851365, www.dubrovnik-campingregion.com/otoci/index.html.

Essen und Trinken

■ Empfehlenswert sind die preiswerten und guten **Restaurants Čerin** (Tel. 020-861056) und **Prižba** (Tel. 020-861182).

■ In Grščica liegen die italienisch-kroatische **Tauchbasis NS Sub,** Tel. 020-861045, das **Restaurant Grščica** (Tel. 020-851757) sowie eine **Slipanlage.**

Blato

Die Küstenstraße steigt hinter Grščica steil nach Norden an und führt über die brandgeschädigten **Höhenwälder** zum einstigen Hauptort Blato. Im von Alleen durchzogenen Städtchen befinden sich heute zahlreiche Verwaltungsgebäude und einige Einkaufsmöglichkeiten an der Hauptstraße.

Camping

■ **Minikamp Potrina** (Tel. 020-865003 und 865 094), 8 km südwestlich, beschildert in Blato. Ca. 40 Plätze, auch Ausweichcamp für Besucher von Vela Luka.

Essen und Trinken

■ Sehr beliebt ist hier das **Restaurant Zlinje,** Ul. 85 Nr. 6/1, Tel. 020-851323, tgl. 7–24 Uhr. Stilgerechtes, typisches Dorfrestaurant mit Vinothek. Dalmatische Spezialitäten (Fisch- und Fleischplatten) werden zu einem ausgezeichneten Preis-Leistungsverhältnis schmackhaft zubereitet. Die offene Küche ist den Gästen zugänglich.

■ Sehr günstig bei großen Portionen ist die **Pizzeria Tinel** (Ul. 11, Tel. 020-852034, tgl. 18–24 Uhr) an der Hauptstraße.

Vela Luka

Vela Luka (4600 Einwohner) ist der zweitwichtigste Ort auf Korčula und liegt in einer tief eingeschnittenen Bucht an der Westseite der Insel am Fuße des 376 m hohen Hum. Weinkelterei, Olivenölgewinnung, Schiffbau und Fischverarbeitung bilden die Einkommensquellen der Bewohner. Mit der **Fährverbindung von/nach Split** rollt auch zunehmend der touristische Rubel. Auch das neue Korkyra-Therapiezentrum für Erkrankungen der Atemwege, eine Art **Kurhotel,** unterstützt den Aufschwung. Sehenswert ist die Pfarrkirche mit angeschlossenem **Sakralmuseum** (geöffnet tgl. 9–12 und 20–22 Uhr).

Höhle Vela Spilja

3 km nördlich (Richtung Camping Mindel) findet man eine ganz andere Sehenswürdigkeit, die Höhle Vela Spilja. Sie wurde schon im 13. Jh. in den Chroniken erwähnt, ihre historische Bedeutung als **jungsteinzeitliche Wohnhöhle** hat man erst durch Forschungsarbeiten nach dem Zweiten Weltkrieg allmählich erschlossen. Ein Fahrweg führt bis zur Höhle, deren erforschter Teil von 250 m² jederzeit besichtigt werden kann. Einige Exponate der Ausgrabungen sind im Kulturzentrum in Vela Luka ausgestellt.

Badeinsel Proizd

Sehr beliebt ist ein Ausflug auf die vorgelagerte Badeinsel Proizd (mit Restaurantbetrieb im Sommer), die schon Preise als schönste Strandregion Kroatiens gewonnen hat. Fahrtzeit per Boot vom Zentrum aus ca. 35 Minuten (umgerechnet rund 10 Euro).

An- und Weiterreise

■ **Fähre:** 6.15 und 13.45 Uhr nach Split (PKW-Fähre); tgl. 5.30 (So 8 Uhr) und 16.45 Uhr Personen-Katamaran nach Split via Hvar (Linie Ubli – Vela Luka – Hvar – Split).

■ **Bus:** Korčula 5.15–18.30 Uhr 7x tgl., Dubrovnik via Ston 5.15 und 14.30 Uhr, Zagreb 18.30 Uhr; Bushaltestelle am Fährpier, Info-Tel. 020-812078.

■ **Parken:** Selbstfahrer zahlen im Zentrum von 8 bis 22 Uhr; Tipp: am Jadrolinija-Fährpier (5 Gehminuten) parkt man umsonst.

Agenturen

■ **Touristeninformation,** Ul. 41 Brigada 11, Tel. 020-813619, www.tzvelaluka.hr, tgl. 8–21 Uhr, im Winter bis 15 Uhr.

■ Die **Agenturen Atlas,** Tel. 020-812078, www.atlas-croatia.com, und **Mediterano,** Obala 3 (rechter Hafenflügel), Tel. 020-813832, www.mediterano.hr, an der Uferstraße vermitteln Unterkunft und arrangieren Ausflüge, Mietfahrzeuge usw.

Unterkunft, Camping

Privatanbieter findet man unter www.velaluka.info sowie über die Homepage der Touristeninformation.

■ Empfehlenswert für Zimmer und Wohnungen ist die **Villa Telenta**② (Tel. 020-814230, www.telenta.net), die auf der rechten Buchtseite gegenüber dem Fähranleger liegt. Schöne Wohnungen/Zimmer mit Balkon und Meerblick.

■ Unmittelbar im Zentrum liegt das kleine **Familienhotel Dalmacija**①, Tel. 020-812022, 812045.

■ Etwas außerhalb bietet das **Hotel Adria**②, Tel. 020-812700, www.humhotels.hr, all inclusive.

■ Das **Jadran**①-②, Tel. 020-812036, nennt sich „Pansion" oder auch „Youth Hostel", ist aber ein normales Hotel im Zentrum am Ufer. Siehe jeweils auch www.humhotels.hr.

■ Die unangefochtene Nummer eins in Vela Luka ist das auch von Reisenden hoch gelobte **Korkyra**④ (Tel. 020-601000, www.hotel-korkyra.com). Absolut zentral in Fährnähe gegenüber der Tankstelle gelegen, supermodern (Glasdusche in der Zimmermitte), mit Fitness, Sauna, Pool, Wellness-Angeboten.

■ 7 km außerhalb liegt der Platz **AC Mindel**③, Tel. 020-813600, www.mindel.hr, mit angeschlossener Tauchschule, Rad- und Bootsverleih, Minimarkt sowie Tennis/Tischtennis.

Essen und Trinken, Nachtleben

■ Einfache Snacks bietet **Sardin Fast Food** unten im Zentrum.

■ Sehr gut und gemütlich speist man in der **Pizzeria Vertigo** (an der Promenade; Tel. 020-812988).

■ In der **Pizzeria Alfa** (Tel. 020-813710) wird abends Discomusik geboten.

■ Unmittelbar im Zentrum am Meer liegt das sehr angenehme Restaurant **Pod Bore**. In stilvollem Ambiente hat man bei ausgezeichneten Fisch- und Meeresfrüchtegerichten eine hübsche Aussicht über die Bucht. Obala 3/1, Vela Luka, Tel. 020-813069, im Sommer tgl. 11–15 und 17–22 Uhr.

■ Für abendliche Unterhaltung sorgen die bis 2 Uhr tgl. geöffneten **Café-Bars** am Hafenbecken.

Nützliches

■ **Konzum-Markt** (davor Geldautomat) und **Banken** liegen ebenso wie die **Post** (mit Geldautomat, Mo–Sa 8–12 Uhr, Mo–Fr zusätzlich 17–20 Uhr) an der Uferstraße Obala im Zentrum.

8

■ **Geldautomat** auch am Café Casablanca.

■ Am anderen Ende der Bucht, hinter den hässlichen Werften, liegt ein großer **Tommy-Supermarkt** (tgl. 6.30–20 Uhr, So ab 7 Uhr).

■ **Euroherc,** kurz vor der Tankstelle linker Hand, vermietet **Fahrzeuge** (auch Räder und Mopeds, Tel. 020-813542).

■ Nebenan dient die Agentur Atlas (s.o.) auch als **Internet-Point.**

■ Landseitig der Tankstelle wird frischer **Fisch** verkauft.

■ Ein **Personenboot** im Hafenbecken verbindet Vela Luka (via Hotel Adria) mit den vorgelagerten **Badeinseln** Ošjak (3x tgl.) und Položnak (8x tgl.).

Die Nordküste

Während die Südseite der Insel sich einer überschaubaren Beliebtheit bei Touristen erfreut, blieb der Norden bisher deutlich ursprünglicher und untouristischer. Von Vela Luka aus kann man inzwischen von der Route zum Camp Mindel (an der Küste rechts) durchgehend an der Nordküste entlang bis Korčula-Stadt fahren. Dabei passiert man neben einer Vielzahl gut erreichbarer **Kiesbadeplätze** auch ein paar sehr **ursprüngliche Küstensiedlungen.**

Zunächst erreicht man den ehemaligen Wein- und Öl-Exporthafen von Blato, **Prigradica,** mit einigen Cafés und einer Hand voll Ferienwohnungen (www.ikorculainfo.com/de/prigradica). Sehr beliebt ist hier das Restoran Prigradica an der Hauptstraße (Tel. 020-851221) für heimische Gerichte, zur Fangzeit auch täglich frischen Fisch.

Über den winzigen Fischerhafen Babinakommt man nach **Račišće** (ca. 600 Einwohner), ein um eine kleine Bucht gewachsener Ort mit Minimarkt, Mini-

camp Relax sowie den Restaurants Konoba Vala (Tel. 020-710881; einfach aber gut) und Mediteran (Tel. 020-710632; tgl. 7–24 Uhr) am kleinen Yachthafen (Bootsverleih). Račišće bietet sich als alternativer Standort an, wenn man nicht in der quirligen Stadt Korčula oder im deutlich touristischeren Lumbarda unterkommen möchte. Eine Vielzahl an Privatquartieren wird unter www.ikorculainfo.com/de/racisce angeboten.

Insel Lastovo

Die 46 km² große Insel Lastovo mit insgesamt nur 1200 Einwohnern gehört zwar zum **Archipel von Dubrovnik,** ist aber ohne eigenes Boot nur von Split aus erreichbar. Besonders bei Seglern sind einige der vorgelagerten Inselchen sehr beliebt: **Mrčara, Saplun** und besonders **Kopište** mit seinen Kiesstränden. Lastovo gehörte wie Korčula und Mljet zur Republik Ragusa, entwickelte aber nach *Napoleon* und der Zerschlagung der Republik im frühen 19. Jahrhundert eine für abgelegene Inseln typische Eigenbrötelei. Auch landschaftlich zeigt Lastovo mit seinen **Steilküsten,** nur wenigen Bademöglichkeiten, größeren Waldbeständen um den höchsten **Berg Hum** (418 m) und der vergleichsweise geringen landwirtschaftlichen Nutzung ein eher untypisches Bild der dalmatischen Inselwelt.

Ubli, der Fährhafen der Insel in einer geschützten Bucht im Westen, verfügt über Post, Minimarkt, Tankstelle und einen kleinen, nahe gelegenen Kiesstrand. In **Pasadur** verbindet eine Brücke Lastovo mit der Insel Prežba. Der Ort ist für seine schönen Strände bekannt. Der **Inselhauptort Lastovo** (800 Einwohner) thront fast 90 Meter oberhalb des Meeres auf einem Hügel und ist das administrative und kulturelle Herz der Insel. Sehenswert sind die dem Schutzpatron von Dubrovnik, *Blasius,* geweihte **Pfarrkirche Sv Vlaho** aus dem 15. Jahrhundert sowie die Ruinen einer venezianischen Festung. Mehrere Wanderwege führen zu den Inselenden sowie zur **Badebucht Zaklopatica** unterhalb von Lastovo.

An- und Weiterreise

■ Eine **Fährverbindung** zwischen **Ubli** und **Split** via Hvar und Korčula besteht 2–3x tgl. für ca. 70 € (Pkw mit 2 Pers.). Die Fähren fahren ab Ubli sehr früh, meist vor 7 Uhr morgens; nur So, Mo und Fr auch um 13 Uhr.

Information

■ Auskünfte erteilt die winzige **Touristeninformation Lastovo,** Tel. 020-801018, www.lastovo-tz.net, im Ortskern.

Unterkunft

Unterkünfte auf Lastovo (es gibt nicht viele!): Ferienwohnungen unter www.apartmani-fulmizi.com oder Zimmer unter www.vila-antica.com.
■ In Pasadur gibt es gute Fischlokale sowie das ruhige **Hotel Solitudo**②, Tel. 020-805134, www.hotelsolitudo.com, mit **Tauchschule Triton,** Tel. 042-282380, www.triton-diving.hr.

Nützliches

■ Geldwechsel ist in Lastovo bei der **Splitska Banka** (Mo bis Fr 8–13.30 Uhr) und bei der **Post** (8–14 Uhr) möglich.
■ Lastovo hat eine **Apotheke** und eine **Erste-Hilfe-Station.**
■ **Tauchen** ist auch bei **Mare Turist** möglich, Tel. 020-801022.

Insel Mljet

Zwar gehört die ca. 100 km² große Insel Mljet (etwa 1200 Einwohner) historisch und administrativ ebenso wie die Nachbarinseln Korčula und Lastovo zum **Archipel von Dubrovnik,** doch nur Mljet ist ausschließlich von Dubrovnik aus erreichbar. Übrigens ist nicht Malta, sondern Mljet halb-historischen Legenden zufolge jene Insel, vor welcher der **Apostel Paulus Schiffbruch** erlitt. Auch der griechische Sagenheld **Odysseus** soll von der Nymphe Calypso auf Mljet gefangen gehalten worden sein und nicht auf dem maltesischen Ghadex (Gozo). Der Streit ergibt sich aus der Namensgleichheit im Lateinischen: *Melita* (Honiginsel) wurde sowohl zu „Malta" als auch zu „Mljet".
Auf Mljet, das zu zwei Dritteln von Kiefern und Steineichen bewachsen ist, werden **Wein, Oliven und Heilkräuter** angebaut. Was die Tierwelt angeht, verdient der vom indischen Subkontinent als Giftschlangenvertilger Anfang des 20. Jahrhunderts importierte **Mungo** Erwähnung, eine dachsgroße Schleichkatze. Wegen der Heilkräuter und der malerischen Binnensalzseen im Westen der Insel wurde 1960 der **Nationalpark**

8

Mljet gegründet, der das westliche Viertel der Insel um Pomena umfasst. Mljet führt auch touristisch ein eher abgeschiedenes Dasein; ebenso wie im Falle der Elaphiten-Inseln bietet sich ein längerer Aufenthalt an, wenn man Ruhe und Abgeschiedenheit bevorzugt.

Allgemeine Reiseinfos Insel Mljet

An- und Weiterreise

■ Hauptfährort ist **Sobra** im Nordosten von Mljet. Derzeit verkehrt lediglich die offizielle **Jadrolinija-Fähre** von/nach **Prapratno auf Pelješac,** die im Winter 4x tgl. (7, 12, 17.30 und 20 Uhr ab Prapratno, 6, 10, 15 und 19 Uhr ab Sobra) eingesetzt wird, im Sommer 7, 10.15, 13, 17 und 20 Uhr ab Prapratno, 6, 9, 12, 16 und 19 Uhr ab Sobra.
■ Darüber hinaus verkehrt ein **Personenkatamaran** einmal täglich zwischen **Dubrovnik** (Gruž) um 9 Uhr und Sobra/Polače (16.20 Uhr), 68 K einfach. Anbindung mit dem Personenkatamaran „Mona Ana" besteht nach Dubrovnik um 6.15 und 16.40 Uhr, nach Polače um 10.15 Uhr; Tickets nur bei der Hafen-Touristeninformation 30 Minuten vor der Abfahrt.
■ Ein **Inselbus** verbindet 3–4x tgl. Sobra mit Pomena und Saplunara.

Information

■ **www.mljet.hr,** mit nahezu vollständiger Privatunterkunfts-Suchmaschine zu Mljet.

Sobra

Der Haupthafen von Mljet besteht aus nicht viel mehr als der **Anlegestelle** mit kleinem Kai, wo eine Touristeninformation (während der Fährzeiten, Tel. 020-746025, www.mljet.hr), eine kleine Bar sowie die einzige Inseltankstelle zu finden sind.

Nützliches

■ Im Ort auf der anderen Seite der Bucht gibt es die **Villa Mungos**② (Tel. 020-745060, www.mljet apartment.com, alle FeWo Balkon/Meerblick) mit einem gerühmten gleichnamigen **Fischlokal** (Tel. 020-745224), einen **Minimarkt,** eine **Tankstelle** und die **Tauchbasis Scooba Club Mljet,** *Darko Palunčić,* Tel./Fax 020-745220.
■ In Sobra findet man auch den **Fahrzeugverleih Mini Brum,** Sobra 33, Tel. 020-745084, www.rent-a-car-scooter-mljet.hr, tgl. 9–19 Uhr; Scooter 250 K/24 Std. Die Mljet-spezifischen Kleinwagen (sehen wie Spielzeugautos aus; Anmietung ab/bis Fähre möglich) ab 380 K/24 Std., pro Woche knapp 2000 K.

Pomena

Touristisch bedeutendstes **Zentrum von Mljet** ist das Fischerdorf Pomena im Nordwesten der Insel. Fußwege verbinden es mit dem kleinen **Salzsee Malo Jezero.** Das einzige Hotel am Ort bietet kostenlosen Boottransfer zu nahe gelegenen **FKK-Stränden,** Boots- und Surfbrettverleih sowie Tauchgänge über eine hoteleigene Basis; hübsche Promenade mit Kinderpool. In Pomena gibt es ein Kartenhäuschen für die **Eintrittskarten** zum **Nationalpark** (Bootsanlegestelle Pristanište), der über einen Fußweg gut erreichbar ist.

Unterkunft

■ Das **Hotel Ulysses-Odisej**② , Tel. 020-744022, www.hotelodisej.hr, gehört zu der renommierten Agenturkette Atlas (günstige Pauschalarrangements auch vorab direkt buchbar unter www.atlas-croatia.com) und bietet Sportmöglichkeiten sowie eine Tauchbasis. Boottransfer mit dem hoteleigenen Schnellboot.

■ Ein paar kleine Pensionen und Zimmeranbieter verteilen sich entlang der (einzigen) Straße. Die **Pension Matana**② (Tel. 020-744010, www.croatia-mljet-apartment.com) hat DZ und Apartments. **Ferienwohnungen**②-③ kann man auch unter www.apartmani-mljet.net arrangieren.

Essen und Trinken

■ Die Gastronomie im Ort beschränkt sich auf das **Hotelrestaurant** sowie einige **Fischlokale** am Kai, insbesondere das **Barba Ive** (mobil 098-669 662), mit täglich fangfrischem Fisch, erhält regelmäßig gute Kritiken.

Nützliches

■ **Geldautomat** beim Hotel, davor **Mopedverleih** und **Ausflugsanbieter**.

Goveđari und die Salzseen

🦋 Das eigentliche „Highlight" auf Mljet sind sicherlich die erdhistorischen **Karstseen** Veliko Jezero (Großer See, 145 ha) und Malo Jezero (Kleiner See, 25 ha), die durch einen Kanal miteinander verbunden und von einem 13 km langen Spazierweg rund um Goveđari sowie den dazugehörigen Weilern **Babino Kuce**, **Pristanište** und **Soline** umgeben sind. Ein winziger Durchlass bei Soline (Kanal mit starker Strömung, keine Brücke) verbindet die Seen mit dem offenen Meer und bringt manchmal komische Szenen mit sich: „Most" bedeutet zwar Brücke, doch steht hier keine. Mancher enttäuschte Wanderer versucht dann bis zu den Achseln watend, mit der Kleidung auf dem Kopf, das andere Ufer zu erreichen – angesichts der Strömung ein hoffnungsloses Unterfangen!

Mehrere Stellen sind zum **Baden** ausgewiesen, man kann auch stündlich per **Ausflugsboot** (9–18 Uhr, im Parkeintritt enthalten, die Karte gilt auch für die Weiterfahrt per Boot vom Inselchen zum Badeplatz Mali Most und wieder zurück zum Ausgangspunkt) oder schwimmend zur **Klosterinsel Sv Marija** übersetzen. Hier errichteten Benediktinermönche im 12. Jh. eine Abtei mit einschiffiger Klosterkirche, die im 16. Jh. im Renaissancestil erweitert und als Gaststätte restauriert wurde (Melita, Tel. 020-744145, 10–24 Uhr).

Vom Parkplatz Pristanište sind es 500 m bis zum See (hier auch Ambulanz, Post/Souvenirshop und Bootsanlegestelle zur Insel). Die beiden Seen sind mit einer kleinen **Steinbrücke** verbunden, womit aber nicht die verwirrend als „Veliki Most" (Große Brücke) bezeichnete

Süddalmatien

8

415kro wl

reißende Furt Richtung offenes Meer gemeint ist (hier ist aber die schönste Bademöglichkeit).

Wer wenig Zeit hat, geht Richtung **Veliki Most** (knapp 2 km) und zu den 500 m weiter gelegenen **Höhlen** (noch 500 m weiter liegt der Weiler Soline mit zwei Konobas). Der längere Weg ab dem Ufer in Pristanište führt rechts herum zur anderen Seite der Furt (nur schwimmend zu durchqueren). 250 m vor dem Veliki Most zweigt der beschilderte Fußweg nach Polače ab.

Information

■ **Parkverwaltung** des Nationalpark-Gebietes (Informationen und Hilfe im Notfall), Pristanište 2, Tel. 020-744041, www.np-mljet.hr, Tickets 100 K, Kinder 50 K, Boot zur Marieninsel 20 K extra (Tickets in Polače oder am Parkplatz Goveđari-Pristanište).

⌃ Zur Klosterinsel Sv Marija im Veliko Jezero kann man hinüberschwimmen

8

■ Die **Touristeninformation Goveđari,** Tel. 020-744086, vermittelt private Unterkünfte in Goveđari, Polače und Pomena.

Nützliches

■ Ein **öffentlicher Bus** verbindet Polače mit Pristanište (8.15–18.40 Uhr, 12x tgl.).
■ **Kanu- und Fahrradverleih** (rund 15 €) am Parkplatz Pristanište.

Polače

Den Namen Polače („Palast") verdankt der Ort einer ehemaligen römischen Ansiedlung am südwestlichen Ortsende. Am kleinen Hafen gibt es eine Gostionica (Lokal), den Minimarkt Antonio, eine Parkinformation (hier auch Ticketverkauf, man kann aber auch weiterfahren bis zum Parkplatz Goveđari) sowie den **Fährpier** (derzeit keine Verbindung nach Trstenik oder Pelješac). Direkt gegenüber der Anlegestelle führt ein Fußweg über den Hügel zu den Seen.

Information

■ Am Ufersträchen findet man die lokale **Touristeninformation** (8–12 und 15–18 Uhr) mit Radverleih.

Essen und Trinken

■ Mehrere **Straßenlokale** bieten ihre Dienste an, besonders gut wird Fisch im **Restoran Pomena** (Tel. 020-744075, tgl. 8–24 Uhr, nur April bis Okt.) zubereitet.

Blato und Kozarica

Richtung Babino Polje zweigt eine Nebenroute ab hinunter nach Blato. Sie wird hinter dem kleinen Agrardörfchen zur engen Passstraße nach Kozarica. Das **Panorama** lohnt den kleinen Abstecher unbedingt: Hinter Blato hat man zunächst einen tollen Ausblick auf die tiefer gelegenen Weiher des großen Tals, kurz darauf sind ganz unten mehrfach die **Salinenfelder** von Kozarica zu erkennen, die noch heute der Salzgewinnung dienen.

Babino Polje

Das Verwaltungszentrum von Mljet mit rund 600 Einwohnern bildet die „Großstadt" der Insel. Wein-, Mandel-, Feigen- und Olivenanbau sind die Haupterwerbszweige in Babino Polje, Touristen sieht man hier eher selten. Es gibt im Ort ein kleines **Trachtenmuseum** (Eintritt 10 K) sowie die zwei Kirchen Sv Blas (13. Jahrhundert) und Sv Juraj (14. Jahrhundert). Ein herrlicher **Wanderweg** führt hinauf zum Veli Grd, mit 514 m höchster Punkt der Insel. Er ist ab der Kapelle am Ortseingang beschildert; unterwegs trifft man auf einige Tropfsteinhöhlen.

Camping, Essen und Trinken

■ **AC Babino Polje**③ (ehemals Mungos), Tel. 020-745224, Campingplatz mit Restaurant, Minimarkt und Wechselstube, liegt einsam abseits der Hauptstraße an der Südküste.
■ Einzige Ortsschänke ist die **Konoba Triton** (Tel. 020-745131) an der Durchfahrtsstraße mit einer begrenzten Auswahl an deftigen Fleischgerichten.

Nützliches

■ Neben **Post, Minimarkt** und **Ambulanz** ist auch eine **Bäckerei** vorhanden, welche ganz Mljet versorgt.
■ Am Ortsausgang Richtung Sobra liegt der einzige **Supermarkt** von Mljet.

Saplunara

Über die Weiler Prožura, Maranovići und Korita (das „Ölgebiet" von Mljet: Olivenanbau) führt das Sträßchen von der Fähre nach Osten bis zur Bucht Saplunara mit herrlichem Blick zu den Elaphiten-Inseln. Saplunara ist wegen des **feinen Sandstrandes** (mit Beach-Bar am Parkplatz) außerordentlich beliebt und verströmt tatsächlich ein wenig karibisches Flair. Am kleineren Nebenstrand werden Boote vermietet (mobil 098-608861), allerdings stören dort etwas die vielen Militärs (teilweise Sperrgebiet).

Unterkunft, Essen und Trinken

■ Studios (2 Personen) und Wohnungen findet man bei **Apartmani Mljet**② (mobil 098-1927697, www.apartmani-mljet.com).
■ Ein anderer Anbieter ist **Franka Basica**① (Tel. 020-746177, www.villa-mirosa.com) mit mehreren Zimmern/Apartments.
■ Reisende loben sehr die **Villa Hansal**③ (Tel. 020-746242, www.villa-hansal.com) mit Wohnungen für 2–5 Personen; schöner Blick, Minishop am Haus.
■ Auch die **Konoba Stermasi**①-② (Tel. 020-427081, www.stermasi.hr) bietet Apartments für 2–4 Personen an. Hier werden tolle Hausgerichte wie Ziegenfleisch oder Backgemüse serviert; auch die Fischplatte ist ein Gedicht.

Dubrovnik

„Kroatisches Athen", „Perle des slawischen Südens", „schönste Stadt der Adria" – es gibt kaum einen Superlativ, den Dichtung und Reiseliteratur noch nicht für die in der Tat faszinierendste und **beeindruckendste Stadt Kroatiens** ersonnen haben. Der berühmte irische Dichter *George Bernard Shaw* (1856–1950) sagte nach einem Aufenthalt in Dubrovnik: „Diejenigen, die das Paradies auf Erden suchen, sollten nach Dubrovnik kommen." Mit der rationalen Objektivität des frühen 21. Jahrhunderts betrachtet, sollte man sich vom überschwänglichen Gebrauch der Begriffe „Paradies" und „Perle" etwas distanzieren, doch selbst der nüchternste und sachlichste Besucher der Stadt wird sich dem Zauber dieses wundervollen, lebendigen Relikts früherer Jahrhunderte nicht entziehen können. Würde plötzlich am Hafen eine venezianische Gondel mit leibhaftigen Dogen anlegen – kaum jemand würde erstaunt das Haupt heben, sondern diese wundersame Auferstehung der Geschichte ebenso gelassen hinnehmen, wie das flatternde Flügelschlagen der Tauben am Stradun.

Die ringsum begehbaren Stadtmauern, eine grandiose frühneuzeitliche Szenerie der Stadtarchitektur, die unmittelbare Meereslage und das **mildeste Klima der kroatischen Adria** mit teilweise subtropischer Vegetation im Umland ziehen alljährlich Hunderttausende von

⊳ Die Altstadt von Dubrovnik

begeisterten Besuchern an. Dubrovnik (ca. 60.000 Einwohner) wurde 1980 komplett unter **UNESCO-Denkmalschutz** gestellt, was serbische Artilleristen im Bürgerkrieg (1991–95) nicht von der Meinung abhielt, die Stadt gehöre unter die Meeresoberfläche. Einige Hinweistafeln erinnern an die Zerstörungen, ansonsten dürfte nur der aufmerksamste Beobachter noch hie und da ein paar kleine Restschäden entdecken. Ab 1996 wurde aufopferungsvolle Wiederaufbauarbeit geleistet, sodass das Kronjuwel Dalmatiens heute wieder im Glanz früherer Jahrhunderte erstrahlt.

Geschichte

Die Entstehung der Stadt verliert sich im Verlauf der Geschichte, Legenden verflechten sich mit historischen Fakten, Niederschriften fehlen. Mit der Völkerwanderung und den Richtung Meer vor

dringenden Slawen des 7. Jahrhunderts beginnt die belegbare Geschichte der Stadt. Die Siedler bewohnten die kleine, heute von den Altstadtmauern umgebene Insel Lauza (Rausa), was **„Ragusa"**, den **alten Namen Dubrovniks**, erklärt. Fast zeitgleich (soweit nachweisbar) wurde am Fuße des Berges Srd die Siedlung Dubrava („Eichenwald") gegründet, was zum einen auf den einstigen Bewuchs, zum anderen auf die Herkunft des Namens Dubrovnik (seit 1918) verweist.

Beide Siedlungen schienen zu kooperieren und auch zu florieren und entwickelten sich zusammen rasch zu einer bedeutenden **Seehandelsstation** mit weitgehender Autonomie unter byzantinischer Oberhoheit (8. bis 10. Jahrhundert). Die folgenden drei Jahrhunderte waren von einem stetigen Streben Venedigs geprägt, die prosperierende Metropole auf der anderen Adriaseite zu kontrollieren, was aber nur zeitweilig (1205–

425kro wl

1358) gelang. Nach dem Frieden von Zadar blieb Ragusa von 1358–1526 **unabhängige Freistadt** unter nominell kroatisch-ungarischer Oberhoheit.

In der Zeit vom 14. bis zum frühen 17. Jahrhundert erfolgten die größte Blüte und weiteste geografische Ausdehnung der **Republik Ragusa:** Die Halbinsel Pelješac, die Inseln Lastovo und Mljet und der Küstenstreifen gut 50 Kilometer nördlich und südlich von Ragusa gehörten zum freien Staatsgebiet, während Restdalmatien wie auch Cattaro (heutige serbisch-montenegrinische Küste südlich der kroatischen Grenze) an Venedig fiel. So entwickelten sich Freigeist und kulturelle Eigenständigkeit inmitten des italo-venezianisch geprägten Territoriums. Im 16. Jh. gab es diplomatische Vertretungen in aller Herren Länder sowie wichtige Friedensabkommen mit den Türken, die große Teile Südosteuropas besetzten oder bedrohten.

Während aber die frühe Neuzeit eine Forcierung des interkontinentalen Seehandels (Seewege nach Amerika und Asien) für die führenden Nationen mit sich brachte, schlief der Seehandel der Republik Ragusa allmählich ein. Einhergehend mit dem finanziell belastenden **Erdbeben von 1667,** das weite Teile der Stadt zerstörte, kam es zu einem drastischen **Niedergang** im 17. und 18. Jahrhundert. Die Verwahrlosung und das „Lotterleben" des Adels wie auch Pest und Stadtbrände hatten schon zuvor ihr Übriges getan. Somit war die Festung Ragusa für die Truppen *Napoleon Bonapartes,* der die Republik Ragusa 1808 auflöste, leicht zu erobern. Mit seinem Abgesang (Wiener Kongress 1815) begann die **Habsburger Phase,** in der zwar ein **früher Tourismus** unter dem neuen

Namen „Dubrovnik" einsetzte, Wirtschaft und Handel jedoch nach Rijeka verlagert wurden.

Nach dem Zweiten Weltkrieg und mit der Suche europäischer Reisender nach malerischen, historisch authentischen Zielen setzte im sozialistischen Jugoslawien ein **Boom** ein, der – trotz aller Malaisen während des Bürgerkrieges – bis heute ungebrochen andauert.

Die Stadt heute

Eine **autofreie Altstadt,** der nahe Flughafen sowie ein breites Angebot an touristischer Infrastruktur machen Dubrovnik zum **lohnenswertesten Reiseziel in Süddalmatien,** wenn nicht gar in ganz Kroatien. Busbahnhof und Fährhafen, in deren Nähe reihenweise Hotels zu finden sind, liegen zwei Kilometer außerhalb der Stadtmauern. Alle Sehenswürdigkeiten der Altstadt sind leicht zu Fuß zu erkunden. Man sollte ruhig zwei oder drei Tage für einen Besuch Dubrovniks einplanen – es gibt genug zu sehen!

Besucherströme

Wichtiger Hinweis: In den letzten Jahren meldete Dubrovnik zur **Hauptreisezeit** wiederholt „Land unter". Die Besucherströme quälten sich wie bei einem WM-Endspiel durch die Straßen. Berücksichtigt man auch das Parkplatzproblem (s.u.), dann empfiehlt sich eine organisierte Ausflugsfahrt von einem anderen Urlaubsstandort aus (auch Inseln) oder die Nutzung **öffentlicher Verkehrsmittel** sowie – wenn möglich – die Vermeidung der Monate Juli/August!

Dubrovnik Card

Unbedingt empfehlenswert ist die Anschaffung der Dubrovnik Card, die für 1, 3 oder 7 Tage für 150, 200 bzw. 250 K (in der Nebensaison 10 % Rabatt) gilt und unbegrenzte Fahrten mit den **Stadtbussen** (24-Std.-Karte; 10 Fahrten bei der 3-Tageskarte bzw. 20 Fahrten bei der 7-Tageskarte) sowie **freien Eintritt** zu Stadtmauer, Rektorenpalast, Maritim-Museum und weiteren Galerien und Museen beinhaltet. Die Karte ist bei den örtlichen Touristeninformationen erhältlich. Infos: www.dubrovnikcard.com.

Sehenswertes in der Altstadt

Zentrale Achse der Stadt ist die **Placa,** (auch **Stradun** genannt) eine breite Promenade mit Boutiquen und Cafés. Von ihr zweigen beidseitig endlose Gassen und Gässchen ab, meist treppenartig, bis zu den Wehrmauern hinauf.

Festung Lovrijenac

Außerhalb der Stadtmauern vor dem Pile-Tor steht ein **Schutzfort** auf einem 37 Meter hohen Felsen. Die Chronisten berichten, dass es um 1055 in nur drei Monaten fertig gestellt wurde. Die Festung hat zu den drei Außenseiten hin ungewöhnlich starke Mauern (4–12 m), stadtseitig dagegen sind sie nur 60 cm dick – angeblich, um den Kommandanten dieser Festung, der aus den Reihen der Gutsbesitzer stammte, leicht vertreiben zu können, für den Fall, dass er die

Stadt zu tyrannisieren versucht hätte. Im 2. Weltkrieg diente das Fort als Gefängnis, heute wird es restauriert und soll ein **Museum** beherbergen. Für die Nachwelt steht über dem Tor: „Non bene pro toto libertas venditur auro" (Ungut ist es, für alles Geld der Welt die Freiheit zu verkaufen". Na ja, dafür nehmen sich heute die Stadtoberen alle Freiheit der Welt, horrende Eintrittspreise zu verlangen!

Pile-Tor

Das auch „griechisches Tor" genannte **Stadttor** entstand im Jahr 1537 und wird von der Skulptur des Stadtheiligen, *Sv Vlaho* (ein Werk von *I. Meštrović,* siehe Glossar), geschützt. Durch eine steinerne Brücke ist es mit einer **hölzernen Zugbrücke** verbunden, die allabendlich gehoben wurde und das Tor im Rahmen einer farbenfrohen Zeremonie schloss. Die erste steinerne Brücke errichtete 1397 *Ivan Sinjski.* Das innere Tor ist 1460 im gotischen Stil an jener Stelle erbaut worden, an der sich das älteste Stadttor überhaupt befand.

Stadtmauern

Den Rundgang durch den alten Teil der Stadt beginnt man am besten an einer der beiden Zugbrücken. Die hier angeschlossenen hohen Mauern sind **überall begehbar,** was es in Kroatien sonst kaum gibt. Ein **Mauerrundgang** empfiehlt sich unbedingt. Eine Aufstiegsstelle befindet sich gleich hinter der Kirche Sv Spas, eine weitere bei Sv Ivan (beide tgl. 9–17.30 Uhr, Zugang 100 K, Kinder 40 K). Die Wehrmauern sind 1940 m lang, an der

Festlandseite sind sie 4–6 m, meerseitig 1,50–3 m dick bei einer Höhe von bis zu 25 m. Die Mauern waren mit Kanonen heimischer Waffenschmiede bestückt, etliche trugen das Reliefbild des heiligen *Vlaho (Blasius),* des städtischen Schutzpatrons. Von den Mauern genießt der Besucher ein **einmaliges Panorama** über die Altstadt und die Gewässer um Dubrovnik.

Die **Festung Bokar** hatte die Aufgabe, das Haupteingangstor, die Brücke und den Graben zu verteidigen. Heute finden hier die Aufführungen der **Dubrovniker Sommerspiele** statt.

Sv Spas

Der einschiffige Renaissancebau der **Erlöserkirche** nahe dem Pile-Tor wurde um 1520 von dem heimischen Baumeister *P. Andrijić* errichtet. Das Gotteshaus wird heute für **Wechselausstellungen** dalmatischer Maler und Skulpteure verwendet. Ihre Entstehung verdankt die Kirche einem Erdbeben aus dem Jahre 1520, als dessen Folge sie im selben Jahr mit Bitte um Verschonung vor künftigen Beben errichtet wurde.

Städtischer Brunnen

Der große Brunnen auf dem Vorplatz von Sv Spas, der aus einer zehn Kilometer entfernten Bergquelle gespeist wurde, ist ein Beispiel für die **frühe städtische Wasserversorgung.** Er wurde vom Architekten des Rektorenpalastes, *Onofrio della Cava,* im 15. Jahrhundert aufgestellt und ist daher auch als **Onofrio-Brunnen** bekannt.

■ **Übernachtung**
1 Hilton Imperial,
  Villa San Apartments
12 Pučić-Palace

Seilbahn Talstation

© REISE KNOW-HOW 2015

0   100 m

SudDalmU3

16 Ortsteil Ploče

Iza Grada

P *(Automat, Seilbahn)*

Fort Revelin

Peline

Lukas-Turm und Ploče-Tor

STADTMAUER

15   **14**

Dominikaner-kloster

Boškovićeva

Prijeko

5

Stadthafen

Sponza-Palast ★

6

Placa (Stradun)

Uhrturm ★

Cavtat, Lokrum

Orlando-Säule ★

Bozidarevića

9

Sv Vlaho

Rathaus ★ ○

Maritimmuseum/ Aquarium **M**

ii *Serbisch-orthodoxe Kirche*

Kleinkunsttheater

Nikole

Ulica od Puča

10

12

Rektoren-palast **M**

Fort Sv Ivan

Trg Gundulić *(Marktplatz)*

11

13

Pustijerne

Marien-kathedrale

Strossmayerova

Jesuiten-kirche

STADTMAUER

Od Margarite

St.-Margarethenturm ★

Essen und Trinken

4 Nautika
5 Ragusa 2
7 Dionysus
8 Pizzeria Mea Culpa
9 Express Snackbar und Pizzeria Barracuda
10 Tutto Bene
11 Fischlokal Gundulića
12 Weinbar Razonoda
13 Konoba Amoret
14 Maestoso II

Einkaufen/Sonstiges

2 DM-Drogerie
3 Agentur Atlas
6 Ticket-Verkaufsstelle für Dubrovnik-Festspiele
15 Agentur Perla Adriatica

Nachtleben

16 East-West Beach Club, Lazareti Disco Club

Franziskanerkloster

An Sv Spas schließt sich eine der schönsten Klosterbauten Kroatiens an, das Franziskanerkloster aus dem Jahre 1317. Der säulenbewehrte, spätromanische untere Kreuzgang zählt zu den schönsten seiner Zeit. Das dahinter liegende **Klostermuseum** (tgl. 9–17 Uhr, 20 K) ist wegen seiner einzigartigen mittelalterlichen Klosterapotheke, einer umfangreichen Klosterbibliothek sowie frühneuzeitlicher Stiche bekannt.

Sva Klara

Als eines der ersten Institute seiner Art in Europa entstand am Ende des 13. Jh. das **Frauenkloster** Sva Klara, in dem uneheliche oder ausgesetzte Kinder, vorwiegend von Priestern, ein Heim fanden. Rund 50 uneheliche Priesterkinder jährlich waren in der Tat eine stolze fortpflanzerische Leistung; die Behauptung, es habe in der Republik Ragusa an Priesternachwuchs gemangelt, kann man daher so nicht gelten lassen ...! Die Franzosen verwendeten das Bauwerk wesentlich profaner als Munitionsdepot, die Österreicher als Stallungen. Nach dem Zweiten Weltkrieg wurde das Kloster restauriert und in ein **Einkaufszentrum mit Gastronomie** umgewandelt.

Sv Vlaho

Alljährlich am 3. Februar erwacht die ansonsten eher ein stiefmütterliches Dasein führende **Kirche** Sv Vlaho am anderen Ende der Prachtpromenade Placa zu ungeahntem Leben. An jenem Tag werden **Festivitäten zu Ehren des Stadtheiligen** von Dubrovnik, *Sv Vlaho (Blasius),* abgehalten, wobei die gleichnamige Kirche als Ausgangs- und Endpunkt von Prozessionen und feierlichen Umzügen dient. Unter anderem wird die Titularfigur auf dem Hauptaltar durch die Gassen von Dubrovnik getragen. Die Kirche selbst wurde vom Venezianer *M. Gropelli* zwischen 1706 und 1715 auf viereckigem Grundriss mit Kuppeldach errichtet.

Orlando-Säule

Die Statue vor Sv Vlaho erinnert an den **Recken Orlando** *(Roland)* aus dem 8. Jh., der einer Erzählung zufolge der Stadt im Kampf gegen (vermutlich arabische) Piraten heldenhaft zur Seite stand. Das Denkmal selbst entstand erst 1418 in der Werkstatt des lokalen Meisters *A. Dubrovčanin.*

Palazzo Sponza

Schräg gegenüber der Vlaho-Kirche steht das dreigeschossige **ehemalige Zollamt,** gebaut zwischen 1516 und 1522 im Übergang von der Spätgotik zur Renaissance. Mitte des 16. Jahrhunderts kamen die Münzprägeanstalt der Republik Ragusa hinzu sowie ein Kerker im Kellergeschoss. Der Palazzo Sponza zählt zu den wenigen Gebäuden der Stadt, die das Erdbeben von 1667 ohne nennenswerten Schaden überstanden. Die Heiligenfigur an der Außenfassade stellt *St. Blasius* dar, den städtischen Schutzpatron.

▷ Der Stradun – Zentrum der Altstadt

Uhrturm

Der dalmatische Uhrmacher *L. Mihočin* fertigte um 1444 das Uhrwerk für den 31 m hohen **Glockenturm** der Stadt. Bei Feuer, Angriffen, aber auch städtischen Ratsversammlungen und Bekanntmachungen wurde geläutet. Natürlich konnte auch die Zeit abgelesen werden, ein Zeiger gab sogar die wechselnden Mondphasen an.

Sv Dominik

Das **wehrhafte Bauwerk** am nordwestlichen Ende der Stadtmauern entstand schon im frühen 14. Jahrhundert und war Sitz der **Dominikanermönche.** Im 15. Jahrhundert wurde es nach dem Bau des Ploče-Tores und der Erweiterung der Stadtmauern in die Stadtanlage einbezogen und bis ins 17. Jahrhundert erweitert und verändert. Das erklärt auch die Stilmischung von gotischen Elementen und Merkmalen der Renaissance. Das Titularbild der ansonsten eher schmucklosen Klosterkirche erschuf der dalmatische Maler *V. Bukovac.* Die Sakristei birgt eine interessante **Sammlung von Sakralgegenständen** mit Folianten und etlichen Malereien (9–18 Uhr, Tel. 020-322200, Eintritt 30 K).

Fort Revelin und Ploče-Tor

Mitte des 15. Jahrhunderts entstand die Notwendigkeit, das Nordostende der Wehrmauern zu erweitern, mit einem Stadttor (Ploče-Tor) zu versehen und mit einer Festung (Fort Revelin, 16. Jahrhundert) nebst Wassergraben abzusi-

chern. Dahinter erstreckt sich der junge **Stadtteil Ploče** mit einigen Minimärkten und größeren Hotels, die meist über einen eigenen, ziemlich verwunschenen Treppenabgang zum Meer verfügen.

Ratspalast

Unmittelbar neben dem Uhrturm steht der relativ junge Ratspalast der österreichisch-dubroviner Räte aus dem Jahr 1862, errichtet auf den Gemäuern des 1816 bei einem Brand zerstörten ursprünglichen Ratspalastes aus dem

437kro wl

8

14. Jh. Heute dient er als **Rathaus** der Stadt und beherbergt ferner ein Café und das städtische **Kleinkunsttheater.**

Rektorenpalast

Eine ganze Reihe herausragender Bauten lässt den Glanz früherer Tage erahnen, unter den weltlichen Bauten ragt der Rektorenpalast ganz besonders hervor. Der auch für den Bau des Onofrio-Brunnens verantwortliche neapolitanische Baumeister *Onofrio della Cava* baute den Palast mit vier Flügeln um einen Innenhof zwischen 1435 und 1451.

Der vorgestellte **Säulengang** enthält zwei interessante Denkmäler, eine Büste des *M. Pracat,* eines Kaufmanns aus Lopud, sowie eine Äskulap-Tafel, der zufolge der griechische Gott der Heilkunde aus Cavtat stammen soll.

Der Palast dient heute als **städtisches Museum** und vermittelt einen umfassenden Eindruck aus dem Leben des Adels in den Zeiten der Republik. Im ersten Stock sind Trachten, Ansichten, Gemälde, Stadtbilder, Münzen der Republik Ragusa, Schmuck, Möbel und Waffen zu sehen.

Das Obergeschoss beherbergt die ehemaligen **Wohn- und Diensträumlichkeiten des Rektors** und gestattet einen vorzüglichen Einblick in das Leben und Werk der De-facto-Oberbürgermeister des alten Ragusa. Vorraum und **Rokokosaal** zeigen eine Galerie ehemaliger Rektoren sowie großartige, martialische Darstellungen der Türkenkriege. Daran schließt sich der **Saal Louis XVI.** an mit religiösen Gemälden aus dem 18. Jahrhundert. Das **Kabinett** (Dienstzimmer) des Rektors birgt neben wertvollen Ge-

mälden (u.a. „Venus und Adonis" von *P. Bordone,* „Taufe Christi" von *M. Hamzić)* ein Schmuckkästchen mit den **Stadttor-Schlüsseln,** welche der Rektor seinerzeit verwahrte. Der **Musiksaal** mit historischen Malereien und der **Schlafsaal** waren der Privatbereich des Rektors. Die beiden hintersten Räume dienen als Verwahrungsort von Weihgegenständen und Altartafeln sowie religiöser Gemälde aus dem 15. und 16. Jahrhundert (Pinakothek).

Mehrere Erdbeben (1667 und 1979) machten jeweils umfangreiche Restaurierungsarbeiten notwendig. Auch im Bürgerkrieg nahm der Palast Schaden, gehörte aber zu den am schnellsten wieder vollständig restaurierten Bauwerken der Stadt. Wegen seiner hervorragenden Akustik wird der **Innenhof** des Rektorenpalastes in die alljährlich im Sommer stattfindenden **Konzerte** anlässlich der Dubrovniker Festspiele einbezogen.

■ **Rektorenpalast,** tgl. 9–18 Uhr, im Winter bis 16 Uhr, Eintritt 80 K, Studenten/Kinder 25 K, Tel. 020-321497. Das Ticket ist ein **Museums-Kombiticket** für Rektorenpalast, Maritimmuseum, Rupe-Museum, Fort Revelin, Kunstgalerie und Historisches Museum.

Marktplatz

Vom Rektorenpalast sind es nur wenige Meter zum Marktplatz, seinerzeit Ort des Geschehens bei lokalen Großereignissen wie Hinrichtungen oder öffentlichen Bekanntgaben. Er wird überragt vom **Denkmal** des gebürtigen Ragusers und Dichters *I. Gundulić* (1589–1638), dessen Werk von den Themen Freiheitsliebe und Türkengefahr geprägt waren.

Süddalmatien

Marienkathedrale

Die Ursprünge der Kathedrale Mariä Himmelfahrt liegen im Dunkeln. Einer Legende zufolge soll der berühmte englische König *Richard Löwenherz* während seiner Rückfahrt von den Kreuzzügen vor Ragusa Schiffbruch erlitten haben. Für seine Rettung zeigte er sich durch eine große Spende an die Stadt erkenntlich, mit deren Hilfe im 13. Jh. die Kathedrale **Sv Velika Gospa** entstanden sein soll. Beim Erdbeben von 1667 zerstört, wurde von 1673–1713 ein Neubau nach den Vorlagen der Vorgängerkathedrale vergleichsweise schlicht im italienischen Barockstil errichtet. Zentraler Kunstschatz im Inneren ist das **Titularbild „Mariä Himmelfahrt"** des großen Venezianers *Tiziano Vecelli* (1489–1576), genannt *Tizian*. Zur Kathedrale gehört auch die umfassendste **Kirchenschatzkammer** der Adria mit Reliquien ab dem 9. Jahrhundert, darunter den gold- und edelsteinbesetzten Hand- und Schädelreliquien des *Hl. Blasius*.

■ **Marienkathedrale,** tgl. 9–17.30 Uhr, So 11–17.30 Uhr, im Winter bis 16 Uhr, Eintritt für die Schatzkammer 20 K, ermäßigt 15 K.

Fort Sv Ivan und Maritimmuseum

Von der Kathedrale, vorbei am archepresbyterischen Palast, erreicht man am äußeren Zipfel des alten Stadthafens das Fort Sv Ivan. Damals zum Schutz der alten Hafeneinfahrt errichtet, dient es heute als regionales Schifffahrtsmuseum. Auf zwei Etagen sind Modelle, Pläne, Bilder und Stiche aus der Zeit vom 16. bis 20. Jahrhundert zu sehen. Die Erläuterungen fallen teilweise etwas dürftig aus, viele Exponate sind allerdings auch ohne Erklärungen verständlich. Im Untergeschoss der Festung wurde ein kleines **Aquarium** mit Exponaten zur adriatischen Meeresfauna angelegt.

■ **Pomorski Muzej,** tgl. außer Mo 9–18 Uhr, im Winter bis 16 Uhr, Tel. 020-323904, Kombikarte (siehe Rektorenpalast) 80 K, ermäßigt 25 K. Das angeschlossene **Aquarium** (Tel. 020-323978, gesonderter Zugang) ist tgl. 8–20 Uhr, im Hochsommer bis 21 Uhr geöffnet und kostet 40 K extra.

Jesuitenkirche

Von der Kathedrale in die Strossmayerova hineingehend, öffnet sich nach wenigen Metern linker Hand der Vorplatz zum Jesuitenkloster. Es wurde nach dem Vorbild der römischen Jesuiten-Hauptkirche Il Gezu in den Jahren von 1699–1735 unter der Aufsicht des damals hochverehrten römischen Baumeisters *A. Pozzo* im barocken Stil errichtet. Das einschiffige Tonnengewölbe mit seinen bescheiden wirkenden Seitenkapellen zählt zu den **beeindruckendsten Barockkirchen Südosteuropas.** Leben und Werk des Ordensgründers *Ignazius von Loyola* (gründete 1534 den von *Papst Paul III.* anerkannten Orden) sind in zahlreichen Altarbildern und Fresken verewigt.

Rupe-Museum

Aus der Zeit der lange andauernden Türkenbelagerungen stammt der **Getreidespeicher Rupe;** mit seiner wasserdichten Innenbeschichtung war er für damalige

8

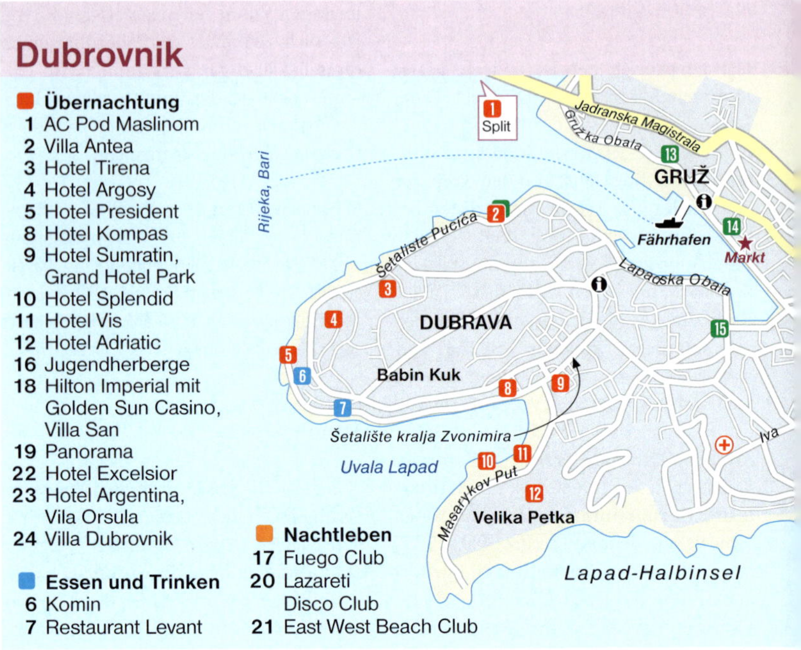

Dubrovnik
Übernachtung
1 AC Pod Maslinom
2 Villa Antea
3 Hotel Tirena
4 Hotel Argosy
5 Hotel President
8 Hotel Kompas
9 Hotel Sumratin, Grand Hotel Park
10 Hotel Splendid
11 Hotel Vis
12 Hotel Adriatic
16 Jugendherberge
18 Hilton Imperial mit Golden Sun Casino, Villa San
19 Panorama
22 Hotel Excelsior
23 Hotel Argentina, Vila Orsula
24 Villa Dubrovnik
Essen und Trinken
6 Komin
7 Restaurant Levant
Nachtleben
17 Fuego Club
20 Lazareti Disco Club
21 East West Beach Club
Split
Jadranska Magistrala
Gružka Obala
GRUŽ
Fährhafen
Markt
Lapadska Obala
Rijeka, Bari
Šetalište Pucića
DUBRAVA
Babin Kuk
Šetalište kralja Zvonimira
Uvala Lapad
Masarykov Put
Velika Petka
Lapad-Halbinsel
Iva

Verhältnisse erstaunlich modern. Heute ist hier ein kleines **ethnografisches Agrarmuseum** mit Exponaten zu Landwirtschaft und bäuerlichem Leben untergebracht.

■ **Rupe-Museum,** tgl. außer Di 10–16 Uhr, Kombikarte (siehe Rektorenpalast) 80 K, ermäßigt 25 K, Tel. 020-323013.

Serbische Kirche

An der Ul. od Puča liegt eine größere orthodoxe Kirche der einst starken serbischen Bevölkerungsgruppe von Dubrovnik. Der Bürgerkrieg hat das ethnische Verhältnis recht einseitig verändert, die Kirche ist seitdem geschlossen. Vor dem Hintergrund des touristischen Interesses und dem verfassungsmäßigen Auftrag der Religionsfreiheit ist dieses serbisch-orthodoxe Monument der gemeinsamen altjugoslawischen Vergangenheit wiedereröffnet worden.

■ **Serbische Kirche,** Ul. od Puča 8, tgl. 8–14 und 16–20 Uhr, Tel. 020-323283, Eintritt frei.

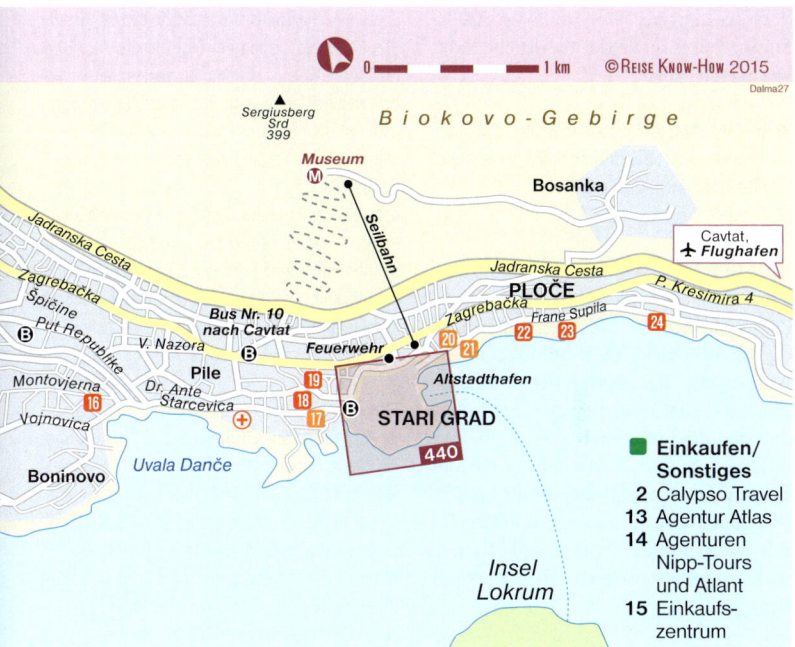

Sehenswertes außerhalb der Altstadt

Srđ-Seilbahn

Die knapp 800 Meter lange Seilbahn-fahrt auf den **Berg Srđ** bietet die Möglichkeit zu tollen Rundblicken und einer **phänomenalen Aussicht** auf die Stadt. Startpunkt ist die Talstation gegenüber der Feuerwehr in der Krešimira IV nordöstlich der Altstadt. Oben wurden im restaurierten Festungsbereich ein **Panorama-Restaurant,** ein **Amphitheater** für Aufführungen und eine kleine **Aus-**

stellung zum Thema jugoslawischer Bürgerkrieg eingerichtet.

■ **Srđ-Seilbahn,** im Sommer 9–20 Uhr, Juli/Aug. bis Mitternacht, im Winter bis 16 Uhr, Rückfahrkarte 100 K, Kinder 50 K.

Insel Lokrum

Dem Stadtteil Ploče vorgelagert liegt die kleine Insel Lokrum mit ihren beliebten **Felsbadestränden,** an denen auch FKK-Anhänger auf ihre Kosten kommen. Sehenswert sind auf der Insel das alte **Benediktinerkloster** aus dem 11. Jahrhundert (restauriert um 1860 als Adels-Sommersitz) sowie der natürliche **Salzsee Mrtvo More.**

■ **An-/Abfahrt:** im Hochsommer alle 20 Minuten mit Pendelbooten ab dem alten Hafen, sonst stündlich; Rückfahrkarte 50 K/Person.

Gruž und Dubrava

Zwei Kilometer westlich schließen sich die Bezirke Gruž und Dubrava an die Altstadt an. Hier liegen etliche moderne Hotels in parkähnlichen Anlagen sowie das **Strandbad Sumartin,** wo Einheimische wie Touristen Abkühlung vor der sengenden Hochsommersonne suchen. Die **Fährboote** zu den umliegenden Inseln fahren hier ab (vom Fährhafen, nicht zu verwechseln mit dem Altstadthafen).

Praktische Tipps

An- und Weiterreise

Auto

Parken wird zunehmend zu einer Kunst, am besten man bringt als Selbstfahrer seinen eigenen Parkplatz mit! Von Norden kommend, fährt man durch den Ortsteil Gruž, von Süden oben an der Umgehungsstraße rechts durch die Unterführung direkt in den Ortsteil Pile bis zum T-Ende (dort rechts nach Gruž), links **zur Altstadt** (Zagrebačka Ul., hier ist auch die Polizei und fährt Bus Nr. 10 nach Cavtat). Man sollte möglichst früh parken, unten am Pile-Tor sind Plätze rar und extrem teuer (umgerechnet 5 €/Stunde!). Am Pile-Tor beginnt meist ein Rundgang durch die Altstadt (s.o.).

Leserhinweis: In der Nähe der Altstadt — man wird fast automatisch daran vorbeigeleitet — befindet sich ein Parkhaus. Um jedoch in den Genuss der draußen veranschlagten Tagestickets für 60 K (300 K pro Woche) zu kommen, muss man sich auf eine ziemlich langwierige Prozedur einlassen: Bevor man mit dem Auto ins Parkhaus hineinfährt, muss man sich ein Ticket am Hauptschalter des Betreibers Ragusa Parking d.o.o. besorgen und erst danach den PKW im Parkhaus abstellen. Fährt man gleich mit dem Wagen ins Parkhaus und zahlt die Gebühr bei Abholung, wird etwa der 2,5-fache Preis fällig. Ein offizielles Preisverzeichnis darüber war jedoch auch auf Nachfrage nicht zu erhalten, allerdings sei eine Änderung dieser Praxis in Planung.

Flüge

■ Der **Flughafen Čilipi** liegt rund 20 km südlich der Stadt. Neben nationalen Flügen nach Zagreb, Split und Osijek (Croatia Airlines) gibt es im Sommer auch Flüge nach Mitteleuropa (s. Kapitel „Praktische Reisetipps A–Z: Anreise").

■ Auskünfte und Buchungen bei **Croatia Airlines,** Ul. Starčevića (am Pile-Tor), Tel. 020-413777, am Flughafen unter Tel. 020-773377 und bei den örtlichen Agenturen sowie unter der zentralen Reservierungsnummer 062-777777; www.airport-dubrovnik.hr.

■ Ein **Flughafen-Expressbus** der Firma Atlas verbindet Stadtzentrum und Flughafen, abgestimmt auf an- und abfliegende Maschinen (40 K/einfach).

■ Die offiziellen **Stadtbusse 11 und 27** der Firma Libertas passieren den Flughafen ebenfalls, sind aber um ein Vielfaches langsamer und halten nur vor dem Flughafen (20 K).

■ **Taxis** vom Flughafen in die Stadt verlangen zwischen 250 und 300 K.

Stadtbusse

■ Stadtbusse (die auch alle Regionalziele bedienen) verbinden das **Altstadttor** (Pile) und die wichtigsten Bezirke, u.a. **Fährpier** (Linien 1, 1a, 3), den Ortsteil **Lapad** (Linien 5 und 6), den **Fährhafen Gruž** (8); am Pile-Tor fährt jedoch nicht Linie 10 (Cavtat) – die fährt in der Zagrebačka (10 Gehminuten). Alle Busse kosten 15 K (abgezählt, beim Fahrer) bzw. 12 K an Automaten (Magnetkarten; gelten dann eine Stunde lang auch mit Umstieg/Rückfahrt usw.). Alternativ sind **Tageskarten** (30 K, 24 Std.), **20er-Karten** (150 K) und elektronische, aufladbare **Guthabenkarten** (lohnt nur bei längeren Aufenthalten) erhältlich. Wer viel Stadtbus fahren möchte, sollte die Anschaffung einer **Dubrovnik Card** (s.o.) erwägen. Gesamtpläne zum Ausdrucken oder als mobile Version unter http://libertasdubrovnik.hr.

Die wichtigsten Linien der Stadtbusse:
■ **Nr. 1:** ACI Marina – Busbahnhof – Pile-Tor und zurück, 7.40–14 Uhr 9x tgl.
■ **Nr 6:** Pile-Tor – Babin Kuk, 5.40–1.30 Uhr alle 15–20 Min.
■ **Nr. 8:** Viktorija – Gruž und zurück, 6–0.30 Uhr alle 15–25 Min.
■ **Nr. 9:** Pile-Tor – Krankenhaus und zurück, 7.20–18.30 Uhr 14x tgl.
■ **Nr. 10:** Dubrovnik – Cavtat, 5.15–24 Uhr alle 30–45 Min.
■ **Nr. 11:** Dubrovnik – Molunat, 10, 14.20 und 20.10 Uhr
■ **Nr. 12:** Slano, 10–22.30 Uhr 6x tgl.
■ **Nr. 16:** Dubrovnik – Plat, 5–8x tgl.

Fernbusse
■ Anbindung besteht an alle wichtigen nationalen und internationalen Buslinien, Auskunft und Karten am **Busbahnhof**, Put Republike 19, Tel. 020-357088; Gepäckaufbewahrung tgl. bis 22.30 Uhr möglich. Alle aktuellen **Fahrpläne** sind unter www.libertasdubrovnik.hr zu finden. Abfahrten sind 5–22 Uhr, sehr häufig werden Split, Zagreb, Ploče, zumindest 1x tgl. auch Korčula (via Ston und Orebić/Pelješac), Rijeka, München/Frankfurt oder Basel/Zürich angefahren.

Fähren
■ Der **Fährpier** von Dubrovnik an der Gružska Luka liegt gut 2 km westlich der Altstadt (Tel. 020-418998 für Hafenmeisterei, Tel. 020-418000 für Ja-

drolinija/Fähren). Mit Gepäck empfiehlt sich daher ein Stadtbus.
■ Es fahren nach **Koločep, Lopud, Šipan** (Elaphiten-Inseln) vier **Personenfähren** (ab Dubrovnik 10, 14, 16.30 und 20 Uhr, So und feiertags nur 9.30 und 20.30/Winter 18.30 Uhr), eine Personenfähre tgl. nach **Lastovo** über **Mljet, Lastovo** und **Korčula.**
■ 2x wöchentlich besteht eine **Linienverbindung nach Rijeka** (knapp 24 Std., über Korčula, Hvar, Split; 350–780 K in der Zweierkabine p.P.).
■ Die **internationalen Boote** wie auch die Rijeka-Linie sind sehr gefragt, eine rechtzeitige Buchung bei Jadrolinija ist unbedingt ratsam (Obala Radića 40, am Hafen, Tel. 020-418000, Mo–Fr 7.30–13 und 15–21 Uhr, Sa 7.30–13 und 16–20 Uhr). Sonstige Infos zum Hafen findet man unter www.portdubrovnik.hr.
■ Private **Pendelboote** verbinden den alten Fährhafen mit der **Badeinsel Lokrum.**

Info und Agenturen

■ **Touristeninformation,** Ul. Brsalje 5 (am Pile-Tor bei den Bushaltestellen, hier werden auch Stadtführungen angeboten), Tel. 020-312011, www.tzdubrovnik.hr. Filialen auf der Halbinsel Lapad (K. Zvonimira 3, Tel. 020-437460), und am Hafen Gruž, Tel. 020-417983, im Sommer jeweils 8–20 Uhr, Juli/Aug. bis 21 Uhr (Lapad im Winterhalbjahr So 12–17 Uhr geschl.).
■ Gute **Websites** zur Region Dubrovnik sind z.B. www.dubrovnik.hr, www.visitdubrovnik.hr oder www.dubrovnik.li.
■ **Agentur Atlas** mit gleich drei Filialen: am Pile-Tor, am Hafen und am Stradun (Placa), Tel. 020-442222, www.atlas-croatia.com, Mo–Sa 8–12 Uhr, Mo–Fr zusätzlich 17–19 Uhr; im August durchgehend.
■ **Perla Adriatica,** Frana Supila 2, Tel./Fax 020-422766, http://perla-adriatica.com, 50 m hinter dem Ploče-Tor, für Scooter, Geldwechsel, Touren und

Unterkunft; nebenan auch weitere Fahrzeugverleiher (Hertz, Lamo, National Car und Autoteam). Vermittelt werden **Zimmer** und **Apartments**①-③, in unterschiedlichen Kategorien, allerdings sind im Altstadtzentrum nur wenige zu haben, die meisten liegen in den moderneren Vororten.

■ Am Fährhafen liegen **Nipp-Tours,** O. Radiča 29, Tel./Fax 020-419049, nipptours@htnet.hr, und **Atlant,** O. Radiča 26, Tel. 020-419044, www.atlant travel.hr.

Unterkunft

Wegen der extrem hohen Übernachtungspreise empfiehlt es sich für den kostenbewussten Reisenden generell, etwa **in Cavtat** Quartier zu nehmen und per Stadtbus/Fähre Tagesausflüge in die Stadt zu unternehmen.

■ An der Nordostseite der Lapad-Halbinsel liegt beispielsweise – mit Top-Blick zur Brücke – **Vila Antea**②-④, Tel. 020-438343, www.villa-antea.hr

(schräg gegenüber liegt die Agentur Calypso; hier zahlt man für ein Vierer-Apt. vom 1.10. bis 30.4. 85 €, im Hochsommer 233 €! Dieses Beispiel steht stellvertretend für die Preispolitik in Dubrovnik).

■ Die **Jugendherberge**① liegt in der V. Sagrestana 3 (10 Min. vom Überland-Busbahnhof), Tel. 020-423241, www.hfhs.hr und dubrovnik@hfhs.hr (vorher reservieren, zur Not über die Touristeninformation).

Hotelunterkünfte in Dubrovnik sind, zumindest in **Altstadtnähe, sehr teuer.** In Gehnähe zum Altstadtzentrum liegen eine Handvoll empfehlenswerter Hotels.

■ **Pučić-Palace**⑤, Od Puća 1, Tel. 020-326222, www.thepucicpalace.com, direkt im Zentrum am Gundulić-Platz gelegenes Patrizierhaus aus dem 17. Jh., top restauriert, alle Annehmlichkeiten, aber keine Wellness-/Bademöglichkeiten oder sonstige Extras im Haus. Sehr teuer, ab 2000 €/Woche im DZ inkl. Frühstück – aber dafür wohnt man mitten in Dubrovnik. Sehr beliebt auch bei Nichtgästen ist die angeschlossene **Weinbar Razonoda.**

432kro wl

Süddalmatien

● **Hilton Imperial**④, Marijana Blažica 1, Tel. 020-320320, www.hilton.co.uk/dubrovnik und www1.hilton.com. Das ehemalige Imperial wurde von der Hilton-Gruppe übernommen und zum luxuriösen Tophotel umgestaltet. Warme Erdtöne und Marmordekors in den komfortablen Zimmern und Suiten, alle Annehmlichkeiten: Fitnessanlage, Pool, Kinderbetreuung, Business-Center mit modernster Ausstattung usw. Das Schöne an diesem Luxus ist zudem die famose Lage unmittelbar an der Altstadt (nahe Pile-Tor) mit beeindruckenden Aussichten über die Dächer von Dubrovnik.

● **Villa Dubrovnik**④, Vlaha Bukovca 6, Tel. 020-500300, www.villa-dubrovnik.hr, mit eigenem Boot zum Altstadthafen, einigermaßen günstig.

● **Argentina**⑤, Frana Supila, Tel. 020-440555, www.adriaticluxuryhotels.com, steht auf der Liste des UNESCO-Weltkulturerbes und bietet allen erdenklichen Luxus; Wellness, Fitness, Pool, Privatstrand.

● Zum Argentina gehören auch die benachbarte, stilvolle **Vila Orsula**⑤, Tel. 020-440555, und das **Excelsior**⑤, Tel. 020-414222, gleiche Website. In diesen Häusern kosten DZ ab 260 €, es können leicht über 400 € werden (nein, pro Nacht, nicht pro Woche …). Es empfiehlt sich eine frühzeitige Online-Buchung (dann ab 110 €/DZ).

● Preiswert in Altstadtnähe unterzukommen ist gar nicht so einfach, da nur die sehr wenigen teuren Tophotels unmittelbar an der Altstadt bauen durften. Eine Ausnahme bildet die **Ferienwohnung Panorama**② in ruhiger Lage direkt vor der Altstadt. Die Wohnung bietet max. 4 Personen Platz (1 Schlafraum plus Schlafcouch im Wohnzimmer), verfügt über Klimaanlage und eine komplett eingerichtete Küche. Das Schönste kommt zum Schluss: der Balkon, von dem eine herrliche Sicht auf Altstadt und Mittelmeer genossen werden kann. Srednji kono 12, Tel./Fax 020-411372, www.panorama-dubrovnik.net.

◁ Rundgang auf der Stadtmauer

● Ebenfalls günstig bei Top-Lage ist die **Villa San**② (Tel. 020-411884, www.villa-san.com) gegenüber der Touristeninformation nahe dem Pile-Tor. Komplett ausgestattete Wohnungen für 2 Pers., 3er-Wohnungen und 6er-Penthouse (8 Schlafplätze) sowie DZ; WLAN und Parkplatz inklusive.

Günstigere Hotels findet man im Bereich **Dubrava/Gruž,** und zwar in den beiden Straßen Masarykov Put und Šetalište Kralja Zvonimira. Die ersten drei Hotels unten liegen in einer dicht besiedelten Sackgasse der Lapad-Bucht, der Rest in einem zersiedelten Abschnitt rund um die Nordspitze Babin Kuk – teilweise mit Blick auf die neue Brücke. Stadtbus Nr. 4 und 5 ist an diese Hotels angebunden, in denen auch die meisten Tourgruppen untergebracht werden.

● **Hotel Vis**③, Masarykov Put 2, Tel./Fax 020-437303, www.hotelimaestral.com.

● **Hotel Adriatic**②, Masarykov Put 5, Tel./Fax 020-437302, www.hotelimaestral.com.

● **Hotel Splendid**③, Masarykov Put 6, Tel./Fax 020-437304, www.hotelimaestral.com.

● Als preiswerte Alternative zu den größeren Hotels bietet sich das kleine Familienhotel **Sumratin**② an. Die 44 Zimmer sind einfach und funktional mit Telefon und Duschbad ausgestattet. Frühstück und Abendessen werden im angenehmen Gartenrestaurant serviert, zur Altstadt sind es etwa 4 km, zum Meer etwa 250 m. Die Preise für Halbpension variieren zwischen 70 und 95 €/Pers. je nach Saison. Šetalište Kralja Zvonimira 31, Tel. 020-436333, www.hotels-sumratin.com.

● **Grand Hotel Park**③, Šetalište Kralja Zvonimira 39, Tel. 020-434444, www.grandhotel-park.hr. Ebenfalls ein empfehlenswertes Mittelklassehotel.

MEIN TIPP: Als sehr ordentliches Hotel der Mittelklasse bietet das **Kompas**③ im Ortsteil Dubrava DZ mit Balkon und Meerblick, Meerwasserpool, Meerwasserhallenbad und Sat-TV. Sehr beliebt ist das umfangreiche Frühstücksbuffet; am 50 m entfernten Kiesstrand (zur Altstadt ca. 4 km; Stadtbus) werden u.a. Wasserski, Paddel- und Ruderboote,

8

Windsurfen, Segeln angeboten. Šetaliste Kralja Zvonimira 56, Tel. 020-352000, www.hotel-kom pas.hr.

● Daneben sind noch drei Häuser der Valamar-Gruppe in Dubrava (alle buchbar unter www.vala mar.com) erwähnenswert, einmal das **Luxushotel President**④, mit Hallenbad, Tennis und Minigolf, Dulčića 39, Tel. 020-441100, **Hotel Tirena**③ (vormals Minčeta), Tel. 020-447100, und das **Argosy**③, eines der zahlreichen neuen Hotels im Ortsteil Dubrava, welches auch für Familien interessant ist. Es liegt nett und ruhig, wenn auch nicht unmittelbar am Meer. Die modernen DZ verfügen über AC, Sat-TV, Minibar und Fön, im Außenbereich findet man Pool und Kinderbecken, zum Kiesstrand sind es ca. 150 m. Dulčića 41 (ca. 4 km zur Altstadt; Stadtbus), Tel. 020-446100.

Camping

In Dubrovnik selbst bzw. auf der Lapad-Halbinsel mussten alle Camps mehr oder weniger gelungenen Hotelresidenzen weichen. Es empfehlen sich – da im Stadtbusbereich gelegen – die Camps südlich von Dubrovnik (siehe Cavtat).

● 15 km nördlich liegt in Trsteno das gleichnamige **Trsteno**②, Tel. 020-751060, www.trsteno.hr, Platz für rund 150 Gäste, ohne Komfort.

● In Orašac, ca. 10 km nördlich von Dubrovnik, befindet sich das **AC Pod Maslinom**③ (vormals Rudine), Tel./Fax 020-891169, www.orasac.com, Platz für 120 Gäste, keinerlei Angebot.

Essen und Trinken

Dubrovnik als das Herz Süddalmatiens bietet ein breites gastronomisches Angebot von der einfachen Pizzeria bis zum Feinschmeckerlokal. Gerade in den verwinkelten Altstadtgassen entdeckt jeder bald seinen eigenen Favoriten; an dieser Stelle ein paar Empfehlungen.

Einfache bis mittlere Preisklasse

● In den Altstadtgassen bei der serbisch-orthodoxen Kirche liegen mehrere einfache Pizzerien wie das Fastfood-Lokal **Tutto Bene** (Tel. 020-323353) sowie das **Selbstbedienungslokal Express** (Tel. 020-321075) mit Salatbar oder die gute **Pizzeria Barracuda,** Tel. 020-323160, tgl. 8–24 Uhr.

● Im **Mea Culpa** (Široka Ulica bis zum Ende, dann rechts, tgl. 8–24 Uhr, Tel. 020-323430) sind die Portionen qualitativ und quantitativ überragend (Spezialität ist Käselasagne)!

● Mehrere einfache, aber gute Fischlokale liegen am Gundulić-Platz, vor allem das **Gundulića** unmittelbar am Platz mit Sitzbänken draußen ist zu nennen.

● Gutbürgerliche und mittelpreisige Lokalgerichte werden im **Restaurant Levant,** Šetalište Nika i Meda Pucića 15, am Ufer zwischen Park und President Hotel, serviert.

Mittlere und gehobene Preisklasse

● Sehr schön zum Essen oder nur für einen Drink ist das **Dionysus** (Za Rokom 5a, mobil 099-6499 244), welches eigentlich als Weinbar konzipiert ist, aber zusätzlich hervorragende lokale Küche offeriert.

● Im gehobeneren Preissegment ist in der Altstadt insbesondere das **Ragusa 2** in der Zamanjina 12 für dalmatische Spezialitäten und Meeresfrüchte zu nennen, Tel. 020-321203, tgl. 8–24 Uhr.

● Inmitten der Altstadt findet der Reisende die **Konoba Amoret** mit typischen und rustikalen Spezialitäten der Region wie *Pršut* (Schinkenplatte), Käse, Muscheln und Fischgerichte, aber auch reichhaltigen und leckeren Fleischplatten. Als ganz besondere Spezialität gilt der Hausmacherkuchen *Rozata*. Od pustjere (neben der Kathedrale), Tel. 020-323739.

● Das mehrfach prämierte **Maestoso 2** beim Altstadtzugang mit traumhaftem Blick auf den Altstadthafen kredenzt seit über 20 Jahren vorzügliche Spezialitäten wie schwarzen Risotto oder gefüllte Kalbsschnitzel, aber auch exquisite frische Meeres-

Süddalmatien

früchte. Vegetarische Küche oder Schweden-Buffets stehen ebenso im Angebot wie kroatische Spitzenweine. Tgl. 10–24 Uhr, am Ploče-Tor, Tel. 020-420986.

■ Direkt in der Innenstadt bietet die Weinbar/Restaurant **Razonoda** (Tel. 020-326222) beim Hotel Pučić-Palace Spezialitäten wie Muscheln und Austern aus Ston oder Spargelgerichte.

■ Im Ortsteil Lapad/Babin Kuk bewährt sich seit Jahren das **Restaurant Komin** mit Spezialitäten von Lamm und Kalb unter der Metallglocke gebacken. Die Kuchen sind hausgemacht, das Interieur bäuerlich-rustikal, es wird in dalmatischer Tracht serviert. Ortsteil Babin Kuk, Ul. Iva Dulcica (nahe Hotel President), Tel. 020-448613.

■ Außerhalb der Altstadt, an der Stadtbus-Haltestelle (hinter der Feste Lovrijenac), liegt das **Terrassenlokal Nautika** (Brsalje 3, Tel. 020-442526, Reservierung empfohlen, tgl. 12–24 Uhr); das Restaurant in Altstadtnähe ist berühmt für ausgezeichnete Weine und Fischgerichte.

☑ Easy living auf den Straßen von Dubrovnik

Nachtleben

■ Abendunterhaltung bieten die zahlreichen hoteleigenen Nachtclubs, so der **East West Beach Club** vor den Toren der Altstadt (Frana Supila 10, direkt am Kiesstrand Banje vor dem Ploče-Tor; Tel. 020-412220) sowie der **Lazareti Disco Club,** der in einer mittelalterlichen Quarantäne-Station untergebracht ist (Frana Supila 8, Tel. 020-324633).

■ Der **Fuego Club** (Brsalje 8, Tel. 020-312870) ist zwar vorwiegend ein Dance-Club mit lateinamerikanischem Ambiente, bietet aber immer wieder Themenabende mit Rock, Live-Bands usw., Fr und Sa 23–6 Uhr.

■ Das städtische **Spielcasino Golden Sun** (im Hilton Imperial, Tel. 020-638588) sorgt für allerlei Lust und Frust bei seinen Besuchern – Abendkleidung erwünscht!

■ Wer im Juli/August in Dubrovnik sein sollte, kann bei den Reiseagenturen einen kostenlosen Plan der Veranstaltungen im Rahmen der **Dubrovniker Sommerspiele** erhalten – Musikkonzerte und folkloristische Darbietungen in traditionellen Kostümen stehen dabei im Mittelpunkt, aber auch internationale Interpreten gastieren gelegentlich zu diesem Anlass.

427kro wl

Aktivitäten

■ **Schwimmen** ist nicht überall möglich; einige brauchbare Stellen finden sich unterhalb der Hotels im Bezirk Ploče sowie im Bereich der Lapad-Bucht. Exzellente Bademöglichkeiten, auch FKK, sind auf der Badeinsel Lokrum gegeben (Transfer ab Altstadthafen alle 20 Minuten tagsüber, 40 K).

■ **Ausflüge** bieten sich über die örtlichen Agenturen zu den Elaphiten-Inseln, den großen Inseln und aufs Festland an, etwa Molunat, Međugorje (Bosnien-Herzegowina) oder Korčula ab 50 €.

Nützliches

■ In den Bezirken Gruž/Dubrava bietet sich für Selbstverpfleger das **Einkaufszentrum** am Busbahnhof sowie der **Markt** mit Fischmarkt gegenüber vom Fährhafen an.

■ **Post:** Ul. Starčevića 1, Mo–Fr 8–20 Uhr, Sa bis 17 Uhr. Briefmarken verkaufen außerdem alle Ansichtskartenhändler.

■ **Bank:** etliche Banken in der Altstadt (am Stradun, mit Geldautomaten) sowie am Fährhafen.

■ **Apotheken** finden sich am Stradun sowie am Fährhafen.

■ **Krankenhaus:** Dr. Sercera 1/Ecke Maršala Tita, Tel. 020-431777, sowie im Ortsteil Lapad (Bus 9 bis Bolnica/Krankenhaus).

■ **Hafenmeisterei:** Obala Radića 75 (am Fährhafen), Tel. 020-418998.

■ **Marina:** ACI Marina Mokošica-Dubrovnik, Tel. 020-455020.

■ **Internet:** Dubrovnik Internet Center, Branitelja Dubrovnika 7 (vor der Altstadt, Pile-Tor), Tel. 020-564715, tgl. 8–24 Uhr; Net-Café am Stradun; WLAN in fast allen großen Hotels. Seit 2014 bietet die Stadt über ein Dutzend öffentliche kostenlose Hotspots in Parks, Spielplätzen und in der Altstadt an, wobei jeder Besucher zwei Registrierungen parallel durchführen darf.

Elaphiten-Inseln

Eines der beliebtesten **Ausflugsziele per Boot von Dubrovnik** aus sind die unmittelbar vorgelagerten Elaphiten, eine kleine Inselgruppe, bestehend aus 30 Inselchen und Felsen mit einer Gesamtfläche von rund 30 km². Nur drei davon – **Koločep, Lopud und Šipan** – sind bewohnt und für Besucher per Fährboot, meist als Tagesausflug, erreichbar. Berühmt sind alle Inseln gleichermaßen für ihre ganzjährig blühende **subtropische Vegetation,** ihre Blumenpracht in den Siedlungen und die **malerischen Strände** mit kristallklarem Wasser.

Schon zu griechischer Zeit besiedelt (*elaphos* = Rotwild), zeugen Reste römischer Villen von einer ununterbrochenen Nutzung der Inseln. Ab dem 11. Jahrhundert fielen die drei großen Inseln an Ragusa; für Koločep, Lopud und Šipan wurde jeweils sogar ein eigener Rektor gewählt. Mit dem Niedergang der Republik verschwanden die Elaphiten von der politischen Landkarte, erst durch den Tourismus der 1980er und 1990er Jahre, unterbrochen von dem für die Inseln folgenlosen Bürgerkrieg, wurden Koločep, Lopud und Šipan wieder aus ihrem Dornröschenschlaf erweckt. Eine bescheidene Landwirtschaft und vor allem der wiedererwachende Fremdenverkehr bilden die Haupterwerbsquellen der Bewohner.

An- und Weiterreise

■ Es fahren nach Koločep, Lopud und Šipan vier **Fähren** tgl. (ab Dubrovnik 10, 14, 16.30 und 20 Uhr,

So und feiertags nur 9.30 und 20.30, im Winter 18.30 Uhr), hin und zurück knapp 50 K.

Koločep

Angelegt wird in **Donje Selo,** dem Hauptort der nur 2,5 km² kleinen und von 150 Personen besiedelten Insel (im 15. Jahrhundert waren es noch über 2000 Einwohner). Sehenswürdigkeiten sind rar, lediglich die Reste eines Wehrkastells aus dem 16. Jahrhundert sowie zwei kleine Kirchen aus dem 14. und 17. Jahrhundert mögen erkundenswert sein. Kaum vorstellbar, dass es in **Gornje Čelo,** der zweiten Inselsiedlung, im 15. Jahrhundert eine Werft gegeben haben soll, und eine inseleigene Handelsflotte von fast 70 Schiffen (!) in Donje Selo vor Anker lag. Hauptattraktion sind die **Bademöglichkeiten,** Fußpfade führen zur steilen Südseite mit Kiesstrand hinunter. Die Insel ist leicht per pedes zu erkunden (Betonpfade). Von den höchsten Erhebungen (126 m) ist die Rundumsicht grandios.

Nützliches

■ In Donje Selo sind ein **Minimarkt** und die **Dorfpost** die einzigen Einrichtungen. Ansonsten ist man auf die **Gostionica Vila Ruža** und die **Vila Koločep**③, Tel. 020-754025, www.kolocep.com, mit Tennisplatz und Süßwasserpool angewiesen.

Lopud

Einzige Siedlung der 5 km² großen Insel ist Lopud (ca. 390 Einwohner). Das Dorf gilt als das „blühendste" der Elaphiten-Inseln – etliche Quellen fördern den Pflanzenwuchs. Einige Orden und Kirchen nahmen die Fruchtbarkeit Lopuds zum Anlass, zahlreiche Klöster, Gotteshäuser und Wehranlagen zu errichten – rund 30 zeugen noch heute von der Beliebtheit der Insel.

Ziemlich gruselig mutet das weithin sichtbare **Franziskanerkloster** oberhalb der Hafeneinfahrt an. Es wurde im 16. Jahrhundert im Stil der Spätgotik/Frührenaissance errichtet, aber in der napoleonischen Phase (1808) verlassen. Seine Kirche mit dem 32 m hohen Campanile dient dem Ort heute als Pfarrkirche (Sv Marija od Špilice). Eine Betrachtung wert ist darin das Polyptychon mit neun handgeschnitzten Heiligenfiguren.

Oberhalb der östlichen Inselseite ist noch die sehenswerte Kreuzzugskapelle Gospa od Šunja (11. Jahrhundert) erhalten. Zahllose weitere **Kapellen und Kirchenruinen** liegen über die Insel verstreut. Auch die Reste der hoch gelegenen **Spanischen Festung** sind gut auf Spazierwegen erreichbar. **Strände** befinden sich unmittelbar am Ort beim Hotel Lafodia und in der Šunj-Bucht auf der Ostseite der Insel (hervorragender Sandstrand). Auch Nacktbaden ist erlaubt.

Unterkunft

■ **Hotel Lafodia**③, Tel. 020-450300, www.lafodiahotel.com.

Nützliches

■ Informationen, Privatzimmer und Ausflüge bei der **Agentur Atlas** am Kai, Tel. 020-759015, www.atlas-croatia.com.

■ **Post** (im Sommer Mo–Fr 8–12 und 18–21 Uhr, sonst 9–13 Uhr), **Minimarkt** und **Markt** finden sich im Zentrum.

Riviera von Dubrovnik

Šipan

Šipan ist mit 16,5 km² die größte Elaphiten-Insel (ca. 500 Einwohner). Die Hauptorte sind Šipanska Luka und Suđurad mit der Anlegestelle, dieser Ort ist per Fähre an Dubrovnik angebunden. Ähnlich wie auf Koločep leben auch die Bewohner Šipans von Landwirtschaft und Fischfang sowie ein wenig vom Tourismus.

In **Šipanska Luka** stehen der ehemalige Rektorenpalast sowie eine Pfarrkirche aus dem 16. Jahrhundert. Baden ist am Kiesstrand auf der Südseite der Bucht möglich. Der einzige Hauptweg führt zu dem etwa 4,5 km entfernten **Suđurad**, auch *Sudjuraj* geschrieben. Außer einer Dorfschenke und einigen Vermietern von Privatzimmern sind noch zwei Kapellen aus dem 13. und 16. Jahrhundert sowie mit Wehrtürmen versehene ehemalige Adelshäuser zu erwähnen.

Unterkunft

■ Unterkunft bietet in Šipanska Luka das **Hotel Šipan**③, Tel. 020-754900, www.hotel-sipan.hr, Verleih von Booten und Rädern.
■ Auch ein paar Privatzimmer (Schilder „Sobe“) werden vermietet.
■ Als moderne und höherwertige Alternative bietet sich ein Stück außerhalb in Suđurad das **Hotel Božica**④ an (Tel. 020-325400, www.hotel-bozica.hr), mit DZ und 4er-Apartments.

6 km südlich von Dubrovnik erstreckt sich ein halbes Dutzend kleiner Buchten und Orte (von Nord nach Süd: **Kupari, Srebreno, Mlini, Soline** und **Plat**), die zusammen als Riviera von Dubrovnik bezeichnet werden und mittlerweile touristisch so gut erschlossen sind (Stadtbus- wie auch Bootsverbindungen mit Dubrovnik), dass sie eine beliebte Alternative zu den Unterkünften in Dubrovnik-Lapad wurden.

An- und Weiterreise

■ **Busse:** Oben an der Hauptstraße mit den Stadtbussen 10 (siehe Cavtat) und 16 (10x tgl. bis Srebreno, nur 3x tgl. bis Plat; Details siehe Dubrovnik).
■ **Fährboote** nach Dubrovnik oder Cavtat: direkt am Pier (100 K) bzw. über die Agentur Vivado (s.u.).
■ Allgemeines findet man auf der Internetseite **www.tzcavtat-konavle.hr.**
■ Die Touristeninformation Cavtat-Konavle verfügt über eine ausgezeichnete, kostenlose **Landkarte** des gesamten Küstenabschnitts im Maßstab 1:50.000, die auch auf die Homepage www.tzcavtat-konavle.hr gestellt wurde. Es werden zudem **Wander- und Radkarten** (1:30.000) vor Ort zur Verfügung gestellt.

Info und Agenturen

■ Zimmer und Apartments vermitteln die **Agenturen T&T**, Tel. 020-487210, Spiona, Tel. 020-485611, www.spiona.hr, und **Vivado,** Tel. 020-486471, www.vivado.hr, alle am Šetalište Marka

Marojice in Mlini, oder die **Touristeninformation Srebreno** (Tel. 020-486254).

Unterkunft

Unterkünfte sind hier durchschnittlich 25 % preiswerter als in Dubrovnik.
- Die beliebte **Aparthotelanlage Orphee**② (Plat) kann man unter Tel. 020-488744, www.hoteli-plat.hr, buchen.
- Weitere Hotelanlagen sind das **Astarea**③, Tel. 020-484066, und das **Mlini**②, Tel. 020-486222, beide im Bezirk Mlini und vorab buchbar unter www.hotelimlini.hr.

Camping

Rund um Mlini reihen sich etliche Campingplätze aneinander, die meisten davon sind sehr klein und für rund 100 Gäste konzipiert. Dazu zählen:
- **AC Kate**②, Mlini, Tel. 020-487006, www.campingkate.com.
- **Agava**②, Srebreno, www.autocampagava.com.
- **AC Porto**②, Srebreno, Tel. 020-487078, nela.madesko@du.t-com.hr.
- **AC Matkovica**①, Srebreno, Tel. 020-725776, u.o.matkovica@hotmail.com
- **AC Paradiso**①, Plat, Tel. 020-488980, paradiso@hi.t-com.hr, nur 10 Stellplätze.
- In Kupari bildet das **AC Kupari**② (Tel./Fax 020-487208, www.club-adriatic.hr) mit Platz für knapp 3000 Besucher eine Ausnahme unter den Minicamps der Region Mlini. Doch auch hier gilt, von einem Snackrestaurant abgesehen: Freizeitangebot Fehlanzeige.

Essen und Trinken

Auch wenn die meisten Urlauber abends nach Dubrovnik fahren, so bietet die Riviera von Dubrovnik doch einige feine (und preiswertere) Alternativen.
- Sehr beliebt ist das **Café Portun** (am gleichnamigen Campingplatz) mit Snacks und günstigen Kleinigkeiten, Tel. 020-486563.
- Das **Mlinica** in Mlini hat sich auf rein vegetarische Speisen spezialisiert, Tel. 020-486768, März bis Oktober tgl. 11–24 Uhr.
- In der **Trattoria Dante,** M. Marojice 34, Mlini, Tel. 020-486575, wird italienisch und dalmatisch gekocht.
- **Župski Komin,** Trgovište 15, Mlini, Tel. 020-486330, zieht vowiegend Anhänger der dalmatischen Kost an, tgl. 11–23 Uhr, Mitte Dezember bis Mitte Februar geschlossen.
- In Soline loben Leser die **Pizzeria Župčica** (Tel. 020-488535), die nicht nur Pizza und Kleinigkeiten, sondern auch diverse Muschel- und Fischgerichte sowie Fleischplatten serviert.

Einkaufen

- In Gornja Čibača, von Dubrovnik kommend vor Kupari, liegt linker Hand ein Industriegebiet mit **Großmärkten,** einem Getro-Cash& Carry-Supermarkt und einem Lidl-Supermarkt, der als „Lidl-Dubrovnik" (tgl. 8–21, So bis 18 Uhr) bezeichnet wird.

Nützliches

- **Bank, Touristeninformation,** Tel. 020-486 254, tgl. 8–15 Uhr, **Erste Hilfe,** Tel. 020-486278, tgl. 8–20 Uhr, und **Post** an der Hauptstraße beim Hotel Župa (Srebreno).
- **Internet Klub Mlini,** Tel./Fax 020-487210, tgl. 10–21 Uhr.
- **Scooter-Vermietung** in der Bucht von Mlini, mobil 091-2520134, 30 €/Tag.

Cavtat

Noch vor wenigen Jahren kaum mehr als ein Fleck auf der Landkarte, hat sich Cavtat (6200 Einwohner) durch die Fähr- und Busanbindung an Dubrovnik zu einem **beliebten Ferienort** gemausert. Im 4. Jahrhundert v. Chr. war Cavtat als das griechisch besiedelte **Epidauros** bekannt, was von den Römern übernommen wurde. Zerstört von Erdbeben und vordringenden Slawen in der Völkerwanderungszeit (7. Jahrhundert), flohen die Bewohner nach Dubrovnik, der Ort geriet in Vergessenheit. Als die Republik Ragusa Süddalmatien kontrollierte, bauten wohlhabende Kaufleute an der Stelle des einstigen Epidauros ein neues Städtchen auf, das im Schatten der großen Mutterstadt auch touristisch ein eher stiefmütterliches Dasein führte. Das Hinterland Richtung bosnische und montenegrinische Grenze ist außerordentlich fruchtbar (Gemüse, Obst, Feigen, Oliven), was sich durch Bewässerungssysteme, die noch aus griechisch-römischer Zeit stammen sollen, erklärt.

Es lohnt ein Bummel auf der **Uferpromenade** am Boots- und Yachthafen. Hier steht auch das **Stadtmuseum** (ehemaliger Rektorenpalast, errichtet Mitte des 16. Jahrhunderts), in dem eine numismatische Kollektion sowie Malereien und Grafiken aus dem 18. Jahrhundert zu sehen sind.

Die benachbarte **Pfarrkirche Sv Nikola** entstand im 17. Jahrhundert. Am Beginn des Fußweges am Hotel Supetar liegt ein kleines **Strandbad** mit Süßwasserduschen (kostenlos), ein Stückchen weiter finden sich ebenfalls mehrere gute

Bademöglichkeiten. Der **Fußweg** führt um die Cavtat-Halbinsel herum (ca. 20 Min.) zurück zum Zentrum – ein sehr schöner Spaziergang. Ein großer Strandabschnitt liegt gegenüber dem Hotel Epidaurus, vom kleinen Steg aus werden auch Elaphiten-Ausflüge angeboten.

An- und Weiterreise

● **Auto:** Unmittelbar hinter der örtlichen Touristeninformation an der Jadranska Magistrale biegt man rechts ab nach Cavtat. Ab Ortseingang führt die Hauptstraße als S. Radiča in Windungen hinunter bis zum Ufer – mit neuem gebührenpflichtigen Parkplatz. Genau an dieser Stelle fahren auch die Busse von/nach Dubrovnik, liegen die Agenturen, Markt, Bank, Post, Minimarkt, Bäckerei usw. Kostenlos parkt man (noch) am Strand beim Hotel Epidaurus.

● **Bus** Nr. 10 von/nach Dubrovnik (ca. 12x tgl.); Nr. 11 (3x tgl.) von/nach Molunat, jeweils 15 K (am Parkplatz vor der Fußgängerzone); Mehrfachtickets s. Dubrovnik.

● **Dubrovnik-Boot:** 9–19 Uhr 14x tgl. ab Minipier beim Hotel Albatros bzw. Hafen Cavtat (Tel. 020-471213) oder über die Agenturen (Rückfahrkarte rund 6 € einfach).

● **Elaphiten-Boote:** Für nur 35 €/Person bietet Miko (mobil 098-344543) am Hafen eine sehr beliebte Elaphiten-Rundtour einschließlich Stopps und Fischpicknick (inkl. Getränke) an.

Info und Agenturen

● Die offizielle **Touristeninformation** findet man an der Jadranska Magistrale unmittelbar an der Abzweigung nach Cavtat (tgl. 8–15 Uhr, Mai bis Sept. bis 20 Uhr geöffnet; Tel. 020-479025, www.tzcavtat-konavle.hr); bietet auf der Homepage auch eine kostenlose App zur mobilen Nutzung an.

441kro wl

Im Ort selbst liegen unmittelbar am Beginn der Fußgängerzone mehrere **Agenturen;** alle bieten Bus- und Fährboottickets, Fahrzeugverleih (Pkw, Scooter), Unterkunft, Ausflüge (auch Mostar, Montenegro, Kanutouren etc.), Bootsverleih usw.

■ **Atlas,** Trumbicev put 2, Tel. 020-478464, www.atlas-croatia.com.

■ **Teuta,** Trumbicev put 3, Tel. 479786, www.cavtat.biz.

⌃ Cavtat hat sich zu einem beliebten Ferienort entwickelt

Unterkunft

■ **Zimmer** bekommt man über die Agenturen, wobei man es bei einigen am Ortseingang auch direkt versuchen kann: Vor dem ersten Minimarkt rechts in die J. Kosora hinein befinden sich gleich mehrere Ferienwohnungen-Anbieter, z.B. Nr. 5, **Vila Niki**①, Pero Butijer, J. Kosora 8, Tel. 020-478388, oder gegenüber **Vila Bela Vista**① und **Vila Markoc,** Tel. 020-478293, vila_markoc@dubrovnik-online.com). An der Hauptstraße weiter, kurz vor der Serpentine, zweigt hinter einem Minimarkt ein Asphaltweg nach links ab: Hier liegt die **Vila Rakočić**② mit tollem Ausblick und schwarzen albanischen Nobelkarossen an den Wochenenden vor der Tür. An der Straße gegenüber sind ebenfalls **Zimmer**① unter Tel. 020-478681 zu haben.

■ Wer eine kleine Hotelpension sucht, ist mit der **Villa Pattiera**③ (Tel. 020-478800, www.villa-pat tiera.hr) mit sehr schönen Zimmern bestens bedient. Angeschlossenes Restaurant Dalmacija, s.u.

■ Das sagenhafte **Croatia**④, Frankopanska 10, Tel. 020-475555, www.hoteli-croatia.hr bzw. www. adriaticluxuryhotels.com, bietet allen erdenklichen Luxus in toller Lage inkl. geheiztem Seewasserpool, Wellness, Fitness, Kinderclub, Tennis usw. Mit Abendessen kommt man in der Hauptsaison allerdings auf etwa 300 € pro DZ, in der Nebensaison liegen die Zimmerpreise bei etwa 50 %.

■ Die Hotels **Albatros**④, Tel. 020-471333, www. remisens.com/de/hotel-albatros, **Cavtat**③, Tel. 020-478246, www.hotel-cavtat.hr, und **Epidaurus** ③, Tel. 020-471444, www.remisens.com/de/hotel-epidaurus, gehörten zur Iberostar-Gruppe, die sich aber ganz zurückgezogen hat. Albatros und Epidaurus wurden von der qualitativ eher hochwertigen Remisens-Gruppe übernommen, das Cavtat operiert eigenständig. Die drei Häuser zählen zur guten Mittelklasse, wobei das Epidaurus mit seinem All-inclusive-Angebot den besten Preis bietet; hier auch Wassersport, Animation, Kinderclub, Wellness und Sport (u.a. Tischtennis, Volleyball, Pool-Gymnastik).

■ **Hotel Supetar**②, Obala Radiča, Tel. 020-479833, www.hoteli-croatia.hr/supetar.

Essen und Trinken

■ Sehr gut und nicht zu teuer isst man in der **Konoba Pacific** am Hafen; Fischgerichte nicht ganz billig, aber sehr freundliche Bedienung und hohe Qualität; Tel. 020-478473, tgl. 12–24 Uhr.

■ Das **Dalmacija** neben dem Bäcker im Trumbicev put, Tel. 020-478800 (gehört zur Pension Pattiera), ringt mit der benachbarten Konkurrenz bislang erfolgreich um den Ruf als bestes Restaurant von Cavtat.

■ Sehr schön sitzt man auch im **Rokotin** auf der Halbinsel mit Blick auf Dubrovnik; hervorragende Fischplatte; Šetalište rat, Tel. 020-478324, geöffnet tgl. 9–23 Uhr.

Aktivitäten

■ **Tauchen: Epidaurum,** Šetalište Žal (am Epidaurus-Hotel), Tel. 020-471386, www.epidaurum-diving-cavtat.hr. Bieten auch Unterkunft und vermitteln Yachtcharter.

Nützliches

■ Selbstversorger finden im örtlichen **Minimarkt,** auf dem **Markt** gegenüber oder beim **Bäcker** (mit warmen Teilchen, Burek usw.) alles Notwendige.

■ Bei der Touristeninformation liegt die **Post** (Mo–Fr 7–21 Uhr, Sa 8–12 Uhr, im Hochsommer Sa zusätzlich 18–21 Uhr) mit **Geldautomat** und Wechselmöglichkeit.

Molunat und das Grenzgebiet zu Montenegro

Kurz hinter dem Flughafen Čilipi an der E 80 zweigt eine interessante Nebenstrecke nach Molunat (18 km) ab. Mehrere landwirtschaftliche Weiler und eine **beinahe ausgestorbene Gegend** stehen in wohltuendem Kontrast zu den größeren Urlaubszentren Dalmatiens.

Rund um die **kleine Bucht von Molunat** entwickelt sich der Tourismus relativ langsam, nicht zuletzt durch die 3 km Luftlinie entfernte Grenze zu Montene-

Süddalmatien

gro. Die bescheidene, aber ausreichende touristische Infrastruktur sowie kleinere Sandbuchten ziehen vor allem Reisende aus Tschechien an. Der Ort selbst ist winzig und überschaubar, hinter der Ortseinfahrt hält man sich links (Einbahnstraße) zu den Camps, am Kiosk führt eine Straße links zurück zur Zufahrtsstraße – die Uferstraße selbst ist eine Sackgasse.

Wer von Molunat über Gornji Kraj auf engen, verwunschenen Sträßchen nach Osten fährt, kann unvermittelt über die **grüne Grenze nach Montenegro** rutschen – alte Bunker und Grenzzäune sind stumme Zeugen vergangener Zeiten!

Unterkunft, Camping

Es kommt vor, dass nach Molunat einfahrende Fahrzeuge angehalten werden, um Unterkunft anzubieten – ansehen kostet nichts!
■ Ansonsten liegen am Ufersträßchen die **Villa Ana**② (www.villa-ana.info), **Vidak Apartments**② (www.apartmentsvidak.com, am Camp Marinero) sowie einzelne private **Ferienwohnungen**①, die unter Tel. 020-794460 oder bei **Komaić**② am Ende des Weges, Tel. 020-794404, angeboten werden.
■ Vier kleine Campingplätze säumen die Bucht von Molunat: **Adriatic I**①, Tel. 020-796585, **Adriatic II**①, Tel. 020-794450, beide im Web unter www.dubrovnikportal.com, **Marinero**①, Tel. 020-794425, info@apartmentsvidak.com, **Monika**①, Tel./Fax 020-794557, www.camp-monika.hr, mit sehr beliebtem Restaurant.

Essen und Trinken

■ Am Ufersträßchen liegen mehrere einfache Restaurants. Das **Restoran Aloha** (Tel. 020-367722)

wird für Pizza sehr gelobt, wohingegen das **Amico** (Tel. 020-367583) sehr gute Grillgerichte und Fisch serviert.

Aktivitäten

■ **Tauchen:** Basis Dubrovnik-Molunat, Tel. 020-794352, www.diving-dubrovnik-zalokar.hr; haben auch zwei **Taucherapartments**②.
■ Unterschiedliche **Rad- und Wanderwege** findet man als PDF-download unter http://visit.cavtat-konavle.com/de/active-holidays.
■ **Quad-Safari:** Die Firma Kojan Koral bietet Ganztages-Quadsafaris (inkl. Abholservice und Erfrischungen/Snacks) ab 75 € an, mobil 098-606929, www.kojankoral.hr.
■ **Ausritte:** Kojan Koral (s.o.) nimmt für Halbtages-Ausritte in Minigruppen inkl. Snacks und Erfrischungen 75 €.
■ **Freeclimbing:** 10 km östlich von Cavtat bei Mihanići liegt ein interassentes Klettergebiet mit rund 25 verschiedenen Kletterabschnitten. Einer der Organisatoren ist der Veranstalter Dalmatia-Adventure; mobil 091-5012913, www.advenuredalmatia.com.

Nützliches

■ **Busse** 11 und 27 (Gornji Kraj) nach Dubrovnik (3x bzw. 2x tgl.).
■ Am Ufersträßchen von Molunat finden sich eine **Post**, ein **Kiosk** sowie ein **Minimarkt.**

8

www.fotolia.de © MalKal

9 Praktische Reisetipps A–Z

◁ Eine Autofähre verlässt den Hafen von Mišnjak auf Rab

9

Anreise

Mit dem Auto

Kroatien gehört wie Italien oder Frankreich zu den „klassischen" Autoreisezielen, wobei verschiedene Routen für die einzelnen Großräume zu beachten sind.

Der vielleicht **wichtigste Tipp** ist: **Man meide den Samstag** auf kroatischen Straßen um jeden Preis; insbesondere im Hochsommer sind stundenlange **Staus** vorprogrammiert! Leider bestehen noch immer viele Unterkunftsvermieter auf den üblichen „Bettenwechsel am Samstag", anstatt durch individuelle Lösungen zu einer Entzerrung dieser Stoßzeiten beizutragen. Begrenzte Abhilfe ist mit dem EU-Beitritt Kroatiens geschaffen worden, da die früher zeitraubenden Grenzkontrollen auf slowenischer und kroatischer Seite inzwischen entfallen; es bleiben aber die grenznahen Autobahn-Mautstellen in Kroatien, die immer wieder zu langen Rückstaus führen.

Routen

Die **Tauernroute** ist die Haupttransitroute durch die Alpen, sie führt von München über Salzburg und Villach nach **Ljubljana,** der Hauptstadt von Slowenien. Dabei passiert man in Österreich die **Tauernautobahn** und den **Karawankentunnel** mit der slowenischen Grenze unmittelbar dahinter.

Ab Ljubljana gibt es mehrere Möglichkeiten der Weiterreise. Für die **Ostküste Istriens** und zur **Kvarner Bucht** verlässt man bei Postojna die Autobahn und fährt über die „10" zum Grenzübergang Rupa, von wo aus die neue Autobahn A7 (alternativ Landstraße E 61) nach Opatija bzw. Rijeka führt. Die Fährhafenorte für Cres, Krk und Rab erreicht man dann über die Küstenstraße. Diese Hauptroute ist aber auch die meistbefahrene Route und tagsüber sowie an den Sommerwochenenden fast immer **total überlastet!**

Neben o.g. Möglichkeit bietet sich für den Großraum **Rijeka** insbesondere die Autobahn Linz – Graz – Maribor – Zagreb – Karlovac an. Nach einem lohnenden Abstecher zu den **Plitwitzer Seen** kann man entweder die A6 nach Rijeka (Kvarner Bucht) oder die A1 Richtung Zadar und Split (Dalmatien) nehmen.

Gerade in den Ferienzeiten droht die „klassische" Tauernroute aus allen Nähten zu platzen, kilometerlange Staus an Tauern- und Katschbergtunnel sind nur eine Folge. Den Abschnitt München – Tauern – Ljubljana – Karlovac kann man auf der sogenannten **„Wohlfühlroute"** umgehen: Ab Nürnberg fährt man via Regensburg, Passau, Linz, Graz und **Maribor** bis **Zagreb** und weiter nach **Karlovac.** Wer aus Norddeutschland/Ostösterreich anreist, ist damit sicherlich gut beraten. Eindrücke und Hintergrundinformationen erhält man auf der Webseite www.wohlfuehlroute.de. Aber auch hier gilt: an Hochsommerwochenenden herrscht Stau!

Eine interessante alternative Idee verfolgte eine Familie, die ihren Kindern die lange Autofahrt ersparen wollte, mit der Anreise per Bahn nach Villach/Österreich. Der Vater fuhr gleichzeitig mit dem Pkw und man traf sich dort. Das Bahnticket kostete unter 150 € (ein Erwachsener und zwei Kinder).

Anreise

0 ——————— 100 km ©Reise Know-How 2015

Dalma33

D

3 · Passau, Nürnberg

„Wohlfühlroute"

Linz

A1

Wien

A5

München, Innsbruck, CH

8

A1

Salzburg

A4

Bratislava, Budapest

Ö S T E R R E I C H

„Tauernautobahn"

A9

Radstadt

Pyhrnroute

A10

Graz

A2

U N G A R N

Lienz

Klagenfurt

Villach

A2

A9

Tolmezzo

A23

Karawanken-tunnel

Maribor

A5

ITALIEN

A2

S L O W E N I E N

A1

Budapest

Varaždin

Udine

Ljubljana

A2

A4

A4

Postojna

A1

A2

Novo Mesto

Zagreb

Triest

Kozina

A3

E61

Podgrad

Kočevje

A1

A3

Koper

Opatija

Rijeka

Skrad

Karlovac

Sečovlje

Slavonski Brod, Belgrad

A9

A8

A6

A1

K R O A T I E N

Poreč

Istrien

Krk

Cres

Plitvice

Pula

Bihać

Rab

BOSNIEN-

Kvarner Bucht

Gospić

Karlobag

HERZE-

Pag

A1

GOWINA

Adriatisches Meer

Obrovac

Gračac

Split, Dubrovnik

Zadar

Dalmatien

9

Transit Österreich

Für KFZ bis 3,5 t verlangt Österreich eine **Autobahn-Vignettengebühr** von 84,40 € (pro Jahr) bzw. 25,30 € (2 Monate); das zehn Tage gültige „Pickerl" kostet 8,70 € (Motorrad 33,60 €/12,70 €/5,00 €). Es empfiehlt sich somit für die meisten Reisenden die Anschaffung zweier 10-Tages-Vignetten. Strafe bei Fahren ohne Vignette: 120 €! Damit nicht genug: Die gängige Route Salzburg – Ljubljana via Tauernautobahn und Karawankentunnel wird zusätzlich jeweils einfach mit einer **Maut** von 11 € (Tauern) und 7 € (Karawanken) belegt, auf der Route Linz – Graz sind es 5 € für den Bosrucktunnel und 8,50 € für den Gleinalmtunnel. Alle Mautrouten und aktuellen Details finden sich unter www.oe amtc.at, der Homepage des nationalen Automobilclubs, oder auf der Website des Betreibers Asfinag: www.asfinag.at/ maut („Sonder- und Videomaut").

Bei den heimischen Automobilclubs kann man eine **Prepaid-Maut** für die wichtigsten Tunnelstrecken zum gleichen Tarif buchen. Österreichische Mobilfunknetzkunden können zudem Einzelfahrten per Mobilfunk buchen (www.paybox.at), für andere Transitreisende kommt auch die Internet-Buchung in Frage (www.asfinag.at). Das KFZ-Kennzeichen wird beim Kauf eingegeben, bei der Anreise fährt man dann an der Mautstation in eine Sonderspur (ganz links), das KFZ-Kennzeichen wird per Kamera geprüft – fertig. Theoretisch ganz nett, aber: erstens ist die tatsächliche Zeitersparnis vor Ort eher gering (den Stau bis zur Mautstation kann man damit nämlich nicht umfahren), zweitens legt man sich mit der (bezahlten) Buchung fest, kann also nicht je nach Verkehrslage flexibel auf eine Umgehungsroute ausweichen (keine Rückerstattung bei Nicht-Nutzung ohne nachweisbaren Grund).

Kfz über 3,5 t müssen eine „Go-Maut-Box" für einmalig 5 € erwerben (alle Grenzbüros/Tankstellen in Grenznähe) und diese dann mit einem Guthaben von 50 bis 500 € aufladen. Auf allen mautpflichtigen Strecken wird dann automatisch per Funksignal die entsprechende Gebühr „abgebucht". Dieses System gilt auch für **Wohnmobile,** wobei die Bemautung nach Emissionsklassen automatisch vorgenommen wird. Infos und Tarife unter www.go-maut.at.

Eine **Umgehung der Tauernautobahn** ist möglich, kostet aber Zeit und ist nur für zugkräftige Fahrzeuge mit Einschränkungen, für Kradfahrer jedoch durchaus empfehlenswert: Tauernautobahn Abfahrt „Lammertal", dann via Radstadt und Mauterndorf bis Rennweg (Mehraufwand ca. 40 Minuten, malerische Strecke über zwei Pässe); Karawankentunnel bei Villach-West via Wurzenpass (bis 20 % Steigung, für Gespanne gesperrt!) nach Kranjska Gora, dort Richtung Bled und Ljubljana (Mehraufwand ca. 45 Minuten).

Auch eine **Umgehung der Karawankenroute** ist möglich – hierzu folgt man kurz vor Villach der Autobahn Richtung Udine/Italien, kurz darauf der Beschilderung „Wurzenpass"; auch hier gilt: vor allem für Biker interessant.

Die Mautpraxis klingt hart, doch muss fairerweise hinzugefügt werden, dass sich die österreichischen Autobahnen im Vergleich zu vielen deutschen Strecken in einem hervorragenden Zustand befinden.

Transit Slowenien

Auch Slowenien erhebt Mautgebühren in **Vignettenform,** die an den grenznahen Tankstellen in Österreich oder vorab über die Automobilclubs gekauft werden können: PKW/Gespanne bis 3,5 t kosten 15 €/Woche oder 30 €/Monat und 110 €/Jahr; Motorräder zahlen 7,50 €/Woche, 30 €/Halbjahr oder 55 €/Jahr. Es ist nicht möglich die Plakette für einen in der Zukunft gelegenen Termin entwerten zu lassen. Ein im Mai gekauftes Monatspickerl wird für den Mai entwertet und ist im Juni nicht mehr gültig. (Kaufbeleg für Kontrollen aufbewahren und mitführen!) Ausnahme sind die 7-Tagesplaketten, die – wie die österreichischen – für ein anderes Datum als den Kauftag gelocht werden können. Fahren ohne Plakette kostet bis zu 800 Euro Bußgeld! Je nach Heimatort und weiterer Mautstrecken (etwa Tschechien, Schweiz) hat man bis zur Ankunft in Kroatien eine hübsche Vignettensammlung an der Scheibe kleben.

Gerade auf der Maribor-Zagreb-Route fühlen sich manche Reisende für die wenigen Kilometer ziemlich übervorteilt und suchen nach **Umgehungsmöglichkeiten.** Grundsätzlich ist eine Umgehung durchaus möglich (www.forum-kroatien.de, Suchbegriff: „Vignettenfreie-Fahrt-durch-Slowenien"), ob sich der Aufwand lohnt, muss jeder selbst entscheiden.

Mautgebühren in Kroatien

In Kroatien kosten die Autobahnen eine **moderate Gebühr,** eine Umgehung lohnt keinesfalls; von der slowenisch-kroatischen Grenze zahlt ein Pkw bis Split (Dalmatien) rund 235 K (ca. 30 €), wer in der Kvarner Bucht bleibt, zahlt nur rund 3 €. Die Autobahnen sind ausgezeichnet, viele Autobahnraststätten bieten Übernachtungsmöglichkeiten, die Spritpreise sind landesweit identisch (auch an Autobahnen). An der Autobahnzufahrt erhält man ein Ticket (gut aufbewahren!), welches man beim Verlassen an der Mautstation abgibt, erst dann wird der Routenpreis berechnet.

Die genauen **Autobahngebühren** (detailliert zwischen zwei Ein-/Ausfahrten) kann man unter www.hak.hr – dort den Suchbegriff „Straßengebühren" eingeben – einsehen und ausdrucken.

Achtung: für den Transit die gelbe **Pannenweste** nicht vergessen. In Kroatien selbst ist zudem zu beachten, dass ein Satz **KFZ-Birnen** mitgeführt wird und keine (gefüllten) Benzinkanister erlaubt sind! Zum **Autofahren in Kroatien** s.u., Stichwort „Autofahren".

Flug

Als Ziel für die Anreise mit dem Flugzeug zur Kvarner Bucht bietet sich ausschließlich **Rijeka** an, wobei der Flughafen weit außerhalb auf der **Insel Krk** bei Omišalj liegt. Geflogen wird hauptsächlich von April bis Oktober, wobei im deutschsprachigen Raum Direktflüge von/nach Berlin, Hamburg, Düsseldorf, Köln, Frankfurt/M., Stuttgart und Bern auf dem Plan stehen, wenn auch nicht täglich. Zumindest Nord- und Mittel-deutschland sind recht gut in das Stre-ckennetz eingebunden. Infos unter www.rijeka-airport.hr. Abgestimmt auf die Flüge pendelt ein Bus der Fa. Autotrans (www.autotrans.hr) für umgerechnet knapp 5 € vom/zum Flughafen nach Rijeka. Abfahrt vom Busbahnhof Rijeka ist ca. 2½ Stunden vor dem geplanten Abflug.

Für Dalmatien kommen die Flughäfen von **Zadar, Split** und **Dubrovnik** für eine Anreise in Frage.

Flugpreise

Am teuersten ist es in der Hauptsaison im Sommerhalbjahr, wenn die Preise für Flüge in den Sommerferien bzw. im Juli und August besonders hoch sind und **über 300 Euro** betragen können. Das gilt vor allem bei Abflug von internatio-nalen Großflughäfen wie Basel, Ham-

⌄ Herrliche Landschaften:
Umgehung der Tauernautobahn in Österreich

burg oder Frankfurt, wo kaum Flüge unter 300 € zu haben sind. In der Nebensaison sind dagegen Flüge unter 200 € durchaus im Bereich des Möglichen (Hin- und Rückflug), wobei dann aber nur bestimmte Routen bzw. Flughäfen angeboten werden.

Natürlich kann man ein Ticket „klassisch" über ein **Reisebüro** erwerben, merklich preiswerter ist heute allerdings die **Internetbuchung,** insbesondere mithilfe von Flugsuchmaschinen. Für die Tickets der Linienfluggesellschaften kann man bei folgendem zuverlässigen

003is wl

Reisebüro meistens günstigere Preise als bei vielen anderen finden:

■ **Jet-Travel,** In der Flent 7, 53773 Hennef, Tel. 02242/868606, www.jet-travel.de. Buchungsanfragen oder Onlinebuchungen auf der Website unter der Auswahl „Flüge".

Last Minute

Wer sich erst im letzten Augenblick für eine Reise nach Kroatien entscheidet oder gern pokert, kann Ausschau nach Last-Minute-Flügen halten, die von einigen Airlines mit deutlicher Ermäßigung ab etwa 14 Tage vor Abflug angeboten werden, wenn noch Plätze zu füllen sind. Last-Minute-Flüge lassen sich z.B. hier buchen:

■ **L'Tur,** www.ltur.com, Tel. 0800-21212100, europaweit.
■ **Lastminute,** www.lastminute.de, (D-)Tel. 089-17923040.
■ **5 vor Flug,** www.5vorflug.de, (D-)Tel. 089-710454109, (A-)Tel. 0820-203085.
■ **Holiday Check,** www.holidaycheck.at.

Check-in

Ohne einen gültigen **Reisepass oder Personalausweis** kommt man nicht an Bord eines Flugzeuges (auch Kinder benötigen ein eigenes Reisedokument). Bei den innereuropäischen Flügen sollte man **eine Stunde vor Abflug** am Schalter der Airline eingecheckt haben. Je nach Fluggesellschaft kann man den Check-in ab 23 Stunden vor Abflug auch **vorab zuhause** im Internet erledigen und muss am Flughafen nur noch die ausgedruckte Bordkarte vorlegen und sein Gepäck am entsprechenden Schalter abgeben. Manche Fluglinien bieten darüber hinaus die Übermittlung des Bordkarten-Barcodes aufs Mobiltelefon an – interessant für Passagiere, die nur mit Handgepäck reisen.

Gepäck

In der Economy Class darf man pro Person in der Regel ein **Handgepäckstück** bis zu 7 kg in die Kabine mitnehmen (nicht größer als 55 x 40 x 20 cm) und bei Bedarf zusätzlich ein **Gepäckstück** bis zu 23 kg einchecken. In der Business Class sind es pro Person meist zwei Handgepäckstücke (insgesamt nicht mehr als 12 kg) und ein Gepäckstück bis zu 30 kg zum Einchecken. Aufgepasst: Bei sogenannten Billigfluggesellschaften wie z.B. Ryanair gelten andere Gewichtsklassen. Man sollte sich beim Kauf des Tickets über die Bestimmungen der Airline informieren.

Beim Packen des Handgepäcks sollte man darauf achten, dass man **Getränke oder vergleichbare Substanzen** (Gel, Parfüm, Shampoo, Creme, Zahnpasta, Suppe, Käse, Lotion, Rasierschaum, Aerosole etc.) nur in Mengen bis zu jeweils 100 ml mit ins Flugzeug nehmen darf. Diese Substanzen muss man separat in einem durchsichtigen Plastikbeutel (z.B. Gefrierbeutel) transportieren, den man beim Durchleuchten in eine der bereit stehenden Schalen auf das Fließband legt. Auch **Notebook und Smartphone** müssen in eine solche Schale gelegt werden. Hat man einen **Gürtel** mit einer Schnalle aus Metall, empfiehlt es sich, diesen auszuziehen und ebenfalls in die Schale zu legen, da sonst in der Regel der Metalldetektor anschlägt und man vom Flughafenpersonal abgetastet werden muss.

Aus Sicherheitsgründen dürfen **Nagelfeilen sowie Messer und Scheren** aller Art, also auch Taschenmesser, nicht im Handgepäck untergebracht werden. Diese Gegenstände sollte man unbedingt daheim lassen oder im aufzugebenden Gepäck verstauen, sonst werden sie bei der Sicherheitskontrolle einfach weggeworfen. Darüber hinaus gilt, dass leicht entzündliche **Gase** in Sprühdosen (Schuhspray, Campinggas, Feuerzeugfüllung), Benzinfeuerzeuge und Feuerwerkskörper nicht im Koffer oder Handgepäck transportiert werden dürfen.

Vom **Verschließen** des Gepäcks mittels eines Vorhängeschlosses wird abgeraten, da das Flughafenpersonal bei Auffälligkeiten das Gepäck durchsuchen muss.

Anreise mit dem Bus

Von Pauschalreisen abgesehen (Information und Buchung in jedem Reisebüro), gibt es gerade im Bereich des ehemaligen Jugoslawien (alle Nachfolgestaaten, nicht nur Kroatien), sehr gute und häufige Linienbusverbindungen von zahlreichen Städten in Deutschland zu vielen Zielen in Kroatien.

Als beliebtes Ziel kommt z.B. **Rijeka** in der Kvarner Bucht in Betracht: Man kommt gegen 3 Uhr nachts an und fährt dann die Küste entlang zu vielen weiteren Zielen. Einzelheiten, Fahrpläne und Buchungen sind bei der **Deutschen Touring GmbH** oder bei **Gleisnost** in Freiburg erhältlich. Die Preise unterliegen nicht den gewaltigen saisonalen Schwankungen der Flug- oder Bahnticketpreise und bewegen sich in einem Rahmen von derzeit rund 170 € für die Hin- und Rückfahrt beispielsweise ab Frankfurt/M.

■ **Deutsche Touring GmbH,** Am Römerhof 17, 60486 Frankfurt am Main, Tel. 069-7903-501, Fax 7903-219, www.touring.de.

■ **Gleisnost Reisebüro,** siehe „Anreise mit der Bahn".

Die Mitnahme von **Reisegepäck** ist pro Person auf zwei Gepäckstücke in Koffermaßen und ein Handgepäckstück begrenzt. Pro Gepäckstück wird eine Gebühr von 3 € beim Einstieg in den Bus erhoben. Als Quittung wird eine Gepäckmarke ausgegeben; das Handgepäck ist frei. Wenn es die Gepäckraumkapazität zulässt, kann nach Ermessen der Fahrer ein drittes Gepäckstück gegen eine Gebühr von 5 € mitgenommen werden; es ist daher reine Glückssache, ob man z.B. ein Fahrrad mitnehmen kann oder nicht (ordentlich in Karton verpackt).

Wichtig: Die **Rückbestätigung** (Reservierung für die Rückfahrt) muss am Zielort durchgeführt werden, wofür vor Ort eine Gebühr von umgerechnet etwa 3 € erhoben wird.

Anreise mit der Bahn

Eine **direkte Verbindung** nach Ljubljana, Zagreb und **Rijeka** besteht von Deutschland aus mit dem Nachtzug ab München. Die Abfahrtszeit ist ideal, um auch von anderen Bahnhöfen aus bequeme Anschlüsse zu haben. Die Ankunft in Rijeka ist morgens gegen 9 Uhr – so

bestehen direkte Weiterreisemöglichkeiten mit öffentlichen Verkehrsmitteln zu jedem Ziel in der Gegend.

Die Tickets sind sehr preiswert: Wer nicht allzu spät bucht und Hauptreisetage meidet, bekommt die einfache Fahrt im Liegewagen von München bis Rijeka schon **ab 50 €!** Wenn man Nachtfahrten nicht mag, nimmt einen der Tag-Züge bis Ljubljana und übernachtet dort – eine durchaus reizvolle Möglichkeit, nebenbei die herrliche Landschaft in Österreich und Slowenien zu genießen und die slowenische Hauptstadt kennenzulernen.

Wer kompetente Beratung sucht, wendet sich am besten ein **spezialisiertes Reisebüro** und lässt sich die Tickets zuschicken. Eines davon ist Gleisnost:

■ **Gleisnost Reisebüro,** Bertoldstr. 44, 79098 Freiburg, Tel. 0761-205513-0, www.gleisnost.de.

Ein Hinweis für alle, die ihr **Fahrrad mitnehmen** wollen: Die wenigsten internationalen Züge und kaum einer der Züge vor Ort erlauben die Mitnahme von unverpackten Fahrrädern. Wer sein Fahrrad jedoch in eine **Fahrradtasche** packt, reist nicht mit einem „Fahrrad", sondern mit einem normalen Gepäckstück – schon ist das Problem gelöst.

Praktische Reisetipps A–Z

Ausrüstung und Reisegepäck

Grundsätzlich gilt: So wenig wie möglich mitnehmen, bei Bedarf kann nahezu alles unterwegs nachgekauft werden. Neben Toilettenartikeln und der persönlichen Bekleidung, die in den Sommermonaten leicht und luftig sein sollte, könnte eine **Basisausrüstung** folgendermaßen aussehen:

■ **Schwimmkleidung,** evtl. Schnorchelausrüstung (Inseln)

■ **Schuhe:** für die Stadt gute Laufschuhe, denn die Kopfsteinpflaster der oft steilen Altstadtgassen sind auch bei Trockenheit glatt wie Schmierseife; für die Berge Wander- oder gute Sportschuhe; für den Strand Schlappen oder Gummisandalen (Steinstrände!) und Liegedecken o.Ä.

■ **Regenschutz:** Ein Schirm kann gleichzeitig als Sonnenschutz dienen; für Fahrrad- und Mopedtouren eine leichte Regenjacke

■ **Sonnenschutz:** Sonnencreme sowie Tuch, Hut oder Mütze für Wanderungen oder Sonnenbäder in der heißen Jahreszeit (insbesondere für Kinder!), Sonnenbrille

■ **Taschenmesser:** Multifunktionsmesser mit Büchsenöffner, Schere, Feile usw.

■ **Wäscheleine** zum Aufhängen der Handwäsche, besser noch ein flexibles Hosengummi

■ **Waschmittel:** ein kleines, abgefülltes Glas; kann man zwar vor Ort kaufen, braucht man aber meist nicht auf

■ **Wanderausrüstung:** Tagesrucksack, bruchfeste Feldflasche

■ **Reisewecker** für frühe Wanderungen, öffentliche Verkehrsmittel usw.

Ähnlich wie bei uns werden **Reisende mit Rucksack,** wenn sie in ein mittleres oder besseres Hotel kommen, zuweilen schräg angesehen. Aber gerade **Koffer** sind das denkbar ungeeignetste Transportmittel, wenn man nicht gerade von Hoteltür zu Hoteltür fährt bzw. gefahren wird. Für alle Zwecke sehr gut bewährt haben sich **Reisetaschen.** Wer sich überwiegend in Städten und an Stränden aufhalten will, sollte mit einer Tragetasche mit Schulterriemen gut beraten sein.

Wie in Mitteleuropa versteht es sich von selbst, dass man in Museen, Kirchen, guten Restaurants, Casinos usw. **angemessene Kleidung** trägt, während an den Stränden, in Touristenorten und auf Wanderungen lockere Freizeitkleidung völlig in Ordnung ist. Für offizielle Anlässe oder Geschäftsreisen sind Kostüm bzw. Anzug und Krawatte unverzichtbar.

Autofahren

„Hinter Wien beginnt der Balkan", hieß es immer – hinsichtlich der Fahrweise vieler Bewohner Ex-Jugoslawiens sicherlich nicht aus der Luft gegriffen. Trotz der recht häufigen Polizeikontrollen mutet manch riskantes Überholmanöver der Einheimischen recht abenteuerlich an. Als Gast im fremden Land sollte man besonders **vorsichtig und defensiv fahren,** um Unfälle oder Ärger von vornherein zu vermeiden.

Straßennetz

Das kroatische Straßennetz ist **vollkommen ausreichend,** wenn man von den

Praktische Reisetipps A–Z

hochsommerlichen **Staus** durch die zahllosen Urlauber absieht. Die Autobahnen sind ausgezeichnet, viele **Raststätten** bieten Übernachtungsmöglichkeiten. Trotz etlicher Neubaumaßnahmen muss jedoch auf dem Großteil der alten Küsten- und Landstraßen mit Vorsicht gefahren werden.

Tanken

Tankstellen gibt es reichlich, sowohl an den Haupt- als auch den Nebenstraßen, wobei neben den üblichen Kraftstoffsorten auch **LPG (Flüssiggas)** in Kroatien weit verbreitet und auch an etwa jeder zweiten Autobahntankstelle erhältlich ist. Die **Kraftstoffpreise** sind landesweit fast identisch (auch an Autobahnen).

Anders verhält es sich mit **CNG (Erdgas),** ein CNG-Netz soll bis 2020 auf dem Festland aufgebaut werden. Derzeit gibt es lediglich zwei Zapfstellen, in Zagreb sowie in Rijeka. Für Transitfahrer mit Erdgasfahrzeugen: In **Slowenien** gibt es mittlerweile drei Zapfstellen, nämlich in Maribor (für die Phyrn-Route als Alternative zu Gralla oder Unterpremstätten interessant), in Ljubljana sowie in Jesenice. Alle Zapfstellen Sloweniens sind auch in den einschlägigen Erdgas-Routenplanern (z.B. www.gas24.de) gelistet. Eine gute Beschreibung findet sich unter www.erdgasfahrer-forum.de, dort: „Tankstellen in Slowenien" und „CNG in Slowenien".

■ **Zagreb:** Gradska plinara Zagreb, Radnicka cesta 1, Industriegebiet, Tel. 01-414648, Mo–Fr 7–23 Uhr, Sa/So 7–15 Uhr.
■ **Rijeka:** Energo, Ulica Milutina Baraca 48, tgl. 7–22 Uhr.

▽ Baška auf der Insel Krk

www.fotolia.de © travelpeter

- **Maribor:** Energetika Maribor, Zagrebška cesta 73, Tankautomat 24 Std. tgl.
- **Ljubljana:** Energetika, Cesta Ljubljanske Brigade 1, Tankautomat 24 Std. tgl.
- **Jesenice:** ENOS Energetika Jesenice, Cesta Železarjev 8, Mo–Fr 7–15 Uhr.

Verkehrsbestimmungen

In Kroatien sind die folgenden Geschwindigkeitsbegrenzungen zu beachten: **50 km/h** in Siedlungen, **80 km/h** auf Landstraßen außerhalb von Siedlungen, **100 km/h** auf Kraftfahrtstraßen und **130 km/h** auf Autobahnen; für Pkw mit Anhänger gelten außerhalb von Ortschaften grundsätzlich 80 km/h.

Auf kroatischen Straßen gilt wie auch in Österreich und Slowenien nach vielen Jahren des absoluten Alkoholverbotes eine **0,5-Promillegrenze.** Ausnahme: für junge Kraftfahrer bis 24 Jahre gilt nach wie vor ein absolutes Alkoholverbot. Hierzu eine kleine Anekdote: Ein Priester hat sich gegen die 0,0-Promille-Regelung vor Gericht beschwert. Seine Argumentation: Er müsse mehrere Gemeinden autofahrend betreuen, am selben Tage oft Messwein trinken und käme so aus beruflichen Gründen auf einen gewissen Pegel ...

Weitere Vorschriften: In Kroatien besteht eine grundsätzliche Anschnall- und für Kradfahrer Helmpflicht. Mitzuführen sind **Verbandskasten, Warndreieck, Pannenweste** und **Abschleppseil,** auch **Ersatzbirnen** für die Beleuchtung sind offiziell Pflicht. Ersatzkanister mit Treibstoff dürfen nicht mitgeführt werden. **Kinder** unter 12 Jahren müssen auf dem Rücksitz befördert werden. Tagsüber muss – wie auch in Slowenien und Italien – mit **Abblendlicht** gefahren werden. Und wie in den Transitländern sind während des Fahrens **Mobiltelefone** am Ohr verboten – das scheint sich wie bei uns allerdings noch nicht überall herumgesprochen zu haben.

Parken

Wichtig sind auch die **Parkregelungen,** die in fast allen größeren Orten mittlerweile umgesetzt wurden: Das Parken ist (abgesehen von Parkhäusern, z.B. in Zagreb oder Dubrovnik) nur auf farbig markierten Parkflächen erlaubt. Dabei steht „Rot" für 60 Min., „Gelb" für 120 Min. und „Grün/Blau" für 180 Min., die in aller Regel Mo bis Fr 7–20 Uhr und Samstag bis 14 Uhr **gebührenpflichtig** sind (Parkscheinautomaten – Münzen sammeln!). Kleinstädte teilen ebenfalls oft nach Zonen ein, die nicht farbig, sondern ganz klassisch per Schild zu erkennen sind.

Papiere

An Pkw-Papieren sind **Führerschein** und **Kfz-Zulassungsschein** Pflicht; die **„Grüne Versicherungskarte"** der KFZ-Versicherung ist ebenfalls vorgeschrieben (auch für Bosnien-Herzegowina).

Wer mit einem **Mietfahrzeug** unterwegs ist (Wohnmobil, Leihwagen), benötigt eine Vollmacht des Vermieters – Vordrucke stellen die Automobilclubs zur Verfügung.

Außerdem ist, wie bei jeder Auslandsreise, der **Kfz-Schutzbrief** eines Automobilclubs ratsam.

Unfälle

Bei Unfällen sollte man unbedingt eine **polizeiliche Unfallbestätigung** ausstellen lassen! Nur damit ist die problemlose Ausreise möglich, da Fahrzeuge mit auffälligen Karosserieschäden die Grenze nicht passieren dürfen, ehe der (mögliche) Verkehrsunfall nachweislich geregelt wurde. Für die heimische Versicherung und um langwierige Schadensersatzprozesse zu vermeiden unbedingt das mehrsprachige Formular **„Europäischer Unfallbericht"** (Automobilclubs) mitführen und zusammen mit dem Unfallgegner ausfüllen!

Notruf/Pannenhilfe

Die Pannenhilfe des **kroatischen Autoclubs HAK** ist unter Tel. 987 durchgehend erreichbar (aus Mobilnetzen unter 01987). Man achte auf die Aufschrift „Pomoć na cesti 987" – andere Pannenhelfer sind wesentlich teurer.

Hilfe ist z.B. für ADACPlus-Mitglieder oder ÖAMTC-Mitglieder teilweise kostenlos. Man kann sich auch direkt an seinen Automobilclub wenden. Hier die drei größten für Deutschland, Österreich und die Schweiz:

■ **ADAC,** Tel. 0049-89-222222 bei Fahrzeugschaden (man wird mit einer deutschsprachigen Notrufstation vor Ort verbunden); Tel. 0049-89-767676 für medizinische Notfälle.
■ **ÖAMTC,** Tel. 0043-1-2512000 oder Tel. 0043-1-2512020 für medizinische Notfälle; in Zagreb erreicht man unter Tel. 01-3440644 eine deutschsprachige ÖAMTC-Notrufstation (in Slowenien Tel. 00386-1-5305198).
■ **TCS,** Tel. 0041-58-872220.

Landkarten

Sehr empfehlenswert ist die **Kroatien-Karte** aus dem world mapping project des Reise Know-How Verlages, bei der die komplette Küstenregion im Maßstab 1:300.000 abgebildet ist (der Ostteil Kroatiens hat den Maßstab 1:700.000). Die Karte besteht aus reiß- und wasserfestem Papier, ist GPS-genau und mit Höhenlinien versehen. Außerdem sind die wichtigsten Sehenswürdigkeiten markiert, ein Register verzeichnet alle Orte.

Leihwagen

Zahlreiche international renommierte Unternehmen (Avis, Hertz) bieten ihren Service auch in Kroatien an und sind an den Flughäfen sowie in größeren Orten vertreten. Die **Preise** liegen in Kroatien **überdurchschnittlich hoch** – unter 50 € pro Tag ist kaum ein Kleinwagen zu haben, die namhaften Vermieter verlangen in der Hauptsaison oft das Doppelte! Günstiger sind Fahrräder und Mopeds, die von kleineren Händlern in vielen Touristenorten vermietet werden. In aller Regel ist unabhängig vom Fahrzeug eine Kaution zu entrichten. Auf die Vermietstellen/Agenturen vor Ort wird in den Ortsbeschreibungen hingewiesen.

Die meisten Verleihstellen schließen **Grenzübertritte** (etwa nach Montenegro oder Bosnien-Herzegowina) auch zu Tagesbesuchen aus, Ausnahme ist nach Erprobung durch Leser z.B. die Fa. Hertz (www.hertz.de). Andere Leser haben mit kroatischen Leihwagen sehr schlechte Erfahrungen in Montenegro gemacht (willkürliches Abschleppen mit hoher Auslöse usw.).

9

Diplomatische Vertretungen

Wird der Reisepass oder Personalausweis im Ausland gestohlen, muss man dies bei der örtlichen Polizei melden. Darüber hinaus sollte man sich an die nächste diplomatische Auslandsvertretung seines Landes wenden, damit man einen Ersatz-Reiseausweis zur Rückkehr ausgestellt bekommt. Ohne Ausweis kommt man nicht an Bord eines Flugzeugs! Auch in dringenden Notfällen (medizinischer oder rechtlicher Art, Vermisstensuche, Hilfe bei Todesfällen o.Ä.) sind die Auslandsvertretungen bemüht, vermittelnd zu helfen.

■ **Deutsche Botschaft** (Njemačko Veleposlanstvo), Ulica Grada Vukovara 64, **Zagreb,** Tel. 01-6300100 und bei dringenden Notfällen mobil 098-227136, www.zagreb.diplo.de.

■ **Deutsches Honorarkonsulat,** Biserova 16, **Split,** Tel. 021-394690.

■ **Österreichische Botschaft** (Austrijsko Veleposlanstvo), Radnicka cesta 80, 9. Stock (Zagreb-Tower), **Zagreb,** Tel. 01-4881050, www.aussenministerium.at/zagreb.

■ **Österreichisches Honorarkonsulat** (Austrijski Konzulat), Klaiceva poljana 1, **Split,** Tel. 021-322535.

■ **Schweizer Botschaft** (Švicarsko Veleposlanstvo), Bogoviceva 3, **Zagreb,** Tel. 01-4878800, www.eda.admin.ch/zagreb.

Ein- und Ausreisebestimmungen

Die Republik Kroatien ist seit 1.7.2013 **Vollmitglied der Europäischen Union.** Für die Einreise nach Kroatien mit einer geplanten Aufenthaltsdauer von bis zu drei Monaten genügt somit ein gültiger **Personalausweis.** Diesen sollte man zwar auch für die sehr seltenen Personenkontrollen bei sich haben, er wird aber insbesondere von Vermietern für die Anmeldung bzw. Kurtaxe benötigt. **Schweizer** und Reisende durch **Bosnien-Herzegowina** (z.B. nach Süddalmatien) sollten einen **Reisepass** mitführen (auch wenn in der Praxis oft ein Personalausweis genügt).

Kindereinträge im Reisepass der Eltern sind nicht gültig und berechtigen das Kind nicht zum Grenzübertritt. Somit müssen **alle Kinder** (ab der Geburt) bei Reisen ins Ausland über ein **eigenes Reisedokument** verfügen. Reisen Minderjährige nicht in Begleitung beider Elternteile, kann man vor allem beim Rückflug in die EU nach einer Einverständniserklärung des anderen Sorgeberechtigten gefragt werden, als Schutzmaßnahme gegen eine mögliche Kindesentführung. Weitere Informationen hierzu finden sich z.B. unter www.auswaertiges-amt.de, Stichwort „Einverständiserklärung für Minderjährige". **Impfvorschriften** bestehen keine.

Trotz der EU-Mitgliedschaft werden noch immer Personenkontrollen (mit Pass/Ausweis) an den **slowenisch-kroatischen Grenzübergängen** durchgeführt, was die schwierige Verkehrssituation im Hochsommer nicht entschärft. Reisende mit **Nationalitäten von außerhalb der EU** sollten im Einzelfall bei der diplomatischen Vertretung in ihrem Land prüfen, ob sie ein Visum zur Einreise nach Kroatien benötigen. Informationen bzw. Links dazu findet man bei den Auswärtigen Ämtern:

- **Deutschland:** www.auswaertiges-amt.de, Tel. 030-18172000.
- **Österreich:** www.bmeia.gv.at, Tel. 01-901154411.
- **Schweiz:** www.eda.admin.ch, Tel. 0800-247365.

Zollbestimmungen

In allen EU- und EFTA-Mitgliedstaaten gelten nationale Ein-, Aus- oder Durchfuhrbeschränkungen, z.B. für Tiere, Waffen, starke Medikamente und Drogen. Zollfrei einführen darf man persönliches Reisegut, Reiseproviant sowie alkoholfreie Getränke. Für die steuerfreie Mitnahme von Alkohol, Tabak, Kaffee u.a. bestehen jedoch Obergrenzen. Bei Überschreiten der Freigrenzen muss nachgewiesen werden, dass keine gewerbliche Verwendung beabsichtigt ist.

Innerhalb von EU-Ländern

Seit dem EU-Beitritt Kroatiens gelten die EU-Richtlinien, was theoretisch einen freien Warenverkehr bedeutet. Es gelten mithin die üblichen Freigrenzen innerhalb der EU:

- **Alkohol** (für Personen über 17 Jahre): 90 Liter Wein (nach Deutschland unbegrenzt, aber davon maximal 60 Liter Schaumwein) oder 110 Liter Bier oder 10 Liter Spirituosen über 22 Vol.-% oder die gleiche Menge Alkopops oder 20 Liter unter 22 Vol.-% oder eine anteilige Zusammenstellung dieser Waren.
- **Tabakwaren** (für Personen über 17 Jahre): 800 Zigaretten oder 400 Zigarillos oder 200 Zigarren oder 1 kg Tabak oder eine anteilige Zusammenstellung dieser Waren.
- **Anderes:** 10 kg Kaffee und 20 Liter Kraftstoff im Benzinkanister.

Für die Schweiz

Reisende aus der Schweiz müssen nach wie vor durch die Grenz- und Zollkontrolle. Freigrenzen für Nicht-EU-Staaten:

- **Alkohol:** (für Personen ab 17 Jahren): 1 Liter Spirituosen (über 22 Vol.-%) oder 2 Liter Spirituosen (unter 22 Vol.-%) oder eine anteilige Zusammenstellung dieser Waren, und 4 Liter nicht-schäumende Weine, und 16 Liter Bier.
- **Tabakwaren:** (für Personen ab 17 Jahren): 200 Zigaretten oder 100 Zigarillos oder 50 Zigarren oder 250 g Tabak oder eine anteilige Zusammenstellung dieser Waren.
- **Andere Waren:** für Flugreisende bis zu einem Warenwert von insgesamt 430 €, über Land Reisende 300 €, alle Reisenden unter 15 Jahren 175 €; 10 Liter Kraftstoff im Benzinkanister.

Auch bei der **Rückeinreise in die Schweiz** muss man folgende Freimengen beachten:

- **Alkohol** (für Personen ab 17 Jahren): 5 Liter bis 18 Vol.-% und 1 Liter über 18 Vol.-%.
- **Tabakwaren** (für Personen ab 17 Jahren): 250 Zigaretten/Zigarren oder 250 g Tabak.
- **Anderes:** 25 Liter Kraftstoff im Benzinkanister, 1 kg Fleisch/Fisch, 1 kg Butter, 5 kg Speisefette/-öle.

9

Übersteigt der Gesamtwert der mitgeführten Waren (inkl. der Wert aller Lebensmittel) 300 SFr, muss man in jedem Fall die Mehrwertsteuer bezahlen.

Nähere Informationen

- **Deutschland:** www.zoll.de oder Tel. 0351-44834510.
- **Österreich:** www.bmf.gv.at oder Tel. 01-51433564053.
- **Schweiz:** www.ezv.admin.ch oder Tel. 061-2871111.

Mitnahme von Tieren

Für die Mitnahme von Tieren wird ein gültiger und aktualisierter **Impfpass** (Tierarzt) benötigt. Achtung: Auch schon für die Durchreiseländer innerhalb der EU muss für das Tier eine ordnungsgemäße Tollwutschutzimpfung und ein EU-Heimtierausweis („Pet Passport" genannt) oder übergangsweise der bisherige Impfausweis vorgelegt werden. Darüber hinaus muss das Tier neuerdings mit einem **Microchip** gekennzeichnet sein. Weitere Informationen erteilt der Tierarzt.

Mehrwertsteuer

Für **in Kroatien gekaufte Waren** (mit Ausnahme von Treibstoffen; auch nicht Dienstleistungen/Mieten usw.) kann die Mehrwertsteuer (PDV, derzeit 23 %) auf Rechnungen von über 500 Kuna **rückerstattet** werden. Beim Kauf verlangt man hierzu das Formular PDV-P, welches

vom Verkäufer ausgefüllt werden muss. Bei der Ausreise lässt man diese Rechnungen vom Zollamt gegenbestätigen. Die Mehrwertsteuer kann dann innerhalb von sechs Monaten rückerstattet werden: entweder persönlich beim Verkäufer, bei dem die Ware gekauft wurde, oder postalisch (Adresse des Verkäufers) unter Angabe der Kontonummer, auf die der Betrag eingezahlt werden soll. Die Erstattung erfolgt innerhalb von 15 Tagen nach Eingang.

Einkaufen und Souvenirs

Man wird als Selbstverpfleger gar nicht umhin kommen, von dem leckeren, frischen **Obst und Gemüse** zu kosten, das auf den lokalen Märkten und oft auch am Straßenrand angeboten wird.

Frischfleisch und Fisch kauft man in der *mesnica* (Fleischerei, Metzgerei) und in der *ribarnica* (örtliche Fischhalle), wo hauptsächlich vormittags Muscheln, Tintenfische, Scampi und diverse Speisefische je nach Saison fangfrisch verkauft werden – für Fischfreunde ein Muss!

Bäckereien *(pekarna)* gibt es in jedem Ort; Brote und Teigwaren sind durchweg sehr preiswert, wobei überwiegend mit Weizenmehl gebacken wird (ein Laib Weißbrot kostet ca. 10 K). Kuchenteilchen sind sehr preiswert und lecker – es gibt viele Sorten, einfach mal durchprobieren! Die bekanntesten sind *fritule, krostule,* Strudel, *cukerančići* und die pikant gefüllten *burek* (s.u.). In kleineren

Orten, seltener in großen, steht zu bestimmten Tageszeiten ein Bäckereiwagen mit einem Grundsortiment frischer Brote und Kuchen.

Eier, Frischmilch, Konserven, Getränke aller Art und ein ähnliches Angebot wie in westeuropäischen Lebensmittelmärkten sind in **Mini-Märkten** (größere „Tante-Emma-Läden") oder **Supermärkten** erhältlich, die sich rapide an den Hauptverbindungsstraßen der größeren Orte ausbreiten.

Unübersehbar dem italienischen Einfluss sind – neben den Pizzerien – die vielen **Eisdielen** („Gellateria") zuzuschreiben. Im Gegensatz zu früheren Jahren kann das Speiseeis heute als sehr gut bezeichnet werden.

Was kann man mitbringen? Von kitschigen **Erinnerungsstücken** abgesehen, die in den Touristenorten angeboten werden, könnte eine Spitzendecke oder eine Strickjacke gerade älteren Menschen Freude machen. Auch Holzschnitzereien, etwa Puppen mit Regionaltrachten, sind bei Sammlern sehr beliebt. Als Idee für die Wohnungsgestaltung sei erwähnt, dass es in den kroatischen Städten unendlich viele Künstler gibt, die moderne Aquarelle, Radierungen, Plastiken und vieles mehr feilbieten.

Mehr als ein Verlegenheitssouvenir sind lokale **Weine und Schnäpse,** allen voran das auf jedem Bauernhof gebrannte **Nationalgetränk Sliwowitz.** In Touristenorten bekommt man diesen Pflaumenbranntwein als verdünnten Fusel mit künstlichen Aromen, aber in schönen Flaschen, oft mit Kräutern oder eingelegten Früchten. Richtig guten Schnaps erhält man auf den Höfen – einfach auf Schilder wie „Vino" und „Šlivovica/Rakija" achten.

Elektrizität

Die Stromspannung beträgt wie bei uns **230 V bei 50 Hz,** die Steckdosen sind landesweit **ohne Adapter** nutzbar.

Einige Richtpreise

- **Brot:** 14–15 K, Weißbrot ca. 10 K
- **Butter:** 15–20 K
- **Wurst und Käse:** durchschnittlich 20 % teurer als bei uns
- **Eier:** 1,50 K
- **Eiscreme** (Riesenkugel): 6–8 K

Obst und Gemüse (1 kg)
- **Paprika:** 7–10 K
- **Tomaten:** 7 K
- **Trauben:** 11–16 K
- **Bananen:** 11–12 K
- **Pfirsiche:** 16 K
- **Kohl:** 6 K
- **Zucchini:** 7–8 K
- **Melonen:** 4–5 K
- **Kartoffeln:** 5 K

Im Lokal
- **Bier:** 15–20 K (0,5 l)
- **Softdrink:** 12–16 K
- **Kaffee:** 6–8 K
- **Cappuccino:** 10–12 K

Essen und Trinken

Kroatien kann sich einer **ausgezeichneten Küche** überall im Lande und auf den Inseln rühmen. Es versteht sich von selbst, dass die unterschiedlichen Regionen ihre eigenen **kulinarischen Spezialitäten** hervorgebracht haben.

Fisch

Aufgrund der Lage am Meer sind Fischgerichte, Hummer, Scampi, Muscheln und andere Meeresfrüchte typisch für die meisten der in diesem Buch beschriebenen Küstenorte. Typische Speisefische sind Goldbrasse, Wolfbarsch, Drachenkopf und Rotbrasse. Sehr beliebt sind auch Krebs- und Seepolypensalat, Austern sowie Jakobs- und Miesmuscheln, *dondole* genannt. Ferner dürfen gegrillte Sardinen oder Sardellen (köstlich!) auf den Speisekarten nicht fehlen.

Nudeln

Nicht zu verachten sind besonders in Zentralkroatien und Istrien die **hausgemachten Nudeln,** z.B. Makkaroni mit Fleischsauce. Maultaschen *(fuži), gnocchi* mit Wild und *krafi* (mit Käse gefüllte Ravioli) mit Fleischsauce sind Gerichte, deren Rezepte hier von Generation zu Generation weitervererbt werden.

Maneštra, Würste, žarebnjak

Die unersetzliche *maneštra* (Minestrone, Gemüsesuppe) mit Bohnen und jungem Mais oder Gerstenkorn, hausgemachte Würste und *žarebnjak* (geräuchertes Schweinskarree) mit Sauerkraut sind

005is wl

traditionelle „**Hausmannskost**", die in alten Weinstuben und Lokalen *(gostionica, konoba)* serviert wird.

Eine kulinarische Besonderheit Slawoniens, das man evtl. im Transit über Tschechien passiert, ist das exzellente **Gulasch,** welches auf die kulturelle Nähe Donaukroatiens zur „Urheimat des Gulasch" (Ungarn) hinweist.

Rohschinken und Schafskäse

An kleinen, kalten Speisen seien der ausgezeichnete Rohschinken (**pršut**) und Schafskäse (**sir**) erwähnt, ergänzt durch selbst gebackenes Brot *(kruh).*

Spanferkel

Unübersehbar sind die **entlang der Straßen** scheinbar unentwegt rotierenden, knusprigen Spanferkel *(svinjetina),* die man mal gekostet haben sollte. In der Region Kvarner beschränkt sich diese deftige Leckerei hauptsächlich auf die Insel Cres (Hochburg: rund um Osor). In Dalmatien ist dagegen **gegrilltes Lamm** *(janjetina)* die Regel.

Gegrillte Kleinigkeiten

Gegrillte Kleinigkeiten wie **čevapčići** *(čevapi,* Hackfleischröllchen), **pljeskavica** (Frikadellen) oder **ražnjići** (Fleischspieße) werden mit *ajvar,* einer roten Paprikapaste, serviert.

◁ Paprika und Knoblauch – Grundbestandteile der kroatischen Küche

Burek

Sehr beliebt sind auch warme burek (Blätterteigtorte, in Bäckereien), die mit **Spinat, Käse, Hackfleisch oder Apfel** gefüllt sind, eine – wie auch das Lamm am Spieß – von den muslimischen Bosniern übernommene Spezialität.

Beilagen, Gemüse

Die beliebtesten Beilagen sind Reis, Pommes Frites und Brot; an Gemüse werden je nach Saison Mangold, Tomaten, Feldsalat, Wildspargel, Zucchini, Bohnen, Erbsen und Oliven gereicht.

Getränke

An Getränken steht zuvorderst der heimische **Wein** in diversen Sorten, zu nennen sind vor allem *Pleškavica* (weiß und rot), *Malvasia-Weißwein, Teran-* und *Borgonja-Rotwein* sowie *Hrvatica-Rosé,* im Süden die bekannten *Pelješac-Weine.* Hausmarken können übrigens in den meisten Orten (Schilder „vino" beachten) direkt vom Erzeuger für ca. 10 K pro Liter gekauft werden, ebenso Schnäpse, allen voran **Šljivovica** (Pflaume) und **Kruškovac** (Birne), wobei besonders die handwarm getrunkene Mischung *Juliška* (Pflaume und Birne) zu empfehlen ist. Als typischer Aperitif wird gern der überall erhältliche, sehr milde **Likörwein** *Prošek* getrunken. Bei der Jugend ist *Bambus* aus Rotwein und Cola in oder auch *Gemišt* (Weißweinschorle), auch *Bevanda* genannt. Auch **Biertrinker** können getrost zu kroatischen Marken greifen.

9

Als Durstlöscher empfiehlt sich **Mineralwasser,** das mit oder ohne Kohlensäure („gaz") in Kunststoffflaschen in Supermärkten vertrieben wird.

Auf Glasflaschen wird wie bei uns teilweise **Pfand** erhoben (z.B. Bier, bestimmte Mineralwassersorten). Die Flaschen kann man (zumindest bei kleinen Dorfgeschäften prinzipiell ausschließlich in dem Laden, in dem sie gekauft wurden), gegen Vorlage des **Kaufbeleges** (gilt als Pfandschein) zurückgeben! Plastikflaschen sind fast immer pfandpflichtig und können nur bei ganz bestimmten großen Supermärkten – ohne Kaufbeleg – zurückgegeben werden (auch in einem anderen Markt derselben Kette). Man sollte also beim Kauf im Urlaubsort fragen, was pfandpflichtig (Flaschenpfand: „kaucija za boce") ist und wo es abgegeben werden kann.

Restaurants

Ausländische Restaurants sind relativ selten in Kroatien zu finden – mit Ausnahme der allgegenwärtigen **Pizzerien,** die gleichzeitig auch die **günstigsten Lokale** in Kroatien sind. Ein Wort zum **Preisgefüge:** Essen gehen in Kroatien ist im Durchschnitt rund 10 % günstiger als in Österreich oder Deutschland, von der Schweiz ganz zu schweigen. Grundgerichte scheinen geradezu billig zu sein, man darf sich jedoch nicht täuschen lassen: Beilagen werden extra bestellt und gesondert berechnet. Recht günstig sind gemischte Platten für zwei Personen, etwa Fisch für 220–280 K oder Grillfleisch für 180–220 K. Als Faustregel gilt: Je weiter weg von der Küste, desto uriger, originaler und preiswerter!

Feste und Feiertage

Neben den gesetzlichen Feiertagen wird in fast allen Orten mindestens ein **lokales Fest** im Jahr gefeiert, von zahllosen Veranstaltungen, Ausstellungen, Sportwettkämpfen usw. ganz abgesehen. Sehr interessant ist in diesem Zusammenhang die Website www.istra.com/events/pregled.html, wo nach Eingabe des geplanten Aufenthaltszeitraumes und -ortes alle entsprechenden Veranstaltungen und Feste angezeigt werden.

- **1. Januar:** Neujahr
- **6. Januar:** Heilige Drei Könige
- **März/April:** Ostern
- **1. Mai:** Tag der Arbeit
- **30. Mai:** Staatsfeiertag (kroatischer Parlamentsbeschluss von 1991 zum Austritt aus der BR Jugoslawien)
- **22. Juni:** Antifaschismustag
- **5. August:** Staatsfeiertag; Rückeroberung der Krajina 1995
- **15. August:** Mariä Himmelfahrt
- **8. Oktober:** Unabhängigkeitstag
- **1. November:** Allerheiligen
- **25. und 26. Dezember:** Weihnachten

Geld

Die nationale Währung heißt **Kuna** (K; 1 Kuna = **100 Lipa**), das kroatische Wort für „Marder" (siehe Exkurs). Im Gebrauch sind Münzen zu 1, 2, 5, 10, 20 und 50 Lipa sowie 1, 2 und 5 Kuna, ferner Geldscheine im Wert von 5, 10, 20, 50, 100, 200, 500 und 1000 Kuna.

Die kroatische Währung wurde in einem engen Korridor **an den Euro gebunden,** sodass große Schwankungen nicht zu erwarten sind. Bis zur Einführung des Euro wird es wohl noch einige Jahre dauern. Dennoch wird schon jetzt der Euro mancherorts akzeptiert (nicht darauf spekulieren!), viele Vermieter von Privatwohnungen lassen sich sogar ausdrücklich in Euro bezahlen.

Bargeldtausch

Devisen werden in **Banken, Wechselstuben,** auf **Postämtern** sowie in den meisten **Reisebüros, Hotels** und an **Campingplätzen** gewechselt. Es empfiehlt sich nicht, Kuna schon zu Hause zu tauschen, denn der Wechselkurs vor Ort ist deutlich besser. In Kroatien wiederum bieten die Banken den besseren Kurs als Hotels oder Andenkenläden. Wechselstuben sind unkomplizierter, aber ungünstiger.

Die **Banken** sind von 7 bis 19 Uhr geöffnet, samstags bis 13 Uhr; manche Banken in größeren Städten sind auch sonntags geöffnet (meist in touristischen Orten); für Schecks werden 1,5 %, für Bargeldtransaktionen 1 % Kommission verlangt (besser als Wechselstuben).

Wissenswertes zur kroatischen Währung

Die Bezeichnung **Kuna** für die kroatische Landeswährung reicht viele Jahrhunderte zurück und beweist allein durch ihren Namen die ehemalige Tauschwirtschaft unter den Menschen. „Kuna" bedeutet nämlich nichts anderes als **„Marder",** ein Hinweis darauf, dass vor der Verbreitung von Gold und Geld als allgemeinem Zahlungsmittel die einfachen Kroaten mit den auf der Jagd erbeuteten Marderpelzen bezahlten. Auf den kroatischen **Kuna-Münzen** ist das Tierchen verewigt. Recht ähnlich ist auch der ethymologische Hintergrund des russischen Rubel, der „das Abgeschlagene" bedeutet, da die Händler Silberbarren bei sich trugen, von denen sie beim Bezahlen mit der Axt etwas „abschlugen". Derartige **Tauschwirtschaften** wie beim Kuna sind auch aus anderen Kulturen bekannt, etwa aus der Südsee, wo man Muscheln als Zahlungsmittel verwendete.

Wechselkurse (Stand: Anfang 2015)
- 1 € = 7,69 K, 1 K = 0,13 €
- 1 SFr = 7,50 K, 1 K = 0,13 SFr

Kreditkarten

In den meisten Hotels, Restaurants und größeren Geschäften kann mit gängigen Kreditkarten (American Express, Diners Club, Mastercard, Visa) bezahlt werden. Für Barabhebungen per Kreditkarte werden je nach ausstellender Bank meist Gebühren von bis zu 5,5 % berechnet, für das bargeldlose Zahlen im Ausland dagegen nur 1–2 %.

Bankkarte

Sehr praktisch sind die **Geldautomaten** (auch Deutsch in der Sprachauswahl) an den Banken, wo mit Bankkarte (Maestro-, Cirrus- und V Pay) und PIN-Code bis zu 3000 Kuna pro Transaktion (das Maximum schwankt je nach Geldinstitut) abgehoben werden können. Es kommt allerdings manchmal zu sogenannten „Verbindungsschwierigkeiten", sodass man nicht unbedingt auf den letzten Drücker versuchen sollte, Geld abzuheben!

Wie hoch die **Kosten** für die Barabhebung sind, ist abhängig von der kartenaustellenden Bank und von der Bank, bei der die Abhebung erfolgt. Man sollte sich daher vor der Reise bei seiner Hausbank informieren.

Dafür allerdings erhält der Kunde den amtlichen Mittelkurs, der etwas günstiger ist als der Verkaufskurs von Kuna bei Barumtausch vor Ort. Mag auch der Barumtausch-Kurs auf den ersten Blick minimal besser erscheinen, so ist die Sicherheit gegen Verlust des Bargeldes den kleinen Aufschlag durchaus wert. Alternativ kann man bei Postämtern als Postbankkunde preiswert Geld abheben oder auch Bargeld tauschen.

Außerdem wird man in Kroatien am Geldautomaten gefragt, ob das Konto in Kuna oder Euro belastet werden soll. Man sollte immer die Landeswährung wählen, weil man sonst versteckte Umrechnungsgebühren zahlen muss.

Auch in großen **Supermarktketten** kann direkt mit der Bankkarte gezahlt werden, wobei dies wegen der genannten Gebühren nur bei Großeinkäufen empfehlenswert ist.

Bei **Verlust** der Bank- oder Kreditkarte sollte man diese umgehend **sperren lassen** und schnellstmöglich die ausstellende Bank informieren (s. „Notfälle").

Preise und Reisekosten

Kroatien ist immer noch **eines der günstigeren Reiseziele Europas.** Die Verpflegung im Land ist preiswert, vor allem dann, wenn man auf Märkten und in Bäckereien einkauft. Auch bei den Unterkünften finden sich manchmal Schnäppchen. Dazu muss man sich natürlich etwas umsehen (Zeitschriften) oder das Internet durchforsten – Wochenpreise von 200 €/p.P. in einem Hotel sind in der Nebensaison durchaus normal. Auch Ferienwohnungen können vorab gebucht werden, „Wiederholungstäter" vereinbaren ohnehin oft mit dem Vermieter für den nächsten Urlaub eine direkte Buchung.

Insgesamt kann eine vierköpfige Familie für einen dreiwöchigen Camping-

oder Apartmenturlaub mit rund 3000 € (Eintrittsgelder und Kosten für eigene Anreise inbegriffen) rechnen. Richtpreise für Lebensmittel siehe unter „Einkaufen und Souvenirs".

Informations-stellen

Für einen Urlaub in Kroatien steht eine Fülle von nationalen, regionalen und lokalen Informationsstellen zur Verfügung, bei denen man sich vorab ausführlich informieren und/oder Buchungen vornehmen kann.

Touristikbüros außerhalb Kroatiens

Außerhalb des Landes bieten die „klassischen" Touristikvertretungen Kroatiens Informationen, Hilfestellungen und Literatur zur Reisevorbereitung. Die **Kroatische Zentrale für Tourismus** ist im Internet zu finden unter www.croatia.hr. Die Seite umfasst neben landesweiten allgemeinen Informationen und Reisemöglichkeiten eine Suchmaschine zu diversen Unterkunftsarten. In Deutschland, Österreich und der Schweiz kann man auch Kontakt mit der Vertretung vor Ort aufnehmen:

■ **Deutschland:** Stephanstr. 13, 60313 **Frankfurt,** Tel. 069-2385350; Rumfordstr. 7, 80469 **München,** Tel. 089-223344, http://de.croatia.hr.
■ **Österreich:** Liechtensteinstr. 22a, 1/1/7, 1090 **Wien,** Tel. 01-5853884, http://at.croatia.hr.

■ **Schweiz:** Seestr. 160, 8002 **Zürich,** Tel. 043-3362030, http://ch.croatia.hr.

Touristikbüros in Kroatien

Wichtig für Touristen vor Ort ist die Nummer **0800-200-200,** eine landesweit kostenlose **Informations**-**Hotline** der Kroatischen Zentrale für Tourismus.

■ **Zentrale für Tourismus,** Iblerov Trg 10/IV, 10000 Zagreb, Tel. 01-4699333, www.htz.hr, www.kroatien.hr.

Daneben existieren einige **regionale touristische Informationsstellen** der Gespanschaften (Verwaltungsbezirke). Diese Stellen bieten reichhaltiges Prospekt- und Informationsmaterial zu den jeweiligen Regionen, ohne einen konkreten Ort besonders hervorzuheben, und sind daher neutraler als die lokalen Touristeninformationen, die ihren jeweiligen Ort propagieren.

■ **Primorsko-Goranska (Tourismusverband der Region Kvarner),** Nikole Tesle 2, 51410 Opatija, Tel. 051-272988, 272665, www.opatija-tourism.hr.
■ **Karlovačka (Raum Karlovac),** Ambroza Vraniczanya 1, 47000 Karlovac, Tel. 047-615320, www.tzkz.hr.
■ **Zadarska (Zadar und Norddalmatien),** Leopolda Mandića 1, 23000 Zadar, Tel. 023-315107, 315316, www.zadar.hr.
■ **Turistička zajednica Šibensko-kninske županije (Region Šibenik-Knin),** Fra Nikole Ružića bb, Tel. 022-219072, www.sibenikregion.com.
■ **Splitska (Mitteldalmatien),** Prilaz braće Kaliterna 10/I, p.p. 430, 21000 Split, Tel. 021-490032, www.dalmatia.hr.

9

■ **Dubrovnik-Neretva (Süddalmatien und Dubrovnik)**, Tel. 020-324999, http://visitdubrovnik.hr.
■ **Turistička zajednica grada Dubrovnika (Dubrovnik-Stadt)**, Brsalje 5, 20000 Dubrovnik, Tel. 020-323887, http://experience.dubrovnik.hr.
■ **Zupa dubrovacka (Riviera von Dubrovnik)**, Šetaliste dr. Franja Tudjmana 7, Mlini, Tel. 020-486254, www.dubrovnik-riviera.hr.

Lokale Touristeninformationen und Agenturen

In Kroatien ist die Institution des sogenannten **Turist-Biro** (auch „Information" oder „Tourist Service/Agency" oder ähnlich) praktisch allerorts vertreten; hier handelt es sich um **kommerzielle Agenturen,** die Privatunterkünfte vermitteln, Geld wechseln, Ausflüge organisieren, Angel- und Tauchlizenzen (nicht alle) ausstellen usw. Dieser Service ist nicht umsonst, Auskünfte – etwa in Form von Stadtplänen – kosten. Für die Organisation von Fremdenzimmern und Ferienwohnungen sind diese Institutionen manchmal unumgänglich (siehe „Unterkunft"), für normale touristische Anliegen (Hintergrundinfos zum Ort, Faltblätter, Stadtpläne usw.) empfiehlt sich jedoch grundsätzlich der Besuch der „richtigen" Touristeninformationen in den einzelnen Orten, kroatisch „Turistična Zajednica Grada ..." (Tourismusverband der Stadt ...). Die lokalen Informationsbüros sind in den jeweiligen Ortsbeschreibungen aufgeführt. Über die Touristeninformationen können direkt vor Ort häufig auch Unterkünfte arrangiert und Ausflugspakete organisiert werden.

Internet

Spezielle Hinweise besonders zu Unterkünften sind im Kapitel „Unterkunft" zu finden, wichtig sind auch die offiziellen Seiten der „Zentrale für Tourismus" (s.o.). Linkhinweise zu den einzelnen Städten und Regionen sind in den jeweiligen Ortsbeschreibungen angegeben. Einige besonders **empfehlenswerte Internetseiten** sind:

■ **www.kroatien.netzstart.net:** eine sehr gute Homepage. Die Themen der exzellenten Linksammlung reichen von Nationalparks, Verkehrsnachrichten und Sport über Webcams und Kreativurlaub bis hin zu Stadtplänen und Unterkunftsbuchung.
■ **www.hak.hr:** der kroatische Automobilclub.
■ **www.kroatien.hr, www.croatia.hr, www.htz.hr:** offizielle Website der kroatischen Fremdenverkehrsämter.
■ **www.crm.de:** Das Centrum für Reisemedizin bietet allgemeine Infos und Hintergründe zur Gesundheit bzw. zu Krankheiten, konkrete Infos zum gewünschten Reiseland, viele sonstige reise-/gesundheitsrelevante Adressen.
■ **www.reise-ziele-online.de/kroatien:** Beschreibungen der Küstenziele (einschl. größerer Inseln) Kroatiens.
■ **www.reiseinfo-kroatien.com:** touristische Highlights und Hintergrundinformationen mit interaktiven Karten und brauchbarem Taucher-Bereich.
■ **www.kvarnerbucht.com:** ordentliche Unterkunfts-Vermittlerseite für die Kvarner Bucht und Norddalmatien.
■ **www.kroati.de:** Hier kann sehr gezielt nach Ort und Unterkunftsart eine Bleibe gesucht werden.

▷ Kroatien wird Kindern gefallen

Apps

Zum Thema Kroatien wurden inzwischen eine ganze Reihe mehr oder minder nützlicher Apps auf den Markt geworfen.

■ Die kleine kostenlose Serie **Mobi-Explore** beispielsweise bietet Basisinformationen einschließlich Unterkunft und Freizeitvergnügungen zu bestimmten Städten (u.a. Split, Dubrovnik) und Themen (Tauchen, Nationalpark Krka).

■ **Apts Croatia** ist eine allgemeine Hilfestellung zum Thema Unterkunftssuche in Kroatien.

■ Einen hübschen Eindruck von der Vielfalt des Landes bietet **Top-100**, eine Sammlung der 100 schönsten, von Journalisten ausgewählten Reiseziel-Fotos von Kroatien.

■ Wer eine kleine, mobile Sprachhilfe für unterwegs sucht, ohne tief in die Tasche greifen zu müssen, wird bei **Hrvatski,** einem interessant aufgemachten Mini-Sprachkurs, fündig (Zukäufe sind möglich).

■ Ein sehr umfangreiches Wörterbuch englisch-kroatisch, das unterwegs hilft und kaum Wünsche offen lässt, liefert die App **Croatian.**

■ Schließlich hat auch die nationale Tourismusorganisation mit **Croatia** eine deutschsprachige App zu allen Regionen mit aktuellem Veranstaltungskalender herausgebracht.

Kostenlose WLAN-Hotspots

An vielen Orten in Kroatien gibt es, zusätzlich zum häufig angebotenen kostenlosen Internetzugang in den Unterkünften, WLAN-Hotspots – zwar längst nicht flächendeckend, aber gerade in den wichtigsten Orten hinreichend. Die Spots befinden sich meist an Uferpromenaden und Zentralplätzen und sind leicht zu erkennen: Sie werden durch etwa zwei Meter hohe, **rote, kreisrunde Monumente** markiert, welche die Aufschrift „Hotspot Croatia – free WiFi" tragen. Teilweise werden sie mit Wetterstationen und Geldautomaten kombiniert.

Kinder auf der Reise

Kroatien wird Kindern gefallen. Von „Ritterburgen" über „Robinson-Inseln" bis zu Hüpfburgen wird so allerlei geboten – für kleine und für große Kinder (siehe bei den Ortsbeschreibungen).

035kb wl

Dennoch sollte man ein paar Kleinigkeiten beachten, um ungetrübte Urlaubsfreuden mit der gesamten Familie genießen zu können. Wegen des Klimas (sonniges Mittelmeerklima während der Haupturlaubszeit) versteht sich ein guter Sonnenschutz (auch für den Kopf ein Hut oder eine Schirmmütze) von selbst; wichtig ist es, viel zu trinken – am besten Mineralwasser, das vor Ort preiswert erhältlich ist. Sehr wichtig sind auch Strandsandalen wegen der häufigen Kies- und Felsbuchten mit teils unangenehmen scharfkantigen Steinen. Höschenwindeln für ganz kleine Gäste sind nur in größeren Supermärkten/Drogerien erhältlich, Gleiches gilt für spezielle Babynahrung. In nahezu allen größeren Orten ist die bei uns bekannte Kette „dm" vertreten.

Medien

Radio

Von 6.35 bis 21.35 Uhr sendet das 2. Programm des kroatischen Rundfunks HRT (98,5 MHz) zu jeder vollen Stunde nach den Nachrichten touristische Informationen (Straßenverhältnisse, Sperrungen, Staus, wichtige Fähren und sonstige Hinweise) in englischer, deutscher und italienischer Sprache – allerdings nur vom 1.7. bis 15.9. (sonst kroatisch und englisch). Der Automobilclub HAK sendet zudem zweimal täglich in den genannten Sprachen den Nautikerbericht (Wind- und Seeverhältnisse). Nachrichten in englischer Sprache

strahlt das 1. Programm auf der Frequenz 92,1 MHz täglich um 8.03 (sonntags ab 9.03 Uhr), 10.03, 14.03, 20.03 und 0.10 Uhr aus.

Zeitungen

Größere **deutschsprachige Tages- und Wochenzeitungen** sind landesweit an Kiosken und in Buchhandlungen sehr vieler touristisch relevanter Orte erhältlich. Die wichtigsten **kroatischen Tageszeitungen** (in kroatischer Sprache) sind „Večernji List" (Abendblatt), „Vjesnik" (Bote) und „Slobodna Dalmacija" (Freies Dalmatien).

Medizinische Versorgung

Das medizinische Versorgungssystem wird permanent verbessert und auch für Touristen erweitert. Viele Campingplätze verfügen über eine **Erste-Hilfe-Station,** mittlere und größere Städte über ordentliche, moderne **Kreiskrankenhäuser.** Für gesetzlich Krankenversicherte gilt die Europäische Krankenversicherungskarte in allen EU-Staaten, daher auch uneingeschränkt für Kroatien. Dennoch empfiehlt sich grundsätzlich der Abschluss einer Reisekrankenversicherung (s. „Versicherungen").

Nachtleben

Die meisten Hotels der höheren Kategorie haben **Nightclubs,** wichtigere touristische Ortschaften verfügen über **Discos.** Im Sommer werden oftmals **Tanzabende im Freien** sowie verschiedene **Unterhaltungsprogramme** und **Kulturveranstaltungen** organisiert – es ist wirklich ein Genuss, eine kroatische Dorfband auf einem der kleinen Plätze der Altstädte zu erleben! In den bekannteren Hotel- und Freizeitanlagen gibt es auch das eine oder andere **Spielcasino.** Ein „echtes" Nachtleben für Spätaufsteher spielt sich hauptsächlich im Raum Rijeka – Opatija ab. Nachtschwärmer werden sich ansonsten an den malerischen Promenaden der Küstenstädte wohl fühlen, wenn nach Einbruch der Dunkelheit das Leben in den **Bars** und **Cafés** erwacht.

Notfälle

Man hofft es natürlich nicht, aber wenn doch einmal etwas passiert, sollte man trotz aller Aufregung einen kühlen Kopf bewahren und bei folgenden Stellen Hilfe in Anspruch nehmen.

Beim **Verlust von Reisedokumenten** kontaktiere man außer der Polizei die diplomatische Vertretung; idealerweise hat man Fotokopien gesondert aufbewahrt!

Ist das Geld weg, diplomatische Vertretung und/oder Sonderversicherer (z.B. Automobilclub) kontaktieren, ein Grundbetrag zur Heimreise wird ggf. vorgestreckt. Bei entsprechender Bonität hilft auch die Hausbank mit einer Geldanweisung, um den Urlaub eventuell wie geplant fortzusetzen!

Verlust der Geldkarte

Bei Verlust oder Diebstahl der Geldkarte sollte man diese umgehend **sperren lassen!** Für deutsche Maestro-(EC-) und Kreditkarten gibt es die Sperrnummer **(0049) 116116** und im Ausland zusätzlich (0049) 30 40504050. Der TCS (Schweiz) betreibt einen Kartensperrservice; Infos unter Tel. 0041-844-888111. Ansonsten gelten für österreicherische und schweizerische Karten:

■ **Maestro/Bankomat,** (A-)Tel. 0043-1-204 8800; (CH-)Tel. 0041-44-2712230, UBS: 0041-800 888601, Credit Suisse: 0041-800800488.
■ Für **MasterCard, VISA, American Express** und **Diners Club** sollten Österreicher und Schweizer sich vor der Reise die Rufnummer der kartenausstellenden Bank notieren.

Notrufnummern

■ **Euronotruf:** Tel. 112 (einheitliche europäische Notrufnummer)
■ **Polizei:** Tel. 92
■ **Feuerwehr:** Tel. 93
■ **Notruf:** Tel. 94
■ **Kfz-Pannendienst:** Tel. 987 oder 01-987 (aus Mobilnetzen), Notrufstation der Automobilclubs: siehe „Autofahren"

Geldnot

Wer dringend eine größere Summe ins Ausland überweisen lassen muss wegen eines Unfalles oder Ähnlichem, kann sich auch nach Kroatien über **Western Union** Geld schicken lassen. Für den Transfer muss man die Person, die das Geld schicken soll, vorab benachrichtigen. Diese muss dann bei einer Western Union Vertretung (in Deutschland u.a. bei der Postbank) oder online ein entsprechendes Formular ausfüllen und den Code der Transaktion telefonisch oder anderweitig übermitteln. Mit dem Code und dem Reisepass geht man zu einer beliebigen Vertretung von Western Union in Kroatien (siehe Telefonbuch oder unter www. westernunion.com), wo das Geld nach Ausfüllen eines Formulares binnen Minuten ausgezahlt wird. Je nach Höhe der Summe muss der Absender eine Gebühr zahlen (2000 € nach Kroatien kostet 5 € Gebühr).

Öffnungszeiten

Öffentliche Institutionen, Postämter und Banken sind Montag bis Freitag von 8 bis 16 Uhr durchgehend geöffnet, Banken und Postämter größerer oder touristischer Orte von 7 bis 19 Uhr. In der Sommersaison sind viele Postämter auch bis 21 Uhr, teilweise sogar an Samstagen, geöffnet.

Geschäfte und Warenhäuser unterliegen keiner einheitlichen Regelung, öffnen aber meist von 8 bis 20 Uhr. In touristischen Orten sind **Minimärkte** unter der Woche meist 7–21 Uhr geöffnet, am Wochenende etwas kürzer. In Supermärkten und **Einkaufszentren** kann man meist bis mindestens 22 Uhr täglich shoppen. **Fischgeschäfte** und **Metzgereien** verkaufen täglich, also auch auch an Sonntagen, bis gegen Mittag.

Restaurants und touristische Einzelhändler (**Souvenirläden** usw.) passen ihre Öffnungszeiten dem jeweiligen Bedarf an.

Tankstellen sind jeden Tag von 7 bis 19 oder 20 Uhr, im Sommer bis 22 Uhr geöffnet, in größeren Städten und auf Fernverkehrsstraßen rund um die Uhr.

Post

Die **kroatische Post HPT** hat sich als effektiv und zuverlässig erwiesen (Öffnungszeiten s.o.). Briefe (Porto: 5,50 K) und Postkarten (3,50 K) benötigen etwa 3–4 Tage nach Mitteleuropa. **Briefmarken** sind nicht nur in Postämtern, sondern auch in Zeitschriftenläden und teilweise in Souvenirshops erhältlich (Faustregel: dort, wo es Ansichtskarten gibt). **Pakete** können bis zu 10 kg per Post ins Ausland versandt werden, wobei neben der üblichen Paketkarte auch eine Zollerklärung (in dreifacher Ausfertigung) beizufügen ist.

> Tauchboot vor der Küste von Krk

9

Radfahren

Es hat so seine **Vorteile,** unabhängig und gemächlich per Drahtesel sein Urlaubsland zu erschließen. Man hat unmittelbaren Kontakt zum Umfeld, zahlt keine zusätzlichen Straßen- oder Schiffsgebühren (Fähren transportieren Fahrräder kostenlos), und ohne Frage wird auf diese Weise auch ein erheblicher Beitrag zum Umweltschutz geleistet. Aber die **Nachteile** sind nicht zu unterschätzen: Es gibt nur wenige ausgewiesene Radwege, Kroatien ist überwiegend hügelig bis bergig, die Nebenstraßen sind in teilweise abenteuerlichem Zustand, und der Verkehr auf den Landstraßen (vor allem am Wochenende auf der Jadranska Magistrala/Küstenstraße) ist teils so brutal, dass von einer reinen Radtour durch Kroatien eher abzuraten ist. Was nicht heißen soll, dass ein Rad gänzlich unnütz ist: Als zusätzliche „Mobilitätsreserve" z.B. im Camper macht es durchaus Sinn, so kann man kleinere Nebenstrecken befahren oder vom Campingplatz in den nächsten Ort radeln.

Speziell ausgezeichnete **Radrouten** gibt es inzwischen fast überall; bei Bedarf wende man sich an die Touristeninformationen für Karten (oft mit Höhenprofil), Routenvorschläge oder Verleihstellen usw. **Leihräder** sind noch nicht so oft erhältlich, wie man es vielleicht erwartet. In Kroatien nimmt allerdings die Zahl der Verleihstellen (insbesondere bei Campingplätzen) durch den Ausbau der ausgewiesenen Radwege permanent zu (siehe Ortsbeschreibungen).

Kombinierte Touren **Boot/Rad** oder **Boot/Wandern** für die verschiedenen Regionen Kroatiens bietet in unterschiedlichsten Bausteinen die Firma Radurlaub Zeit Reisen GmbH an (Fritz-Arnold-Str. 16a, 78467 Konstanz, Tel. 07531-8199390, www.inselhuepfen.de). Wer abwechselnd auf dem Segler, dann wieder per Fahrrad oder zu Fuß unter-

046kb wl

www.fotolia.de © anshar73

schiedliche Ziele der Region erkunden möchte, wird hier sicherlich etwas Passendes finden; ähnliche Angebote enthält auch die Seite www.radreisen.at.

■ Interessant für die Vorbereitung eigener Radfahr-Aktivitäten dürften die **Internetseiten** www.dalmatia.hr (dort: „Fahrradweg, Mountainbike"), www.fahrradreisen.de/laender/kro.htm (kleine Datenbank mit Beschreibungen und Verknüpfung zu den jeweiligen Anbietern) sowie www.frosch-sportreisen.de, www.inselhuepfen.de oder http://radreisen-weltweit.de/dalmatien.htm sein, alle drei Spezialveranstalter für kombinierte Boots-/Radtouren in Dalmatien mit Wochenpreisen ab 750 Euro (Übernachtung/Boot, VP, geführte Radtouren).

⌂ Zentraler Platz in Rijeka

Reisezeit

Mit der Empfehlung einer idealen Reisezeit ist es immer so eine Sache: Der eine mag es lieber hektisch und mit Trubel, der andere liebt die aufblühende Natur im Frühling, und wieder andere sind auf Schulferien angewiesen und haben nur begrenzt die Wahl eines „idealen" Zeitraums ...

Die Touristiksaison wird in eine **Hauptsaison** (Juli, August), **Vor- und Nachsaison** (Mai/Juni bzw. Sept./Okt.) sowie **Nebensaison** (Nov. bis April) gegliedert, wobei es allerdings jedem einzelnen Anbieter freisteht, individuelle Termine festzulegen. Nach diesem Schema berechnen Hotels, Vermieter von Ferienwohnungen und Zimmervermittler die Unterkunftspreise, werden Öffnungszeiten für Museen und Sehenswürdigkeiten, aber auch Preise für Campingplätze abgestimmt.

Von Ende Mai bis Anfang September sind die **Sonnentage** deutlich in der Überzahl, die **Wassertemperaturen** laden zum Baden ein. Außerhalb der Saisonzeiten wird man Mühe haben, etwas anderes als eine Hotelunterkunft zu finden, auch viele Gaststätten stellen von Oktober bis April den Herd ab.

Die Monate **Juli und August** sind die absolute Hauptsaison, in der am meisten los ist und natürlich auch **Engpässe** im Unterkunftsbereich oder eine „Massenabfertigung" in den Gaststätten vorkommen können. Die Vorsaison hat den Vorteil, dass man sich gemeinhin in Gastronomie und Hotellerie Mühe gibt und die Touristen umwirbt, während in der Nachsaison eine gewisse Müdigkeit unverkennbar ist. Dennoch: Ende August enden die Sommerferien in vielen europäischen Ländern und so reist es sich im **September** deutlich entspannter bei gleichzeitigen Preisvorteilen im Unterkunftsbereich!

Sicherheit

Kroatien ist ein **sicheres Reiseland!** Man kann sich in jeder Hinsicht unbeschwert im Lande bewegen, es drohen keine nächtlichen Überfälle, Gepäckschlitzer und motorisierte Handtaschenräuber. Taschendiebstahl und Touristen„abzocke" kommen nur selten vor. Die größte Gefahr für den Reisegast besteht meist in

der **Selbstüberschätzung,** sei es beim **Baden im Meer** (Hitze, Strömungen, Alkohol) oder durch eine etwas andere Mentalität im Straßenverkehr, welche Verkehrssituationen falsch einschätzen lässt.

Sport und Aktivitäten

Kroatien bietet eine recht **breite Vielfalt** an unterschiedlichen Betätigungsmöglichkeiten im Bereich Freizeit und Sport, was im Folgenden näher ausgeführt wird. Zum Radfahren siehe eigenes Stichwort.

Zunächst eine Anmerkung zum **Leistungssport** in Kroatien, der doch im Vergleich zur geringen Bevölkerungszahl des Landes etliche beachtliche Erfolge vorweisen kann. Die junge Demokratie hat nicht nur **zahlreiche Spitzensportler** hervorgebracht (*G. Ivanišević* im Tennis, die vierfache Goldmedaillen-Gewinnerin im Skisport *Janica Kostelić* oder den zweifachen Europameister und dreifachen Vizeweltmeister im Tischtennis *Zoran Primorac*), sondern auch in den klassischen **Mannschaftssportarten** sind kroatische Nationalmannschaften in der Weltelite zu finden. Die Fußballer rangieren in der offiziellen Weltrangliste auf Platz 7 (1998 WM-Dritter), ebenso die Hallenhandballer (Olympiasieger 1996 und 2004, Weltmeister 2003, Vizeweltmeister 1995, 2005 und 2009, Vize-Europameister 2010 und WM-Halbfinalist 2013). Und nicht zu vergessen im Trainerbereich *Otto „maximale" Barić,* der in seiner Amtszeit als Fußballnationalcoach gesagt haben soll, Kroatien dürfe getrost gegen jede Nation verlieren – außer gegen Serbien ...!

Strandfreuden

Das Baden im Meer ist für viele die Erholung und der Urlaubsspaß schlechthin. Es gibt in Kroatien kaum private oder gesperrte Küstenabschnitte, und selbst in kleinen und mittelgroßen Städten bieten sich immer wieder kleine **Buchten und Felsstrände** zum Sprung ins kühle Nass an. Sandstrände sind sehr selten: So, wie sich die Berge kahl und steil erheben, so fällt die Küste ebenso kahl und steil ins Meer ab. Die Felsstrände sind zwar nicht sonderlich bequem (zum Sonnenbaden), verleihen jedoch der kroatischen Adria mit ihren spektakulären Felsbuchten und Berglandschaften jene klare und ungetrübte Brillanz, die jeden Besucher verzaubert und fasziniert.

Neben den meisten Hotels und Campingplätzen gibt es reihenweise **Sportplätze** für Tennis (sogar ATP-Turniere in Umag), Korbball, Beach-Volleyball usw. Man kann praktisch überall **Boote** sowie **Angel- und Tauchausrüstungen mieten,** auch **Tauch- und Segelkurse** werden organisiert.

Hier ein kleiner Überblick über die Preise der vor Ort üblichen Strandfreuden, die sich als Richtwert zur Orientierung verstehen:

- **Katamaran:** Verleih 2000 K/Stunde, 2-Tageskurs ab 600 K, 5-Tageskurs ab 1200 K
- **Fahrrad:** ab 25 K/Std., rund 100 K/Tag
- **Moped:** etwa 500 K/Tag
- **Scooter:** ca. 300–400 K/Tag
- **Motorboot:** ab 1000 K/Tag
- **Jetski:** 200 K/15 Minuten
- **Wasserski:** ca. 150 K/Runde
- **Ruderboot:** 30 K/Stunde
- **Tretboot:** 30 K/halbe Stunde
- **Hüpfburg/Trampolin:** 20 K/5 Minuten
- **Sonnenschirm/Liege:** je ca. 25 K/Tag

FKK

Spezialisierte **FKK-Campingplätze** mit langer Tradition stehen reihenweise zur Verfügung, teilweise mit Mietbungalows. Neben den meisten Hotelstränden und Campingplätzen gibt es auch gesonderte **FKK-Strände** – diese Bereiche sind stets gut beschildert. Kroatien als eines der ältesten FKK-Paradiese Europas gilt auf diesem Sektor ungebrochen als eines der beliebtesten Urlaubsziele überhaupt. Wer gezielt FKK-Campingplätze oder -Anlagen sucht, findet in der kostenlosen Broschüre „FKK-Naturismus" (derzeit nur direkt beim Fremdenverkehrsamt erhältlich) weitergehende Informationen, auch die Internetseite www.camping.hr/de/camping-kroatien/fkk (mit Suchfunktion) ist dabei hilfreich.

Segeln

Kroatien ist ein sehr beliebtes Revier von Hobby- und Freizeitkapitänen, insbesondere Seglern. Es stehen über vierzig eingerichtete **Marinas** mit etwa 12.300 Anlegeplätzen im Meer und ca. 4200 Landliegeplätzen zur Verfügung. Größere Marinas bieten technischen Service, Kräne, Tankstellen, Geschäfte und Gast-

015ki wl

stätten. In den meisten Marinas kann man Yachten mieten, auch Segelkurse werden organisiert.

Zum Thema **Yachtcharter** informieren folgende Verbände/Clubs:

■ **Deutscher Segler-Verband (DSV),** Kreuzer-Abteilung, Tel. 089-586282, www.dsv.org.
■ **Zentrale des Adriatic Croatic International Club (ACI),** HR-51410 Opatija, Maršala Tita 151, Tel. 051-271288, Fax 271824, www.aci-club.hr. In den Charterbasen Vodice (Norddalmatien, 43°45,2′ Nord, 015° 47,0′ Ost, Tel. 022-443086, Fax 442470, www.aci-club.hr, VHF-Kanal 17) und Trogir (Mitteldalmatien, 43°30,8′ Nord, 016°15,2′ Ost, Tel. 021-881544, Fax 881258, www.aci-club.hr/trogir.htm) wurde eine eigene **Charterflotte** des ACI aufgestellt, bestehend aus Elan-333-, Elan-36-, 40er und

⌂ Nicht weit von der norddalmatischen Küste bietet die Zrmanja Möglichkeiten zum Rafting

45er Schiffen. Im ACI sind mittlerweile 21 Marinas in Kroatien zusammengefasst, auch Einweg-Charter (auch von einer der anderen Marinas) ist möglich. Je nach Boot liegt der reine Charterpreis/Woche zwischen 1200 und 4000 € (Hauptsaison, in der Nebensaison bis zu 50 % Nachlass).

■ **Messe-Schnäppchen:** Segelfreunde wissen natürlich, dass auf der jährlichen Messe BOOT in Düsseldorf (Ende Januar) praktisch alle wichtigen Törnanbieter vertreten sind und teilweise zu Schnäppchen- bzw. Messepreisen um Kunden werben. Auch für Überführungstörns, Pauschaltouren und Komplettcharters hat sich die BOOT als optimale Plattform etabliert.

Wichtige Hinweise für Freizeitkapitäne

■ **Es ist verboten, sich mit Motor- und Gleitbooten der Küste näher als bis zu 300 m zu nähern!** Strengste Vorsicht ist wegen der Badenden geboten, bei Nichteinhaltung dieser Anordnung können fatale Unfälle passieren!
■ Vor Verlassen des Hafens **Wetterbericht** einholen; beim Verlassen des Hafens ist eine Abmeldung

9

erforderlich. Wenn der Bericht ungünstig ist, fahren Sie nicht los!

■ Unternehmen Sie keine Fahrt ohne entsprechenden **Anker** und eine Ankerleine von mindestens 50 m Länge.

■ Für alle Motorboote sowie sonstigen Boote über 3 m Länge (Segel- oder Ruderboote) muss beim Hafenamt eine **Fahrtgenehmigung** beantragt werden. Die **Anmeldung** ist bei jedem Einlaufen eines Bootes in den Hafen bzw. bei Anreise über das Festland erforderlich; die erteilte Genehmigung gilt für ein Jahr. Vorzulegen sind Funkerlaubnis, Führerschein und Bootspapiere.

Bei Anreise zur See erfolgt die Anmeldung in einem der ganzjährig geöffneten Hafenorte: Umag, Poreč, Rovinj, Pula, Raša-Bršica (südlich von Labin), Rijeka, Mali Lošinj, Senj, Maslenica, Zadar, Šibenik, Split, Ploče, Metković, Korčula und Dubrovnik.

■ **Segelwetter** Kroatien (24-Stunden-Dienst) unter: Rijeka Radio auf Kanal 4, 16, 24, 20; Split Radio auf Kanal 7, 16, 21, 23, 28; Dubrovnik Radio auf den Kanälen 7, 16, 24. Die drei Küstenfunkstellen strahlen täglich Seewetterberichte in kroatischer und englischer Sprache aus: Rijeka Radio (UKW-Kanal 24) um 6.35, 15.35 und 20.35 Uhr, Split Radio (UKW-Kanal 21, 07, und 28) um 6.45, 13.45, und 20.45 Uhr) und Dubrovnik Radio (UKW-Kanal 07 und 04) um 7.25, 14.20 und 22.20 Uhr. Zwischen Mai und Oktober sendet Rijeka Radio außerdem auf Kanal 69 nonstop Wettermeldungen, auch auf Deutsch.

Bootsausflüge

Nahezu jeder Küstenort auf dem Festland wie auch auf den Inseln bietet **Bootstouren** zu nahe gelegenen größeren und kleineren Zielen sowie Erlebnistrips wie etwa **Fischpicknick** oder **Schnorcheltouren** an. Diese sind im Vergleich zu anderen Ländern recht günstig, wobei die Preise je nach Art und Inhalt des Ausflugs (Tagestour oder Halbtagestour, mit oder ohne Essen, Eintritte) stark variieren. Derartige Ausflüge können jederzeit vor Ort direkt an der Bootsanlegestelle, über die lokale Touristeninformation und teilweise auch vorab über das Internet gebucht werden.

Windsurfen

Das Windsurfen findet in Nordkroatien nicht den großen Anklang, den man vielleicht erwartet; daraus resultiert auch ein allgemeines Manko an Verleihstellen. Für die Kvarner Inseln wird in den Ortsbeschreibungen auf die wenigen Verleihstellen hingewiesen. Zentrum des Windsurfens in Kroatien ist **Süddalmatien** mit der Insel Brač (s. dort).

Tauchen

Tauchen mit ABC-Ausrüstung (Brille, Schnorchel, Flossen) ist ohne Genehmigung erlaubt, für das Gerätetauchen ist eine **Genehmigung** erforderlich, die unter Vorlage von Pass und Brevet bei den Hafenmeistereien, über eine Tauchschule oder bei den Touristenagenturen (nicht bei allen!) problemlos ausgestellt wird. Das ein Jahr gültige Permit kostet 100 K, sofern man seine Tauchgänge über eine ortsansässige Basis arrangiert (diese organisiert dann die Genehmigung). Wer selbstständig tauchen möchte, wird mittlerweile mit stolzen 2400 K zur Kasse gebeten.

Wer sich diesen Betrag leisten will, für den ist es nicht erforderlich, die Tauchgänge über eine Tauchbasis zu arrangieren. **Selbsttaucher** haben an den meis-

9

ten Basen die Möglichkeit der Flaschenfüllung; zur eigenen Sicherheit ist der Taucher jedoch verpflichtet, bei jedem Tauchgang eine auf der Wasseroberfläche schwimmende Boje mit sich zu ziehen. Theoretisch kann ganzjährig von Sonnenauf- bis Sonnenuntergang selbstständig getaucht werden, für Nachttauchgänge sollte eine Tauchschule eingeschaltet werden. Filmen und Fotografieren unter Wasser ist erlaubt, strengstens untersagt – und für echte Taucher selbstverständlich – ist es, irgendetwas

vom Meeresboden zu entfernen; insbesondere das Sammeln von Steinbohrermuscheln (Lithophaga) und Seedatteln u.Ä. ist verboten; generell ist auch das Tauchen in Häfen und auf den Schifffahrtswegen strengstens verboten.

Sehr beliebt sind **Pauschalarrangements** für Segler oder Taucher, die in Fachzeitschriften („Tauchen") oder auf der internationalen Bootsmesse BOOT in Düsseldorf alljährlich angeboten werden. Bei eigener Anreise kostet beispielsweise eine Woche mit Übernachtung und Frühstück inklusive Non-Limit-Tauchen rund 350–400 €.

Insgesamt werden den deutschsprachigen Taucher die Inseln der Kvarner Bucht ebenso begeistern wie Dalmatien. Die wichtigsten deutsch-kroatischen oder deutschsprachigen Basen werden in den Ortsbeschreibungen – soweit möglich mit Website – gesondert aufgeführt, da diese oftmals auch gute Unterkunft preiswert arrangieren oder auch selbst anbieten (bevorzugt für Taucher; siehe auch Pauschalangebote in einschlägigen Fachzeitschriften wie „Unterwasser" oder „Tauchen").

Angeln/Fischen

Außer zum Angeln am Ufer benötigt man eine Bewilligung der zuständigen Gemeinde. Beim **lizenzfreien Küstenangeln** ist ein Fang von bis zu 5 kg täglich erlaubt. In Häfen und Naturschutzparks ist der Fischfang verboten, dies gilt auch für Muscheln und Krebse.

Fischfanggebiete sind die Gewässer rund um die Küste und die Inseln, wobei hauptsächlich Tintenfisch, Makrele, Goldbrasse, Brauner Serran, Thunfisch,

---

Richtpreise für Tauchgänge und Equipment

■ **Flaschenfüllung:** zwischen 0,50 und 7 €
■ **Weste, Automat:** je 5–7 €
■ **6er-Tauchpaket:** je nach Basis 150–200 € (eigene Ausrüstung, nur Blei und Flasche); 200–300 € (volle Leihausrüstung)
■ **10er-Tauchpaket:** 250–300 € (Leihausrüstung extra)
■ **Bootsausfahrten** werden meist gesondert berechnet (3–5 € pro Tauchgang), ebenso Nichttaucher auf dem Boot (ca. 20 €).
■ **Grundkurs,** z.B. OWD (Anfängertauchschein inklusive Leihausrüstung): ab ca. 300–350 €
■ Weitergehende Infos erfragt man beim **Kroatischen Tauchverband,** Dalmatinska 12, Zagreb, Tel. (00385) 14848765, www.diving-hrs.hr.
■ **Dekokammern** befinden sich in Pula, P. Togliattija 47, 52100 Pula, Tel. 052-24572, Fax 217877, mobil 098-255945, und in Split, Domovinskog rata 1, 21000 Split, Tel. 021-343980, mobil 099-475095.

Drachenkopf, Meeräsche, Aal, Zahnbrasse, Gelbstriemen, große Geisbrasse, schwarzer Schattenfisch, Muräne, Sackbrasse, Seebarbe und Rotbrasse gefangen werden.

Die Fremdenverkehrsämter geben alljährlich die Gratisbroschüre „Sportfischerei" heraus, ferner kann man sich an die Tourismusbüros vor Ort oder den „Zentralverband für Unterwasseraktivitäten und Sportfischerei am Meer" wenden (51000 Rijeka, M. Gupca 2, Tel. 051-25255).

Wandern

Die meisten Kroatien-Urlauber suchen die Erholung an den Stränden und in den Küstenorten; doch seien wir ehrlich: Nach ein oder gar zwei Wochen des reinen Müßigganges reizt es gewiss, wieder einmal etwas anderes zu sehen und vielleicht einsame **Gegenden des Hinterlandes** kennenzulernen. Das Velebitgebirge Norddalmatiens, die Nationalparks Paklenica und Biokovo oder auch die unvergleichlichen Plitwitzer Seen drängen sich für ausgedehnte Spaziergänge und Wanderungen geradezu auf.

An den **Küsten** laden teilweise kilometerlange befestigte Spazierwege entlang malerischer, einsamer Felsbuchten zu ausgedehnten Promenaden ein. Besonders beliebt sind hier Opatija – Lovran oder Mali Lošinj – Veli Lošinj auf der gleichnamigen Insel. Einige beispielhafte Wanderungen werden im Rahmen der Ortsbeschreibungen ausführlicher dargestellt.

In **Dalmatien** (zumindest im Mittel- und Südabschnitt) erhebt sich das Velebitgebirge unmittelbar an der Küste

ziemlich steil – die Wanderungen können vor allem in den Sommermonaten Juli und August extrem schweißtreibend sein. Man sorge daher neben vernünftigem Schuhwerk stets auch für ausreichenden Getränkevorrat.

Sportklettern, vor allem im Nationalpark Paklenica, ist mittlerweile recht beliebt. Auskünfte erteilen die Fremdenverkehrsämter der jeweiligen Regionen.

Reiten

Insbesondere auf einigen Inseln bestehen Möglichkeiten zu Ausritten und Reitkursen; in den Ortsbeschreibungen wird darauf hingewiesen.

Sprache

Kroatisch ist seit der Unabhängigkeit die allgemeine offizielle Landessprache. Nur für Istrien gilt die Besonderheit, dass die Region historisch bedingt offiziell zweisprachig (Kroatisch und Italienisch) ist. Die kroatische Sprache gehört ebenso wie das Slowenische und das Serbische zu den **südslawischen Sprachen.** Im Unterschied etwa zum Bulgarischen oder Serbischen wird in Kroatien unsere **lateinische Schrift** verwendet, sodass dem Besucher die Orientierung anhand von Straßenschildern oder Hotelnamen einfacher fällt als in Sprachgebieten mit kyrillischer Schrift.

Eine Sonderform im kroatischen Sprachgebiet bildete das vermutlich seit Ende des 19. Jh. ausgestorbene **Dalmatische,** eine vom Venezianischen geprägte romanische Sprache. Das Verbreitungsgebiet lag etwa im heutigen Dalmatien und kannte sogar mundartliche Tendenzen, wie etwa das Ragusische, eine in Ragusa (Dubrovnik) in Stadtparlament und Handel gesprochene Unterform des Dalmatischen. Am längsten hielt sich das Dalmatische auf der Insel Krk.

Verständigung

Obgleich man in Kroatien sehr gut **englisch, italienisch und deutsch** versteht, kann ein kleiner Wortschatz der Landessprache in entlegenen Gebieten oder kleinen Orten doch sehr hilfreich sein. Wer sich einige Kroatischkenntnisse für

Der Begriff „Kroate" und die Entstehung der Krawatte

Der Begriff „Kroate" kommt vom altslawischen *Chrvat,* was sich wiederum vom altiranischen *fšuhaurvat* ableitet, und bedeutet (damals wie heute) „Viehhüter", ein Hinweis auf den Haupterwerb bzw. die Haupttätigkeit der frühen Bewohner der kroatischen Landstriche. Die Kroaten wurden im 7. Jh. vom byzantinischen Kaiser *Herakleios* zum Schutz gegen die vordringenden Awaren ins Land gerufen und lebten vorerst als Hirten und Viehzüchter an der dalmatinischen Adriaküste, von wo aus sie sich nach Norden bis zur Kupa und nach Osten bis zur Save und Drau ausbreiteten.

Die Krawatte, gemeinhin die gängige Bezeichnung für Halsbinde oder Schlips, hat überraschenderweise ihren Ursprung in Kroatien! Das deutsche Wort leitet sich vom französischen *cravatte* ab, das folgendermaßen entstand: Im 17. Jh. hielten sich am französischen Königshof Gesandte aus aller Herren Länder auf, auch wurden besondere Militärverbände gern aus anderen Ländern rekrutiert, da man diesen größere Loyalität unterstellte. Ein solch besonderer Kavallerieverband wurde von den Franzosen aus Kroatien angeworben. Die hervorragend ausgebildeten Reiter dienten der französischen Reiterei als Vorbild. Bemerkenswert war aber noch etwas anderes: Um ihren Hals trugen diese Kroaten seltsam gebundene Halstücher, die schon bald als modisch empfunden und am Königshof getragen wurden. Da es keinen eigenen Namen für diesen Halsschmuck gab, nannten die Franzosen ihn nach der Herkunft seiner Träger *Crvate,* woraus dann allmählich das französische Wort *cravatte* und das deutsche *Krawatte* wurde.

Hobbyangler werden sich vielleicht des Begriffs „Kroat" entsinnen, der die gemeine Garnele bezeichnet. Dieser hat nichts mit dem südslawischen „Kroaten" zu tun.

den Urlaub aneignen möchte, sei auf den Kauderwelsch-Sprachführer **„Kroatisch – Wort für Wort"** verwiesen, der im REISE KNOW-HOW Verlag erschienen ist. Hier werden sehr anschaulich die Grundlagen der Alltagskommunikation erläutert, ohne dass man sich mit unnötiger Theorie und Grammatik herumplagen muss. Außerdem gibt es den Band **Kroatisch – Wort für Wort plus Wörterbuch** sowie den dazu passenden **AusspracheTrainer** (CD oder mp3-Download).

Wichtige Grundbegriffe zur Gastronomie siehe unter „Essen und Trinken". Eine kleine **Sprachhilfe** mit Hinweisen zur **Aussprache** findet sich im Anhang.

Telefonieren

Von den meisten öffentlichen Telefonen kann **direkt nach Mitteleuropa** gewählt werden: Auslandsvorwahl eingeben (Deutschland 0049, Österreich 0043, Schweiz 0041), Ortskennzahl ohne „0" sowie die Rufnummer des Teilnehmers. **Telefonkarten** erhält man an Kiosken und in Postämtern in unterschiedlichen Guthabenhöhen. Sie können an den sehr weit verbreiteten öffentlichen Fernsprechautomaten der Deutschen Telekom, die in Kroatien das Festnetz dominiert, verwendet werden (eine Karte zu 30 K reicht z.B. für 5–6 Kurzgespräche).

Die **Auslandsvorwahl** nach **Kroatien** lautet **00385,** dann ist ebenfalls die Ortsvorwahl (ohne „0") sowie die Teilnehmernummer zu wählen. Innerhalb Kroatiens wird die „0" (z.B. 01 für Za-

greb, 052 für Istrien, 051 für die Kvarner Bucht einschließlich Pag) stets mitgewählt.

Handy

Wer im europäischen Ausland telefoniert (für Schweizer gelten diese Regeln einstweilen noch nicht), zahlt seit Juli 2014 maximal 22,61 Cent pro Minute für einen selbst getätigten Anruf und nicht mehr als 5,95 Cent pro Minute für einen empfangenen Anruf, höchstens 7,14 Cent für eine SMS. Der Empfang von SMS ist in der Regel kostenfrei.

Gewarnt seien jedoch Nutzer von **Smartphones,** denn die Nutzung des Datapacks im Ausland ist mitunter mit hohen Kosten verbunden (23,80 Cent pro MB). Empfehlenswert ist die Nutzung von **Skype** über eine kostenlose WiFi-Verbindung.

Falls das Handy SIM-lock-frei ist (keine Sperrung anderer Provider) und man innerhalb Kroatiens viele Gespräche führen muss (oder über eine Nicht-EU-Mobiltelefonkarte verfügt), kann man sich alternativ eine örtliche **Prepaid-SIM-Karte** zulegen (siehe auch www.vipnet.hr und www.t-mobile.hr).

Wichtige Rufnummern

- **Notrufnummern** siehe „Notfälle"
- **HAK** (kroatischer Automobilclub) für Straßeninformationen: Tel. 01-4640800
- **Touristische Infos:** Tel. 0800-200-200 (gebührenfrei)
- **Inlandsauskunft:** Tel. 988

Praktische Reisetipps A–Z

Trinkgeld

Es ist üblich, Rechnungsbeträge in der **Gastronomie** oder bei **Taxifahrten** aufzurunden und etwa **Hotelpersonal** (Zimmermädchen) eine Aufmerksamkeit von ca. **50–100 K pro Woche** zukommen zu lassen. Dies gilt auch für **Ferienwohnungen,** wenn allgemeine Dienste (Zimmerreinigung, Handtuchwechsel usw.) mit einiger Regelmäßigkeit vorgenommen werden. Dabei sollte man die ersten ein bis zwei Tage abwarten und je nach Service dann das Trinkgeld vergeben, um das Personal frühzeitig besonders zu motivieren.

„Bakschischgelder" – wie in anderen Ländern auf dem Balkan teilweise üblich – sind in Kroatien **nicht erforderlich,** also auch nicht für Parkplätze, Auskünfte oder etwa besonders gute Zimmer. Bei uns weniger bekannt ist das System der „Scheibenwischer": An manchen Fähren, Ampeln oder Tankstellen verdienen sich Schüler/Studenten vor allem in den Ferienmonaten etwas hinzu, indem sie unaufgefordert (!) die Fahrzeugscheiben reinigen und dafür ein kleines Trinkgeld (3–5 K) erwarten.

Uhrzeit

In Kroatien gilt wie bei uns die **Mitteleuropäische Zeit (MEZ)** und vom letzten Märzwochenende bis Ende Oktober die **Sommerzeit** (MEZ + 1 Std.).

Unterkunft

Kroatien ist prinzipiell ein „El Dorado" für Glücksritter, die sich treiben lassen und **unorganisiert reisen** und ohne Vorabbuchung ein Zimmer oder ein Apartment vor Ort suchen möchten. Dies ist mit oder ohne Hilfestellung vor Ort möglich, zwei Kleinigkeiten sind aber auch dann zu beachten: Zum einen kommt es im **August** (Sommerferien in den meisten Ländern) zu **Engpässen,** außerhalb des „Bettenwechsels" am Samstag muss man schon Glück haben, um etwas Passendes zu finden; und zweitens sollte man auch einen guten Standort für Ausflüge in andere Gebiete wählen. Natürlich hat jeder seine eigenen Vorstellungen, allgemein aber empfehlen sich im Rahmen eines dreiwöchigen Urlaubs durchaus mehrere Domizile, etwa eine Woche auf einer Insel, eine Woche auf dem Festland.

Buchung und Bezahlung

Bei der Suche vor Ort orientiert man sich entweder an den allgegenwärtigen, oft mehrsprachigen Schilderwäldern (*apartman* = Ferienwohnung, *sobe* = Zimmer), oder man wendet sich an eine der sogenannten **Touristenagenturen** („Agencija"), die dem Suchenden eine Liste von Privatzimmern und Ferienwohnungen vorlegen – das ist etwa so kompliziert wie bei uns der Zeitungskauf an einem Kiosk. Dann besichtigt man selbstständig das Objekt. Sollte das Zimmer zusagen, füllt man – wieder beim Agenten – die Unterlagen aus. Der Pass

9

wird zur Registrierung einen Tag (bzw. bis zur Rechnungsbegleichung) hinterlegt. Somit ist gewährleistet, dass Privatzimmer auch ordnungsgemäß vom Vermieter versteuert werden (bis zu 40 %!) und die **Kurtaxe** gezahlt wird (0,50– 1 €/Tag). Der Kunde merkt von Kurtaxe und Vermittlungsprovision nichts, er zahlt einen Endbetrag.

Viele Prospekte, Preistafeln usw. arbeiten auf **Euro-Basis,** die Abrechnung erfolgt jedoch meist in **Kuna** (der Euro wird teilweise auch akzeptiert).

Wer **direkt zu Vermietern** geht (manche freuen sich, können doch Steuer und Kurtaxe sowie Agenturenprovision gespart werden), darf nicht irritiert sein, wenn man gelegentlich trotz der Eigeninitiative an eine Agentur verwiesen wird: Es bestehen sprachliche Probleme, der Vermieter hat oft feste Verträge mit Agenturen, oder er will ehrlich Steuern zahlen.

Zunehmend bedeutsam werden auch **Internetkontakte,** die entweder über Agenturen (Vermittler) oder auch – allerdings noch nicht so häufig – direkt mit dem Vermieter geknüpft werden können. Dabei sind einige **Besonderheiten** zu beachten: Eine Agentur in D/A/CH rechnet in Euro ab und fungiert quasi als „Reiseveranstalter" (mit Sicherungsschein usw.) – man hat also einen Ansprechpartner im Heimatland. Die Rechnung wird nicht nach Kroatien überwiesen, dafür sind die Kosten höher als bei Agenturen in Kroatien. Diese treten auch als Vermittler auf, fordern meist eine Anzahlung von etwa 20 %, der Rest ist dann direkt an den Besitzer der Unterkunft zu zahlen (bar bei der Ankunft, meist in Euro). Dabei hat mancher Urlauber ein „flaues Gefühl", gibt es doch keinen Sicherungsschein, ist die Anzahlung nach Kroatien vorab zu überweisen und muss man zudem darauf vertrauen, dass die Unterkunft zum Zeitpunkt der Ankunft wie vereinbart auch tatsächlich frei ist. Zumindest in der Hauptsaison kann man bei zeitgerechter Vorplanung dafür aber auch sicher sein, ein „Wunschobjekt" anmieten zu können.

Hier eine kleine Auswahl zuverlässiger **Anbieter im Internet:**

■ Überregional zu allen Gebieten Kroatiens arbeitet die noch junge Seite **www.apartmanihrvatska.com;** über die interaktive Landkarte kann man „sein Urlaubsziel" nach möglichen Unterkünften durch anklicken der gewünschten Region/ Unterregion/Orte durchforsten und erhält neben Preis- und Bildinformationen auch den Direktkontakt zum Vermieter.

■ **www.homeholidays.com** bietet sehr schöne und günstige private Unterkünfte; Kontakt wird direkt zum Vermieter hergestellt.

■ Auf der internationalen Seite **www.ferienwohnungen.net** findet man auch Privatanbieter, u.a. kann man hier „Robinsonurlaub auf den Kornaten" (auf einer einsamen Insel) buchen.

■ **www.kroatien-adrialin.de** arbeitet im Unterkunftsbereich mit TÜV-Süd und rund 7500 Privatbietern zusammen und bietet Unterkünfte vom Gästezimmer über familienfreundliche Ferienanlagen bis zur exklusiven Ferienvilla.

■ **www.croliday.com** ist die Homepage der mit zahlreichen Häusern in ganz Kroatien zusammenarbeitenden deutsch-kroatischen Unterkunftsvermittlung Croliday-Reisen.

■ Kroatienweit arbeitet auch **www.adria-24.com** oder **www.istrien-info.com,** die als zuverlässig und etabliert gilt und über sehr weit gefächerte Angebote verfügt.

■ **www.terra-reisen.com** bietet als einer der größten Autoreise-Veranstalter interessante Angebote im Unterkunftsbereich, aber auch Flug etc.

Praktische Reisetipps A–Z

■ Als weitere gute Seiten seien www.dalmatien24.com, kroatien-holiday.at, www.adriatica.net und www.idriva.de erwähnt.

Hinweis: Leider tummeln sich inzwischen auch schwarze Schafe vor allem in der Masse der Internetanbieter für Privatunterkünfte. So warnen Reisende ausdrücklich in den einschlägigen Foren vor Anbietern, die zwar bereits mehrfach kassiert, aber beim Erscheinen der Buchenden vor Ort gar keine Unterkunft bereitgestellt haben sollen. Dabei soll zudem bereits vor der Reise (eigene Anreise, nur Unterkunftsbuchung) der gesamte Preis für die Unterkunft gefordert worden sein, was in Kroatien unüblich ist und stets stutzig machen sollte! Üblich ist bei der reinen Unterkunftsbuchung lediglich eine Anzahlung nach der Buchung (meist 100 Euro oder der Preis für eine Nacht) und Begleichung des Restbetrages bei der Schlüsselübernahme.

Preiskategorien in diesem Buch

Bei Hotels und Apartments/Bungalows sowie Privatunterkünften wird **in Kroatien** nach den Klassen A bis D oder 1 bis 4 unterschieden, manchmal gibt es zusätzlich „L" für Luxus. Um dem Leser eine einigermaßen vernünftige Orientierung zu ermöglichen, wird in den Ortsbeschreibungen in diesem Buch **nach fünf Klassen katalogisiert** (①-⑤). Diese Einteilung ist unabhängig von der Kategorisierung vor Ort. Die Kategorien sind der **Tabelle** auf der nächsten Seite zu entnehmen. Genannt sind die Höchstpreise während der Hauptsaison (Mitte Juli bis Ende August); außerhalb sinkt der Preis auf etwa zwei Drittel, in der Nebensaison teilweise bis auf ein Drittel!

▽ Günstige Unterkunft – Pension Maltar
in Varaždin, einer Kleinstadt im Norden Kroatiens

060kro wl

Preiskategorien Unterkunft

Kategorie	Hotel	Apartment/FeWo	Campingplatz
①	DZ 40–65 €	2er Apt. 25–40 € 4er Apt. 45–70 € 6er Apt. 60–90 €	4 Pers./Zelt 20–25 € 4 Pers./WoWa 25–30 € 4 Pers./WoMo 25–30 €
②	DZ 65–100 €	2er Apt. 40–65 € 4er Apt. 70–100 € 6er Apt. 90–120 €	4 Pers./Zelt 25–30 € 4 Pers./WoWa 30–35 € 4 Pers./WoMo 30–40 €
③	DZ 100–180 €	2er Apt. 65–100 € 4er Apt. 100–140 € 6er Apt. 120–160 €	4 Pers./Zelt 30–35 € 4 Pers./WoWa 35–40 € 4 Pers./WoMo 35–40 €
④	DZ 180–220 €	2er Apt. ab 100 € 4er Apt. 140–200 € 6er Apt. ab 160 €	4 Pers./Zelt 35–45 € 4 Pers./WoWa 40–60 € 4 Pers./WoMo 40–60 €
⑤	DZ ab 220 €	–	–

Berücksichtigt sind jeweils die niedrigsten und höchsten Preise in der **Hauptsaison.** Alle Preise gelten pro Tag, die Hotelpreise **mit Frühstück für zwei Personen im Doppelzimmer.** Bei Campingplätzen gelten die Preise für Wohnwagen und Wohnmobile inkl. Strom. Alle Angaben sind Richtwerte.

Camping

Insgesamt gibt es in den Urlaubsgebieten **über 300 registrierte Campingplätze,** etwa je zur Hälfte auf Istrien/Kvarner Bucht und Dalmatien verteilt. In Nordkroatien sind sie größer und organisierter (Tischtennis, Minimarkt, Busanbindung ...), wohingegen viele dalmatische Campingplätze – von ein paar größeren Plätzen abgesehen – als sogenannte **Mini-Camps** nur einige Zelt- und Stellplätze mit „rustikaler Atmosphäre", oft ohne Infrastruktur, anbieten. Die Tourismuszentrale publiziert einen für die Voraborganisation recht brauchbaren Gesamtkatalog aller offiziellen kroatischen Campingplätze mit detaillierter Preisliste, der entweder als Broschüre oder auch als Download unter www.croatia.hr kostenlos zur Verfügung steht.

Für Campingplätze existieren unterschiedliche **Kategorisierungen** und Angaben über die Qualität, teilweise werden Sternchen (* bis ****), teilweise Kategorien benannt (Kat. I bis IV), wobei jeweils „1/I" die geringste und „4/IV" die höchste Komfortklasse bedeutet.

Wildes Campen ist nicht nur generell untersagt, sondern erweist sich auch insbesondere entlang der dalmatischen Küste mit dem jäh aufsteigenden Bergland als ausgesprochen schwierig.

Jugendherbergen

Jugendherbergen gibt es derzeit u.a. in Punat/Krk, Zadar, Dubrovnik, Veli Lošinj, Zagreb, Rijeka sowie im Raum Split. Es empfiehlt sich wegen der großen Nachfrage eine **Reservierung** (am besten über die offizielle Seite www.hfhs.hr).

Hat man einen **internationalen Jugendherbergsausweis,** schläft man auch in kroatischen Jugendherbergen (gelistet unter www.hihostels.com und www.hfhs.hr) zum günstigeren Tarif, sonst muss man eine Tagesmitgliedschaft erwerben. Eine **Jahresmitgliedschaft** bei den Verbänden kostet 7–21 € in Deutschland (www.jugendherberge.de), 15–25 € in Österreich (www.oejhv.at) und 22–44 SFr in der Schweiz (www.youthostel.ch). Für österreichische Jugendliche bis 16 Jahre oder Schweizer bis 18 Jahre ist die Mitgliedschaft kostenlos. Lebenspartner und Kinder bis 26 Jahre erhalten kostenlos eigene Mitgliedskarten. In Jugendherbergen kann man unabhängig vom Alter übernachten.

Verkehrsmittel

Bus

Der Bus dürfte für diejenigen, die nicht mit einem eigenen Fahrzeug unterwegs sind, das Haupttransportmittel sein; die **Verbindungen** zwischen den einzelnen Ortschaften sind sehr **ordentlich** und zudem ausgesprochen **preiswert:** Als Faustregel gilt, dass pro Kilometer rund 1–1,50 K zu entrichten sind – auch auf internationalen Routen, wenn die Tour in Kroatien beginnt. Fahrpläne hängen in Busbahnhöfen und an Haltestellen aus, dabei muss man die Begriffe „polazak iz ..." (Abfahrt von), „polazak za ..." (Abfahrt nach), „radni dan" (werktags), „subota" (samstags) und „nedelja i blagdan" (sonn- und feiertags) kennen.

Soweit vorhanden, werden die innerstädtischen Verkehrsmittel im Rahmen der jeweiligen Ortsbeschreibungen erläutert.

Adresshinweise

Häufig steht bei kroatischen Anschriften statt einer Hausnummer bei der Straße die **Abkürzung „bb".** Dies bedeutet *bez broja,* ohne Nummer, und weist darauf hin, dass das gesuchte Objekt in Alleinlage liegt oder dass es sich um eine bekannte Anlage (Ferienresort o.Ä.) handelt.

Eine andere in Kroatien gängige Abkürzung ist die **Namensergänzung „b.o.o.",** die *Društvo s ograničenom odgovornošću,* Gesellschaft mit eingeschränkter Haftbarkeit, bedeutet und in etwa unserer GmbH entspricht.

9

Bahn

Im Vergleich zum Bus bietet die Bahn in Kroatien eigentlich nur eine Alternative für Eisenbahnfans. Die Anbindungen, insbesondere im Süden, sind – bedingt durch die gebirgige und teils unzugängliche Landschaft – **außerordentlich beschränkt.** Bahnlinien führen von Slowenien nach Pula (Südspitze Istriens) oder über Karlovac nach Rijeka bzw. durch das Binnenland nach Dalmatien (Zadar, Šibenik und Split). In den Ortsbeschreibungen wird auf die jeweiligen Verbindungen hingewiesen. Je nach Route zahlt man in der 2. Klasse als Richtpreis etwa 1,50–2 K pro Kilometer.

Stadtbusse

Die innerstädtischen Verkehrsmittel werden im Rahmen der jeweiligen Ortsbeschreibungen erläutert.

Fähren

Zu den vielen interessanten und sehr beliebten **Inseln** verkehren ganzjährig Autofähren, zu kleineren Inselchen Passagierfähren (teilweise Privatanbieter, zu buchen direkt am Pier). Die meisten in den Karten verzeichneten „Fährorte" sind nicht viel mehr als eine Anlegestelle mit einer kleinen Ticketbude. Selbstfah-

⌄ Autofähren verkehren zwischen Inseln und Festland

055kro wl

rer stellen sich einfach hinten an und kaufen während der Wartezeit das Fährticket; von den beiden Coupons wird einer bei der Einfahrt auf die Fähre abgegeben, die Kopie gilt als Beleg. Im Gegensatz zu anderen Ländern der Region (z.B. Italien) ist das Fährpersonal auch in Stressphasen sehr hilfsbereit und nett.

Wartezeiten kommen durchaus vor, auf die Frequenzen und Verbindungen der diversen Routen wird in den Ortsbeschreibungen eingegangen.

■ **Infos:** Über die aktuellen Preise und Fährverbindungen zu den Inseln informiert die Hauptfährgesellschaft **Jadrolinija** unter www.jadrolinija.hr. Für alle Inselfahrer empfiehlt sich die Gegenkontrolle der Fährzeiten für die gewählte Insel kurz vor der Abreise. Es gibt häufig Änderungen, oft werden bei Bedarf zusätzliche Fähren im Hochsommer eingesetzt.

Taxi

Einige **Großstädte** verfügen über einen regulären, relativ teuren Taxi-Service; Einzelheiten und Richtpreise finden sich in den Ortsbeschreibungen.

Trampen

Ein Wort zum Thema Autostopp: Trampen ist nicht sonderlich beliebt in Kroatien, eigentlich sogar **eher verpönt.** Das heißt allerdings nicht, dass in Notfällen oder bei miserablem Wetter nicht geholfen würde. Im Sommer jedenfalls stehen die Chancen für Tramper eher schlecht, obgleich zu dieser Zeit mehr Touristen als Einheimische auf kroatischen Straßen fahren.

Versicherungen

Egal welche Versicherungen man abschließt, hier ein Tipp: Für alle abgeschlossenen Versicherungen sollte man stets die **Notfallnummern** notieren und mit der **Policenummer** gut aufheben! Bei Eintreten eines Notfalles ist es ratsam, die Versicherungsgesellschaft sofort telefonisch zu verständigen!

Der Abschluss einer **Jahresversicherung** ist in der Regel kostengünstiger als mehrere Einzelversicherungen. Günstiger ist auch die **Versicherung als Familie** statt als Einzelpersonen. Hier sollte man nur die Definition von „Familie" genau prüfen.

Auslandskrankenversicherung

Die gesetzlichen Krankenkassen von Deutschland und Österreich garantieren eine Behandlung im akuten Krankheitsfall auch in Kroatien, wenn die Versorgung nicht bis nach der Rückkehr warten kann. Als Anspruchsnachweis benötigt man die **Europäische Krankenversicherungskarte,** die man von seiner Krankenkasse erhält.

Im Krankheitsfall besteht ein Anspruch auf ambulante oder stationäre Behandlung bei jedem zugelassenen Arzt und in staatlichen Krankenhäusern. Da jedoch die Leistungen nach den gesetzlichen Vorschriften im Ausland abgerechnet werden, kann man auch gebeten werden, zunächst **die Kosten der Behandlung** selbst zu tragen. Obwohl bestimmte Beträge von der Krankenkasse hinterher erstattet werden, kann ein Teil

www.fotolia.de © Evgeniya Moroz

der finanziellen Belastung beim Patienten bleiben und zu Kosten in kaum vorhersagbarem Umfang führen.

Deshalb wird der Abschluss einer **privaten Auslandskrankenversicherung** dringend empfohlen. Eine solche Zusatzversicherung erhält man z.B. bei den Automobilclubs oder bei Banken, teilweise sind derartige Leistungen bereits in Kontenverträgen bzw. Premium-Mitgliedschaften usw. enthalten.

Bei Abschluss der Versicherung – die es mit bis zu einem Jahr Gültigkeit gibt – sollte auf einige Punkte geachtet werden. Zunächst sollte ein **Vollschutz ohne**

Summenbeschränkung bestehen, im Falle einer schweren Krankheit oder eines Unfalls sollte auch der **Rücktransport** übernommen werden, denn der Krankenrücktransport wird von den gesetzlichen Krankenkassen nicht übernommen. Manchmal ist eine solche Auslandsversicherung, auch für die gesamte Familie, in Kontenverträgen mit **Kreditkarte** bereits enthalten oder kann preiswert über die **Automobilclubs** abge-

⌂ Küste bei Opatija

9

schlossen werden, insbesondere wenn man bereits Mitglied ist. Diese Versicherung bietet den Vorteil billiger Rückholleistungen (Helikopter, Flugzeug) in extremen Notfällen.

Wichtig ist auch, dass im Krankheitsfall der **Versicherungsschutz über die vorher festgelegte Zeit hinaus** automatisch verlängert wird, wenn die Rückreise nicht möglich ist.

Schweizer sollten bei ihrer Krankenversicherungsgesellschaft nachfragen, ob die Auslandsdeckung auch für Kroatien inbegriffen ist. Sofern man keine Auslandsdeckung hat, kann man sich kostenlos bei Soliswiss (Gutenbergstr. 6, 3011 Bern, Tel. 031-3810 494, www.soliswiss.ch) über mögliche Krankenversicherer informieren.

Zur Erstattung der Kosten benötigt man ausführliche **Quittungen** (mit Datum, Namen, Bericht über Art und Umfang der Behandlung, Kosten der Behandlung und Medikamente).

Andere Versicherungen

Ist man mit einem Fahrzeug unterwegs, ist der **Schutzbrief** eines Automobilclubs eine Überlegung wert. Wird man erst in der Notsituation Mitglied, gilt diese Mitgliedschaft auch nur für dieses Land und man ist in der Regel verpflichtet fast einen Jahresbeitrag zu zahlen, obwohl die Mitgliedschaft nur für einen Monat gültig ist.

Ob es sich lohnt, weitere Versicherungen abzuschließen wie eine Reiserücktrittsversicherung, Reisegepäckversicherung, Reisehaftpflichtversicherung oder Reiseunfallversicherung, ist individuell abzuklären. Gerade diese Versicherungen enthalten viele **Ausschlussklauseln,** sodass sie nicht immer Sinn machen.

Die **Reiserücktrittsversicherung** lohnt sich nur für teure Reisen und für den Fall, dass man vor der Abreise einen schweren Unfall hat, schwer erkrankt, schwanger wird, gekündigt wird oder nach Arbeitslosigkeit einen neuen Arbeitsplatz bekommt, die Wohnung abgebrannt ist u.Ä. Es gelten nicht: Terroranschlag, Streik oder Naturkatastrophe etc.

Die **Reisegepäckversicherung** lohnt sich seltener, da z.B. bei Flugreisen verlorenes Gepäck oft nur nach Kilopreis und auch sonst nur der Zeitwert nach Vorlage der Rechnung ersetzt wird, manche Gegenstände sind per sé nicht versicherbar. Wurde eine Wertsache nicht im Safe aufbewahrt, gibt es bei Diebstahl auch keinen Ersatz. Kameraausrüstung und Laptop dürfen beim Flug nicht als Gepäck aufgegeben worden sein. Gepäck im unbeaufsichtigt abgestellten Fahrzeug ist ebenfalls nicht versichert. Die Liste der Ausschlussgründe ist endlos ... Überdies deckt häufig die Hausratsversicherung schon Einbruch, Raub und Beschädigung von Eigentum auch im Ausland. Für den Fall, dass etwas passiert ist, muss der Versicherung als Schadensnachweis ein Polizeiprotokoll vorgelegt werden.

Eine **Privathaftpflichtversicherung** hat man in der Regel schon. Hat man eine **Unfallversicherung,** sollte man prüfen, ob diese im Falle plötzlicher Arbeitsunfähigkeit aufgrund eines Unfalls im Urlaub zahlt. Auch durch manche **Kreditkarten** oder eine **Automobilclubmitgliedschaft** ist man für bestimmte Fälle schon versichert. Die Versicherung über die Kreditkarte gilt jedoch meist nur für den Karteninhaber!

10 Land und Leute

Kroatiens fünf größte ...

Kroatiens fünf größte Städte:

Zagreb	795.000 Einw.
Split	225.000 Einw.
Rijeka	170.000 Einw.
Osijek	120.000 Einw.
Zadar	95.000 Einw.

Kroatiens fünf höchste Berge:

Dinara	1830 m
Kamešnica	1810 m
Sveti Jure	1762 m
Vaganski Vrh	1757 m
Ozeblin	1657 m

Kroatiens fünf längste Flüsse:

Sava	562 km
Drava	505 km
Kupa	296 km
Donau	188 km
Bosut	151 km

Kroatiens fünf größte Inseln:

Krk	410 km²
Cres	410 km²
Brač	395 km²
Hvar	300 km²
Pag	285 km²

Kroatiens fünf größte Nationalparks:

Kornaten	234 km²
Plitwitzer Seen	195 km²
Krka-Fälle	110 km²
Paklenica	102 km²
Mljet	54 km²

Geografie

Auf der Karte ähnelt das Territorium Kroatiens einem Bumerang, dessen Basis nach Nordwesten und dessen Spitzen nach Südosten zeigen. Diese recht eigentümliche Form erklärt sich aus der Geschichte bzw. der Zusammensetzung des ehemaligen Vielvölkerstaates Jugoslawien und seiner unterschiedlichen ethnischen Besiedlung. Im Norden **grenzt Kroatien** an Slowenien (gemeinsame Grenzlänge: 501 km), im Osten an Ungarn (329 km), Serbien (241 km) und Bosnien-Herzegowina (932 km), im Süden an Montenegro (25 km). Das Staatsgebiet umfasst 56.542 km² und beinhaltet **1185 Inseln,** die größtenteils an der dalmatischen Küste liegen, von denen allerdings nur 67 bewohnt sind.

Hauptstadt der Republik Kroatien ist **Zagreb,** wo (mit Umland) rund ein Viertel der insgesamt gut 4,5 Millionen Bewohner des Landes lebt und arbeitet. Die **Bevölkerung** besteht zu 90 % aus Kroaten, 7 % sind Serben, 3 % Italiener, Ungarn, Slowaken, Slowenen, Deutsche und Bosnier.

Geografisch unterteilt man Kroatien in das fruchtbare Flachlandbassin von Sava (Save) und Drava (Drau) im Nordosten, ein bergiges Karstland im Norden und im Zentrum sowie die touristisch bedeutsame mediterrane Küstenregion. Diese Küstenregion – und somit der untere „Bügel" des Bumerangs – gliedert sich historisch bedingt in drei Regionen: die **Halbinsel Istrien,** die sich anschließende **Kvarner Bucht** sowie, im Süden, **Dalmatien.** Die gesamte Küste misst eine Länge von 1780 Kilometern.

Die Region Kvarner

Die kroatische Region Kvarner bildet den nördlichsten und somit Mitteleuropa am nächsten gelegenen Teil Kroatiens mit den Mittelmeerabschnitten Kvarner, Kvarneric und dem Velebit-Kanal. Letzterer gehört wegen der häufigen Fallwinde zu einer der gefährlichsten Seepassagen weltweit. Bewohnte **Inseln der Kvarner Bucht** sind Krk, Pag, Cres, Lošinj, Rab, Susak, Unije und Ilovik. Das wichtigste urbane Zentrum ist **Rijeka**, touristische Küstenhochburgen sind **Opatija** und **Crikvenica.**

⌄ Blick auf den Süden der Insel Lošinj

Dalmatien

Das historische Dalmatien umfasst heute die vier Gespanschaften (Županija) **Zadar, Šibenik-Knin, Split-Dalmatien** und **Dubrovnik-Neretva** mit insgesamt 12.943 km² Landfläche und etwa 550.000 Einwohnern. Der Begriff Dalmatien geht auf den Volksstamm der **Delmaten,** eine Gruppierung der Illyrer (siehe Glossar) zurück, der diese Region im ersten Jahrhundert unserer Zeitrechnung besiedelte. Die meisten Städte und Gemeinden liegen an der Küste sowie auf den Inseln, wohingegen das dalmatische Hinterland sehr dünn besiedelt blieb. Die größten Städte sind **Split** (225.000 Einwohner), **Zadar** (95.000), **Šibenik** (65.000) und **Dubrovnik** (50.000). Die große Bevölkerungsmehrheit besteht aus ethnischen Kroaten, bedeutendste Minderheiten sind die Serben (Raum Knin) und Italiener in und um Zadar.

012ki wl

Klima

Mittlere tägliche Maximum- und Minimumtemperaturen in °C

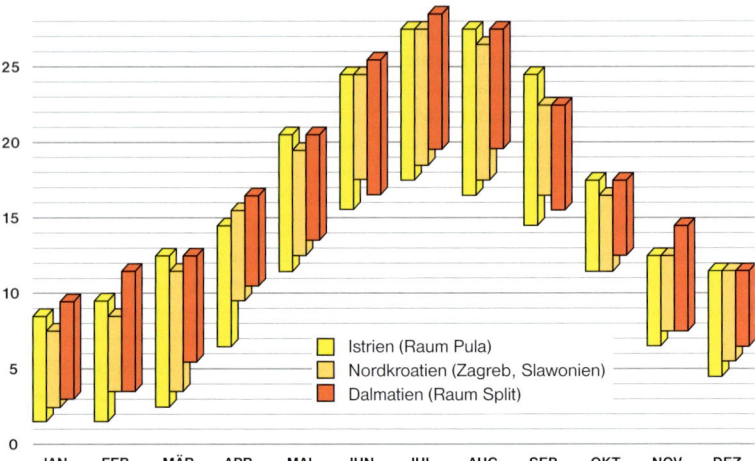

Istrien (Raum Pula)
Nordkroatien (Zagreb, Slawonien)
Dalmatien (Raum Split)

Wassertemperatur in °C

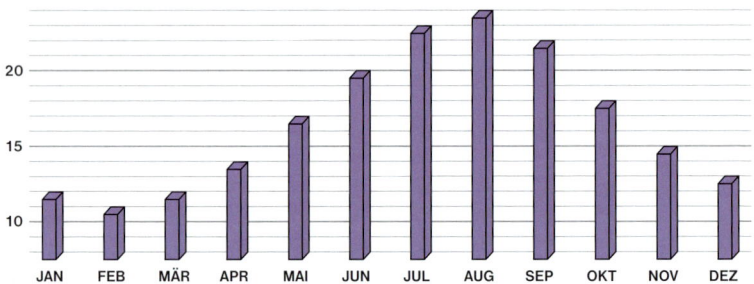

Mittlere Niederschlagsmenge pro Monat in mm

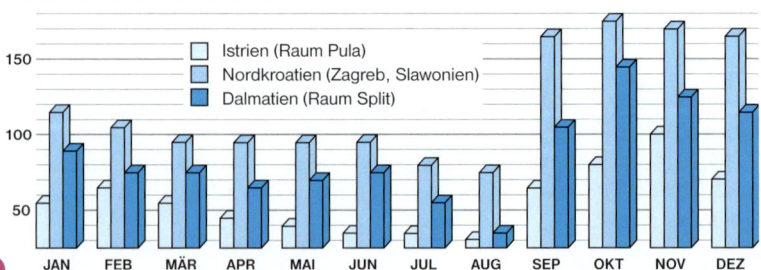

Istrien (Raum Pula)
Nordkroatien (Zagreb, Slawonien)
Dalmatien (Raum Split)

Klima

Entlang der kroatischen Küste herrscht **Mittelmeerklima** mit warmen, trockenen Sommern und milden Wintern, wobei es innerhalb dieses langen Küstenabschnitts noch gewisse Unterschiede gibt (siehe Grafik). Der Grund dafür ist die jeweilige Lage zu den schützenden Bergketten des Festlands. Als Faustregel kann man festhalten, dass es von **Mitte Juni bis Ende August kaum regnet** und die Tageshöchsttemperaturen mit schöner Regelmäßigkeit über die 30°C-Marke klettern, wobei die Temperaturen der südlichen Gefilde meist noch um ein bis zwei Grad höher liegen als etwa die in der Kvarner Bucht. (Zur Thematik vergleiche auch den Abschnitt „Reisezeit" im Kapitel „Praktische Reisetipps A–Z".)

Flora und Fauna
Pflanzenwelt

Jedes Fleckchen fruchtbarer Erde wird zum Anbau genutzt: Wein, Paprika, Oliven, Tomaten und andere **Obst- und Gemüsesorten** zählen zu den wichtigsten landesüblichen Agrarerzeugnissen, wobei freilich die Pflaume als Basis für den allgegenwärtigen, selbst gebrannten *Sliwowitz* (Pflaumenschnaps) nicht vergessen werden darf. Häufige **Nutzpflanzen** sind auch Maulbeer-, Lorbeer- und Feigenbaum sowie Esskastanien (Maroni). Ansonsten wächst auf dem steinigen Karstboden ein spärlicher, immergrüner **Buschwald** mit Rosmarin, Salbei und Thymian; sehr markant duftet auch das

Maggikraut. An der istrischen Küste und auf den Inseln gedeiht der **Ölbaum,** sonst finden sich vorwiegend **Nadelhölzer** wie Zypressen, Kiefern und Pinien. Exotische Gewächse wie etwa Tamarisken, Akazien, Agaven und Palmen werden an einigen „Vorzeigepromenaden" (z.B. Opatija) gepflegt.

Säugetiere

Wo eine Kultivierung der Felslandschaften nicht möglich ist, dominieren **Ziege und Schaf** als pflegeleichte Nutztiere. **Esel und Mulis** dienen noch heute als Transportmittel auf den unwirtlichen Bergpfaden und Hängen. Wild lebende Säugetiere scheinen weit seltener vorzukommen als in nördlicheren Gefilden; gelegentlich hoppelt ein Hase durchs Hinterland, auch Rot- und Schwarzwild lebt im Landesinneren. **Luchse und Bären** haben im Kvarner Hochland zwischen den Nationalparks Plitvice und Risnjak eine Heimat gefunden. Mit etwas Glück kann man sogar **Steinadler** beobachten, auf den Kvarner Inseln auch **Weißkopf- oder Gänsegeier.**

Unterwasser-Fauna

Unter Wasser entdeckt der Taucher Nacktschnecken, Einsiedlerkrebse, Garnelen, Seeigel, Seespinnen, Sepia, Zackenbarsche und sogar Katzenhaie. Auch an Wracks, Grotten oder Höhlen mangelt es nicht. Bedingt durch den Felsboden ist die **Sicht sehr gut,** das Wasser fast überall von **hervorragender Qualität.** Umweltschäden sind in der kroatischen Adria glücklicherweise nicht vorhanden.

Geschichte

Geschichte Kroatiens

Die Entwicklung der einzelnen Regionen Kroatiens nahm – bedingt durch die Lage zwischen verschiedenen Machtregionen – einen sehr unterschiedlichen Verlauf. Daher wird in den Ortsbeschreibungen der jeweiligen Stadtgeschichte stärker Rechnung getragen, an dieser Stelle sei nur ein kurzer Gesamtüberblick gegeben.

■ **Jungsteinzeit:** Besiedlung der Adriaküste vor 10.000 Jahren, erste Haustiere und Kulturpflanzen.

■ **Ab 1000 v.Chr.:** Illyrische Stämme siedeln sich – von Nordeuropa kommend – in Istrien (Histrer) und Dalmatien (Dalmater und Liburner) an.

■ **Ab 400 v.Chr.:** Einwanderung von Kelten und Verschmelzung zu einer illyrisch-keltischen Mischbevölkerung. Griechische Kolonialisten gründen Handelsniederlassungen auf Korčula, Hvar und Vis sowie dem Festland zwischen Split und Dubrovnik.

■ **200 v.Chr.–200 n.Chr.:** Die Römer erobern zunächst den illyrischen Siedlungsraum (unter den Kaisern *Augustus* und *Tiberius*), Zentrum der neuen Kultur wird Pula.

■ **3.–5. Jahrhundert:** Der in Dalmatien geborene Kaiser *Diokletian* macht Split zu seinem Zentrum (Diokletians-Palast). Das Christentum verbreitet sich, erste christliche Basiliken entstehen.

■ **Um 620:** Einwanderung der Kroaten aus der slawischen Urheimat, die in der südwestlichen Ukraine (Pripjat-Sümpfe) angenommen wird, unter dem Druck der Völkerwanderungen.

■ **Bis 825:** Der kroatische Balkan steht unter byzantinischer und fränkischer Oberhoheit.

■ **925:** Unabhängiges Königreich unter König *Tomislav*.

■ **1102:** *Koloman von Ungarn* wird König von Kroatien: Beginn der ungarischen Oberhoheit (bis 1918).

■ **1527:** *Ferdinand I. von Habsburg* (der spätere römisch-deutsche Kaiser) wird König von Ungarn-Kroatien; die Habsburger behalten die Krone bis zum Jahr 1918. Kroaten und Deutsche haben bis 1806, Kroaten und Österreicher bis Ende des Ersten Weltkriegs 1918 ein gemeinsames Staatsoberhaupt.

■ **1573:** Bauernaufstände.

■ **1797:** *Napoleon* erobert Dalmatien.

■ **Ab 1830:** Nationale Wiedergeburt, insbesondere auf sprachlichem Gebiet.

■ **1848:** Krieg und Trennung von Ungarn.

■ **1868:** Kroatisch-ungarische Gleichberechtigung.

■ **1.12.1918:** Königreich der Serben, Kroaten und Slowenen.

■ **1918:** Nach dem Zusammenbruch der k.u.k. Doppelmonarchie Österreich-Ungarn am Ende des Ersten Weltkriegs fällt ganz Istrien vorübergehend an Italien (bis 1943).

■ **10.6.1928:** Kroatenführer *Stjepan Radić* (Gründer der Bauernpartei) wird im Parlament in Belgrad ermordet.

■ **6.1.1929:** Königreich Jugoslawien.

■ **6.4.1941:** Einmarsch der deutschen Truppen in Jugoslawien und Besetzung.

■ **10.4.1941:** Kroatischer, faschistischer Ustaša-Staat unter Führer *Ante Pavelić*.

■ **17.4.1941:** Bedingungslose Kapitulation Jugoslawiens.

■ **29.11.1945:** Sozialistische Föderative Republik Jugoslawien unter *Josip Tito*.

■ **28.6.1948:** Bruch mit Moskau (der Beginn des jugoslawischen „Sonderweges").

■ **1970/71:** „Zagreber Frühling": national-demokratische Massenbewegung unter Führung von Intellektuellen und Studenten zusammen mit der kroatischen Parteispitze; Niederschlagung durch die jugoslawische Regierung.

■ **4.5.1980:** Tod *Titos*.

■ **8.4.1990:** *Dr. Franjo Tudjman* wird Präsident des kroatischen Republik-Präsidiums.

■ **Mai 1990:** Die „Kroatisch Demokratische Gemeinschaft" (HDZ) gewinnt die absolute Mehrheit bei den ersten freien postkommunistischen Parlamentswahlen.

■ **August 1990:** Aufruhr kroatischer Serben in Knin, Beginn des bewaffneten Konflikts.

■ **17.3.1991:** „Serbische Republik Krajina" erklärt sich für unabhängig.

■ **25.6.1991:** Unabhängigkeitserklärung Kroatiens.

■ **3.8.1991:** Briuni-Abkommen: dreimonatiges Moratorium der Unabhängigkeitserklärung.

■ **Ab September 1991:** In Kroatien wird Krieg geführt.

■ **7.10.1991:** Serbische Bombardierung von Zagreb.

■ **19.11.1991:** Fall von Vukovar.

■ **23.12.1991:** Anerkennung durch Deutschland und die meisten anderen EU-Staaten mit Wirkung vom 15.1.1992.

■ **19.1.1992:** Aufnahme diplomatischer Beziehungen mit Deutschland.

⌃ Festung der Uškoken, einer mittelalterlichen Seeräuberbande, in Senj

- **Januar 1992:** Vance-Friedensplan.
- **12.2.1992:** Stationierung von UNO-Truppen (UNPROFOR).
- **Frühjahr 1992:** Serbische Belagerung und Beschuss Dubrovniks.
- **2.1.1993:** Kroatischer Angriff im Hinterland von Zadar (Maslenica).
- **28.2.1993:** Washingtoner Abkommen zur Gründung der Bosnisch-Kroatischen Föderation in Bosnien und Herzegowina (BiH).
- **April 1993:** Ausbruch bewaffneter Konflikte zwischen Kroaten und Muslimen in Bosnien-Herzegowina.
- **September 1993:** Kroatische „Medak-Offensive" bei Gospić.
- **1.5.1995:** Kroatische Rückeroberung des serbisch kontrollierten Westslawoniens („Aktion Blitz").
- **2./3.5.1995:** Raketenbeschuss Zagrebs durch Serbien.
- **4.–7.8.1995:** Kroatische Rückeroberung der serbisch kontrollierten Krajina („Aktion Sturm").
- **12.11.1995:** Vertrag von Erdut mit den Behörden der serbisch kontrollierten Gebiete in Ostslawonien, der Baranja und Westsyrmiens über Wiedereingliederung in Kroatien nach UN-Verwaltung (UNTAES).
- **14.12.1995:** Kroatien unterzeichnet das Daytoner Friedensabkommen.
- **23.8.1996:** Normalisierungsabkommen zwischen Kroatien und der Bundesrepublik Jugoslawien.
- **6.11.1996:** Aufnahme Kroatiens in den Europarat.
- **15.1.1998:** Ende des UNTAES-Mandats und Wiedereingliederung von Ostslawonien, Baranja und Westsyrmien in den kroatischen Staatsverband.
- **November 1999 bis Januar 2000:** Der schwer erkrankte Präsident *Tudjman* liegt im Sterben, sein Tod beendet eine autokratische Ära.
- **Februar 2000:** *Stjepan Mesić* wird am 7.2. zum neuen Präsidenten gewählt und am 18.2. offiziell in sein Amt eingeführt. Der Chef der HND verspricht eine Abkehr vom Einheitsstaat der bis dato vorherrschenden HDZ und der Tudjman-Verstrickungen. Er entwickelt sich rasch zu einer Integrationsfigur und strebt Westannäherung an.
- **13.7.2000:** Die Liberalisierungswelle erreicht einen vorläufigen Höhepunkt mit der Entlassung des Tudjman-Getreuen *B. Tolić* als Chef der staatlichen Nachrichtenagentur HINA.
- **1.10.2000:** *Mesić* kritisiert öffentlich kroatische Kriegsverbrechen der HVO (kroatische Armee) während des Balkankrieges und verspricht weiterhin gerichtliche Verfolgung, auch wenn es sich um Kroaten handele; mehrere rechtsnationalistische Generäle attackieren ihn daraufhin in einem offenen Brief. *Mesić* setzt sich durch und schickt sie in den Ruhestand.
- **März 2001:** Kroatien liefert den wegen Kriegsverbrechen angeklagten General *Norić* aus – Zehntausende protestieren in Split dagegen, ebenso viele in Pula dafür; die Regierung bleibt hart.
- **25.6.2001:** Zehnjähriges Unabhängigkeitsjubiläum. *Mesić* will seine Politik der inneren Liberalisierung und außenpolitischen Westintegration bei gleichzeitiger Aussöhnung mit den östlichen Nachbarn fortsetzen.
- **Juli 2002:** Die Regierung *Račan* tritt zurück, 5-Parteienkoalition gescheitert. Kurz darauf wird *Ivica Račan* von *Mesić* wieder zum Premier ernannt – er versucht nun ohne HSLS (*D. Budiša*) die Europäisierung (EU-Beitritt) umzuset-

Der „Kroatische Frühling"

Der kroatische PEN-Klub (Schriftstellerverband) um *Miroslaw Krleža* veröffentlichte **1967** eine Denkschrift zur kroatischen Schriftsprache, die ausgehend von Intellektuellen und Studentenvereinigungen zu einer kleinen kroatischen **Nationalbewegung** im Zeitalter der Volksaufstände in den Marionettenstaaten hinter dem „Eisernen Vorhang" („Prager Frühling", Ungarn) erwuchs. Während das Tito-Regime jeglichen Nationalismus als staatsgefährdend verbot, bestand diese Bewegung auf einer gewissen Eigenständigkeit innerhalb des Staates. Es ging dabei weniger um einen kroatischen Nationalismus, als vielmehr um **wirtschaftliche Gerechtigkeit** (rund 85 % der Einnahmen mussten an Belgrad abgetreten werden).

Die zunächst rein theoretische Auseinandersetzung begann im Jahr **1971** zu eskalieren, als Studenten in Zagreb öffentlich demonstrierten und kroatische Sprachwissenschaftler eine rein kroatische Grammatik veröffentlichten.

Das Tito-Regime musste reagieren: Die Grammatik wurde verboten (da nicht „jugoslawisch", „serbokroatisch" oder „kroatoserbisch"), Studentenführer und viele Professoren von den Hochschulen ausgeschlossen, die Bewegung als „kroatischer Faschismus" verfolgt. **Folterungen, Inhaftierungen und politische Morde** an Exilkroaten durch den jugoslawischen Geheimdienst UDBA waren die Folge. Dennoch blieb die Auseinandersetzung im Vergleich zu anderen Staaten relativ gewaltfrei. **1974** wurde dann eine **neue Verfassung** verabschiedet, die den Teilrepubliken umfassende Autonomien einschließlich eines (1991 dann auch reichlich genutzten) Sezessionsrechtes einräumte – ein weit vorausschauender Triumph der Initiatoren des „Kroatischen Frühlings".

zen und den Abbau der Arbeitslosigkeit (über 20 %!) voranzutreiben.

■ **Januar 2003:** EU-Erweiterungskommissar *Günther Verheugen* bezeichnet Kroatien und Bosnien-Herzegowina als aussichtsreiche Kandidaten für spätere Beitrittsrunden.

■ **April 2003:** Auf dem Athener EU-Gipfel (Beschluss der großen Osterweiterung für 2004) legt Kroatien sein offizielles EU-Beitrittsgesuch vor.

■ **Herbst 2003:** *Ivo Sanader* reformiert die bis dahin extrem rechtskonservative HDZ und kooperiert in offenen Fragen hinsichtlich EU und Auslieferung gesuchter Kriegsverbrecher. Die HDZ wird damit wieder „hoffähig".

■ **2004:** Die HDZ gewinnt die Parlamentswahlen, *Ivo Sanader* löst *Ivica Račan* als Premierminister ab und Kroatien wird offizieller EU-Beitrittskandidat.

■ **2006:** Krotien wird offiziell von der UN-Sonderbeauftragten für die Verfolgung von Kriegsverbrechen, *Carla del Ponte,* für die gute Zusammenarbeit gelobt und in dieser Hinsicht als EU-reif beurteilt.

■ **2008:** *Ivo Sanader* bildet eine neue Mitte-Rechts-Regierung aus HDZ, HSLS (Sozialliberale), HSS (Bauernpartei) und SDSS (Serbische Minderheitspartei) und hält am Ziel „EU-Beitritt" fest.

■ **2009:** *Sanader* stürzt über Korruptionsskandale, Nachfolgerin als Premierministerin wird *Jadranka Kosor,* die resolut gegen politische Korruption vorgeht, sich zügig im Grenzkonflikt mit Slowenien einigt und so die letzten Hürden für den EU-Beitritt beseitigt.

■ **2010:** Mit *Ivo Josipović* als Präsident wird ein Rechtswissenschaftler an die Spitze des Staates gewählt.

■ **2011:** Ex-Premier *Sanader* flieht nach Italien, wird per internationalem Haftbefehl gesucht und schließlich ausgeliefert. Kroatien erhält die Zusage des EU-Beitritts für 2013. Im Dezember werden auch *Jadranka Kosor* und die HDZ abgewählt, neuer Premier wird *Zoran Milanović,* der ein sozialdemokratisches Bündnis mit knapper Mehrheit anführt.

■ **Januar 2012:** Anders als in Deutschland werden die kroatischen Bürger per Referendum zum EU-Beitritt befragt. Rund zwei Drittel der Wähler stimmen für den Beitritt – und das auf dem ersten Höhepunkt der „Griechenland-Krise"! Einziger Wermutstropfen ist die mit 43,6 % sehr geringe Wahlbeteiligung.

■ **September 2012:** Erneut droht Slowenien, diesmal wegen eines Bankenproblems, den EU-Beitritt Kroatiens zu blockieren. Gleichzeitig versichert *Milanović* Bundeskanzlerin *Merkel* den Euro nach dem Beitritt baldmöglichst einzuführen.

■ **März 2013:** Kroatien und Slowenien legen ihren noch aus altjugoslawischer Zeit herrührenden Bankenstreit bei, womit Slowenien seinen Widerstand gegen den EU-Beitritt Kroatiens aufgibt.

■ **Juli 2013:** Kroatien wird offiziell das 28. Mitglied der Europäischen Union.

■ **Oktober 2014:** Premier *Zoran Milanović* macht weiter Ernst mit der Korruptionsbekämpfung: In Zagreb werden der Bürgermeister, *Milan Bandić,* und weitere 15 Politiker und Manager wegen Unterschlagung, Bestechung und mafiöser Strukturen festgenommen.

■ **Januar 2015:** Mit *Kolinda Grabar-Kitarovic* setzt sich in der Stichwahl zum Präsidentenamt (anders als etwa in Deutschland bestimmt in Kroatien das Volk selbst über sein Staatsoberhaupt) erstmals in der Geschichte des Landes eine Frau an die Spitze des Staates. Die USA-Stipendiatin (geb. 1968) stammt aus Rijeka und gilt als Verfechterin einer Politik der Mitte und des Ausgleichs aller Bevölkerungsteile.

Geschichte der Region Kvarner

Antike

Die Kvarner Bucht wurde im Altertum wechselweise von Illyrern, Liburnern, Japoden, Griechen und Histrern bewohnt, ehe die **Römer** 221 v. Chr. erstmals den Versuch unternahmen, die Region gemeinsam mit Istrien (Histrer) zu besetzen. Dieses Vorhaben gelang 178 v. Chr. endgültig. Mit dem Zerfall des Römischen Reiches im 4. Jahrhundert verblieb

▷ Relikt der kaiserlichen Ära in Rijeka

die Region Kvarner beim weströmischen Teil des Imperiums, ehe mit dem Sieg der Ostgoten über Westrom ab 476 erneut die Oberhoheit wechselte. 539 verdrängte Byzanz (Ostrom) in dem Bestreben, das Römische Reich zumindest an der Ostadria zu restaurieren, die Goten, musste sich aber im Zuge der Einwanderung slawischer und awarischer Völker während der Völkerwanderung (Ende 6. Jh.) zurückziehen.

Mittelalter

Zu den Slawen zählen auch die **Kroaten,** die fortan die Kvarner Bucht besiedeln, ab dem frühen 9. Jahrhundert *(Karl der Große)* allerdings zunächst unter fränkischer Oberhoheit stehen. 1288 gelingt es dem frankopanischen Fürstentum von Vinodol, die Kvarner Bucht kurzzeitig zu kontrollieren, es muss sich aber Ende des 13. Jahrhunderts den Venezianern beu-

gen, die vor allem an Exporthäfen an der Ostadria interessiert sind. 1358 tritt die Dogenrepublik **Venedig** ihre Rechte rund um **Fiume** (heute Rijeka) an Ungarn ab, das wiederum 1471 Rijeka an die **Habsburger Dynastie** (Österreich) abgibt. Damit wird das Festland der Region Kvarner mehr oder weniger von Österreich, die Inseln (ab 1480 auch Krk) von Venedig kontrolliert, was im 16. und 17. Jahrhundert mehrfach zu Konflikten der beiden Mächte führt und im gemeinsamen siegreichen Kampf Österreichs mit den Uškoken gegen Venedig gipfelt (1615–17).

Neuzeit

Nach einer längeren und eher ruhigen Phase als Freihafen wird **Rijeka** 1779 zunächst an Ungarn übergeben, um kurzzeitig zurück an Österreich, während der napoleonischen Kriege Anfang des

054kb wl

19. Jahrhunderts kurz an Frankreich zu fallen. Nach dem Ende der napoleonischen Ära (1815) bleibt die Kvarner Bucht bis zur Gründung des ersten jugoslawischen Königreiches (1918) österreichisch, zahlreiche architektonische Relikte gehen auf diese Phase zurück. Mit Unterbrechung der Jahre 1941–43 (deutsche Besatzungsphase) folgt die Geschichte der Kvarner Bucht seit 1918 den Ereignissen um das ehemalige **Jugoslawien** bzw. das moderne Kroatien.

Geschichte Dalmatiens

Antike

Im 6. und 5. vorchristlichen Jahrhundert siedelten diverse **illyrische Stämme** im heutigen dalmatischen Raum, hauptsächlich Liburner im Nordwesten und Delmaten im Südosten. **Griechische Ko-** **lonisten** gründeten außerdem Handelsniederlassungen auf Korčula, Hvar und Vis sowie auf dem Festland zwischen Split und Dubrovnik.

Im 2. Jahrhundert v. Chr. konnten die südlichen **Delmaten** die Unabhängigkeit vom illyrischen Reich erreichen und machten das heutige Tomislavlgrad zu ihrem Zentrum.

Nur wenige Jahre später (156 v. Chr.) wurden die Delmaten von den **Römern** unterworfen und tributpflichtig gemacht, um die Zeitenwende unter Kaiser *Augustus* dann als **Provinz Dalmatia** in das Römische Reich integriert. Nachdem Rom seinen Zenit bereits überschritten hatte, spielte Kaiser *Diokletian* (240–315) eine besondere Rolle, als er Split zum Zentrum seiner Macht erkor und dort den gleichnamigen Palast errichten ließ (siehe Exkurs im Kapitel zu Split).

Nach dem Ende des Weströmischen Reiches im 5. Jahrhundert fiel Dalmatien

013ki wl

von 481 bis 535 in den Machtbereich der **Goten,** ehe der oströmische Kaiser *Justinian I.* das Gebiet an **Ostrom** (Byzanz) anschloss.

Mittelalter

Im Zuge der Völkerwanderung wurden weite Teile Südosteuropas von den **Slawen** besiedelt, wobei die Assimilation mit der Urbevölkerung weitgehend problemlos verlief. Eine Ausnahme waren die dalmatischen Stadtstaaten, allen voran Jadera (Zadar) und Ragusa (Dubrovnik), wo sich die romanischsprachige Bevölkerung „ghettoisierte" und sich auch die (heute ausgestorbene) dalmatische Sprache noch lange halten konnte. Formal hatte jedoch Byzanz (Ostrom) nach wie vor die Oberhoheit über Dalmatien inne.

In der Folgezeit entstanden zahlreiche einzelne **Fürstentümer,** wobei Nord- und Mitteldalmatien in den Bereich des Fürstentums und späteren Königreichs Kroatien fielen, in Süddalmatien dagegen die Fürstentümer Paganien (Neretva-Mündung), Travunien und Zahumlje eigenständig existierten. Eine kulturelle Unterscheidung zeigte sich auch in der frühen **Christianisierung** der Slawen in Dalmato-Kroatien, wohingegen die süddalmatischen Stämme ihren Volksreligionen wesentlich länger treu blieben. In Süddalmatien entstand sogar eine „**Piratenrepublik**" neretvanischer Piraten, denen 887 ein großer Sieg über die Seemacht Venedig gelang und die daraufhin

über 100 Jahre lang Tribut von Venedig erhielen!

Politisch gewann **Venedig** mit dem Sieg über die neretvanischen Piraten 998 bei Makarska (Doge *Pietro II. Orseolo*) die nominelle Herrschaft über Dalmatien, de facto dehnte sich vom 9. bis ins 11. Jahrhundert jedoch der Einflussbereich der Kroaten aus, nachdem Fürst *Mislav* um 840 seinen Sitz nach Klis (nahe Split) verlegt hatte und immer mehr dalmatische Fürstentümer ihren Tribut an Kroatien entrichteten. Diese Entwicklung gipfelte in der **Vereinigung Dalmatiens mit Kroatien unter König Tomislav** (910–928) und der späteren ungarisch-kroatischen Doppelmonarchie (ab 1100), wobei Byzanz 1186 offiziell zugunsten Ungarn-Kroatiens auf Dalmatien verzichtete. Dabei fielen Nord- und Mitteldalmatien prinzipiell in den kroatischen, Süddalmatien eher in den serbischen Einflussbereich.

Der bosnische Ban *Stefan II. Kotromanic* eroberte nach einer Fehde um 1323 das Fürstentum Zahumlje, womit **Bosnien** mit dem heutigen Neum-Zipfel jene merkwürdige „Landunterbrechung" zwischen Mittel- und Süddalmatien schuf, die heute den Transit nach Dubrovnik über Bosnien-Herzegowina erforderlich macht. Für einige Zeit gelang es den Bosniern sogar, ihren Tributbereich auf die gesamte kroatische Adriaküste auszudehnen.

Das 14. Jahrhundert war von einer Art **Bündnissuche** geprägt, wobei die ländlichen Regionen eher zu Ungarn-Kroatien tendierten, die Küstenstädte dagegen zu Venedig als Seemacht. Im frühen 15. Jahrhundert waren Ungarn und Bosnien durch die vorrückenden Türken geschwächt, sodass zwischen 1420 und

◁ Römische Ruinen in Nin

1444 ganz Nord- und Mitteldalmatien unter venezianische Kontrolle geriet. Dubrovnik (Republik Ragusa, Süddalmatien) bewahrte dagegen seine Unabhängigkeit und suchte seinen Weg in einer neutralen Diplomatie auch den Türken gegenüber.

Neuzeit

Von 1453 (Konstantinopel) bis 1483 stießen die **Türken** bis in die Herzegowina vor und standen damit an den Grenzen des venezianischen Machtbereiches („Türkenkriege"). 1508 zogen sich zunächst Venedig, 1526 dann auch Ungarn aus Dalmatien zurück, sodass die Türken freie Hand hatten und bis zum Friedensvertrag von 1540 mit Ausnahme weniger bei Venedig verbleibender Küstenstädte ganz Nord- und Mitteldalmatien als türkische Provinz gewannen.

Die neutrale **Republik Ragusa (Dubrovnik)** dagegen entwickelte sich gleichzeitig zu einer der größten Seehandelsmächte des Mittelmeers (rund 300 Handelsschiffe) und erhielt sich eine unangetastete Autonomie.

Ab 1565 und der erfolglosen großen Belagerung von Malta verloren die Türken zunehmend ihre Dominanz (1571 Niederlage in der **Seeschlacht bei Lepanto** gegen eine alliierte abendländische Flotte). Es dauerte jedoch bis zum Frieden von Sremski-Karlovci (1699), ehe die Ostadria (ohne Ragusa) nominell an Venedig fiel.

Die Küstenstädte erfreuten sich zahlreicher Freiheiten, wurden jedoch von einem venezianischen Adeligen geführt; kroatischen Einflüssen wurde gegengesteuert (z.B. Eheverbot der Bürger Za-

dars mit Kroaten). Im Hinterland betrieben die Venezianer Raubbau durch **Abholzung** (Schiffs- und Stadtbau Venedig), was wesentlich zur heutigen Karstlandschaft beitrug. Dieser Kolonialismus führte zwangsläufig zu Konflikten und Aufständen, ohne dass dabei die venezianische Oberhoheit gebrochen werden konnte.

Im späten 18. Jahrhundert (napoleonische Ära) löste der Korse während seiner Feldzüge die Republiken Venedig und Ragusa auf, Dalmatien fiel kurzzeitig an **Frankreich,** nach dem Wiener Kongressfrieden (1815) schließlich komplett an **Österreich.** Bosnien verblieb beim Osmanischen Reich, sodass seine heutige Westgrenze und der „Neum-Zipfel" historisch manifestiert wurden.

Das 19. Jahrhundert war von **Zwistigkeiten** und Unzufriedenheiten der Slawen geprägt, da Dalmatien zu Österreich, Slawonien (der Norden Kroatiens) zu Ungarn geschlagen wurde. Bestrebungen Wiens, die kroatischen Landesteile gemeinsam mit Bosnien als südslawischen Reichsteil zu vereinen, wurden durch die Ermordung des Erzherzogs *Ferdinand* in Sarajevo (1914) und den Ausbruch des Ersten Weltkrieges vereitelt.

Nach dem Ersten Weltkrieg entstand 1919 das **Königreich der Serben, Kroaten und Slowenen,** welches in seinen Grenzen fast dem späteren Jugoslawien entsprach. Zadar und die Insel Lastovo blieben allerdings italienisch. Dalmatien war dabei zunächst in ein gemeinsames, ab 1920 dann in zwei Distrikte *(oblast)* mit den Provinzsitzen Split und Dubrovnik gegliedert, Zadar im Norden war italienisch und konnte keinen eigenen „oblast" bilden. Süddalmatien wurde später der Zeta-Banschaft (Zetska Banovina) unter serbischer Führung (Sitz Cetinje im heutigen Montenegro) zugeschlagen, was zu Spannungen zwischen Serben und Kroaten führte.

Im Zweiten Weltkrieg wurden weite Teile Mittel- und Süddalmatiens von Truppen der Achsenmächte besetzt, der Norden kam zum deutschen Marionettenstaat „Unabhängiges Kroatien". In den besetzten Landesteilen wurde eine drastische **Italianisierung** betrieben (italienische Zuwanderung, Beamtenposten für Italiener, Ortsnamensgebung usw.), auf Rab und Molat Internierungslager eingerichtet. Zwangsläufig sympathisierte daher ein Großteil der kroatischen Bevölkerung mit **Titos Partisanen.** Nach Kriegsende wurde Dalmatien ohne die Bucht von Kotor (kam zu Montenegro) ein **eigenes Verwaltungsgebiet innerhalb Jugoslawiens,** bis 1954 verließen die meisten italienischstämmigen Bewohner ihre Heimat.

Der am dünnsten besiedelte Landesteil Kroatiens war und blieb auch in der Folgezeit wirtschaftlich im Landesdurchschnitt eher **unterentwickelt,** ein bescheidener Tourismus setzte in den 1960er Jahren ein. Auch Belgrad wollte eigentlich mit verbesserter Infrastruktur (Autobahn Zagreb – Split) zu einer wirtschaftlichen Gesundung beitragen, der „Kroatische Frühling" (siehe Exkurs) ließ dann jedoch alle Planungen endgültig platzen.

Nach 1991 und dem **Zerfall Jugoslawiens** und dem darauf folgenden Bürgerkrieg kam der Tourismus in Dalmatien gänzlich zum Erliegen (ganz anders im nördlichen Istrien), Hotels wurden Flüchtlingslager, Dalmatien zum Frontgebiet. Nach dem **Friedensvertrag von Dayton** (1995) folgte dann eine rasante touristische Aufwärtsentwicklung in Kroatien, wobei auch die nun unter Leitung Zagrebs bis Ploče bereits fertiggestellte Autobahn Zagreb – Dubrovnik eine Schlüsselrolle spielte.

Staat und Politik
Das neue Kroatien

Parlamentarische Demokratie

Dem Modell moderner europäischer Staaten folgend, basiert die „Republika Hrvatska" (Republik Kroatien) gemäß der **Verfassung von 1990** auf einer demokratischen und sozialen Struktur. Die kroatische **parlamentarische Demokratie** – zumindest nach *Tudjman* nicht nur auf dem Papier existent – zeichnet sich demgemäß durch eine Gewaltenteilung in Legislative (Gesetzgebung), Judikative (Gerichtsbarkeit) und Exekutive (Vollzugsorgane) mit einem **starken Präsidenten** an der Spitze aus.

Das kroatische **Parlament** (Sabor) besteht aus zwei Kammern mit einer Komitatenkammer (63 Mitglieder, Vertreter der Regionen) sowie dem eigentlichen Abgeordnetenhaus mit 152 frei gewählten Parlamentariern. Als Besonderheiten sind zu erwähnen, dass der Staatspräsident ein lebenslanges Mitgliedschaftsrecht in der Komitatenkammer genießt und alle nationale Minderheiten Anspruch auf – je nach Wahlergebnis – mindestens einen Sitz im Abgeordnetenhaus haben.

International ist Kroatien seit 1992 Mitglied von UN, OSZE und IWF.

Josipović-Administration

Die Josipović-Administration genießt im Westen einiges Ansehen und ist ernsthaft bemüht, den „Filz" der Tudjman-Ära zu beseitigen. Das galt auch schon sowohl für Ex-Premier *Račan* als auch für Ex-Regierungschef *Ivo Sanader,* der nicht nur die einstige Einheitspartei HDZ reformierte, sondern auch das brisante Thema der Kriegsverbrecherfragen energisch und im Sinne Den Haags (Internationales Strafgericht) anging.

Allerdings konnte offenbar auch *Sanader* einem üppigen Griff in die Kassen nicht wiederstehen – er verlor 2009 sein Amt als Regierungschef an *Jadranka Kosor,* setzte sich 2010 ins Ausland ab, wurde gar per internationalem Haftbefehl gesucht und schließlich ausgeliefert. Das Vertrauen in die HDZ war dennoch irreparabel erschüttert und führte im Dezember 2011 auch zur Abwahl *Kosors.*

Manche Insider der kroatischen Polit-Szene bemängeln noch heute dubiose bis mafiöse Strukturen. Unter dem Strich bemüht sich das neue Kroatien aber, Anschluss an die westlichen Nachbarn zu gewinnen und kurz- bis mittelfristig einen guten Platz in der Europäischen Union zu finden. Als noch zu verbessernde Sachgebiete gelten das Justizwesen, die Verwaltung und die **Bekämpfung der Korruption.**

Verwaltung

Die Republik Kroatien ist administrativ in **20 Gespanschaften** (Verwaltungsdistrikte, kroat.: *županje,* eine Gespanschaft entspricht etwa einem Kanton bzw. Bundesland) und die **Stadt Zagreb** geglie-

dert. Der Begriff Gespanschaft stammt aus der k.u.k. Zeit, als südosteuropäische Territorien in **Banate** gegliedert waren und der *Ban* (Herr) des Banates den Großgespan quasi als Gouverneur der Gespanschaft ernannte. Diese Gliederung wurde 1918 übernommen (Königreich der Serben und Kroaten), nach dem Zweiten Weltkrieg abgeschafft und im Jahr 1992 reaktiviert.

Staatssymbole

Flagge und Wappen

Die kroatische Flagge setzt sich als Trikolore aus den waagerechten Balken **Rot-Weiß-Blau** zusammen und entstand in dieser Form 1848 im Geiste der europäischen Revolutionen. Zur Unterscheidung etwa von der niederländischen Staatsflagge wird die kroatische mittig ergänzt durch das Staatswappen, ein **rot-weißes Schachbrett** mit 25 Feldern, dessen Ursprung auf die ersten kroatischen Könige (Funde aus dem 11. Jahrhundert) zurückgeht und als „typisch kroatisch" gilt. Oberhalb des Schachbretts befindet sich eine Krone, die sich aus den fünf ältesten kroatischen Wappen (Kroatisches Königreich, Istrien, Dalmatien, Slawonien und Republik Dubrovnik) zusammensetzt.

Nationalhymne

Die kroatische Nationalhymne „**Lijepa Naša**" (Unsere schöne Heimat), 1835 von *A. Mihanović* geschrieben, wurde 1974 offiziell genehmigt und dient seither als ein alle Kroaten einigendes Band.

Wirtschaft

Das unter *Tito* wohlhabende Jugoslawien zeigte sich nach zehnjähriger HDZ-Regentschaft und Balkankrieg zunächst als wirtschaftlich zerrüttet. Mit den Kriegswirren 1995 brach die EU damals zunächst alle Verhandlungen ab, auch Kredite des IWF (Internationaler Währungsfond) wurden eingefroren, ausländische Investoren zogen sich zurück. **Hyperinflation** (1500 %) war die Folge, auch der Tourismus brach zusammen. Neben einer künstlichen Überbewertung des Kuna sorgte ein immenses **Handelsdefizit** – die Importe betrugen fast das Doppelte der Exporte – für Stabilitätsprobleme.

Die EU-nahen Folgeregierungen unter Präsident *Mesić* schafften unerwartet rasch eine deutliche **Trendwende:** Das **Wachstum,** die wichtigste Kennzahl einer Volkswirtschaft, stieg bis 2008 im Fünfjahresdurchschnitt jährlich um knapp 4 % an, wobei die Weltwirtschaftskrise 2009/2010 zu einem zwischenzeitlichen Nullwachstum führte. Mit einem Pro-Kopf BIP von knapp 10.400 Euro stand Kroatien besser da als EU-Mitgliedsstaaten wie Rumänien (9800 Euro; –6,8 %) oder Bulgarien

(8400 Euro; –4,5 %). Deutliche Fortschritte wurden auch in den Bereichen **Inflationsbekämpfung** (durchschnittlich etwas über 2 %) und Eindämmung der **Arbeitslosigkeit** (in den 1990er Jahren teilweise über 25 %) erzielt. Nicht zuletzt aufgrund dieser Entwicklung erklärte Brüssel Kroatien seinerzeit zum offiziellen EU-Beitrittskandidaten. Längst wickelt Kroatien über die Hälfte seines Außenhandels mit EU-Staaten ab, dabei etwa zu einem Viertel mit Deutschland.

Doch trotz des EU-Beitritts sah sich Kroatien 2014 im sechsten Jahr in Folge in einer **Rezession,** die insgesamt seit 2009 minus 12 % beträgt. Damit steht das Land allerdings nicht allein da: Fast alle EU-Staaten leiden an den Folgen der mit der Euro-Krise der vergangenen Jahre einhergehenden überwiegend rezessiven Tendenzen.

Schwerindustrie, Handel, Landwirtschaft und Fischerei sind die wichtigsten Säulen der nationalen Wirtschaft, auch dem **Tourismus** (22 % BIP-Anteil) kommt eine wichtige Rolle zu (s.u.).

Wichtigste **Exportgüter** Kroatiens sind Maschinen, Kleidung, Kleingeräte und petrochemische Produkte; **importiert** werden hauptsächlich Fahrzeuge, Transportausrüstungen und Industriemaschinen. Zentren der Schwerindustrie (Schiff-, Maschinen-, Bergbau, Petrochemie) sind Rijeka, Zadar, Šibenik und Split, während Istrien und Slawonien als **Agrarhochburgen** (nur gut 15 % des kroatischen Landes sind für intensive landwirtschaftliche Nutzung geeignet) das Land mit Obst, Gemüse, Wein, Oliven und Getreide versorgen. **Fischfang,** meist nur noch im Nebenerwerb, wird auf den Inseln und in den meisten Küstenorten betrieben.

Tourismus

Nach Jahren der Skepsis und der irrigen Ansicht, Kroatien sei ein Teil Jugoslawiens und daher ob des Balkankrieges sowie wegen des Kosovo-Konfliktes ein unsicheres Reiseland, erfreut sich die Tourismusbranche wieder einer kontinuierlich **steigenden Tendenz.** Während das „alte" Kroatien der 1980er Jahre 60 Mio. Besucher jährlich verbuchen konnte, brach der Tourismus Anfang der 1990er Jahre durch den Balkankrieg fast völlig ein und lag 1995 gerade noch bei knapp 13 Mio. Übernachtungen, fast ausschließlich in Istrien.

☑ Auch auf kleinen, abgelegeneren Inseln – hier Susak in der Kvarner Bucht – spielt der Tourismus eine immer größere Rolle

Seither verbucht die Branche satte **Zuwachsraten,** die mittlerweile jährlich zwischen 5 und 10 % betragen und letztlich zu rund 100 Mio. Übernachtungen (2014) führten. Von den heute jährlich über 20 Mio. Kroatien-Urlaubern kommen die meisten Auslandsgäste aus dem **deutschsprachigen Raum** (ca. 2,8 Mio.), Italien (2,4 Mio.), Tschechien und Slowenien (je ca. 800.000).

Die **Verteilung der Besucherströme** unterliegt bislang einem markanten **Nord-Süd-Gefälle,** der kroatische Küstenstreifen zieht dabei die große Mehrheit der Urlauber an: Knapp die Hälfte aller Kroatien-Touristen reisen nach Istrien, 25 % zur Kvarner Bucht, 20 % entfallen auf die dalmatinische Küste. Nordkroatien und das Binnenland teilen sich 5 %, Letzteres ist meist nur Transitstation.

Der natürlichen Schönheit des Landes taten alle politischen und kriegerischen Wirren der Vergangenheit keinen Abbruch und mit der EU-Mitgliedschaft ist absehbar, dass die kroatische Adria mittelfristig eines der beliebtesten europäischen Urlaubsziele bleiben wird.

014ki wl

Land und Leute

Verkehr und Umwelt

Man ist sich in Zagreb darüber im Klaren, dass nur eine heile Umwelt auf Dauer den Anspruch an stetig steigende Besucherzahlen flankieren kann. Gleichzeitig steht auch fest, dass westliche Besucher gestiegene Ansprüche an Infrastruktur, Unterkunft und allgemeine Qualität des Urlaubszieles (von der Eiscreme über den Straßenzustand bis hin zum Unterhaltungsangebot) stellen. Und erstaunlicherweise scheint die Quadratur des Kreises zu gelingen: Wegen der recht **geringen Industrie- und Fahrzeugdichte** bleibt die Umwelt nahezu intakt, was sich vor allem auf die **Luft- und Wasserqualität** positiv auswirkt. Die Regierung hat auch ein **modernes Müllkonzept** entwickelt, was sich in der Rücknahmepflicht von Kunststoffflaschen und Ähnlichem äußert.

Bei der Verkehrsinfrastruktur wirkt sich der Bau der **Autobahn nach Dubrovnik** (bis Ploče freigegeben) positiv aus, sind doch die einzelnen Landesteile bezüglich der Fahrzeit dadurch deutlich zusammengerückt und werden die über die alte Landstraße verbundenen Küstenstädte spürbar entlastet. Ähnliches gilt in Istrien seit der Fertigstellung des sogenannten „Istrischen Y".

Ein Problem sind gelegentliche **Waldbrände,** welche die ohnehin karge Vegetation vor allem im Süden des Landes teilweise erheblich beeinträchtigen. Schuld sind dabei weniger lange Trockenphasen, als oftmals unsachgemäßer Umgang mit Feuermitteln seitens achtloser Touristen, aber auch Einheimischer.

Mentalität und Brauchtum

Allgemein sind die Kroaten sehr **freundlich und hilfsbereit,** dabei aber weit weniger aufdringlich, als man dies aus anderen Ländern der Region gewohnt ist – aber Achtung: Allein reisende Frauen werden durchaus angesprochen, allerdings stets im höflichen Rahmen. Die Kroaten geben sich im Großen und Ganzen sehr **deutschfreundlich,** zeigte sich Deutschland doch als (im Westen umstrittener!) Vorreiter bei der Anerkennung des unabhängigen Kroatien.

Sehr wichtig ist es, die **Privatsphäre** zu respektieren, bei aller Freundlichkeit bleibt man Fremden gegenüber immer etwas reserviert. Dies ändert sich schlagartig, wenn man etwa privat unterkommt und Kontakt zum Vermieter hat – sehr schnell sind freundschaftliche Bande geknüpft, wozu auch der dann reichlich fließende hausgebrannte Sliwowitz oder ein Krug Wein aus eigener Herstellung beitragen.

Sonst trifft man sich zu einem **Plausch vor der Tür,** spaziert die Promenaden entlang, beobachtet die lokale Fußballmannschaft beim Training oder spielt eine Partie **Boccia,** ein im westlichen Mittelmeerraum weit verbreiteter Freizeitspaß. Am Sonntag treffen sich die Männer nach dem Kirchgang zum Frühschoppen in einer Bar, die Frauen zum Schwatz auf den Straßen, oder es werden vor den Türen Spitzendecken und Wolljacken gehäkelt.

Das Wichtigste aber ist, dass der Besucher den **Stolz der Kroaten** auf ihre junge Republik und die wirtschaftlichen

10

Leistungen würdigt und nicht durch abwertende Bemerkungen über Land, Leute und Eigenheiten verletzend wirkt.

Politik ist Männersache in Kroatien, **Frauen** lösen sich erst ganz allmählich aus der traditionellen Rolle als Hausfrau und Mutter. Immerhin sind per Gesetz die Löhne und Gehälter zwischen den Geschlechtern angenähert worden, und eine moderne Sozialgesetzgebung ermöglicht durch Erziehungsurlaub die Berufstätigkeit auch als Mutter.

Der familiäre Zusammenhalt ist nach wie vor sehr groß und bildet die Grundlage der **sozialen Gemeinschaft,** aber auch Vetternwirtschaft und Schwarzarbeit sind – von obersten Führungsetagen bis zum kleinen Mann – weit verbreitet, teilweise aus schnöder Gewinnsucht, teils aber auch aufgrund sozialer Nöte.

Wie anderswo auch blüht in Kroatien der Irrglaube, man könne mit Lotto und Fußballtoto sein bescheidenes Einkommen aufbessern – die **Wettkioske** scheinen allgegenwärtig zu sein.

Typisch südländisch und angesichts der im Sommer teils unerträglichen Hitze auch verständlich ist die **lange Mittagspause,** die häufig von 12 bis 15 Uhr dauert. Zu dieser Zeit scheinen die Dörfer und Altstadtgassen wie ausgestorben; in den Städten herrscht dagegen Dauerbetrieb.

Bildung und Soziales

In der Republik Kroatien besteht eine allgemeine Schulpflicht von **neun Schuljahren** ab dem fünften oder sechsten Lebensjahr. Mit Erlangen der Hochschulreife kann an den nationalen Universitäten oder im Ausland ein Studium aufgenommen werden. Wichtigste **Fremdsprachen** sind **Englisch, Deutsch und Italienisch,** wobei kaum regionale Unterschiede zu machen sind – als Tourist denkt man bald, jeder Kroate beherrsche fließend vier Sprachen.

Allerdings: So positiv diese Beurteilung bei den Dienstleistungen erscheint, im Bereich der Facharbeiter äußern sich viele westliche Wirtschaftsberater äußerst skeptisch, dass das Bildungssystem in Kroatien den Anforderungen des künftigen Marktes genügen kann. Die **Sozialgesetzgebung** gilt im Vergleich zu Westeuropa noch immer als entwicklungsbedürftig, auch wenn im Vorfeld des EU-Beitrittes bereits wichtige Fortschritte erzielt wurden.

Die **Einkommensverhältnisse** haben sich in den Jahren nach dem Krieg **permanent verbessert,** nicht zuletzt auch durch den Tourismus. Was verdienen die Leute im Durchschnitt? Verglichen mit anderen Ländern des Balkans beachtlich

> Die ältere Generation bewahrt Tradition und Volkskunst

viel! Statistisch verdienen Geschäftsführer nach einer Studie der bekannten Unternehmensberatung Kienbaum von 2011 in Kroatien etwa 6500 Euro monatlich, Facharbeiter knapp 1000 Euro im Monat, dem Durchschnittskroaten stehen etwa 850 Euro Monatslohn (jeweils brutto) zur Verfügung, und im Bereich Tourismus ist der Himmel das Limit! Allerdings sind mehrere Einkommensscheren zu beobachten: Zum einen sind die Durchschnittseinkommen in Gebieten, die im Tourismus verwurzelt sind, spürbar höher als andernorts, zum zweiten litt die Region Istrien am wenigsten unter dem Bürgerkrieg, was zu einem nachhaltigen Vorsprung gegenüber anderen Landesteilen führte.

Land und Leute

058kb wl

10

Die bedeutendsten Mönchsorden

In der Geschichte Kroatiens spielten vielfach verschiedene Mönchsorden bei Klostergründungen und Kirchenbauten eine wichtige Rolle, einige der wichtigsten seien hier vorgestellt.

Dominikaner (in Frankreich Jakobiner)

1215 von *Dominikus* in Toulouse gegründeter katholischer Orden mit weißem Gewand und weißer Kapuze; erster mittelalterlicher Bettelorden, einflussreich, da 1232 mit der Leitung der Inquisition beauftragt. Inhaltlich wissenschaftlich ausgerichtet, haben bedeutende Gelehrte und Prediger hervorgebracht (u.a. *Albertus Magnus, Thomas von Aquin*).

Franziskaner

Berufen sich auf Gründervater *Franz von Assisi* als katholischer Orden der Minderen Brüder, die nach der 1223 von Papst Honorius III. bestätigten Bettelorden-Regel des *Franz von Assisi* leben (braune Kutte mit weißem Gurtstrick, oft Sandalen). Theologisch betonen sie die Nächstenliebe als Weg zu Gott. Dispute bzgl. der Ordensregel führten zu zahlreichen Untergruppierungen und Abspaltungen, u.a. der Spiritualen (wörtliche Regelbefolgung), Konventualen (Angleichung an alte Orden) und Kapuziner; letztere wirkten besonders in der Zeit der Gegenreformation als wortgewaltige (Straf-)Prediger.

Augustiner

Zusammenfassende Bezeichnung für zahlreiche katholische Ordensgemeinschaften, die nach der auf Schriften des heiligen *Augustinus* beruhenden Augustinusregel leben.

Jesuiten

Katholischer Regularklerikerorden, 1534 von *Ignatius von Loyola* gegründet und 1540 durch Papst Paul III. bestätigt. Hauptziel des Ordens ist die Ausbreitung, Festigung und Verteidigung des katholischen Glaubens durch Mission, Predigt, Seelsorge, Unterricht, wissenschaftliche Arbeit und geistliche Übungen (Exerzitien). War in der frühen Neuzeit wesentliches Element der überseeischen Missionierungen. Die Jesuiten leben in offenen Häusern und Kollegien und tragen keine Ordenskleidung.

Zisterzienser/Bernhardiner

Benediktinischer Reformorden aus dem 11. Jh.; der Ordensname leitet sich von dem 1098 durch *Robert von Molesme* gegründeten Kloster Citeaux ab. Nach der päpstlichen Bestätigung der Ordensverfassung „Charta caritatis" 1119 breitete sich der neue Orden insbesondere unter *Bernhard von Clairvaux* (daher *Bernhardiner*) aus und gewann Einfluss in ganz Europa. Durch die praktizierte Verbindung von geistlichem Leben

Religion

Die überwiegende Mehrheit der Kroaten gehört traditionell der **römisch-katholischen Kirche** (über 80 %) an, daneben existieren serbisch-orthodoxe, moslemische und protestantische Minderheiten im Lande. Die Kirche spielt eine **bedeutende Rolle** im Leben der Kroaten, wenngleich nicht so dominant wie etwa in Italien (gesellschaftlich) oder Polen (politisch). Der katholische Glaube wird

und praktischer Arbeit, besonders die Einrichtung von landwirtschaftlichen (Muster-)Betrieben, wurden die Zisterzienserklöster zu wesentlichen Trägern der deutschen Ostsiedlungen im 12. und 13. Jahrhundert.

Karmeliter

Katholischer Orden basierend auf einer von Kreuzfahrern im 12. Jahrhundert gegründeten Einsiedlerkolonie auf dem Karmel (Nordisrael), 1226 päpstlich bestätigt, Ausbreitung über Zypern und Sizilien nach Europa. Einige Zweige leben streng asketisch-meditativ und setzen sich primär seelsorgerisch ein.

Trappisten

Aus der Reform-Zisterzienserbewegung 1664 hervorgegangener Orden insbesondere mit strenger Beachtung des absoluten Schweigegelübdes.

Johanniter, Templer, Deutschherren

Militärische Rittermönchsorden, gegründet während der Kreuzzüge zum Schutz der Pilgerwege ins Heilige Land.

zuvorderst als einigendes Band der „Kroaten" und Differenzierung/Abgrenzung zu den orthodoxen (Serbien, Montenegro) und muslimischen (Bosnien-Herzegowina) Nachbarn betrachtet und somit auch als Legitimation der Westintegration verstanden.

In der kroatischen Geschichte spielten diverse **Mönchsorden** eine gewisse Rolle (siehe Exkurs), deren bauliche Monumente von einstiger reger Missionstätigkeit zeugen.

Traditionelle Künste und Folklore

Tänze

Einige Bekanntheit erlangten mehr im Süden auch die mit Begeisterung gepflegten Tänze, die teilweise auf **Fastnachtsbräuche** und zum Teil auf eine Tradition seit den Türkenkriegen zurückgehen. Bekannteste Bräuche sind in diesem Zusammenhang das Verbrennen einer in türkische Gewänder gehüllten Puppe zu Fasching *(Mesopust),* der **Moreška-Tanz,** ein Schwerttanz aus Süddalmatien, und die **Kumpanija,** ein musikalisch begleitetes Kampfstück. Obwohl die Türken auf kroatischem Boden kaum Relikte hinterließen, so wurden doch Speis' und Trank und auch die Volksmusik erheblich von ihnen beeinflusst, wenn auch nicht so sehr wie im stärker muslimisch geprägten Bosnien-Herzegowina. Bedeutendste **Musikinstrumente** sind Dudelsack (nur in Istrien), *Tamburica* (eine Art Balalaika), *Kavala* (Langflöte) und *Sopila,* eine in der Kvarner Bucht verbreitete Oboenart.

Häkeln und Stricken

Zu den interessanten kunsthandwerklichen Besonderheiten Kroatiens gehört das Häkeln von **Zierdeckchen** und das Stricken von **Pullovern und Jacken,** eine noch heute insbesondere von älteren Frauen vor der Haustür oder im Hinterhof in Istrien ausgeübte Volkskunst.

Trachten

Volkstrachten sind selten geworden und werden in der modernen Gesellschaft verdrängt. Nur gelegentlich, etwa zu **Feiertagen** oder auch bei **Festspielen,** vornehmlich in touristischen Hochburgen, werden noch Trachten getragen, die sich an ländlicher Kleidung früherer Jahrhunderte orientieren. Es dominieren dabei die Farben Rot, Weiß und Schwarz.

Architektur und Kunst

Griechen

Die im 5. Jahrhundert nach Süddalmatien und auf einige Inseln vorrückende griechische Kultur hinterließ bemerkenswerte Spuren, die besonders wegen ihres Realismus bestechen. Ein bekanntes Beispiel ist das Kairos-Relief in Trogir (Zentraldalmatien).

Römer

Mit der römischen Kolonisation folgte für den gesamten Küstenraum eine **architektonische und kulturelle Blüte** durch die Errichtung von Tempeln und

257kro wl

Theatern, Aquädukten und Thermen sowie den Bau von Kanalisationssystemen. Damit wurde ein für die damalige Zeit modernes Stadtbild geprägt, welches sich noch heute sehr gut in Poreč oder Pula (Istrien) sowie in Zadar (Norddalmatien) studieren lässt.

Byzanz

Nach dem Untergang Westroms folgten Rückeroberungsversuche byzantinischer Kaiser von Konstantinopel aus bis nach Norditalien, wodurch die christianisierte Bevölkerung als neues Gebetshaus die **Basilika** mit Intarsien aus Perlmutt und Marmor, Mosaiken und steinernen Baldachinen am Hauptaltar erhielt. Das Prunkstück schlechthin aus dieser Zeit, die Eufrasius-Basilika, kann in Poreč (Istrien) bewundert werden.

Slawen

Byzantinisch beeinflusst, aber in vollkommen eigenständiger, frühromanischer Bauart, errichteten die eindringenden Slawen vom 7. bis 11. Jahrhundert vor allem zylindrisch geformte, sehr **massiv wirkende Kirchen mit Kuppeldach** in den unterschiedlichsten Größen – so etwa die kleinste Kuppelkirche der Welt in Nin oder die berühmte Donat-Kirche in Zadar (Norddalmatien).

Romanik

In den bereits existierenden Städten entlang der gesamten Küste hielt die Epoche der Romanik vom 11. bis ins 13. Jahrhundert Einzug. **Monumentale Kirchenbauten** (Bischofskirchen) entstanden in Dubrovnik, Trogir, Zadar (alle Dalmatien), in Senj sowie auf Rab und Krk. Daneben erfuhr auch der **Profanbau** einen bedeutsamen Aufschwung, grob gehauene Steinblöcke lösten Holz und Fachwerk als Baumaterialien ab. In diesen **trutzigen Wohnhäusern** (erhalten in Split, Trogir und z.T. in Poreč) waren ebenerdig Stallungen, im Obergeschoss Wohnräume untergebracht.

Gotik

Während der kroatischen Gotik (13.–15. Jh.) prallten zwei unterschiedliche Strömungen aufeinander: Durch den blühenden Seehandel waren Fürsten und Kaufleute wohlhabend geworden und versuchten, diesen Wohlstand in einer großartigen Stadtarchitektur zu zeigen und – nicht zu vergessen – vor Eindringlingen von außen zu verteidigen. So entstanden die typischen **mittelalterlichen Stadtanlagen** mit gewundenen Gassen, herrlichen Bürgerhäusern und wehrhaften, die gesamte Stadt umgebenden Stadtmauern und Verteidigungsanlagen. Beste Beispiele hierfür finden sich in Dubrovnik und Trogir (Dalmatien), auf Rab und in Motovun (Kvarner Inseln). Die Geistlichkeit präsentierte sich in dieser Phase in Form von bescheidenen, sogenannten Bettelorden (Franziskaner, Dominikaner). Sie bauten ihre Gotteshäuser ebenso schlicht, wie sie lebten. Beispiele für diese **einschiffigen, schmucklosen Kirchen** sind Sv Franje

◁ Klassizistischer Prachtbau in Rijeka

in Pula (Istrien) und Sv Dominik in Dubrovnik (Süddalmatien).

Renaissance

Vorhandene Bauwerke wurden während der Renaissance (15./16. Jh.) **erneuert und erweitert,** das Stadtbild der führenden Handelsmetropolen wurde zum Muster für die Stadtplanung mit Loggien, Stadtplätzen, Rathäusern und Rektorenpalästen. Gute Beispiele sind etwa das Rathaus in Pula (Istrien) oder der **Rektorenpalast in Dubrovnik:** Säulengang außen am Erdgeschoss, zwei- oder dreiteilige, verschnörkelte Fenster im ersten Stock und fast quadratische, kleinere Fenster im zweiten Obergeschoss. Fast alle bestehenden Kirchen wurden innen umgestaltet und verziert. Die Stadtmauern wurden wegen der vorrückenden Türken stärker befestigt. Als Paradebeispiel für den Festungsbau sei Karlovac (Nordkroatien) mit seiner typischen Sternform genannt.

Barock

Den Barock des 17./18. Jahrhunderts muss man für Kroatien insofern als zweigleisig betrachten, als die Kvarner Bucht – und hier insbesondere **Rijeka** – zunehmend unter österreichischen Einfluss fiel (Beispiel: Veitskirche in Rijeka) und mit einigen Neuerungen aufwartete, während der Süden (Republik Ragusa, Dalmatien) im Zuge des türkischen Rückzugs und eigenen Machtverlusts eher eine Flaute erlebte. Die wichtigsten Küstenstädte verlegten sich auf das Minimum, nämlich den **Erhalt der Stadt-**

mauern. Lediglich in Dubrovnik wurden nach dem verheerenden Erdbeben von 1667 von vorwiegend italienischen Architekten unter Beteiligung örtlicher Baumeister barocke Neubauten geschaffen (Kathedrale).

Klassizismus

Das 19. und frühe 20. Jahrhundert – die Phase des Klassizismus – brachte der Kvarner Bucht, vor allem Rijeka und Pula als durch Bahnlinien erschlossenen Häfen Österreichs, neue **Verwaltungsgebäude und Schauspielhäuser,** aber auch **erste Hotels.** Beispiele hierfür lassen sich gerade zwischen Rijeka und Pula zuhauf entdecken, etwa das Theater und das Jadrolinija-Gebäude in **Rijeka** oder die verspielten Villenbauten in **Opatija,** die teilweise in den Jugendstil fallen. Der Bahnanschluss brachte auch den dalmatinischen Städten **Split und Zadar** neuen Aufschwung und damit klassizistische Neubauten. Im Hinterland entstanden unzählige österreichische **Festungs-** (z.B. Varaždin, Karlovac in Nordkroatien) und **Repräsentationsbauten** (z.B. Našice in Slawonien), die man auf den diversen Transitrouten besuchen kann.

Gegenwartskunst

Es ist nur natürlich, dass diese Vielfalt an kulturellen Einflüssen nicht nur ihre Spuren hinterließ, sondern auch Kunst und Kultur der Gegenwart nachhaltig beeinflusst. Im Straßenbild der Städte wird man auf viele kleine **Ateliers und Kunstwerkstätten** wie z.B. Filigranjuweliere, aber auch Straßenmaler und -musikanten treffen, die den klassischen Vorbildern nacheifern bzw. unter deren Einfluss hervorragende Eigenkreationen hervorbringen. Bekannte Vertreter der gegenwärtigen Kulturszene sind der faszinierende **Maler I. Antolčić** (Lošinj), der beliebte klassizistisch geprägte **Bildhauer I. Meštrović** (Split) und der **Regisseur P. Prpović** mit seinem ungebrochen aktuellen Kinofilm „Tito i Ja" („Tito und ich"), welcher die Erinnerungen eines kleinen Jungen an die Ära *Titos,* der in Kroatien geadezu heroisch verehrt wird, filmisch aufarbeitet. Insgesamt sechs Auszeichnungen (u.a. Berlinale 2000) erhielt der Film „**Marschall Titos Geist**" („Maršal") von *Vinko Brešan,* in dem sich ein Hotelbesitzer auf einer Insel das Erscheinen des Geistes *Titos* zunutze machen möchte.

Musik

Auch in der modernen Musik sind einige kroatische Künstler zumindest auf nationaler Ebene erfolgreich. Bekannteste Rock-Punkband ist **Hladno Pivo** (Kaltes Bier) um den charismatischen Leadsänger *Mile* mit 60.000 verkauften Alben und ihrem bekanntesten Hit „Nije sve tako sivo" („Es ist nicht alles grau").

Ziemlich bekannt ist **Marko Perković** (Kampfname „Thompson"). Der Neofaschist gilt aufgrund seiner Leidenschaft für das kroatische Ustaša-Regime und seiner Haltung im Bürgerkrieg – er betrachtet den bosnischen Kanton Neretva um Mostar als national-kroatisch – als höchst umstrittene Persönlichkeit im eigenen Lande. Augenfällig ist allerdings der Zulauf *Perkovićs,* der in Split vor 40.000 und auch schon in Frankfurt/M. vor 13.000 Zuhörern auftrat. *Perković* ist Miteigentümer des „Narodni Radio" (etwa: Völkischer Sender) und verwendet Teile seiner Einkünfte zur Verteidigung mutmaßlicher kroatischer Kriegsverbrecher in Den Haag.

Im deutschsprachigen Raum könnte zumindest bei Insidern der Name **Sandra Nasić** vertraut klingen. Die Deutsch-Kroatin (geboren in Göttingen) war von 1994 bis 2005 Sängerin der deutschen Rock-Band **Guano Apes.** 2001 erhielt *Nasić* die „Eins-Live-Krone" als beste Sängerin. Seit 2009 feiert die Band mit Auftritten auf Festivals wie „Rock am Ring" ein Comeback und brachte 2011 ihr viertes Studioalbum heraus.

Besonders im Süden Kroatiens kennt man die Popsängerin **Danijela Martinović,** deren Album „I po svijetlu i po mraku" (Im Hellen wie im Dunkeln) zu den meistverkauften des Landes gehört. Das umtriebige Multitalent *Martinović* spielt außerdem eine Hauptrolle in der TV-Soap „Cimer fraj" (TV Nova), brachte ein Parfüm, ein Kinderbuch und eine eigene Modekollektion heraus. Noch eine kleine pikante Note: *Martinović* war heimlich mit *M. Perković* (s.o.) verheiratet, ließ sich aber 2006 scheiden. Vor und nach (und vermutlich auch während) dieser Ehe lebte sie mit dem Sänger *P. Grašo* zusammen.

Sehr bekannt ist auch **Oliver Dragojević** (geboren 1946, Absolvent der Musikschule Split), der nicht weniger als 49 Alben herausgebracht hat und u.a. 21 Mal (!) mit dem wichtigsten, alljährlich vergebenen kroatischen Musikpreis „Porin" ausgezeichnet wurde.

www.fotolia.de © wildman

11 **Anhang**

◁ Die Plitwitzer Seen sind einen Ausflug ins Hinterland wert

Literaturtipps

■ *Bodrožić, Marica:* **Tito ist tot,** Suhrkamp Verlag. Kurzgeschichten und Erzählungen zum neuen Kroatien.

■ *Deschner, Kh. & Petrovic, M.:* **Der ewige Kreuzzug auf dem Balkan.** München, 1999.

■ *Dubravka Ugrešić:* **Kultur der Lüge,** und **Lesen verboten,** Suhrkamp Verlag. Auseinandersetzung mit dem jugoslawischen bzw. kroatischen Nationalstaat.

■ *Elsässer, Jürgen:* **Kriegslügen,** Kai Homilius Verlag, 2004. Erläutert die unselige Geschichte des Balkankonfliktes bis zum Milošević-Prozess.

■ *Held, Kurt* (eigtl. *Kurt Kläber*): **Die rote Zora und ihre Bande,** Patmos, 2007. Berühmter Jugoslawien-Kinderroman nach den Erlebnissen des Schweizer Autors. 1941 erstmals, inzwischen in 37. Ausgabe veröffentlicht und 2008 (mit *Mario Adorf* und *Ben Becker*) verfilmt.

■ *Hösch, Edgar:* **Geschichte der Balkanländer,** C. H. Beck Verlag. Grundlagenwerk zur Geschichte des ehemaligen Jugoslawien und seiner Nachfolgestaaten.

■ *Jovanović, Dragoslav:* **Kroatisch – Wort für Wort,** Kauderwelsch Band 98, REISE KNOW-HOW Verlag, Bielefeld. Kroatisch für den einfachen Einstieg und die schnelle Verständigung im Reisealltag. Der „AusspracheTrainer Kroatisch" (Audio-CD, ca. 60 Min. Laufzeit) enthält die wichtigsten Sätze und Redewendungen des Kauderwelsch-Bandes zum Hören und Nachsprechen.

■ *Koenig, Marcus:* **Der Coreolanus Betrug,** Zürich, 2010. Thriller über ein vor der kroatischen Küste gesunkenes Schiff und die abenteuerliche Aufdeckung eines dunklen Geheimnisses aus der Zeit des 2. Weltkrieges. *M. Koenig* berichtete dem Autor übrigens, er habe für seinen Roman u.a. vorliegenden Reiseführer verwendet …

■ *Lipps, Volker:* **Kroatien – Buchten, Ankerplätze, Häfen, Landgänge,** DSV-Verlag, 2010. Der – übrigens nicht mit dem Autor verwandte – Verfasser beschreibt die Grunddaten (Bojenfelder, Luftaufnahmen usw.) für Segelsportler.

■ *Mappes-Nieldick, Norbert:* **Balkan Mafia,** Berlin 2003. Beschreibt die Balkanstaaten in der Hand krimineller Banden und Politiker.

■ *Pavic, Irena:* **Kroatien auf dem Weg in die Europäische Union,** VDM-Verlag, 2010. Junge Untersuchung über den Sachstand, die Einstellung der Bevölkerung und die politischen Hintergünde im Land zum EU-Beitrittsprozess.

■ *Pavlovic, Mirko:* **Lesereise Kroatien.** Picus-Verlag, 2009. Kurzweilige Geschichten und Anekdoten, Reportagen und Porträts der eher unbekannten Seiten aus einem aufstrebenden Land jenseits von Winnetou, Balkangrill und FKK.

■ *Pleterski, Friederun:* **Typisch Kroatien,** Styria Verlag, 2014. Kombinierte Foto- und Beschreibungsreportage zu interessanten, kuriosen und auch seltener in anderen Publikationen erwähnten Orten und Gebräuchen.

■ *Schmidt, H. & Barth, E.W.:* **Hafenhandbuch Mittelmeer,** in 6 Bänden, Nautik-Verlag. Detaillierte Pläne und Beschreibungen aller adriatischen Hafenanlagen und Segelreviere.

■ *West, Rebecca:* **Schwarzes Lamm und grauer Falke,** Berlin, 2002. Geschichtlicher und kultureller Hintergrund des Balkan basierend auf einer Reise einer Engländerin in den 1930er Jahren.

Glossar

■ **Abecedarium:** Alphabet (lateinisch, kyrillisch oder griechisch), welches vom Bischof bei der Kirchweihe in den Boden graviert wird.

■ **Antolčić, Ivan** (*15.5.1928 in Komarevo, Sisak): In Zagreb ausgebildeter Bildhauer, von 1954–1991 Bühnendekorateur und Skulpteur des Nationaltheaters in Zagreb, gleichzeitig gefragter Poster-Zeichner (Ballett Zagreb) und Maskenbildner. Seit 1963 stellt er selbst aus und arbeitet bevorzugt für Kinderzeitungen („Radost", „Modra"), gestaltet Folianten, Medaillen, Plaketten u.Ä. *Antolčić* gilt als Aushängeschild der kroatischen Allround-Kunst des 20. Jh.

■ **Aquilea** (ital. Aquileia): Ab 181 v. Chr. als römische Kolonie erwähnt, wurde als zweite italienische Stadt christianisiert und war eine der größten Städte Italiens überhaupt. Ab Mitte des 6. Jh. war es Patriarchat („Patriarch" ursprünglich: Vorsteher des Sanhedrin, des höchsten jüdischen Gerichtes, dann ähnlich einem Erzbischof). Ab 1421 gehörte das Patriarchat Aquilea zu Venedig, verlor 1445 seine weltliche Macht und wurde schließlich von Papst *Benedikt XIV.* aufgelöst. Heute Ruinenstadt in Nordost-Italien (Grado). Mit dem Zusammenbruch Westroms (476) fielen zahlreiche Städte Nordkroatiens, insbesondere Istriens, an das Patriarchat Aquilea.

■ **Archidiaconus:** geistlicher Titel (Erzdiakon), ursprünglich erster Diakon und Vertreter des Bischofs, oft in Personalunion Dompropst, beteiligt an Vermögensverwaltung und Kirchenrechtsprechung.

■ **Ban:** Vizekönig, Statthalter.

■ **Byzanz:** Hauptstadt des byzantinischen Weltreichs (später Konstantinopel, heute Istanbul), gleichzeitig Bezeichnung für das oströmische Reich nach der Abspaltung von Westrom (Reichsteilung 395 n. Chr.). Während Westrom schon 476 n. Chr. von den germanischen Goten zerschlagen wurde (Odoaker), blieb Byzanz (Ostrom) bis zur Eroberung durch die Türken 1453 ein wichtiger Machtfaktor und Bollwerk gegen den Islam im östlichen Mittelmeerraum. Obgleich die kroatische Adria im Allgemeinen und Istrien im Besonderen eher dem weströmischen Einfluss zuzurechnen sind, war Ostrom nicht unbedeutend, was an der nur allmählichen Trennung von Kirche und Staat lag: Kirchlich unterstanden viele Städte weiterhin dem Patriarchen von Konstantinopel, während sie politisch an die Nachfolger Westroms fielen (etwa Venedig) und so erst später unter römisch-katholischen Einfluss gerieten.

■ **Campanile:** Glockenturm, der neben der Kirche steht und nicht in das Kirchengebäude integriert ist, sehr häufig in Italien und in vielen Kirchen Kroatiens, die während der venezianischen Phase errichtet worden sind.

■ **Dalmatinac, Juraj** (1410–1473): Dalmatischer Innenarchitekt und Künstler aus Zadar in der Übergangsphase von der Spätgotik zur Renaissance. Seine Werke sind von außerordentlicher Bedeutung für Kroatien und sogar Italien, wo *Dalmatinac* in Ancona und Venedig (Kaufmannsloge) tätig war. Die Gesamtanlage der Stadt Pag, Wohnhäuser und Befestigungsmauern von Dubrovnik sowie die Kathedrale von Šibenik gehören zu seinen bedeutendsten Werken.

11

■ **Exarchat:** Verwaltungsrat und Statthalter von Byzanz.

■ **Frankopanen:** Kroatisches Fürstengeschlecht in Hoch- und Spätmittelalter sowie der frühen Neuzeit, welches insbesondere die Kvarner Bucht südlich von Rijeka kontrollierte und mit Wehrschlössern befestigte. Architektonische Musterbeispiele findet man in der Kvarner Bucht von Bakar bis Novi Vinodolski sowie auf den Inseln.

■ **Garibaldi:** Nach der Kapitulation des faschistischen Italien (1943) schlossen sich etliche der bis dahin für die Achsenmächte auf dem Balkan kämpfenden Italiener den Partisanen *Titos* im Kampf gegen die Deutschen an. Diese italienischen Einheiten wurden als „Division Garibaldi" bekannt und erlangten einiges Ansehen in den befreiten jugoslawischen Landesteilen. Ihnen zu Ehren findet man in einigen Städten Istriens eine „Ulica Garibaldi" (Garibaldi-Straße).

■ **Gespanschaft:** Die Republik Kroatien ist administrativ in 20 Gespanschaften gegliedert, die etwa einem Bundesland bzw. Kanton entsprechen (die Stadt Zagreb bildet zusätzlich eine eigene Verwaltungseinheit). Der Begriff stammt aus der k.u.k. Zeit und wurde 1918 übernommen (Königreich der Serben und Kroaten), nach dem Zweiten Weltkrieg abgeschafft und 1992 reaktiviert.

■ **Glagolitisch:** altslawische Schrift, die im 9. Jahrhundert entwickelt wurde, um Bibeltexte aus dem Lateinischen ins Altslawische zu übersetzen.

■ **Gregor von Nin (Grgur Ninski):** Hochmittelalterlicher Bischof (10. Jahrhundert) der Stadt Nin sowie Zeitgenosse und Berater, später Kanzler des kroatischen Königs *Tomislav. Gregor* trat für die Erhaltung der slawischen Sprache (statt Latein) in den Gottesdiensten ein, wandte sich stets gegen den dominanten Klerus von Split und wird als eine Art erster kroatischer Freiheitskämpfer verehrt.

■ **Histrer & Liburner:** Im Nordwesten des heutigen Kroatien, insbesondere in Istrien verbreitete regionale ethnische Gruppe der Illyrer des Altertums. Der Name der Halbinsel „Istrien" (lat. Histria) wird oft auf die dort einst ansässigen „Histrer" zurückgeführt.

■ **IDS:** Die Istrische Demokratische Versammlung IDS *(Istarska Demokratična Stranka)* versteht sich zum einen als Widerpart der Zentralregierung in Zagreb und zum anderen als Vorreiter einer istrischen Unabhängigkeitsbewegung, ohne allerdings (momentan zumindest) einen formellen Austritt aus dem kroatischen Staatsverband zu fordern. Durch die besondere Wirtschaftskraft Istriens (Tourismus!) scheint eine Art Nord-Südkonflikt auf Dauer unvermeidlich, ohne dass die geistig-kritische Bewegung der IDS zu Gewaltmaßnahmen greifen würde (die baskische ETA wird hier oft als Negativbeispiel zitiert). Auch zu Zeiten *Tudjmans* wirkte die IDS von ihrem Zentrum Pula aus als Speerspitze gegen den monokratischen Machtapparat des Staatsgründers.

■ **Ikonostase:** dreiteilige, mit Ikonenbildern versehene Trennwand zwischen Altar und Kirchenhauptschiff in serbisch- und griechisch-orthodoxen Kirchenhäusern.

■ **Illyrer:** Bedeutende indoeuropäische, staatlich organisierte Volksgruppe des Altertums, die im Nordwesten des Balkans und entlang der Adria beheimatet war; einzelne Stämme sind auch in Italien und sogar Griechenland nachgewiesen. Nach der Zeitenwende wurden die Illyrer schnell romanisiert; ab Mitte des 3. Jahrhunderts gingen zahlreiche römische Imperatoren („Zeit der illyrischen Kaiser", *Diokletian)* aus ihren Reihen hervor. Auf der Halbinsel Pelješac bei Dubrovnik wurde im Jahr 2000 in einer Höhle eine 8000 Jahre alte, unberührte Tempelstätte gefunden, deren Auswertung noch andauert. Die Annahme, dass ihre Herkunft in Mitteldeutschland (Lausitzer Kultur) liegt, blieb bislang ohne zwingende Beweise.

■ **Lapidarium:** Für kleine Museen und Ausstellungen wird oft der Begriff Lapidarium verwendet. Es handelt sich dabei um Sammlungen steinerner Relikte (lat. *lapidarius* = steinern) wie Fußböden, Wandplatten oder andere Fragmente bzw. Bauteile (etwa Säulen).

■ **Meštrović, Ivan** (*1883 in Otavice/Šibenik, †1962): Bildhauer und Urheber zahlreicher Büsten und Denkmäler in den Küstenorten Kroatiens. Er emigrierte wegen der italienischen Besatzung in die USA und gilt heute als bedeutendster kroatischer Vertreter des modernen Expressionismus und Neoklassizismus. Sein einstiges Atelier liegt in der Zagreber Altstadt (Gradec) in der Mletačka-Straße nahe des Markusplatzes.

■ **Militärgrenze:** In der Zeit vom 16. bis 19. Jh. ein militärisch organisierter und mit zahlreichen Festungsbauten bestückter Landstrich an der türkischen Grenze Österreich-Ungarns (wurde 1849–66 ein eigenes österreichisches Kronland). 1881 wurde die kroatisch-slawonische Militärgrenze mit Kroatien-Slawonien vereinigt. Die Grenzer waren örtliche Bauernsoldaten, die Wehrdienst in Grenzregimentern leisteten und dafür zu meist keine Abgaben zu entrichten hatten.

■ **Polyptychon:** Meist holzgeschnitzte, baldachinähnliche Kirchenaltäre oder Seitenschreine mit einer Vielzahl von Bildnissen christlicher Heiliger. Das äußere Erscheinungsbild eines Polyptychon ist dem einer Ikonostase nicht unähnlich, man geht daher von einem byzantinischen Ursprung aus. Der für Kroatien bedeutendste Künstler ist *Antonio Vivarini.*

■ **Portikus:** Von Säulen getragenes Vordach einer Kirche, Kathedrale oder Basilika, das häufig bei Sakralbauten byzantinischen Ursprungs zu sehen ist.

■ **Sanmichele, Michele:** Venezianischer Architekt, der Mitte des 16. Jahrhunderts im Auftrag der Dogenrepublik zahlreiche weltliche und geistliche Baudenkmäler in Nord- und Zentraldalmatien schuf (Zadar).

■ **SFOR** (Stabilisation Forces Of Restjugoslavia): Internationales Kontingent unter deutscher Beteiligung zur Überwachung des Daytoner Friedensabkommens in Bosnien-Herzegowina. Das deutsche Kontingent in Bataillonsstärke ist bei Sarajevo (Rajlovac) stationiert und untersteht dem Kommando der französisch-multinationalen DMNSE (Division Multinationale Sudeste) mit Hauptquartier in Mostar-Ortijes. Das Divisionsgebiet erstreckt sich von der Gegend um Sarajevo über Mostar bis zur kroatischen Grenze. Die SFOR-Truppen wurden 2005 von einer EU-geführten internationalen Truppe („Operation Athea") abgelöst.

■ **Strossmayer:** Fast jeder größere Ort Kroatiens hat eine Hauptstraße mit dem Namen „Ulica Strossmayera". Dahinter verbirgt sich *Josip Juraj Strossmayer* (1815–1905), Bischof von Đakovo und Beichtvater Kaiser *Franz Josephs.* Er war

11

ein Vordenker des Panslawismus (Streben nach Einheit aller Slawen von Russland bis Kroatien). Da aber hierzu die slawisch-orthodoxe und die römisch-katholische Kirche vereinigt werden mussten, war er ein Gegner aller die Kirchen trennenden Dogmen, v.a. der katholischen Theorie der unbefleckten Empfängnis, womit er in scharfer Opposition zum Papst stand (Erstes Vaticanum 1870).

■ **Uškoken:** Mittelalterliche Seeräuberbande, die sich gegen die türkische und die venezianische Fremdbestimmung auflehnte und entlang der norddalmatischen Küste mit Zentrum in Senj ihr Unwesen trieb.

Kleine Sprachhilfe Kroatisch

Aussprache

Bei der Aussprache des Kroatischen gibt es folgende Besonderheiten:

■ **c** wie ts
■ **č** wie tsch
■ **ć** wie tj
■ **s** wie ss
■ **š** wie sch
■ **ž** wie sh in „Gelee"
■ **z** wie s in „Suppe"
■ **e** wie ä
■ **dj** wie j in „James"
■ **h** wie ch in „ach"
■ **v** wie w
■ **r** wie är (Krk = Kärk, Hrvata = Härvata)

Kleiner Reisewortschatz

Allgemeines

Ja	Da
Nein, nicht	ne
Bitte sehr	Molim
Danke (sehr)	Hvala (ljepo)
Guten Tag	Dobar dan
Auf Wiedersehen	Doviđenja
Entschuldigung …	Molim vas …
Was?	Što?
Wer?	Tko?
Wohin, wo lang?	Kuda, kamo?
Ich, du, er/sie	Ja, ti, on/ona
Wir, ihr	Mi, vi, oni

Geld und Einkaufen

Gaststätte	konoba
Zahlen bitte!	Platiti molim!
Ich zahle mit Kuna/Euro	Placam u kunama/ euro
Kreditkarte	Kreditna kartica
Geldautomat	Bankomat
Laden	Prodavnica
Kaufhaus	Robna kuća
Markt	Tržnica
Wieviel kostet das?	Pošto je to?
Wo kann man … kaufen?	Gdje se može kupiti …?
Ich suche …	Tražim …
Gibt es …/ es gibt …	Ima li … /ima …

Unterwegs

Abfahrt von	polazak iz
Abfahrt nach	polazak za
Fahrkarte	Bilet
Bahnhof	Kolodvor

Busbahnhof	Autobusni kolodvor
Haltestelle	Stanica
Wann fährt der Zug?	Kada polazi vlak?
Fähre	Trajekt
Wo (ist)	Gdje (je)
Wie kommt man nach ...?	Kako se die u ...?
Können Sie das aufschreiben?	Možete to napisati?
rechts	desno
links	ljevo
Im Zentrum	U centru
Straße	Ulica
Platz	Trg
Autobahn	Autoput
Landstraße	Cesta
Panne, Unfall	Kvar, sudar
Werkstatt	Radionica
Grüne Versiche-rungskarte	Zeleni karton
Parkplatz	Parkiralište
Tankstelle	Benzinska pumpa, crpka
Fahrrad	Bicikl
Handyempfang	Prijem mobitelu

Zahlen

0	nula	18	osamnaest
1	jedan	19	devetnaest
2	dva	20	dvadeset
3	tri	21	dvadeset jedan
4	četiri	22	dvadeset dva
5	pet	30	trideset
6	šest	40	četrdeset
7	sedam	50	petdeset
8	osam	60	šesdeset
9	devet	70	sedamdeset
10	deset	80	osamdeset
11	jedanaest	90	devedeset
12	dvanaest	100	sto
13	trinaest	200	dvjesto
14	četrnaest	300	ctristo
15	petnaest	400	četrsto
16	šesnaest	500	petsto
17	sedamnaest	1000	tisuća

(Grundbegriffe zur **Gastronomie** siehe „Essen und Trinken" im Kapitel „Praktische Reisetipps A–Z")

Zeit

Montag	Ponedjeljak
Dienstag	Utorak
Mittwoch	Srijeda
Donnerstag	Četvrtak
Freitag	Petak
Samstag	Subota
Sonn- und Feiertag	Sedelja i blagdan
täglich	svaki dan
werktags	radni dan
Wie spät ist es?	Koliko je sati?
5 vor X	pet do X
5 nach X	X i pet

HILFE!

Dieser Reiseführer ist gespickt mit unzähligen Adressen, Preisen, Tipps und Infos. Nur vor Ort kann überprüft werden, was noch stimmt, was sich verändert hat, ob Preise gestiegen oder gefallen sind, ob ein Hotel, ein Restaurant immer noch empfehlenswert ist oder nicht mehr, ob ein Ziel noch erreichbar ist oder nicht, ob es eine lohnende Alternative gibt usw.

Unsere Autoren sind zwar stetig unterwegs und versuchen, alle zwei Jahre eine komplette Aktualisierung zu erstellen, aber auf die Mithilfe von Reisenden können sie nicht verzichten.

Darum: Schreiben Sie uns, was sich geändert hat, was besser sein könnte, was gestrichen bzw. ergänzt werden soll. Nur so bleibt dieses Buch immer aktuell und zuverlässig. Wenn sich die Infos direkt auf das Buch beziehen, würde die Seitenangabe uns die Arbeit sehr erleichtern. Gut verwertbare Informationen belohnt der Verlag mit einem Sprachführer Ihrer Wahl aus der über 220 Bände umfassenden Reihe „Kauderwelsch". Bitte schreiben Sie an:

REISE KNOW-HOW Verlag
Peter Rump GmbH | Postfach 140666 | 33626 Bielefeld
oder per E-Mail an: info@reise-know-how.de

Danke!

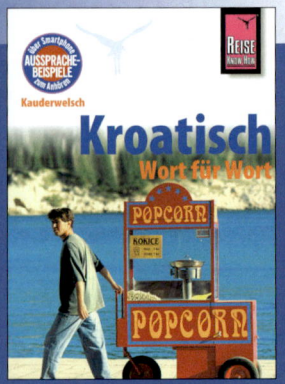

Register

Der Autor

Nach abgeschlossenem Studium (Slawistik, Sinologie, Geschichte) arbeitete Werner Lips u.a. als Offizier im Balkaneinsatz, Manager bei Markenunternehmen und Betriebsleiter in der Baunebenbranche. Heute unterrichtet er an Gymnasium und Hochschule die Fächer Chinesisch, Russisch, Geschichte und Sport. Nebenbei beriet der gefragte Osteuropa- und Asien-Experte wiederholt Fernsehen (WDR, VOX) und Behörden, darüber hinaus engagiert sich der lizensierte Handball-Trainer ehrenamtlich im Vereinssport.

Als Taucher, Motorradfahrer und Trekker ist er seit geraumer Zeit intensiv über und unter Wasser in Südeuropa und Südchina unterwegs auf der Suche nach interessanten Reisezielen. Dabei fiel ihm häufig echte Pionierarbeit zu, etwa als erster Reisejournalist überhaupt auf den taiwanesischen Militärinseln KinMen und MaTsu, mit dem ersten Reiseführer zu ausschließlich Nordzypern oder einem der ersten deutschsprachigen Reisebücher zu Montenegro.

Kroatien fasziniert ihn landschaftlich, kulturell und in geschichtlicher Hinsicht, nicht zuletzt wegen der zahlreichen historischen Stätten, aber auch wegen der politischen Besonderheiten auf dem Balkan.